Was Deutschland bewegte

Die Geschichte der Bundesrepublik Deutschland bis heute

Uwe Goppold
Christa Pöppelmann
Annerose Sieck
Jörg Werremeyer

Compact Verlag

© 2008 Compact Verlag München
Alle Rechte vorbehalten. Nachdruck, auch auszugsweise,
nur mit ausdrücklicher Genehmigung des Verlages gestattet.
Text: Uwe Goppold (50er- und 60er-Jahre), Jörg Werremeyer (70er-Jahre),
Christa Pöppelmann (80er-Jahre, DDR und 2000er), Annerose Sieck (90er-Jahre)
Chefredaktion: Dr. Angela Sendlinger
Redaktion: Dr. Matthias Feldbaum
Produktion: Wolfram Friedrich
Abbildungen: dpa picture-alliance, Frankfurt; Gruppo Editoriale Fabbri, Mailand;
Lidman Production, Stockholm
Titelabbildungen: dpa picture-alliance, Frankfurt (3); Lidman Production, Stockholm (1)
Titelabbildungen (von links nach rechts): Konrad Adenauer; Fall der Berliner Mauer; Reichstag;
Angela Merkel
Gestaltung: Axel Ganguin
Umschlaggestaltung: Hartmut Baier

ISBN 978-3-8174-6603-0
5466031

Besuchen Sie uns im Internet: www.compactverlag.de

Inhalt

DIE FÜNFZIGER JAHRE

Kriegsfolgen

Noch zu Beginn der 50er-Jahre waren in Deutschland die Folgen des Zweiten Weltkriegs allerorts zu sehen und zu spüren. Es war ein zerstörtes Land, viele Städte lagen nach wie vor in Trümmern, weil die Aufbauarbeiten gar nicht so schnell, wie es nötig war, vollzogen werden konnten. Und so fehlte Vielen sogar buchstäblich das Dach über dem Kopf. Insbesondere für Westdeutschland trat das Problem hinzu, dass neben den Ausgebombten der Großstädte auch Millionen von Flüchtlingen aus den ehemaligen deutschen Ostgebieten jenseits von Oder und Neiße versorgt und schließlich auch in die Gesellschaft integriert werden mussten. Keine leichte Aufgabe, wenn man bedenkt, dass auch ein großer Teil der deutschen Industrie kriegsbedingt zerstört war und erst einmal neu errichtet und dann wieder in Gang gebracht werden musste. Hinzu kam, dass sich die Entwicklung der großen Weltpolitik auf dem Gebiet des ehemaligen Deutschen Reichs wie kaum irgendwo sonst auf der Welt widerspiegelte.

Blockbildung und Kalter Krieg

International nämlich waren die 50er-Jahre geprägt von der sogenannten Blockbildung, der Zweiteilung der Welt in ein kommunistisches und ein kapitalistisches Staatensystem unter militärischer wie wirtschaftlicher Führung der ehemaligen Verbündeten USA und UdSSR. Das Verhältnis zwischen diesen beiden Supermächten und ihren Verbündeten war spannungsgeladen und wird in der Regel als „Kalter Krieg" bezeichnet. Denn trotz militärischer Hochrüstung auf beiden Seiten kam es nicht zu einem offenen mi-

Das erste Kabinett Adenauer

litärischen Konflikt zwischen den Blöcken. Experten nehmen heute an, dass es allein Glück und Zufall zu verdanken ist, dass es in dieser Phase nicht zu einem vernichtenden Atomkrieg zwischen den Blöcken kam.

Geteiltes Deutschland

Deutschland lag im Zentrum dieses Spannungsfeldes zwischen Ost und West. Denn der sogenannte Eiserne Vorhang, der die beiden Blöcke voneinander trennte, verlief mitten durch das Land – ja, er teilte sogar die ehemalige deutsche Hauptstadt Berlin. 1949 entstand aus den Besatzungszonen der drei Westmächte die Bundesrepublik Deutschland, die allerdings noch kein selbstständiger Staat war. Denn für alle wesentlichen politischen Entscheidungen behielten sich die Westmächte ein gewichtiges Mitspracherecht vor. Gleichzeitig entstand im Osten, in dem von der UdSSR besetzten und kontrollierten Gebiet, mit der DDR ein zweiter Teil Deutschlands – allerdings nach sowjetischem Vorbild. Es liegt auf der Hand, dass unter den gegebenen innen- wie außenpolitischen Bedingungen das Verhältnis beider Teile Deutschlands zutiefst vom „Kalten Krieg" gekennzeichnet war. Gegenseitiges Misstrauen, Spionage, Missgunst, Konkurrenz bis hin zur offenen Feindschaft prägten die Kontakte Westdeutschlands mit Ostdeutschland und umgekehrt. Dabei wurde die Geschichte der Bundesrepublik Deutschland in den 50er-Jahren maßgeblich von der ersten demokratisch gewählten Regierung unter Kanzler Konrad Adenauer (1876–1967) geprägt. Adenauers Partei, die Christlich-demokratische Union (CDU), war während der 50er-Jahre stärkste Kraft im Bundestag, dem westdeutschen Parlament. Und Adenauer selbst wie auch seine Union forcierten die Integration der Bundesrepublik Deutschland in das westliche Staatensystem nachdrücklich.

Westintegration

Zunächst verlief diese Westintegration primär auf ökonomischer Ebene: So wurde die junge Bundesrepublik einer der Vorreiter der wirtschaftlichen Einigung Europas und der Gründung der EWG (Europäische Wirtschaftsgemeinschaft). Die DDR trat daraufhin dem östlichen Gegenstück dieser Wirtschaftsgemeinschaft, dem Comecon, bei. Ab Mitte der 50er-Jahre jedoch

Konferenz des Nordatlantik-Pakts (NATO-Rat) in Paris, 1959: Blick auf das Präsidium während der Konferenz

wurde Westdeutschland auch in das westliche Militärbündnis einbezogen. Dafür musste allerdings der nach dem Krieg entmilitarisierte deutsche Staat erst einmal wieder mit einer eigenen Armee ausgestattet werden. Dieses Vorhaben der sogenannten Wiederbewaffnung war unter den Bundesbürgern heftig umstritten. Tatsächlich war die Remilitarisierung ein hoher Preis, den Adenauer für die vollständige Westintegration der Bundesrepublik zahlen musste. Denn damit und mit der darauf folgenden Einbeziehung beider deutscher Staaten in sich diametral gegenüberstehende feindliche Militärbündnisse, NATO und Warschauer Pakt, wurde die deutsche Teilung nachgerade zementiert. Die letzten Vorstöße des sowjetischen Staats- und Parteichefs Josef Stalin (1879–1953) zu einer Wiedervereinigung der beiden deutschen Staaten bei gleichzeitigem Abschluss eines endgültigen Friedensvertrages und der Garantie der deutschen Neutralität wurden sowohl von den westlichen Alliierten wie auch von Adenauer empört zurückgewiesen.

Soziale Marktwirtschaft – Wirtschaftswunder

Die Wirtschaft in Deutschland nahm in den 50er-Jahren eine ganz erstaunliche Entwicklung. Mit dem von Wirtschaftsminister Ludwig Erhard (1897–1977) erarbeiteten Konzept der „sozialen Marktwirtschaft" erlebte Westdeutschland eine ökonomische Blüte, wie sie noch niemals zuvor und wohl auch nie wieder danach erlebt werden konnte. Dieses enorme Wachstum der bundesdeutschen Konjunktur wurde mit dem passenden Begriff des „Wirtschaftwunders" beschrieben. Es erlaubte den Bundesbürgern ganz allmählich einen immer höheren Lebensstandard. Zwar war es noch nicht üblich, dass

Vor der Großleinwand mit ihrem Idol Elvis Presley tanzen die Besucher im Tanzkino zu den heißen Rhythmen der Band

jeder Westdeutsche über sein eigenes Auto verfügte, aber immerhin hatten die Menschen Arbeit und Essen. Und seit Mitte der 50er-Jahre konnte auch wieder gewährleistet werden, dass sie eine Wohnung finden würden.

Freizeit – Fernsehen – Kino

Nachdem also die gröbste Not gelindert war, konnte man sich auch wieder mit so etwas wie Freizeit auseinander setzen. Da noch nicht in jedem bundesdeutschen Wohnzimmer ein Fernsehgerät stand, mussten andere Wege der Unterhaltung beschritten werden – und die beliebteste Beschäftigung war hier der Gang ins Kino. In allen westdeutschen Städten schossen sogenannte Kinopaläste aus dem Boden. Auf ihren Leinwänden waren neben den großen internationalen, meist in den USA, England, Italien oder Frankreich gedrehten Filmen vor allem deutsche Produktionen zu sehen. Der Ausschuss der bundesdeutschen Filmindustrie war gerade in den 50er-Jahren gewaltig – und es waren nicht immer

cineastische Highlights, die die Menschen in die Kinos lockten. Im Gegenteil. Man sehnte sich nach Wohlstand, Ruhe und Frieden und wollte eigentlich nicht an den vergangenen und verloren gegangenen Krieg und schon gar nicht an die Naziherrschaft erinnert werden. In den Kinos waren daher gerade solche Filme en vogue, die eine heile Welt zeigten: Liebesschnulzen, Heimatfilme und Historienschinken – nahezu allesamt Filme, die heute längst vergessen sind – wurden echte Publikumsmagneten.

Deutsche Tugenden

Insgesamt müssen die 50er-Jahre kulturell und gesellschaftlich eher als eine restaurative Phase der Wiederherstellung der bürgerlichen Ordnung aus der Vorkriegszeit verstanden werden. Sogenannte deutsche Tugenden – Anstand, Fleiß, Sauberkeit, Pünktlichkeit – wurden wieder groß geschrieben. Gleichzeitig wurden die prominentesten deutschen Kriegsverbrecher wie auch solche Personen, die nachgewiesenermaßen als Nazis aktiv an Verbrechen beteiligt waren oder wenigstens nachhaltig von solchen profitiert hatten, zwar vor bundesdeutsche Gerichte gestellt, jedoch meist, wenn überhaupt, nur zu sehr milden Strafen verurteilt. Viele von ihnen aber saßen sogar exakt wieder dort, wo sie bereits vor 1945 zu finden gewesen waren: An den Schaltstellen der politischen und wirtschaftlichen Macht.

Rock 'n' Roll

Für die bundesdeutschen Jugendlichen waren dies völlig andere und wohl auch schwierigere Bedingungen des Aufwachsens als heute. Und es gab wenige Möglichkeiten, sich von der Welt der Erwachsenen zu distanzieren. Die wichtigste davon lief über Musik. Und nirgendwo sonst ist die

Diskrepanz des Alten zum Neuen in den 50ern so groß wie hier. Schwappten zunächst Jazz, Be-bop und Rhythm-and-Blues über den Atlantik, so war es aber vor allem der Rock 'n' Roll, der um die Mitte des Jahrzehnts auch Deutschland er-reichte und dort von den Jugendlichen begeistert aufgenommen wurde. Für sie war dies eine Of-fenbarung, für die ältere Generation dagegen, die nach wie vor dem deutschen Schlager den Vor-zug gab, eine handfeste Provokation. „Negermu-sik" oder „Räubermusik" nannten sie den Rock 'n' Roll, „Jugendverderber" und „Radaubrüder" die Musiker. Und es war kein Wunder, dass man auch für die jugendlichen Musikfans bald einen wenig schmeichelhaften Begriff parat hatte: „Halbstarke". Allerdings gaben einige der Jugend-lichen tatsächlich auch hinreichend Anlass zur Sorge. Mehr und mehr wurde es nämlich üblich, dass nach Rock 'n' Roll-Konzerten ganze Musik-hallen zerlegt und das Mobiliar – damals wurden die Säle noch bestuhlt – zertrümmert wurde. Als dann die Rock-Helden auch in Musikfilmen be-wundert werden konnten, wo sie ihre Hits zum Besten gaben, fielen mancherorts während und nach der Vorführung sogar Kinosäle der jugendli-chen Zerstörungswut zum Opfer.

Im Wolfsburger Volkswagenwerk wird am 5.8.1955 der millionste VW-Käfer präsentiert

Generationenkonflikt

Die ältere Generation stand aber nicht allein den gelegentlichen Ausbrüchen von Gewalt, sondern der gesamten Jugendkultur des Rock 'n' Roll völlig verständnislos gegenüber. Sie konnte sich nicht erklären, was mit ihren Kindern ei-gentlich los war: Die Nachkriegsrepublik bot al-len doch alles, niemand musste mehr hungern, man hatte ein Dach über dem Kopf, was noch wenige Jahre zuvor nicht selbstverständlich ge-wesen war, und mit dem Wirtschaftswunder war sogar das Konzept „Wohlstand für alle" aufge-gangen. Warum also waren die Jugendlichen mit den Gegebenheiten nicht zufrieden und genos-sen zusammen mit den Älteren den wachsenden Reichtum der Adenauerrepublik, anstatt diesen Schund zu hören und sich dann auch noch gele-gentlich regelrechte Saal- und Straßenschlachten zu liefern? Die meisten älteren Bundesbürger rea-gierten daher mit Empörung auf diesen scheinba-ren Widerspruch. Entsprechend barsch waren dann auch die vor allem in den konservativen Medien vorgeschlagenen Gegenmaßnahmen, die von Prügelstrafe bis zum Arbeitslager reichten. Nur Wenige erkannten, dass genau diese Art zu argumentieren, die Ignoranz den Bedürfnissen von Jugendlichen gegenüber, mit deren Distan-zierung von der Welt der Erwachsenen und de-ren Werten – Anstand, Fleiß, Ordnung – in en-gem Zusammenhang standen. Der sich in Musik, Sprache und Kleidung artikulierende und gele-gentlich auch in Gewalt entladende Protest der Jugendlichen richtete sich nämlich vorwiegend gegen die miefige Enge ihrer Elternhäuser und das merkwürdige Klima aus Repression, nicht verarbeiteter Schuld an den Naziverbrechen bei gleichzeitigem ökonomischem Wiedererstarken, das die Bundesrepublik Deutschland der 50er-Jahre beherrschte.

Zusatzbriefmarken: Das „Notopfer Berlin"

1948 wird der Westen Berlins durch die **sowjetische Blockadepolitik** komplett von Westdeutschland isoliert und somit von jeglicher Hilfe abgeschnitten. Von dieser Blockade verspricht man sich seitens der russischen Besatzungsmacht, die geplante Gründung der westlich orientierten Bundesrepublik Deutschland zu verhindern. Nur mithilfe einer von amerikanischen und britischen Flugzeugen errichteten sogenannten **Luftbrücke** können die Westberliner mit dem Nötigsten versorgt werden. Doch trotz westalliierter Hilfe leiden die Menschen große Not, die auch nach der Beendigung der sowjetischen Blockade bestehen bleibt. Im Westen Deutschlands wird man sich angesichts der Berlinblockade der prekären Lage eines Teils der Bevölkerung der ehemaligen Hauptstadt des Deutschen Reichs schlagartig bewusst. Aus diesem Grund werden zahlreiche Hilfsmaßnahmen beschlossen, die den Westberlinern unmittelbar zugute kommen sollen. Eine der bekanntesten Be-

Wahl der „Miss Berlin W 1951" im Hotel Eden

stimmungen ist die Einführung eines **Zusatzportos**: Ab dem 1.12.1948 müssen im Westen Deutschlands zahlreiche Postsendungen mit einer kleinen blauen Zusatzmarke versehen werden. Diese Marken, die mit dem Aufdruck **Notopfer Berlin** bedruckt werden und die neben die eigentlichen Postwertzeichen geklebt werden müssen, kosten zwei Pfennig. Die Maßnahme ist zunächst zeitlich beschränkt, wird aber wegen des großen Erfolgs immer wieder verlängert und gilt schließlich sogar unbefristet. Erst 1956 wird die Verwendungsverpflichtung der Notopfermarken aufgehoben. Bis dahin hat sie weit über 400 Millionen Deutsche Mark für die Berlinhilfe eingebracht.

Zentralrat der Juden in Deutschland gegründet

Nach dem Ende der nationalsozialistischen Terrorherrschaft ist das einst blühende jüdische Leben in Deutschland vollständig zusammengebrochen. Doch obgleich nur wenige der ehemals rund halben Million deutschen Juden den **Holocaust** überlebt haben und auch von den

PETTICOAT, SEIDENSTRÜMPFE UND BIKINI

Bereits Ende der 40er-Jahre beginnt mit dem sogenannten New Look eine kleine Revolution der Damenmode: Von nun sollen weit schwingende Röcke und enge Korsagen ihren Trägerinnen zu ausgesprochen weiblicher Ausstrahlung verhelfen. Aber nicht nur die exklusive Abendbekleidung der „oberen Zehntausend" unterwirft sich diesem Diktum, auch in der Alltagsmode findet es seinen Niederschlag. Der Trend zur Demonstration der weiblichen Figur schlägt sich nicht zuletzt auch in einer äußerst umstrittenen Neuerung der Bademode nieder: dem Bikini.

während der Nazizeit Geflohenen nicht viele in ihre Heimat zurückkehren, werden unmittelbar nach dem Ende des Zweiten Weltkriegs zahlreiche jüdische Gemeinden neu gegründet. Allerdings haftet diesen Gemeinden zunächst der Charakter des Provisorischen an: Viele Juden sind sich nämlich nicht sicher, inwieweit sie den Deutschen überhaupt noch trauen können und dürfen. Viele von ihnen ziehen statt einem Verbleib in ihrer Heimat auch eine Auswanderung vor allem nach **Palästina** in Erwägung. Als sich jedoch mehr und mehr herauskristallisiert, dass wenigstens ein Teil der deutschen Juden auch in Deutschland bleiben will, beginnt man sich auch Gedanken über deren bundesweiten Zusammenschluss zu machen. So wird schließlich am 19. Juli in Frankfurt/Main der **Zentralrat der Juden in Deutschland** gegründet. Zu den wesentlichen Aufgaben dieses Dachverbandes zählt

Dr. Heinz Galinski, Vorsitzender des Zentralrates der Juden in Deutschland, am Gedenkstein vor der großen Trauerhalle des Jüdischen Friedhofs in Berlin-Weißensee

seitdem der rechtliche Schutz der Juden in Deutschland, der Einsatz für die Wiedergutmachung des erlittenen Unrechts und die finanzielle Unterstützung der jüdischen Gemeinden wie auch ihrer Mitglieder. Erster Vorstand des Zentralrates der Juden in Deutschland wird **Heinz Galinski** (1901–92), der die Konzentrationslager von Auschwitz und Buchenwald überlebt hat.

Gründung des Müttergenesungswerks

Als **Theodor Heuss** (1884–1963) 1949 zum ersten Bundespräsidenten der Bundesrepublik Deutschland gewählt wird, erwartet die bundesdeutsche Bevölkerung von dessen Gattin eigentlich, dass sie sich sozial engagieren solle. **Elly Heuss-Knapp** (1881–1952) lehnt jedoch die Übernahme von Schirmherrschaften ab. Stattdessen gründet die Lehrerin, Publizistin, Werbefachfrau und erste bundesdeutsche „First Lady" das **Deutsche Müttergenesungswerk**, das den von der Not und den Strapazen des Krieges und der Nachkriegszeit besonders betroffenen Müttern zur Seite stehen soll. Elly Heuss-Knapp hat nämlich erkannt, dass man sich bisher zwar um das Wohl der Kinder bemüht hat, dass aber auch die Mütter, die, wie sie in einem Brief schrieb, einfach nicht mehr könnten, besonderer Hilfe bedürfen. Sie gewinnt zahlreiche Förderer für ihr Vorhaben und es gelingt ihr auch, die großen Wohlfahrtsorganisationen des jungen Deutschland zu einigen. Im Rundfunk ruft sie immer wieder zu neuen Spendenaktionen für ihr Müttergenesungswerk auf. Sie argumentiert, dass das, was den Müttern Gutes getan werde, sich auf die Familie und damit schließlich auch auf die Gesellschaft insgesamt auswirken müsse. Ihr soziales Engagement muss Elly Heuss-Knapp krankheitsbedingt immer weiter drosseln, ihre Reisen werden von häufigen Klinik- und Kuraufenthalten unterbrochen und schließlich wird sie durch eine schwere Krankheit auch in ihren Bewegungsmöglichkeiten weitgehend eingeschränkt. Im Sommer 1952 stirbt Elly Heuss-Knapp.

Knickerbockerdetektiv ist erstmals unterwegs

Am 3. Dezember erscheint die erste Folge des deutschen Comicstrips **Nick Knatterton** in der seinerzeit sehr beliebten Illustrierten *Quick*. Damit tritt die für ihre originellen karierten Beinkleider berühmte Comicfigur erstmals in Erscheinung, die als Superhirn mit ausgewiesenen technischen Fähigkeiten komplizierte Kriminalfälle lösen soll. Der Autor der Comicserie, **Manfred Schmidt** (1913–99), hat die Figur des Nick Knatterton im Jahre 1936 in einer Parodie auf die zeitgenössischen Kriminalromane erfunden. Die darauf beruhende Comicfigur konzipierte er dann eigentlich als einmalige Parodie auf die auch in Deutschland recht beliebten US-amerikanischen Comicsuperhelden, vor allem auf die Figur des **Superman**. Doch bald schon erkennt der

Nick Knatterton bei seinen morgendlichen Konzentrationsübungen

Zeichner und Humorist das Potenzial des von ihm kreierten Meisterdetektivs und entwickelt daraus seine originelle Comicserie, in der nicht nur Sprech- und Denkblasen, sondern auch Riechblasen Verwendung finden. Nick Knatterton, dessen Name auf den bekannten Comicdetektiv **Nat Pinkerton** zurückgeht und dem sein Erfinder den bürgerlichem Namen Nikolaus Freiherr von Knatter mitgegeben hat, erscheint bis 1959 Woche für Woche in der *Quick* und wird von den Lesern heiß und innig geliebt. Er wird die erste Comic-Kultfigur der aufstrebenden Bundesrepublik, der er nicht zuletzt einen satirischen Spiegel vorhält.

Wunderheiler versetzt die Menschen in Ekstase

1948 tritt er das erste Mal in der Öffentlichkeit in Erscheinung und von da an gibt es kein Halten mehr. Viele Bürger der jungen Bundesrepublik verehren ihn wie einen Gott und seine Auftritte werden regelmäßig von hysterischen und ekstatischen Reaktionen seines Publikums begleitet. Die Rede ist vom sogenannten Geistheiler **Bruno Gröning** (1906–59), der behauptet, mit kleinen von ihm mit Energie aufgeladenen Kügelchen die Menschen von kleinen Wehwehchen wie auch von ernsthaften Erkrankungen heilen zu können. Gröning behauptet, von Gott gesandt zu sein und Blinde und Lahme wie einst Christus heilen zu können – und die Menschen glauben und vertrauen ihm und seiner **Heilslehre**. Allerdings lehnt er es ab, seine Praktiken und Fähigkeiten auch unter Laborbedingungen unter Beweis zu stellen. Aus diesem Grund verwundert es nicht, dass der selbst ernannte Wunderheiler mehrfach mit dem Gesetz in Konflikt gerät und sich vor Gericht verantworten muss.

Seinem Ruf tut dies indes keinen Abbruch: Seine Bücher finden reißenden Absatz, seine Vorträge sind stets bestens besucht. Sogar sogenannte Gröningvereine werden gegründet, um seine Lehre einer breiteren Öffentlichkeit bekannt zu machen. Als jedoch 1956 ein von ihm geheilter Junge stirbt, wird Gröning zu einer Gefängnisstrafe auf Bewährung und einer Geldbuße verurteilt. Trotz Spenden, die er im Umfang von einigen hunderttausend Mark von seinen Fans erhalten hat, stirbt er 1959 völlig verarmt in Paris.

Schaufensterauslage eines Textilgeschäfts mit Porträt des Bundeswirtschaftsministers Ludwig Erhard

Wohlstand für alle: Die soziale Marktwirtschaft

Soziale Marktwirtschaft, Wohlstand, Wirtschaftswunder – die Begriffe scheinen untrennbar zusammenzugehören und charakterisieren die wirtschaftliche Entwicklung der Bundesrepublik Deutschland in ihren jungen Jahren. Tatsächlich entwickelt der erste bundesdeutsche Wirtschaftsminister **Ludwig Erhard** (1897–1977) gemeinsam mit seinen Mitarbeitern das Konzept eines marktwirtschaftlichen Wirtschaftssystems, das die Härten des **Kapitalismus** abzufedern und die ganze Bevölkerung am erwirtschafteten Reichtum teilhaben zu lassen versucht. Das Konzept stößt zunächst auf breite Skepsis: Nicht allein die westlichen Besatzungsmächte, auch die Opposition, die Gewerkschaften und die Arbeitgeber scheinen nicht leicht zu überzeugen zu sein. Denn das Konzept schreibt dem Staat die Funktion zu, die Wirtschaft zu kontrollieren und im Zweifelsfall zu regulieren, ohne ihre grundsätzliche Freiheit infrage zu stellen. Für die politische Linke ist das Modell reine Augenwischerei, weil der Kapitalismus nicht heilbar und an sich schon zu bekämpfen sei. Die anderen finden, dass das Konzept dem Modell des Sozialismus allzu sehr ähnlich sehe und dem Staat zu viele Kontroll- und Regulierungsmöglichkeiten in die Hand gibt. Gegen alle Widerstände wird die **soziale Marktwirtschaft**

WAS SONST NOCH GESCHIEHT

- ⮩ Gründung einer gesamtdeutschen CDU
- ⮩ Erster Formel-1-Weltmeister wird Giuseppe Farina auf Alfa-Romeo
- ⮩ In Ostberlin wird das *Ministerium für Staatssicherheit*, kurz *Stasi* gegründet
- ⮩ Der Bundestag lehnt die Wiedereinführung der Todesstrafe ab
- ⮩ Lebensmittel-Rationierung wird in Westdeutschland beendet
- ⮩ Koreakrieg beginnt
- ⮩ Erste Volkszählung ergibt 47.557.926 Einwohner in der Bundesrepublik Deutschland
- ⮩ Gründung der ARD
- ⮩ Erstes Fußball-Länderspiel der Bundesrepublik gegen die Schweiz (1:0)
- ⮩ *Das Tagebuch der Anne Frank* kommt als Buch auf den Markt

schließlich als Wirtschaftssystem der Bundesrepublik Deutschland installiert – und das mit großem Erfolg. Sie bringt der jungen Republik einen enormen wirtschaftlichen Aufschwung, der mit dem Begriff **Wirtschaftswunder** treffend beschrieben wird.

Der erste deutsche Nachkriegsfilm in Farbe

Der erste deutsche Nachkriegsfarbfilm *Schwarzwaldmädel* kommt am 7. September in die bundesdeutschen Kinos und wird sofort zu einem gigantischen Zuschauererfolg. Die Hauptdarsteller **Rudolf Prack** (1905–81) und **Sonja Ziemann** (geb. 1926) gehören fortan zu den beliebtesten bundesdeutschen Schauspielern, das Leinwandpaar erweist sich als echter Publikumsmagnet und garantiert weitere Kinoerfolge. *Schwarzwaldmädel* entsteht nach Motiven einer gleichnamigen Operette und ist der erste einer ganzen Reihe sogenannter **Heimatfilme**, die sich

Das Schwarzwaldmädel verliert sein Herz an den Maler Hans

größter Beliebtheit erfreuen sollen. Zwar ist der Kinobesuch in den Nachkriegsjahren sowieso eine der populärsten Freizeitbeschäftigungen der Bundesbürger. Doch insbesondere Heimatfilme wie z. B. *Schwarzwaldmädel, Grün ist die Heide, Die Försterchristl, Tausend rote Rosen blüh'n* oder *Am Brunnen vor dem Tore* locken tausende in die Kinos. Sie spiegeln die Sehnsucht der Menschen nach einer heilen Welt wider. Denn die Protagonisten des Heimatfilms haben sich nicht – wie das Gros der bundesdeutschen Bevölkerung in der Realität – mit Widrigkeiten des Lebens und einer Existenz in vom Bombenkrieg zerstörten Städten oder ihrer braunen Vergangenheit herumzuplagen. Stattdessen suchen sie vor dem Hintergrund idyllischer Landschaften, den Bergen, Seen oder der Heide, die wahre Liebe, die sie dann in der Regel auch finden.

Die ersten deutschen Taschenbücher

Nach dem Vorbild US-amerikanischer und britischer sogenannter **Pocketbooks** gibt Rowohlt als erstes deutsches Verlagshaus am 17. Juni eine Publikationsreihe mit sogenannten **Taschenbüchern** heraus. Der Rowohltverlag, der kriegsbedingt hat geschlossen werden müssen, ist mit alliierter Genehmigung bereits 1946 wieder aktiv geworden. Zunächst erschweren zerstörte Druckanlagen und akuter Papiermangel die Lage. Die Verleger sind jedoch entschlossen, sich von diesen widrigen Bedingungen nicht im von pädagogischen Motiven getragenen Eifer bremsen zu lassen. Sie drucken die ersten Romane auf schlechtem Papier und im sogenannten Rotationsverfahren, dessen Druckergebnisse von erheblichen Qualitätsmängeln gekennzeichnet sind. Doch die Druckmethode soll der neuen Reihe ihren Namen geben: **Rowohlts-Rotations-Romane**. Die Titel können zu sehr niedrigen Preisen angeboten werden und entsprechend hoch ist die Nachfrage. Von hier aus ist es nur noch ein kurzer Schritt, in Deutschland nach US-Vorbild Taschenbücher herauszugeben, die vor allem durch fünf Kennzeichen charakterisiert sind: dem kleinen Format, dem kartonierten Einband, der Klebebindung, der hohen Auflage, vor allem aber dem niedrigen Preis. Bei den ersten vier von Rowohlt publizierten Taschenbuchtiteln handelt es sich um Tucholskys *Schloss Gripsholm*, Kiplings *Dschungelbuch*, Greenes *Am Abgrund des Lebens* sowie Falladas *Kleiner Mann – was nun?* Die Reihe heißt nach wie vor Rowohlts-Rotations-Romane, die Abkürzung dieses Serientitels – **rororo** – ist auch heute noch bekannt.

Friedenspreis des deutschen Buchhandels wird erstmals verliehen

Dem Schriftsteller **Max Tau** (1897–1976) wird während der Frankfurter Buchmesse der erste **Friedenspreis des deutschen Buchhandels** überreicht. Max Tau war während der Naziherrschaft nach Skandinavien geflohen und beginnt unmittelbar nach dem Kriegsende, sich für die Vermittlung zwischen den von der Wehrmacht überfallenen Ländern und Deutschland

sowie für die Aussöhnung von Juden und Christen einzusetzen. Mit der erstmaligen Überreichung des Friedenspreises an eine schriftstellerisch, künstlerisch oder politisch tätige Persönlichkeit, die durch ihre Arbeit zur Verwirklichung des Friedensgedankens beigetragen hat, beginnt eine Tradition, die bis heute ungebrochen ist. Noch heute stellt die alljährliche Preisverleihung, die stets an einem Sonntag erfolgt, den Höhepunkt der **Frankfurter Buchmesse** dar. Vollzogen wird sie in einem feierlichen Akt in der Paulskirche, bei dem der Geehrte in der Regel eine Rede hält. Der Preis selbst ist mit einem Preisgeld dotiert, das vom **Börsenverein des deutschen Buchhandels** gestiftet wird. Nachfolger Max Taus werden unter anderem Albert Schweitzer (1875–1965), Theodor Heuss (1884–1963), Ernst Bloch (1885–1977), Max Frisch (1911–91), Astrid Lindgren (1907–2002), Yehudi Menuhin (1916–99), Teddy Kollek (geb. 1911), Vaclav Havel (geb. 1936), Ernesto Cardenal (geb. 1925) und Annemarie Schimmel (1922–2003). Gewählt werden sie stets von einem elfköpfigen Gremium, dem **Stiftungsrat des Börsenvereins**, in dem neben Verlegern und Buchhändlern auch sieben weitere Persönlichkeiten des öffentlichen Lebens sitzen.

Professor Dr. Adolf Grimme (l.), die Ehefrau des Preisträgers und Dr. Max Tau

Das Grundgesetz erhält höchstrichterliche Hilfe

Als am 28. September die Richter und Mitarbeiter des **Bundesverfassungsgerichts** (BVG) ihre Arbeit erstmalig aufnehmen, wird damit eine Institution ins Leben gerufen, die für den Schutz des Grundgesetzes, der seit 1949 geltenden Verfassung der Bundesrepublik Deutschland, zuständig sein soll. Aus diesem Grund werden die Mitglieder dieses unabhängigen und selbstständigen Gerichts auch als **Hüter des Grundgesetzes** bezeichnet. Erster Präsident des BVG wird **Hermann Höpker-Aschoff** (1883–1954). Das Gericht besteht aus zwei Kammern mit zunächst je zwölf, später je acht Richtern, die von Bundesrat und Bundestag gewählt werden. Faktisch haben diese **Bundesverfassungsrichter** bis zum heutigen Tag in allen Zweifelsfällen das Grundgesetz auszulegen. Konkret bedeutet dies, dass sie Gesetze auf ihre Verfassungsmäßigkeit überprüfen, Konflikte zwischen anderen Verfassungsorganen wie dem Bundestag, den Länderparlamenten oder dem Bundesrat lösen und auch über Fragen des Entzugs von Grundrechten und des Verbots von Parteien entscheiden. Obgleich es sich um das höchste bundesdeutsche Gericht handelt, kann jeder Bundesbürger das BVG anrufen, wenn er sich in seinen verfassungsmäßig zugesicherten Rechten eingeschränkt sieht. Urteile des BVG unterscheiden sich im Übrigen von

Hermann Höpker-Aschoff

denen anderer deutscher Gerichte vor allem dadurch, dass sie wie die vom Bundestag beschlossenen Gesetze ebenfalls Gesetzescharakter haben. Schon für die junge Bundesrepublik fällt das BVG einige wesentliche **Grundsatzurteile**. Seinen Sitz hat es seit seiner Gründung in Karlsruhe.

Mehrheit stimmt für einen Südweststaat

Der Bundestag hat beschlossen, dass die südwestdeutschen Bundesbürger selbst entscheiden sollen, ob sie in einem vereinigten **Südweststaat** oder in drei alten und voneinander unabhängigen Bundesländern leben wollen. So kommt es schließlich am 9. Dezember in einer Volksabstimmung zur Entscheidung. Im Vorfeld dieses Plebiszits hat es einen heftigen Kampf um jede Stimme gegeben, in welchem nicht immer nur rationale Argumente zur Sprache gekommen sind, sondern in dem es mitunter auch recht deftig zur Sache gegangen ist. Vor allem von Seiten derer, die für die Unabhängigkeit Badens plädieren, wird an Emotionen, Lokalpatriotismus und antischwäbischen Ressentiments nicht gespart. Für eine Vereinigung der südwestdeutschen Länder sprechen vor allem wirtschaftspolitische

DAS SIND DIE TOPHITS DES JAHRES

- ⮑ *Pack die Badehose ein* – Cornelia Froboess
- ⮑ *Tango Max* – Friedel Hensch & Die Cypris
- ⮑ *Lass doch mal den kleinen Otto 'ran* – Marika Rökk
- ⮑ *Das machen nur die Beine von Dolores* – Peter Alexander
- ⮑ *Come on my House* – Rosemary Clooney
- ⮑ *Cry* – Johnny Ray
- ⮑ *How High The Moon* – Les Paul & Mary Ford

Argumente. Außerdem erhofft man sich von einer Vereinigung auch eine Stärkung des Südwestens im Verband der bundesdeutschen Länder. Schließlich spricht auch die mit der Vereinigung einhergehende Verschlankung der staatlichen Verwaltung eher für den einen Südweststaat. Die abstimmungsberechtigten Bürger stehen diesen rationalen Argumenten offenbar aufgeschlossen gegenüber, denn die Volksentscheidung bringt schließlich eine deutliche Mehrheit, die für die Gründung des Bundeslandes **Baden-Württemberg** votiert. Allerdings hat der Abstimmungsmodus dieses Ergebnis von vornherein begünstigt. Nur in Südbaden spricht sich eine Mehrheit für die Beibehaltungen der alten Länder aus.

Die westdeutsche Bundespolizei konstituiert sich

Nachdem in Ostdeutschland bereits seit 1948 die sogenannte **Volkspolizei** aktiv ist, werden auch in Westdeutschland Stimmen laut, die die Aufstellung einer **Polizei des Bundes** fordern. Auch die Bundesregierung unter Bundeskanzler **Konrad Adenauer** (1876–1967) forciert ein solches Unternehmen. So beschließt der Bundestag unter Zustimmung der SPD schließlich das **Gesetz über den Bundesgrenzschutz**, das am 21. März in Kraft tritt. Noch im selben Jahr wird der **Bundesgrenzschutz** (BGS) gegründet. Im Gegensatz zu den den Länderregierungen unterstellten Polizeieinheiten untersteht der BGS als Bundesbehörde direkt dem Bundesinnenministerium. Zu seinen Aufgaben gehört zunächst vor allem der Schutz der bundesdeutschen Grenzen nach Osten, wo gerade an der innerdeutschen Grenze zur DDR mit permanenten Konflikten zu rechnen ist. Nach Innen kommt dem BGS seit seiner Gründung die Funk-

tion zu, die Gebäude von Bundesbehörden und Verfassungsorganen zu bewachen und gegen etwaige Angriffe zu schützen. Die Stärke der Behörde wird zunächst zwar auf 10.000 Beamte begrenzt, nach den Ereignissen des 17.7.1953 in der DDR jedoch verdoppelt; heute sind etwa 22.000 Mann beim BGS beschäftigt. Die Gründung des BGS ist ein Schritt hin zu einer **Remilitarisierung** Deutschlands nach dem Zweiten Weltkrieg. So verwundert es kaum, dass 1956 ganze BGS-Verbände geschlossen zur neu gegründeten Bundeswehr stoßen und dort sogar die ersten drei Divisionen stellen.

Wohnen im Stil der 50er: Cocktailsessel und Tulpenlampe

Die 50er-Jahre bringen weltweit stilistisch ihre ganz eigenen Kreationen hervor. Seit diesem Jahr tauchen auch in den Wohnzimmern der Bundesbürger allmählich Möbelstücke und Accessoires in den typischen und zeitgenössischen Formen auf. Ein echter Klassiker ist dabei der **Nierentisch**, der vor allem durch seine ungewöhnliche und namensgebende Form auffällt. Idealerweise stellt der Vater der Familie auf diesem Tischchen sein Getränk ab, während er es

Wohnzimmer der 50er-Jahre

sich in einem ebenso formschönen **Cocktailsessel** bequem macht. Ob in diesem Sitzmöbelstück tatsächlich in erster Linie Cocktails getrunken worden sind, sei dahingestellt. Auf jeden Fall verfügt es über eine Polsterung und ist mit einer halbhohen durchgehenden Arm- und Rückenlehne ausgestattet, die dem Sessel nicht nur seine elegante Form gibt, sondern ihn auch zu einem hinreichend komfortablen Möbel macht, in das man sich immer wieder gerne setzt. Illuminiert wird ein so ausgestattetes Wohnzimmer schließlich nicht mehr von antiquierten Lüsterleuchtern, sondern von **tüten- oder tulpenförmigen Lampen**, die entweder als kleine Stehleuchten oder aber als Wandstrahler Verwendung finden. Die auffälligen organischen Formen von Möbeln und Accessoires der 50er-Jahre werden ergänzt durch ihre typische Farbgebung. Meist dominieren hier blasse Pastelltöne.

Der Sommerhit des Jahres: *Pack die Badehose ein*

Als die nicht einmal achtjährige **Cornelia Froboess** (geb. 1943) zu Beginn der 50er-Jahre erstmals auf der Bühne steht und ein von ihrem Vater eigentlich für die Schöneberger Sängerknaben komponiertes Liedchen singt, ahnt noch niemand, dass die Karriere des ersten bundesdeutschen Kinderstars hier seinen Anfang nehmen soll. Das Lied heißt *Pack die Badehose ein* und wird zu dem Sommerschlager schlechthin. Weitere Hits, oft ebenfalls aus der Feder ihres Vaters, folgen und machen die junge Berlinerin deutschlandweit so populär, dass man sie bald schon für den Film entdeckt. Die Tatsache, dass es sich meist um belanglose Schlagerfilmchen handelt, in denen Cornelia Froboess mitspielen und zu denen sie einige Lieder beisteuern darf,

tut ihrer Beliebtheit keinen Abbruch – im Gegenteil: Die Publikumszahlen sprechen für sich, denn offenbar erfreuen sich gerade diese einfachen und anspruchslosen Filme unter den Bundesbürgern wachsenden Zuspruchs. Erst als die Sängerin und Schauspielerin dem Kindesalter allmählich entwächst, sieht es kurzzeitig so aus, als ob es mit ihrer Karriere vorbei sei. Aber auch als Teenager kann Cornelia Froboess schließlich weitere Hits landen und mit ihren Schlagerkollegen vor der Kamera stehen. Die Zusammenarbeit mit dem ebenso wie sie als Teenageridol gefeierten **Peter Kraus** (geb. 1939) macht die beiden zu einem der beliebtesten bundesdeutschen Filmpaare der Nachkriegszeit.

Erstmals wieder Wagner in Bayreuth

Als am 29. August die ersten Bayreuther **Richard-Wagner-Festspiele** nach dem Krieg mit der Aufführung der Oper *Parsifal* beginnen, ist für zahlreiche Freunde des umstrittenen Komponisten eine lange Durststrecke zu Ende gegangen. Hat es noch während des Zweiten Weltkriegs durchaus Wagneraufführungen in

Festspielhaus in Bayreuth

Bayreuth gegeben, so markierte doch das Kriegsende auch das Ende dieser speziellen Festivaltradition. Obgleich das Opernhaus selbst von Fliegerbomben verschont geblieben ist, weil die Bomberpiloten es für eine Brauerei gehalten haben, fällt der Konzertbetrieb nach 1945 zunächst einmal aus, zumal das gesamte Festspielgelände unter anderem als Flüchtlingsnotunterkunft Verwendung findet. Dem Wagner-Enkel **Wieland Wagner** (1917–66) schließlich kommt die Ehre zu, die ersten Festspiele nach dem Krieg in Szene zu setzen. Allerdings sorgt er insbesondere unter den konservativen Wagnerfreunden mit modernen Bühnenbildern und zeitgemäßer Inszenierung vom *Parsifal* und dem *Ring des Nibelungen* für einige Verwirrung. Gemeinsam mit seinem Bruder hat Wieland Wagner die Opern seines Großvaters von allen ideologischen Belastungen, mit denen sie seit dem Kaiserreich, vor allem aber während der Nazi-Zeit überfrachtetet worden waren, befreit. Statt germanischem Brimborium steht nunmehr allein die Musik im Mittelpunkt der Inszenierung. Seit diesem Wiederbeginn sorgen die Wagneraufführungen der Bayreuther Festspiele immer wieder für kontroverse Diskussionen unter den Opernfreunden.

Skandal: Die Knef nackt im Kino

Für einen handfesten Skandal sorgt der Film *Die Sünderin*. Denn die Hauptdarstellerin **Hildegard Knef** (1925–2003), die in dem von **Willy Forst** (1903–80) inszenierten Streifen die Geliebte eines Malers spielt, lässt für einige Sekunden die Hüllen gänzlich fallen und ist dementsprechend splitternackt zu sehen. Für die eher prüde bundesdeutsche Öffentlichkeit der 50er-Jahre ist das schon ziemlich starker Tobak.

Der Skandal ist da, doch der Karriere der Knef tut dies keinen Abbruch, im Gegenteil: Er steigert deren Berühmtheit.

Schon zuvor hat sie in einigen wichtigen westdeutschen Filmen wie dem berühmten *Film ohne Titel* und *Die Mörder sind unter uns* mitge-

Filmplakat mit Hildegard Knef

spielt. International gelingt ihr schließlich zu Beginn der 50er-Jahre mit Streifen wie *Entscheidung vor Morgengrauen* oder *Schnee am Kilimandscharo*, in denen sie neben den Topstars des Hollywoodkinos auftritt, der Durchbruch. Zu Beginn der 60er-Jahre beginnt Hildegard Knef schließlich eine zweite, überaus erfolgreiche Karriere und zwar als **Chansonsängerin**. Ihre rauchige Stimme wird zu ihrem Markenzeichen und macht sie zur „berühmtesten Sängerin ohne Stimme", wie es eine berühmte US-Jazzsängerin

FILME DES JAHRES

- ⤷ *Ein Amerikaner in Paris* mit Gene Kelly
- ⤷ *Umberto D.* von Vittorio de Sica
- ⤷ *Ein Platz an der Sonne* mit Montgomery Clift
- ⤷ *Endstation Sehnsucht* von Elia Kazan
- ⤷ *African Queen* mit Humphrey Bogart
- ⤷ *Der jüngste Tag* von Rudolph Mate
- ⤷ *Die Csardasfürstin* mit Marika Rökk
- ⤷ *Das Haus in Montevideo* mit Heinz Rühmann

einmal ausdrückte. Mit ihrer Autobiografie *Der geschenkte Gaul*, die zu Beginn der 70er-Jahre erscheint, macht sie erneut auf sich aufmerksam, ihre Popularität unter der bundesdeutschen Bevölkerung bleibt bis zu ihrem Tod infolge eines Lungenleidens im Jahre 2003 ungebrochen.

Paul Falk und Ria Baran

Die Eiskunstläufer **Paul Falk** (geb. 1921) und **Ria Baran** (1922–86) sind das Traumpaar des bundesdeutschen **Eiskunstsports** schlechthin und werden sechsmal Deutscher Meister im Paarlauf. Der gelernte Feinmechaniker und die Sekretärin haben über zehn Jahre gemeinsam an ihrer großen Kür gearbeitet, bevor sie schließlich zu Beginn der 50er-Jahre erstmals auch international die Früchte ihrer harten Arbeit ernten können: 1950 werden sie Europameister, in diesem Jahr sogar Weltmeister. Die Hochzeit der beiden Sportler im selben Jahr stellt das glamouröse Glanzlicht des deutschen Sports dar. So verwundert es nicht, dass sie nun auch noch zu den „Sportlern des Jahres" gekürt werden. In ihren Darbietungen verbinden Paul Falk und Ria Baran technische Perfektion und künstlerischen Ausdruck auf nahezu unnachahmliche und für ihre Zeit in höchstem Maße ungewöhnliche Weise. Insbesondere ihre Sprungtechnik ist innovativ und begeistert Laien wie Profis, sind sie doch die ersten, die auch doppelt gedrehte Sprünge im Paarlauf zu zeigen wagen. Die sportlichen Leistungen des Eiskunstlauf-Traumpaares

Paul Falk und Ria Baran

sollen schließlich auch in materiellen Gewinn umgemünzt werden. Nachdem die beiden 1952 Olympiasieger geworden sind, wechseln sie aus dem Amateurlager in das der Profis. Als Mitglieder des weltberühmten *Holiday on Ice*-Ensembles gehen sie weltweit auf Tour, um das eiskunstlaufbegeisterte Publikum zu verzaubern.

Europa wächst zusammen

Als Bundeskanzler **Konrad Adenauer** (1876–1967) gemeinsam mit dem französischen Außenminister **Robert Schuman** (1886–1963) sowie Regierungsvertretern der Niederlande, Belgiens und Luxemburgs am 18. April den Ver-

Der Vertrag über die Europäische Gemeinschaft für Kohle- und Stahl (Montanunion) wurde am 18. April 1951 im französischen Außenministerium unterzeichnet

trag zur Bildung einer **Europäischen Gemeinschaft für Kohle und Stahl** (EGKS), auch **Montanunion** genannt, unterzeichnet, ahnen die Bundesbürger wohl kaum, dass dieser Zusammenschluss der westeuropäischen Schwerindustrie der erste wichtige Schritt in Richtung eines auch politisch vereinigten Europas ist. Mit der Montanunion wird vertragsgemäß für die Dauer von fünfzig Jahren ein gemeinsamer europäischer Markt für die Kohle und Stahl erzeugende Industrie geschaffen, der frei von **Binnen-zöllen** sein soll. Diese Union stellt eine gewaltige politische Innovation dar, da sie erstmals nationale Hoheitsrechte auf eine gemeinschaftliche europäische Institution überträgt. Dies ist gerade vor dem Hintergrund, dass hiervon vor allem kriegswichtige Industriezweige betroffen sind, von besonderer Bedeutung und kann auch als vertrauensbildende Maßnahme zwischen den ehemaligen Kriegsgegnern Deutschland und Frankreich verstanden werden. Im Jahr nach der Vertragsunterzeichnung folgt dann am 23.7.1952 die offizielle Gründung der EGKS, deren erster Präsident **Jean Monnet** (1888–1979) als enger Vertrauter des französischen Außenministers die Idee zu dem Europa einigenden Vertragswerk entwickelt hat.

kapazitäten auf. Erst 1948 gelingt es, die ersten modernen **Schallplatten** herzustellen. Der staunenden Öffentlichkeit kann schließlich mit der Langspielplatte ein Medium vorgestellt werden, das bis zu 30 Minuten Musik oder Ton pro Seite speichern kann, mithin insgesamt rund eine Stunde Musikvergnügen bereitet. Ein weiterer Vorteil des nach seiner englischen Bezeichnung „Longplay record" auch als LP bezeichneten Tonträgers ist es, dass bei seiner Produktion das teure Naturprodukt Schellack durch das erheblich günstigere PVC (Polyvinylchlorid) ersetzt wird. So stellt die Erfindung der LP nicht allein für die Musikindustrie, sondern auch für die Entwicklung der modernen Popmusik einen gewaltigen Durchbruch dar, ermöglicht sie es doch, dass sich tatsächlich nahezu jeder die Musik kaufen kann, die er zu Hause hören will.

Die erste Langspielplatte wird in Düsseldorf vorgestellt

Eine echte Medienrevolution kommt am 31. August ins Rollen. An diesem Tag stellt die *Deutsche Grammophon* die weltweit erste **Langspielplatte** vor. Seit Edison hat man versucht, die menschliche Stimme auf adäquaten Medien zu speichern. Zu Beginn gilt die sogenannte **Fonografenwalze** als der Tonträger schlechthin, die Erfindung des **Grammofons** vereinfacht das Abspielen der Tonträger dann in hohen Maße, doch die Tonqualität der dabei verwendeten teuren **Schellackplatten** lässt zu wünschen übrig. Außerdem weisen sie das Problem relativ geringer Speicher-

Junger Mann bedient einen Plattenspieler

- In Westberlin wird die erste „Grüne Woche" nach Kriegsende eröffnet
- In den USA wird die erste Operation mit einer Herz-Lungen-Maschine vorgenommen
- In Berlin wird das erste Mal der Filmpreis „Goldener Bär" verliehen, der Film *Die vier im Jeep* erhält den Preis
- Die Firma Kässbohrer baut mit dem *Setra* den ersten Omnibus mit selbsttragender Karosserie
- *Verdammt in alle Ewigkeit* von James Jones ist die wichtigste Buchveröffentlichung des Jahres
- Westalliierte übertragen Passhoheit an die Bundesrepublik Deutschland
- In Wiesbaden entsteht das Bundeskriminalamt (BKA)
- Deutscher Mieterbund wird gegründet
- Das erste Stalin-Denkmal der DDR wird eingeweiht
- Hitlers Landsitz auf dem Obersalzberg wird an Deutschland zurückgegeben

Stalins Vorschläge zur Wiedervereinigung

Während die bundesdeutsche Regierung mit ihren westeuropäischen Nachbarn über die Gründung einer westeuropäischen Verteidigungsgemeinschaft verhandelt, stößt der sowjetische Staats- und Parteichef, **Josef Stalin** (1879–1953), mit einem überraschenden Vorschlag zur **Wiedervereinigung** der beiden bereits bestehenden deutschen Staaten vor. In dieser sogenannten Stalinnote wird der Abschluss eines endgültigen Friedensvertrags in Aussicht gestellt, wenn gewährleistet werde, dass das vereinigte Deutschland neutral bleibe, sich also weder auf die Seite des US-dominierten Westens noch auf die des Ostblocks schlagen würde. Außerdem sollen alle Besatzungstruppen Deutschland binnen Jahresfrist verlassen.

Josef Stalin

Seitens der Westalliierten wird der Vorschlag rundweg als Täuschungsmanöver der sowjetischen Seite abgelehnt, eine Auffassung, die auch die bundesdeutsche Regierung unter **Konrad Adenauer** (1876–1967) teilt. Die Politik des Bundeskanzlers setzt klare Prioritäten: Vor einer etwaigen Wiedervereinigung soll die Integration der Bundesrepublik Deutschland in die westlichen Bündnissysteme erfolgen. Obgleich die deutsche Regierung also die Angebote Stalins ablehnt, lösen die Vorschläge unter der Bevölkerung heftige Diskussionen aus. Viele Bundesbürger werfen Adenauer vor, nun die letzte Gelegenheit zu einer deutschen Vereinigung leichtfertig zu verspielen.

Deutschlandlied wird wieder Nationalhymne

Als der erste Präsident der Bundesrepublik Deutschland, **Theodor Heuss** (1884–1963), am 2. Mai das sogenannte *Lied der Deutschen* zur bundesdeutschen **Nationalhymne** proklamiert, ist damit die endgültige Entscheidung in einer lang andauernden und in der Öffentlichkeit teilweise heftig geführten Diskussion gefallen. Die Melodie zu dem Lied stammt aus dem Kaiserquartett des österreichischen Komponisten **Joseph Haydn** (1732–1809), den Text hat der deutschnationale Dichter **Heinrich Hoffmann von Fallersleben** (1798–1874) 1841 geschrieben. Das *Lied der Deutschen* ist zwar bereits in der Weimarer Republik deutsche Nationalhymne, kommt aber vor allem durch seine Verwendung während der nationalsozialistischen Herrschaft in Verruf. Nach 1933 ist es nämlich üblich geworden, auch bei offiziellen Anlässen das *Lied der Deutschen* und das sogenannte *Horst-Wessel-Lied*, gewissermaßen die NS-Partei-Hymne, nacheinander zu spielen. Nachdem die Bundesrepublik 1949 gegründet worden ist und man über eine Nationalhymne nachzudenken beginnt, reagieren daher manche Bundesbürger mit Empörung auf den Vorschlag, das Deutschlandlied als Hymne zu reaktivieren. Auch anderen, die nicht grundsätzlich gegen das Lied sind, scheint es nach dem Ende des Zweiten Weltkriegs nicht unbedingt von besonderem Takt zu zeugen, weiterhin die der ersten Strophe des Liedes entnommene Zeile „Deutschland, Deutschland über alles, über alles in der Welt" zu singen. Daher wird allein die dritte Strophe, die mit der Zeile „Einigkeit und Recht und Freiheit" beginnt, zur offiziellen Nationalhymne der Bundesrepublik.

SPD-Partei-Vorsitzender Schumacher stirbt in Bonn

Als am 20. August der Vorsitzende der SPD, **Kurt Schumacher** (1895–1952), in der Bundeshauptstadt stirbt, verlieren die Sozialdemokraten einen ihrer charismatischsten Führer, der die Partei in den Wirren der Nachkriegsjahre neu konstituiert hat. Der von seiner KZ-Haft schwer gezeichnete Schumacher hat 1949 mit **Konrad Adenauer** (1876–1967) um den Posten des Bundeskanzlers gerungen, die Wahl allerdings knapp verloren. So wird er Führer der stärksten Oppositionspartei im deutschen Bundestag. Als sol-

Kurt Schumacher

cher ist er ein erbitterter Gegner der Politik Adenauers, die in erster Linie auf eine Westintegration der Bundesrepublik abzielt. Schumacher lehnt den Beitritt Deutschlands zum **Europarat**, zur **Montanunion** und zur **Europäischen Verteidigungsgemeinschaft** (EVG) strikt ab und wirft Adenauer vor, Kanzler der Westalliierten zu sein. Aber auch innerhalb seiner Partei hat Schumacher einige Kämpfe auszufechten. Insbesondere die Fragen, wie man mit der ostdeutschen SED und der westdeutschen KPD, mit den Vorschlägen zur Wiedervereinigung Deutschlands oder mit dem sozialistischen Erbe der Partei umgehen solle, drohen die SPD mehrfach zu spalten. Schumacher vertritt hier klare Positionen und lehnt jegliche Zusammenarbeit mit KPD oder SED ab. Zugleich bemüht er sich, die SPD über die Arbeiterschaft hinaus auch für weitere gesellschaftliche Kreise interessant zu machen.

WAS SONST NOCH GESCHIEHT

- ⮞ In Dortmund wird die Westfalenhalle als Europas größte Sportarena eingeweiht
- ⮞ Ein Atombombenversuch in der Wüste von Nevada wird vom US-Fernsehen live übertragen
- ⮞ In Deutschland kommen die ersten 5-DM-Münzen in Umlauf
- ⮞ Erster Blutspendetermin des Deutschen Roten Kreuzes
- ⮞ Helgoland kommt wieder unter deutsche Verwaltung
- ⮞ Ernest Hemingways Buch *Der alte Mann und das Meer* wird großer Publikumserfolg
- ⮞ Bundesanstalt für Arbeit (BfA) wird gegründet
- ⮞ Hamburg bekommt als Bundesland eine Verfassung
- ⮞ Bundestag lehnt Wiedereinführung der Todesstrafe erneut ab

Die Wohnungsnot der Bundesdeutschen wächst

Noch 1951 stehen den rund 15 Millionen bundesdeutschen Haushalten nur zehn Millionen bereitstehende Wohnungen und behelfsmäßige Unterkünfte gegenüber. Die verheerende Wohnraumsituation, die sich bereits am Ende des Zweiten Weltkriegs abgezeichnet hat und die zunächst auf die kriegsbedingte Zerstörung der deutschen Städte zurückzuführen ist, bleibt also auch in den Jahren nach der Gründung der Bundesrepublik Deutschland bestehen. Wichtigste Ursache dieser Entwicklung, die trotz des energisch vorangetriebenen Wiederaufbaus der deutsche Städte und trotz **Wohnungsbauprogrammen** zunächst kaum gebremst werden kann, ist der nach Deutschland strömende Zug ostdeutscher Flüchtlinge. Denn neben den teilweise ebenfalls ausgebombten Westdeutschen suchen im Bundesgebiet nun auch Millionen von **Vertriebenen** aus den ehemals deutschen Ostgebieten, vor allem aus dem Sudentenland, aus Ostpreußen und aus Schlesien, eine Unterkunft. Meist werden sie in Notunterkünften und Baracken untergebracht, in denen die Familien auf engstem Raum zusammenleben. Um diese unhaltbare Situation zu ändern, beginnt man Anfang der 50er-Jahre mithilfe von staatlichen Zuschüssen und Steuervergünstigungen für die Bauherren insbesondere den Bau von sogenannten **Sozialwohnungen** zu fördern. Diese relativ kleinen, aber sehr günstigen Wohnungen werden nach dem Grundsatz der Bedürftigkeit zugeteilt. Im ersten Jahrzehnt des Bestehens der Bundesrepublik Deutschland entstehen so über vier Millionen Wohnungen.

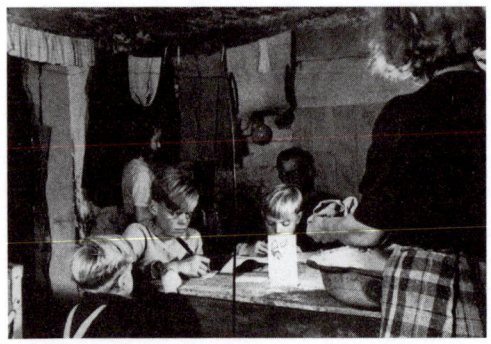

Deutschland in der Nachkriegszeit – Wohnungsnot

FILME DES JAHRES

- ⮕ *12 Uhr mittags* mit Gary Cooper
- ⮕ *Stadt der Illusionen* mit Kirk Douglas
- ⮕ *Moulin Rouge* von John Huston
- ⮕ *Viva Zapata!* mit Marlon Brando
- ⮕ *Alraune* mit Hildegard Knef

Wiedergutmachungen gegenüber den Juden

Als am 10. September der deutsche Bundeskanzler **Konrad Adenauer** (1876–1967) und der israelische Außenminister **Moshe Scharett** (1894–1965) das sogenannte **Luxemburger Abkommen** unterzeichnen, ist damit der erste Schritt in Richtung eines Ausgleichs Deutschlands für die unter dem NS-Regime an Juden begangenen Verbrechen getan. Die Bundesregierung verpflichtet sich in dem Abkommen nämlich, den jüdischen Opfern des nationalsozialistischen Terrors insofern Wiedergutmachung zu leisten, indem sie dem Staat Israel wie auch den jüdischen Organisationen außerhalb Israels Dienstleistungen im Wert von umgerechnet rund 1,65 Millionen Euro verspricht. Nach der Unterzeichnung des Abkommens muss jedoch eine weitere Hürde genommen werden, denn das Vertragswerk bedarf erst noch seiner Ratifizierung durch den deutschen Bundestag. Hier aber melden vor allem konservative Kreise große Bedenken an. Bei der Abstimmung enthalten sich dann zahlreiche Abgeordnete der Unionsparteien der Stimme, manche von ihnen votieren sogar offen gegen das Luxemburger Abkommen, das ihr Parteichef selbst ausgehandelt hat: Von den insgesamt rund 400 Bundestagsabgeordneten stimmt nur eine Mehrheit von

239 Abgeordneten, darunter die geschlossene SPD-Fraktion, für den Vertrag. In der DDR fühlt man sich im Übrigen überhaupt nicht zu Zahlungen an Israel verpflichtet: Der Staat sei, so argumentiert man innerhalb der SED, kein Nachfolgestaat des nationalsozialistischen Deutschen Reichs und damit auch zu nichts verpflichtet.

Unterzeichnung des deutsch-israelischen Wiedergutmachungsabkommens: Bundeskanzler Konrad Adenauer (r.) und der israelische Außenminister Moshe Sharett

Rechte für Arbeitnehmer heruntergefahren

Als der Bundestag am 19. Juli das **Betriebsverfassungsgesetz** gegen den vehementen Protest von Gewerkschaften verabschiedet, bedeutet dies für die organisierte Arbeitnehmerschaft einen deutlichen Rückschritt gegenüber älteren Regelungen. Schon 1947 war in einigen Teilen Deutschlands für die Schwerindustrie die sogenannte **paritätische Mitbestimmung** eingeführt worden. Faktisch bedeutet dies, dass in den Aufsichtsräten der großen Konzerne nun neben Vertretern der Aktionäre auch fünf Repräsentanten der Arbeitnehmerschaft vertreten sein sollen.

Dieses Paritätsprinzip findet seitens der Gewerkschaften so großen Zuspruch, dass sie nach 1949 vom Bundestag unter Androhung von Generalstreiks die gesetzliche Absicherung wie auch die Ausweitung dieser Regelungen auf andere Industriebereiche fordern. Zwar gelingt 1951 die gesetzliche Absicherung für die Kohle- und Stahlindustrie, eine Ausweitung auch auf andere Wirtschaftsbereiche dagegen erfolgt nicht. Die Bundesregierung unter Kanzler Adenauer (1876–1967) will mit der Montanmitbestimmung keineswegs einen für die westdeutsche Industrie relevanten Präzedenzfall geschaffen haben. Stattdessen geht man im Betriebsverfassungsgesetz einen deutlichen Schritt hinter die Regelungen für die Montanindustrie zurück: In den Aufsichtsräten sollen die Arbeitnehmer nur mehr ein Drittel statt der Hälfte der Sitze erhalten.

Die Deutschen hocken erstmals vor der Glotze

Am 25. Dezember nimmt der Nordwestdeutsche Rundfunk (NWDR), die Vorgängerinstitution von NDR (Norddeutscher Rundfunk) und WDR (Westdeutscher Rundfunk), erstmals in Deutschland den regelmäßigen Fernseh-Programmbetrieb auf. Zwar hat es schon unter den Nationalsozialisten, von denen vor allem Minister **Josef Goebbels** (1897–1945) die propagandistische Bedeutung des Fernsehens erkannt hat, erste Fernsehübertragungen gegeben. Die Weiterentwicklung der Fernsehtechnik geriet aber kriegsbedingt ins Stocken und nach 1945 mussten die deutschen Zuschauer dann zunächst sowieso einmal eine längere Sendepause hinnehmen. Diese endet wenigstens für den Norden und Westen am ersten Weihnachtsfeiertag mit der Übertragung eines weihnachtlichen Fernseh-

Zwei Damen vor dem Fernseher

spiels. Die Sendung dauert insgesamt knapp zwei Stunden. Danach wird die Übertragung, die im Übrigen aus einem ehemaligen Flakbunker in Hamburg erfolgt, wieder beendet. Im Jahr darauf beginnen auch die anderen deutschen Sendeanstalten der **Arbeitsgemeinschaft der Rundfunkanstalten Deutschlands** (ARD) mit der Übertragung von Fernsehprogrammen. Fernsehempfangsgeräte sind aber während der 50er-Jahre noch so teuer, dass Fernsehen fast ausschließlich in öffentlichen Räumen, in Gaststätten, Bars und Hotels konsumiert wird. Es wird noch eine ganze Weile dauern, bis das TV-Gerät zur deutschen Wohnungseinrichtung gehört.

Leitung der Berliner Philharmoniker

Wilhelm **Furtwängler** (1886–1954) hat schon während des Kaiserreichs, der Weimarer Republik und der Zeit der nationalsozialistischen Herrschaft als begnadeter Dirigent namhafte Orchester geleitet, bevor man ihm nun die Leitung der **Philharmonie** seiner Geburtsstadt Berlin überträgt. Damit steht Furtwängler dem renom-

miertesten deutschen Orchester vor. Seine technische Qualifikation, sein künstlerisches Verständnis wie auch seine musikalische Begabung sprechen für Furtwängler, der im Übrigen bereits 1927 die Ehrendoktorwürde der Philosophischen Fakultät der Universität Heidelberg verliehen bekommen hat. Und dennoch gibt es um seine Ernennung Diskussionen. Denn tatsächlich ist Furtwängler auch unter den Nazis sehr beliebt gewesen und hat persönliche Kontakte selbst zu den höchsten Repräsentanten des Unrechtsregimes gepflegt. Zwar hat der Dirigent aus Protest gegen das ideologisch begründete Aufführungsverbot bestimmter Komponisten 1934 alle Ämter niedergelegt, übernimmt aber dann 1935 doch wieder die Leitung der Berliner, 1939 sogar der Wiener Philharmonie und spielt unter anderem vor Hitler (1889–1945), Göring (1893–1946) und Goebbels (1897–1945). Nach Kriegsende wird Furtwängler in einem sehr intensiven **Entnazifizierungsprozess** freigesprochen. Nur zwei Jahre, nachdem er die Leitung der Berliner Philharmoniker übernommen hat, stirbt der Dirigent am 30. November in Baden-Baden.

Partei vom Bundesverfassungsgericht verboten

Zwar haben sich etliche Anhänger der 1945 im Rahmen der deutschen **Entnazifizierung** verbotenen NSDAP nach dem Krieg den neu konstituierten bürgerlichen Parteien angeschlossen, doch die Bundesrepublik ist noch keine zwei Monate alt geworden, da wird auch schon wieder eine nationalsozialistische Partei, die sogenannte **Sozialistische Reichspartei** (SRP) gegründet. Sie hat sich von der „Deutschen Konservativen Partei" abgespalten und verzeichnet beachtliche Wahlerfolge. So erhält die SRP bei Landtagswahlen in Bremen sieben Prozent, in Niedersachsen elf Prozent aller Stimmen. Dies verweist darauf, dass auch vier Jahre nach Hitlers Tod fast jeder zehnte Deutsche noch nicht genug vom nationalsozialistischen Spektakel hat. Die Partei rekrutiert gezielt ehemalige Parteigenossen und Führungskader der NSDAP und passt sich auch in Wortwahl und Gestus nur minimal an die demokratischen Gegebenheiten der jungen Bundesrepublik Deutschland an: Zu ihren offen artikulierten Forderungen gehören unter anderem der Fortbestand des Deutschen Reiches, der Widerstand gegen die Alliierten, die Wiederbelebung des Rassegedankens und des „völkischen Denkens" wie auch die Rückgewinnung der Ostgebiete. In diesem Jahr wird die SRP vom Bundesverfassungsgericht als verfassungswidrig eingestuft und aufgelöst. Nachfolgeparteien wie die „Deutsche Reichspartei" können nicht an ihre Erfolge anschließen.

Boxer geht auf Ringrichter los

Es ist der erste Skandal des bundesdeutschen Boxsports und zugleich die Lachnummer schlechthin. Der Kölner Boxer **Peter Müller** (1927–92), den man wegen seiner eigenwilligen Kampfhaltung nur als **De Aap** (= der Affe) kennt, muss am 8. Juni im Kampf um die Mittel-

gewichtsmeisterschaft in seiner Heimatstadt antreten. Nachdem ihn der Ringrichter mehrmals wegen Klammerns ermahnt hat, reißt Müller schließlich der Geduldsfaden: Beherzt holt er zu einer kräftigen Rechten aus und schlägt den Ringrichter k.o.; auch alle übrigen Beteiligten, die daraufhin in das Geschehen einzugreifen versuchen,

Peter Müller schlägt den Ringrichter nieder

gehen zu Boden, einschließlich des Managers und Schwiegervaters. In der Folge dieses handfesten Boxskandals erhält De Aap vom Boxverband eine lebenslange Sperre, die allerdings nach kaum einem Jahr wieder aufgehoben wird. Peter Müller wird insgesamt dreimal deutscher Mittelgewichtsmeister. Auf internationaler Bühne herrscht dagegen sein deutscher Rivale **Bubi Scholz** (1930–2000), gegen den er 1959 bereits nach zwei Minuten zu Boden geht. Peter Müller versucht sich auch jenseits des Boxrings als Entertainer. Zwar bringt er die für einen Schlagersänger notwendige musikalische Begabung nicht unbedingt mit, dies versucht er aber mit viel Enthusiasmus und Witz auszugleichen. Wenigstens mit dem Lied *Ring frei zur ersten Runde* kann er einen kurzzeitig beliebten Gassenhauer landen.

Der 17. Juni: Aufstand in der DDR

Als die DDR-Führung unter **Walter Ulbricht** (1893–1973) am 1. Januar verkündet, den Aufbau des Staatssozialismus in der DDR weiter vorantreiben zu wollen, und sechs Monate später den **Neuen Kurs** bekannt gibt, ist den ostdeutschen Arbeitern sehr schnell klar, was das für sie bedeutet: Noch mehr Arbeit bei nach wie vor geringen Löhnen. Nachdem die Intensivierung staatlicher Repression, die Mangelwirtschaft und der niedrige Lebensstandard von den DDR-Bürgern noch hingenommen worden sind, ist dies nun aber der sprichwörtliche Tropfen, der das Fass schließlich zum Überlaufen bringt. Ab dem 17. Juni erfasst eine **Aufstandsbewegung** das Land, über 400 Orte und rund 600 ostdeutsche Betriebe, rund eine halbe Million Menschen beteiligen sich daran. Doch die sowjetische Besatzungsmacht reagiert schnell und hart: In fast allen ostdeutschen Städten wird der **Ausnahmezustand** verhängt, Panzer rücken ein und mithilfe der Volkspolizei wird die Revolte blutig niedergeschlagen. Wie viele Opfer der 17. Juni gefordert hat, ist bis heute nicht bekannt.

Sowjetische Panzer gehen gegen die aufgebrachte Menge vor

Die Spitze von Staat und Partei – allen voran Walter Ulbricht und **Wilhelm Piek** (1876–1960) – bezeichnet die Demonstranten als „Faschisten" und „Amerikanische Saboteure" und hat damit eine Handhabe, rechtlich gegen sie vorzugehen: In Standgerichten werden die Demonstranten verurteilt, es kommt zu etlichen Erschießungen. Als so die Ruhe wiederhergestellt worden ist, wird der innenpolitische Kurs der DDR etwas moderater gestaltet, um zukünftige Aufstände zu verhindern. Allerdings gilt nach wie vor das Motto: „Keine Fehlerdiskussion, Probleme werden im Vorwärtsschreiten gelöst!"

Rechtlicher Beistand für deutsche Vertriebene

Am 19. Mai verabschiedet der deutsche Bundestag das sogenannte **Bundesvertriebenengesetz**, mit dem die Eingliederung der Vertriebenen bundesweit einheitlich geordnet werden soll. Bereits 1949 und 1952 sind mit dem **Soforthilfegesetz** und dem **Lastenausgleichsgesetz** Gesetze verabschiedet worden, in deren Mittelpunkt die schnelle Integration der deutschen Flüchtlinge vor allem aus dem Sudetenland, aus Ostpreußen und Schlesien stehen. Mit dem Bundesvertriebenengesetz werden ab Mai nun aber für alle Bundesländer die gleichen Regelungen und Behörden geschaffen, die mit diesen Aufgaben betraut werden sollen. Dies ist auch dringend notwendig, denn das junge Deutschland hat einen gewaltigen Kraftakt zu leisten: Acht Millionen Flüchtlingen gilt es zu helfen, acht Millionen Menschen sind in die westdeutsche Gesellschaft zu integrieren. Für die meisten Westdeutschen sind die Vertrieben wenig willkommene Fremde, mit denen man die knappen Ressourcen auch noch zu teilen hat. In den zerstörten Großstädten gibt es sowieso schon zu wenig Unterkünfte und auch auf dem Land ist man auf die Aufnahme so vieler Menschen nicht wirklich eingestellt. Die bundesweite Gesetzesregelung schafft hier Abhilfe, indem den Flüchtlingen gezielt geholfen wird, ohne den Einheimischen das Gefühl zu geben, benachteiligt zu werden. Das Bundesvertriebenengesetz bildet bis heute die Grundlage für die Aufnahme von deutschen Aussiedlern.

Kaum Zugang für Splitter-parteien im Bundestag

Peter Alexander, hier mit Bibi Johns, landete mit *Die süßesten Früchte* einen der Tophits des Jahres

Am 25. Juni verabschiedet der deutsche Bundestag ein neues **Bundeswahlgesetz,** dessen wichtigste Neuregelung die gesetzliche Einführung einer **Fünf-Prozent-Hürde** ist. Faktisch bedeutet dies, dass eine Partei, die weniger als fünf Prozent aller abgegebenen Stimmen erhalten hat, nicht in den Bundestag einziehen darf. Diese Regelung gilt mit wenigen Ausnahmen für alle Bundestags- oder Landtagswahlen. Hintergrund ihrer Einführung sind die Erfahrungen der Weimarer Republik, die keine derartige **Sperrklausel** kannte und in deren Parlament daher eine bis zu zweistellige Parteienzahl vertreten war. Dadurch wurde die

DAS SIND DIE TOPHITS DES JAHRES

- ⮑ *Die süßesten Früchte* – Peter Alexander
- ⮑ *Rote Rosen, rote Lippen, roter Wein* – René Carol
- ⮑ *Oh, mein Papa* – Rita Wottawa
- ⮑ *Dreh' dich noch einmal um* – Rudi Schuricke
- ⮑ *Bravo, Bravo (Beinah' so wie Caruso)* – Vico Torriani
- ⮑ *Schütt die Sorgen in ein Gläschen Wein* – Willy Schneider
- ⮑ *Bella Bimba* – Bibi Johns
- ⮑ *So viel Wind und keine Segel* – Bruce Low
- ⮑ *du, du, du* – Das Cornel Trio

Regierungsbildung und -arbeit nicht unerheblich erschwert, was in letzter Konsequenz schließlich auch zum Zusammenbruch der Republik und zur nationalsozialistischen Terrorherrschaft führte. Von der gesetzlich untermauerten Einführung einer Sperrklausel verspricht man sich, die Sitze des Bundestages unter einigen wenigen Parteien verteilen und so stabile Mehrheiten fördern zu können. Obgleich die Fünf-Prozent-Hürde diese Funktion bis zum heutigen Tag erfüllt hat, ist sie nicht unumstritten. Gerade seitens der kleineren Parteien, die nie eine Chance haben, fünf Prozent aller Wählerstimmen auf sich zu vereinigen, wird immer wieder argumentiert, die Hürde sei undemokratisch und verfassungswidrig. Allerdings hat das Bundesverfassungsgericht die im Bundeswahlgesetz beschlossene Fünf-Prozent-Hürde für grundsätzlich verfassungskonform erklärt.

Die Affäre Globke

Als Bundeskanzler **Konrad Adenauer** (1876–1967) seinen Parteikollegen **Hans Globke** (1898–1973) zum Staatssekretär und somit zu einem seiner wichtigsten Mitarbeiter macht, geht ein Aufschrei der Empörung quer durch die Republik. Und auch aus der DDR wird die Forderung nach einem sofortigen Rücktritt des 57-Jährigen laut. Nicht zu Unrecht, denn Globke ist wahrlich kein unbeschriebenes Blatt und gehört zu den umstrittensten Figuren der Nachkriegszeit. Während der nationalsozialistischen Herrschaft war der gelernte Jurist als Verwaltungsbeamter im Innenministerium tätig gewesen. Als solcher schrieb er einen offiziellen Kommentar zu den **Nürnberger Rassegesetzen** von 1935, in welchem er mit der Lehre von der Ungleichwertigkeit der menschlichen Rassen und der Minderwertigkeit nicht-deutschen Blutes argumentierte. So mag es kaum verwundern, dass Globke schließlich während des Kriegs auch Schriften verfasst hat, die als juristische Grundlage der **Judenverfolgung** dienten. Trotz seiner dunklen Vergangenheit hat das Kriegsende jedoch nicht automatisch das Ende der politischen Karriere Globkes bedeutet. Im Gegenteil: Zehn Jahre bleibt er einer der wichtigsten Vertrauten Adenauers und gehört zu den einflussreichsten Führungsbeamten Nachkriegsdeutschlands. So ist es z. B. aller Wahrscheinlichkeit nach vor allem seiner Intervention zu verdanken, dass Bonn den Zuschlag als bundesdeutsche Hauptstadt erhalten hat.

Globke und Adenauer

Gleichberechtigung von Mann und Frau

Seit Jahresbeginn arbeitet die Bundesregierung an einer Änderung des bereits bestehenden Familiengesetzes. Einige Bestimmungen sollen im Sinne der **Gleichberechtigung von Mann und Frau** geändert werden. Die Kirche läuft gegen diese Regierungspläne Sturm. Am 6. Februar erklärt die **Deutsche Bischofskonferenz** in einer Eingabe, dass es der natürlichen Ordnung der Welt, so wie Gott sie nun einmal geschaffen habe, widerspreche, wenn die alleinige Entscheidungsbefugnis des Mannes als Familienvater und -oberhaupt in wesentlichen Fragen von Familie und Haushalt angetastet werde. Damit stehen die deutschen Bischöfe nicht gerade im Trend der Zeit, denn am 31. März unterzeichnen in New York Vertreter von 17 Staaten eine Resolution der **Vereinten Nationen** (UNO), in welcher die Gleichberechtigung von Mann und Frau als wichtiges Nahziel kommender Politik gefordert wird. In Deutschland ist die Gleichberechtigung von Mann und Frau bereits 1949 im Grundgesetz, also der westdeutschen Staatsverfassung, verankert worden. Per Gesetzesbeschluss verlieren nun ab dem 1. April alle juristischen Bestimmungen ihre Gültigkeit, sofern sie nicht mit dem Grundsatz der Gleichberechtigung von Mann und Frau vereinbar sind. Damit ist das bisherige **Ehe- und Familienrecht** nahezu in seiner Gesamtheit hinfällig geworden.

Die Bundesdeutschen rollen durch die Republik

Wer sich zu Beginn der 50er-Jahre ein **Auto** nicht leisten kann, der spart auf einen **Motorroller** oder einen **Kabinenroller**. Motorroller weisen im Vergleich zu den meist schwereren Motorrädern einige erhebliche Vorteile auf. So erlauben sie es unter anderem, dass man sich im Rock auf ihnen fortbewegt, da es einen bequemen Durchstieg zwischen Sitzbank und Frontkarosserie gibt. Außerdem bietet das Helmfach einen kleinen, aber doch praktischen Stauraum für Täschchen, Zigaretten, Getränke oder Ähnliches. Die Rollerkarosserie schützt den Fahrer ein wenig vor schlechtem Wetter. Obgleich die italienische Firma Piaggio mit dem 1948 erstmals produzierten Modell **Vespa** sowohl ästhetische als auch technische Maßstäbe setzt, die von vielen Herstellern übernommen werden, beherrschen in den 50ern in erster Linie Roller aus deutscher Produktion die bundesdeutschen Straßen. Dem Auto noch ähnlicher ist der sogenannte Kabinenroller, ein Fahrzeug des deutschen Herstellers Messerschmitt, das über zwei hintereinander liegende Sitze verfügt, aber nur drei

Messerschmitt-Kabinenroller

Räder hat. Im Frühjahr wird der Kabinenroller erstmals der staunenden Öffentlichkeit vorgestellt. Er hat eine aerodynamische Form, einen Motor mit neun PS Leistung und kostet rund 2100 DM. So beliebt Motorroller oder Kabinenroller auch sind: Ihr Besitz gilt im Bewusstsein der Zeitgenossen immer nur als erster Schritt in Richtung motorisierter Mobilität – Traumziel bleibt stets die Anschaffung eines Autos.

Förderung für ausländische Studenten

Am 10. Dezember wird die ursprünglich 1925 gegründete und bis zum Kriegsende 1945 aktive **Alexander-von-Humboldt-Stiftung** wiederbegründet. Aufgabe der Stiftung ist es von Anbeginn an, **Stipendien** an hoch qualifizierte ausländische Wissenschaftler während ihres Studienaufenthaltes in Deutschland zu vergeben. Die finanziellen Mittel hierzu werden aus Mitteln des **Auswärtigen Amtes** geschöpft. Mit der Wiederbegründung der Alexander-von-Humboldt-Stiftung setzt Deutschland jedoch nicht allein eine lieb gewonnene Tradition fort. Sie trägt so auch zur Internationalisierung der bundesdeutschen Wissen-

WAS SONST NOCH GESCHIEHT

- ⮑ Rot-Weiß-Essen wird erster DFB-Pokalsieger nach dem Krieg
- ⮑ Winston Churchill erhält den Literaturnobelpreis
- ⮑ Flutwelle an der Nordseeküste fordert zahlreiche Tote in England und in den Niederlanden
- ⮑ Die F-100 durchbricht als erstes Serienflugzeug die Schallmauer
- ⮑ Eine Grippewelle fordert weltweit zahlreiche Tote
- ⮑ Heinrich Bölls *Das Brot der frühen Jahre* erscheint auf dem deutschen Buchmarkt
- ⮑ 1. FC Kaiserslautern wird Deutscher Fußballmeister
- ⮑ Das Technische Hilfswerk (THW) wird gegründet
- ⮑ Die Arbeitslosenquote sinkt zum ersten Mal unter die Millionengrenze
- ⮑ Bei der zweiten Bundestagswahl siegt die CDU/CSU (45,2 Prozent) vor der SPD (28,8 Prozent) und der FDP (9,5 Prozent)

schaft bei und vermag es, Jahr für Jahr erneut hervorragende Wissenschaftlerinnen und Wissenschaftler aus dem Ausland nach Deutschland zu locken. Dies ist gerade vor dem Hintergrund der Verluste, die der Zweite Weltkrieg der deutschen Wissenschaft zugefügt hat, von großer Bedeutung. Darüber hinaus hatten zwischen 1933 und 1945 zahlreiche hochrangige Wissenschaftler ihrer Herkunft wegen oder aufgrund ihrer politischen Überzeugungen das nationalsozialistische Deutschland verlassen müssen. Wesentlicher Grundsatz der Alexander-von-Humboldt-Stiftung ist vom Zeitpunkt ihrer Wiedergründung an die politisch unabhängige Förderung von Wissenschaftlerinnen und Wissenschaftlern aller Nationen.

Größtes und modernstes Kino in Hannover eröffnet

Am 12. März wird in Hannover mit dem Film- und Revuepalast **Aegi** das bis dato größte und modernste **Kino** in Deutschland eröffnet. Das Aegi, das selbstverständlich als Erstaufführungskino fungiert, verfügt über einen großen, bequem

Das Universum-Kino von Fußball-Idol Fritz Walter in Kaiserslautern. Am 16. August 1956 eröffnete das Kino mit dem Film *Schwarzwaldmelodie*

KINOS IN DEUTSCHLAND

Die deutsche Filmindustrie kann nach 1945 mehr oder weniger ungebrochen weiterarbeiten und erreicht zu Beginn der 50er-Jahre bereits hohe Produktionszahlen. Notwendige Voraussetzung für diese Entwicklung ist der Wiederaufbau der deutschen Innenstädte, weil nun auch die im Krieg zerstörten alten Kinopaläste in neuem Glanz erstrahlen. Zugleich werden allerorts neue Kinos errichtet, die teilweise beträchtliche Zuschauerzahlen fassen. In erster Linie sind es dann schwülstige Heimatfilme, die die Menschen von den Problemen des Alltags ablenken und zu Millionen in die Kinos locken.

ausgestatteten Kinosaal sowie über Zusatzbühnen für artistische und musikalische Darbietungen. Die **UFA**, Betreiberin des Unterhaltungspalastes, hat im Jahr zuvor einen Wettbewerb ausgeschrieben, den eine Architektengemeinschaft gewonnen hat. Ihr Vorschlag eines **Mehrzwecktheaters**, das nicht allein für Filmvorführungen Verwendung finden soll, sondern in welchem dem Publikum auch Konzerte, Schauspiele und Operetten präsentiert werden können, überzeugt die Verantwortlichen. Das Aegi soll auch in seinen enormen Dimensionen – immerhin finden hier 1453 Zuschauer Platz – ein Musterbeispiel für den Neubau von Kino- und Unterhaltungspalästen der jungen Bundesrepublik sein. Denn der Bedarf ist ja offensichtlich da: Die Menschen arbeiten und verdienen Geld, allmählich finden sie nach den Zerstörungen auch ein Dach über dem Kopf und wollen nun auch wieder unterhalten werden. Das Kino bildet den Dreh- und Angelpunkt der bundesdeutschen Unterhaltungsindustrie und auch bundesdeutsche Filmproduktionen spielen enorme Gewinne ein. Es mag daher kaum verwundern, dass nach dem Aegi vergleichbare Kinopaläste überall in der Republik wie Pilze aus dem Boden schießen.

Lale Andersen feiert ihr Comeback

Lale Andersen

Seit ihrem Super-hit *Lili Marleen* hat man lange nichts mehr von **Lale Andersen** (1905–72) gehört. Dann aber ist sie mit einem Schlag wieder mit *Blaue Nacht am Hafen* auf nahezu allen Sendern zu hören, das Lied wird zum ersten Comebackerfolg der Andersen nach Kriegsende. Die gebürtige Bremerhavenerin hatte sich in den 30er-Jahren von ihrer norddeutschen Heimat in Richtung Berlin verabschiedet, um dort Karriere zu machen – zunächst als **Schauspielerin**, dann schließlich – nachdem man ihre dunkle, warme, ein wenig mystisch klingende Stimme entdeckt hat – als **Sängerin**. 1939 nimmt sie dann mit *Lili Marleen* den Schlager des Zweiten Weltkriegs auf. Zugleich macht sie im nationalsozialistischen Berlin eine deutliche Wandlung durch. Aus der ehemals „frechen Nordseekrabbe", wie sie sich selbst tituliert hat, wird eine brave, mütterliche Sängerin, die mit ihren norwegischen Kleidern ganz dem **NS-Frauenbild** entspricht. Möglich, dass dieser Sachverhalt ein bruchloses Anknüpfen an ihre steile Kriegskarriere nach 1945 zunächst erschwert hat. Allerdings dauert es nur acht Jahre, bis sie die Deutschen mit *Blaue Nacht am Hafen* wieder begeistern kann – und dieser erste Nachkriegshit wird nicht ihr letzter sein. Einen weiteren musikalischen Meilenstein setzt sie mit dem Lied *Ein Schiff wird kommen*, der deutsch gesungenen Version der Titelmelodie aus dem Film *Sonntags nie!*, die noch Jahrzehnte später nahezu jeder Deutsche pfeifen kann.

Kritik an Wirtschaftswundergesellschaft

Der Schriftsteller **Wolfgang Koeppen** (1906–96) veröffentlicht den Roman *Das Treibhaus*, in dem er sich kritisch mit der bundesdeutschen Nachkriegsgesellschaft auseinander setzt. Bereits zwei Jahre zuvor hat sich Koeppen in seinem Roman *Tauben im Gras* mit diesem Thema sehr intensiv beschäftigt und auch in dem 1954 erschienenen Werk *Tod in Rom* nimmt er sich eine differenzierte Analyse des jungen Deutschland vor. *Das Treibhaus* bezieht sich auf das stickige und aufgeheizte politische Klima, das in der Bundeshauptstadt Bonn, in der der Roman spielt, in den 50er-Jahren herrscht. Der Held des Romans, ein Bundestagsabgeordneter der SPD, der nach dem Krieg aus dem Exil zurückgekehrt ist, muss sich hier mit der stumpfen Obrigkeitshörigkeit seiner Zeitgenossen, mit erstarkendem Nationalismus und mit der Wiederbewaffnung der Bundesrepublik auseinander setzen. Entsetzt stellt er fest, dass sich in seiner Heimat nach dem Zusammenbruch des Naziregimes nicht allzu viel geändert hat. Bei der Darstellung vieler im Roman agierender Personen hat sich Koeppen sehr nahe an tatsächlich lebenden Zeitgenossen der 50er-Jahre orientiert. Insbesondere Kanzler und Oppositionsführer des Romans sind auch für den Leser sehr leicht als **Adenauer** (1876–1967) und **Schumacher** (1895–1952) zu identifizieren. Koeppens Werk vermittelt auch heute noch ein zwar kritisches, doch auch sehr feinfühliges und genaues Stimmungsbild der jungen Bundesrepublik.

Wolfgang Koeppen

Nach heftiger Debatte: Zahlung von Kindergeld

Der Bundestag beschließt, dass Eltern pro Kind ein bestimmter Betrag, das sogenannte **Kindergeld**, ausgezahlt werden soll. Von Regierungsseite will man mit dieser Maßnahme in erster Linie große Familien fördern. Doch weist das erste **Kindergeldgesetz** zahlreiche Mängel und Lücken auf, weshalb es von vielen auch als unsozial und schlecht abgelehnt wird. Zunächst einmal soll es das Kindergeld erst ab dem dritten Kind geben. In der Praxis wird die Unterstützung tatsächlich nur für etwa jedes zehnte Kind gewährt, denn Rentner, Arbeitslose, Putzfrauen und andere Berufstätige mit geringem Einkommen sind von der Regelung ausgeschlossen. Besserverdienende dagegen sollen Kindergeld erhalten. Die Kontroversen drehen sich aber auch darum, wer eigentlich das Kindergeld zahlen soll, Staat oder Wirtschaft, und um die veranschlagte geringe Höhe des Auszahlungsbetrags von nur 20 DM. Im Bundestag stößt der Gesetzesvorschlag der Regierung daher auf ein äußerst geteiltes Echo. Die Fraktionen von SPD, FDP und anderen Parteien lehnen die Gesetzesinitiative ab und stimmen dagegen. Ihnen werfen in der hitzig geführten

FILME DES JAHRES

- *Die Faust im Nacken* mit Marlon Brando
- *Des Teufels General* von Helmut Käutner
- *Drei Münzen im Brunnen* mit Jean Peters
- *20.000 Meilen unter dem Meer* von Richard Fleischer
- *Die Glenn Miller Story* mit James Steward
- *Emil und die Detektive* nach Erich Kästner
- *Sabrina* mit Audrey Hepburn und Humphrey Bogart

Debatte Vertreter der Unionsparteien nicht nur vor, familienfeindlich zu sein, sondern auch, sich aus parteipolitischen Gründen der sozialen Verantwortung entziehen zu wollen. Mit den Stimmen der Union wird der Gesetzentwurf über die **Gewährung von Kindergeld** am 14. Oktober schließlich verabschiedet.

Die Affäre John

Als der Präsident des Verfassungsschutzes **Otto John** (1909–97) am Abend des 20. Juli spurlos verschwindet, herrscht große Aufregung in Bonn und Berlin. Gesteigert wird diese noch, als John Tage später in einer **Rundfunkansprache** aus Ostberlin erklärt, er sei freiwillig in die DDR übergewechselt. Otto John war Widerstandskämpfer gegen die Naziherrschaft und ist 1950 zum Präsidenten des **Bundesamts für Verfassungsschutz** ernannt worden. Zu seinen Kollegen in der hohen Bürokratie und der

Otto John

öffentlichen Verwaltung Westdeutschlands gehören nun zahlreiche Altnazis, die in Regierung, Wirtschaft und Administration allmählich wieder ihre alte Macht zurückgewonnen haben. Neben der beginnenden **Remilitarisierung** und der **Westintegration** der Bundesrepublik sei genau dies, so John in seiner Rede im Ostberliner Radio, Grund für seine Flucht in den Osten gewesen. Diese Rede schlägt in Deutschland wie eine Granate ein. Noch mehr irritiert es aber die Zeitgenossen, dass John sich am 12.12.1955 wieder von Ost- nach Westberlin absetzt und erklärt, er sei von seinen politischen Gegnern in Westdeutschland entführt und zu den Reden gezwungen worden. Kaum jemand glaubt ihm und so wird er zu vier Jahren Haft wegen **Landesverrats** verurteilt. Aus heutiger Perspektive muss der Fall als äußerst dubios, die Verurteilung Johns als sehr zweifelhaft gesehen werden. Möglicherweise haben tatsächlich einflussreiche Kreise erfolgreich versucht, den unliebsamen Verfassungsschützer loszuwerden.

Souveräner Staat im westlichen Bündnissystem

Die Politik Bundeskanzler **Adenauers** (1876–1967) zielte schon seit 1949 darauf ab, Deutschland als eigenen Staat in das westliche Staatensystem zu integrieren, wenngleich dies die Teilung Deutschlands letztlich zementieren musste. Adenauers Programm geht schließlich auf. Nachdem das Konzept einer **Europäischen Verteidigungsgemeinschaft** (EVG) zunächst gescheitert ist, beschließt man auf der Londoner Neun-Mächte-Konferenz Ende September, Westdeutschland als **souveränen Staat** in das bereits bestehende westliche Verteidigungsbündnis, die **NATO**, aufzunehmen. Allerdings muss Deutschland auf die Herstellung atomarer, biologischer und chemischer Waffen verzichten. Vertraglich festgehalten werden diese Regelungen schließlich teils in den sogenannten **Pariser Verträgen**, in denen das Besatzungsstatut der Bundesrepublik aufgehoben wird, teils im **Deutschlandvertrag**, der dem westdeutschen Staat seine Souveränität zurückgibt.

Der Beitritt Deutschlands zum westlichen Verteidigungsbündnis erfolgt in weiteren Einzelverträgen. Die Verträge sind unter den Bundesbürgern nicht unumstritten, sie lösen im Gegenteil heftige Diskussionen über Westintegration,

deutsche Teilung und Remilitarisierung aus. Doch obgleich sich erstmals eine von SPD, Gewerkschaften und Kirchen getragene außerparlamentarische Opposition bildet, kann diese nicht verhindern, dass die Beschlüsse im Januar 1955 schließlich mit den Stimmen der Regierungsparteien ratifiziert werden.

Der französische Premierminister Pierre Mendes-France (l.) und Bundeskanzler Konrad Adenauer vor der Unterzeichnung der Vereinbarung zum NATO-Beitritt der Bundesrepublik Deutschland

In Deutschland endet die Entnazifizierung

Als Bayern als letztes Bundesland das Ende der sogenannten **Entnazifizierung** beschließt, endet ein Prozess, der unmittelbar nach Kriegsende in Deutschland eingesetzt hat. Auf der **Potsdamer Konferenz** von 1945 hatten die Alliierten beschlossen, Deutschland nicht allein zu demilitarisieren und zu demokratisieren, sondern auch zu entnazifizieren. Dazu gehört unter anderem das Verbot der NSDAP. Aber auch Straßennamen, Bücher, Uniformen, Orden, Lieder und ähnliche Dinge, die an das sogenannte **Tausendjährige Reich** erinnern, werden verboten. Die Entnazifizierung hat vor allem aber individuelle Konsequenzen. So werden viele während der NS-Zeit aktive Personen auf ihre braune Gesinnung untersucht – vom einfachen Parteimitglied über die Verwaltungsbeamten, Kulturschaffenden, Wissenschaftler oder im Medienbereich

WAS SONST NOCH GESCHIEHT

- Die Bundesrepublik und sieben weitere Staaten gründen den europäischen Fernsehaustausch Eurovision
- Totale Sonnenfinsternis über Nordamerika, Europa und Asien
- Mao Tse-tung wird zum chinesischen Staatsoberhaupt gewählt
- Entwicklung der Pille zur Empfängnisverhütung abgeschlossen
- Francoise Sagans Roman *Bonjour tristesse* findet auch in Deutschland reißenden Absatz
- Erste Parkuhr Deutschlands in Duisburg
- Hannover 96 wird Deutscher Fußballmeister
- In Deutschland wird erstmals der 17. Juni als „Tag der Deutschen Einheit" als nationaler Gedenktag begangen
- Volkskammerwahlen in der DDR enden mit 99,46 Prozent für die „Einheitsliste der Nationalen Front"
- Angestellte des Bundesarbeitsamtes streiken und verlangen Lohnerhöhungen

Tätigen bis hin zu hohen Parteifunktionären, denen nicht in Nürnberg der Prozess gemacht worden ist. Es folgt im Zweifelsfall eine Verurteilung und die Einteilung der Exnazis in entsprechende Kategorien, die letztlich über deren weitere politische und berufliche Zukunft entscheiden soll. Tatsächlich aber ereilt in Westdeutschland nur einige Wenige das Schicksal des **Berufsverbots** – und dies auch nur dann, wenn ihnen schwer wiegende Verfehlungen nachgewiesen werden können. Bagatellfälle wurden oft nicht geahndet. Das Ende der Entnazifizierung wird von vielen Bundesbürgern in einem Zusammenhang mit der Rückkehr Deutschlands zu einem souveränen Staatswesen gesehen.

Familie Schölermann – erste Fernsehfamilienserie

Als im Herbst des Jahres die Ausstrahlung der ersten deutschen Familienserie, **Unsere Nachbarn heute Abend: Familie Schölermann**, startet, beginnt – wenn man so will – die Ausstrahlung der ersten deutschen Fernseh-Soap. Die alltäglichen Erlebnisse von Vater und Mutter Schölermann, ihrem Sohn Heinz, ihrer Tochter Evchen sowie des kleinen Jockeli locken die Deutschen, die bereits ein Fernsehgerät ihr Eigen nennen können, zwar zu tausenden vor die Glotze, von der Serie begeistert sind aber wahrlich nicht alle Zuschauer. Die meisten finden die Serie zwar ganz nett, gerade weil deren Darsteller Menschen „wie du und ich" spielen. Allerdings mangelt es den Geschichten dann doch recht häufig an Glaubwürdigkeit und Stringenz und manche der Folgen, die im Übrigen noch keine eigenen Titel haben, sind schlicht und ergreifend richtig schlecht. Nichtsdestotrotz: Die Schölermanns gehen insgesamt über hundertmal über den Sender und spiegeln nicht zuletzt die Vorstellungen der Fernsehproduzenten davon wider,

Familie Schölermann

wie es in ganz normalen bundesdeutschen Familien zugeht, welche Problemchen zu lösen sind und wer wann was zu sagen hat. 1958 ist der Beliebtheitszenit der Serie jedoch so weit überschritten, dass man eine längere Denkpause einlegen muss. Nachdem aber auch die neueren Folgen nach Wiederbeginn der Ausstrahlung nicht besser geworden sind, stellt man 1960 die Produktion endgültig ein.

Ganz Paris träumt mit Caterina von der Liebe

Als **Caterina Valente** (geb. 1931) mit *Istanbul* ihr erstes Lied veröffentlicht, ahnt noch niemand, dass hier die Stimme eines echten **Schlagerstars** zum ersten Mal zu vernehmen ist. Wenige Monate später allerdings ist der Name Valente in aller Munde, denn mit dem Schlager *Ganz Paris träumt von der Liebe* landet sie ihren ersten Millionenhit. Die Valente singt nicht nur, sie tanzt auch, sie steppt und sie bietet ihrem Publikum Beweise ihres akrobatischen Könnens. Gelernt hat sie dies alles von ihren Eltern, die wie auch die anderen drei Geschwister im Varietee und Zirkus zu Hause gewesen sind. So ist dem **Zirkuskind** die Karriere nicht in den Schoß gefallen, sondern sie wird von klein auf erarbeitet. Schon in der Vorkriegszeit hat die kleine Caterina gemeinsam mit ihren Eltern und Geschwistern auf der Bühne gestanden. Nach dem bundesdeutschen Durchbruch folgt mit *Malaguena* Mitte der 50er-Jahre auch der große internationale Erfolg. Er macht sie selbst in den USA berühmt, wo sie auch später noch – anders als die meisten anderen deutschen Unterhaltungskünstler – große Erfolge feiern kann. Wie viele ihrer Schlagerkollegen zieht es auch Caterina Valente zum Film. Im Gegensatz aber zu anderen

hat sie nicht nur eine gute Stimme, sondern auch das notwendige schauspielerische Talent, um beim Film Erfolg zu haben. Ihr erster Kinoerfolg ist dann 1955 die Komödie *Liebe, Tanz und 1000 Schlager*, auf den aber noch etliche weitere Hits an der Kinokasse folgen sollen.

Caterina Valente

Die Gelben Engel sind unterwegs

Am 29. Januar können sie auf bundesdeutschen Straßen erstmals nicht allein gesichtet, sondern auch zu Hilfe gerufen werden. Die Rede ist von den **Reparaturfahrzeugen des Allgemeinen Deutschen Automobil Clubs** (ADAC), die gerne auch als **Gelbe Engel** bezeichnet werden. Das erste ADAC-Notfallfahrzeug wird auf der Route München–Koblenz eingesetzt und soll auf dieser Strecke im Notfall den mit defekten Fahrzeugen liegen gebliebenen Automobilisten helfen. Die sogenannte **Straßenwacht**, die der ADAC im Verbund mit anderen europäischen Automobilclubs einführt, ist zunächst ausschließlich mit BMW-Beiwagenmotorrädern ausgestattet. In ihren Beiwagen finden die Straßenwachtmeister, ausgebildete Kraftfahrzeugspezialisten, das für die verschiedensten Reparaturen notwendige Werkzeug, von Schraubenschlüsseln und Wagenhebern bis zu Ersatz-

Der dienstälteste Straßenwachtfahrer des ADAC, Wilhelm Berthold, steht hinter einem historischen Pannenhilfswagen vom Typ VW-Käfer im Originalzustand

lämpchen oder Tachonadeln. Diese Form der Pannen-Soforthilfe findet unter den bundesdeutschen Autofahrern begeisterten Zuspruch. Sie ist zugleich Ausdruck der zunehmenden Motorisierung der bundesdeutschen Bevölkerung. Denn je mehr Bundesbürger ein Auto besitzen und auch damit fahren, desto mehr können auch mit defekten Fahrzeugen liegen bleiben. Immer mehr Menschen bedürfen also der Hilfe der motorisierten Gelben Engel, die im Übrigen auf ihren Zweirädern sommers wie winters gleichermaßen unterwegs sind, um zu warnen und zu helfen. Später stellt dann der ADAC weitgehend von den Reparaturmotorrädern auf Reparaturautos um.

Papa Heuss wird wieder Bundespräsident

Am 17. Juli wird **Theodor Heuss** (1884–1963), seit 1949 Präsident der Bundesrepublik Deutschland, ohne Gegenkandidat für weitere fünf Jahre in das höchste bundesdeutsche Amt gewählt. Mit dieser Entscheidung entspricht die die Wahl

ausführende Bundesversammlung vermutlich auch dem Willen eines Großteils der bundesdeutschen Bevölkerung. Denn viele Bürger verehren den Präsidenten als **Papa Heuss** und drücken damit nicht weniger als die Integrität und das hohe Integrationsvermögen des Politikers aus. Der promovierte Politologe ist bereits in jungen Jahren zur Politik gekommen und hat dort stets liberale Positionen vertreten. Seit 1924 ist er Mitglied des Reichstags und analysiert schon 1932 den Werdegang des deutschen Faschismus aus soziologischer Perspektive – die Untersuchung wird im Übrigen von den Nationalsozialisten verbrannt und verboten. Unter verschiedenen Pseudonymen arbeitet Heuss auch unter den Nazis weiter und kann sogar seine journalistische Tätigkeit fortsetzen. Nach Kriegsende wird er sofort wieder politisch aktiv, ist 1948 Mitbegründer der FDP und wird auch deren erster Vorsitzender. Als Heuss am 12.9.1949 von der Bundesversammlung gegen den SPD-Vorsitzenden **Kurt Schumacher** (1895–1952) im zweiten Wahlgang die absolute Mehrheit der Stimmen erhält, bekommt Deutschland einen Präsidenten, der insbesondere durch seine Amtsführung und seine Persönlichkeit zur wichtigsten Integrationsfigur Westdeutschlands in den an politischen Konflikten nicht armen 50er-Jahren wird.

DAS SIND DIE TOPHITS DES JAHRES

- *Mister Sandman* – Chordettes
- *Der Mann am Klavier* – Cornell Trio
- *Am Waldesrand* – Die Singenden Waldmusikanten
- *Das alte Försterhaus* – Friedel Hensch & Die Cypris
- *Es liegt was in der Luft* – Mona Baptiste & Bully Buhlan
- *Moulin Rouge* – Rudi Schuricke
- *Oh, Mr. Swoboda* – Fred Rauch
- *Sieben einsame Tage* – Ilo Schieder

„Wir sind wieder wer!"

Kaum ein anderes Ereignis vermittelt den Bundesbürgern nach dem Ende des Zweiten Weltkriegs mehr das Gefühl internationaler Anerkennung und nationaler Begeisterung als der **Gewinn der Fußballweltmeisterschaft** in Bern. Nachdem die deutsche Nationalmannschaft unter Bundestrainer **Sepp Herberger** (1897–1977) mit einem Pflichtsieg gegen die Türkei und einer hohen Niederlage gegen die seinerzeit als unschlagbar geltenden Ungarn um den Superstar **Ferenc Puskás** (1927–2006) gestartet ist, vermag sie es, ihre Leistung im Verlauf der weiteren Spiele deutlich zu steigern: Im Viertelfinale gelingt es, Jugoslawien zu besiegen, im Halbfinale gibt es einen 6:1 Kantersieg gegen Österreich. Doch im Finale am 4. Juli trifft man erneut auf den **Angstgegner Ungarn**, gegen den man prompt bereits in der achten Minute zurückliegt. Zu aller Überraschung aber gelingt den Deutschen bis zur Halbzeitpause der Ausgleich – und so wird das Finale in seiner zweiten Halbzeit zu einer echten Zitterpartie. Schließlich erzielt **Helmut Rahn** (1929–2003) in der 84. Minute die 3:2-Führung, die das deutsche Team bis zum Schlusspfiff auch nicht mehr aus der Hand geben soll. Die taktische Cleverness des Bundestrainers sowie die Leistung des Mannschaftskapitäns **Fritz Walter** (1900– 2002) sind die Voraussetzungen für den Erfolg der „Helden von Bern", die in Deutschland begeistert empfangen werden. Ihr Erfolg avanciert zum Symbol des deutschen Wiederanfangs und Neuaufbaus.

Tragödie am Dachstein

Ganz Deutschland zittert um eine 13-köpfige Gruppe deutscher **Bergsteiger**, die Ostern am **Dachstein** vermisst wird. Man wartet auf ein Wunder, doch als man die zehn Schüler und drei Lehrer schließlich findet, sind sie alle tot. Der Ausflug sollte die Schüler eigentlich aus der Tristesse ihrer im Krieg zerstörten Heimatstadt Heilbronn führen. In der Karwoche haben sie bereits kleinere Bergtouren unternommen, doch für die Dachsteinexkursion wählen die Lehrer nur die besten Bergsteiger aus. Am Gründonnerstagmorgen macht sich dann eine kleine Gruppe auf, den Dachstein zu erklimmen. Zunächst scheint sich das schöne Wetter der Vortage zu halten, doch dann ziehen sehr schnell Wolken auf. Obgleich die Gruppe mehrfach Einheimischen begegnet, die vom Weitermarsch dringend abraten, zieht man weiter. In einem plötzlich einsetzenden **Schneesturm** schließlich geht die Gruppe verloren. Sofort beginnt die Bergwacht, die Vermissten zu suchen, doch der anhaltende Schneesturm erschwert die Arbeit der Helfer. Bereits nach wenigen Tagen sind deutsche Journalisten vor Ort, um live von der Suche zu berichten. Sie drehen bewegende Bilder für die Wochenschau und veranlassen zahlreiche Bundesbürger, für die Vermissten zu beten. Doch nichts hilft. Mehr als eine Woche nach dem Unglück entdeckt ein Helfer bei einer Rast die aus dem Schnee ragende Hand eines Erfrorenen, im Mai schließlich aber können auch die letzten Toten geborgen werden. Im Schnee findet man den toten Exkursionsleiter, der einen seiner erfrorenen Schüler umklammert hält.

Die deutsche WM-Elf

Wie viele Deutschlands gibt es eigentlich?

In diesem Jahr erklären Regierungsvertreter der DDR, dass anstelle des 1945 zerschlagenen Deutschen Reiches nunmehr zwei voneinander unabhängige, souveräne und selbstständige deutsche Staaten existierten. DDR-Regierungschef **Walter Ulbricht** (1893–1973) reagiert mit dieser **Zweistaatentheorie** auf den westdeutschen **Alleinvertretungsanspruch**. Bereits seit 1949 haben nämlich Teile der bundesdeutschen politischen Elite gefordert, dass einzig der westdeutsche Staat als rechtmäßiger Vertreter deutscher Interessen anzuerkennen sei. Aus diesem Grund wird die DDR von der Regierung **Adenauer** (1876–1967) auch nicht als selbstständiger Staat akzeptiert. Stattdessen spricht man von bundesdeutscher Regierungsseite herablassend von der „Ostzone" und greift damit auf das begriffliche Arsenal der Zeit vor 1949 zurück, als Deutschland in vier Besatzungszonen aufgeteilt war. Eher politisch rechtslastige bundesdeutsche

Walter Ulbricht

Zeitungen erwähnen den Namen des anderen deutschen Staates ebenfalls nicht; später setzen sie ihn konsequent in Anführungszeichen, als ob es sich bei der DDR um eine bloße Fiktion handele. Die Existenz eines zweiten deutschen Staates neben der Bundesrepublik Deutschland wird also ignoriert, so gut es geht. Die Sache hat allerdings auch politische Auswirkungen, denn

tatsächlich lehnt die Bundesregierung in aller Konsequenz jedweden offiziellen Kontakt mit der ostdeutschen Regierung ab und verhindert so konstruktive Gespräche mit dem SED-Regime.

Eröffnung der ersten documenta in Kassel

Als die Kunstausstellung **documenta** in Kassel eröffnet wird, wissen die meisten Beteiligten und auch das Publikum gar nicht, dass es sich hier um die erste documenta von vielen handeln wird. Tatsächlich ist die Ausstellung von ihren Planern als einmaliges Ereignis konzipiert worden. Allerdings ist diese erste documenta so erfolgreich, dass sie immer wieder neu konzipiert und regelmäßig neu veranstaltet wird. Eine Erfolgsgeschichte, dabei haben die documenta-Erfinder zunächst eigentlich nur geplant, die Gelegenheit der Kasseler **Bundesgartenschau** zu nutzen, um den Deutschen die unter der nationalsozialistischen Herrschaft verpönte Kunst der sogenannten **Klassischen Moderne** gewissermaßen in einer großen Werkschau einmal vorzustellen. Denn tatsächlich sind die alten Ressentiments gegen moderne Kunst unter den Deutschen nach wie vor virulent. Die Idee ist mithin eine Revision dessen, was die Nazis als „entartet" diskriminiert und aus den Museen entfernt haben. Hinter der Veranstaltung steht der extra zu diesem Zweck im Mai 1954 gegründete Verein „Abendländische Kunst des XX. Jahrhunderts", der dabei hilft, die notwendigen Gelder zu sammeln und die organisatorische Arbeit zu leisten. So kann die erste documenta eröffnet werden, die sich inzwischen zu so etwas wie einem modernen Mythos entwickelt hat, handelt es sich doch mittlerweile um die weltweit bekannteste und wichtigste Ausstellung zeitgenössischer Gegenwartskunst.

Bundespräsident Heuss (M.) besucht die documenta

Die deutschen Kriegsgefangenen kehren heim

Als Bundeskanzler **Konrad Adenauer** (1876–1967) auf Einladung der Sowjetunion im September nach Moskau aufbricht, steht die erste Begegnung eines westdeutschen Regierungschefs mit Vertretern der Sowjetmacht nicht gerade unter den besten Vorzeichen. Während die UdSSR die Aufnahme diplomatischer Beziehungen mit Deutschland fordert, will Adenauer unbedingt die zehn Jahre nach Kriegsende immer noch in russischer Kriegsgefangenschaft verbliebenen ehemaligen Wehrmachtssoldaten nach Hause holen. Die Forderungen werden von beiden Seiten aufs Engste miteinander verknüpft, die Verhandlungen drohen mehrfach zu scheitern. Am vierten Verhandlungstag aber gelingt zu aller Überraschung und Zufriedenheit doch noch der Durchbruch. Deutschland nimmt diplomatische Beziehungen zur UdSSR auf, im Gegenzug sollen die deutschen Kriegsgefangenen endlich heimkehren dürfen – ein Versprechen, dass der sowjetische Staatschef **Nikita Chruschtschow** (1894–1971) auf Wunsch des Bundeskanzlers vor der Presse wiederholt. Als schließlich am 7. Oktober der erste Zug mit **Heimkehrern** Deutschland erreicht, ist die ganze Republik gerührt. Bis zum Anfang des kommenden Jahres kehren insgesamt 30.000 Menschen aus russischer Gefangenschaft nach Hause zurück – ein außenpolitischer Erfolg, der Adenauers Beliebtheit unter den Bundesbürgern maßgeblich steigern soll.

Die bundesdeutsche Außenpolitik nach 1955

Um der westdeutschen Forderung, die DDR international durch **Nichtanerkennung** zu ächten, Nachdruck zu verleihen, erarbeitet der Staatssekretär im Auswärtigen Amt **Walter Hallstein** (1901–82) die nach ihm benannte **Hallsteindoktrin**. Sie soll dabei helfen, die Anerkennung des ostdeutschen Staats durch sogenannte Drittstaaten zu verhindern, um den ostdeutschen Staat international zu isolieren. Hallstein legt fest, dass die Aufnahme diplomatischer Beziehungen eines Staates zur DDR von westdeutscher Seite als – wie es in Diplomatendeutsch heißt – „unfreundlicher Akt" gegenüber der Bundesrepublik Deutschland verstanden werden müsse. Entsprechend soll solches Tun auch mit außen-

Walter Hallstein

politischen **Bestrafungsmaßnahmen** durch die Bundesrepublik Deutschland geahndet werden. Die umstrittene Hallsteindoktrin bestimmt die Leitlinie bundesdeutscher Außenpolitik in den späten 50er- und 60er-Jahren maßgeblich – und das mit einigem Erfolg. Immerhin gelingt es der Bundesregierung, die Aufnahme diplomatischer Beziehungen nichtkommunistischer Staaten zur DDR bis zum Ende der 60er-Jahre weitgehend zu verhindern. Denn nur wenige Staaten wollen es riskieren, sich mit der wiedererstarkten Wirtschaftsmacht Westdeutschlands anzulegen. Staaten der Dritten Welt, die der Doktrin zuwiderhandeln, werden jedoch durch die bundesdeutsche Außenpolitik fast zwangsläufig in die politische und wirtschaftliche Nähe zur DDR und zum Ostblock gerückt.

Schulwesen soll einheitlicher und besser werden

Die Diskussionen, die in Deutschland seit Beginn des 21. Jahrhunderts um das deutsche **Bildungswesen**, seine unterschiedliche bundesweite Ausgestaltung und die Möglichkeiten seiner **Vereinheitlichung** geführt werden, sind nicht neu. Bereits Mitte der 50er-Jahre stellen die Schulen der Republik ein wichtiges Thema dar, das auch in der Öffentlichkeit diskutiert wird. Primär geht es um die Frage, wie trotz der grundgesetzlich festgelegten Hoheit der Bundesländer über den Bildungssektor eine gewisse bundesweite

Harmonisierung des Schulwesens erreicht werden kann. Dazu ist es vor allen Dingen zunächst einmal notwendig, dass ein Schulabschluss, der beispielsweise in Schleswig-Holstein erlangt wird, auch in Nordrhein-Westfalen oder in Baden-Württemberg überhaupt anerkannt wird. Daher treffen sich die für das Schulwesen verantwortlichen **Kultusminister** der einzelnen Bundesländer im Januar in Düsseldorf zu einer Konferenz. Man arbeitet dort das sogenannte **Düsseldorfer Abkommen** aus, in dem sich die Minister darauf einigen, dass das Schuljahr bundesweit einheitlich zu Ostern beginnen soll und dass die verschiedenen Bundesländer die unterschiedlichen Abschlüsse gegenseitig anerkennen wollen. Am 17. Januar wird das Abkommen mit einer Ausnahme von allen Bundesländern unterzeichnet – einzig Bayern verweigert seine Zustimmung.

Schriftsteller Thomas Mann stirbt in Zürich

Als am 12. August der Schriftsteller **Thomas Mann** (1875–1955) in seinem Züricher Exil stirbt, verliert Deutschland einen seiner prominentesten Künstler und Mahner, der erst kurz zuvor vom Bundespräsidenten **Theodor Heuss** (1884–1963) den wichtigsten bundesdeutschen Orden, den „Pour le Mérite für Wissenschaft und Kunst", verliehen bekommen hat. Schon als Schüler hatte sich der gebürtige Lübecker der Literatur verschrieben, 1901 ist Manns bedeutendstes Werk, der Roman *Buddenbrooks*, erschienen, der von Kritikern wie Lesern begeistert aufgenommen wird. Politisch wandelt sich Thomas Mann ähnlich wie sein älterer Bruder **Heinrich Mann** (1871–1950) vom konservativen Befürworter der Monarchie zum überzeugten **Demokraten**, der während der Weimarer Republik immer wieder die gesellschaftlichen und politischen Verhältnisse in Deutschland analysiert und vehement vor einem Zusammenbruch des demokratischen Rechtsstaats warnt. Nach der nationalsozialistischen Machtübernahme 1933 begibt sich Mann auf eine ausgedehnte Europareise, 1938 schließlich emigriert er in die USA. Während des Kriegs kann seine Stimme in Deutschland – freilich verbotenerweise – gehört werden, denn zwischen 1940 und 1945 hält er monatlich eine **Radiorede** für das deutsche Programm des britischen Rundfunks. Nach Deutschland kehrt er nach Kriegsende jedoch nicht zurück. Stattdessen zieht Mann 1948, nachdem er in den USA unter den Vorwurf kommunistischer Agitation geraten ist, in die Schweiz.

Sissi lässt die Herzen der Deutschen höher schlagen

Als am 22. Dezember die Romanze um die bayerische Prinzessin Elisabeth, genannt **Sissi**, und den Habsburger Monarchen Franz Joseph in die bundesdeutschen Kino kommt, steht die Welt Kopf: Jeder will die junge österreichische Schauspielerin **Romy Schneider** (1938–82) als Sissi sehen. Kein Wunder, dass auf den ersten Teil der Sissi-Biografie innerhalb der nächsten beiden Jahre noch zwei weitere folgen sollen: *Sissi, die*

Romy Schneider als Sissi

junge Kaiserin und *Sissi – Schicksalsjahre einer Kaiserin*. Der von Regisseur **Ernst Marischka** (1893–1963) inszenierte Film rekonstruiert die Lebensgeschichte der österreichischen Kaiserin als künstlerisch eher anspruchslosen Heimatfilm mit viel rührseligem Herzschmerz. Doch der Erfolg gibt ihm Recht und beschert seinen Darstellern – neben Romy Schneider spielt auch **Karlheinz Böhm** (geb. 1928) als Franz Joseph hier die Rolle seines Lebens – quasi über Nacht Weltruhm. Allerdings fällt es insbesondere der weiblichen Hauptdarstellerin nach der Sissi-Trilogie reichlich schwer, sich von ihrem einmal auf sie festgelegten Sissi-Image wieder zu lösen. Erfolgreich kämpft sie gegen diese Rollenfestlegung an, auch wenn sie dabei bewusst in Kauf nehmen muss, ihr „Heimatfilm- und Sissi-Publikum" ein ums andere Mal aufs Neue enttäuschen zu müssen. Aber dies ist wohl der Preis, den Romy Schneider zahlen muss, um schließlich zu der weltweit gefragtesten deutschsprachigen Schauspielerin zu avancieren.

FILME DES JAHRES

- ⮑ *Jenseits von Eden* mit James Dean
- ⮑ *Keine Zeit für Heldentum* mit Henry Fonda und Jack Lemmon
- ⮑ *Über den Dächern von Nizza* von Alfred Hitchcock
- ⮑ *Picknick* mit William Holden
- ⮑ *Alle Herrlichkeit auf Erden* nach John Patrick
- ⮑ *Die tätowierte Rose* mit Burt Lancaster

Die Bundesdeutschen reisen auf vier Rädern

Als am 5. August der millionste **VW-Käfer** in Wolfsburg vom Band läuft, ist dies nicht allein Symbol für die fortschreitende industrielle **Produktivität** Westdeutschlands, sondern, damit allerdings in engem Zusammenhang stehend, auch Ausdruck des wachsenden **Wohlstands** der westdeutschen Bevölkerung. Wer Arbeit findet, verdient Geld und wer Geld verdient, will schließlich auch ein Auto kaufen. Hier schließt sich der Kreis dann wieder, denn es sind gerade die in Westdeutschland produzierten Kleinwagen, die sich die Bundesbürger auch leisten können. So rollen Mitte der 50er-Jahre vor allem die in Dingolfing produzierten **Gogomobile**, die Münchner **BMW-Isettas**, die **Kleinschnittgers**, die **Fuldamobile**, die **Gutbrod-Superiors** oder die **Victoria Spatzen** über bundesdeutsche Straßen. Der deutsche Kleinwagen schlechthin bleibt aber der VW-Käfer. Das Auto war bereits in den 30er-Jahren vom Konstrukteur **Ferdinand Porsche** (1875–1951) entwickelt worden und hatte gerade bei der nationalsozialistischen Führung wahre Begeisterungsstürme ausgelöst. Am 3.7.1953 konnte der sogenannte Volkswagen der Öffentlichkeit vorgestellt werden. Doch

Gogomobil Coupé

die ersten Käfer wurden ausschließlich militärischen Zwecken zugeführt und zu Kübel- und Schwimmwagen umgebaut. So beginnt der Volkswagen für die deutsche Zivilbevölkerung erst in der Nachkriegszeit richtig zu laufen. Er wird der Exportschlager des jungen Deutschland und symbolisiert wie kaum ein anderes Produkt das westdeutsche **Wirtschaftswunder**.

Deutsche Jugend verliert ihr amerikanisches Idol

Am 30. September verunglückt der US-Schauspieler **James Dean** (1931–55) bei einem vermutlich von ihm verschuldeten Autounfall in der Nähe von Cholame auf dem Weg nach Paso Robles. Die Folge: **Massenhysterie** unter den Jugendlichen weltweit! Besonders die bundesdeutschen Jugendlichen rührt der Tod des Teenageridols unmittelbar an, gilt ihnen doch die US-ameri-

James Dean

Rekordwachstum der deutschen Wirtschaft

kanische Jugendkultur als wichtigstes Vorbild und dient auch der Entwicklung einer eigenen Identität, die sich von der der Erwachsenen unterscheidet. Die bundesdeutschen Jugendlichen suchen einen Ausweg aus dem Mief und der scheinbar heilen Welt ihrer Eltern, aus der räumlichen Enge ihrer Wohnungen und der kulturellen Enge der Adenauer-Ära. Gleichzeitig hält sich das Interesse vieler Halbwüchsiger an einer politischen Veränderung der Verhältnisse in Grenzen. Sie finden schließlich einen Ausweg aus diesem Dilemma in der Imitation amerikanischer Vorbilder, die sie aus Musik und Film kennen und von denen sie gänzlich neue Verhaltensweisen übernehmen. Und gerade James Dean hat es in seinen wenigen Filmen – *Jenseits von Eden*, *Denn sie wissen nicht was sie tun* und dem posthum erschienenen *Giganten* – vermocht, das Lebensgefühl auch der deutschen Jugend auf eine Art zu vermitteln, die von dieser als authentisch akzeptiert wird: Man imitiert seine Frisur, seine Körperhaltung, seinen Blick – vor allem aber seine Art, mit den Dingen umzugehen. Erfreute sich Dean schon zu Lebzeiten großer Beliebtheit, so ist es doch vor allem sein gewaltsamer Tod, der ihn als tragischen jugendlichen Helden erstrahlen lässt.

Die Nachkriegsjahre sind für Deutschland eine Phase nahezu unglaublicher wirtschaftlicher **Wiedererholung**. Dieses Jahr verzeichnet mit einer Steigerung des Bruttosozialprodukts um über 11,5 Prozent und einer Erhöhung der Industrieproduktion um rund 150 Prozent ökonomische Rekorde, die auch in den kommenden Jahren nicht mehr eingestellt werden können. Dieses **Wirtschaftswunder**, das von manchen Experten auch als ein **Industriewunder** der jungen Bundesrepublik bezeichnet wird, hat folgende wesentliche Ursachen: die mit der Einführung einer eigenen Westwährung, der **Deutschen Mark**, 1949 erfolgreich verlaufene Währungsreform und die **Exporterfolge** der bundesdeutschen Industrie in der Folge des Koreakriegs, dem sogenannten **Koreaboom**. Denn interessanterweise stieg – zunächst in den USA, dann aber auch weltweit – gerade während des Koreakriegs die Nachfrage nach Industrieprodukten in hohem Maß. Hier hat es sich als echter Vorteil erwiesen, dass die westdeutsche Industrie nach 1945 durch alliierten Druck dazu gezwungen worden war, von der Rüstungsproduktion auf die Herstellung anderer industrieller Güter umzustellen. Diese Umgestaltung der bundesdeutschen Wirtschaft passt nun exakt zu den Bedürfnissen des Weltmarkts – und so kann die weltweite Nachfrage nach Industriegütern gerade durch deutsche Produkte gedeckt werden. Wichtig ist in diesem Zusammenhang natürlich auch, dass es in Deutschland eine hohe Zahl gut ausgebildeter und hoch motivierter **Arbeitskräfte** gibt, die das enorme wirtschaftliche Wachstum überhaupt erst ermöglichen.

Bundesrepublik Deutschland erhält Geheimdienst

Am 1. April beginnt der **Bundesnachrichtendienst** (BND) in Pullach mit seiner Arbeit. Damit erhält Deutschland ein westlichen wie östlichen Geheimdiensten ähnliches Bundesorgan. Dem BND kommt nämlich unter anderem die Aufgabe der militärischen Ostaufklärung, mit anderen Worten der Spionagetätigkeit in Osteuropa, vor allem aber in der DDR zu. In seiner Grundgestaltung kann der BND auf Strukturen zurückgreifen, die teilweise bereits unter der nationalsozialistischen Diktatur entstanden sind. Insbesondere die von General **Reinhard Gehlen** (1902–79) geleitete **Abteilung Fremde Heere Ost**, die während des Zweiten Weltkriegs für die Informationsbeschaffung der an der Ostfront kämpfenden Wehrmacht zuständig ist, spielt hier eine wesentliche Rolle. Aus ihr ist bereits 1946 die sogenannte **Organisation Gehlen** hervorgegangen, die für die amerikanische Besatzungsmacht tätig war. Seit 1949 nimmt die Bundeskanzler **Adenauer** (1876–1967) unterstellte Organisation wesentliche westdeutsche Aufgaben der **Spionage** wie natürlich auch der **Spionageabwehr** wahr. 1955

Eingang zum Gelände des Bundesnachrichtendienstes

schließlich wird mit dem BND aus der Organisation Gehlen ein dem Bundeskanzler unterstelltes Bundesorgan, das seinen Hauptsitz in Bayern bezieht. Leiter des BND bleibt allerdings der ehemalige Wehrmachtsgeneral Reinhard Gehlen. Neben der Spionage und der sogenannten „operativen Aufklärung" übernimmt der BND im Laufe der Jahre weitere Funktionen, unter anderem bei der Bekämpfung der organisierten Kriminalität oder des internationalen Terrorismus.

Bundesdeutsche Regierung lässt KPD verbieten

Schon im Jahre 1952 hat die Bundesregierung Ernst gemacht und beim **Bundesverfassungsgericht** den Antrag gestellt, die **Kommunistische Partei Deutschlands** (KPD), die sich nach ihrem Verbot unter der Naziherrschaft erst 1945 wieder konstituiert hat, erneut zu verbieten. Dieser Antrag ist Ausdruck der heftig ausgetragenen Auseinandersetzungen um die KPD und der rigiden antikommunistischen Politik, die insbesondere von Bundeskanzler **Konrad Adenauer** (1876–1967) forciert wird. Die Möglichkeit, Parteien in Deutschland aus verfassungspolitischen Gründen verbieten zu lassen, auch wenn sie, wie die KPD, im Bundestag vertreten sind, ist seit der im Vorjahr vollzogenen Gründung des Bundesverfassungsgerichts gegeben. Die auf den Antrag folgenden Verhandlungen am BVG um das KPD-Verbot ziehen sich dann aber relativ lange hin. Doch auch bevor ein endgültiger Urteilsspruch ausgesprochen wird, kommt es in Deutschland zu regelrechten **Kommunistenverfolgungen**: Immer wieder nimmt die Polizei KPD-Mitglieder fest, inhaftiert diese und führt sie dem Richter vor. Die Anklage lautet in der Regel auf Hochverrat, weil die KP-Mitglieder die „Wiedervereinigung Deutschlands" betreiben würden. Die Parteiführung wird zu mehrjährigen Gefängnisstrafen verurteilt und flieht in die DDR. Schließlich wird die KPD fünf Jahre nach dem Antrag der Bundesregierung am 17. August vom Bundesverfassungsgericht für verfassungswidrig erklärt, aufgelöst und verboten.

Bundestag verabschiedet Wehrpflichtgesetz: Das Einsammeln der Stimmen bei der namentlichen Abstimmung

Aufbau der Bundeswehr

Als am 2. Januar in drei Kasernen des Bundesgebiets die Freiwilligenkontingente der **Bundeswehr** einrücken, ist dies der Auftakt zur praktischen Umsetzung der von Bundeskanzler **Konrad Adenauer** (1876–1967) forcierten Wiederbewaffnung bei gleichzeitiger Westintegration der Bundesrepublik Deutschland. So wird der Aufbau der Bundeswehr im Rahmen der westlichen Verteidigungsorganisation, der **NATO**, realisiert, deren Mitglied Deutschland bereits am 9.5.1955, also exakt zehn Jahre nach der deutschen Kapitulation im Zweiten Weltkrieg, geworden ist. Zunächst ist die Bundeswehr jedoch noch eine reine Freiwilligenarmee und unter den ersten Bundeswehrfreiwilligen sind zahlreiche Angehörige des 1951 gegründeten **Bundesgrenzschutzes**. Im Juli beschließt der Bundestag die Wiedereinführung der **allgemeinen Wehrpflicht**. Wenn schon die **Remilitarisierung** Westdeutschlands hohe Wellen

der Empörung bis weit in das bürgerliche politische Lager hinein schlägt, so werden die Ängste der Bundeswehrgegner im Streit um deren Symbole sogar noch bestätigt. Das „Eiserne Kreuz", für das man sich schließlich entschieden hat, entspricht nämlich nicht allein dem wichtigsten militärischen Orden Nazideutschlands, sondern war auch das Symbol der **Deutschen Reichswehr**, der Armee also des nicht eben als pazifistischer und demokratischer Musterstaat geltenden deutschen Kaiserreichs.

Tagesschau von Montag bis Freitag um acht

Seit dem 1. Oktober wird die älteste Nachrichtensendung des deutschsprachigen Fernsehens, die **Tagesschau**, jeden Werktag um 20 Uhr abends ausgestrahlt. Erste Versuchssendungen hat der NWDR (Nordwestdeutscher Rundfunk) bereits früher ausgestrahlt, seit Ende des Jahres 1952 wird die *Tagesschau* dann dreimal wöchentlich gesendet. Bereits zwei Jahre später erklären sich am 1.11.1954 auch die übrigen Sender der ARD bereit, sich an der Sendung zu beteiligen

Sprecher der *Tagesschau*, aufgenommen ca. 1957

und bundesdeutsche Inlandsberichte zu liefern: Die *Tagesschau* wird so zu der Nachrichtensendung des ersten deutschen Fernsehens schlechthin. Zunächst schneidet man in erster Linie Material der **Deutschen Wochenschau** zu Nachrichtenbeiträgen zusammen. Noch ist es nicht üblich, die Nachrichtenmoderatoren vor der Kamera zu zeigen, denn die Stimme der Sprecher kommt – wie bei der **Kinowochenschau** üblich – kommentierend aus dem Off. Die erste Modifikation der Sendung ist somit, dass **Karl-Heinz Köpcke** (1922–91), der zum langjährigen Nachrichtensprecher der ARD avanciert, der erste Moderator dieser Sendung wird, der auch vor der Kamera zu sehen ist. Im Laufe der Zeit soll sich für die *Tagesschau* dann aber auch noch einiges Weitere ändern. So ist sie ab 1961 auch an den Wochenenden und Feiertagen zu sehen, im selben Jahr folgt eine Spätausgabe wie

WAS SONST NOCH GESCHIEHT

- Das britische Parlament beschließt im März die Abschaffung der Todesstrafe
- Bundeskanzler Adenauer wird 80 Jahre alt
- Das Buch *Das Geheul* des US-amerikanischen Beatpoeten Allen Ginsberg erscheint
- Wehrpflichtgesetz tritt in Kraft
- Nato-Gipfel in Paris

auch eine Vormittagsausgabe, noch in den 60er-Jahren werden auch 18:10 Uhr- und 19:00 Uhr-Ausgaben der Sendung eingeführt. Die *Tagesschau* gilt bis zum heutigen Tage als meistgesehene deutschsprachige Nachrichtsendung.

Die ersten Gastarbeiter kommen

Am 5. Januar treffen die ersten fünfzig **Gastarbeiter** aus Italien in Siersdorf am Niederrhein ein. Um den allmählich deutlich spürbaren **Arbeitskräftemangel** der boomenden westdeutschen Wirtschaft zu verringern, hat die Bundesregierung unter Kanzler **Konrad Adenauer** (1876–1967) 1955 ein Abkommen mit der italienischen Regierung abgeschlossen, das es ihr erlaubt, Arbeitskräfte für den deutschen Arbeitsmarkt zu werben und die Menschen nach Deutschland zu locken. Zwar stammen die meisten ausländischen Arbeitskräfte in Deutschland noch bis Mitte der 60er-Jahre hinein von der Apenninenhalbinsel, doch folgen ähnliche Verträge mit anderen Staaten des wenig industrialisierten und eher ärmlichen Südens Europas: So kommen seit 1960 spanische und griechische, seit 1961 türkische, seit 1964 portugiesische und seit 1968 schließlich auch jugoslawische Gastarbeiter in die Bundesrepublik, die für manche von ihnen auch zur zweiten Heimat wird. Ihre Anwerbung ist zuvor in den jeweiligen Heimatländern in Absprache mit der deutschen Industrie von speziell dazu eingerichteten Außenstellen der **Bundesanstalt für Arbeit** erfolgt. Die Anwesenheit einer immer größer werdenden Zahl ausländischer Bürger macht deren **Integration** zwar zu einer wichtigen Aufgabe der deutschen Innenpolitik, allerdings sind erste Ansätze hierzu erst in den frühen 70er-Jahren erkennbar.

Bundesdeutsche Jugend im Film: *Die Halbstarken*

Als am 27. September der Film *Die Halbstarken* mit **Horst Buchholz** (1933–2003) und **Karin Baal** (geb. 1940) Premiere feiert, kommt damit erstmals ein Film aus bundesdeutscher Produktion in die Kinos, der sich intensiv mit der Gefühlswelt von Jugendlichen im Wirtschaftswunderdeutschland auseinander setzt. Freilich entspricht das kriminelle Milieu und die ausweglose Situation, in die sich die Protagonisten während des Films manövrieren, nicht der Realität der Mehrzahl deutscher **Halbwüchsiger**. Ihre Ängste und Sorgen aber, das gesellschaftliche Klima, in dem sie aufwachsen, der Druck, dem sie standhalten müssen, wie überhaupt die allgemeinen Lebensverhältnisse, unter denen man in den 50er-Jahren auf-

wächst, werden so gut nachgezeichnet, dass der Film als authentisch akzeptiert und mithin gerade unter Jugendlichen ein Erfolg wird. Für die Hauptdarsteller hat der populäre Film durchaus Konsequenzen. Wenngleich einem großen Publikum nunmehr bekannt, sind sie für die nächste Zeit auf die Rolle der rebellischen, halbstarken Jugendlichen festgelegt. Horst Buchholz kann sich schließlich von diesem Image lösen, ihm sind auch international große Erfolge beschieden. Buchholz spielt in zahlreichen internationalen Produktionen mit und lebt eine Zeit lang in den USA. Erst 1973 steht er wieder in Deutschland vor der Kamera. Karin Baal bleibt dem deutschen Film treu und wird später Darstellerin in Krimiserien.

Marion Michael nackt auf der Leinwand

Es ist schon eine kleine Kinosensation, dass der bundesdeutsche Film *Liane, das Mädchen aus dem Urwald* den **Kinozensor** ohne Probleme zu passieren vermag und sogar für Jugendliche freigegeben wird. Das Dschungelabenteuer schildert die fiktiven Erlebnisse des weißen Mädchens Liane, das unter Wilden im Urwald Afrikas aufwächst. Dargestellt wird sie von der damals 25-jährigen **Marion Michael** (geb. 1940), die – und das ist für die **prüden 50er**-Wirtschaftswunderjahre das eigentlich Überraschende – in dem schlichten Streifen fast pausenlos mehr oder weniger nackt oder doch wenigstens nur sehr leicht bekleidet agiert. Dieses ungewöhnliche Kokettieren mit der Nacktheit seiner Hauptdarstellerin ist wohl ursächlich dafür verantwortlich, dass *Liane, das Mädchen aus dem Urwald* zu einem Publikumsliebling und dem Kassenschlager an der Kinokasse des Jahres avanciert. Die Macher des Films wittern hier eine erfolgreiche Geschäftsstrategie und legen

Filmszene aus *Die Halbstarken* mit Karin Baal und Horst Buchholz

mit ähnlicher Besetzung, allerdings ohne **Hardy Krüger** (geb. 1928), direkt im kommenden Jahr einen Nachfolgefilm hin: Auch *Liane – die weiße Sklavin* wird zu einem großen finanziellen Erfolg, wenngleich die kirchliche Filmkritik beide Filme als „haarsträubend primitive, talentlos zusammenge-drehte, dümmliche und niveaulose" Abenteuerfilm-chen brandmarkt. Doch kommt es dem Kinopub-likum in diesem Fall wohl offenbar weniger auf das Niveau als auf die visuel-len Reize des Films an.

Marion Michael in *Liane, das Mädchen aus dem Ur-wald*

Bundesdeutscher Rock 'n' Roll

Gegen Ende des Jahres ist es soweit: Anstatt im-mer nur in die USA zu schielen, präsentiert die bundesdeutsche Musikindustrie den westdeut-schen Jugendlichen endlich eine einheimische Antwort auf **Elvis Presley** (1935–77) und die anderen Superstars des amerikanischen Rock 'n' Roll: **Peter Kraus** (geb. 1939) singt auf seiner ersten Single **Little Richards** (geb. 1932) Super-hit *Tutti Frutti* – in deutscher Sprache. In kurzer Zeit bringt der gebürtige Münchener mit *Susi Rock, Wenn Teenager träumen, Hula Baby, Sugar Baby* und *Tiger* einen deutschen Rockhit nach dem anderen heraus und wird bald zu einem echten Teenageridol. Auch im Kino feiert er in der Rolle des Rock 'n' Rollers deutscher Prägung einige Erfolge. Allerdings wirkt Kraus gerade in seinen Filmen und im Vergleich zu den Vorbildern immer wie die sehr sanfte und weiche Ausgabe

des harten amerika-nischen Rockers. So nimmt es denn auch nicht Wunder, dass er, als die Rock 'n' Roll-Welle auch in Deutschland allmäh-lich wieder abebbt und sich die Hysterie legt, die von ihm inter-pretierten Lieder dem veränderten Musikge-schmack anpasst. Pe-ter Kraus avanciert so zu dem deutschen **Schmuseschlagerstar** der frühen 60er-Jahre. Als Allrounder und Unterhaltungsgenie

Peter Kraus

ist er jedoch unter anderem auch als Drehbuch-autor und Plattenproduzent tätig und bleibt auch im Fernsehen der 70er-Jahre äußerst präsent.

Ungarischer Aufstand er-schüttert die Deutschen

Wie kaum ein anderes internationales Ereignis erschüttert der ungarische **Volksaufstand** und seine Folgen die junge Bundesrepublik Deutschland nachdrücklich. In der Folge der vom russischen Staats- und Parteichef **Nikita Chruschtschow** (1894–1971) vorgenommenen Verurteilung der stalinistischen Herrschaft hoffen die Menschen überall im Ostblock auf eine Verbesserung ihrer Lebensverhältnisse. Am weitesten gehen dabei die Ungarn. Der für politische Reformen eintretende Ministerpräsident **Imre Nagy** (1896–1958) ist zunächst 1955 von ungarischen Stalinisten entlas-sen worden, die neue Regierung kann aber schon

DAS SIND DIE TOPHITS DES JAHRES

- *Der Mond hält seine Wacht* – Peter Alexander
- *Heimweh* – Freddy
- *Rock Around The Clock* – Bill Haley & His Comets
- *Smoky* – Die sieben Raben
- *Steig in das Traumboot der Liebe* – Club Indonesia
- *Tiritomba* – Margot Eskens
- *Meine kleine süße Susi* – Fred Bertelmann
- *Bei uns in Laramie* – Gerhard Wendland

1956 wieder gestürzt werden. Als Nagy in der Folge wieder zum Staatschef ernannt wird, versuchen sowjetische Besatzungstruppen, dies zu verhindern – ohne Erfolg. Denn es kommt zu einer Verbrüderung von Aufständischen und ungarischer Armee. Die Aufständischen werden im Übrigen von dem von München aus sendenden **Radio Free Europe** während der gesamten Zeit mit den notwendigen Informationen versorgt. Erst als am 4. November sowjetische Panzer in Ungarn einrücken, kann der Aufstand blutig niedergeschlagen werden. Nagy wird nach geheimem Prozess hingerichtet. In Deutschland reagieren die Menschen nahezu geschlossen mit Empörung und Angst vor weiteren Auseinandersetzungen. Man spendet Geld und versucht, den Ungarn, denen die Flucht aus ihrer Heimat geglückt ist, zu helfen, so gut es geht.

Gesamtdeutsche Olympiaerfolge in Melbourne

Im Vorfeld der Olympischen Sommerspiele des Jahres haben sich die Olympischen Komitees der Bundesrepublik Deutschland und der DDR auf eine gemeinsame **gesamtdeutsche Olympiamannschaft** verständigt, ohne zuvor Qualifikationswettbewerbe oder ähnliche Ausscheidungskämpfe durch-

führen zu müssen. Angesichts der weltpolitischen Lage und der Spannungen zwischen dem westlichen Bündnis und dem Ostblock – erinnert sei an die blutige Niederschlagung des ungarischen Aufstands gegen das kommunistische Regime – wären solche innerdeutschen Wettbewerbe auch schwer durchzuführen gewesen, obgleich der **Eiserne Vorhang** in jenen Jahren noch nicht endgültig geschlossen ist. Deutschland jedenfalls ist, auch wegen der noch nicht gegebenen gegenseitigen Akzeptanz beider Staaten, mit nur einer Mannschaft in Melbourne vertreten – das aber mit einigem Erfolg. Die gemeinsame deutsche Mannschaft holt insgesamt sechs Goldmedaillen, darunter ist auch der erste Olympiaerfolg eines DDR-Sportlers, eines Boxers im Bantamgewicht. Gold holen darüber hinaus Turner, Schwimmer und das Kajakteam. Eine kleine sportliche Sensation ist der Silbermedaillenerfolg des Nürnberger 400-Meter-Läufers **Karl Friedrich Haas** (geb. 1931), der auf dieser Strecke bester weißer Sportler wird. Die Spiele von Melbourne insgesamt entwickeln sich trotz der Spannungen zwischen West und Ost zu wahrhaft fröhlichen Spielen, was nicht zuletzt auf die Gastfreundschaft der Australier zurückgeführt werden kann.

Die historische Bildmontage zeigt deutsche Leichtathleten, die an den Olympischen Spielen in der australischen Metropole teilnahmen

Kleine Wiedervereinigung an der Saar

Bis Mitte der 50er-Jahre ist in erster Linie durch die Arbeit von Bundeskanzler **Adenauer** (1876–1967) die Aussöhnung zwischen den beiden ehemaligen Kriegsgegnern und sogenannten **Erbfeinden** Deutschland und Frankreich zwar schon relativ weit fortgeschritten, ein ungelöstes Problem besteht aber weiterhin: die **Saarfrage**. Nach dem Krieg ist das Saargebiet, das vor allem als Kohle- und Stahlrevier berühmt ist, unter französische Oberhoheit geraten – und Paris zeigt sich wenig geneigt, das Land zu räumen. Schließlich einigen sich Deutschland und Frankreich 1954 in den **Pariser Verträgen**, dass die Saarländer in einer Volksabstimmung selbst über ihre nationale Zugehörigkeit entscheiden sollen. Nach einem heftig geführten Abstimmungskampf kommt es unter einer auch für die damalige Zeit sensationellen Wahlbeteiligung von 97,5 Prozent zur Entscheidung. 67,7 Prozent der Menschen an der Saar verwerfen den Vorschlag, das Saarland zu einer europäischen Region zu machen, und stimmen damit für die Rückkehr nach Deutschland. Adenauer und der französische Ministerpräsident **Guy Mollet** (1905–75) treten daraufhin in Verhandlungen mit dem Ziel der praktischen Umsetzung dieses Mehrheitsentscheids. Im sogenannten **Luxemburger Saarvertrag** schließlich wird am 27.10.1956 festgelegt, dass das Saarland ab dem 1. Januar politisch und auch ökonomisch zu Deutschland gehören soll. Die Rückkehr des Saarlands wird als **kleine Wiedervereinigung** gefeiert.

Guy Mollet

Bundeskanzler Adenauer feiert Wahlerfolg

Konrad Adenauer

Bei den Wahlen zum dritten **Deutschen Bundestag** am 15. September kann **Bundeskanzler Adenauer** (1876–1967) den größten Wahlerfolg seiner politischen Karriere feiern. Gemeinsam mit seiner Partei, der CDU, gelingt es ihm, mit 50,2 Prozent aller Stimmen die absolute Mehrheit des Bundestags zu gewinnen. Der zuvor geführte Wahlkampf ist von den Themen Westintegration, Ostwestkonflikt und westdeutsche Wiederbewaffnung dominiert worden, die schließlich durch die dramatischen Ereignisse in Ungarn ein neue Dimension gewinnen. Adenauer gelingt es, die antikommunistische Angst und Stimmung unter den Bundesbürgern anzuheizen und mit dem Motto **Keine Experimente!** die Kontinuität der politischen und ökonomischen Entwicklung der Bundesrepublik zu suggerieren. Zum Erfolg tragen daneben auch innenpolitisch äußerst populäre Aktionen wie die Heimkehr der deutschen Kriegsgefangenen und die Reintegration des Saargebiets nach Deutschland, aber auch die überaus positive ökonomische Entwicklung Westdeutschlands bei. Im Großen und Ganzen muss die Bundestagswahl in ihrem Ergebnis als überwältigende Zustimmung der Bundesbürger zur rigorosen Politik Adenauers verstanden werden, die dieser auf Kosten einer etwaigen Wiedervereinigung beider deutschen Staaten betreibt. Obgleich die Union alleine regieren kann, bildet sie dennoch zusammen mit der FDP eine Regierungskoalition.

Kampf dem Atomtod: Wissenschaftler warnen

Am 12. April unterzeichnen 18 Atomwissenschaftler das **Göttinger Manifest**, in dem sie sich aus Sorge vor den Folgen ihrer eigenen Forschungen von der atomaren Aufrüstung distanzieren. Die Forscher erklären, dass sie die Pläne der Bundesregierung unter **Adenauer** (1876–1967), die Bundeswehr atomar zu bewaffnen, mit tiefer Sorge erfülle und dass sie der Regierung diese Bedenken schon mitgeteilt hätten – jedoch ohne Erfolg. Aus diesem Grund beschließen die Wissenschaftler, sich mit ihrem Anliegen an die Öffentlichkeit zu wenden und diese über die Dimension und Gefahr atomarer Aufrüstung aus ihrer professionellen Forscherperspektive in Kenntnis zu setzen. Die Debatte um die atomare Aufrüstung Deutschlands, die die Bundesbürger wie kaum ein anders Thema in zwei Lager teilt, wird durch das Göttinger Manifest weiter angeheizt. Seitens der Gewerkschaften und der SPD wird sogar über die Option eines Generalstreiks gegen das Regierungsvorhaben nachgedacht. Und dennoch: Nach heftigen Debatten im Bundestag beschließen die Regierungsparteien am 25.3.1958 die **atomare Bewaffnung der Bundeswehr**. Letztlich erweist sich dieser Beschluss jedoch als nicht tragfähig. Die Befürworter der Atombewaffnung, **Franz Josef Strauß** (1915–88) und **Konrad Adenauer** (1876–1967), treten schließlich – wenngleich aus unterschiedlichen Gründen – zurück. Erst damit ist das Thema erledigt.

Die EWG wird gegründet

Am 25. März unterzeichnen Vertreter Frankreichs, der Bundesrepublik Deutschland, Italiens, Belgiens, der Niederlande und Luxemburgs in Rom die Gründungsverträge der **Europäischen Wirtschaftsgemeinschaft** (EWG). Wegen ihres Unterzeichnungsortes werden diese auch als **Römische Verträge** bezeichnet, sie sollen am 1.1.1958 in Kraft treten. Als Ziele des Vertragswerks gelten der enge Zusammenschluss der europäischen Völker, der wirtschaftliche und soziale Fortschritt ihrer Mitgliedsländer und nicht zuletzt der Schutz von Frieden und Freiheit in Europa. Die neu zu konstituierende EWG soll über ein eigenes Gesetzgebungsorgan verfügen, den **Ministerrat**, der je nach Art des geplanten Beschlusses aus den entsprechenden Fachminis-

WAS SONST NOCH GESCHIEHT

- ⊃ In der deutschen Bauindustrie wird die 45-Stunden-Woche eingeführt
- ⊃ Die zugelassene Höchstgeschwindigkeit innerhalb geschlossener Ortschaften wird auf 50 Stundenkilometer begrenzt
- ⊃ Der erste atomgetriebene Eisbrecher läuft in Leningrad vom Stapel
- ⊃ Einführung der dynamischen Rente in Deutschland
- ⊃ Boris Pasternaks Kriegsepos *Doktor Schiwago* wird publiziert
- ⊃ Die UdSSR schickt den ersten künstlichen Satelliten Sputnik I ins All
- ⊃ Deutsches Werbefernsehen wird per Gerichtsbeschluss erlaubt
- ⊃ Die ersten 10.000 Wehrpflichtigen müssen zur Bundeswehr
- ⊃ Erste Massenimpfung gegen Kinderlähmung beginnt
- ⊃ Nato-Außenminister-Treffen findet erstmals in Bonn statt
- ⊃ In der DDR wird Republikflucht zur Straftat

tern der Mitgliedsländer zusammengesetzt wird. Ihm zur Entscheidungsvorbereitung und zur Durchführung seiner Beschlüsse zur Seite gestellt wird die **Europäische Kommission**, deren Mitglieder jeweils von den nationalen Regierungen ernannt werden sollen. Erster Kommissionspräsident ist der deutsche Politiker **Walter Hallstein** (1901–82). Bis zur Ausweitung der europäischen Integration und damit des europäischen Einigungsprozesses setzen die Römischen Verträge die Maßstäbe dafür, wie viel Europa eigentlich gewünscht und wie viel machbar ist. Sie sind der erste Schritt in Richtung der Entstehung der **Europäischen Union**.

Mord an Edelprostituierter erregt die Nation

Mit demonstrativem Zur-Schau-Stellen teurer Luxusartikel zeigt sie, in welchen Kreisen sie sich bewegt, und auch, dass sich ihr Geschäft lohnt: die Prostituierte **Rosemarie Nitribitt** (1933–57), die in ihrer Frankfurter Wohnung angeblich die bundesdeutsche Wirtschaftswunderprominenz verwöhnt und ebendort am 1. November ermordet aufgefunden wird. Über die Hintergründe dieses Verbrechens wird viel spekuliert. Von Erpressung ist da die Rede und von unerfüllter Liebe, von einem hochverschuldeten Freund und einem enttäuschten Dauerkunden. Nitribitts Mörder kann aber nie gefasst werden, wohl auch, weil bei den polizeilichen Ermittlungen – möglicherweise sogar absichtlich – geschlampt, vertuscht, kaschiert wird: Selbst heute noch fehlen

Rosemarie
Nitribitt

wichtige Ermittlungsakten. Viel von dieser tragischen Geschichte hat wohl mit Nitribitts Biografie zu tun. Aufgewachsen ist sie unter schwierigsten Bedingungen, aber sie will nach oben und fing dazu ganz unten an. Als Prostituierte kommt sie in die Wirtschaftsmetropole Frankfurt. Geschickt vermag sie es dort, ihre Herkunft zu überspielen, und schließlich avanciert sie zu der **Edelhure** in Deutschland schlechthin. Bei ihr gehen Politiker, Wirtschaftsbosse, Rechtsanwälte und Ärzte ein und aus. Nitribitts Einkünfte sollen für damalige Verhältnisse unvorstellbare 100.000 Mark pro Jahr erreicht haben. Doch am Ende bezahlte sie für diesen Aufstieg mit dem Leben – aus welchen Gründen auch immer.

Bill Ramsey

Amerikaner landet deutsche Schlagerhits

Bill Ramsey (geb. 1931) wird in diesem Jahr gefragt, ob er eine Platte aufnehmen wolle. Ramsey bejaht. Auf die nächste Frage, ob es denn nun ein lustiger Schlager oder eine doch eher ernste Jazzscheibe werden solle, antwortete er: „Was Lustiges." Damit beginnt die deutsche Musikkarriere des in Cincinnati/Ohio geborenen Amerikaners und die Erfolgskurve Ram-

Neue Attraktion in Berlin: Die Schwangere Auster

Im Berliner Volksmund hat sie schnell ihren Spitznamen weg, die nun vollendete **Benjamin-Franklin-Halle**. Der Berliner nennt sie wegen ihrer allzu typischen und doch etwas befremdlich wirkenden Form ein wenig despektierlich **schwangere Auster** – und trifft die Gestaltung der Halle im Kern. 1956 hat man mit deren Bau im Tiergarten begonnen, im Jahr darauf ist das Gebäude als Beitrag der USA zur **Internationalen Bauausstellung 1957** fertig gestellt worden und wird der staunenden Öffentlichkeit übergeben. Der US-amerikanische Architekt **Hugh Asher Stubbins** (1912–2006) hat die Halle in Zusammenarbeit mit dem norwegischen Ingenieur **Fred N. Severud** (1899–1990) in einem durch und durch amerikanischen Architekturstil, der auch für den Laien als solcher eindeutig zu identifizieren ist, entworfen, geplant und schließlich errichtet. In der Zeit des „Kalten Kriegs" und der Isolierung Westberlins gilt die Halle daher vor allem als Ausdruck der **deutsch-amerikanischen Freundschaft**. Daneben wird die schwangere Auster aber auch zu einem herausragenden Beispiel für die moderne Architektur der 50er-Jahre mit ihren äußerst gewagten, freitra-

Das Haus der Kulturen der Welt

seys zeigt sehr schnell steil nach oben. Seinen ersten Volltreffer landet er noch im selben Jahr. Mit Hits wie *Ohne Krimi geht die Mimi nie ins Bett, Souvenirs, Pigalle* oder *Zuckerpuppe* folgen etliche weitere. Dabei ist Ramsey ursprünglich musikalisch ganz woanders zu Hause – nämlich in der Musik seiner Heimat Ohio, dem Rhythm-and-Blues, dem Boogie, dem Blues und dem Jazz. Schon von klein auf begeistert er sich für diese Musikrichtungen und seine Helden heißen **Ella Fitzgerald** (1900–91) oder **Fats Waller** (1904–43). Bei seinen ersten musikalischen Gehversuchen imitiert er diese Idole, ihren Stil, ihre Art zu singen. Nach Deutschland kommt er nach dem Krieg als US-Soldat, lässt aber auch als solcher keine Gelegenheit aus, sich musikalisch zu betätigen. Doch zunächst geht es mit Jazz weiter. Dann schließlich entdeckt ihn der deutsche Komponist und Schlagererfolgsproduzent **Heinz Gietz**, der später unter anderem auch für Caterina Valente (geb. 1931), Cindy und Bert (geb. 1948; 1945), Gitte (geb. 1946), Rex Gildo (1936–99), Conny Froboess (geb. 1943) und Freddy Breck (geb. 1942) Lieder schreibt. Und er stellt ihm die Frage nach „was Lustigem", die Bill Ramsey eindeutig beantwortete.

genden Hallen-Konstruktionen, die man in der typischen Spannbeton-Bauweise hochzog. Genutzt wird die Benjamin-Franklin-Halle zunächst als Kongresshalle im Tiergarten. Seit 1989 ist sie aber auch Heimat des Kultur- und Ausstellungszentrums „Haus der Kulturen der Welt".

Der deutsche Spießer als Monster

Der Untertan: Plakat der westdeutschen Aufführung

Bereits 1951 hat Regisseur **Wolfgang Staudte** (1906–84) in den Ostberliner Defa-Studios den Film *Der Untertan* nach dem gleichnamigen Roman von **Heinrich Mann** (1871–1950) fertig gestellt und noch im selben Jahr können Bürger der DDR dieses Glanzstück deutschen Filmschaffens im Kino bewundern. In der Bundesrepublik hingegen gibt es insbesondere seitens konservativer Kreise große Vorbehalte gegen den Film. Erfolgreich verhindert man zunächst die westdeutsche Erstaufführung. Erst unter dem Druck einflussreicher Kulturschaffender und liberaler Medien wird *Der Untertan* schließlich am 8. März auch in Westdeutschland uraufgeführt. Als Heinrich Mann zwischen 1904 und 1914 seinen dem Film zugrunde liegenden Roman niedergeschrieben hat, legte er mit *Der Untertan* die bis dato schärfste Analyse nicht allein der politischen und sozialen Verhältnisse des späten Kaiserreichs vor, sondern auch des nationalistischen Bürgers in seiner unangenehmsten Ausprägung: als karrieresüchtigen Reaktionär und hoffnungslosen Opportunisten. Das Buch wird zu dem Erfolgstitel Manns schlechthin und gilt bis heute als das wichtigste Werk deutscher Satire im 20. Jahrhundert. Rund 40 Jahre nach der Erstveröffentlichung des Romans schreibt Regisseur Staudte auf dieser Grundlage das Drehbuch seines Films, für den er den „Nationalpreis II. Klasse für Kunst und Literatur" der DDR erhält. Doch auch westdeutsche Zeitungen loben den Streifen und die – wie es heißt – dort vorgenommene Entlarvung des „nationalistischen deutschen Spießers als Monster".

Bergdrama erschüttert die Bundesdeutschen

Am 3. August machen sich zwei verschiedene Trupps, eine italienische und eine deutsche Seilschaft, daran, den in den Schweizer Alpen gelegenen Eiger von der Nordseite her zu besteigen. Bis dato hat die **Eigernordwand** nur selten erfolgreich bezwungen werden können und das aus gutem Grund. Obgleich nämlich der im Berner Oberland gelegene Berg nicht gerade zu den Alpenriesen zu zählen ist, gilt

Blick zur Eigernordwand

seine Nordseite seit Menschengedenken als extrem schwierig und stellt daher an die Alpinisten exorbitant hohe Ansprüche in Hinsicht auf ihre bergsteigerischen Fähigkeiten, ihre Kraft, Kondition und Geschicklichkeit. Erst 1938 ist es einer Gruppe um **Heinrich Harrer** (1912–2006) erstmals gelungen, die Eigerspitze vom Norden her zu erreichen, nachdem ein ähnlicher Versuch zwei Jahre zuvor mit tödlichem Ausgang gescheitert war. Von den beiden Seilschaften, die nun einen erneuten Versuch wagen, gerät die der Italiener sehr bald schon in Bergnot. Und auch die Deutschen verschwinden aus der Sicht der Touristen, die die Sensation von der **Kleinen Scheidegg** aus beobachten können. Schließlich gelingt es einem internationalen Bergrettungsteam, nach zehn Tagen im Eis einen der Italiener als einzigen Überlebenden zu retten. Sehr bald schon wirft man ihm vor, die deutschen Konkurrenten ermordet zu haben. Ihre Leichen werden erst vier Jahre später entdeckt. Offenbar war ihnen der Aufstieg zunächst geglückt, bevor sie schließlich beim Abstieg verunglückten.

Das Segelschulschiff Pamir

unter dem Druck des Sturms immer weiter Schlagseite und Wasser dringt langsam in den Rumpf ein. Von den Matrosen jedoch scheinen zu diesem Zeitpunkt wenige zu ahnen, dass das Schiff sinken könnte, obgleich bereits SOS gefunkt wird. Tatsächlich aber kentert die Pamir dann ganz schnell und zahlreiche Matrosen fallen einfach mit ins Wasser. Das Schiff treibt noch zwanzig Minuten kieloben, geht aber schließlich unter, ohne dass mehr als drei Rettungsboote, die zudem stark beschädigt sind, zu Wasser gelassen werden können. Darauf beginnt die bis dahin größte Suchaktion zur Rettung Schiffbrüchiger: Am Morgen des 23. September schließlich findet der US-Dampfer **Saxon** das Wrack eines Rettungsboots der Pamir mit fünf Überlebenden, ein weiterer Schiffbrüchiger wird von einem Boot der US-Küstenwache gerettet. Die Schiffskatastrophe löst in Deutschland nicht allein Bestürzung und Trauer, sondern auch heftige Diskussion über deren Ursache aus.

Deutsches Segelschulschiff Pamir sinkt im Atlantik

Am 21. September gerät das deutsche Segelschulschiff **Pamir** auf der Rückreise von Südamerika in den Hurrikan **Carrie**, der letztlich das Kentern des Schiffs verursacht und den Tod von 80 Seeleuten zur Folge hat. Dabei handelt es sich bei der Pamir um einen stattlichen Viermaster der deutschen Handelsmarine, der bereits 1905 vom Stapel gelaufen ist und seit 1955 zu Ausbildungszwecken verwendet wird. Aber an diesem Septembertag bekommt das Schiff wohl auch wegen Fehlern beim Verstauen der Ladung

FILME DES JAHRES

- ⮞ *Die Brücke am Kwai* mit Alec Guiness
- ⮞ *Sayonara* mit Marlon Brando
- ⮞ *Duell im Atlantik* mit Robert Mitchum und Curd Jürgens
- ⮞ *Schicksalsmelodie* mit Frank Sinatra
- ⮞ *Die Zwölf Geschworenen* mit Henry Fonda

Skandal um deutschen Filmregisseur beigelegt

Veit Harlan

Das BVG entscheidet einen schon Jahre schwelenden Konflikt zwischen dem ehemaligen Naziregisseur **Veit Harlan** (1899–1964) und seinen Gegnern. Nachdem 1952 mit *Hanna Amon* und *Verwehte Spuren* gleich zwei Filme des Regisseurs bundesweite Premiere feiern, ist es zum Eklat gekommen. In vielen deutschen Städten gehen Menschen gegen Harlan auf die Straße und rufen zum Boykott seiner Filme auf. Denn der Regisseur feiert zu Beginn der 50er-Jahre nur ein Comeback, blickt aber auf eine sehr viel längere Karriere als Filmschaffender zurück. Tatsächlich hat Harlan während der Zeit der nationalsozialistischen Herrschaft mehrere eindeutig **antisemitische NS-Propagandastreifen** wie etwa *Jud Süß* gedreht, mit denen er half, die antijüdische Stimmung unter der Bevölkerung weiter anzuheizen. Gegen Ende des Zweiten Weltkriegs schuf er mit *Kolberg* darüber hinaus den **nationalsozialistischen Durchhaltefilm** schlechthin. Nach dem Krieg muss er sich wegen dieser Vergangenheit mehrfach vor den verschiedensten Gerichten verantworten. Harlan gelingt es aber immer wieder – und dies offenbar sehr überzeugend – sich selbst als Opfer der Nazis darzustellen, die seine Kunst schlicht missbraucht hätten. Als seine Produktionsgesellschaft allerdings wegen der Boykottaufrufe Entschädigungszahlungen einfordert, gehen die Beklagten bis vor das Bundesverfassungsgericht, wo man ihnen schließlich Recht gibt und sie von allen Zahlungen an die Gesellschaft freispricht.

Krise bedroht den Status Westberlins

Im November kommt es nach der sowjetischen **Blockade Berlins** zu erneutem Streit zwischen den Verbündeten des Zweiten Weltkriegs um den Status der früheren Reichshauptstadt. Denn der UdSSR, vor allem aber der Regierung der DDR unter Staatschef **Walter Ulbricht** (1893–1973), ist der Inselstatus Westberlins als kapitalistische Enklave inmitten eines sozialistischen deutschen Staates ein steter Dorn im Auge. So fordert die Regierung der Sowjetunion im November England, Frankreich und die USA ultimativ auf, ihre Truppen aus Berlin abzuziehen und so aus dem besetzten Westberlin eine freie und entmilitarisierte Stadt zu machen. Das auf sechs Monate befristete **Ultimatum** erfolgt nicht ohne die für die Regierung **Chruschtschow** (1894–1971) typischen Drohgebärden: Man behalte sich für den Fall, dass das Ultimatum ergebnislos verstreiche, vor, den gegebenen **Viermächtestatus** Berlins einseitig zu beenden. Dies ist gleichbedeutend mit der Androhung militärischer Gewalt. Erst als sich im Zuge des nächsten Jahres die Stimmung zwischen den Westalliierten und der UdSSR etwas verbessert und durch gegenseitige Gespräche so etwas wie leichtes Tauwetter im „Kalten Krieg" zu vernehmen ist, kann die Krise fürs Erste entschärft werden. Das Berlinproblem aber bleibt bestehen und kulminiert unter anderem 1961 beim Bau der **Berliner Mauer**.

Ein Ende der Erbfeindschaft?

Am 14. und 15. September treffen sich der deutsche Bundeskanzler **Konrad Adenauer**

(1876–1967) und der französische Ministerpräsident **Charles de Gaulle** (1890–1970) zu ersten gemeinsamen Gesprächen auf dem Landsitz des Generals in Colombey-les-deux-Eglises. Ziel dieser ersten Annäherung soll die allmähliche **Aussöhnung** der beiden Nationen sein.

Charles de Gaulle

Die ist auch bitter nötig, denn Deutschland und Frankreich haben in den vergangen zwei Jahrhunderten insgesamt fünf Kriege gegeneinander geführt und insbesondere die deutsche Besatzung während des Zweiten Weltkriegs hat nicht eben dazu beigetragen, dass die Franzosen ihre östlichen Nachbarn sonderlich mögen. Im Gegenteil: Für die meisten Franzosen sind die Deutschen gefürchtete und ungeliebte Nachbarn, kein Volk in Europa mochten sie noch zu Beginn der 60er-Jahre weniger. Der Start der deutsch-französischen Gespräche ist also dringend notwendig – und dies hat noch ganz andere außenpolitische Gründe. Soll nämlich die von Adenauer betriebene und gewünschte vollständige Integration Deutschlands in das westliche Bündnissystem gelingen, so muss erst noch eine wesentliche Voraussetzung erfüllt werden: Die Aussöhnung mit dem westlichen Nachbarn. In den ersten bilateralen Gesprächen erweist sich schnell, dass Adenauer und de Gaulle dieselbe politische Sprache sprechen. Das erste Treffen verläuft daher in überraschend freundlicher Atmosphäre.

Europäisches Parlament trifft sich zu erster Sitzung

Zwischen dem 19. und 21. März tritt erstmals das **Europäische Parlament** zusammen, um sich als gemeinsames Organ von **Montanunion, Europäischer Wirtschaftsgemeinschaft** (EWG) und **Europäischer Atomgemeinschaft** (Euratom) zu konstituieren. Die Versammlung hat 142 Abgeordnete, deren Kompetenzbereich sich auf alle drei Gemeinschaften erstreckt und die von den Regierungen der Mitgliedsstaaten der europäischen Gemeinschaften Deutschland, Frankreich, Italien, den Niederlanden, Belgien und Luxemburg bestimmt werden. Zum Vergleich: Heute hat das Europäische Parlament über 700 Abgeordnete, die direkt von den Bürgern gewählt werden. Aber es gibt noch weitere Unterschiede des Gremiums im Vergleich zu heute. Ganz besonders wichtig ist die Tatsache, dass dem Parlament noch nicht die Funktion eines europäischen Gesetzgebers zukommt. Der Name

WAS SONST NOCH GESCHIEHT

- ⮑ Das Kraftfahrt-Bundesamt in Flensburg führt eine sogenannte Verkehrssünder-Kartei ein
- ⮑ Beim deutschen Chirurgentag in München wird die erste Herz-Lungen-Maschine präsentiert
- ⮑ Erster Handelsvertrag zwischen der Bundesrepublik und der UdSSR
- ⮑ *Exodus* von Leon Uris ist das Buch des Jahres
- ⮑ Gesetz über die Gleichberechtigung von Mann und Frau tritt in Kraft
- ⮑ Wahlen zur DDR-Volkskammer und zu den Bezirkstagen. 99,87 Prozent für die Einheitsliste
- ⮑ UdSSR kündigt einseitig das Viermächteabkommen über Berlin

„Europäisches Parlament" lässt mithin zwar an eine Einrichtung von zentraler politischer Bedeutung für die europäischen Staaten denken, faktisch hat sie diese aber kaum. Sitz der Institution ist im Übrigen von Anfang an das elsässische **Straßburg**. Wie kaum eine andere Stadt symbolisiert diese Kommune die nach dem Krieg einsetzende Aussöhnung zwischen den ehemals zutiefst verfeindeten Nachbarstaaten Frankreich und Deutschland, die das Herz der europäischen Staatengemeinschaft darstellen.

Fred Bertelmann und Christiane Maybach in dem Film mit dem gleichnamigen Hit *Der lachende Vagabund*

um die **Hula-Hoop-Reifen** aus. Neu ist an dem Spielzeug, dass es nicht nur Jungen wie Mädchen, sondern Kinder wie Erwachsene gleichermaßen in seinen Bann zieht: Man entdeckt den Reifen nämlich auch als **Fitnessgerät** für Erwachsene. 100 Millionen Stück zu je knapp zwei Dollar sollen in den zwei Jahren des Hula-Hoop-Wahns in den USA über den Ladentisch gegangen sein. In Deutschland übernimmt ein Textilunternehmer die Produktion der Reifen, die überraschenderweise seitens ihrer kalifornischen Erfinder patentrechtlich nicht geschützt worden sind. Und auch hier schlagen die Plastikreifen mächtig ein. Hula-Hoop ist nicht allein Zeichen für den allmählich aufflammenden Fitnessgedanken, sondern auch Ausdruck kindlicher Lebensfreude, an der jeder, ob Jung oder Alt, ob männlichen oder weiblichen Geschlechts, teilhaben kann. Und das garantiert seinen Erfolg gerade in den eher konfliktreichen, grauen 50er-Jahren weltweit – mit Ausnahme freilich der Ostblockstaaten, wo der Trend als typisches schwachsinniges Symbol der US-Kultur interpretiert wird. Die US-Erfinder des Hula-Hoop-Reifens sollen mit der Erfindung der **Frisbee-Scheibe** später erneut einen Trend initiieren.

Bundesdeutsche Hüften im Hula-Hoop-Fieber

Die Welle schwappt mal wieder über den Atlantik nach Europa. Zwei Kalifornier testen, wie sich ein einfacher Plastikreifen mit einem Durchmesser von knapp einem Meter als Kinderspielzeug nutzen lassen könne. Sie verteilen die Dinger auf den Spielplätzen ihrer Heimat – und von da an bricht eine weltweite Hysterie

DAS SIND DIE TOPHITS DES JAHRES

- *Der lachende Vagabund* – Fred Bertelmann
- *River Kwai March* – Mitch Miller
- *Der Legionär* – Freddy Quinn
- *Hula Baby* – Peter Kraus
- *Ich bin bald wieder hier* – Freddy Quinn
- *La Paloma* – Billy Vaughn
- *Auch du hast dein Schicksal in der Hand* – Conny Froboess
- *Bambina* – Peter Alexander

Elvis Presley

Elvis als GI in Deutschland stationiert

Elvis Presley (1935–77) ist schon ein echter Welt- und Superstar, als ihn in den USA die Wehrpflicht ereilt. Stationiert werden soll er als ganz normaler GI in Westdeutschland. Die Normalität des Soldatendaseins ist aber etwas, was Elvis zwischen dem 1.9.1958 und dem 2.3.1960 wohl eher selten erlebt. Schon seine Ankunft in Bremerhaven, gemeinsam mit rund 1200 weiteren GIs, wird von Hunderten jubelnder Menschen begleitet. Die Hysterie um die Ankunft des US-Rockidols erfasst nämlich nicht allein eingefleischte Elvis-Fans; viele Menschen sind auch einfach nur gekommen, um an dem sensationellen Ereignis teilzunehmen. Angeblich kommt es, so berichten die Medien, sogar zu einigen Zusammenstößen zwischen der US-amerikanischen Militärpolizei, die versucht, das Gelände weiträumig abzusperren, und deutschen Jugendlichen, doch sind die Berichte vermutlich ziemlich übertrieben. Überhaupt wird die ganze Sache von einem enormen und für bundesdeutsche Verhältnisse der 50er-Jahre eher ungewöhnlichen **Medienrummel** begleitet. Immerhin stehen Vertreter von Funk, Fernsehen sowie bundesdeutscher und internationaler Zeitschriften am Kai, als Elvis schließlich an Land geht. Das ist aber nur der Anfang: In den kommenden Monaten erlebt der Rockstar eine regelrechte Verfolgungsjagd. Die Reporter wollen der Öffentlichkeit vom Soldatenleben des Elvis Presley berichten, das aber genau aus diesem Grund gewiss nicht normal verlaufen kann.

Deutsches Segelschulschiff Gorch Fock läuft vom Stapel

Seit dem Untergang des Segelschulschiffs **Pamir** im September 1957 gibt es neben dem inzwischen außer Dienst gestellten Schwesterschiff des havarierten Viermasters kein repräsentatives bundesdeutsches Segelschulschiff mehr. Das soll sich am 23. August ändern. Denn an diesem Tag läuft die in Hamburg in der Rekordzeit von nur 100 Tagen bei Blohm & Voss gebaute **Gorch Fock** vom Stapel. Heimathafen des Schiffs ist von Anfang an die schleswig-holsteinische Landeshauptstadt Kiel. Seinen Namen erhält es nach dem

Segelschulschiff der Bundesmarine Gorch Fock

Pseudonym des Matrosen und Schriftstellers **Hans Kinau** (1880–1916), dessen Nichte dann auch die Ehre der Schiffstaufe vorbehalten bleibt. Nach den bösen Erfahrungen mit der Pamir, deren Untergang 80 Menschen das Leben gekostet hat, ist die Gorch Fock nach strengsten Sicherheitskriterien gebaut worden. Neben der exzellenten Besatzung mag dies auch eine Ursache dafür sein, dass das Schiff im Verlauf seiner nun schon über 40 Dienstjahre erfolgreich rund 100 Auslandsreisen absolviert und über eine halbe Million Seemeilen zurückgelegt hat. Eigentliche Aufgabe der Gorch Fock ist seit jeher die Ausbildung von **Offiziers- und Unteroffiziersanwärtern**, die hier ihre praktische und theoretische Lehre erhalten. Dabei geht man davon aus, dass gerade die Ausbildung auf einem Segelschulschiff Charakter und Gemeinsinn künftiger militärischer Verantwortungsträger besonders vorteilhaft beeinflussen.

Jacques Tati in *Mein Onkel*, einem der Filmhits des Jahres

Die Krimiserie *Stahlnetz* läuft im Fernsehen an

Mit der ersten Folge **Mordfall Oberhausen** geht am 14. März die Krimiserie **Stahlnetz** erstmals auf Sendung. Das Konzept geht auf die amerikanische Serie **Dragnet** zurück, die sich vor allem um Authentizität der in den einzelnen Folgen erzählten Geschichte bemüht. Dem Zuschauer soll das Gefühl vermittelt werden, den agierenden Polizeibeamten bei ihrer Ermittlungsarbeit über die Schulter schauen zu können. So wird auch im bundesdeutschen *Stahlnetz* aus fiktiven Polizeiprotokollen zitiert und die Kommissare wechseln sich ebenso ab wie der jeweilige regionale Hintergrund. Die Drehbücher dagegen stammen allesamt aus der Feder eines einziges Autors: **Wolfgang Menge** (geb. 1924), der auch später noch zahlreiche erfolgreiche Serien kreieren und gestalten soll. *Stahlnetz* entwickelt sich zu einer der erfolgreichsten und beliebtesten Fernsehserien in Deutschland. Dazu tragen neben den spannenden Geschichten auch die überzeugenden Darsteller bei, die dem Publikum meist schon aus dem Kino bekannt sind. So wirken unter anderem Heinz Engelmann (1911–96), Hellmut Lange (geb. 1923), Dirk Dautzenberg (geb. 1921), Alexander Kerst (geb. 1924), Eddi Arent (geb. 1925), Grit Böttcher (geb. 1938), Hannelore Elsner (geb. 1942) und Jan Hendriks (1928–91) im *Stahlnetz* mit. Insgesamt werden bis 1968 22 Folgen von *Stahlnetz* gesendet. 1999 versucht man, die Serie wieder aufleben zu lassen.

Schwere Krawalle nach Rockkonzert

Im Anschluss an ein Westberliner Konzert des amerikanischen Rock 'n' Roll-Stars **Bill Haley** (1925–81) kommt es am 26. Oktober zu den bislang schwersten **Auseinandersetzungen** zwischen jugendlichen Konzertbesuchern, Ordnungskräften und der Polizei. Derartige Auseinandersetzungen hat es bereits 1956 gegeben – und häufig genug erfolgen sie während oder unmittelbar nach Rockkonzerten oder auch bei Aufführungen von Filmen wie *Rock around the Clock*, in dem wiederum **Bill Haley** die Hauptrolle spielt (dt. Titel: *Außer Rand und Band*). Die als **Halbstarke** bezeichneten Jugendlichen liefern sich manchmal tagelange Straßenkämpfe mit der Polizei, nicht selten randalieren mehrere tausend Jugendliche. Sie haben gemeinsame Schlachtrufe, kennen jedoch keine politischen oder sozialen Ziele. So verkennen viele Beobachter die Ursachen der Jugendunruhen und beschimpfen Rockmusiker immer wieder als „Jugendverderber" und „Radaumusiker". Auch die bundesdeutschen Politiker suchen den Grund für die Gewalt in den äußeren Anlässen, in den Erscheinungen der Jugendkultur und hier vor allem in der Rockmusik. Letztlich bleibt für sie die Gewalt unerklärbar und sinnlos, gibt doch die Wirtschaftswunderrepublik den Jugendlichen scheinbar alles, was sie brauchen. Tatsächlich aber richteten sich die Krawalle genau gegen die Kultur dieses ökonomisch boomenden Staates und gegen die miefige Enge der Elternhäuser.

Bubi Scholz wird Boxeuropameister

Rund 40.000 Menschen sind am 8. Oktober ins Berliner Olympiastadion gekommen, um den Europameisterschaftskampf des beliebten deutschen Boxers **Gustav Scholz** (1930–2000), den man nur als **Bubi Scholz** kennt, gegen den Franzosen **Charles Humez** (geb. 1927) zu-

sehen. Auch die politische und gesellschaftliche Prominenz Berlins lässt es sich nicht nehmen, diesem Kampf im Mittelgewicht beizuwohnen, auf den die Nation seit Wochen hinfiebert. Nach zwölf Runden steht der Sieger und damit der neue **Europameister** fest: Er heißt Bubi Scholz. Dies ist wohl einer der Höhepunkte im Leben des Berliner Arbeiterkindes aus kleinsten Verhältnissen. Unmittelbar nach dem Zweiten Weltkrieg hat sich der schmale Halbwüchsige entschlossen, mit dem Boxen anzufangen, und ist zu seiner eigenen Überraschung dabei so erfolgreich, dass man ihn bereits als 18-Jährigen ins Boxprofilager holt. Nur vier Jahre nach dem Gewinn der deutschen Meisterschaft 1951 scheint aber Scholz' Karriere beendet zu sein: Die Ärzte diagnostizieren **Schwindsucht** und verbieten ihm auch nach seiner Genesung, mit Boxen wieder anzufangen. Doch Scholz ignoriert den Rat der Mediziner – und der sportliche Erfolg soll ihm schließlich Recht geben. Obgleich ökonomisch erfolgreich, geht es mit Scholz privat nach dem Ende seiner sportlichen Karriere steil bergab. Er wird Alkoholiker, kommt mehrfach wegen Körperverletzung vor Gericht und erschießt im Vollrausch seine Frau. An der Haft sei er dann, so sagen Bekannte, endgültig zerbrochen.

Bubi Scholz (r.) und Charles Humez unterhalten sich nach dem Kampf

US-Präsident besucht Deutschland

Im August besucht **Dwight D. Eisenhower** (1890–1969) als erster US-Präsident die Bundesrepublik. Zwar sind nach dem Zweiten Weltkrieg schon US-Präsidenten in das zerstörte Nachkriegsdeutschland gekommen, doch geschah dies, um sich dort mit den anderen Führern der siegreichen Alliierten zu treffen und nicht um sich zu Gesprächen mit einer etwaigen deutschen Regierung einzufinden. Der Besuch des ehemaligen Generals ist somit für beide Seiten etwas Besonderes. Eisenhower kennt Deutschland sehr gut, ist er doch im Krieg Oberbefehlshaber der amerikanischen Truppen in Europa gewesen. In seinem Hauptquartier ist am 7.5.1945 die deutsche **Kapitulation** unterzeichnet worden und er ist es auch, der den Oberbefehl über die amerikanischen Besatzungstruppen in Deutschland führt und schließlich das Amt des Militärgouverneurs in der amerikanischen Besatzungszone übernimmt. Sein Besuch in Deutschland steht freilich unter einem ganz anderen Stern: Das Zerwürfnis zwischen den Westalliierten und der UdSSR, der „Kalte Krieg" und die Teilung Deutschlands setzen hier völlig neue Akzente. So garantiert Eisenhower gegenüber Kanzler **Konrad Adenauer** (1876–1967) wie auch gegenüber dem Regierenden Bürgermeister Berlins **Willy Brandt** (1913–92) den unbedingten Schutz Westberlins durch die USA – im Zweifelsfall auch mit militärischer Gewalt – aufrechtzuerhalten.

Der amerikanische Präsident Dwight D. Eisenhower (l.) wird nach seiner Ankunft von Bundeskanzler Konrad Adenauer in Bonn begrüßt

SPD verabschiedet sich von ihren marxistischen Wurzeln

Nachdem die Sozialdemokraten bei der letzten Bundestagswahl eine herbe und für sie auch reichlich unerwartete Schlappe haben hinnehmen müssen, nehmen die Diskussionen um einen notwendigen Wandel der SPD auch innerhalb der Partei kein Ende: Man hat erkannt, dass in Zeiten des „Kalten Kriegs" die Distanzierung vom Kommunismus eine Voraussetzung dafür ist, bundespolitische Erfolge feiern zu können. Um also endlich auch einmal Regierungsverantwortung übernehmen zu können, sollen durch einen parteipolitischen Ruck in die politische Mitte neue Wählerschichten erschlossen werden, ein Programm, zu dem schon **Kurt Schumacher** (1895–1952) angeregt hat. So trifft sich die Partei vom 13.–15. November im rheinischen Bad Godesberg zu einem außerordentlichen Parteitag mit dem Ziel, ein neues Parteiprogramm zu schaffen. Schließlich verabschiedet man das sogenannte **Godesberger Programm**. In dieser **Grundsatzerklärung** demonstriert die SPD-Spitze ihren Willen, aus der ehemals klassenkämpferischen Arbeiterpartei eine von allen wählbare **Volkspartei** zu machen. Selbstverständlich gehört zu diesem Wandel auch die Aufgabe jeglicher Verstaatlichungspläne. Die Rechnung geht auf. Nach dem Parteitag feiert die SPD bei allen Landtagswahlen Erfolge, die Bundesregierung kann sie aber erst zehn Jahre später stellen. Die Idee für das Godesberger Programm stammt übrigens von **Herbert Wehner** (1906–90), der in jungen Jahren Mitglied der KPD gewesen ist.

Außerordentlicher Parteitag der SPD in Bad Godesberg

Hickhack um die Wahl des Bundespräsidenten

Die dritte Wahl des Präsidenten der Bundesrepublik ist von zahlreichen Misstönen begleitet, die auch Spannungen innerhalb der regierenden CDU offenbaren. **Theodor Heuss** (1884–1963) kommt als Kandidat für das Amt nicht mehr infrage, ist er doch bereits in seiner zweiten Amtsperiode – und mehr lässt das Grundgesetz nicht zu. Am 8. April erklärt **Konrad Adenauer** (1876–1967) in einer Fernsehansprache völlig überraschend, dass er für das Präsidentenamt kandidieren werde. Tatsächlich hofft der noch als Kanzler amtierende Adenauer, als Präsident auch mitregieren zu können. Die Spatzen rufen es aber von den Dächern, dass es ihm vor allem darum geht, vom Präsidentenstuhl aus zu verhindern, dass sein Wirtschaftsminister und Parteifreund **Ludwig Erhard** (1897–1977) zu seinem Nachfolger im Kanzleramt werden könne. Als Adenauer klar wird, dass ihm das Amt

des Bundespräsidenten zwar hohes Renommee, nicht aber die notwendigen Machtmittel einbringen würde, zieht er am 5. Juli seine Kandidatur spontan wieder zurück. In der Union ist man entsetzt angesichts der Unentschlossenheit des Kanzlers, dessen Ansehen binnen kürzester Zeit rapide sinkt. Schließlich einigt man sich darauf, am 1. August **Heinrich Lübke** (1894–1972) zum Bundespräsidenten zu wählen.

Antisemitische Ausschreitungen in Deutschland

Es wirft wahrlich kein gutes Licht auf die junge, wirtschaftlich prosperierende Bundesrepublik, gegen Ende des Jahres von zahlreichen **antisemitischen Ausschreitungen** erschüttert zu werden. Die erst jüngst neu errichtete Synagoge der Stadt Köln ist am ersten Weihnachtsfeiertag mit Hakenkreuzen, Sprüchen wie „Juda verrecke!" und ähnlichen Widerwärtigkeiten beschmiert worden – und dies ist erst der Auftakt zu den größten antisemitischen Aktionen seit dem Zusammenbruch des Nazireichs. Innerhalb der bundesdeutschen Gesellschaft reagieren die Menschen entweder mit Empörung oder aber mit Gleichgültigkeit auf die Vorkommnisse. Die

DAS SIND DIE TOPHITS DES JAHRES

- *Tom Dooley* – Nilsen Brothers
- *Die Gitarre und das Meer* – Freddy Quinn
- *Am Tag als der Regen kam* – Dalida
- *Souvenirs* – Bill Ramsey
- *Unter fremden Sternen* – Freddy Quinn
- *Tschau, Tschau Bambina* – Caterina Valente
- *Eine Hand voll Heimaterde* – Tom & Tommy
- *Morgen* – Ivo Robic

Position der meisten Bundesdeutschen fasst Kanzler **Adenauer** (1876–1967) zusammen, als er davon spricht, dass es sich bei den Vorfällen „fast ausschließlich um Flegeleien" handeln würde, die keinen ernsthaften politischen Hintergrund hätten. Sind schon die Schmierereien als solche verheerend, so ist diese Reaktion des mächtigsten Mannes der Bundesrepublik alles andere als glücklich und vermag kaum, das weltweit ramponierte Image Westdeutschlands wieder aufzupolieren. Teile der deutschen Öffentlichkeit dagegen artikulieren deutlich ihren Missmut und ihre Angst angesichts der Ereignisse und der Reaktionen darauf. Immerhin lösen die antisemitischen Ausschreitungen innerhalb der westdeutschen Gesellschaft eine heftige Diskussion um das Weiterbestehen und Wiederaufflammen rassistischen Gedankenguts aus.

Westdeutscher Kriegsfilm im Kino

Als am 22. Oktober der von **Bernhard Wicki** (1919–2000) inszenierte Film *Die Brücke* in die bundesdeutschen Kinos kommt, ist dies eine Premiere der ganz besonderen Art. Denn als

Sinnloser Kampf: Michael Hinz (Forst, mit einem toten Jungen), im Kriegsfilm *Die Brücke*

erster westdeutscher Kriegsfilm verherrlicht dieser nicht die Wehrmachtsgeneräle oder tapferen Soldaten, sondern zeigt stattdessen eine Gruppe Jugendlicher, die völlig fanatisiert den sinnlosen Befehl, in einem bayrischen Provinzdorf eine strategisch unbedeutende Brücke gegen die vorrückenden Amerikaner zu halten, bis zum Äußersten befolgt. Der überaus sachliche und daher besonders erschütternde Film steht in einem beinahe schon schrillen Gegensatz zu dem bisherigen Auswurf bundesdeutscher Filmproduktionen, in denen der Zweite Weltkrieg thematisiert worden ist. Denn faktisch sind die meisten dieser wertlosen Landserfilme der 50er-Jahre, die den deutschen Soldaten an sich verherrlichen und von Kriegsgräueln nichts wissen wollen, von Regisseuren gedreht worden, die auch schon unter den Nazis Filme gemacht haben und nun in der Nachkriegsrepublik erfolgreich weiterdrehen können. Von ihnen ist im Zweifelsfall eine innovative und realistische Aufbereitung des Zweiten Weltkriegs kaum zu erwarten. Bernhard Wicki dagegen gelingt es, nicht allein den Irrsinn des Kriegs im Allgemeinen zu brandmarken. Er zeigt auch, wie jugendlicher Idealismus und Enthusiasmus grenzenlos missbraucht werden können.

Durbridge fesselt deutsche Fernsehzuschauer

Es ist das erste Mal, dass von einem so genannten **Straßenfeger** die Rede ist. Als am 5.10.1958 das deutsche Fernsehen mit der Ausstrahlung der vom NDR (Norddeutscher Rundfunk) produzierten sechsteiligen Krimiserie *Der Andere* beginnt, ist dieser Erfolg noch nicht abzusehen. Der Film basiert auf einem Drehbuch des Kriminalautors **Francis Durbridge** (1912–

WAS SONST NOCH GESCHIEHT

- ⮞ Bundeswehr erhält 300 Starfighter aus den USA
- ⮞ In den USA kann eine Rakete nach einem Weltraumflug mit zwei Affen an Bord erfolgreich geborgen werden
- ⮞ Günter Grass veröffentlicht seinen Schelmenroman *Die Blechtrommel*
- ⮞ Felix Wankel stellt seinen Rotationskolbenmotor, den sogenannten Wankelmotor, vor
- ⮞ Kindergeld wird von 30 auf 40 DM erhöht
- ⮞ Im bundesdeutschen Bergbau wird die Fünf-Tage-Woche bei vollem Lohnausgleich stufenweise eingeführt
- ⮞ Arbeitslosigkeit in der Bundesrepublik unter einem Prozent
- ⮞ DDR erhält neue Flagge und beschließt Siebenjahresplan

Traumpaar gewinnt Meisterschaft im Eiskunstlauf

Marika Kilius (geb. 1944) und **Hans-Jürgen Bäumler** (geb. 1942) sind das deutsche Eiskunstlauftraumpaar der späten 50er-Jahre schlechthin. Am 11. Januar beginnt die nationale sportliche Karriere der beiden bei den Deutschen Meisterschaften im Paarlauf. Obgleich beide erst Teenager sind, sie ist 15, er 16 Jahre alt, vermögen sie es, mit ihren Darbietungen die gesamte Republik in ihren Bann zu ziehen. Denn trotz ihres jugendlichen Alters ist ihre Darbietung so souverän, so reif und so perfekt, dass sie auch für die beiden Sportler selbst völlig unerwartet die Meisterschaft gewinnen. Und nur wenige Wochen nach diesem sensationellen Erfolg holen die beiden auch noch die Europameisterschaft, schließlich werden sie sogar Weltmeister. Über eine Frage wird in der deutschen Öffentlichkeit aber immer wieder spekuliert: Sind die beiden denn auch jenseits der Kunsteisbahn ein Paar? Nein, das sind sie nicht, auch wenn die Presse wie auch die meisten Bundesbürger dies immer gerne so gehabt hätten. Nach dem Gewinn der Silbermedaille bei den Olympischen Spielen 1964 gehen Marika Kilius und Hans-Jürgen Bäumler ins **Showgeschäft**. Außerdem singen sie Schlager und drehen erfolgreiche Musikfilme.

Eiskunstlauf-Paar Kilius und Bäumler

98). Die dort entwickelte Story erweist sich als so spannend, die Mund-zu-Mund-Propaganda unter den Bundesbürgern als so effektiv und nicht zuletzt die Berichterstattung in den Medien, vor allem in den Zeitungen, als so einflussreich, dass die Straßen sprichwörtlich leer gefegt sind, als die nächsten Folgen, die eine Länge von nur etwa 30 Minuten haben, ausgestrahlt werden. Jeder will wissen, wie der Fall weitergeht, will mit Freunden und Kollegen debattieren, was geschehen ist und was wohl noch passieren wird – vor allem aber will jeder wissen, wer „es denn nun gewesen ist". Die Serie wird ein Riesenerfolg, das Publikum verlangt nach mehr und das deutsche Fernsehen ist bereit, mehr zu geben. So folgen in den kommenden Jahren weitere sogenannte **Durbridge-Krimis**, ein Label, das beinahe schon Publikumserfolg garantiert. Und aus heutiger Sicht gesehen lässt sich feststellen, dass die Nachfolgeproduktionen sogar noch wesentlich spannender als *Der Andere* sind.

Der Mannheimer Radsportler Rudi Altig wird am 14.8.1959 als frischgebackener Radweltmeister in seiner Heimatstadt Mannheim von tausenden begeisterter Mitbürger empfangen

Deutscher Radrennfahrer wird Weltmeister

Rudi **Altig** (geb. 1937) gewann als erster deutscher Radsportler die Weltmeisterschaften im Radrennen. Damit beginnt die große internationale Karriere des gebürtigen Mannheimers, der erst relativ spät zum Radsport gekommen ist. Altig ist 15 Jahre alt und gerade mitten in seiner Berufsausbildung zum Kfz-Mechaniker, als er seine Liebe zum Rennrad überhaupt erst entdeckt. Noch im selben Jahr allerdings nimmt er auf einem geliehenen Fahrrad und statt eines Radfahrerhemds mit einem Fußballtrikot bekleidet an seinem ersten Rennen teil, das er dann auch prompt gewinnt. Als Amateur wird Rudi Altig 1957, 1958 und 1959 Deutscher Meister in der 4000-Meter-Mannschaftsverfolgung, 1959 kommt dann mit der Weltmeisterschaft in der **Einzelverfolgung** der

erste große internationale Erfolg: Altig beeindruckt die Konkurrenz sowie Journalisten und Zuschauer schon durch die Art, wie er sich auf den anstehenden Wettbewerb vorbereitet. Noch ist es nämlich eher ungewöhnlich, dass sich ein Sportler in den Yoga-Kopfstand begibt, um die nötige Konzentration zu gewinnen. Nach weiteren nationalen und internationalen Erfolgen wechselt Altig schließlich ins Lager der Radsportprofis und ist dort der größte Rivale einer anderen Radsportlegende, nämlich **Jacques Anquetils** (1934–87). Bei der **Tour de France** trägt Altig mehrmals das **Gelbe Trikot** – und von dieser renommiertesten aller Radrundfahrten berichtet er auch heute noch als Kommentator für das Fernsehen.

Erste Radarfalle Deutschlands blitzt Raser

Das Rasen auf Deutschlands Straßen war schon immer verboten und wurde mit hohen Strafen belegt. Am 15. Februar aber tritt die technische Kontrolle der Überwachung von Geschwindigkeitsbegrenzungen im Straßenverkehr in eine neue Ära, die auch für die bundesdeutschen Autofahrer mit erheblichen Veränderungen verbunden ist. Denn an diesem Tag wird in Düsseldorf erstmals ein **Radargerät** zur **Geschwindigkeitsmessung** verwendet. In der Folge können zu schnell fahrende Autofahrer den Beweis ihres Vergehens, unmittelbar nachdem sie das Gaspedal etwas zu tief getreten haben, objektiv nachvoll-

Starenkasten

ziehbar von Polizeibeamten vorgelegt bekommen. Bisher waren nur die Stoppuhren der den Straßenverkehr überwachenden Polizeibeamten oder die Tachometer der die Verkehrssünder verfolgenden Polizeiautos als Instrumentarien zur Geschwindigkeitskontrolle im Einsatz. Da beide Verfahren ungenau und personalintensiv sind, wird die neue Radartechnik bald bundesweit übernommen. Die als **Radarfalle** gefürchteten mobilen Geräte stehen seither überall an deutschen Straßen, oft gut versteckt und stets in Begleitung eines Polizeifahrzeugs, in dem die Daten, die das Radargerät liefert, verarbeitet und aufgezeichnet werden. Im Laufe der Zeit werden auch immobile, fest installierte Radarfallen entwickelt, die wegen ihrer speziellen, an Vogelbrutkästen erinnernden Form gerne auch als **Starenkästen** bezeichnet werden.

Die deutsche Sehnsucht nach Italien

Als der erfolgreiche Schlagersänger Peter Alexander (geb. 1926) in diesem Jahr mit *Mando-*

Szene aus *Ben Hur*, einem der Filmhits des Jahres

linen und Mondschein wieder einen echten Hit landet, ist dieser Erfolg eigentlich vorauszusehen gewesen. Denn tatsächlich setzt Alexander mit dem Lied die für die ganzen 50er-Jahre typische Sehnsucht der Deutschen nach dem Süden musikalisch um. Und Süden – das heißt für die meisten schlicht: **Italien**! Nachdem sich die Wirtschaft der jungen Bundesrepublik im Laufe der 50er-Jahre so prächtig entwickelt hat, ist es vielen auch vergönnt, sich diesen Traum zu erfüllen. Zu tausenden fahren die Bundesdeutschen jährlich in Reisebussen, mit dem Zug und später auch mit dem eigenen Auto an Adria und Riviera, die bald schon einen eher zweifelhaften Ruf als **Teutonengrill** haben. Vor diesem Hintergrund mag es kaum verwundern, dass Alexanders Hit wahrlich nicht der einzige deutsche Schlager ist, der diese Sehnsucht nach Bella Italia zum Ausdruck bringt. Im Gegenteil: Chianti, Mandolinen, die kleinen Italiener, die blühenden Zitronenbäume und andere Stereotypen, die man mit der Apenninenhalbinsel in Verbindung bringt, werden in zahlreichen Liedern besungen. Die Wenigsten wissen übrigens, dass Alexanders Schlager die deutsche Coverversion eines englischsprachigen Hits ist: Schon im Jahr zuvor hat Perry Como *Mandolins In The Moonlight* veröffentlicht.

DIE SECHZIGER JAHRE

Politische Lage bleibt unverändert

Der Beginn der 60er-Jahre war politisch in der Bundesrepublik Deutschland noch von denselben Vorzeichen geprägt wie die 50er-Jahre. Und hier war es in erster Linie der „Kalte Krieg", dessen Erscheinungsformen und Auswirkungen die Schlagzeilen der Zeitungen bestimmte. In diesem Zusammenhang begann das Jahrzehnt nämlich mit mehreren Paukenschlägen, die Deutschland meist unmittelbar betrafen. Das Land war ja nach wie vor in zwei unabhängige Gebiete, die Bundesrepublik Deutschland und die DDR, geteilt, und genau an der sogenannten innerdeutschen Grenze zwischen diesen beiden Gebieten entlang verlief auch die Grenze zwischen den beiden konkurrierenden politischen Blöcken: Dem von den USA dominierten Westen und dem von der russischen UdSSR angeführten Ostblock. Im Kristallisationspunkt der Auseinandersetzungen zwischen Ost und West stand also Deutschland und das Zentrum dieser Auseinandersetzungen wiederum bildete die ehemalige Reichshauptstadt Berlin, die ebenfalls

Sit-in beim Rektor der Universität München

in zwei Teile getrennt war. Hier trafen die Großmächte nahezu direkt aufeinander, daher spiegelten sich hier auch viele Probleme und Spannungen des „Kalten Kriegs" wider. Zu Beginn der 60er-Jahre war der sogenannte Eiserne Vorhang, die Grenze zwischen Ost und West, aber noch durchlässig und gerade die Grenze in Berlin bot vielen Menschen aus den Staaten des Ostblocks die immer wieder genutzte Gelegenheit zur Flucht. Damit war es 1961 jedoch vorbei. Die Führung der DDR ließ nämlich im August dieses Jahres mit Unterstützung und Zustimmung der UdSSR und gegen eindeutige Versprechungen ihres Staatschefs eine Mauer zwischen Ost- und Westberlin errichten und auch die innerdeutsche Grenze immer mehr befestigen, sodass aus dem Eisernen Vorhang nun tatsächlich eine undurchlässige und unüberwindbare Grenze zwischen dem Westen und dem Osten wurde.

Drohende Eskalation des „Kalten Kriegs"

International drohte sich der „Kalte Krieg" auch in der Folgezeit immer häufiger zu einem echten militärischen Konflikt zwischen den Blöcken zu entwickeln. Und da beide Militärbündnisse – die westliche NATO und der östliche Warschauer Pakt – mit Atomwaffen und -raketen ausgestattet waren, stand nicht allein der Weltfrieden, sondern überhaupt das Schicksal des gesamten Planeten auf dem Spiel, denn ein Atomkrieg hätte wohl die Erde in weiten Teilen zerstört und unbewohnbar gemacht. Als die UdSSR 1962 versuchte, Atomraketen auf der Insel Kuba so zu stationieren, dass sie nahezu jedes Ziel in den USA hätten erreichen können, drohte die Situation erneut zu eskalieren – und allen war klar, dass das erste Ziel, das die UdSSR im Kriegsfall angreifen würde, Westdeutschland wäre, dass also genau hier das Schlachtfeld sein dürfte, auf dem sich Ost und West gegenseitig zu vernichten versuchen würden.

Der Weg der deutschen Politik

So war es nur normal, dass die bundesdeutsche Innen- und Außenpolitik nach wie vor vom „Kalten Krieg" bestimmt wurde, durch den Kanzler Adenauer (1876–1967), der das Land seit 1949 regierte, die Bundesrepublik Deutschland mit seinem Programm der Westintegration in den 50er-Jahren geführt hatte. Allerdings hatte Adenauer bei den Bundesbürgern Ende der 50er-Jahre einiges von dem Kredit verspielt, der ihm bei der Bundestagswahl 1957 noch zugesprochen worden war. Dazu trugen mehrere Faktoren bei. Vor allem sind hier die Krisen um einige seiner Regierungsmitglieder, die dann doch etwas zu viel braune Vergangenheit hatten, zu nennen, wie auch seine allzu durchsichtigen Versuche, die Kanzlerschaft seines designierten Nachfolgers Ludwig Erhard (1897–1977) zu verhindern. Auch die Verharmlosung neonazistischer Übergriffe auf deutsche Synagogen und nicht zuletzt sein Bemühen, die Bundeswehr atomar aufzurüsten, kratzten ziemlich am überaus positiven Image, in dem sich Adenauer bis dato hatte sonnen können.

Dennoch setzte „der Alte" seinen bisher eingeschlagenen Weg konsequent fort und trieb unter anderem die Aussöhnung mit dem ehemals als Erbfeind titulierten westlichen Nachbarn Frankreich vehement voran. Dieser Ausgleich zwischen den ehemaligen Kriegsgegnern sollte auf lange Sicht gesehen die wichtigste Vorausset-

Die amerikanischen Astronauten Neil Armstrong, Michael Collins und Edwin Aldrin im Juli 1969 (v.l.n.r.)

zung für die ebenfalls von Adenauer forcierte europäische Einigung werden. Auch mit anderen eher westlich orientierten Staaten wollte die Adenauerrepublik ihren Frieden machen. Besonders schwer sollte sich in diesem Zusammenhang die Aussöhnung mit Israel erweisen. Aber auch hier wurden zu Beginn der 60er-Jahre Abkommen getroffen, die vor allem vom Wunsch der Bundesrepublik Deutschland zeugten, die von Deutschen an den europäischen Juden begangenen Verbrechen – so weit dies überhaupt möglich sein konnte – wiedergutzumachen. Nach innen jedoch blieb die Abrechnung mit denjenigen, die zwischen 1933 und 1945 an Naziverbrechen beteiligt gewesen waren, insbesondere für die Opfer eher unbefriedigend. Denn die zahllosen Prozesse, in denen man sich vor allem in der ersten Hälfte der 60er-Jahre mit dem nationalsozialistischen Völkermord auseinander setzte, brachten für die Täter in der Regel recht milde Urteile.

Hippies

Die Ära Adenauer geht zu Ende

1963 war dann das Jahr, in dem es endgültig soweit war: Der ehemalige Bundeswirtschaftsminister Erhard wurde Kanzler, allerdings agierte er nicht immer besonders glücklich. Und es scheint fast ein Treppenwitz der Geschichte zu sein, dass die deutsche Wirtschaft ausgerechnet unter der Kanzlerschaft des Vaters des Wirtschaftswunders in ihre erste ernste Krise geriet. Mit wirtschaftspolitischen Einrichtungen wie der „Konzertierten Aktion" sollte dieser Krise, die vor allem den deutschen Bergbau betraf, begegnet werden. Und dennoch verloren die Unionsparteien bei den Bundestagswahlen 1965 erstmals nach 1949 so viele Stimmen, dass es notwendig wurde, mit der stärksten Oppositionspartei, der SPD, gemeinsam eine Regierungskoalition zu bilden. Diese sogenannte Große Koalition unter Kanzler Kurt-Georg Kiesinger (1904–88) bestimmte bis 1969 die deutsche Politik.

Bürger als Opposition

Als sie allerdings die sogenannten Notstandsgesetze verabschieden wollte, regte sich unter den Bundesbürgern heftiger Widerstand. Ein Teil der Westdeutschen hatte angesichts einer Koalition der beiden größten bundesdeutschen Parteien nicht zu Unrecht das Gefühl, dass es im Bundestag überhaupt keine Opposition mehr gäbe. Und so formierte sich allmählich eine Bewegung, die sich selbst als „Außerparlamentarische Opposition", kurz APO, bezeichnete und die vehement gegen die Notstandsgesetzgebung auf die Straße ging. Nachdem der Gesetzesbeschluss trotz Massenprotesten nicht hatte verhindert werden können, trieb die Menschen das zunehmende militärische Engagement der USA im Vietnamkrieg auf die Straße. Gleichzeitig organisierten vor allem marxistisch orientierte Studentengruppen an den Universitäten Widerstand gegen verkrustete akademische Strukturen. Neue Formen des Protests wie sogenannte Sit-ins oder Teach-ins wurden mit wechselndem Erfolg ausprobiert.

Insgesamt schien die Bundesrepublik Deutschland Ende der 60er-Jahre tatsächlich auf eine fundamentale Veränderung hinzusteuern. Dabei ist weniger an die Radikalforderungen gedacht, die auf manchen Demonstrationen von Mitgliedern kommunistischer Gruppen geäußert wurden, sondern eher an die Meinung der breiten Mehrheit der Bundesdeutschen. Manifest wurde dies, als die Union bei den Bundestagswahlen 1969 so deutlich Stimmen verlor, dass nun auch ein echter Regierungswechsel bevorstand: Mit Willy Brandt (1913–92) sollte erstmals ein von der SPD gestellter Kanzler die Bundesrepublik Deutschland regieren. Unter ihm wurde ein grundlegender Wandel in der bundesdeutschen Innen- wie Außenpolitik eingeleitet.

60er

Ein Jahrzehnt des Wandels

Überhaupt waren die 60er-Jahre in vielerlei Hinsicht auch Jahre des Abschieds von überkommenen Vorstellungen. So waren viele Frauen kaum mehr bereit, dem klassischen Modell der Rollenverteilung zwischen den Geschlechtern nachzukommen, und forderten mit Nachdruck, die gesetzlich schon seit längerem verankerte Gleichstellung von Mann und Frau endlich auch in der Praxis durchzusetzen. Gleichzeitig probierten vor allem Jugendliche völlig neue Lebensentwürfe aus. Seit Mitte der 60er-Jahre schwappte die Hippiekultur von den USA aus auch nach Deutschland. Aber nicht allein die Haare wurden länger und die Wahl der Rauschmittel veränderte sich. Es wurden mit den Wohngemeinschaften oder Kommunen auch völlig neue Formen des Zusammenlebens ausprobiert, die in den Jahren zuvor kaum denkbar gewesen wären. Von konservativer Seite wurde diese Entwicklung mit einigem Argwohn betrachtet und manche Zeitung versuchte die Stimmung gegen die – wie es hieß – „langhaarigen Gammler und Faulenzer" kräftig anzuheizen. Begleitet wurde dies alles auch von einem musikalischen Wandel, der sich bis in die Charts hinein bemerkbar machen sollte. Zwar waren sich einige deutsche Schlagerstars nicht zu schade, mit fragwürdigen Liedern gegen die Jugend- und Studentenbewegung in Stellung zu gehen. Doch punkteten sie mit solchen Songs nur noch bei der älteren Generation.

Die Stars der Musikwelt

Die Jugend hörte andere Bands – und selbst die Helden der 50er-Jahre wurden wenigstens teilweise verdrängt. War das Jahrzehnt zuvor noch das Dezennium von Elvis, Bill Haley

und den anderen Rock 'n' Roll-Heroen gewesen, so waren es in den 60er-Jahren vor allem zwei Bands, die die Charts anführten: die Beatles und die Rolling Stones. Gegen Ende der 60er hatten sich dann auch die musikalischen Präsentationsformen grundlegend geändert: Saßen 1960 die Besucher eines Popkonzerts in der Regel bis zum Ende der Veranstaltung auf ihren Stühlen, so zeigte das Woodstockfestival von 1969, dass Konzerte auch grundsätzlich anders ablaufen konnten.

DDR-Soldat mit Gewehr und aufgepflanztem Bajonett an der Absperrung

Technische Neuerungen

Gerahmt wurde das Jahrzehnt schließlich von zwei außerordentlichen technischen Leistungen, die auch in der Bundesrepublik Deutschland auf großes Interesse stießen und die Menschen tief bewegten. Wie kaum andere Ereignisse wurden sie zu Sinnbildern des visionären Fortschritts, des Zukunftsoptimismus und der technischen Möglichkeiten des Menschen: 1961 war es der UdSSR erstmals gelungen, einen Kosmonauten ins All zu schießen und ihn lebend auch wieder zur Erde zurückzubringen. Und 1969 erfüllten US-Astronauten einen schon Jahrhunderte, wenn nicht Jahrtausende alten Menschheitstraum: die Landung von Menschen auf dem Mond.

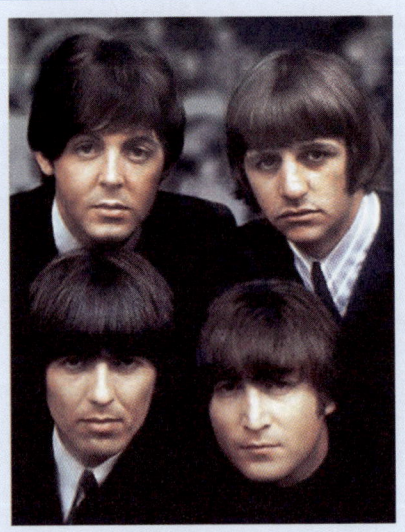

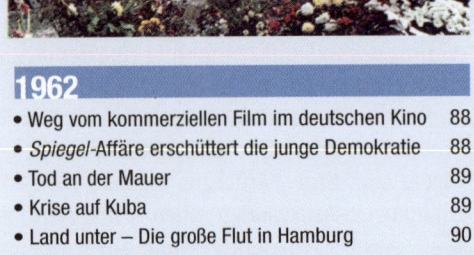

60er

Eichmann in Buenos Aires verhaftet

Im Mai wird der ehemalige SS-Obersturmbannführer **Adolf Eichmann** (1906–62) in Argentinien verhaftet. Eichmann war während des Zweiten Weltkriegs Leiter der **Reichszentrale für Jüdische Auswanderung** in Berlin und somit Hauptverantwortlicher für die Deportationen von über vier Millionen Juden in die Konzentrationslager. Nach dem Ende des Zweiten Weltkriegs entkommt Eichmann den Amerikanern, die ihn bereits in Internierungshaft gebracht haben. Es gelingt ihm, unter falschem Namen weiter in Deutschland zu leben. 1950 flieht Eichmann über die sogenannte **Rattenlinie** nach Argentinien, wo er zehn Jahre lang unerkannt mit seiner Frau und seinen drei Söhnen lebt. Aufgrund seiner verantwortlichen Position während des Holocaust ist Israel besonderes an der Festnahme Eichmanns und an dessen Auslieferung nach Israel interessiert. Nach längerer Beobachtung durch den israelischen Geheimdienst wird Eichmann am 11. Mai von den Israelis in Argentinien festgenommen. Allerdings besteht zwischen Argentinien und Israel kein Auslieferungsabkommen, sodass der israelische Geheimdienst Eichmann wenige Tage später nach Israel entführt. Von April bis Dezember 1961 findet der in aller Welt verfolgte Pro-

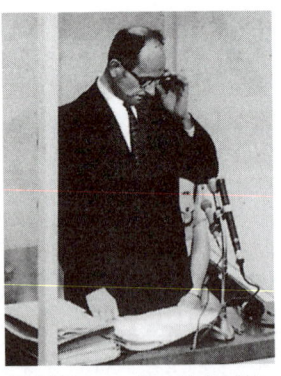

Adolf Eichmann während einer Vernehmung vor dem Jerusalemer Bezirksgericht. Er befindet sich in einem kugelsicheren Glaskasten

BLUMENKINDER KÄMPFEN FÜR FRIEDEN UND FREIHEIT

Eine weltumfassende Bewegung erreicht in den 60er-Jahren auch die Bundesrepublik Deutschland. Für manche sind die Hippies nur eine lachhafte Modeerscheinung. Die Hippies – oder auch Blumenkinder genannt – träumen von einer Gesellschaft, die sich für Frieden, Freiheit und freie Liebe einsetzt. Dahinter verbirgt sich in den meisten Fällen ein Generationenkonflikt zwischen Eltern, die selbst in den Jahren des Zweiten Weltkriegs groß geworden sind, und ihren bald erwachsenen Kindern, die sich ein anderes Leben frei von gesellschaftlichen und wirtschaftlichen Zwängen wünschen. Entsprechend ihrer geistigen Haltung versuchen sich die Hippies auch in ihrem Äußeren von anderen abzugrenzen. Hauptsache bunt, flippig und ausgefallen lautet die Devise. So sind extravagante Kleidungsstücke oder auch Schmuck bei den Hippies besonders angesagt. Fußkettchen, Bauchkettchen oder gar der Oberarmreif stehen für ein neues Körperbewusstsein. Schlaghosen, Miniröcke und bunte Hemden runden das unkonventionelle Outfit ab.

zess gegen Eichmann in Tel Aviv statt. Eichmann wird zum Tode verurteilt. Das Urteil wird im Juni 1962 vollstreckt.

Der Fall Oberländer

Der Bundesvertriebenenminister **Theodor Oberländer** (1905–98) reicht am 26. April seinen Rücktritt ein, den der damalige Bundeskanzler **Konrad Adenauer** (1876–1967) am 3. Mai annimmt. Die Wochenzeitung *Die Tat* hat im Herbst des vorhergehenden Jahres den Verdacht geäußert, Oberländer sei während des Zweiten Weltkriegs in seiner Position als SA-

Hauptsturmführer und politischer Führer des deutsch-ukrainischen Bataillons Nachtigall an der Erschießung von mehreren tausend Juden in der ukrainischen Stadt Lwow (Lemberg) im Juni 1941 beteiligt gewesen. Oberländer, der bereits 1953 von Adenauer ins Kabinett berufen worden ist, erwirkt daraufhin eine einstweilige Verfügung gegen die Wochenzeitung. Als jedoch der DDR-Staatssekretär **Albert Norden** (1904–82) am 22.10.1959 auf einer internationalen Pressekonferenz in Ostberlin weiteres Belastungsmaterial gegen Oberländer vorbringt, erhärtet sich der Verdacht gegen Oberländer. Während Oberländer in der DDR am 29. April in Abwesenheit wegen angeblicher Kriegsverbrechen zu lebenslanger Gefängnisstrafe verurteilt wird, befindet das Landgericht Bonn, dass der Verdacht gegen Oberländer unbegründet sei. Bereits im Herbst 1959 hat der damalige Bundesinnenminister **Gerhard Schröder** (1910–89) beantragt, die **Vereinigung der Verfolgten des Nazi-Regimes** (VVN) zu verbieten. Diese Vereinigung hat mit ihren Untersuchungen zum Sturz des Bundesvertriebenenministers Oberländer beigetragen.

Hilfe aus Übersee

Wer kennt sie nicht, die Geschichte vom Großvater oder der Großmutter über das Eintreffen der großzügigen Pakete aus Übersee. Die Freude in den deutschen Familien ist groß, wenn man mal wieder ein **Care-Paket** auspacken darf. Fast 15 Jahre lang hält diese Notversorgung an. Im Jahr 1960 wird das letzte Care-Paket aus Übersee nach Deutschland gesendet. Die Care-Pakete, die mit Lebensnotwendigem aber auch mit kleinen Luxusgütern wie Kaffee oder Schokolade gefüllt sind, helfen vielen Deutschen über ihre Not in der Nachkriegszeit hinweg, ja, sie sichern ihnen sogar die Existenz.

Am 14.8.1946 trifft das erste Care-Paket bei einer Familie in Berlin ein. Die Care-Pakete sind eigentlich **Rationenpakete** der US-Armee. Sie werden von der Hilfsorganisation Care aufgekauft. Jedes Paket wird jedoch zunächst von einem privaten Spender in den USA und Kanada für zehn Dollar käuflich erworben. So sind die Care-Pakete im eigentlichen Sinne Spenden von Privatpersonen für Privatpersonen.

Care-Pakete für hilfsbedürftige Familien in Westberlin

Die Hilfsorganisation **Care** (zunächst: Cooperative for American Remittance to Europe, ab 1952: Cooperative for American Relief to Everywhere, seit 1994: Cooperative for Assistance and Relief Everywhere) wird eigens für diese Zwecke gegründet. Sie macht es sich zur Aufgabe, die Not in den deutschen Nachkriegshaushalten zu lindern. Bis 1960 werden durch die Hilfsorganisation Care-Pakete im Wert von über 346 Millionen DM nach Deutschland geschickt.

FILME DES JAHRES

- *Psycho* von Alfred Hitchcock
- *Jenseits des Rheines* mit Charles Aznavour
- *Kirmes* von Wolfgang Staudte
- *Die Augen des Dr. Mabuse* von Fritz Lang
- *Freddy unter fremden Sternen* mit Freddy Quinn
- *Flucht nach Berlin* von Will Tremper

Tamara Bunker oder Tanja la Guerilla

Tamara **Bunker** (1937–67) ist die Tochter einer kommunistischen Familie aus Deutschland, die während des Dritten Reichs nach Argentinien emigriert. Tamara lebt in den 50er-Jahren mit ihren Eltern in der DDR. Die Jahre 1961–64 verbringt die junge Deutsche in Kuba. Tamara tritt, was ihre politische Überzeugung anbetrifft, in die Fußstapfen ihrer Eltern. 1960 trifft sie zum ersten Mal mit **Ernesto Che Guevara** (1928–67), dem Idol der kommunistischen Freiheitsbewegung in Lateinamerika, zusammen. Es handelt sich dabei um einen in Ostberlin stattfindenden Empfang der kubanischen Wirtschafts- und Handelsdelegation, deren Leiter Che Guevara ist. Che Guevara ist offiziell als Regierungsmitglied des revolutionären Kubas in die DDR gereist. Tamara ist als Mitglied der FDJ (Freien Deutschen Jugend) ebenfalls zum Empfang geladen. Aufgrund ihrer Spanischkenntnisse wird sie Che Guevaras Dolmetscherin.

Voller Bewunderung für Che Guevara und seine Ziele folgt sie ihm 1961 nach Kuba. Tamara kämpft in den folgenden Jahren unter anderem für die Guerilla in Bolivien und wird somit zu **Tanja La Guerilla**. Doch die bolivianische Armee enttarnt sie, woraufhin sie flieht und weiter als Guerillakämpferin an der Seite Che Guevaras tätig ist. Am 31.8.1967 fällt sie im Freiheitskampf in Puerto Mauricio am Rio Grande. Tamara Bunkers Name steht sowohl in Lateinamerika als auch in Deutschland für den **kom**munistischen **Freiheitskampf** gegen eine kapitalistische Vorherrschaft.

Ernesto Che Guevara

Die Dietrich in Deutschland

Maria Dietrich alias **Marlene Dietrich** (1901–92) tourt durch Europa und gibt auch in Deutschland Konzerte. Die Haltung der Deutschen ihr gegenüber ist zwiespältig. Zum einen wird sie aufgrund ihres Talents und Könnens bewundert, zum anderen sehen viele Deutsche in ihr eine **Vaterlandsverräterin**. Marlene Dietrich, die in Berlin als Tochter einer preußischen Familie aufwächst, feiert ihre ersten Erfolge als Schauspielerin und Sängerin in Deutschland. 1930 gelingt ihr mit der Rolle der Lola in dem Film *Der blaue Engel* der Durchbruch.

Regie führt bei diesem Film **Josef von Sternberg** (1894–1969). Noch im selben Jahr reist Marlene Dietrich in die USA und unterschreibt bei **Paramount Pictures** einen Siebenjahresvertrag. Die Dietrich dreht sieben weitere Filme mit Josef von Sternberg, Filmrollen unter **Ernst Lubitsch** (1892–1947), **Billy Wilder** (1906–2002) und auch **Alfred Hitchcock** (1899–1980) folgen. 1936 und 1937 erhält sie von den Nationalsozialisten Angebote, Filme in Deutschland zu drehen. Marlene Dietrich lehnt ab. Sie nimmt 1939 die **amerikanische Staatsbürgerschaft** an und stellt sich während des Zweiten Weltkriegs auf die Seite der Alliierten. So unterbricht sie z. B. ihre schauspielerische Tätigkeit, um vor amerikanischen Truppen zu singen. Diese eindeutige Haltung gegen das nationalsozialistische Regime in Deutschland, aber vielmehr noch die Tatsache, dass sie Deutschland in Kriegszeiten den Rücken gekehrt hat, bringen ihr auch nach dem Krieg in ihrem Heimatland den Vorwurf des Landesverrats ein.

Weg von der Taille – Hin zu Twiggy

Der amerikanische Filmstar **Audrey Hepburn** (1929–93) alias Holly Golightly erobert in *Frühstück bei Tiffany* die Herzen des Kinopublikums. Unvergessen ist die Szene, in der sich die fast zerbrechlich wirkende Audrey Hepburn in einem schwarzen schlichten Kleid in einem Schaufenster des weltberühmten Juwelierladens **Tiffany** spiegelt. Diese weniger figurbetonende Mode sollte für die ausgehenden 50er und das Jahrzehnt der 60er prägend sein. Gefragt ist nicht mehr der Petticoat, der den weiblichen Körper besonders umschmiegte, sondern der geometrisch-architektonische Schnitt. Fließende Stoffe

tun ihr Übriges. Doch nicht nur bestimmte Stoffe und der einfache **Sack-Schnitt** sind in Mode gekommen, auch ein bestimmter Frauentyp wird damit zum Ideal der Modebranche: der weiblich eher unterentwickelte, ja fast kindliche Körper. Das für damalige Verhältnisse sehr schlanke englische Model **Twiggy** verkörpert diesen Frauentyp.

Twiggy trägt eigene Kollektion

Einen weiteren Modetrend der 60er setzt das 1958 von **Mary Quant** (geb. 1934) entworfene Flanellkleid, dessen Saum für damalige Verhältnisse weit oberhalb des Knies endet. Während das Minikleid und bald auch der Minirock bei der jüngeren Generation Mode macht, gilt dieser Kleidungsstil bei Menschen der älteren Generation als skandalträchtig. Doch sowohl der Mini-Look als auch der Twiggy-Stil setzen sich durch und werden zur Top-Mode für die Masse.

Der blonde Hans ist tot

Der beliebte deutsche Schauspieler **Hans Albers** (1891–1960) stirbt am 24. Juli. Albers kann sowohl als Bühnenschauspieler als auch als Filmschauspieler auf eine erfolgreiche Karriere zurückblicken. Er begeistert sich schon früh für die Schauspielerei. Ohne Wissen seiner Eltern, die für ihn eine kaufmännische Lehre vorsehen, nimmt er bereits als Jugendlicher heimlich

Schauspielunterricht. Seine ersten größeren Rollen hat Albers 1914 am Thalia-Theater in Hamburg. Nach dem Ersten Weltkrieg, aus dem er mit schweren Verwundungen heimkehrt, wird er zunächst wieder **Theaterschauspieler**. Als Nebenverdienst spielt er darüber hinaus in etlichen Stummfilmen mit, oft mimt er den jungen Verführer oder gar den Hochstapler. Die Rolle des Rennfahrers im ersten deutschen Tonfilm *Die Nacht gehört uns* verhilft Albers zu überregionaler Bekanntheit und Beliebtheit, nicht nur als Schauspieler, sondern auch als Sänger. Seine Popularität wächst weiter mit seinem ersten großen Filmerfolg *F.P. 1 antwortet nicht*.

Unter dem nationalsozialistischen Regime zieht sich Albers weitestgehend ins Privatleben

zurück. Während er dem Theater bis 1945 gänzlich fernbleibt, dreht er weiterhin Filme, so z. B. *Baron Münchhausen*. Albers feiert auch noch nach dem Krieg auf der Bühne und im Kino Erfolge. Vor allem seine Filme an der Seite von **Heinz Rühmann** (1902–94), wie z. B. *Auf der Reeperbahn nachts um halb eins,* werden zu Kassenschlagern.

Hans Albers

Adenauer-Fernsehen geplant

Bundeskanzler **Konrad Adenauer** (1876–1967) treibt die Gründung der **Deutschland Fernsehen GmbH** voran. Hinter vorgehaltener Hand spricht man auch vom geplanten „Adenauer-Fernsehen". Der Grund für den Vorstoß

Adenauers liegt in der allgemeinen Unzufriedenheit der damaligen konservativen Regierung über die Berichterstattung des öffentlich-rechtlichen Fernsehens. Sie wirft dem Sender vor, zu linkslastig und zu wenig an den Interessen des Bundes orientiert zu berichten.

Adenauers Plan verletzt allerdings auch Länderinteressen. Die SPD-regierten Länder reichen eine Klage beim Bundesverfassungsgericht ein, der stattgegeben wird. Mit Verweis auf die Kulturhoheit der Länder verbietet das Bundesverfassungsgericht 1961 das Deutschland Fernsehen. Es hält fest, dass der geplante Sender eine privatrechtliche Fernsehgesellschaft sei und sich gleichzeitig in der Hand des Staates befände. Deutschland Fernsehen hätte somit gegen die im Grundgesetz verankerte **Pressefreiheit** verstoßen. Diese Entscheidung war ein wichtiger Schritt in Richtung der verfassungsrechtlich verankerten **Rundfunkfreiheit**. Infolge des Gerichtsurteils unterzeichnen die Ministerpräsidenten der Länder im März 1961 einen Vertrag, der ein ländereigenes zweites Fernsehprogramm begründet. Das **Zweite Deutsche Fernsehen** geht am 1.4.1963 zum ersten Mal auf Sendung.

Olympia in Rom

Die italienische Hauptstadt ist im Sommer Austragungsort der XVII. Olympischen Spiele. Rom hat sich gegen sechs Mitbewerber durchgesetzt. Vom 25. August bis 11. September stellen 610 Frauen und 4738 Männer aus 83 Ländern in 150 Wettbewerben in 17 Sportarten ihr sportliches Können unter Beweis. Was die Austragungsstätten anbetrifft, so haben die Veranstalter eine Mischung aus neu und alt gewählt. Orte, die bereits im antiken Rom existierten, werden in die sportliche Veranstaltung integriert. So starten beispielsweise die Marathon-Läufer auf dem Capitol-Hügel. Das eigentliche Olympiastadion wurde hingegen neu gebaut. Als erfolgreichste Nation geht die UdSSR mit 43 Goldmedaillen, 29 Silbermedaillen und 31 Bronzemedaillen aus den Spielen hervor.

Auch aus deutscher Sicht sind es erfolgreiche Spiele. Beide deutsche Staaten gehen im Übrigen als eine Mannschaft an den Start. Den wohl größten deutschen Sieg kann der Saarländer **Armin Hary** (geb. 1937) feiern, der die Goldmedaille im 100-Meter-Sprint holt und damit eine amerikanische Serie, die seit 1928 anhält, ablöst. Die deutsche Männer-Staffel über 4x100 Meter siegt ebenfalls, da die amerikanische Staffel aufgrund eines Übergabefehlers disqualifiziert wird. Die Olympischen Spiele sind aber auch für Sportler anderer Nationen bedeutend: So siegt z. B. die Amerikanerin **Wilma Rudolph** (1940–94), die als Kind an Kinderlähmung erkrankt war, über 100 Meter, 200 Meter und in der Staffel.

Mit viel Charme und schmalziger Stimme

Spätestens jetzt wissen sehr viele Menschen in Deutschland, dass Kalkutta am Ganges liegt.

Schuld daran ist **Vico Torriani** (1920–98), der mit seinem Lied *Kalkutta liegt am Ganges* Platz eins der deutschen Hitparade erreicht. Der Schweizer Sänger hat sich schon in den Jahren zuvor mehrmals auf die vorderen Plätze der Hitparade gesungen. Torriani, der eigentlich Vico Oxens heißt, wird als Sohn einer Familie lombardischer Abstammung in Genf geboren. Seine Kindheit und Jugend verbringt er im Schweizer Skiort St. Moritz. Skilehrer ist auch einer seiner ersten Berufe, neben Konditor, Kellner und Koch. Erst nach dem Zweiten Weltkrieg, in dem er als Soldat schwer verwundet wird und zwei Jahre lang im Lazarett liegt, beginnt Torriani seine Künstlerkarriere. Nachdem er 1946 bei einem Gesangswettbewerb gewinnt, arbeitet er zunächst als Sänger fürs Radio und tritt in Nachtclubs auf. Bald darauf folgen die ersten Gastspielreisen. Sein Publikum liebt ihn wegen seines südländischen Charmes und seiner schmalzigen Stimme, weshalb man ihn schon bald als „Schnulzensänger" bezeichnet. Torriani versteht sich als ein Künstler, der in vielen Sprachen zu Hause ist. Er beherrscht sechs Sprachen fließend, in zwölf Sprachen singt er seine Lieder. Wenn auch Torriani viele Anhänger hat – vor allem das weibliche Publikum ist ihm sehr zugetan – so lehnen ihn viele auch kategorisch ab. Mit dem Schnulzen singenden Torriani können Jugendliche, die auf Rock 'n' Roll stehen, nichts anfangen. Nichtsdestotrotz feilt Torriani weiter an seiner Karriere. So tritt er auch als **Schauspieler** und **Entertainer** vor sein Publikum.

Vico Torriani

Durch Deutschland geht eine Mauer

„Niemand hat die Absicht, eine Mauer zu errichten". Mit diesem Satz bestreitet der Staatsratsvorsitzende **Walter Ulbricht** (1893–1973) am 15. Juni auf eine nicht gestellte Frage die Annahme der westlichen Welt, die DDR-Regierung wolle zwischen West- und Ostdeutschland eine **Mauer** errichten. Tatsächlich plante die DDR-Regierung mit der Erlaubnis der UdSSR den Bau eines **antifaschistischen Schutzwalls** schon lange, allerdings unter völliger Geheimhaltung.

Bau der Berliner Mauer am 13.8.1961

In der Nacht zum 13. August beginnen Volkspolizei und Nationale Volksarmee (NVA) mit der Abriegelung der Zugänge von Ostberlin und aus dem DDR-Umland nach Westberlin. Die bewaffneten Einheiten der DDR-Sicherheitskräfte errichten Panzersperren und stellen Stacheldrahtverhaue auf. Die Grenzübergänge innerhalb der Stadt werden von der DDR-Regierung drastisch reduziert. Die Sperren trennen nicht nur den Osten vom Westen, sondern auch Menschen von ihren Familien, Freunden und Arbeitsstellen. Verkehrsnetze brechen zusammen.

Die Bevölkerung in beiden Teilen der Stadt ist schockiert. Auf einer Kundgebung am 16. August fordern 250.000 Menschen in Westberlin die alliierten Westmächte (USA, Großbritannien, Frankreich) auf, gegen die Errichtung der Mauer einzuschreiten. Die Westmächte scheuen jedoch einen militärischen Konflikt mit der Sowjetunion und verhalten sich in der Frage des Mauerbaus relativ defensiv. Der damalige Bundeskanzler **Konrad Adenauer** (1876–1967) nennt zwar den Mauerbau eine **beispiellose Bankrotterklärung** der DDR-Regierung, zwei Tage zuvor versichert aber auch er dem sowjetischen Botschafter in Bonn, dass die Bundesregierung keine Schritte unternehmen werde, die das Klima zwischen der Bundesrepublik Deutschland und der Sowjetunion gefährden könnten.

Bundestagswahlen im Zeichen des Mauerbaus

Im Herbst stehen die Wahlen zum vierten deutschen Bundestag an. Der Alt-Bundeskanzler und CDU-Kanzlerkandidat **Konrad Adenauer** (1867–1967) tritt gegen den jungen SPD-Kandidaten **Willy Brandt** (1913–92), gegen **Ludwig Erhard** (1897–1977), CSU, und gegen **Erich**

DAS SIND DIE TOPHITS DES JAHRES
⮌ *Ramona* – Blue Diamonds
⮌ *Mit 17 fängt das Leben erst an* – Ivo Robic
⮌ *Pigalle* – Bill Ramsey
⮌ *Babysitter Boogie* – Ralph Bendix
⮌ *Wheels* – Billy Vaughn
⮌ *La Paloma* – Freddy Quinn
⮌ *Der Mann im Mond* – Gus Backus
⮌ *Weiße Rosen aus Athen* – Nana Mouskouri

DER BEAT EROBERT DIE MUSIKWELT

Der Beat ist wohl die bekannteste Stilrichtung der Rockmusik. Als das Jahrzehnt des Beat müssen die 60er des 20. Jahrhunderts angesehen werden. Der Beat entsteht um 1960 in England. Der Begriff „Beat" steht in musikalischer Hinsicht für das charakteristische Merkmal der starken Betonung des Grundschlags. Dieses Metrum trägt dazu bei, dass die Musik als radikaler und extremer und teilweise auch aggressiver wahrgenommen wird. So nimmt es auch nicht wunder, dass die Erfinder aus tristen Liverpooler Verhältnissen kommen, denen sie mit ihrer Musik zu entrinnen versuchen. Die wohl berühmteste Beat-Band macht der Musikrichtung alle Ehre und benennt sich nach ihr. Gemeint sind natürlich die Beatles.

Mende (1916–98), FDP, an. Mehr als je zuvor setzen die Parteien auf ihre Spitzenkandidaten und stellen deren Person in den Vordergrund des Wahlkampfs, der mit viel Einsatz geführt wird. Nach amerikanischem Vorbild wird mit Kampagnen, Fähnchen und Flugblättern für die einzelnen Kandidaten geworben. Politische Aussagen treten hinter den Personen und deren Ausstrahlung zurück. Das politische Ereignis des Jahres beeinflusst jedoch zwangsläufig den Wahlkampf: der Bau der Berliner Mauer. Vor allem Willy Brandt liegen als amtierendem Bürgermeister Westberlins die Probleme der geteilten Stadt am Herzen.

Konrad Adenauer (1876–1967) geht auch aus dieser Bundestagswahl, bei der die Wahlbeteiligung bei 87,7 Prozent liegt, als Sieger hervor, wenngleich die CDU/CSU Stimmen einbüßen muss. Mit 45,3 Prozent der Gesamtstimmen verbucht sie 4,9 Prozentpunkte weniger als bei der Wahl von 1957 und verliert somit ihre absolute

Mehrheit. Die SPD gewinnt hingegen 4,5 Prozent an Wählerstimmen dazu (gesamt: 36,2 Prozent). Die FDP kann ihr bisher bestes Ergebnis (12,8 Prozent) feiern. Nach langen Koalitionsverhandlungen wird das CDU/CSU-FDP-Kabinett am 14. November vereidigt.

Franz Josef Strauß wird Chef der CSU

Franz Josef Strauß (1915–88) wird am 18. März zum CSU-Vorsitzenden gewählt. Bis zu seinem Tod 1988 hat er diesen Posten insgesamt 27 Jahre inne. Mit 547 von 576 abgegebenen Stimmen tritt Strauß die Nachfolge von **Hanns Seidel** (1901–61) an, der zu diesem Zeit bayerischer Ministerpräsident ist. Strauß ist nach einem Studium der Geschichte, Philosophie und Volkswirtschaft zu-nächst Studienrat. Was seinen parteipolitischen Werdegang anbelangt, so gründet er nach dem Zweiten Weltkrieg die CSU mit. Die CSU (Christlich-Soziale Union) entsteht als eine Schwesterpartei zur CDU (Christlich-Demokratische Union). Die CSU grenzt sich von der CDU durch eine stärkere Betonung des **föderalen Prinzips** ab. Die CSU wird nur in **Bayern** gegründet. Seit 1946 sitzt Strauß in deren Landesvorstand. Von 1949–52 ist er Generalsekretär der CSU, von 1952–61 dann stellvertretender CSU-Vorsitzender. Bundespolitische Bedeutung erhält Strauß, als er 1952 zum ersten Mal von **Konrad Adenauer** (1876–1967) in dessen zweites Kabinett berufen wird. Er erhält den Ministerposten für **Besondere Aufgaben**.

Franz Josef Strauß

1955 und 1956 ist er Minister für Atomfragen, 1956–61 dann Verteidigungsminister. Als Militärexperte befürwortet er bereits früh die Wiederbewaffnung der Bundesrepublik. In seiner Zeit als Verteidigungsminister verstärkt er den Aufbau der Bundeswehr.

Die Bundeswehr wird aufgestockt

Angesichts der Berlinkrise im August beschließt die Bundesregierung unter Bundeskanzler **Konrad Adenauer** (1876–1967) am 12. September eine Verlängerung der Wehrpflicht. Die Dienstverpflichtung von 6000 freiwilligen Soldaten wird um drei Monate verlängert. Fünf Tage vor der Wahl entscheidet die CDU-geführte Bundesregierung, dass auch der **Grundwehrdienst verlängert** werden soll. Zur zwölfmonatigen Grundausbildung soll eine dreimonatige Wehrübung hinzukommen. Darüber hinaus segnet die Regierung den Beschluss ab, die Anzahl der Wehrpflichtigen zu erhöhen, um die Sollstärke der Bundeswehr von 350.000 Mann bald zu erreichen.

Noch im selben Jahr, am 18. Dezember, stimmt das neu zusammengesetzte Bundeskabinett einer CDU/FDP-Regierung einer Gesetzesvorlage zu, die vorsieht, den Grundwehrdienst von zwölf Monaten auf 18 Monate zu verlängern. Insgesamt sind diese Entscheidungen jedoch nicht nur auf den Mauerbau im August zurückzuführen. Sie entsprechen vielmehr dem schon lange gehegten Wunsch der konservativen Regierung, die Bundeswehr im Konflikt zwischen Ost und West wehrfähig zu machen. Die Vorstöße der Bundesregierung hinsichtlich einer deutschen Aufrüstung gehen insbesondere auf die Vorstellungen des damaligen Verteidigungsministers **Franz Josef Strauß** (1915–88) zurück.

Gesetze für mehr soziale Gerechtigkeit

Die 50er und 60er sind im Hinblick auf das von der Bundesregierung angestrebte Wirtschaftssystem die Jahrzehnte der **sozialen Marktwirtschaft**. Dazu gehört, dass sich die Politik so viel wie nötig und so wenig wie möglich in die Wirtschaftsverhältnisse der Bundesrepublik Deutschland einmischt. Gleichzeitig ist man darauf bedacht, die Existenz eines jeden durch diverse Gesetze zu sichern. So wird unter anderem das **Bundessozialhilfegesetz** verabschiedet, das das gesamte Fürsorge- und Armenrecht neu regelt. Das alte Recht stammte aus dem Jahr 1924. Das Gesetz sieht vor, dass die staatliche Sozialhilfe gezahlt wird, um dem Bürger in besonderen Lebenslagen, die ein Auskommen aus eigener Kraft nicht erlauben, ein menschenwürdiges Leben zu ermöglichen. Darüber hinaus beschließt der Bundestag im Juni desselben Jahres das **Gesetz zur Lohnfortzahlung im Krankheitsfall**, das die existenzielle Lage der Arbeiter im Krankheitsfall verbessert und den Regelungen der Angestellten angleicht. Was die

---

FILME DES JAHRES

- ➲ *Die Nacht* mit Marcello Mastroianni
- ➲ *Das Wunder des Malachias* von Bernhard Wicki
- ➲ *Eins, zwei, drei* mit Horst Buchholz
- ➲ *Frühstück bei Tiffany* mit Audrey Hepburn
- ➲ *West Side Story* mit Natalie Wood
- ➲ *Letztes Jahr in Marienbad* von Alain Resnais
- ➲ *Der Gauner und der liebe Gott* mit Gerd Fröbe

Kindergeldzahlung anbelangt, so macht die Regierung ebenfalls einen Schritt in Richtung mehr Gerechtigkeit. Zwar werden noch nicht alle Familien mit Kindern vom Staat finanziell unterstützt, doch eine im Bundestag gebilligte Novelle sieht vor, dass bereits mit dem zweiten Kind Anspruch auf Kindergeld besteht. Die Höhe des ausgezahlten Kindergeldes soll sich auf 25 DM belaufen. Bedingung ist aber, dass das Einkommen der Eltern 7200 DM nicht überschreitet. Das Gesetz, das rückwirkend zum 1. April in Kraft tritt, begünstigt ca. 1,8 Millionen Familien in der Bundesrepublik Deutschland.

Die erste Antibabypille auch in Deutschland

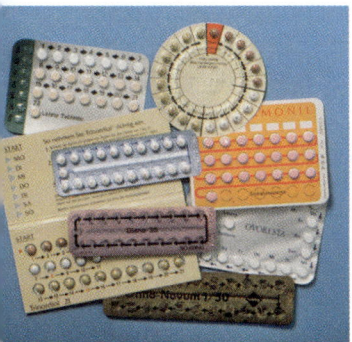

Nun ist auch in deutschen Apotheken die Antibabypille gegen Rezept erhältlich

Anovlar heißt die neue Freiheit der Paare und hat die Form einer kleinen grünen Pille. Die erste **Antibabypille** kommt im Juni durch den Pharmakonzern Schering auf den deutschen Markt. Heute ist die Pille das beliebteste **Verhütungsmittel** in Deutschland. Fast 40 Prozent der Frauen zwischen 14 und 44 Jahren verhüten damit. Gehört die Einnahme für die meisten Frauen und jungen Mädchen heute zur Selbstverständlichkeit, ist sie in den 60ern mit einigen Schwierigkeiten verbunden: So verschreibt z. B. nicht jeder Frauenarzt die Pille. Gelingt es den Frauen dann doch, an ein Rezept zu kommen, müssen sie immer noch mit der Angst leben, entdeckt zu werden. Denn für viele ist Verhütung ein **Tabuthema.** Erst die Studentenbewegung Ende der 60er-Jahre vermag die Themen Sexualität und Verhütung zu enttabuisieren. Vielen Frauen kann erst da ihre Angst und ihr schlechtes Gewissen genommen werden.

Frühe Antibabypillen sind im Vergleich zu heutigen Präparaten hoch dosiert. Diese regelrechten **Hormonhämmer** führen bei vielen Frauen zu enormen Nebenwirkungen wie Gewichts- und Stimmungsschwankungen. Die erste deutsche Pille enthält 50 Mikrogramm Östrogen. Heutige Antibabypillen enthalten zwischen 20 und 30 Mikrogramm hormonale Wirkstoffe. Heute wird die Pille sogar bei Hautproblemen eingesetzt.

Contergan-Skandal erschüttert die Menschen

Eltern sind untröstlich, Ärzte schockiert und ratlos, als sich Ende der 50er die Fälle häufen, in denen Kinder ohne Beinchen oder Ärmchen auf die Welt kommen. Ihre in vielen Fällen verkrüppelten Hände sind an den Schultern, ihre oft deformierten Füße sind an winzigen Gliedmaßen angewachsen. Ca. 2500 Kinder sind in Deutschland davon betroffen. Längere Zeit sind sich die Mediziner über die Ursachen im Unklaren, bis man nach und nach erkennt, dass der Grund für die Behinderungen der Kinder in einem von ihren Müttern während der Schwangerschaft eingenommenen Medikament liegt. Es handelt sich dabei um das Schlafmittel

Contergan-Tablettenröhrchen

Contergan. Während heute werdende Mütter vor jeglicher Medikamenteneinnahme in der Schwangerschaft gewarnt werden, nehmen die Mütter Ende der 50er das Mittel ohne besseres Wissen. Ihnen selbst bringt es wirksam den Schlaf, doch ihre Kinder werden im Mutterleib körperlich geschädigt. **Thalomid** nennt sich der Wirkstoff und ist vor allen Dingen in den ersten drei Schwangerschaftsmonaten gefährlich, in denen die Gliedmaßen eines Embryos wachsen. Am 27. November nimmt der Pharmakonzern Grünenthal das Mittel vom Markt. Das Aachener Pharmaunternehmen zahlt 100 Millionen DM Schmerzensgeld an die Opfer. Ein Tropfen auf den heißen Stein, wenn man bedenkt, dass viele Contergan-Geschädigte heute Frührentner sind und trotz einer **Contergan-Rente** an der Armutsgrenze leben müssen.

Nana bringt Rosen

Mit ihrem Hit *Weiße Rosen aus Athen* singt sich **Nana Mouskouri** (geb. 1934) aus Griechenland in die Herzen des deutschen Publikums. Dieses Lied setzt darüber hinaus den Anfangspunkt ihrer Karriere. Insgesamt hat Nana Mouskouri während ihrer Gesangskarriere über 200 Millionen Schallplatten und CDs weltweit verkauft. Ihre unverwechselbare Stimme, die darauf zurückzuführen ist, dass sie nur ein Stimmband hat, sowie ihre Brille sind ihr Markenzeichen. Als 16-Jährige beginnt sie eine klassische Musikausbildung am Konserva-

Nana Mouskouri

torium. Mouskouri beschränkt sich allerdings nicht nur auf die klassische Musik: Sie tritt in Cafes auf und gibt Jazzkonzerte, sodass sie 1957 das Konservatorium ohne Abschluss verlassen muss. Das tut ihrer Karriere jedoch keinen Abbruch. Sie nimmt erfolgreich an mehreren Festivals teil. 1961 singt sie dann den Soundtrack für eine deutsche Dokumentation über Griechenland. Er trägt den Titel *Weiße Rosen aus Athen.* Die deutschen Zuschauer sind begeistert. Mehrere Lieder von Nana Mouskouri werden in Deutschland zu Top-Hits. Doch *Weiße Rosen aus Athen* bleibt ihr bekanntester und beliebtester Schlager. Der Song wird mehrfach übersetzt und erfreut auch das Publikum außerhalb Deutschlands. Die Griechin ist jedoch nicht nur in der Unterhaltungsbranche tätig, sondern engagiert sich auch politisch: Sie arbeitet mehrere Jahre lang als Abgeordnete im **Europaparlament.** Darüber hinaus setzt sich Mouskouri als **Unicef-Botschafterin** für Not leidende Kinder ein.

Tragischer Unfall beim Grand Prix

Michael Schumacher ist noch nicht geboren, da setzt man die Hoffnung auf einen anderen deutschen Rennfahrer aus Nordrhein-Westfalen. Es handelt sich dabei um den aus Horrem bei Köln stammenden **Wolfgang Graf Berghe von Trips** (1928–61), der kurz davor steht, den Weltmeistertitel zu gewinnen. Einzig ein Sieg im italienischen Monza fehlt ihm noch. Graf Berghe von Trips liegt im Zwischenklassement mit 33 Punkten in Führung. Der Rennfahrer aus Horrem hat die **Weltmeisterschaft** sozusagen schon in der Tasche.

Doch in der Zweiten Runde des Rennens in Monza ereignet sich ein tragischer **Unfall.** Graf

Der deutsche Rennfahrer Wolfgang Graf Berghe von Trips (Nr. 4) beim Start zum Formel-1-Rennen um den Großen Preis von Italien in Monza

Berghe von Trips kollidiert in seinem Ferrari mit einem schottischen Rennfahrer. Der außer Kontrolle geratene Rennwagen Berghe von Trips' rast daraufhin die Böschung hinauf, prallt dort gegen einen Drahtzaun und schleudert zurück auf die Rennbahn. Graf Berghe von Trips wird beim Unfall aus dem Wagen geschleudert. Die traurige Bilanz des Unglücks: Wolfgang Graf Berghe von Trips sowie 15 Zuschauer finden den Tod. Die verunglückten Zuschauer standen während des Unfalls an dem Zaun, gegen den der Rennwagen Berghe von Trips' raste. Der schottische Rennfahrer bleibt unverletzt.

Die Formel-1-Weltmeisterschaft geht daraufhin an einen Ferrari-Teamkollegen von Graf Berghe von Trips. Dessen Punktzahl reicht für den zweiten Platz. Posthum wird Wolfgang Graf Berghe von Trips zum „Sportler des Jahres" gewählt.

The Rattles

In diesem Jahr wird die Band ins Leben gerufen, die die deutsche Rock- und Popmusik prägen sollte: **The Rattles**. Bereits ein Jahr nach der Gründung spielt sie zur Eröffnung des legendären Hamburger **Star-Clubs**, in dem sich Stars der internationalen Musikszene die Klinke in die Hand geben. The Rattles werden zum Aushängeschild des Clubs. Hier ist es auch, wo sie die großen Gruppen der Szene treffen und Kontakte knüpfen. So treffen The Rattles mit den **Beatles** und auch mit den **Rolling Stones** zusammen. Mit beiden Gruppen gehen sie auch auf Tournee. Selbst landen sie ein paar Top-Hits und stehen mehrere Jahre in Sachen Rockmusik ganz vorne. The Rattles feiern auch internationale Erfolge. 1963 machen sie sich in der Vorweihnachtszeit auf zur ihrer zweiten Englandtournee. Denn auch im Heimatland der Beatles und der Rolling Stones hat die deutsche Band ihre Fans. Sie treten auf dieser Tournee auch im berühmten Liverpooler **Cavern Club** auf. Nach diesem Auftritt werden sie als das deutsche Äquivalent zu den Beatles gehandelt.

In Deutschland bricht in den 60ern eine regelrechte „Rattlemania" aus. Schuld daran ist unter anderem der Bandfilm. Kurz nachdem The Rattles im Vorprogramm auf der Deutschland-Tournee der Beatles gespielt haben, bringen sie den ersten deutschen Beatfilm mit dem Titel *Hurra die Rattles kommen* in die Kinos.

Weg vom kommerziellen Film im deutschen Kino

Mehrere junge Filmemacher aus Deutschland unterzeichnen das **Oberhausener Manifest.** Hinter diesem Titel verbirgt sich der Wunsch, sich vom Heimatfilm der 50er-Jahre zu verabschieden und eine neue Ära des deutschen Films einzuleiten. *Schwarzwaldmädel* und *Sissi* will man den Rücken kehren. Dem Publikumsgeschmack zu genügen soll nicht mehr oberstes Ziel der Filmemacher sein. Mit den Worten „Der alte deutsche Film ist tot" will die Gruppe von 26 Jungregisseuren, Autoren und Produzenten einen Schlussstrich ziehen. Sie propagieren einen Film, der frei ist von wirtschaftlichen Zielsetzungen und nicht unter der Beeinflussung kommerzieller Partner steht. Sie erklären das Medium Film zu einem **Experimentierfeld** und sind bereit, dafür die wirtschaftlichen Risiken zu tragen. Insbesondere der **Kurzfilm** wird als das Filmgenre für den neuen Film angesehen. In der Filmbranche gilt es heute als ausgemacht, dass mit diesem Manifest, das den neuen Film als Kunst verstanden wissen will, eine Erneuerung des deutschen Films stattfand. In den folgenden Jahren und Jahrzehnten sollten Regisseure wie **Rainer Werner Fassbinder** (1946–82) und **Wim Wenders** (geb. 1945) dazu beitragen, dem im Oberhausener Manifest erklärten Anspruch gerecht zu werden.

Rainer Werner Fassbinder

Spiegel-Affäre erschüttert die junge Demokratie

Die *Spiegel*-**Affäre** stellt die junge Demokratie in Deutschland auf eine harte Belastungsprobe. Begonnen hat die Affäre mit Recherchen und Bekanntmachungen des Nachrichtenmagazins *Der Spiegel* zu Begünstigungen der **Finanzbau-Aktiengesellschaft** (Fibag). *Der Spiegel* warf dem damaligen Verteidigungsminister **Franz Josef Strauß** (1915–88), CDU, vor, er sei indirekt an dem Unternehmen beteiligt gewesen und er habe Einfluss auf die Vergabe eines millionenschweren Auftrags an die Fibag genommen. Die SPD-Fraktion beantragt daraufhin einen **Untersuchungsausschuss**, vor dem Strauß jedoch alle Vorwürfe zurückweist.

Den zweiten Bericht des Ausschusses, in dem Strauß entlastet wird, nimmt der Bundestag am 25. Oktober an. In der Nacht vom 26. auf den 27. Oktober werden die Redaktionsräume des Nachrichtenmagazins auf Anordnung der Bundesanwaltschaft durchsucht, mehrere leitende Redakteure werden mit Verdacht auf Landesverrat festgenommen. Ein weiterer Grund für das Vorgehen gegen das Nachrichtenmagazin ist neben der aufgedeckten Fibag-Affäre die am 10. Oktober im *Spiegel* erschienene Titelstory, in der der stellvertretende Chefredakteur des Nachrichtenmagazins, **Conrad Ahlers** (1922–80), über atomare Planungen der Bundeswehr berichtete. Die Bundesregierung gerät daraufhin unter Druck. Sowohl der Bundestag als auch die Öffentlichkeit zweifeln, nachdem die Redaktionsräume durchsucht worden sind, die Rechtmäßigkeit des Vorgehens an. Die Entrüstung über den Verstoß gegen die Pressefreiheit ist groß. Der Rücktritt von Bundesverteidigungsminister Strauß, dessen Person bei beiden Affären eine bedeutende Rolle spielt, wird eingefordert. Bundeskanzler Konrad Adenauer (1876–1967) stellt sich hinter seinen Verteidigungsminister, doch als sich am 19. November die FDP-Minister aus dem Kabinett zurückziehen, um sich eindeutig vom Vorgehen der CDU/CSU abzugrenzen, verzichtet Strauß ebenfalls auf sein Ministeramt. Um Adenauer die Neubildung des gesamten Kabinetts zu ermöglichen, treten am 27. November alle CDU/CSU-Minister zurück.

Tod an der Mauer

Der junge Bauarbeiter **Peter Fechter** (1944–62) versucht im August, über die Mauer in Berlin aus der DDR in den Westen zu fliehen. Der Fluchtversuch misslingt. Fechter wird von DDR-Grenzsoldaten angeschossen. Sie leisten dem Angeschossenen jedoch keine erste Hilfe. Fechter verblutet im sogenannten **Niemandsland** zwischen Stacheldraht und Panzersperren. Auch das amerikanische Militär kommt ihm nicht zu Hilfe. Die DDR-Grenzsoldaten begründen ihre unterlassene Hilfeleistung damit, dass sie befürchtet hätten, von Westberliner Demonstranten angegriffen oder vom amerikanischen Militär angeschossen zu werden. Bereits 1946 ordnet die sowjetische Besatzungsmacht den Aufbau einer **Grenzpolizei** an. Hinzu kommt, dass die DDR entlang der 161 Kilometer langen Mauer eine fünf Kilometer breite Sperrzone anlegt. Elektrisch geladene Zäune, Tretminen und Selbstschussanlagen tun ihr Übriges. Die Flucht der DDR-Bürger in den Westen soll mit allen Mitteln verhindert werden. Die Grenzpolizei, die ab 1974 **Grenztruppen der DDR** genannt wird, gehört der Nationalen Volksarmee (NVA) an. Das Leben der Grenzsoldaten ist mit einigen Risiken verbunden. Allein in diesem Jahr kommen vier Grenzsoldaten ums Leben, acht werden verletzt, zum Teil weil sie von ihren eigenen Leuten, flüchtenden Grenzsoldaten, angeschossen werden. Der letzte Punkt macht deutlich, warum die DDR immer mehr darauf bedacht ist, nur die zuverlässigsten Soldaten an die Grenze zu schicken.

Inschrift auf der Rückseite des neuen Peter-Fechter-Mahnmals in der Zimmerstraße in Berlin-Kreuzberg

Krise auf Kuba

Mit Blick auf die karibische Insel Kuba hält die Welt im Oktober den Atem an. Der Grund dafür ist die potenzielle Gefahr eines in naher Zukunft ausbrechenden **Atomkriegs.** Ausgelöst wird die **Kuba-Krise** durch die Stationierung

Nikita Chruschtschow (l.)
und J. F. Kennedy

sowjetischer Mittelstreckenraketen auf Kuba. Amerikanische Aufklärungsflugzeuge haben Abschussrampen entdeckt, die Nuklearsprengköpfe tragen können. Der amerikanische Präsident **John F. Kennedy** (1917– 63) fordert am 22. Oktober die Sowjetunion dazu auf, alle Raketen und Abschussanlagen zu beseitigen. Darüber hinaus verhängt er eine Seeblockade um Kuba. Sechs Tage später lenkt der sowjetische Präsident **Nikita Chruschtschow** (1894–1971) ein. Er ordnet an, die Raketen von der Insel zu entfernen.

Die Konfrontation der beiden Großmächte in der Kuba-Krise verdeutlicht den USA und der Sowjetunion die Gefahr, die von einem Nuklearkrieg ausgeht. Beide Seiten verfolgen ab diesem Zeitpunkt weniger die Konfrontation mit dem Gegner als die politische Entspannung. Die bei-

den Mächte verhindern in der Folgezeit die militärische Konfrontation und schlagen den Weg der **Abrüstung** ein. Für eine verbesserte Kommunikation wird nach dem Vorfall im Oktober eine direkte Fernschreibverbindung zwischen dem **Weißen Haus** in Washington und dem **Kreml** in Moskau eingerichtet. Eine derartige Fernschreibverbindung nennt man auch **heißer Draht.**

Land unter – Die große Flut in Hamburg

Am 17. Februar bricht über die deutsche Nordseeküste eine **Sturmflut** herein. Orkanböen von 200 Stundenkilometern fegen über die Küste. Die Wassermassen lassen viele Deiche aufweichen. Allein in der Hansestadt Hamburg brechen die Deiche an 60 Stellen. Die Ausmaße der Flut sind zuvor falsch eingeschätzt worden. Mit einem Pegelstand von 5,70 Metern hat niemand gerechnet. 315 Todesopfer hat die Stadt zu beklagen, im gesamten norddeutschen Küstengebiet sind es zusammen 337 Menschen, die in den Fluten den Tod finden. In der Millionenstadt werden 75.000 Menschen obdachlos. Für Strom, Gas und Wasser fällt die Versorgung in der ganzen Stadt aus. Die durch die Flut entstandenen Sachschäden belaufen sich in Hamburg auf rund drei Milliarden DM. Der Innensenator von Hamburg und spätere Bundeskanzler, **Helmut Schmidt** (geb. 1918), SPD, erhält durch die Flut seinen Ruf als **Krisenmanager.**

Doch auch andere Küstengebiete sind betroffen. Von 560 Festlanddeichen sind in Schleswig-Holstein 70 zerstört. Nach der Sturmflut wird ein Untersuchungsausschuss eingesetzt, der über 19 Monate lang nach den Ursachen der Flut und ihren Ausmaßen forscht. Menschliches Versagen

WAS SONST NOCH GESCHIEHT

- Die Plattenfirma Decca lehnt Aufnahmen der Beatles ab
- Katherine Anne Porters *Das Narrenschiff* wird Buch des Jahres
- Deutschlandfunk geht auf Sendung
- Erstes in der Bundesrepublik Deutschland gefertigtes U-Boot („U1") in Dienst gestellt
- Alte 50-DM-Banknoten von 1948/49 verlieren ihre Gültigkeit
- DDR errichtet acht Meter hinter der Mauer in Berlin eine zweite Sperrmauer

im Hinblick auf nicht getroffene Wettervoraussagen kann der Untersuchungsausschuss nicht nachweisen.

Ein Hubschrauber überfliegt nach der großen Sturmflut im Hochwasser stehende Wohnhäuser

Kämpfe auf Münchens Straßen

Mode und Lifestyle der 60er sind heute wieder in. Diese Tatsache vermittelt uns ein Bild von den „coolen 60ern", in denen der Mini-Rock aufkommt, Paare zum ersten Mal mit der Pille verhüten können und man die Haare zu einem Pilz geschnitten trägt.

Doch all diese Modeerscheinungen treffen vor allem zu Beginn der 60er auf eine sehr **prüde Gesellschaft** in Deutschland, sodass der eine oder andere Skandal vorprogrammiert ist. Es herrscht eine strenge Sexualmoral, über die Eltern und Lehrer wachen. Es gilt insbesondere, die Unschuld der Mädchen zu wahren. Aufklärung ist demzufolge ein Fremdwort. Diese Prüderie zeigt sich aber auch in anderen gesellschaftlichen Bereichen. Wichtig ist es, nicht von den allgemein geltenden Regeln abzuweichen. Aus diesem Grund geht die Polizei im Sommer mit harten Maßnahmen gegen zwei **Straßenmusikanten** vor, die sich ohne Erlaubnis das Recht genommen haben, in den Straßen des Münchner Stadtteils Schwabing zu musizieren. Die zwei Jazzmusiker lassen sich jedoch nicht so leicht abwimmeln, sodass die Hüter des Gesetzes sogar mit Pferden anrücken. Zu diesem Zeitpunkt handelt es sich nicht mehr allein um eine Auseinandersetzung zwischen der Polizei und den Musikanten. Viele Jugendliche haben begonnen, sich mit den Musikern zu solidarisieren. Es kommt zum regelrechten Straßenkampf, der in die Geschichte eingeht. Die sogenannten **Schwabinger Krawalle** dauern mehrere Tage und haben viele Verletzte und etliche Festnahmen zur Folge. Die Schwabinger Krawalle werden von der Geschichte als erste Ausbruchsbewegung der jungen Generation aus der starren Gesellschaft in Deutschland gedeutet.

Vera Brühne für schuldig erklärt

Die hübsche **Vera Brühne** (1910–2001) wird im Juni zu lebenslanger Haft verurteilt. Ihr wird **Doppelmord** zur Last gelegt. Zusammen mit ihrem Bekannten **Johann Ferbach** (1913–70) soll sie 1960 ihren Geliebten, den Arzt **Dr. Otto Praun** (1894–1960), sowie dessen Haushälterin ermordet haben. Brühne wird bereits im Vorfeld des Prozesses von Presse und Öffentlichkeit verurteilt. Der Prozess erregt dementsprechendes Aufsehen. Viele Schaulustige versammeln sich an den Prozesstagen vor dem Gericht, um einen Blick auf die schöne blonde Dame zu werfen, von der es heißt, sie sei eine Lebedame, die es auf das Geld Prauns abgesehen hat.

Brühne und Fehrbach beteuern vor Gericht immer wieder ihre Unschuld, allerdings erfolglos. Beide müssen ihre lebenslange Haftstrafe antreten. Fehrbach stirbt in Haft, Brühne wird nach 18 Jahren am 30.5.1979 vorzeitig aus der Haft entlassen. Bis zu ihrem Lebensende bekräftigt sie, dass sie unschuldig gewesen sei. Und tatsächlich spricht einiges dafür, dass Brühne und Fehrbach **Bauernopfer** gewesen sind. Zum heutigen Zeitpunkt sind Hintergründe des Mordes bekannt, die auch schon damals bei genauer geführten Ermittlungen und einem weniger schlampig geführten Prozess ans Tageslicht hätten befördert werden können. So war Praun zwar Arzt, sein Geld erwirtschaftete er aber vor allen Dingen als **Waffenhändler** im Dienst des **Bundesnachrichtendienstes.** Es existieren Hinweise, dass die eigentlichen Mörder im Auftrag dieser Bundesbehörde gehandelt haben könnten. Diese Verdachtsmomente sind bis heute nicht schlüssig widerlegt worden.

Beatles in Hamburg

Die vier jungen Musiker aus Liverpool, die sich die **Beatles** nennen, treten zum ersten Mal im **Star-Club** in Hamburg auf. Die Beatles sind jedoch nicht zum ersten Mal in Deutschland. Bereits 1960 und 1961 stehen sie im Hamburger **Indra** beziehungsweise **Top Ten** auf der Bühne. Nun kommen sie in den Star-Club, der sich in der internationalen Musikszene bereits einen Namen gemacht hat. Die vier Liverpooler stehen noch am Anfang ihrer Karriere und nehmen das Angebot, nach Hamburg zu kommen, gerne an. Sie

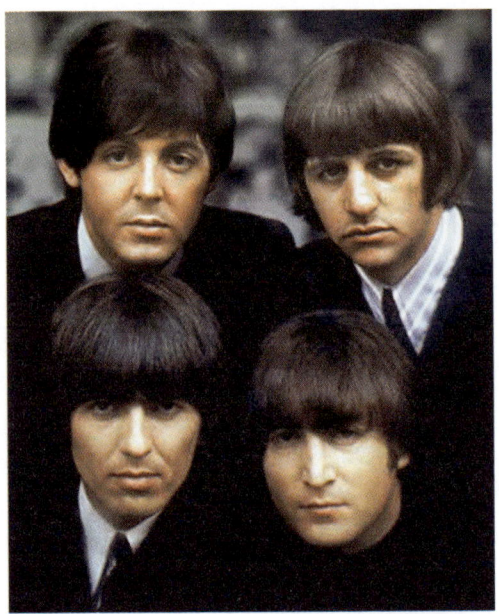

Pilzköpfe: Die Mitglieder der Beatles, Paul McCartney, Ringo Starr, George Harrison und John Lennon

bestaunen andere Rockstars, holen sich von ihnen Autogramme und dürfen sogar am Ende mit ihnen auf der Bühne stehen und ein paar Takte Musik machen. Vier Jahre später sind **John Lennon** (1940–1980), **Paul McCartney** (geb. 1942), Richard Starkey alias **Ringo Starr** (geb. 1940) und **George Harrison** (1943–2001) Superstars und, als sie 1966 nach Hamburg kommen, ist der Star-Club für sie und ihr Publikum zu klein geworden. Sie müssen eine große Halle anmieten. Das Beatles-Fieber, das auch Deutschland erfasst, ist vor allem Teenager-Eltern unheimlich. Sie können nur tatenlos zusehen, wie sich ihre jugendlichen Kinder der Musik der englischen Musiker völlig hingeben. Für den deutschen Markt singt die Gruppe auch ein paar Lieder in deutscher Sprache, so z. B. *Sie liebt mich* und *Komm, gib mir deine Hand.*

Die Fußballweltmeister- schaft in Südamerika

Vom 30. Mai bis zum 17. Juni findet in Chile die siebte Fußballweltmeisterschaft statt. Insgesamt 56 Nationen nehmen an diesem Sportwettkampf teil. In der Endrunde stehen 16 Nationalmannschaften. Mit von der Partie ist auch die deutsche Elf. Trainiert wird die deutsche Nationalmannschaft ein letztes Mal von **Sepp Herberger** (1897–1977). Das erste Spiel in der Vorrunde gegen Italien geht für die Deutschen 0:0 zu Ende. Die weiteren beiden Spiele gegen Chile und die Schweiz kann Deutschland mit 2:1 und 2:0 für sich verbuchen. Die deutschen Fußballer scheiden allerdings mit einer 0:1-Niederlage gegen Jugoslawien aus dem Wettkampf aus. Im Finale stehen die Tschechoslowakei und Brasilien. Nach einem 0:1 Rückstand schießen die Brasilianer drei Tore und besiegeln somit ihren Weltmeistertitel.

Schlagwetter-Explosion

Im Februar erlangt das saarländische Völklingen traurige Berühmtheit. In der dort ansässigen **Grube Luisenthal** ereignet sich am 7. Februar um 7:45 Uhr eine **Schlagwetter-Explosion.**

Eine derartige Reaktion wird hervorgerufen, wenn sich Grubengas (Methan) so mit Luft vermischt, dass ihr Methangehalt bei 5 bis 14 Prozent liegt. Eine Schlagwetter-Explosion ist die Ursache vieler Grubenkatastrophen.

Bei dem Unglück in Luisenthal wird der Schachtdeckel durch die Wucht der Detonation nach oben gedrückt und bleibt im Gerüst hängen. Eine schwarze Rauchwolke tritt aus dem Schacht aus und steht längere Zeit über dem Förderturm. Rettungskräfte sind schnell zur Stelle, um den Bergleuten, die zum Unglückszeitpunkt in der Grube sind, zu Hilfe zu eilen. 433 Kumpels befinden sich an diesem Morgen im Bereich des Unglücksschachts. Gegen Mittag hat man 73 Bergleute lebend bergen können. 61 Kumpels treten unversehrt ans Tageslicht. Bald wird zur traurigen Gewissheit, dass die anderen Bergleute die Explosion kaum überlebt haben dürften. Dennoch sind manche Männer noch am Leben, als sie aus dem Schacht getragen werden, aber sie sterben später an ihren Verletzungen. Erst zwei Wochen später sind alle Bergleute geborgen. Insgesamt mussten 299 Bergleute unter Tage ihr Leben lassen.

Eine der Rettungsmannschaften, die sich in Vierstunden-Schichten abwechseln, kehrt abgekämpft von der traurigen Arbeit zurück

Jogurt aus Kunststoffbechern

Der Jogurt ist heute wie in den 60er-Jahren ein sehr beliebtes Milchprodukt in Deutschland. Natürlich sind die Kühlregale in den Jahrzehnten nach dem Zweiten Weltkrieg noch nicht mit einem derartigen Angebot an unterschiedlichen Jogurtsorten ausgestattet, wie dies heute der Fall ist. Doch die **Wirtschaftswunderzeit** in den 50ern bringt es mit sich, dass sich immer mehr Menschen Jogurt leisten und ihn auch aufbewahren können. Denn der Jogurt gehört natürlich in den Kühlschrank. In den 50er-Jahren kauft die deutsche Hausfrau ihn noch in Gläsern und hat aus diesem Grund so einiges zu schleppen. Doch das ändert sich in diesem Jahr, in dem begonnen wird, Jogurt in **Kunststoffbechern** zu verkaufen. Quark wird übrigens schon seit 1959, Rama seit 1961 in Kunststoffverpackungen angeboten. Schuld daran war in erster Linie der nach dem Zweiten Weltkrieg günstig gewordene Preis für Erdöl, das für die Kunststoffherstellung benötigt wird. Die Verpackungsindustrie erkennt schnell, dass sich Kunststoff ideal als **Verpackungsmaterial** anbietet. Denn Kunststoff ist leicht, günstig und billig. Vorbei sind also die Zeiten schwerer Einkaufstaschen. Allerdings sind die damaligen Jogurt- und Quarkbecher mit unseren heutigen nicht zu vergleichen. 1976 wiegt ein Jogurtbecher rund 16 Gramm. Heute wiegt er nur noch etwa die Hälfte.

„Ich bin ein Berliner" – John F. Kennedy

Vom 23.–26. Juni besucht der amerikanische Präsident **John F. Kennedy** (1917–63) die

Kennedy während seiner Ansprache vom Balkon des Schöneberger Rathauses

Bundesrepublik Deutschland. Am letzten Tag seines Besuches reist er in Begleitung des Bundeskanzlers **Konrad Adenauer** (1876–1967) nach Westberlin. Dort hält Kennedy vor einer begeisterten Zuhörerschaft eine Rede vor dem Schöneberger Rathaus, in der der legendäre Satz fällt: „Ich bin ein Berliner." Kennedy solidarisiert sich mit den Berlinern, indem er alle freien Menschen zu Bürgern Berlins erklärt. Er unterstreicht damit, dass Westberliner Bürgern ihre Freiheit – gerade nach dem Bau der Mauer – garantiert

DAS SIND DIE TOPHITS DES JAHRES

- *Junge komm bald wieder* – Freddy Quinn
- *Ich kauf mir lieber einen Tirolerhut* – Billy Mo
- *Wini Wini* – Tahiti Tamourés
- *Schuld ist nur der Bossa Nova* – Manuela
- *Barcarole in der Nacht* – Connie Francis
- *Ich will 'nen Cowboy als Mann* – Gitte
- *Vom Stadtpark die Laternen* – Gitte & Rex Gildo
- *Rote Lippen soll man küssen* – Cliff Richard

werden müsse. Mit diesem Satz redet sich Kennedy in die Herzen aller Westdeutschen, insbesondere in jene der Westberliner. Umso schockierter ist man in Deutschland über die **Ermordung** Kennedys im November desselben Jahres. Kennedy wird am 22. November auf einer Fahrt im offenen Wagen durch Dallas/Texas durch mehrere Schüsse getötet. Seine neben ihm sitzende Frau bleibt unverletzt. Der mutmaßliche Täter **Lee Harvey Oswald** (1939–63) wird kurze Zeit später festgenommen. Oswald wird zwei Tage später auf dem Weg zwischen Untersuchungsrichter und Gefängnis von einem Nachtclubbesitzer erschossen. Bis heute ist nicht geklärt, ob es sich bei Oswald tatsächlich um Kennedys Mörder handelte. Es wird gemutmaßt, dass Kennedy einem politischen Komplott zum Opfer gefallen ist. Der Vizepräsident **Lyndon B. Johnson** (1908–73) wird Kennedys Nachfolger.

Das Ende der Ära Adenauer

Konrad **Adenauer** (1876–1967) tritt im Alter von 87 Jahren im Herbst von seinem Amt des Bundeskanzlers der Bundesrepublik Deutschland zurück. Seit deren Bestehen steht Adenauer an der Spitze der Regierung. Sein **Rücktritt** markiert einen Einschnitt in der Nachkriegsgeschichte. Sein letzter großer politischer Erfolg stellt die **Aussöhnung** zwischen den ehemaligen Kriegsparteien Frankreich und Deutschland dar. Adenauer unterzeichnet mit dem französischen Ministerpräsidenten **Charles de Gaulle** (1890–1970) ein Freundschaftsabkommen. Adenauer hat bereits im Herbst des vorhergehenden Jahres aus Altersgründen seinen Rücktritt angekündigt. Sein Nachfolger im

Amt des Bundeskanzlers wird der bisherige Wirtschaftsminister und Vizekanzler **Ludwig Erhard** (1897–1977). Adenauer macht keinen Hehl daraus, dass er mit Erhard als Nachfolger nicht einverstanden ist. So will er doch vor allem dessen Kanzlerkandidatur 1965 verhindern. Doch trotz der Bedenken Adenauers hat die CDU/CSU-Fraktion Erhard im April bereits nominiert. Einen Tag nach Adenauers Rücktritt, am 16. Oktober, wählt der Bundestag Erhard zum neuen Bundeskanzler. Die Mehrheit der Abgeordneten, nämlich 279, stimmen für Erhard. Allerdings sind dies 30 Stimmen weniger als die Regierungskoalition aus CDU/CSU und FDP Mitglieder hat.

Konrad Adenauer verlässt das Bundeskanzleramt

Westbürger können in den Osten reisen

Kurz vor Jahresende, am 17. Dezember, schließt die DDR mit Westberlin ein Abkommen. Das sogenannte **Passierscheinabkommen** ermöglicht es Westbürgern zum ersten Mal seit dem Bau der Mauer, für einen Tag in den Osten zu reisen. Ausschlaggebend für dieses Zugeständnis der DDR ist die vor allem durch **Willy Brandt** (früher Herbert Ernst Karl Frahm, 1913–92), dem damaligen Bürgermeister Westberlins, vorangetriebene **Politik der kleinen Schritte**. Er sucht den Austausch mit der DDR-Regierung.

WAS SONST NOCH GESCHIEHT

- ⮑ Raubüberfall auf den Geldzug Glasgow—London
- ⮑ Bölls *Ansichten eines Clowns* erscheinen
- ⮑ Volkskammer der DDR wählt Ulbricht erneut zum Staatsratsvorsitzenden
- ⮑ Martin Luther King hält seine historische Rede „Ich habe einen Traum"
- ⮑ Beginn des Auschwitz-Prozesses

Innerhalb von nur zwei Wochen machen von diesem Abkommen, das nur über den Jahreswechsel 1963/64 gilt, über 700.000 Westberliner Gebrauch. Sie reisen in den Osten, um ihre Familien und Freunde zu besuchen. Insgesamt 1,2 Millionen Besuche statten die Westberliner ihren Nachbarn im Ostteil der Stadt ab. Bundeskanzler **Ludwig Erhard** (1897–1977) kritisiert jedoch zu Beginn des Jahres 1964 das Passierscheinabkommen, da es der sowjetischen Dreistaatentheorie Vorschub leistet, wonach Westberlin, das zur Bundesrepublik Deutschland gehört, eine eigenständige politische Einheit sei. Die Verhandlungen zu einem zweiten Passierscheinabkommen kommen deswegen zunächst nicht zu Stande. Erst eine Aussprache zwischen Erhard und Brandt trägt zur Unterzeichnung des **zweiten Passierscheinabkommens** bei. Diesem sollen noch zwei derartige Abkommen folgen. Weitere Vereinbarungen scheitern jedoch, da die Bundesrepublik Deutschland darauf besteht, dass in einem weiteren Abkommen die **salvatorische Klausel** aufgenommen werden müsse. Diese Klausel soll klarstellen, dass es sich bei den Abkommen um keinen Vertrag zwischen zwei Staaten handelt. Der Hintergrund ist die Nicht-anerkennung der DDR als Staat durch die Bundesrepublik Deutschland und andere Westmächte.

Vertrag zwischen Deutschland und Frankreich

Am 22. Januar unterzeichnen Deutschland und Frankreich den **Élysée-Vertrag.** Die ehemaligen Kriegsgegner stellen ihre Beziehung auf eine neue Grundlage. Bereits 1950 hat der deutsche Bundeskanzler **Konrad Adenauer** (1876–1967) den Vorschlag aufgebracht, zwischen den benachbarten Ländern eine politische Union zu gründen. Hinzu kommt das vom Außenminister Frankreichs abgegebene Statement, Europa könne nur zusammenwachsen, wenn die beiden Länder Deutschland und Frankreich zusammenwachsen würden.

Inhaltlich hält der Vertrag folgende Punkte fest: Deutschland und Frankreich vereinbaren eine engere Kooperation in der Außen-, Verteidigungs-, Bildungs-, und Jugendpolitik. Regelmäßige Konsultationen und Sitzungen sollen diese Zusammenarbeit garantieren. Ihr besonderes Augenmerk legen die Vertragspartner in der Folgezeit auf einen regen Austausch im Bereich Erziehung und Jugend. Es entstehen **Städtepartnerschaften** zwischen deutschen und französischen Gemeinden. Deutsche wie franzö-

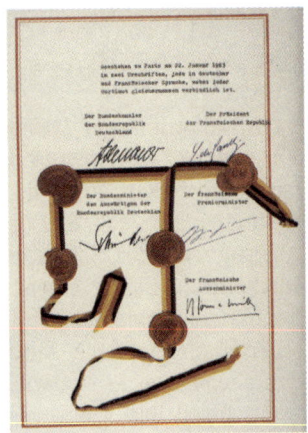

Unterschriftenseite des deutsch-französischen Freundschaftsvertrags: Konrad Adenauer, Charles de Gaulle, Gerhard Schröder, Georges Pompidou und Maurice Couve de Murville

sische Schüler und Schülerinnen erhalten durch **Schüleraustausche** zwischen befreundeten Schulen der ein-zelnen Städte einen Einblick in den französischen beziehungsweise deutschen Familienalltag. Die Kontakte werden jedoch nicht nur von Schülern und ihren Lehrern gepflegt. Kirchen und Vereine beginnen sich ebenfalls gegenseitig zu besuchen. Durch diesen staatlich initiierten Austausch kann zwischen Deutschen und Franzosen ein **nachbarschaftliches Klima** geschaffen werden.

Das Wunder von Lengede

Im Oktober schaut Deutschland nach Lengede. Der niedersächsische Ort, der in der Nähe von Peine liegt, erlangt in jenen Tagen traurige Berühmtheit. Am 24. Oktober werden dort 129 **Bergleute** von enormen Wassermassen in ihrem Schacht überrascht. Insgesamt 500.000 Kubikmeter Wasser fließen durch einen Klärteich-Bruch in den Schacht. 86 der 129 Bergleute können sich sofort retten. Sie sehen noch am 24. Oktober relativ unbeschadet das Tageslicht. Die 43 anderen Kumpels gelten als verschollen. Nach einwöchiger Suche nach den vermissten Bergleuten scheint die Hoffnung verschwindend gering, die Männer noch lebend bergen zu können. Zu präsent ist allen noch das Unglück in der **Grube Luisenthal** im Februar des vergangenen Jahres. Bei einer Schlagwetter-Explosion haben dort 299 Bergleute den Tod gefunden.

Am 2. November jedoch, acht Tage nach dem Unglück in Lengede, finden die Rettungskräfte drei Bergleute, die noch am Leben sind. Diese Bergung grenzt für alle an ein Wunder. 40 weitere Kumpels sind aber immer noch nicht gefunden. Einen Tag später orten die Suchtrupps Klopfzeichen aus 60 Metern Tiefe. Angespornt von diesem Lebenszeichen arbeiten sich die

Rettungskräfte in die Tiefe vor. Zu Hilfe kommt ihnen dabei eine spezielle **Dahlbuschbombe.** Es ist tatsächlich ein Wunder, als elf Männer vier Tage später lebend geborgen werden können. Insgesamt sind sie über zwei Wochen

Ein Bergmann wird ans Tageslicht gezogen

im Schacht eingeschlossen gewesen. Für 29 ihrer Kumpels kommt jedoch jede Rettung zu spät.

Winnetou jetzt im Kino

Die Bücher von **Karl May** (1842–1912) über den Indianer Winnetou und seinen weißen Bruder sind schon lange Kult. Seit Beginn des 20. Jahrhunderts begeistern die Bände von Karl May vor allem Jungen zwischen neun und 15 Jahren. In diesem Jahr ist es dann so weit: Der erste **Winnetou-Film** kommt in die deutschen Kinos. **Pierre Brice** (geb. 1929) mimt Winnetou, **Lex Barker** (1919–73) spielt die Rolle des weißen Old Shatterhand. In den Winnetou-Filmen sind die Rollen klar verteilt. Die Guten spielen gegen die Bösen, die fast immer den Kürzeren ziehen.

Auch wenn der Stoff der Winnetou-Geschichten im Amerika des 19. Jahrhunderts spielt, handelt es sich bei den Winnetou-Verfilmungen nicht um amerikanische, sondern um europäische Produktionen. Auch die Drehorte verlegt man nach Europa, so z. B. in die schöne Fluss- und Berglandschaft des ehemaligen Jugoslawiens.

Unter den Schauspielern gibt es einige bekannte deutsche Gesichter. Unter anderem sind **Mario Adorf** (geb. 1930), **Uschi Glas** (geb. 1944) und **Götz George** (geb. 1938) mit von der Partie. Sie alle stehen erst am Anfang ihrer Karriere.

Der erste Winnetou-Kinofilm läuft erfolgreich an, weshalb die zweite Verfilmung nicht lange auf sich warten lässt. 1964 kommt ein weiterer Teil von Winnetou und Old Shatterhand in die Kinos. Das vor allem jugendliche Publikum ist schockiert, als Winnetou dann im dritten Teil den Kampf gegen die Bösen verliert und stirbt. Es wird aber durch Winnetous wundersame Auferstehung im vierten Teil ein Jahr später wieder versöhnt. Bis 1968 werden die Abenteuer des Häuptlings der Apachen verfilmt.

Pierre Brice und Lex Barker als Winnetou und Old Shatterhand

Das ZDF geht auf Sendung

Der 1. April ist ein besonderer Tag für das deutsche Fernsehpublikum. Das **Zweite Deutsche Fernsehen** geht erstmals auf Sendung. Schon lange vorher ist den Zuschauern in Deutschland das neue Programm angekündigt worden: So sollten sie nicht verpassen, „am Ersten das Zweite" einzuschalten. Knapp zwei Jahre zuvor ist das **ZDF** im Juni 1961 als Anstalt der Bundesländer im Vertrag zur **Gründung des Zweiten Deutschen Fernsehens** gegründet worden. Zunächst ist der Sender in Eschborn bei Frankfurt beheimatet, wo man aus regelrechten Baracken

FILME DES JAHRES

- *Die Regenschirme von Cherbourg* mit Catherine Deneuve
- *Die Vögel* von Alfred Hitchcock
- *Der Schatz im Silbersee* mit Pierre Brice
- *Das Mädchen Irma la Douce* mit Shirley Maclaine
- *Der Leopard* von Luchino Visconti
- *Cleopatra* mit Elizabeth Taylor

sendet. 1974 zieht das ZDF nach Mainz um. Einige Sendungen, die auch heute noch produziert werden, sind von Anfang an dabei: So z.B. der medizinische Ratgeber *Praxis,* die Verbrecherjagd-Sendung *Aktenzeichen XY … ungelöst* und natürlich die *heute*-Sendung.

Nur vier Jahre später, 1967, strahlt das ZDF bereits in Farbe aus, sodass die wohl bekanntesten Herren des ZDF in bunten Farben auf den Bildschirmen in den deutschen Wohnzimmern zu sehen sind: Conni, Anton, Berti, Det, Edi und Fritzchen erfreuen Jung und Alt seit der ersten Stunde. Die sechs **Mainzelmännchen** sind eingeführt worden, um die Lücken zwischen den Werbefilmen zu überbrücken. Damals wie heute sind sie aus dem ZDF nicht mehr wegzudenken.

Das ZDF produziert in den kommenden Jahrzehnten Serien, die zu regelrechten Kultserien avancieren: Dazu gehören unter anderem *Diese Drombuschs, Das Traumschiff, Die Schwarzwaldklinik* und die Krimiserie *Derrick.*

Die Bundesliga wird geboren

Die **Bundesliga** wird als höchste deutsche Spielgruppe im Fußballsport ins Leben gerufen. Lange Zeit vorher ist der Ruf nach einer derartigen Einrichtung laut geworden. Noch vor dem Zweiten Weltkrieg hat es die Idee gegeben, eine Fußballliga ähnlich der ersten Division in Großbritannien auch in Deutschland zu etablieren. Nach dem Krieg, 1949, übernimmt **Franz Kremer** (1905–67) den Vorsitz der „Interessengemeinschaft Bundesliga und Berufs-Fußball" und treibt die Idee von einer bundesweiten Liga voran. Doch nicht alle Fußballvereine sind seiner Meinung. Der damalige Bundestrainer der Nationalmannschaft **Sepp Herberger** (1897–1977) unterstützt Kremer bei seinem Vorhaben. Herberger beteuert, dass der deutsche Fußball seine internationale Klasse nur durch eine deutsche Elite-Liga halten könne. Und auch bei DFB-Präsident **Hermann Neuberger** (1919–92) findet Kremer Rückendeckung. Im Juli stimmen die DFB-Delegierten mit 103:26 Stimmen für die Einführung der Bundesliga. Diese lockt bereits an ihrem ersten Tag, dem 24. August, 327.000 Menschen bundesweit in die Stadien. 16 Mannschaften treten an acht Orten gegeneinander an. Mit von der Partie sind damals unter anderem Schalke 04 und der VfB Stuttgart. Der Fußballclub Bayern München spielt zu diesem Zeitpunkt noch nicht erstklassig. Der Verein steigt erst zwei Jahre später in die Bundesliga auf. Deutscher Meister wird im ersten Jahr der Bundesliga der 1. FC Köln.

Gustav Gründgens stirbt auf einer Weltreise

Der wohl bekannteste deutsche Bühnenschauspieler des 20. Jahrhunderts, **Gustav Gründgens** (1899–1963), stirbt am 7. Oktober in Manila. Gründgens ist nicht unumstritten. Ist er noch in den 20er-Jahren des 20. Jahrhunderts für die politische Linke aktiv, gerät er nach 1933 mehr und mehr unter nationalsozialistischen Einfluss. Der Schauspieler geht bei den Spitzen der Naziführung ein und aus. Er ist unter anderem mit **Hermann Göring** (1893–1946) bekannt. Dies hindert ihn jedoch nicht daran, auch nach 1945 ungebrochen seine Karriere weiter voranzutreiben. Nach mehrmonatigem Aufenthalt wird er aus sowjetischer Gefangenschaft entlassen und siedelt 1947 in den Westen über. 1948 wird er Präsident des deutschen Bühnenvereins, 1955 Generalintendant und künstlerischer Leiter des Hamburger Schauspielhauses. Gründgens Paraderolle ist der *Mephisto* aus Goethes *Faust.* Und ebenso heißt ein Roman des Autors **Klaus Mann** (1906–49), in welchem kritisch die Karriere des fiktiven Schauspielers Henrik Höffgen beleuchtet wird. Vorbild für die Figur dieses Romanhelden ist – für die Öffentlichkeit nur allzu leicht erkennbar – die Person Gustav Gründgens. Der Schauspieler verklagt den Romancier, der pikanterweise wenigstens kurzzeitig sein Schwager war, mit einigem Erfolg. Per Gerichtsbeschluss wird der Roman *Mephisto* verboten.

Der stets reiselustige Gründgens stirbt 64-jährig während einer Weltreise in der philippinischen Hauptstadt Manila.

Dr. Willy Hübner, Hans Passlack, Franz Kremer, der Ausschuss-Vorsitzende Ludwig Franz, Walter Baresel und Hermann Neuberger (v.l.n.r.) in der Bundesgeschäftsstelle des Deutschen Fußball-Bundes

Not an deutschen Schulen und Universitäten

Es ist das Jahr der innenpolitisch viel diskutierten **Bildungskatastrophe** in der Bundesrepublik Deutschland. Auslöser sind die von dem Pädagogen **Georg Picht** (1913–82) in der Wochenzeitung *Die Zeit* veröffentlichten Artikel. Der Pädagoge hält darin fest, dass die Bundesrepublik, will sie als Industrienation bestehen können, ihren Bedarf an qualifizierten Nachwuchskräften nur durch eine grundlegende Reform der Ausbildung decken könne. Picht stellt einen zunehmenden Mangel an Lehrkräften fest. Dazu errechnet er eine zu geringe Zahl an Abiturienten und Mittelschulabsolventen. Er prophezeit, dass das deutsche Wirtschaftswunder bald zu Ende sein würde, wenn sich die Bundesrepublik nicht um die Verbesserung des Schul- und Hochschulwesens kümmere.

Die Miseren sind offenkundig: Den Schulen mangelt es an Arbeitsmaterial und Lehrern, die wenigen Universitäten platzen aus allen Nähten. Pichts Kritik wird gehört. Er tritt mit seinen Veröffentlichungen eine öffentliche Debatte los, deren Auswirkungen bis zu den bildungspolitischen Offensiven in den 70ern reichen sollten. Noch im selben Jahr beschließen die Regierungschefs der Bundesländer die Gründung von fünf neuen **Hochschulen**, die an den Orten Bochum, Bremen, Konstanz, Regensburg und Dortmund entste-

Dr. Ludwig Heuss (l.), der Sohn des früheren Bundespräsidenten, übergibt den Theodor-Heuss-Preis an Dr. Georg Picht

hen sollen. Andere fordern innerhalb der Debatte um eine Bildungsreform vor allem **Chancengleichheit**. Mit Verweis auf die Menschenrechte stellt Bildung für sie ein **allgemeines Bürgerrecht** dar.

Krieg gegen Nordvietnam

Im August rückt ein Weltereignis die innenpolitischen Angelegenheiten in Deutschland in den Hintergrund. Der Grund ist das militärische Eingreifen der USA in den **Vietnamkrieg**. Seit Beginn des Kriegs zwischen Nord- und Südvietnam unterstützen die Vereinigten Staaten von Amerika den Süden gegen den kommunistischen Norden. Seit 1960 schicken sie mehr und mehr Militärberater nach Südvietnam. Der angebliche Anlass für die Einmischung der USA ist der sogenannte **Tonkin-Zwischenfall**. Dabei soll es sich um die Beschießung von zwei amerikanischen Zerstörern durch nordvietnamesische Kriegsschiffe im Golf von Tonkin im August gehandelt haben. Die USA beantworten diesen nie ganz aufgeklärten Angriff mit Bombardements gegen Ziele in Nordvietnam. Trotz einer halben Million Land- und Luftstreitkräfte kann das amerikanische und südvietnamesische Heer keinen entscheidenden Sieg gegen den Norden erringen. Das kommunistische Nordvietnam wird von sowjetischen Truppen sowie von Truppen aus China unterstützt.

Das Vorgehen der USA, die diesen Krieg als einen weiteren Kampf gegen eine kommunistische Weltherrschaft ansehen, wird mit Fortdauer des Krieges zunehmend kritisiert. Die vielen zivilen Opfer, die durch die Bombardements ums Leben kommen, bilden den wichtigsten Kritikpunkt der Kriegsgegner, die sich weltweit – auch in Deutschland – mit Nordvietnam solidarisieren. Ca. fünf Millionen Vietnamesen sterben in diesem Krieg. Die USA haben 50.000 tote Soldaten zu beklagen, als sie sich 1973 aus Vietnam zurückziehen. Der Süden, der danach ohne Kriegsverbündete weiterkämpft, muss 1975 kapitulieren.

Vietnamkrieg: Kinder flüchten vor den fallenden Bomben

Willy Brandt erneut Kanzlerkandidat

Zu Beginn des Jahres wählt ein außerordentlicher SPD-Parteitag in Bad Godesberg **Willy Brandt** (1913–92) zum SPD-Vorsitzenden.

Diese Wahl ist notwendig geworden, da der frühere Parteivorsitzende, **Erich Ollenhauer** (1901–63), im Dezember 1963 verstorben ist. Brandt erhält bei dieser parteiinternen Wahl 320 von 334 Stimmen. Darüber hinaus wird er erneut zum Kanzlerkandidaten für die Wahl 1965 gekürt. Brandt formuliert in seiner Parteitagsrede in Bad Godesberg das Hauptziel für den Wahlkampf. Ziel sei es, die SPD zu einer **Volkspartei** zu machen. Nur so könne man mit der anderen großen Partei, der CDU/CSU, überhaupt konkurrieren. Es galt, eine Wählerschaft zu mobilisieren, die die SPD zuvor noch nie gewählt hat.

Seine programmatischen Ziele liegen in der Förderung des Mittelstandes sowie in der viel diskutierten Bildungsreform. Das Thema „Gesundheitswesen" erklärt er ebenfalls zu einem wichtigen Punkt des Wahlkampfs.

Auf dem Bad Godesberger Parteitag bekennt sich Brandt außerdem im Hinblick auf die Außenpolitik zu den USA. Brandt hat sich als Bürgermeister Westberlins in den Jahren zuvor für einen Austausch zwischen Ost und West eingesetzt. Nicht immer ging er deshalb mit der Regierung der Bundesrepublik und den Westmächten konform. Mit seinem Bekenntnis zu den USA will er für die Wahl 1965 alle Zweifel über seine Person und seine politische Einstellung im Ostwestkonflikt beseitigen.

Spektakuläre Mauerflucht

Seit Bestehen der Mauer, die Deutschland in Ost und West teilt, versuchen Menschen, aus der DDR in den Westen zu fliehen. Die bis dato spektakulärste Fluchtaktion findet in diesem Jahr statt. Über 30 Ostberliner haben in bis zu elf Metern Tiefe unter der Bernauer Straße einen **Tunnel** gegraben. Der Tunnel hat eine Länge von knapp 145 Metern. Im Oktober kriechen

57 DDR-Bürger durch den schmalen Gang in den Westteil der Stadt. Der Tunnelbeginn ist unter einem Toilettenhäuschen in einem Hof versteckt. Alle 57 müssen, bevor sie den Tunnel passieren, das Code-Wort „Tokio" flüstern. Im Westen angekommen, werden die Flüchtenden von Fluchthelfern mit einem Seilzug an die Oberfläche gezogen. Erst relativ spät entdecken die wachhabenden Grenzsoldaten den Tunnel. Es kommt zu einem Schusswechsel, bei dem ein Grenzer stirbt. Vermutlich tötet ihn eine Kugel eines anderen Grenzsoldaten.

Diese **Tunnelflucht** ist nicht die erste ihrer Art. Jedoch nicht alle Tunnelprojekte sind von solch einem Erfolg gekrönt. Von den bis 1965 bekannten Anlagen können nur sieben nachweislich mit Erfolg genutzt werden. Die Stasi weiß die Grabungstätigkeiten relativ gut einzudämmen. Dabei helfen z. B. Horchgeräte zum Feststellen von Grabungsgeräuschen oder der Bau von besonders tiefen Gräben an strategisch wichtigen Punkten. 1973 gelingt drei jungen Ostberlinern zum letzten Mal in der Geschichte des geteilten Deutschlands eine Tunnelflucht. Sie haben zwölf Nächte lang einen 21 Meter langen Stollen unter der zum Todesstreifen umfunktionierten Zimmerstraße gegraben.

Die Aufnahme vom November 1963 zeigt den Blick aus einem Westberliner Wohnhaus auf die Mauer an der Bernauer Straße

Liebeskummer lohnt sich nicht

Der Schlager *Liebeskummer lohnt sich nicht, my Darling* wird zum Hit des Jahres gewählt. Bis heute ist der Hit ein Ohrwurm geblieben. Gesungen wird er von der Schwedin **Siw Malmkvist** (geb. 1936). Sie ist damals eine der berühmtesten Sängerinnen in Europa. In Schweden ist sie bis heute die erfolgreichste **Schlagerinterpretin.** Malmkvist ist für die deutsche Hörerschaft kein unbeschriebenes Blatt. Die Sängerin hat in den Jahren zuvor bereits Schlager gesungen, die auf vorderen Hitparadenrängen landeten: Schon *Danke für die Blumen* und *Schwarzer Kater Stanislaus* begeisterten das deutsche Publikum. Malmkvist hat vor ihrer Karriere als Sängerin einen recht bürgerlichen Beruf erlernt. Die sympathische und beliebte Schwedin arbeitete als Sekretärin. 1962 ist sie bei den deutschen Schlagerfestspielen mit von der Partie. Der Titel *Die Wege der Liebe* bringt ihr dort den zweiten Platz ein. Fünf Jahre nach ihrem großen Hit *Liebeskummer lohnt sich nicht* singt sie beim Grand Prix d'Eurovision für Deutschland. Der

Siw Malmkvist im Juni 1965

Song, mit dem sie bei diesem europäischen Musikwettbewerb antritt, trägt den Titel *Primaballerina*. Die internationale Jury wählt den Song auf den siebten Platz.

Nach ihrer Gesangskarriere zieht sich Malmkvist in den 70ern zunächst ins Privatleben zurück. Sie wechselt jedoch bald in einen anderen Bereich des Showgeschäfts. Sie wird **Schauspielerin.**

Immer mehr Gastarbeiter in Deutschland

Die Zahl der Beschäftigungslosen in Deutschland erreicht einen historischen **Tiefstand**: 102.800 Menschen haben keinen Arbeitsplatz. Dagegen stehen 680.000 offene Stellen. Die Bundesrepublik versucht, dieses Defizit bereits seit mehreren Jahren durch die Anwerbung von **Gastarbeitern** auszugleichen. Den größten Anteil der ausländischen Arbeiter, die nach Deutschland kommen, stellen die Italiener: Die Bundesrepublik kann rund 300.000 Arbeitnehmer aus Italien anwerben. 145.000 kommen aus Spanien nach Deutschland. 144.000 griechische Arbeiter suchen Arbeit in Deutschland. Der Anteil der türkischen Gastarbeiter ist mit 69.000 im Vergleich zu späteren Jahren noch relativ gering. 53.000 Gastarbeiter kommen aus dem damaligen Jugoslawien. Im September kann Deutschland den einmillionsten Gastarbeiter in der Geschichte der Bundesrepublik begrüßen. Viele der Migranten arbeiten im Bergbau oder dem Baugewerbe. Die ausländischen Arbeiter suchen oft nicht nur eine neue Beschäftigung, die meisten kommen in der Hoffnung nach Deutschland, ein besseres Leben als in ihrer Heimat führen zu können. Für viele Gastarbeiter ist die Arbeitsstelle in Deutschland die einzige Möglichkeit, ihre eigene Existenz und die ihrer Familien im Heimatland zu sichern. Nach ein paar Jahren siedeln viele Gastarbeiter für immer nach Deutschland über. In vielen Fällen ziehen die Familien nach.

Das Zeichen mit dem „Sehr gut"

Viele Deutsche setzen bei ihren Einkäufen, seien es Lebensmittel oder andere Konsumgüter, auf Qualität. Eine Orientierungshilfe bieten ihnen dabei die auf den Produkten angebrachten Aufkleber der **Stiftung Warentest.** Am 14. September beschließt der Bundestag die Einrichtung einer Stiftung, die den Namen „Stiftung Warentest" tragen soll. Als Sitz wird Berlin gewählt. Die Bundesrepublik ist Stifterin und Satzungsgeberin. Nicht aus privaten oder aus marktstrategischen Gründen soll die Stiftung Produkte testen, sondern im **Interesse des Verbrauchers.** Das Institut macht es sich zur Aufgabe, die Märkte für Waren und Dienstleistungen zu beobachten und Vergleichstests zu deren Gebrauchswert in Auftrag zu geben. Darüber hinaus soll die Stiftung auch über die Umweltverträglichkeit von Produkten Auskunft geben. Wesentlich dabei ist, dass die Stiftung Warentest die Öffentlichkeit darüber informiert. Das Bundeswirtschaftsministerium stellt in den ersten fünf Jahren Finanzmittel zu Verfügung. Danach – so hat man errechnet – soll sich die Stiftung selbst finanzieren

STIFTUNG WARENTEST

test

Das Logo der Stiftung Warentest

können. Die Gelder sollen aus dem Verkauf der Publikationen fließen. 1966 erscheint zum ersten Mal die von der Stiftung herausgegebene Zeitschrift *test*. Zu den ersten Produkten, über deren Qualität berichtet wird, gehören Nähmaschinen und Stabmixer. Allerdings beklagt die Presse die geringe Zahl an Tests sowie die noch nicht kategorisierte Bewertung der Produkte. Umfassende Prüfnoten und Qualitätsurteile erstellt Stiftung Warentest erst Anfang der 70er-Jahre.

Für Frieden auf die Straße

Ende März nehmen an den Ostermärschen der **Atomwaffengegner** rund 100.000 Menschen in Deutschland teil. Die Entwicklung und der Bau von Atombomben rufen sehr viele Gegner dieser alles vernichtenden Kriegswaffe auf den Plan. 1958 gründen britische Atomwaffengegner die **Campaign for Nuclear Disarmament**. Die von ihnen geplanten Demonstrationen finden zum ersten Mal an den Ostertagen 1958 statt. Sie rufen damit eine Tradition ins Leben, die viele Atomwaffengegner weltweit aufnehmen. 1960 finden die ersten **Ostermärsche** in Deutschland statt. Das Motto dieser Veranstaltungen lautet bundesweit **Kampf dem Atomtod**.

Die Atomwaffengegner in Deutschland sind nicht fest organisiert. Es vereinen sich unter einem Dach die verschiedensten Gruppen: Kirchliche, pazifistische und auch sozialistische Vereinigungen kommen zu den Ostermärschen zusammen. Bei den Zielen dieser Märsche handelt es sich in den meisten Fällen um Raketenstationierungs-

plätze und andere militärische Einrichtungen. Der Bundestag und die Gewerkschaften lehnen diese Demonstrationen ab, da an ihnen auch die verbotene KPD (Kommunistische Partei Deutschland) teilnimmt. Die Atomwaffengegner lassen sich aber davon nicht beirren. 1968 erreicht die Bewegung mit 200.000 Teilnehmern an den Ostermärschen ihren Höhepunkt. In den 70ern verlieren die Ostermärsche an Bedeutung. In den 80er-Jahren findet durch die **Friedensbewegung** eine Wiederbelebung der Ostermärsche statt.

Der Zug der Atomwaffengegner mit ihren Transparenten auf dem Königsplatz in München

Der Hexer geht im Kino um

Sie ermitteln wieder: Inspector Warren und Inspector Higgins machen sich auf die Suche nach dem *Hexer*. Unter der Regie von **Alfred Vohrer** (1914–86) wagt man sich an die Neuverfilmung des 1932 und 1956 bereits verfilmten Stoffes. Die Handlung spielt in London, doch für die Außenaufnahmen reist das Filmteam nicht extra in die englische Hauptstadt. Man benutzt

Filmaufnahmen aus früheren Filmen von Alfred Vohrer. Unvergessen bleiben dem deutschen Kinopublikum die beiden Inspektoren, gespielt von **Joa-**

Inspector Higgins (Joachim Fuchsberger, hier mit Sophie Hardy) in einer Szene aus *Der Hexer*

chim Fuchsberger (geb. 1927) und **Siegfried Lowitz** (1914–99). Die beiden Polizisten machen sich nicht nur auf die Suche nach dem Mörder der Rechtsanwaltsekretärin Gwenda Milton, sondern auch nach deren Bruder, Arthur Milton. Arthur Milton, besser bekannt als der *Hexer,* ist Jahre zuvor nach Australien geflohen, um einer Strafe wegen Selbstjustiz zu entgehen. Der Mord an seiner Schwester führt ihn wieder zurück nach London. Die Polizisten Higgins und Warren fürchten aus diesem Grund auch um das Leben des Mörders. Die Jagd beginnt ...

Der Film, der im August zum ersten Mal gezeigt wird, füllt die deutschen Kinosäle. Ganz im Gegensatz dazu fiel die Kritik eher mager aus. Der Film sei sparsam inszeniert worden, so mancher Handlungsstrang gebe dramaturgisch keinen Sinn, die Schauspieler mimten eher kraftlos. Von dieser Kritik unbeirrt wird 1965 die Fortsetzung *Neues vom Hexer* gedreht.

Aktion Sorgenkind

Zu Beginn der 60er-Jahre ist ganz Deutschland geschockt über die Folgen, die die Einnahme des Schlafmittels **Contergan** in der Schwangerschaft für das Ungeborene mit sich bringt. Viele Jungen und Mädchen kommen behindert zur Welt. Zwar wird das Mittel bald vom Markt genommen, doch die betroffenen Familien müssen mit der Behinderung leben. Oft fehlt aber nicht nur die moralische Unterstützung, sondern auch die finanzielle Hilfe. Das ZDF entwickelt aus diesem Grund die Idee, mit einer Unterhaltungssendung Geld für die Behindertenhilfe zu sammeln. Der eigentliche Ideengeber, **Hans Mohl** (1928–98), ist Leiter der ZDF-Gesundheitsredaktion. Er gibt dem für damalige Verhältnisse außergewöhnlichen Unterhaltungskonzept seinen Namen: Die **Aktion Sorgenkind** ist entstanden. Ein Name (seit dem 1.3.2000 **Aktion Mensch**), der bis heute für die Behindertenhilfe steht.

Am 9. Oktober steht im ZDF zum ersten Mal eine Sendung auf dem Programm, die zu Gunsten der Aktion Sorgenkind ausgestrahlt wird. Es handelt sich bei der Show um ein Ratespiel um die damals neuen vierstelligen Postleitzahlen. Die Show trägt den Titel *Vergissmeinnicht.* Schon die erste Ausstrahlung ist ein voller Erfolg. 500.000 DM können gesammelt werden. Ab 1969 moderiert **Wim Thoelke** (1927–95) zunächst *3 x 9.* Später führt der beliebte Moderator für den guten Zweck durch die Ratesendung *Der Große Preis.* Auch wenn es Stimmen gibt, die kritisieren, die Behinderten würden zur Schau gestellt werden, gibt die große Spendenbereitschaft der Zuschauer den Machern der Aktion recht.

FILME DES JAHRES

- ⊃ *Alexis Sorbas* mit Anthony Quinn und Alan Bates
- ⊃ *Die Tote von Beverly Hills* von Michael Pfleghar
- ⊃ *Der junge Törless* von Volker Schlöndorff
- ⊃ *Goldfinger* mit Sean Connery
- ⊃ *Der geteilte Himmel* mit Eberhard Esche
- ⊃ *My Fair Lady* mit Audrey Hepburn

Urteil im Auschwitz-Prozess

Im bis zu diesem Zeitpunkt aufwändigsten und längsten Gerichtsverfahren in der Geschichte der Bundesrepublik, dem **Auschwitz-Prozess**, ergeht am 19. August das Urteil. Der Prozess wurde gegen ehemalige Aufseher und Angehörige der nationalsozialistischen Lagerverwaltung im Konzentrationslager Auschwitz geführt. Sechs der Angeklagten, ehemalige SS-Aufseher, werden von dem Schwurgericht in Frankfurt am Main zu lebenslanger Haft verurteilt. Zehn weitere Angeklagte erhalten als Strafe für ihre Gräueltaten gegen Juden und Gegner des NS-Regimes zwischen dreieinhalb und vierzehn Jahren Zuchthaus. Drei der Angeklagten werden freigesprochen. Insgesamt vier Jahre dauerte die Prozessvorbereitungsphase, in der man ca. 1300 Zeugenaussagen sammelte. Während des neunzehnmonatigen Prozessverlaufs verhörte man 359 Zeugen aus 19 Nationen.

Mit Empörung nimmt man im Ausland, aber auch in Deutschland, das **geringe Strafmaß** auf. Das Frankfurter Schwurgericht konnte jedoch nur nachweisbare Verbrechen von Einzeltätern ahnden. Die deutsche Bevölkerung reagiert unterschiedlich auf den Prozess. Während die einen schockiert sind über die Ausmaße der NS-Verbrechen und rückhaltlose Aufklärung fordern, wollen andere einen Schlussstrich unter die Vergangen-

Auschwitz-Prozess: Eine Delegation besichtigt in Polen den Ort der organisierten Vernichtung

heit ziehen und nichts mit dem Prozess zu tun haben.

Das Düsseldorfer Schwurgericht verkündet im sogenannten **Treblinka-Prozess**, der gegen Angehörige des Wachpersonals im Lager Treblinka geführt wurde, im September ein ähnliches Urteil. Vier Angeklagte erhalten eine lebenslange Haftstrafe, fünf werden zu langjährigen Freiheitsstrafen verurteilt. In einem Fall lautet das Urteil Freispruch.

Ulrike Meinhof versus Franz Josef Strauß

Es kommt zu einem indirekten Schlagabtausch zwischen **Ulrike Meinhof** (1934–76) und **Franz Josef Strauß** (1915–88). Das spätere Mitglied der **RAF** (Rote Armee Fraktion) Meinhof greift den CSU-Vorsitzenden an und beschuldigt ihn als „infamsten deutschen Politiker". Veröffentlichungsort dieser Anschuldigungen ist die Hamburger Zeitschrift *konkret.* Meinhof ist bis 1964 vier Jahre lang **Chefredakteurin** der Zeitschrift gewesen. *konkret* ist seit ihrer Gründung zum Organ der Atomwaffengegner geworden.

Als Verteidigungsminister, aber auch schon als Minister für Besondere Fragen, treibt Strauß die allgemeine sowie die atomare Aufrüstung der Bundesrepublik voran. Der Atomwaffengegnerin Meinhof ist er somit ein Dorn im Auge. Für viele Strauß-Gegner bleibt es ein Rätsel, wie der Politiker auch nach der *Spiegel*-Affäre 1962, durch die aufgedeckt werden konnte, dass Strauß als Verteidigungsminister „etwas außerhalb der Legalität" gehandelt hat und daraufhin seinen Rücktritt einreichen muss, CSU-Vorsitzender bleibt und nicht nur innerhalb der CSU bald wieder politisch Fuß fassen kann. Meinhof hat sich bereits während ihres Studiums in Münster gegen die atomare Aufrüstung engagiert: 1957 wird sie Sprecherin des **Anti-Atomtod-Ausschusses**, der sich um den SDS (Sozialistischen Deutschen Studentenbund) gebildet hat. Meinhof muss für ihre Beschuldigungen gegen den bayerischen Politiker eine Geldstrafe von 600 DM bezahlen.

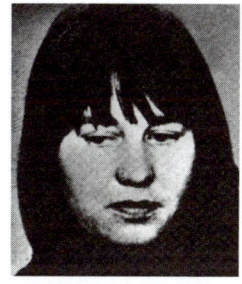
Undatiertes Fahndungsfoto von Ulrike Meinhof

Die CDU/CSU legt wieder zu

Am 19. September findet die Wahl zum fünften Deutschen Bundestag statt. Die Wahl kann die CDU/CSU nach der Wahlschlappe von 1961 wieder eindeutig für sich entscheiden. 1961 ist die Partei mit Bundeskanzler **Konrad Adenauer** (1876–1967) an der Spitze zwar stärkste Fraktion im Bonner Parlament geblieben, aber ihre absolute Mehrheit hat sie verloren. Vier Jahre später gewinnt die CDU/CSU mit 47,6 Prozent der Stimmen die Bundestagswahl. Die absolute Mehrheit verpasst sie mit drei fehlenden Bundestagsmandaten nur knapp, sodass wieder die Bildung einer Koalition nötig wird. Der alte Bundeskanzler, **Ludwig Erhard** (1897–1977), wird der neue. Erhard ist jedoch zum ersten Mal indirekt vom deutschen Volk zum Bundeskanzler gewählt worden. Bei seinem Amtsantritt 1964 hat ihn lediglich der Bundestag zum Nachfolger von dem aus dem Amt scheidenden Konrad Adenauer gewählt.

Auch die SPD legt im Vergleich zu 1961 zu, sie erreicht 39,3 Prozent der Wählerstimmen. Der Wahlkampf der SPD mit **Willy Brandt**

(1913–92) an der Spitze hat jedoch nicht zu einer Ablösung der konservativen Regierung geführt, wie sich viele SPD-Anhänger erhofft haben. Herbe Verluste müssen dagegen die Liberalen hinnehmen. Sie verlieren 3,3 Prozent ihres alten Ergebnisses von 1961. Dennoch reicht es für die CDU/CSU und die FDP zur erneuten Bildung einer Koalition. Die FDP drängt allerdings darauf, dass der CSU-Vorsitzende **Franz Josef Strauß** (1915–88) nicht mehr der Regierung angehören soll. Dem von Erhard gebildeten Kabinett gehören elf Minister aus den Reihen der CDU, fünf CSU-Minister und vier FDP-Minister an.

Roy Black erobert deutsche Frauenherzen

Eigentlich wollte Gerd Höllerich Rock 'n' Roll-Star werden. Doch aus Gerd Höllerich wird **Roy Black** (1943–91), der 1964 einen Vertrag als **Schlagersänger** unterschreibt. Auch wenn die ersten beiden eingespielten Platten des

WAS SONST NOCH GESCHIEHT

- ⮕ Der radikale Schwarzenführer Malcolm X wird in New York erschossen
- ⮕ Herabsetzung des Einberufungsalters zur Bundeswehr auf 18 Jahre
- ⮕ Absturz einer Convair B-58 Hustler in Paris
- ⮕ Bundestag verabschiedet Hilfsgesetz für DDR-Flüchtlinge
- ⮕ Der Bundestag verabschiedet ein Gesetz, das die Rechte der Ausländer stärkt
- ⮕ Ausrüstung der Bundeswehr mit Truppenfahnen
- ⮕ Ausgabe der ersten 500-Mark-Noten durch die Bundesbank

Sängers mit dem tiefschwarzen Haar floppen, so ist er 1965 bereits ein Superstar in Deutschland. Den Erfolg bringen die beiden Titel *Du bist nicht allein* und vor allem *Ganz in Weiß*. Rund 800.000 Mal verkauft sich die erste Platte, *Ganz in Weiß* steigert das Ganze auf ca. 2,5 Millionen verkaufte Platten. Roy Blacks Erfolge werden getragen von seinen Liedern, von seiner schmachtenden Stimme und vor allem von seinem attraktiven Aussehen, das insbesondere das weibliche Publikum magisch anzieht. So manche Frau wäre gerne Mitte der 60er die Braut für Roy Black, die er in *Ganz in Weiß* besingt.

Der Sänger macht auch als **Schauspieler** Karriere. An der Seite der bayerischen Schauspielerin **Uschi Glas** (geb. 1944) sorgt er dafür, dass sich das deutsche Nachkriegspublikum gut unterhalten fühlt. Die schnulzigen Filme werden zu Kassenschlagern. Die 60er sind Roy Blacks großes Jahrzehnt. Danach wird es ruhig um ihn. Der ehemals gefeierte Superstar ist nicht mehr angesagt. Einzig mit der Ende der 80er eingespielten RTL-Serie *Ein Schloss am Wörthersee* begeistert er noch einmal ein großes Publikum. Gerd Höllerich alias Roy Black stirbt am 9.10.1991 an Herzversagen.

Roy Black

Verjährungsdebatte im Bundestag

Am 8. Mai soll nach geltendem Recht für die nationalsozialistischen Verbrechen eine **Verjährungsfrist** eintreten. 20 Jahre nach Kriegsende sollen NS-Verbrecher nicht mehr verurteilt werden können. Zu Beginn des Jahres ergeht aus diesem Anlass eine Note an den bundesdeutschen Botschafter in Moskau, in der das sowjetische Außenministerium die Politik der Bundesregierung hinsichtlich der Verjährungsfrist als Versuch wertet, „die de-facto-Amnestierung der faschistischen Mörder" zu erreichen. Die Sowjetunion fordert von der Bundesrepublik eine Gesetzesänderung, die die Verlängerung der Frist zum Inhalt haben soll. Daraufhin entbrennt eine in der deutschen Öffentlichkeit geführte Debatte über das Für und Wider einer Aufhebung beziehungsweise Verlängerung der Verjährungsfrist. Die Befürworter einer Verlängerung weisen vor allen Dingen darauf hin, dass die Bestrafung der NS-Verbrechen weniger nach juristischen als nach moralisch-ethischen Gesichtspunkten erfolgen müsse. Die Bundesregierung spricht sich für keine der beiden Lösungen aus, da sie das im Grundgesetz verankerte Verbot rückwirkender Gesetze berücksichtigt. Nach mehreren Debatten einigt sich der Bundestag einen Monat vor dem Verjährungsdatum auf einen Kompromiss. Bei der Berechnung der Frist soll der Zeitraum der Besetzung Deutschlands nicht mitgerechnet werden, sodass die Verjährung erst ab 1.1.1970 in Kraft treten soll. Doch 1969 wird die Debatte erneut geführt. Der Bundestag beschließt im Juni 1969, die Verjährungsfrist für Völkermord gänzlich aufzuheben.

Protest gegen die Verjährung

1965

Marmor, Stein und Eisen

Die rauchige Stimme ist sein Markenzeichen. **Drafi Deutscher** (geb. 1946) singt sich mit ihr in die Herzen des deutschen Publikums. Sein Titel *Marmor, Stein und Eisen bricht, aber unsere Liebe nicht* bringt insbesondere die junge Hörerschaft zum Toben. Der Song erfreut sich bis heute größter Beliebtheit. Deutscher, der kurz nach dem Zweiten Weltkrieg in Berlin geboren wird, nimmt 1963 an einem Talentwettbewerb teil, den er gewinnt. Diese Platzierung ist gleichzeitig mit einem Plattenvertrag verbunden, der den Anfang seiner Karriere markiert. Mit seiner Band, den **Magics**, mit der er auch *Marmor, Stein und Eisen bricht* einspielt, kann Deutscher große Erfolge feiern. Vielleicht liegt es daran, dass Drafi Deutscher und seine Band die richtige Musik mit der deutschen Sprache verbinden. Nur die wenigsten Jugendlichen sind in den 60er-Jahren der englischen Sprache so mächtig wie das die Teenager heute sind. Die Magics übersetzen allerdings den überaus erfolgreichen Song über die Liebe, die nie brechen kann, ins Englische: *Marble breaks and iron bends* finden auch die englischen Teens richtig gut.

Deutschers Karriere erleidet 1967 einen herben Einschnitt. Nicht allen in Deutschland gefällt Deutschers Auftreten und dessen Musik. Wegen angeblich unsittlichen Verhaltens ist der Sänger zunächst von der Bildfläche verschwunden. Deutscher steigt nach einer kurzen Pause wieder ins Show-Geschäft ein. In den folgenden Jahren und Jahrzehnten ist er weiter als Sänger erfolgreich und auch als Songwriter macht er sich einen Namen.

Drafi Deutscher, 1969

Die Queen in Deutschland

Lange hat die Bevölkerung in Deutschland auf diesen Besuch warten müssen. Im Frühjahr kommt er endlich: Die damals noch junge **Königin Elizabeth II.** (geb. 1926) von England besucht, zusammen mit ihrem Ehemann **Prinz Philip** (geb. 1921), in jenen Tagen Westdeutschland. Die Symbolträchtigkeit des Staatsbesuchs der Queen ist enorm. Fast zwanzig Jahre sind seit dem Kriegsende vergangen. Über zehn Jahre sitzt die Königin nun schon auf ihrem Thron, den sie 1953 nach dem Tod ihres Vaters, **König George VI.** (1897–1952), übernommen hat. Die Deutschen verstehen diesen Besuch als Geste der Aussöhnung zwischen den im Zweiten Weltkrieg verfeindeten Ländern. Als solch eine Geste ist er wohl auch von der britischen Regierung und auch vom Königshaus gemeint. Auf dem Programm der Königin stehen unter anderem ein Besuch in der westdeutschen Bundeshauptstadt Bonn, eine Schifffahrt auf dem Rhein und natürlich ein Besuch der geteilten Stadt Berlin. Gastgeber und Reisebegleiter der Queen ist Bundespräsident **Heinrich Lübke** (1894–1974). Wo die Queen und ihr Mann auch hinkommen, sie werden jedes Mal von tausenden von Zuschauern empfangen und bejubelt. Sogar entlang des Rheins stehen die Menschen und winken der

DAS SIND DIE TOPHITS DES JAHRES

- ⮑ *Kleine Annabell* – Ronny
- ⮑ *Das ist die Frage aller Fragen* – Cliff Richard
- ⮑ *Das ist mein schönster Tanz* – Bernd Spier
- ⮑ *Downtown* – Petula Clark
- ⮑ *Satisfaction* – Rolling Stones
- ⮑ *Marmor Stein und Eisen bricht* – Drafi Deutscher

Königin Elizabeth II. und Bundespräsident Heinrich Lübke

ganz in Pink gekleideten Monarchin vom Ufer aus zu. Die Begeisterung für die Queen soll auch in den folgenden Jahren nicht abnehmen. Vielmehr überträgt sie sich in späteren Jahrzehnten auch auf andere Mitglieder ihrer Familie, insbesondere auf **Prinzessin Diana** (1961–97), die verstorbene Frau von **Prinz Charles** (geb. 1948), dem erstgeborenen Sohn der Queen.

Einen weiteren Schritt in Richtung Annäherung gehen die beiden Staaten im August. Der erste Botschafter der Bundesrepublik tritt in Tel Aviv seinen Posten an. Dieser Botschafter erfüllt auf den ersten Blick nicht die Bedingungen, die der höchste deutsche Repräsentant in Israel erfüllen sollte. So war er während des Zweiten Weltkriegs Wehrmachtsmajor. Hinzu kommt, dass diese Kriegsteilnahme äußerlich stets zu sehen ist, da der ehemalige Major im Zweiten Weltkrieg einen Arm verlor. Dementsprechend schlecht ist die Stimmung, als der Botschafter in Israel eintrifft. Steine und Flaschen werfen die Menschen nach ihm. Doch er schafft es in den darauf folgenden Jahren, mit diplomatischem Geschick und Einfühlungsvermögen die feindselige Stimmung gegen ihn abzubauen und in Sympathie zu verwandeln.

Deutschland und Israel nähern sich langsam an

Die Bundesrepublik Deutschland und Israel versuchen, sich in den 50ern und 60ern in kleinen Schritten anzunähern. Viele in Deutschland empfinden gegenüber der israelischen Bevölkerung eine moralische Verantwortung. Der damalige Bundeskanzler **Konrad Adenauer** (1876–1967) sprach deshalb von einer **heiligen Pflicht**, den Staat Israel wenigstens materiell zu entschädigen. Ein Großteil der deutschen Lieferungen nach Israel besteht aus hochwertigen Maschinen und anderen industriellen Gütern. Mit den Maschinen reisen in vielen Fällen deutsche Ingenieure und Mechaniker mit. Hier entstehen die ersten Kontakte zwischen Israelis und Deutschen. Dennoch wird es noch lange dauern, bis die israelische Bevölkerung sich damit abfindet, dass mit der **Wiedergutmachung** nur materielle Werte durch die Bundesrepublik Deutschland geliefert werden können.

Rolling Stones

Im September touren die **Rolling Stones** auch durch Deutschland. Auf ihrer Tour geben die Rockmusiker aus Großbritannien Konzerte in Münster, Essen, Hamburg, München und Berlin. Nicht nur aus musikalischer Sicht haben die deutschen Jugendlichen und jungen Erwachsenen diese Tour herbeigesehnt. Die Rolling Stones gehören zu den wichtigsten Musikgruppen in den 60ern. Übersetzt lautet ihr Name **Vagabunden**. Diesem machen sie mit ihrem Verhalten vor und während der Konzerte alle Ehre. Nicht selten heizen die englischen Musiker ihr Publikum an, sodass in vielen Fällen **Krawalle** während der Konzerte die Folge sind. Es kommt sehr häufig zu Auseinandersetzungen zwischen den Zuschauern und der Polizei. Die Jugendlichen empfinden die Auftritte oft als Aufforderung zum Ausbruch aus ihrem sonst eher langweiligen Alltag der 60er.

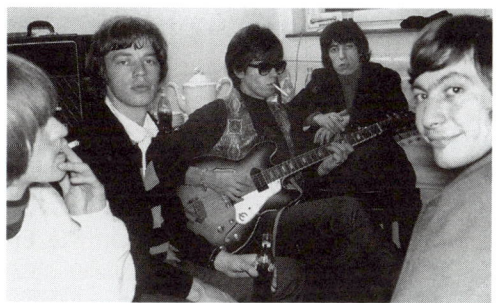

Die Mitglieder der britischen Rockgruppe Rolling Stones vor einem Auftritt im Circus-Krone-Bau in München am 14.9.1965

Die Rolling Stones sind somit kein unbeschriebenes Blatt, als sie nach Deutschland kommen. Die Auseinandersetzungen beginnen bereits auf dem Düsseldorfer Flughafen, wo die Musiker eine Pressekonferenz geben sollen. Diese wird von der Polizei abgesagt, da über 200 randalierende Teenager die Polizeisperren durchbrochen haben. Die Wogen glätten sich danach kaum und bei allen vier Konzerten gerät das Publikum in und vor den Hallen jedes Mal aufs Neue außer sich. Am legendärsten ist der Stones-Auftritt in Berlin, wo die **Waldbühne** komplett zerstört wird. Jugendliche liefern sich Straßenschlachten mit der Polizei und demolieren S-Bahnzüge. 85 von ihnen werden festgenommen. Der Sachschaden beläuft sich auf rund eine halbe Million Mark.

Der erste Studentenprotest

Ende Mai kommt es zum ersten **Studentenprotest** an einer Universität der Bundesrepublik. Die Studentenschaft jener Tage organisiert sich immer häufiger. Der Grund dafür ist zum einen die marode Situation der Hochschulen, denen es an Ausstattung, Hörsälen und guten Lehrkräften mangelt. Zum anderen demonstrieren die Studenten aber auch gegen den Vietnamkrieg und die atomare Aufrüstung. Auslöser für den

Streit an der **Freien Universität** Berlin bildet ein vom Rektor verhängtes Redeverbot. Dieser hat einem Journalisten verboten, über die Rolle der USA im Vietnamkrieg zu sprechen. Diese eindeutige Parteinahme des Rektors für die USA wollen die Studenten nicht akzeptieren. Der Kriegseinsatz gegen den kommunistischen Norden Vietnams ist für sie äußerst fragwürdig. Sie stehen damit nicht allein: Nicht nur die Ostblockstaaten üben scharfe Kritik an diesem Vorgehen der Vereinigten Staaten, auch viele Kriegsgegner in den Ländern des Westens verurteilen diesen Schritt. Die Studenten in Deutschland, aber auch anderswo in Europa, sehen sich als Sprachrohr der Menschen, die sich für Frieden und einen friedlichen Ausgleich mit den kommunistischen Staaten einsetzen. Es soll in den Folgejahren noch zu vielen Studentenprotesten kommen. Den politischen Kern der Demonstrationen bildet zu Anfang der **SDS** (Sozialistischer Deutscher Studentenbund). Dabei handelt es sich um den ehemaligen Studentenbund der SPD.

Omar Sharif in *Doktor Schiwago*

Erhard tritt zurück

Der im Herbst 1965 zum Bundeskanzler gewählte CDU-Politiker **Ludwig Erhard** (1897–1977) erklärt nur ein Jahr später am 2. November seinen **Rücktritt** vom Amt des Regierungschefs. Vorangegangen sind diesem Schritt ein Haushaltsstreit im Bundestag sowie ein Koalitionsbruch. Das CDU/CSU-FDP-geführte Kabinett billigt Ende September den Haushaltsentwurf für das darauf folgende Jahr. Dieser Entwurf enthält allerdings erhebliche Mängel, weil z. B. zu erwartende Steuermindereinnahmen nicht berücksichtigt worden sind. In den darauf folgenden Wochen kommt es zum Schlagabtausch zwischen den Koalitionsparteien. Begonnen hat dieser mit der vom FDP-Vorsitzenden **Erich Mende**

Ludwig Erhard

(1916–98) ausgesprochenen Forderung, den Gesamthaushalt zu revidieren. Die FDP fordert Kürzungen bei den Sozial- und Verteidigungsausgaben, die CDU/CSU schlägt Steuererhöhungen vor. Die beiden Regierungsparteien finden keinen Kompromiss. Die FDP-Minister verlassen das Kabinett, woraufhin Erhard mit einem Minderheitenkabinett aus CDU/CSU-Regierungsmitgliedern weiterregiert. Doch das Problem um den Haushaltsentwurf hat sich durch die Rücktritte nicht gelöst. Der öffentliche, aber auch der innerparteiliche Druck auf Erhard wird immer größer, sodass er sich Anfang November zum Rücktritt entschließt, den er am 30. November durchführt. Einen Tag später wählt der Deutsche Bundestag mit 340 von 463 Stimme den baden-württembergischen Ministerpräsidenten **Kurt Georg Kiesinger** (1904–88) zum Kanzler.

Große Koalition in Bonn

Es ist ein Jahr für die Bundesrepublik Deutschland, in dem politische Krisen dafür sorgen, dass die Bundesbürger ihr nach dem Zweiten Weltkrieg aufgebautes Vertrauen in die deutsche Politik wieder verlieren oder zumindest infrage stellen. Der Rücktritt **Ludwig Erhards** (1897–1977) als Bundeskanzler stellt den Höhepunkt, doch nicht den Endpunkt eines innenpolitischen Krisenjahrs dar. Nachdem **Kurt Georg Kiesinger** (1904–88) zum Kanzlerkandidaten ernannt worden ist, häufen sich in Deutschland und auch im Ausland die Stimmen gegen Kiesinger, der Mitglied der NSDAP und 1940–45 stellvertretender Leiter der Rundfunkabteilung im Auswärtigen Amt gewesen war. Nachdem Kiesinger auch unter heftiger Kritik als Nachfolger Erhards vorgesehen bleibt, beginnen neue Koalitionsverhandlungen zwischen der CDU/CSU und der FDP. Diese scheitern jedoch und am 25. November erklärt der damalige FDP-Vorsitzende **Erich Mende** (1916–98) die Bereitschaft seiner Partei, auch mit der SPD zu koalieren. Die Parteiprogramme von SPD und FDP stehen sich insbesondere in Bezug auf die Politik gegenüber den Ostblock-Staaten nahe. Sie verstehen sich weniger als Vertreter eines harten Konfrontationskurses. Vielmehr fordern sie

Bundeskanzler Kurt Georg Kiesinger (l.) trifft sich im November 1968 mit seinem Vorgänger Ludwig Erhard

eine Politik der **kleinen Schritte**, die zu Erleichterungen für die Deutschen diesseits und jenseits der Mauer führen soll. Aber auch diese Verhandlungen scheitern, da sich **Willy Brandt** (1913–92) als potenzieller Bundeskanzler in einer SPD/FDP-geführten Regierung nicht der Unterstützung aller Mitglieder der FDP sicher sein kann. Die SPD entscheidet sich aus diesem Grund für eine große Koalition mit der CDU/CSU, in der sie den kleineren Koalitionspartner stellt.

Starfighter-Affäre

Zu Beginn des Jahres gerät die deutsche Innenpolitik in eine Krise. Grund dafür ist ein Bericht, den der Generalinspekteur der Bundesluftwaffe, Generalleutnant **Werner Panitzki** (1911–2000), vor dem Verteidigungsausschuss des Deutschen Bundestages in Bonn am 12. Januar vorstellt. Panitzki spricht darin über erhebliche Probleme, denen sich die Luftwaffe der Bundesrepublik Deutschland mit dem Kampfflugzeug **Starfighter F-104-G** gegenüber sieht. Panitzki berichtet, dass die Luftwaffe im Jahr 1965 26 Maschinen dieses Typus durch Abstürze verloren habe. 15 Piloten seien dabei ums Leben gekommen. Insgesamt seien bei

Vier Starfighter vom Typ F-104-G der deutschen Bundesluftwaffe im Formationsflug über den Wolken

Abstürzen mit dem Starfighter seit dessen Einführung 1960 27 Piloten gestorben. Die Schwierigkeiten mit dem Flugzeug sind der Bundesregierung zu diesem Zeitpunkt längst nicht mehr unbekannt. Bereits 1965 fordern SPD-Wehrbeauftragte den Bundesverteidigungsminister **Kai-Uwe von Hassel** (1913–97) wegen des Starfighters zum Handeln auf. Von Hassel unternimmt jedoch nichts, er verweist lediglich auf mangelnde Erfahrung des Bodenpersonals und der Flugzeugpiloten. Als Panitzki in einem Zeitungsartikel im August direkte Vorwürfe gegen den Verteidigungsminister erhebt, reagiert von Hassel prompt: Um weitere Kritik an seiner Person zu vermeiden, ordnet er an, Panitzki in den einstweiligen Ruhestand zu versetzen. Die SPD reicht daraufhin im Bundestag einen Antrag ein, der empfiehlt, von Hassel zu entlassen. Der Antrag findet keine Mehrheit. Erst als der nachfolgende Luftwaffeninspekteur **Johannes Steinhoff** (1913–94) ein generelles Flugverbot für alle Starfighter-Verbände verhängt, kommt die Affäre zu ihrem Ende.

Der Fall Bartsch schockiert Deutschland

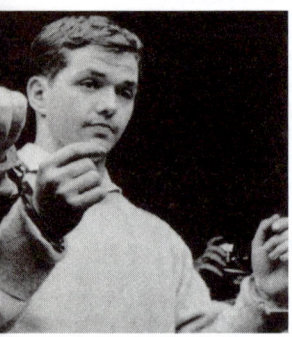

Der mit Handschellen gefesselte Angeklagte Jürgen Bartsch

Am 21. Juni hat der Albtraum endlich ein Ende. Die Polizei kann den lang gesuchten Kindermörder **Jürgen Bartsch** (1947–76) festnehmen. Bartsch hat vier Jungen umgebracht. Das fünfte Opfer kann entkommen und der Polizei helfen, Bartsch zu fassen. Bartsch ist zum Zeitpunkt seiner Festnahme 19 Jahre alt. Im Alter von 15 Jahren begeht er seinen ersten Mord. Er lockt seine Opfer, die er auf Kirmesplätzen anspricht, immer in einen alten Luftschutzstollen in Langenberg bei Wuppertal, missbraucht die Jungen und tötet sie danach. Nach der Festnahme schlagen die Wellen hoch, ein hohes Strafmaß wird gefordert. Im Dezember 1967 wird der „Kirmesmörder" Bartsch zu lebenslanger Zuchthausstrafe verurteilt. Doch damit ist das letzte Urteil nicht gesprochen. Der Fall wird 1971 neu aufgerollt, neue Gutachten werden vorgelegt. Bartsch erhält in diesem zweiten Prozess eine weitaus geringere Strafe: Zehn Jahre Jugendstrafe, danach Einweisung in die Psychiatrie, lautet der Richterspruch.

Bartsch leidet in den Folgejahren an schweren Schuldgefühlen, gleichzeitig plagen ihn Mordfantasien. 1976 willigt er ein, sich kastrieren zu lassen. Bei dieser Operation stirbt Bartsch. Zunächst werden Kreislaufprobleme des damals 29-Jährigen als Grund für den plötzlichen Tod genannt. Die Obduktion ergibt jedoch, dass das Narkosemittel in zu hoher Dosis gespritzt worden ist. Die Ärzte räumen einen Kunstfehler ein.

Außerparlamentarische Opposition

Nach den ersten Protesten an bundesdeutschen Universitäten gegen schlechte Studienbedingungen und erstarrte hierarchische Strukturen erwächst mit der Bildung der Großen Koalition in Bonn eine politische Bewegung, die unter anderem gegen den Vietnamkrieg, aber auch gegen Vorhaben der Bundesregierung opponiert. Der Protest breitet sich über die Studentenschaft aus. Eine wachsende Zahl von Bürgern und Bürgerinnen engagiert sich mit den Studenten in innen- und außenpolitischen Fragen: Sie verstehen sich als **Außerparlamentarische Opposition** – auch **APO** genannt. Man will der zahlenmäßig starken Regierung eine starke Opposition, wenn auch nicht im Parlament, so doch wenigstens in der Öffentlichkeit gegenüberstellen. Neben dem Vietnamkrieg opponiert die Bewegung gegen restaurative Tendenzen in der Bundesrepublik, gegen die ausgebliebene Auseinandersetzung mit dem Nationalsozialismus, gegen die Aufrüstung der Bundesregierung und gegen deren geplante Notstandsgesetzgebung.

Die Bewegung ist keiner festen Organisation unterworfen. Vielmehr bündeln sich im Sammelbecken der APO pazifistische, kirchliche und freie Gruppierungen, die sich gegen die Politik der Regierung stellen und darüber hinaus Veränderungen in der Gesellschaft herbeiführen wollen. Neben Studenten engagieren sich Schüler, Lehrlinge, Intellektuelle und Künstler. Die APO folgt somit weder einem bestimmten Programm noch einer bestimmten Ideologie. Die Anhängerschaft findet nur zu punktuellen Aktionsbündnissen zusammen.

Weißes Ungeheuer im Rhein

Am 18. Mai melden sich zwei Binnenschiffer bei der Polizei in Duisburg. Die beiden Herren sprechen von einem Ungeheuer im Rhein, das sich als weißer **Beluga-Wal** herausstellt. Er ist gut vier Meter lang und rund 35 Zentner schwer. Das Tier hat sich von seinem Heimatgewässer, der Nordsee, in den Rhein verirrt. Der Wal wird zum Medienstar, für den natürlich auch schnell ein Name gefunden wird. „Moby Dick" lockt tausende Schaulustige und Reporter an den Rhein. Sie wollen alle ein Bild vom auftauchenden Wal erhaschen. Ja, man ist sich sogar nicht zu schade, den Wal mit vom Zeppelin abgeworfenen Brötchen zum Auftauchen zu bringen.

Für manche ist der Wal noch mehr als nur ein Medienereignis. Sie machen Jagd auf „Moby Dick". Der Duisburger Zoodirektor will das Tier für seinen Zoo einfangen. Der Zoodirektor und seine Helfer versuchen es mit Tennisnetzen, Pfeil und Bogen und Betäubungspistole. Doch vergebens, das Tier lässt sich nicht austricksen. Diese barbarischen Jagdmethoden werden von der Bevölkerung auch kaum unterstützt. Die Mehrheit will den Wal in Freiheit sehen.

DAS SIND DIE TOPHITS DES JAHRES

- ➲ *Get Off My Cloud* – Rolling Stones
- ➲ *Yesterday Man* – Chris Andrews
- ➲ *Ganz in weiß* – Roy Black
- ➲ *100 Mann und ein Befehl* – Freddy Quinn
- ➲ *Sloop John B* – Beach Boys
- ➲ *Strangers In The Night* – Frank Sinatra
- ➲ *Yellow Submarine* – Beatles
- ➲ *Dandy* – Kinks

Der Wal schwimmt ca. vier Wochen rheinauf- und abwärts. So taucht er an der Düsseldorfer Rheinuferpromenade kurz auf, in Bonn sorgt er für eine Unterbrechung einer Bundespresse-

Der weiße Wal im Rhein

konferenz. Am 16. Juni entschließt sich „Moby Dick", auf die Heimreise Richtung Nordsee zu gehen. Er wird dabei von zwei Polizeiwagen am Ufer eskortiert.

Die Rechten holen auf

Viele Menschen im In- und Ausland beobachten, wie die politische Landschaft in Deutschland einen **Rechtsruck** erfährt. Anfang März teilt der damalige Bundesinnenminister **Paul Lücke** (1914–76), CDU, in einem Bericht mit, dass rechtsradikale und antisemitische Bewegungen in Deutschland im vorausgegangenen Jahr zugenommen hätten. So seien die Mitgliederzahlen der rechtsextremen Organisationen von 22.500 im Jahr 1964 auf 28.000 im Jahr 1965 gestiegen. Dieser Rechtsruck zeichnet sich insbesondere auch bei einigen Landtagswahlen in den Bundesländern ab. So erhält die **NPD** (Nationaldemokratische Partei Deutschlands) bei der Landtagswahl am 6. November in Hessen 7,9 Prozent der Stimmen. Die Partei, die bei der Wahl auf eine rechtsextreme Wählerschaft bauen kann, zieht damit erstmals in den hessischen Landtag ein. Ebenso verhält es sich zwei Wochen später bei der Wahl zum bayerischen Landtag. Die NPD kann 7,4 Prozent der Wählerschaft für sich mobilisieren. Auch für die bayerische NPD ist somit der Weg in den Landtag geebnet. Die Wahlergebnisse spiegeln wider, dass nicht alle

Deutschen mit der faschistischen Vergangenheit gebrochen haben. Im August tagt der jüdische Weltkongress in Brüssel. Die Kongressteilnehmer formulieren in ihrer Resolution ihre Sorge über die rechtsextremen Tendenzen in Deutschland.

Zum „Tor des Jahrhunderts" machte man jenes dritte Tor von Wembley, das der russische Linienrichter (unten rechts) hinter der Linie gesehen haben wollte. Auf dem oberen Bild schwebt der von Geoff Hurst geschossene und von Tilkowski zur Querlatte abgelenkte Ball über der Torlinie. Den von der Latte in den Strafraum zurückprallenden Ball köpft Weber über das Tor ins Aus (mittleres Bild), während Hunt bereits jubelnd die Arme hoch wirft. Nach Rücksprache mit seinem Assistenten gibt der Schweizer Schiedsrichter Gottfried Dienst schließlich das Tor.

Mannschaft, die mit ihrem Jungstar, **Franz Beckenbauer** (geb. 1945) auf dem Platz steht, spielt eine hervorragende WM. Nach einem erfolgreichen Vorrundenauftakt, in dem Deutschland die Schweiz mit 5:0 und Spanien mit 2:1 bezwingt, erreicht die deutsche Elf das Viertelfinale. Auch hier überzeugt sie die Zuschauer mit einem 4:0-Sieg über Uruguay. Die deutsche Bevölkerung verfolgt die deutschen Erfolge an ihren Fernseh- und Radiogeräten. Gefeiert werden insbesondere der junge Beckenbauer in der Abwehr, **Helmut Haller** (geb. 1939) im Mittelfeld und der Stürmer **Uwe Seeler** (geb. 1936). Die vier Tore im Viertelfinale gehen auf ihre Rechnung. Und auch im Halbfinale enttäuschen sie nicht. Haller und Beckenbauer schießen die deutsche Fußballnationalmannschaft ins Finale. Das Halbfinalspiel gegen Russland endet 2:1. Es kommt zur Finalaustragung, die bis heute als „Klassiker" gilt. Deutschland tritt gegen den englischen Gastgeber an. In diesem Spiel fällt das wohl legendärste Tor der Fußballgeschichte. In der Verlängerung schießt der Engländer **Geoff Hurst** (geb. 1941) in einem Kopfball-Duell den Ball unter den Querbalken. Wo der Ball danach aufprallt, ließ sich nie ganz klären. Der Schiedsrichter erkennt das Tor an, das das Spiel zu Ungunsten der Deutschen wendet. Sie verlieren 4:2 und gehen als enttäuschte **Vizeweltmeister** vom Platz.

Fußballweltmeisterschaft

Ende Juli befindet sich die britische Bevölkerung im Freudentaumel. Die Briten sind nicht nur Gastgeber der Fußballweltmeisterschaft, die britische Nationalelf holt die begehrte Trophäe darüber hinaus noch nach Hause.

Vom 11.–30. Juli wird die achte Fußballweltmeisterschaft in London und anderen englischen Städten ausgetragen. Es ist die erste Weltmeisterschaft im Mutterland des Fußballs. Die deutsche

Freudentaumel in Dortmund

Der Mai macht seinem Ruf als Wonnemonat besonders in Dortmund alle Ehre. Der **BVB** gewinnt den **Europacup der Pokalsieger**. Das alles entscheidende Finale findet in England gegen den dortigen FC Liverpool statt. Die schwarz-gelben Spieler aus Dortmund sind eigentlich als Außenseiter in das Spiel gegangen. Zu stark erschien die Mannschaft aus der englischen Industriestadt.

Dortmund empfängt das Team, das am Vorabend im Glasgower Hampden Park das Endspiel um den Fußball-Europapokal der Pokalsieger gegen den FC Liverpool mit 2:1 nach Verlängerung gewann

Doch die Borussen spielen sehr motiviert und taktisch klug. Die Mannschaft steht geschlossen auf dem Feld. Das Team der Borussia, das nicht so recht an einen Finalsieg glauben will, hat allerdings im Vorfeld so einiges erreicht. Der Einzug in den Europacup ist mit dem Titelgewinn der **Deutschen Meisterschaft** 1965 verbunden. Beim Finale stand der BVB Alemannia Aachen gegenüber. Die Borussen gewannen das Spiel mit 2:0. Die Teilnahme am Europacup-Endspiel setzte darüber hinaus Siege über die Mannschaften aus La Valetta, Sofia und über Atletico Madrid voraus.

Als die Spieler des BVB nach dem Spiel in Liverpool ihre Heimreise antreten, erwartet sie zu Hause eine begeisterte Menge. Hunderttausende Dortmundfans säumen die Straßen der Stadt. Alle wollen zum Neuen Markt, wo sich die Sieger des Europacups nach der Begrüßung durch den Oberbürgermeister ihren Anhängern zeigen.

Universitäten werden eröffnet

Gleich zwei Universitäten nehmen in diesem Jahr in Deutschland ihren Betrieb auf. Am 14. Februar findet die **Eröffnung** der Düsseldorfer Universität statt. Am 21. Juni öffnet die Universität Konstanz ihre Tore. Die Bundesregierung und die Länder reagieren damit auf die allgemein bekannte Misere der deutschen Hochschullandschaft. Mitte des Jahres wird bekannt gegeben, dass die Mittel für Bildung und Wissenschaft erhöht worden seien. Von 13,8 auf 16,2 Milliarden. Allerdings reichen diese Mittel immer noch nicht aus, um alle Studenten auf optimale Weise unterrichten zu können, denn die Zahl der Studenten hat sich seit 1955 auf 260.000 verdoppelt. Dagegen ist jeder siebte Lehrstuhl an den Universitäten in Deutschland unbesetzt. So wird – trotz der Universitätseröffnungen – vom Bundeswissenschaftsminister im November ein **Bildungsnotstand** festgestellt, der nur durch noch höhere Ausgaben im Bildungssektor aufgehoben werden könne.

Hinzu kommt, dass die bereits bestehenden Universitäten nicht immer unter den besten Voraussetzungen arbeiten können. Gerade die jüngsten Universitäten befinden sich noch lange Zeit im Aufbau. So werden die ersten Studenten an der Konstanzer Universität zusammen mit ihren Dozenten zunächst in einem Hotelgebäude untergebracht.

FILME DES JAHRES

- *Wer hat Angst vor Virginia Woolf?* mit Elizabeth Taylor und Richard Burton
- *Mahlzeiten* von Edgar Reitz
- *Zwei glorreiche Halunken* von Sergio Leone, mit Clint Eastwood
- *Fahrenheit 451* von François Truffaut
- *Belle de Jour* mit Catherine Deneuve
- *Django* von Sergio Corbucci
- *Blow up* von Michelangelo Antonioni

Notstand der Demokratie

Die Bundesregierung treibt auch in diesem Jahr die Pläne zur Einführung einer **Notstandsgesetzgebung** weiter voran. Die vorgesehene **Notstandsverfassung** sieht vor, den Staatsorganen besondere Maßnahmen in besonderen Notfällen einzuräumen. Unter Notfall versteht die Regierung zum einen den **äußeren Notfall,** z. B. den Verteidigungsfall. Naturkatastrophen und andere außergewöhnliche Unglücksfälle werden als **innere Notfälle** angesehen. Ob und wann es sich um einen Notfall handelt, soll ein Ausschuss aus Vertretern des Bundestages und der Bundesländer bestimmen. Konkret sieht die Planung einer Notstandsgesetzgebung vor, die Gesetzgebungskompetenz des Bundes gegenüber den Ländern zu stärken. Darüber hinaus sollen im Notfall die Grundrechte jedes einzelnen Bürgers eingeschränkt werden können. Es entstehen mehrere Entwürfe einer Notstandsverfassung. Sie finden weder im Bundestag noch in der Öffentlichkeit ihre Mehrheit. Im November demonstrieren tausende Bundesbürger in Bonn und anderswo gegen die geplante Verfassungsänderung, die ihrer Meinung nach die Demokratie im höchsten Maße gefährdet.

Schließlich nimmt der Bundestag im Juni 1968 einen revidierten Entwurf an. Die Einführung einer Notstandsverfassung ist somit beschlossene Sache. Das **17. Gesetz zur Ergänzung des Grundgesetzes** gehört aber auch danach zu den umstrittensten Verfassungsänderungen seit der Einführung der Wehrverfassung 1956. Insgesamt 100 Abgeordnete lehnen das Gesetz ab. Darunter sind auch Mitglieder der Großen Koalition, insbesondere SPD-Politiker.

Strukturkrise bei Kohle und Stahl

Die allgemeine **Rezession,** die 1966 ihren Höhepunkt erreicht, verschont auch nicht das Ruhrgebiet. Sie verbindet sich dort mit dem schon länger bestehenden Problem, dass die Ruhrkohle seit 1958 als wichtigster Energielieferant an Bedeutung verliert. Der Grund dafür ist,

Feierabend: Mit Kohlestaub verschmutzte Kumpel verlassen nach Schichtende den Förderkorb auf einer Krupp-Zeche

dass immer mehr Menschen in Deutschland beginnen, mit Öl zu heizen. Hinzu kommt, dass die deutsche Kohle von billigen Importen vom Markt gedrängt wird. Aufgrund dieser Absatzprobleme kommt es zu zahlreichen Zechenstilllegungen und Entlassungen. Großdemonstrationen der ehemaligen Bergleute und solcher, die um ihren Arbeitsplatz bangen, sind die Folge. In Zahlen bedeutet dies, dass innerhalb der vergangenen zehn Jahre die Beschäftigtenzahl im Bergbau von 644.000 auf 398.000 gesunken ist. Doch erst jetzt beginnt man in Bonn zu reagieren. Im April erhält die Krupp GmbH eine **Bundesbürgschaft**, woraufhin die Banken ihre Kredite verlängern. Die Eigentümer des Konzerns verpflichten sich im Gegenzug, die Krupp GmbH bis Ende 1968 in eine Aktiengesellschaft oder in eine Stiftung umzuwandeln, um somit die Führung des

Konzerns auf mehrere Schultern zu verteilen. Außerdem sollen Umstrukturierungsmaßnahmen im Betrieb die 100.000 Arbeitsplätze sichern. Darüber hinaus erlässt der Bundestag im November ein **Kohleanpassungsgesetz**. Dieses soll Bergleuten durch Abfindungen den Berufswechsel erleichtern. Hinzu kommt, dass die Regierung durch staatliche Investitionsprogramme die besonders von den Zechen abhängigen Regionen wirtschaftlich stärken will.

Kommune I – Die erste Wohngemeinschaft

Rund zehn der Kommune I angehörende Studenten und Jugendliche haben am 9. August 1967 die Trauerfeier für den SPD-Politiker Paul Löbe vor dem Rathaus Schöneberg gestört. Die grell gekleideten Demonstranten trugen einen schwarzen Sarg mit der Aufschrift „Berliner Justiz" durch die rund 400-köpfige Menge

Für viele Jugendliche ist es heute fast schon eine Selbstverständlichkeit, nach dem Auszug aus dem Elternhaus erst einmal in eine **Wohngemeinschaft** zu ziehen. Vor allem Studenten nutzen gerne diese Form des kostengünstigeren Wohnens. Doch es gehört noch nicht allzu lange zur studentischen Normalität, mit anderen, Nicht-Familienmitgliedern, die Wohnung zu teilen. Bis weit in die 60er ist es üblich, als Student oder Studentin allein in Untermiete zu wohnen.

In Westberlin wird in diesem Jahr die erste Wohngemeinschaft ins Leben gerufen. Die Bewohner der sogenannten **Kommune 1** teilen sich die vier Wände jedoch weniger aus Kostengründen als aus dem Wunsch heraus, „kollektives Leben mit politischer Arbeit" zu verbinden. Es geht ihnen darum, mit alten Formen des Zusammenlebens zu brechen. Sie wenden sich gegen das familiäre Konzept als die einzig richtige Lebensweise der Menschen. Diese **Kommunarden** schockieren die deutsche Bevölkerung. Vielleicht finden sie gerade deshalb so viele Nachahmer. Die Gründungen dieser Wohngemeinschaften sind einzubetten in die politische **Protestbewegung** einer ganzen Generation, die

mit den gesellschaftlichen Normen und Zwängen ihrer Eltern aufräumen will. Die jungen Erwachsenen wenden sich gegen Spießertum und Prüderie in der deutschen Gesellschaft. Sie brechen mit Moral- und Sexualvorstellungen und ermöglichen damit den nachfolgenden Generationen einen leichteren Umgang mit diesen Themen.

Die Wohngemeinschaft ist heute eine weit verbreitete Wohn- und Lebensform. So ziehen heute z. B. auch Rentner mit ihren Altersgenossen zusammen, um den dritten Lebensabschnitt nicht alleine verbringen zu müssen.

FILME DES JAHRES

- *Tanz der Vampire* von Roman Polanski
- *Bonnie und Clyde* mit Faye Dunaway und Warren Beatty
- *Das Wunder der Liebe* von Oswalt Kolle
- *Das Dschungelbuch* von Walt Disney
- *Die Reifeprüfung* mit Dustin Hoffman
- *Der eiskalte Engel* mit Alain Delon
- *Die Gewaltigen* mit John Wayne

Die bunte Welt des Farbfernsehens

Am 25. August ist es so weit. Der Außenminister **Willy Brandt** (1917–92) drückt den roten Knopf und die Bevölkerung in Deutschland sieht von diesem Zeitpunkt an die **Fernsehwelt in Farbe**. Den offiziellen Rahmen für dieses Medienereignis bildet der Eröffnungstag der 25. Großen Deutschen Funkausstellung in Westberlin. Beide deutsche Sender, die ARD und das ZDF, strahlen von diesem Tag an in Farbe aus. Das erste Bild, was die Zuschauer zu Hause vor den Bildschirmen in Farbe bestaunen dürfen, ist der Daumen Willy Brandts, der gerade den roten Startknopf drückt.

Mit einem Knopfdruck startet Willy Brandt die Ausstrahlung des Farbfernsehens

Während des Dritten Reichs haben deutsche Ingenieure das Farbfernsehen entwickelt. Das sogenannte **PAL-System** sorgt dafür, dass die Farbtöne, die sich aus den Grundfarben Rot, Gelb und Blau zusammensetzen, in elektrische Signale umgewandelt werden. Diese Signale gelangen per Kabel an einen Empfangsort – den Fernseher –, wo sie wieder in Farbtöne umgewandelt werden. Die Übertragungstechnik erlaubt es jedoch erst in den 60er-Jahren, das Farbfernsehen im großen Stil einzuführen. Bereits am ersten Tag des Farbfernsehens erfreut der Film *Cartouche* mit **Jean-Paul Belmondo** (geb. 1933) die deutschen Zuschauer. Am Abend flimmert der Moderator **Vico Torriani** (1920–98) mit seiner Unterhaltungssendung *Der Goldene Schuss* in Farbe über den Bildschirm.

Der Schah in der Bundesrepublik

Die zweite Hälfte der 60er-Jahre ist nicht nur in der Bundesrepublik Deutschland geprägt von **Protestbewegungen** gegen die bestehenden gesellschaftlichen Zustände. Europaweit demonstrieren insbesondere Studenten gegen

Bundespräsident Lübke mit Schah Reza Pahlevi und dessen Frau Farah Diba

den Vietnamkrieg, gegen veraltete Bildungsstrukturen und gegen die Ausbeutung der Dritten Welt durch die kapitalistischen Länder. Aus diesem Grund ist der Deutschland-Besuch des **persischen Schahs** im Juni für viele Anhänger der Protestbewegungen Wasser auf die Mühlen. **Reza Pahlevi** (1919–80) steht an der Spitze des persischen Staates (heutiger Iran), den er militärdiktatorisch regiert. Der Schah ist offiziell von der Bundesrepublik Deutschland eingeladen worden. Schüler und Studenten haben im Vorfeld des Besuchs zur Demonstration gegen den Schah aufgerufen. So versammeln sich viele junge Menschen, um am 2. Juni gegen den Schah zu protestieren. Dieser besucht mehrere Stationen in Westberlin, wo er bejubelt – diese Jubelschar wird vom persischen Geheimdienst gestellt – und gleichzeitig beschimpft und mit Eiern beworfen wird. Am Abend versammeln sich die Demonstranten vor der Oper, wo der Schah mit seiner Frau die *Zauberflöte* besucht. Während der Vorstellung kommt es zum **Stra-**

ßenkampf zwischen den Demonstranten und der Polizei. Der Student **Benno Ohnesorg** (1941–67) ist zum ersten Mal bei einer Demonstration dabei. Er wird zunächst ohnmächtig geschlagen, danach durch einen Schuss aus einer Polizeiwaffe tödlich verletzt. Der Polizist gibt später an, der Schuss habe sich aus Versehen gelöst. Der Tod Ohnesorgs trägt in der Folgezeit zur Radikalisierung der Studentenbewegung bei.

Löterin macht als Sängerin Karriere

Schlagersängerin Manuela

Während englischsprachige Musikgruppen wie **The Doors**, **Beatles** und **Rolling Stones** in den späten 60ern den deutschen Markt erobern, gelingt es deutschen Interpreten dennoch immer wieder, das deutsche Publikum mit deutschen Schlagern zu begeistern. Es existiert ein Nebeneinander von Musikstilen, die in Deutschland unterschiedliche Musikvorlieben der Zuschauer und Zuhörer bedienen.

Schon längere Zeit hat sich die Sängerin **Manuela** in die Herzen des deutschen Schlagerpublikums gesungen, als sie mit dem Lied *Monsieur Dupont* einen weiteren Hit landet. Der Durchbruch gelingt ihr schon 1963 mit *Schuld ist nur der Bossa Nova*. Manuela ist nur ein Künstlername, eigentlich heißt die Sängerin aus Berlin **Doris Wegener** (1943–2001) und ging vor ihrer Musikkarriere einem sehr männlichen Beruf nach. Sie ist Löterin. Mit nur 19 Jahren wird sie entdeckt.

Ihre Fans mögen Manuela wegen ihres jugendlichen Charmes, den sie auch nach ihrem ersten Hit beizuhalten pflegt. Hinter diesem Image verbirgt sich jedoch harte Arbeit. So bleibt neben der Karriere kaum Platz für ein Privatleben. Die Sängerin kokettiert gerne mit ihrem jungfräulichen Aussehen und Auftreten. Nach ein paar Jahren im Showgeschäft nimmt ihr das Publikum dieses Image nicht mehr ab, sodass sie in den 70ern ohne Erfolg versucht, zurück auf die Showbühne zu kommen.

Der beliebteste Seemann der Deutschen

Freddy Quinns (geb. 1931) Karriere ist bereits in den 60ern rekordverdächtig. Nun bekommt das in Österreich geborene Allround-Talent seine zehnte Goldene Schallplatte in Berlin verliehen. Kaum ein Hit des damals 36-jährigen Quinn ist in den Jahren zuvor nicht wochenlang in den deutschen Charts. In diesem Jahr erfreut er sein Publikum mit *Eine Hand voll Reis* und *Morgen beginnt die Welt*. Quinn wird als Sohn eines

Kaufmanns und einer Journalistin in Wien geboren. Schon sehr früh zieht es ihn zum **Zirkus.** Der nicht nur artistisch sehr begabte, sondern auch musikalisch talentierte junge Freddy Quinn verdient in den frühen 50er-Jahren sein Geld als **Sänger** in einer Bar auf St. Pauli in Hamburg. Dort wird er auch entdeckt. In der Folgezeit nimmt er an diversen Gesangswettbewerben teil. Sie bilden den Grundstein seiner Karriere als bekannter deutschsprachiger Sänger. 1956 erhält Quinn seine erste Goldene Schallplatte für das Lied *Heimweh.* Seine Lieder treffen den Geschmack des deutschen Publikums: Er singt von Romantik, Liebe und Sehnsucht. Vor allem als Interpret von **Seemanns- und Soldatenliedern** liebt ihn seine Zuhörerschaft.

Quinn ist ein gefeierter Superstar, sodass auch Filmproduzenten an ihm interessiert sind. So spielt er in vielen deutschen Filmen der 50er und 60er mit und überzeugt seine Fans auch als **Schauspieler.**

Freddy Quinn

den. Aus diesem Grund lädt Bundeswirtschaftsminister **Karl Schiller** (1911–94) im Februar zu einer Gesprächsrunde ein. Das Gremium, das aus Vertretern der Gewerkschaften und Unternehmerverbände und den Sachverständigen zur Begutachtung der wirtschaftlichen Lage („Die Fünf Weisen") besteht, diskutiert verschiedene Vorschläge zur Wiederbelebung der deutschen Wirtschaft. Diese Kooperation zwischen Vertretern des Staates und denen der Wirtschaft nennt der Bundeswirtschaftsminister eine **Konzertierte Aktion** gegen die Rezession. Als Reaktion auf die Vorschläge des Gremiums erlässt der Bundestag am 23. März den Bundeshaushalt und das erste **Investitionsprogramm** der Bundesregierung. Investitionen sind im Straßen- und Wohnungsbau sowie bei Post und Bahn vorgesehen. Als ein weiteres Mittel gegen die Wirtschaftsflaute billigt der Bundestag im Mai das sogenannte **Stabilitätsgesetz.** Das Gesetz tritt am 14. Juni in Kraft und verpflichtet die Bundesregierung Vollbeschäftigung, außenwirtschaftliches Gleichgewicht, Wirtschaftswachstum und Preisstabilität anzustreben.

Teilnehmer der Gesprächsrunde der Konzertierten Aktion unter der Leitung von Bundeswirtschaftsminister Karl Schiller (4.v.l.)

Ein Gesetz gegen die Rezession

In diesem Jahr hat die Bundesrepublik Deutschland zum ersten Mal in ihrer jungen Geschichte ein **rückläufiges Wirtschaftswachstum** zu verzeichnen. Das Bruttosozialprodukt sinkt gegenüber dem Wert von 1966 um 0,2 Prozent. Die Große Koalition macht es sich zum obersten Ziel, diese Rezession rasch zu überwin-

Der Aufklärungsfilm

Im Auftrag der Bundeszentrale für gesundheitliche Aufklärung wird ein sexualkundlicher Film gedreht. Er trägt den Titel *Helga* und handelt von einer jungen schwangeren Frau, die von ihrem ersten Arztbesuch bis zur Entbindung von der Kamera begleitet wird. Der Film beantwortet Fragen zum ersten Kind, aber auch zur Schwangerschaftsverhütung. Auch wenn der Film den sexualpraktischen Bereich ausklammert, gerät er dennoch in die Schlagzeilen: Zum ersten Mal kann in einem deutschen Film eine Geburt miterlebt werden. Verantwortlich für diesen **Aufklärungsfilm**, der eine Reihe anderer Filme dieser Art nach sich zieht, zeichnet die damalige Gesundheitsministerin. Sie reagiert auf die Forderungen der Studentenbewegung, die Themen Sexualität und Verhütung zu enttabuisieren. Neben diesem Film, den sie in Auftrag gibt, bringt sie außerdem einen Sexualkundeatlas heraus. Darüber hinaus befürwortet sie die Anwendung der Antibabypille.

Als Nachfolgefilme von *Helga* werden vor allem die Filme **Oswalt Kolles** (geb. 1928) berühmt. Kolle, der als Journalist und Filmproduzent tätig ist, produziert zwischen 1968 und 1972 verschiedene Aufklärungsfilme. Kolle sorgt nicht nur für volle Kinosäle. Er versteht sich als **Aufklärer der Nation** und trifft auch mit seinem ersten Buch *Dein Kind, das unbekannte Wesen* den Nerv der Zeit.

Helmut Schmidt wird Chef der SPD im Bundestag

Der gebürtige Hamburger und spätere Bundeskanzler **Helmut Schmidt** (geb. 1918) wird am 14. März zum Vorsitzenden der SPD-Bundestagsfraktion gewählt. Er tritt damit die Nachfolge des verstorbenen **Fritz Erler** (1913–67) an. Der damals 49-jährige Schmidt kann bereits auf eine beachtliche politische Karriere zurückblicken. 1946 tritt er der SPD bei. Ein Jahr später ist er bereits Vorsitzender des Sozialistischen Deutschen Studentenbundes (SDS). Der diplo-

WAS SONST NOCH GESCHIEHT

- ➲ Flugunglück auf dem Pariser Luftsalon, der Pilot und fünf Zuschauer sterben
- ➲ Ölpest im Ärmelkanal nach Untergang des Tankers Torrey Canyon
- ➲ Diskontsatz wird von fünf auf 4,5 Prozent gesenkt, um den Konjunkturrückgang in der Bundesrepublik Deutschland zu stoppen
- ➲ *Alle Menschen werden Brüder* von Johannes Mario Simmel begeistert deutsche Leser
- ➲ Einzug der NPD in den niedersächsischen Landtag
- ➲ Parteiengesetz definiert die verfassungsrechtliche Stellung und die Aufgaben der Parteien
- ➲ Nobelpreis für Chemie geht an Prof. Manfred Eigen aus Göttingen

mierte Volkswirt macht sich zunächst in Hamburg als Leiter der wirtschaftspolitischen Abteilung einen Namen. In den 50er-Jahren sitzt er für die SPD im Bundestag. Schmidt wird schon damals für seinen wirtschaftlichen Sachverstand und sein rhetorisches Talent innerhalb der eigenen Fraktion sehr geschätzt. Seine politischen Gegner bringen den Spitznamen **Schmidt-Schnauze** auf.

Als er Innensenator von Hamburg wird, legt er sein Bundestagsmandat nieder. Die Hamburger Bevölkerung lernt Schmidt zu schätzen, als er als Krisenmanager die Folgen der Hamburger Sturmflut zu meistern weiß.

Schmidts Rückkehr in den Bundestag erfolgt 1965. Bereits ein Jahr davor ist er während des Wahlkampfs zum Bundestag in die potenzielle Regierungsmannschaft **Willy Brandts** (1913–94) aufgenommen worden. Mit der Übernahme des SPD-Bundestagsfraktionsvorsitzes steht Schmidt mit Brandt an der Spitze der bundesdeutschen SPD.

Studentenrevolte erreicht ihren Höhepunkt

Die seit 1965 anhaltenden **Protestbewegungen** westdeutscher Studenten erreichen nun ihren Höhepunkt. Was mit Demonstrationen gegen Missstände an westdeutschen Universitäten begonnen hat, hat sich innerhalb von drei Jahren zu einer Protestbewegung gegen die deutsche Wertewelt entwickelt. Im Februar und März erreichen die Demonstrationen gegen die Bildungspolitik, gegen den Vietnamkrieg und gegen die geplanten Notstandsgesetze nie da gewesene Ausmaße. Es kommt zu immer schwereren Zusammenstößen zwischen der Polizei und den Demonstranten. An der am 17. Februar vom **SDS** (Sozialistischer Deutscher Studentenbund) veranstalteten Vietnamkonferenz nehmen 3000 Anhänger der Protestbewegung teil und verurteilen das Vorgehen der USA in Vietnam scharf. Am Tag darauf gehen 12.000 Menschen in Westberlin auf die Straße, um gegen die USA zu demonstrieren.

Mit der **APO** (Außerparlamentarische Opposition), deren Kern der SDS bildet, sympathisieren auch viele, die nicht Studenten oder Schüler sind. Gleichzeitig machen sich die Anhänger der APO etliche Feinde in der Bundesrepublik. Insbesondere die Regierung, aber auch viele Bundesbürger, die die Kritik an der Gesellschaft nicht nachvollziehen können, stellen sich gegen die Studenten und ihre Anhänger. In einer Sondersitzung des Bundestages am 30. November wird der SDS als **verfassungsfeindliche Organisation** eingestuft. So versucht man, den organisatorischen Mittelpunkt der Studentenrevolte lahm zu legen. In der Bundestagsdebatte gesteht man den rebellierenden Studenten die Forderungen nach Reformen im Bildungssektor zu.

Einsatzkräfte von Polizei und Feuerwehr sichten den Schaden in der ausgebrannten vierten Etage des Frankfurter Kaufhof

Kaufhäuser brennen

Am 2. April werden auf zwei Kaufhäuser in Frankfurt am Main **Brandanschläge** verübt. Die Polizei verhaftet zwei Tage später vier Verdächtige: Darunter sind unter anderem die beiden Studenten und späteren RAF-Mitglieder **Andreas Baader** (1943–77) und **Gudrun Ensslin** (1940–77). Sie gestehen nach ersten Vernehmungen die Tat. Als Motiv für die Brandstiftung geben sie an, dass sie damit gegen die Gleichgültigkeit der Konsumgesellschaft in Deutschland und gegen den Vietnamkrieg protestieren wollen. Den vier Brandstiftern wird in den darauf folgenden Monaten der Prozess gemacht. Ihre Verteidigung übernimmt der Anwalt **Horst Mahler** (geb. 1936). Als Journalistin begleitet unter anderem **Ulrike Meinhof** (1934–76) die Verhandlungen. Sie schreibt für die Hamburger Zeitschrift *konkret*. Meinhof zeigt in ihren Artikeln Verständnis für die Anschläge gegen den **Konsumterror**. Am 31. Oktober wird das Urteil verkündet, das auf drei Jahre Zuchthaus lautet. Ensslin und Baader legen mit dem Hinweis, dass sie aus politischen Motiven handelten, Revision gegen das Urteil ein. Die beiden bleiben zunächst auf freiem Fuß und tauchen vor der Vollstreckung des Urteils unter. Durch einen Zufall kann die Polizei Baader 1970 ergreifen. Bei einem Gefängnistransport wiederum wird Baader von seinen Komplizen mit Waffengewalt befreit. Bereits mit den Brandanschlägen, aber vor allem mit dieser Befreiungsaktion, bei der ein Mensch schwer verletzt wird, zeichnet sich ab, dass aus der studentischen Protestbewegung heraus eine **terroristische Bewegung** entstanden ist, die in folgenden Jahren als **RAF** (Rote Armee Fraktion) von sich reden machen sollte.

Rudi Dutschke wird schwer verletzt

Im April erreicht die Rebellion der Studenten in Deutschland einen weiteren traurigen Höhepunkt. Bereits im Sommer des vorausgegangenen Jahres starb bei Demonstrationen gegen den Besuch des persischen Schahs der Romanistikstudent **Benno Ohnesorg** (1941–67). Am 11. April wird der damalige führende Kopf des SDS (Sozialistischer Deutscher Studentenbund), **Rudolf Dutschke** (1940–79), während der **Ostermärsche** bei einem Attentat schwer verletzt. Ein 23-jähriger Anstreicher, dem auch rechtsextreme Tendenzen nachgesagt werden, schießt Dutschke in Kopf und Brust. Dutschke überlebt den Anschlag, muss jedoch mehrere schwere Operationen über sich ergehen lassen. Der junge Anstreicher wird von den Anhängern Dutschkes nur als Handlanger angesehen. Die Hintermänner der Tat werden im **Springer-Konzern** vermutet, dem Dutschke schon lange ein Dorn im Auge ist. Dutschke hat aufgrund der einseitigen Berichterstattung in Bezug auf die Studentenrevolte die Enteignung des Springer-Konzerns gefordert. Der Springer-Verlag trägt

Rudi Dutschke

tatsächlich zur Bildung der öffentlichen Meinung bei, da etwa jede dritte Zeitung oder Zeitschrift, unter anderem die *Bild*-Zeitung, in der Bundesrepublik aus dem Hause Springer kommt. Als Antwort auf das Attentat auf Dutschke versuchen Demonstranten, die Verlagsgebäude in Westberlin aber auch in Frankfurt am Main, München und Hamburg zu stürmen.

Dutschke gibt trotz erheblicher gesundheitlicher Schwierigkeiten sein politisches Engagement nicht auf. Er stirbt 1979 an den Spätfolgen des Attentats.

Zur Sache, Schätzchen

Gleich zu Beginn des Jahres macht ein Film in der Bundesrepublik Furore. Mit dem Titel *Zur Sache, Schätzchen* lockt der Streifen die deutsche Bevölkerung wochenlang in die Kinos. Und er überzeugt nicht nur das Kinopublikum,

FILME DES JAHRES

- ⮞ *Die Lümmel von der ersten Bank* mit Theo Lingen
- ⮞ *Spiel mir das Lied vom Tod* von Sergio Leone
- ⮞ *Ein seltsames Paar* mit Jack Lemmon und Walter Matthau
- ⮞ *Rosemaries Baby* mit Mia Farrow
- ⮞ *Die Nacht der lebenden Toten* mit Duane Jones
- ⮞ *2001: Odyssee im Weltraum* von Stanley Kubrick

sondern auch diverse Festivalkomitees. So erhält der Film unter anderem den „Deutschen Filmpreis" sowie die „Goldene Leinwand". Die Regisseurin **May Spils** (geb. 1941) überzeugt mit einem frechen, unverkrampften Werk. *Zur Sache, Schätzchen* zeigt einen Tag aus dem Leben des jungen Luftikus Martin, gespielt von **Werner Enke** (geb. 1941). Martin, der Prototyp des modernen Gammlers, schafft es an diesem Tag, Barbara (Uschi Glas, geb. 1944), die Tochter aus gutem Hause, zu verführen.

Der Film von May Spils bricht mit den konventionellen Filmen der 50er-Jahre. Ihr Film lässt die Heimatschnulzen und das Komödiantentum des letzten Jahrzehnts hinter sich. Dennoch fühlt sich das Publikum gut unterhalten. Und das obwohl der Film auf Low-Budget-Niveau gedreht wurde. Die Regisseurin fing bei den Dreharbeiten durch Spontaneität und Improvisation das Lebensgefühl junger Menschen ein, die Ende der 60er-Jahre in einer westdeutschen Großstadt leben und sich zum Anti-Establishment zählen. Für besondere Furore sorgen die Sprachwitze des Hauptdarstellers. Enke alias Martin führt Idiome ein, die die Sprache junger Deutscher in den folgenden Jahren prägen sollte: „Fummeln" und „abschlaffen" gehört seit *Zur Sache, Schätzchen* zum Vokabular dazu, wenn man cool sein will.

Beate Klarsfeld

Der Name **Beate Klarsfeld** macht zu Zeiten der studentischen Protestbewegung nicht nur in der Bundesrepublik Deutschland Schlagzeilen. Im November schlägt Beate Klarsfeld (geb. 1939) dem damaligen Bundeskanzler **Kurt Georg Kiesinger** (1904–88) auf einem CDU-Parteitag ins Gesicht. Klarsfeld will auf dessen Vergangenheit als NSDAP-Mitglied aufmerksam machen. Sie wird noch am selben Tag in einem

Die Französin Beate Klarsfeld trifft mit ihrem Mann Serge und ihrem kleinen Sohn Arno am Westberliner Landgericht Moabit ein

zügigen Verfahren zu einem Jahr Haft verurteilt. Die Strafe wird 1969 nach der Revision auf vier Monate herabgesetzt und auf Bewährung ausgesprochen.

Klarsfeld hat es sich zusammen mit ihrem Mann, einem französischen Juden, dessen Vater im Konzentrationslager Auschwitz ermordet worden war, zur ihrer Lebensaufgabe gemacht, NS-Verbrechen und NS-Verbrecher aufzudecken. Ihre Aktion gegen den Bundeskanzler muss im Zusammenhang verschiedener NS-Vorwürfe gegen Spitzenpolitiker gesehen werden. So gerät neben Kiesinger auch Bundespräsident **Heinrich Lübke** (1894–1972) bereits im Frühjahr unter Beschuss. Auslöser war ein Bericht der Zeitschrift *stern*, der besagt, dass Lübke nur mit gefälschten Papieren ins Amt des Bundespräsidenten gekommen war. Der Bundespräsident weist es strikt von sich, als Architekt am Bau von Konzentrationslagern beteiligt gewesen zu sein. Die Vorwürfe erhärten sich jedoch, sodass Lübke im Oktober bekannt gibt, bei der nächsten Wahl zum Bundespräsidenten nicht mehr zu kandidieren. Bundeskanzler Kiesinger übersteht die Vorwürfe unbeschadet und bleibt bis zur nächsten Bundestagswahl im Amt.

Die Ruhrkohle geht an die Börse

Nachdem die Bundesregierung mit dem **Kohleanpassungsgesetz** von 1967 den finanziell in die Misere geratenen Kohleunternehmen unter die Arme gegriffen und den Arbeitern an der Ruhr Abfindungszahlungen zugesichert hat, tritt am 15. Mai ein weiteres Gesetz **Zur Anpassung und Gesundung des deutschen Steinkohlebergbaus und der deutschen Steinkohlegebiete** in Kraft. Da noch sehr viele kleine Bergbauunternehmen existieren, soll das Gesetz die Unternehmenskonzentration fördern. Darüber hinaus sollen wiederum Abfindungen gezahlt werden, um die Existenz der arbeitslos gewordenen Bergleute und ihrer Familien für die erste Zeit zu sichern. Die Bundesregierung, insbesondere der Bundeswirtschaftsminister **Karl Schiller** (1911–94), SPD, strebt mit diesem Gesetz eine Gesamtgesellschaft aller Bergbauunternehmen im Ruhrgebiet an. Am 27. November schließen sich 25 Bergwerksgesellschaften, die insgesamt 52 Bergwerke betreiben, zu einer Holdinggesellschaft mit dem Namen **Ruhrkohle AG** (RAG) zusammen. Als Sitz der Gesellschaft wird Essen festgelegt. Dem Bundeswirtschaftsminister ist es allerdings nicht gelungen, alle

Förderturm eines Bergwerks der RAG

Zechen im Ruhrgebiet für die Ruhrkohle AG zu gewinnen. Der Anteil der RAG beträgt ca. 80 Prozent der Kohleförderung im Ruhrgebiet. Noch im selben Jahr wird außerdem der Gesamtverband des deutschen Steinkohlebergbaus (GVSt) gegründet, der die wirtschaftspolitischen und sozialpolitischen Belange des deutschen Steinkohlebergbaus wahrnehmen soll.

Der erste deutsche Doping-Fall

Der Name **Jupp Elze** (1939–68) erreicht im Sommer traurige Berühmtheit. Der Profi-Boxer Elze steigt am 12. Juni in den Ring, um ihn als Europameister im Mittelgewicht wieder verlassen zu können. Alles sieht die längste Zeit des Kampfes gut aus. Doch sein Gegner trifft Elze in der letzten Runde am Hinterkopf. Elze sinkt zu Boden und gibt das Zeichen zur Aufgabe. Danach setzt er sich in seine Ringecke, wo er wenige Momente später bewusstlos zusammensackt. Elze soll nie wieder zu sich kommen. Die Ärzte kämpfen um sein Leben. Nach acht Tagen im Koma stirbt Elze an einer Gehirnblutung. Alles sieht da-

Jupp Elze steht in der sechsten Runde am Ring und wird vom Schiedsrichter angezählt

nach aus, dass der Profi-Boxer an den Folgen des Boxkampfes gestorben ist. Doch die Obduktion ergibt, dass der Box-Sportler mit verschiedenen Substanzen gedopt war. Die **Dopingmittel** haben den Sportler so aufgeputscht, dass er die Erschöpfungsanzeichen während des Kampfes gar nicht bemerkte. Neben anderem können die Ärzte nach der Obduktion das Aufputschmittel Pervitin nachweisen. Sie geben an, dass Elze zwar an den Folgen des Schlags auf den Hinterkopf gestorben ist, ohne die leistungsverstärkenden Substanzen jedoch hätte er sicherlich vor der letzten Runde aufgeben müssen. Der tödliche Schlag am Hinterkopf hätte ihn somit nicht mehr getroffen. Elze hätte den Kampf überlebt. Jupp Elze ist der erste Sportler in Deutschland, der aufgrund der Einnahme von Dopingmitteln gestorben ist.

Theater im Keller

Rainer Werner Fassbinder in *Katzelmacher*, als Jorgos, „ein Griech' aus Griechenland" sucht er Zuflucht und Zärtlichkeit bei der schönen Marie (Hanna Schygulla)

Es ist das Jahr, in dem das Stück *Die Katzelmacher* von **Rainer Werner Fassbinder** (1946–82) uraufgeführt wird. Der aus Augsburg stammende Fassbinder hat nach dem Abitur unter anderem die Schauspielschule in München besucht. 1967 stößt er zum sogenannten **action-theater** dazu, wo er selbst spielt, Stücke schreibt und

inszeniert. Das Theater befindet sich im Keller eines Wohnhauses in München. Nachdem das Stück einen Monat gelaufen ist, wird die Gruppe von der Polizei gezwungen, den privaten Spielbetrieb einzustellen. Fassbinder gründet daraufhin mit ein paar anderen Ehemaligen des action-theaters eine neue Theatergruppe namens **anti-theater**. Die Gruppe verliert bereits wieder nach einem Jahr ihre Bleibe, ein Hinterzimmer in einer Münchner Schwulenbar. Die Schauspieler sind somit gezwungen, auf Reisen zu gehen. Fassbinder, der sich in den 70er-Jahren insbesondere im deutschen Kino einen Namen macht, bleibt dem Theater stets treu. Zum einen kehrt er – auch nachdem er eine Filmproduktionsfirma gegründet hat – immer wieder zur Theaterarbeit zurück. Zum anderen sind seine Filme vom Theaterstil geprägt. So werden z. B. die Auseinandersetzungen zwischen den Personen in Fassbinders Filmen oft in langen Dialogen ausgetragen. Dazu kommt, dass ein Handlungsverlauf, der sich – wie im Drama – zur Katastrophe hin steigert, in Fassbinders Filmwerk nicht selten ist.

Kleiner Holländer ganz groß

Seit Mitte der 60er-Jahre singt sich ein niederländischer Junge namens **Hendrik Nikolaus Simons** (geb. 1955) in die Herzen des deutschen Publikums. Der Junge, der 1965 von einem holländischen Manager bei einem Talentwettbewerb entdeckt und bekannt wird unter dem Namen **Heintje**, steht mit seiner ersten Langspielplatte auf dem ersten Platz der *Spiegel*-Bestsellerliste im Bereich der Unterhaltungsmusik.

Heintje kommt aus einfachen Verhältnissen. Sein Vater ist Bergmann und Gaststättenbesitzer. In der väterlichen Gaststätte tritt Heintje die ersten Male als Sänger auf. Begleitet wird er dabei von einer Musikbox. Nach dem gewonnenen Wettbewerb geht es mit der Karriere des gerade mal zehnjährigen Jungen steil aufwärts. Heintje wird zu einem weltweit bekannten Kinderstar. Über 40 Millionen Platten kann er verkaufen. Nicht zuletzt deswegen, weil sie auf Holländisch, Deutsch und Englisch aufgenommen werden. 1966 spielt er seine erste Schallplattenaufnahme in Amsterdam ein. Das Lied trägt den Titel *Mama* und verzückt vor allen Dingen das weibliche Publikum. Heintje legt nach mehreren Jahren als Kinderstar, in denen er durch die Welt tingelt und auch als Schauspieler vor

der Kamera steht, eine Schaffenspause ein. Seine Preise, die er bis dato gewonnen hat, können sich sehen lassen: Dazu gehören eine Platin-Platte, 40 goldene Schallplatten, zwei „Goldene Löwen" und ein „Bambi".

Heintje

Olympische Wettkämpfe in Mexiko

Vom 12.–27. Oktober werden in Mexico City die XIX. Olympischen Spiele der Neuzeit ausgetragen. Die Spiele sorgen weltweit im Vorfeld für Schlagzeilen. So kritisieren einige bereits bei der Auswahl der mexikanischen Hauptstadt als Austragungsort für die Sportwettkämpfe die extreme Höhenlage der Stadt. Mexico City liegt 2134 Meter über dem Meer. Diese Höhe wirkt

---

DAS SIND DIE TOPHITS DES JAHRES

- *Der letzte Walzer* – Peter Alexander
- *Hey Jude* – Beatles
- *Judy In Disguise With Glasses* – John Fred & His Playboy Band
- *Bleib bei mir* – Roy Black
- *Mama* – Heintje
- *Delilah* – Tom Jones
- *Jumpin' Jack Flash* – Rolling Stones
- *Those Were The Days* – Mary Hopkin

---

sich tatsächlich auf die sportlichen Leistungen aus. In der Leichtathletik sorgt sie dafür, dass etliche Weltrekorde neu aufgestellt werden, die Langstreckenläufer dagegen leiden unter der dünnen Luft. Darüber hinaus macht das Gastgeberland vor Beginn der Spiele negativ auf sich aufmerksam. Kurz vor der Eröffnung schlagen die mexikanische Polizei und das Militär einen Bürgeraufstand blutig nieder. 250 Tote sind zu beklagen.

Die Spiele werden dennoch ausgetragen. Die Bundesrepublik Deutschland und die DDR nehmen zum ersten Mal mit **zwei Mannschaften** am Wettkampf teil. Alle deutschen Sportler treten jedoch unter derselben Fahne und Hymne an. Das Team der Bundesrepublik Deutschland holt im Dressurreiten, im Kanufahren, im Rudern, im Fünfkampf sowie beim Schießen Gold. Insgesamt führen die USA den Medaillenspiegel vor der UdSSR an. Außerordentliche Leistung erbringt der amerikanische Weitspringer Bob Beamon (geb. 1946), der 8,90 Meter weit springt und damit für 23 Jahre den Weltrekord halten soll. Die Tschechin Vera Caslavska (geb. 1942) gewinnt vier Goldmedaillen und zwei Silbermedaillen im Turnen.

Bundestagswahlkampf – Willy Brandt will's wissen

Ende September steht die Wahl zum sechsten Deutschen Bundestag an. Beide Parteien der Großen Koalition, CDU/CSU und SPD, liegen in Umfragen vor den Wahlen gleich auf. Die CDU/CSU stellt den bisherigen Bundeskanzler **Kurt Georg Kiesinger** (1904–88) als Kanzlerkandidaten auf. Die CDU/CSU setzt während des Wahlkampfs weniger auf Inhalte als auf die Person Kiesingers. Die SPD geht erneut mit **Willy Brandt** (1913–92) an der Spitze in den Wahlkampf. Brandt, der in der Großen Koalition das Amt des Außenministers innehat, wird im Wahlkampf von vielen Prominenten aus Kunst und Kultur unterstützt. Es kommt sogar zum Zusammenschluss einer Sozialdemokratischen Wählerinitiative (SWI). Die SPD verfolgt das bereits 1959 in Bad Godesberg aufgestellte Programm des Wandels der SPD. Die Partei soll vom Image einer ideologisch bestimmten Klassenpartei weg-

WAS SONST NOCH GESCHIEHT

- Die Bielefelder Universität wird eröffnet
- Erfolgreiches Kopplungsmanöver zweier bemannter sowjetischer Raumschiffe im Weltall
- Der Autokonzern Audi entsteht durch eine Fusion zwischen der NSU und der VW-Tocher Autounion
- Mario Puzos Roman *Der Pate* erscheint
- Die Bundesrepublik Deutschland duldet die DDR-Fahne und DDR-Nationalhymne bei Sportveranstaltungen
- Die D-Mark wird um 8,5 Prozent aufgewertet
- Erster deutscher Forschungssatellit Azur im All
- Unterzeichnung des Atomsperrvertrags durch den deutschen Botschafter in Washington

kommen. Vielmehr ist es Ziel der SPD, von den Wählern als eine auf die linke Mitte hinorientierte **Volkspartei** gewertet zu werden. Nichtsdestotrotz steht im Mittelpunkt des SPD-Wahlkampfs die charismatische Figur Willy Brandts. Vor allem Brandts Regierungsfähigkeit, die er in den drei Jahren der Großen Koalition in Bonn unter Beweis stellen konnte, bringt der SPD Stimmen ein, die über das bisherige Wählerpotenzial der Partei hinausgehen. Die FDP kündigt im Bundestagswahlkampf einen Reformkurs an, sollte die Partei an der Regierung beteiligt sein.

Heinemann löst Lübke ab

Gustav Heinemann

Das Jahr bringt in zweierlei Hinsicht einen politischen Führungswechsel in der Bundesrepublik. Zum einen löst die sozialliberale Koalition unter **Willy Brandt** (1913–92) die CDU/CSU als Regierungspartei nach der Wahl am 28. September ab. Zum anderen wählt die Bundesversammlung bereits im März den Sozialdemokraten **Gustav Heinemann** (1899–1976) zum neuen Bundespräsidenten der Bundesrepublik Deutschland. Damit tritt er die Nachfolge von **Heinrich Lübke** (1894–1972), CDU, an, der drei Monate vor Ende seiner zweiten Amtszeit zurücktrat. Er wollte das Amt des Bundespräsidenten aus dem bevorstehendem Bundestagswahlkampf heraushalten, nachdem die Vorwürfe gegen ihn und seine NS-Vergangenheit immer stärker wurden. Die Bundesversammlung setzt sich wie heute zur Hälfte aus den Bundestagsabgeordneten, zur

anderen Hälfte aus Vertretern, die von den Volks-
vertretungen der Länder entsandt werden, zusammen. Heinemann kann sich erst im dritten
Wahlgang mit 512 Stimmen gegen seinen Konkurrenten durchsetzen. Auf seinen Herausforderer der CDU/CSU, **Gerhard Schröder** (1910–
89), entfallen 506 Stimmen. Die Große Koalition, die zu diesem Zeitpunkt noch in Bonn regiert, hat sich nicht auf einen Kandidaten einigen
können. So ist das Stimmverhalten der FDP ausschlaggebend. Sie votiert für Heinemann und
setzt damit bereits ein Zeichen für eine mögliche
sozialliberale Koalition nach den Bundestagswahlen im Herbst desselben Jahres.

Erste sozialliberale Koalition in Deutschland

Aus der sechsten Bundestagswahl, die am
28. September stattfindet, geht die CSU/CDU
zunächst als Sieger hervor. Sie erreicht 46,1 Prozent der Stimmen. Das hervorragende Ergebnis
der SPD mit 42 Prozent führt dazu, dass beide
großen Parteien Anspruch auf eine Regierungsbildung stellen. Denn auch die CDU/CSU
benötigt für die absolute Mehrheit im Bundestag
einen Koalitionspartner.

Die Vorsitzenden von SPD, **Willy Brandt**
(1913–92), und FDP, **Walter Scheel** (geb.
1919), treffen sich noch am Wahlabend zu Koa-
litionsgesprächen. Erst zwei Tage später macht
der CDU-Vorsitzende und Bundeskanzler **Kurt
Georg Kiesinger** (1904–88) der FDP ein Koa-
litionsangebot. Zu diesem Zeitpunkt haben die
Partei- und Fraktionsvorstände der SPD der Bildung einer sozialliberalen Koalition bereits zuge-
stimmt. Am 1. und 2. Oktober stimmt auch die
FDP dem gemeinsamen Regieren mit der SPD
zu. Die CDU/CSU muss damit nach 20 Jahren

Die Parteivorsitzenden von SPD und FDP, Willy Brandt (r.) und
Walter Scheel

Regierungsverantwortung in die Opposition gehen. Am 21. Oktober wird Willy Brandt mit
knapper Mehrheit zum Bundeskanzler gewählt.
Walter Scheel wird Außenminister.

In seiner Regierungserklärung, die Brandt
eine Woche nach seiner Wahl im Bundestag ab-
gibt, benennt er die Ziele der neuen Regierung,
die unter anderem unter dem Motto **Mehr Demokratie wagen** stehen: Reformen innerhalb
der Innenpolitik sollen die Demokratisierung und
Modernisierung der Gesellschaft mit sich bringen. Außenpolitisch sollen der Frieden gesichert
und die Entwicklungshilfe gesteigert werden. Im
Hinblick auf die DDR setzt Brandt das politische
Ziel des geregelten Nebeneinanders. So spricht er
davon, dass es zwei deutsche Staaten gebe, aber
nur eine deutsche Nation.

Bürgerinitiative gegen Preiserhöhung

Seit Mitte der 60er sind immer mehr Bürger in
der Bundesrepublik Deutschland unzufrieden
mit einer unzureichenden Vertretung ihrer Interessen im Bonner Bundestag. Oft sind die Wün-
sche der Wähler, die sich meist auf regionale Projekte beziehen, den gewählten Repräsentanten in

Bonn und in den einzelnen Landtagen nicht vermittelbar. Und wenn sie vermittelbar sind, gehen sie sehr häufig im großen Geschäft der Bundes- oder Landespolitik unter. Aus dieser Unzufriedenheit heraus entwickelt sich eine neue Form der außerparlamentarischen Meinungsbildung. Die bekannteste Gruppierung dieser Art ist in der zweiten Hälfte der 60er-Jahre die **APO** (Außerparlamentarische Opposition). Die Forderungen dieses lockeren Bündnisses, das im Zusammenhang mit der Studentenbewegung entsteht, greifen die Bundespolitik auf breiter Front an. Doch im Zuge dieser außerparlamentarischen Meinungsbildung entstehen auch immer mehr kleine Gruppen, die auf lokaler Ebene auf Missstände hinweisen. Als direkt betroffene Bürger fordern sie in den Stadt- und Gemeindevertretungen ein Mitspracherecht. Darüber hinaus versuchen sie, auf die einzelnen Parteien einzuwirken. So bilden sich viele lokale und regionale Gruppen heraus, die sich gemeinhin **Bürgerinitiativen** nennen. Sie kämpfen und demonstrieren gegen Mülldeponien, gegen Verkehrsprojekte, die zulasten der Bürger und Umwelt gehen, oder gegen Bebauungspläne. Die erste Bürgerinitiative, die bundesweit auf sich aufmerksam macht, ist eine Gruppe von Hannoveraner Bürgern, die gegen die Fahrpreiserhöhung des öffentlichen Nahverkehrs in Hannover protestiert.

Dennis Hopper und Peter Fonda in *Easy Rider*

Brigitte kommt mit *Constanze* zusammen

Heute ist *Brigitte* die bekannteste und erfolgreichste Frauenzeitschrift in Deutschland. Schon seit dem Ende des 19. Jahrhunderts erfreut das Blatt die deutsche Hausfrau – wenn auch unter einem anderen Namen. Der Name *Brigitte* taucht zum ersten Mal 1954 auf dem Titelblatt auf. 15 Jahre später geht die damals bekannte Frauenzeitschrift **Constanze** nach einer Verlagsübernahme in der erfolgreicheren *Brigitte* auf. Der Siegeszug der *Brigitte* ist danach nicht mehr aufzuhalten. Seit 1985 ist sie in Deutschland Marktführerin.

Brigitte erfreut bereits in den 50ern mit Hausfrauentipps und Modetrends. 1957 gibt es erstmals die inzwischen legendär gewordene Vorher-Nachher-Serie, in der sich *Brigitte*-Leserinnen verschönern lassen und das „Beste aus ihrem Typ machen" können. Ende der 60er Jahre wird darüber hinaus in Zusammenarbeit mit Ernährungswissenschaftlern die bekannte *Brigitte*-Diät erfunden. Im Januar startet die Zeitschrift ein besonderes Angebot: Als *Brigitte*-Extra-Modell bietet die Zeitschrift mal Kleidung, mal Bettwäsche an, die die Leserinnen bestellen können.

Für viele Frauen in den 60ern ist die *Brigitte* aus dem Alltag nicht mehr wegzudenken. Jeden zweiten Mittwoch läuft die *Brigitte*-Leserin freudig zum Kiosk, um die neue Ausgabe zu erstehen. Die *Brigitte* wird zur Zeitschrift für die selbstbewusste Frau, die Haushalt, Familie und

---

FILME DES JAHRES

- *Airport* mit Burt Lancaster und Dean Martin
- *Katzelmacher* von Rainer Werner Fassbinder
- *Ich bin ein Elefant, Madame* von Peter Zadek
- *Butch Cassidy und Sundance Kid* mit Paul Newman
- *Easy Rider* von und mit Dennis Hopper
- *Asphalt-Cowboy* mit Dustin Hoffman

Beruf erfolgreich unter einen Hut bekommen will. Eine Zeitschrift, die kämpferisch zur Emanzipation aufruft, ist die *Brigitte* allerdings nie.

Ansicht des Wachhäuschens auf dem Gelände des Munitionsdepots

Mord an Bundeswehrsoldaten

Im Januar blickt die Bevölkerung der Bundesrepublik Deutschland erschüttert nach Lebach im Saarland. Dort werden in der Nacht zum 20. Januar vier Bundeswehrsoldaten erschossen. Ein weiterer Soldat wird schwer verletzt. Die fünf Soldaten gehören zum Fallschirmjägerbataillon 261 der Bundeswehr und haben in der besagten Nacht als Wachsoldaten Dienst. Zu bewachen ist das **Munitionsdepot** des Bataillons. Nur einer der fünf Soldaten ist jedoch tatsächlich auf dem Posten. Die anderen schlafen, als zwei bewaffnete Männer in die Wachbaracke eindringen. Zuvor haben die beiden Männer den um das Bataillon befindlichen Maschendrahtzaun durchgeschnitten.

Die vermeintlichen Täter sind in der politisch unruhigen Zeit – man hat gerade das Jahr der Studentenrevolte hinter sich gebracht – schnell gefunden. Insbesondere konservative Politiker schreiben die Tat Anhängern der **APO** (Außerparlamentarische Opposition) zu. Sehr viele vermuten hinter dem Verbrechen tatsächlich eine politisch motivierte Tat. Doch als die bis dato größte Fahndungsaktion der Nachkriegsgeschichte nach vier Monaten erfolgreich abgeschlossen werden kann, werden diese Mutmaßungen widerlegt. Drei junge Männer – die zwei am Überfall Beteiligten und ein Komplize – werden als Tatverdächtige festgenommen. Sie geben an, dass der Überfall auf das Munitionslager am Anfang einer **Erpressungsaktion** stehen sollte. Das Geld haben sie für ein angenehmeres Leben in südlicheren

Gefilden vorgesehen. Das Gerichtsurteil lautet lebenslänglich für die beiden Haupttäter, sechs Jahre Haft für den dritten Angeklagten.

Ausbrecherkönig führt Polizei an der Nase herum

Weihnachten tut es Lecki wieder einmal. Der Häftling **Alfred Lecki** (1939–2000), auch besser bekannt als der **Ausbrecherkönig**, kann mit einem nachgefertigten Schlüssel die Haftanstalt Essen verlassen. Für Lecki ist dies bereits die dritte Flucht aus einem bundesdeutschen Gefängnis. Nach seiner zweiten Flucht wird er von zwei Polizisten schlafend in seinem Auto entdeckt. Die zwei nichts ahnenden Gesetzeshüter wollen eigentlich bloß seine Papiere sehen, Lecki rennt dagegen los und schießt nach einigen Metern auf die Polizisten. Einer der beiden ist sofort tot. Der andere Polizist wird schwer verletzt. Lecki landet zum dritten Mal im Gefängnis.

Nach seiner Flucht an Weihnachten wird Lecki nicht müde, an seiner kriminellen Karriere weiterzuarbeiten. So gelingt ihm im Sommer 1970 ein Raubüberfall, bei dem er über eine Million Mark erbeuten kann. Mehrere Monate kann sich Lecki versteckt halten. Er führt die Polizei nicht zuletzt deshalb an der Nase herum, weil er sich perfekt darauf versteht, sein Äußeres zu verwandeln. Dennoch geht er der Polizei im Spätsommer 1970 ins Netz. Aus dem Gefängnis kann Lecki in den darauf folgenden Jahren noch zweimal auf spektakuläre Weise entkommen. Vielleicht liegt es an seinem Einfallsreichtum, warum er trotz seiner Gewaltverbrechen in der Öffentlichkeit ein Sympathieträger ist. Möglicherweise ist es aber auch sein Wortwitz, der ihn beliebt macht. So gibt er jedes Mal als Begründung für seine Ausbrüche an, dass er nicht „haftgewohnt" sei.

Erstes Herz verpflanzt

Das Herz des einen Menschen in den Brustkorb eines anderen zu verpflanzen – an dieser für manche Herzpatienten einzig lebensrettenden Maßnahme haben die Mediziner schon lange vor der ersten **Herztransplantation** geforscht. Nachdem 1967 in Kapstadt weltweit zum ersten Mal ein Herz verpflanzt wurde, unternimmt in diesem Jahr ein Ärzte-Team in München die erste Herztransplantation in der Bundesrepublik Deutschland. Die Ärzte, die Kontakt zu ihren Kollegen in Kapstadt pflegen, bereiten sich lange auf diesen Eingriff vor. Doch der erste Herzempfänger in Deutschland lebt nur 27 Stunden mit seinem neuen Herzen. Der 36-jährige Mann stirbt an einer Thrombose. Es folgen noch im selben Jahr in verschiedenen Kliniken in Deutschland weitere

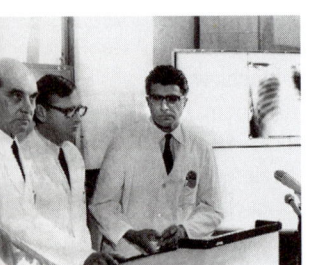

Die Münchner Chirurgen Professor Dr. Rudolf Zenker (l.), Werner Rudolph (M.) und Werner Klinner (r.) bestätigen am 14. Februar 1969 vor Journalisten, dass am 13. Februar 1969 die erste Herztransplantation in der Bundesrepublik durchgeführt wurde

Versuche, ein Herz zu transplantieren. Alle Operationen schlagen jedoch fehl. So setzt unter anderem ein Westberliner Chirurgen-Team einem 46-jährigen Mann ein neues Herz ein. Der Mann stirbt nur neun Stunden später. Auch wenn die Mediziner nicht aufgeben wollen, führen bundesdeutsche Kliniken für längere Zeit keine Herztransplantationen mehr durch. Erst 1981 wagen sich Münchner Ärzte wieder an einen derartigen chirurgischen Eingriff, der endlich auch von Erfolg gekrönt ist. Der Durchbruch für die deutschen Mediziner ist geschafft. Rasch werden bundesweit weitere Transplantationen des Herzens durchgeführt.

Mann auf dem Mond

Es ist ein Weltereignis, als der erste Mensch den Mond betritt. Auch die deutsche Bevölkerung verfolgt gespannt die erste **Mondmission.** Am 16. Juli startet die amerikanische Saturn-5-Rakete in den Weltraum. Die Rakete trägt die berühmt gewordene **Apollo-11**-Kapsel. An Bord dieser Kapsel sitzen drei amerikanische Astronauten. Nach vier Tagen Flugzeit ist es endlich so weit. Die Kapsel ist am Mond angekommen. Zwei der drei Astronauten steigen in die Mondlandefähre **Eagle** um. Die ganze Welt ist per Fernsehen oder Radio live dabei und hält den Atem an, als die beiden Astronauten die Mondlandefähre auf einem Geröllfeld manuell zum Stehen bringen. Der eigentlich dafür vorgesehene Computer ist ausgefallen. Kurz danach betritt **Neil Armstrong** (geb. 1930) als erster Mensch den Mond. Seiner historischen Handlung bewusst, kommentiert er diesen „Ausflug" mit den Worten: „Ein kleiner Schritt für einen Menschen, ein Riesenschritt für die Menschheit." Auch in der Bundesrepublik Deutschland ist die Freude groß über die erfolgreiche

Weltraummission der Amerikaner. In Deutschland wie in den USA wird die Mission jedoch nicht nur wegen der wissenschaftlichen Erkenntnisse, die daraus gewonnen werden können, gefeiert. Die westliche Welt wertet diese Aktion außerdem als einen

Neil Armstrong, der erste Mensch auf dem Mond

Sieg gegenüber der russischen Weltraumbehörde. Diese hat in den Jahren zuvor durch ihre erfolgreichen Weltallflüge die amerikanischen Unternehmungen ins Hintertreffen geraten lassen. Nun schauen die Russen mit unverhohlenem Neid auf die Amerikaner auf dem Mond.

Die Sängerin mit dem Pagenschnitt

M an summt in der Bundesrepublik Deutschland einen Hit von **Mireille Mathieu** (geb. 1946). Mit *Hinter den Kulissen von Paris* singt sich die Französin ein weiteres Mal in die Charts. Bevor sie 1964 ihre Gesangskarriere beginnt, arbeitet Mireille Mathieu bereits als junges Mädchen zusammen mit ihrer Schwester in einer Papierfabrik. Die Großfamilie Mathieu benötigt die finanzielle Unterstützung durch die Töchter, denn der Vater bringt als Steinmetz nicht allzu viel Geld nach Hause. Dennoch ist Mireille in ihrer Familie glücklich. Es wird dort viel gesungen und viel Musik gehört.

Mireille beginnt selbst zu singen und nimmt an drei Gesangswettbewerben teil, bis sie beim dritten Anlauf entdeckt wird. 1965 steht sie dann zum ersten Mal vor einem großen Publikum und begründet mit dem Lied *Mon Credo* ihre Karriere. In ihrem neuen Leben als Sängerin reist sie rund um den Erdball und tritt in fast allen Ländern der Erde auf. Die Verständigung zwischen den verschiedenen Nationen liegt ihr sehr am Herzen, weshalb sie

Mireille Mathieu

selbst in neun verschiedenen Sprachen singt. So singt sie auch den Hit *Hinter den Kulissen von Paris* auf Deutsch. Mireille Mathieu schafft es somit in einer Zeit, in der die ehemaligen verfeindeten Länder Deutschland und Frankreich noch immer sehr vorsichtig aufeinander zugehen, eine Annäherung zwischen den beiden Nationen zu ermöglichen. Denn das deutsche Publikum findet nicht nur ihre Songs gut. Ebenso schwärmt es für die sympathische Sängerin, deren Frisur – ein schwarzer Pagenschnitt – zu einer Art Markenzeichen werden sollte.

DAS SIND DIE TOPHITS DES JAHRES

- *Eloise* – Barry Ryan
- *Ob-la-di Ob-la-da* – Beatles
- *Liebesleid* – Peter Alexander
- *Ich sing ein Lied für dich* – Heintje
- *Das Mädchen Carina* – Roy Black
- *In The Year 2525* – Zager & Evans
- *Geh nicht vorbei* – Christian Anders
- *Sugar Sugar* – Archies

DIE SIEBZIGER JAHRE

Weltpolitische Veränderungen

Ein einschneidender Politikwechsel bildet den Auftakt zum neuen Jahrzehnt: Nachdem zwanzig Jahre lang die CDU/CSU die politischen Geschicke der Bundesrepublik bestimmte, übernimmt ab 1969 eine sozialliberale Koalition unter Bundeskanzler Willy Brandt (1913–92) die Regierungsverantwortung.

Die Weltpolitik ist gekennzeichnet durch die Dialog- und Kooperationsbereitschaft der beiden Weltmächte USA und Sowjetunion: Beide unterzeichnen die SALT-I- und SALT-II-Verträge zur Begrenzung der strategischen Rüstung, die USA beenden den Vietnamkrieg, europäische und nordamerikanische Staaten kommen in Helsinki zur „Konferenz für Sicherheit und Zusammenarbeit in Europa" zusammen. Auch die Außenpolitik der Bundesregierung setzt auf Entspannung. Unter dem Motto „Wandel durch Annäherung" setzt sie insbesondere auf einen Dialog mit der Sowjetunion und Polen – stets bemüht um gegenseitige Anerkennung und friedliche Koexistenz, ohne ein Selbstbestimmungsrecht der Deutschen zu gefähr-

den. Einen grundlegenden Wandel der deutschen Ostpolitik symbolisieren daher die Verträge von Moskau und Warschau sowie der Vertrag mit der Tschechoslowakei. Der Grundlagenvertrag mit der DDR führt nicht nur zu einer Verbesserung der deutsch-deutschen Beziehungen, sondern hat auch bis dahin nicht geahnte Auswirkungen auf die Entwicklung in der DDR bis 1989. Während die Politik des Ausgleichs im Ausland ein überwiegend positives Echo findet, polarisiert sie im eigenen Land in einem bisher unbekannten Maße. Im Bundestag streiten Regierungskoalition und Opposition leidenschaftlich über ihre unterschiedlichen Strategien, wie die Teilung Deutschlands zu mildern sei: Die CDU/CSU-Koalition fürchtet angesichts der sozialliberalen Ostverträge einen Ausverkauf des Landes an den Kommunismus.

Bildungspolitik, Konjunkturkrise, Arbeitslosigkeit

Innenpolitisch werden die 70er-Jahre zu einem Jahrzehnt der Kontroversen und Konfrontationen. Bildungspolitik, Mitbestimmung in den Unternehmen, Konjunkturkrise, Inflation und Arbeitslosigkeit sind die das politische Geschehen beherrschenden Themen. Durch die Ölkrise Ende 1973 verschärft sich die dramatische wirtschaftliche Lage noch. Dabei geht es den Deutschen so gut wie nie zuvor, das Wohlstandsniveau hat sich allgemein angehoben. Große innenpolitische Ereignisse sind zudem das Misstrauensvotum gegen Bundeskanzler Willy Brandt sowie die Guillaume-Affäre, über die er schließlich stürzt.

RAF-Terror

Überschattet wird die innenpolitisch angespannte Lage vom Terrorismus der „Roten

Jimmy Carter und Leonid Breschnew unterzeichnen in Wien das SALT-II-Abkommen zur Begrenzung strategischer Waffen

Armee Fraktion" (RAF), der im sogenannten deutschen Herbst mit der Ermordung von Arbeitgeberpräsident Hanns Martin Schleyer (1915–77), der Entführung einer Lufthansa-Maschine und dem Freitod der führenden RAF-Mitglieder gipfelt: Die Bundesbürger sind zutiefst verunsichert, viele sehen im Terrorismus eine ernsthafte Bedrohung des demokratischen Rechtsstaats.

Politisches Engagement entwickelt sich in den 70er-Jahren auch außerhalb der im Bundestag vertretenen Parteien. Zu den wichtigen gesellschaftspolitischen Strömungen der Zeit zählen die Antiatomkraft-, die Friedens- und die Frauenbewegung.

Frauenbewegung

Zum Motor der Frauenbewegung wird Anfang der 70er-Jahre der Protest gegen den § 218 in seiner bestehenden Form. Frauen fordern auf Demonstrationen die Selbstbestimmung bei der Geburtenregelung, Eigenständigkeit und Selbstverantwortung ein. Bald ist es die Suche nach weiblicher Identität, die Frauen zur Gründung eigener Institutionen und Organisationen veranlasst (unter anderem Frauenzentren, Frauenbuchläden, Frauenhäuser). Ein feministisches Bewusstsein setzt sich durch und soll helfen, den Einfluss von Frauen im politischen und gesellschaftlichen Leben zu stärken. Ab Mitte der 70er-Jahre differenziert sich die Frauenbewegung, in verschiedenen Projekten und Initiativen kämpfen Frauen gegen die alltägliche Diskriminierung.

Ölkrise

Mit dem „Ölpreis-Schock" setzt sich in der Bundesrepublik die Erkenntnis durch, dass die Energieversorgung längerfristig nur durch die

Sonntagsfahrverbot anlässlich der Ölkrise

Nutzung neuer Energiequellen gesichert werden kann. Man beschließt daher, den Bau von Kernkraftwerken voranzutreiben. In der Bevölkerung formiert sich Protest, immer wieder kommt es zu Demonstrationen. Viele Menschen befürchten vor allem eine Gefährdung ihrer Gesundheit, die Minderung ihrer Lebensqualität und der Verwertbarkeit landwirtschaftlicher Produkte. Die Ölkrise entfacht zudem eine Diskussion über das Ende von Wachstum und Wohlstand, zahlreiche Bürger setzen sich für eine Schonung der Ressourcen ein und engagieren sich in Initiativen für den Umweltschutz. Aus dem Zusammenschluss von Mitgliedern der neuen sozialen Bewegungen – vor allem der Antiatomkraft- und Friedensbewegung, die nach dem NATO-Doppelbeschluss von 1979 in der Bevölkerung eine breite Zustimmung erfährt – entsteht schließlich eine neue Partei, die bei der ersten Direktwahl

Die ersten grünen Abgeordneten eines Landesparlaments

zum Europäischen Parlament erstmals kandidiert: „Sonstige politische Vereinigung DIE GRÜNEN".

Kino und Fernsehen

Der Durchbruch des Fernsehens macht dem Kino in den 70er-Jahren zu schaffen, die Zuschauerzahlen in den Lichtspielhäusern sinken drastisch, abgesehen von ein paar bestimmten Vorführungen. Zu diesen Ausnahmen gehören neben seichten Simmel-Verfilmungen vor allem die ab Anfang des Jahrzehnts wie eine Welle über das Kinopublikum hereinbrechenden, meist schnell produzierten Sexfilme. Manche Reihen wie z. B. der *Schulmädchen-Report* gehören zu den finanziell erfolgreichsten, die das deutsche Kino je hervorgebracht hat. Dennoch kann sich eine Reihe von jungen Regisseuren mit künstlerischen, meist zeitkritischen Beiträgen einen Namen machen und den sogenannten neuen

deutschen Film etablieren: unter anderem Rainer Werner Fassbinder (1945–82) oder Volker Schlöndorff (geb. 1939).

Deutschland vor den Fernsehschirmen

Das Fernsehen hat derweil Hochkonjunktur, die Menschen lassen sich nach Feierabend bequem zu Hause im Sessel unterhalten. Noch gibt es wenige Sender, neben ARD und ZDF sind lange Zeit nur fünf dritte Programme zu empfangen. Charmante Ansagerinnen führen bis zum Sendeschluss brav durch das Programm.

Nicht so brav sind zeitkritische Familienserien wie *Acht Stunden sind kein Tag* oder *Ein Herz und eine Seele.* Für Aufruhr unter den Zuschauern sorgt zudem so manches quotenträchtige, wenngleich anspruchsvolle Fernsehspiel, das z. B. der WDR nach Drehbüchern von Wolfgang Menge (geb. 1924) ausstrahlt. Quotenträchtig sind auch von den Sendern selbst produzierte deutsche Krimi-Serien: *Der Kommissar* (1969–76), *Der Alte* (ab 1976) und *Derrick* (ab 1975) laufen regelmäßig freitags im ZDF, der *Tatort* (ab 1970) läuft sonntags in der ARD.

Im Abendprogramm ist es die Zeit der großen Familien- und Abendunterhaltung: Hans Rosenthal (1925–87) präsentiert *Dalli Dalli,* Wim Thoelke (1927–95) zugunsten der „Aktion Sorgenkind" erst *3 x 9,* dann *Der große Preis,* Peter Frankenfeld (1913–79) moderiert *Musik ist Trumpf* und Hans-Joachim Kulenkampff (1921–98) die erfolgreiche Quizsendung *Einer wird gewinnen.* Rudi Carrell (1934–2006) hat derweil das Konzept für seine Liveshow *Am laufenden Band* entworfen. Nicht immer verläuft die Abendunterhaltung politisch korrekt: Vivi Bach (geb. 1940) und Dietmar Schönherr (geb. 1926)

Hans Rosenthal in seiner Sendung *Dalli Dalli*

müssen ihr umstrittenes Familienspiel *Wünsch dir was* 1973 aufgeben, nachdem eine Mitspielerin fast ertrinkt und eine andere sich dem Publikum in durchsichtiger Bluse zeigt.

Als Anfang des Jahrzehnts die Zeit von Lassie, Fury, Ben und Flipper langsam zu Ende geht, stehen für Kinder neue Helden parat: Der tschechische Exportschlager Pan Tau verzaubert ab 1970 mit seiner geheimnisvollen Melone, die neugierige Biene Maja und ihr fauler Freund Willi bestehen ab 1976 manches Abenteuer, die kugelrunden Barbapapas tummeln sich neben Paulchen Panther, Mork vom Orck und Wickie auf dem Bildschirm.

Mode

Neben Mini-, Midi-, Maxirock, „heißen Höschen", Plateauschuhen bei den Damen, Schlaghosen und taillierten, oft grellbunten Hemden mit überbreiten Krawatten bei den Herren ist es vor allem ein Kleidungsstück, welches das Erscheinungsbild der Jugendlichen in den 70er-Jahren prägt: die Jeans – geeignet, der bürgerlichen eine unkonventionelle Kleiderordnung gegenüberzustellen und den Unterschied zwischen sozialen Schichten und Geschlechtern zu verwischen.

Zum Symbol des Protests gegen die Zeit, gegen Leistungsdruck und gegen die Normen der Gesellschaft werden lange Haare – von der älteren Generation geduldet, solange sie gepflegt sind. Lange Haare akzeptiert zwar sogar das Bundesverteidigungsministerium, es erlässt aber 1971 den sogenannten Haarnetz-Befehl: Reichen die Haare von Soldaten über den Hemdkragen hinaus, müssen sie ein Haarnetz tragen. Der damalige Bundesverteidigungsminister Helmut Schmidt (geb. 1918) verdient sich mit dem Erlass den „Orden wider den tierischen Ernst" des Aachener Karnevalsvereins.

Der erste Minirock zieht noch empörte Blicke auf sich

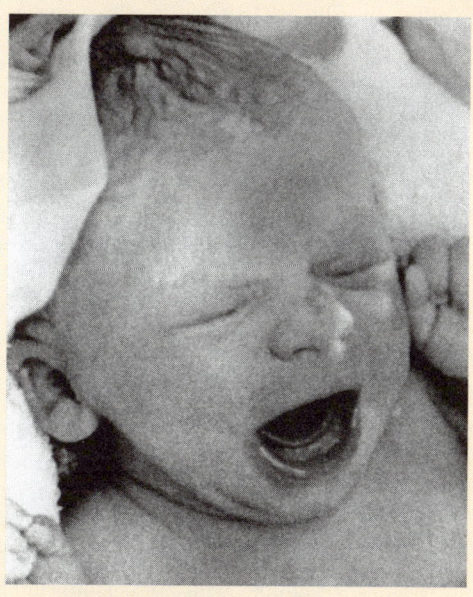

Erste innerdeutsche Gipfeltreffen

Als erster deutscher Bundeskanzler kommt **Willy Brandt** (1913–92) in die damalige DDR, um sich in Erfurt mit dem Vorsitzenden des DDR-Ministerrates, **Willi Stoph** (1914–99), zu einem mehrstündigen Gespräch zu treffen. Dieser eintägige Besuch symbolisiert eine sichtbare Wende in der westdeutschen Ostpolitik. Die sozialliberale Regierungskoalition treibt damit ihre Strategie eines **Wandels durch Annäherung** weiter voran, die auch die Ziele verfolgt, Erleichterungen für die Menschen, gutnachbarliche Beziehungen und die Sicherung Westberlins festzuschreiben. Denn bis zum Regierungswechsel 1969 war jeglicher Kontakt zwischen demokratischen und kommunistischen Staaten vermieden worden. So gibt es schon im Vorfeld der Reise starke Proteste und heftige Angriffe auf den damaligen Bundeskanzler. Insbesondere die Opposition wertet den Besuch als „Kapitulation gegenüber dem Sozialismus" und als „Verrat der Einheit des Vaterlandes". Das erste Treffen der Regierungschefs bringt jedenfalls – außer der Vereinbarung eines weiteren Treffens – keine konkreten Resultate, wird aber in der Be-völkerung als Zeichen der Hoffnung auf eine Annäherung zwischen beiden deutschen Staaten gewertet, auch wenn deren Positionen weiterhin unverändert bleiben: Die DDR verlangt als Vorbedingung weiterer Verhandlungen eine völkerrechtliche Anerkennung durch die Bundesregierung, diese wiederum hält an der Idee der Einheit einer deutschen Nation fest. Am 21. Mai kommt Willi Stoph zu einem Gegenbesuch nach Kassel.

Am 7.12.1970 kniet Willy Brandt vor dem Ehrenmal in Warschau, das den Helden des Getto-Aufstands von 1943 gewidmet ist

Kniefall von Warschau

Zum 7. Dezember reist Bundeskanzler **Willy Brandt** nach Warschau. Anlass ist die Unterzeichnung des sogenannten Warschauer Vertrags mit Polen, in dem die Bundesrepublik die Oder-Neiße-Grenze als feste Westgrenze Polens anerkennt – ein wichtiger Schritt hin zu einer Normalisierung des Verhältnisses zwischen beiden Staaten, auch wenn Opposition und Vertriebenenverbände dagegen Sturm laufen. Auf dem Besuchsprogramm steht jedoch auch ein Besuch des Mahnmals für die Opfer des **Warschauer**

Willi Stoph (l.) und Willy Brandt (r.)

- 18. Februar: Staatssekretär Egon Bahr, SPD, reist zu Verhandlungen nach Moskau.
- 17. Mai: Der Moskauer Vertrag wird durch den Deutschen Bundestag gebilligt. Das Werk legt insbesondere den Verzicht auf Gewalt und Gebietsansprüche außerhalb bestehender Grenzen und die Zusammenarbeit zwischen beiden Staaten fest. Außerdem wird ein Tauschgeschäft über die Lieferung von Erdgas gegen Röhren vereinbart.
- 12. August: Bundeskanzler Willy Brandt, der sowjetische Ministerpräsident Alexej Nikolajewitsch Kossygin sowie die Außenminister Walter Scheel und Andrej Andrejewitsch Gromyko unterzeichnen in Moskau den deutsch-sowjetischen Freundschafts- und Kooperationsvertrag. Die Frage der Wiedervereinigung Deutschlands bleibt gemäß einem beigefügten „Brief zur deutschen Einheit" offen.
- 7. Dezember: Unterzeichnung des Warschauer Vertrags über die „Grundlagen der Normalisierung" zwischen der Bundesrepublik und Polen. Der Vertrag gleicht im Wortlaut dem Moskauer Vertrag: Anerkennung der deutsch-deutschen Grenze und der polnischen Westgrenze (Oder-Neiße-Linie) durch die Bundesrepublik.

Gettos. Geplant ist, dass Brandt dort einen Kranz niederlegt und wieder geht. Er tritt vor, zieht die Kranzschleife zurecht, tritt einen Schritt zurück und … **fällt auf die Knie.** Etwa eine halbe Minute verharrt der deutsche Kanzler im Gedenken an die Opfer des Nationalsozialismus auf dem nassen Asphalt, die Hände ineinander gelegt, stumm zu Boden blickend. „Unter der Last der jüngsten deutschen Geschichte tat ich, was Menschen tun, wenn die Worte versagen. So gedachte ich der Millionen Ermordeten", erklärt er später.

Die Bitte um Versöhnung verfehlt ihre Wirkung nicht und bringt sowohl dem Kanzler als auch der Bundesrepublik weltweite Anerkennung. Im eigenen Land ist die symbolische Geste jedoch umstritten: Nach einer *Spiegel*-Umfrage halten sie 48 Prozent der Bundesbürger für übertrieben, 41 Prozent für angemessen, elf Prozent haben keine klare Meinung. Unabhängig davon, ob die Geste spontan oder geplant war: Sie geht als der **Kniefall von Warschau** in die Geschichte ein.

Befreiung von Andreas Baader

Andreas Baader, undatiertes Polizeifoto

RAF-Mitglied **Andreas Baader** (1943–77), der wegen Kaufhausbrandstiftung mit politischem Hintergrund zu drei Jahren Haft verurteilt worden war und im Zuchthaus Berlin-Tegel einsitzt, wird am 14. Mai von **Irene Goergens** (geb. 1951), **Ulrike Meinhof** (1934–76), **Gudrun Ensslin** (1940–77), **Ingrid Schubert** (1944–77) und einem nie identifizierten Mann mit Waffengewalt befreit und kann mit ihnen in einem bereitgestellten Wagen entkommen. Baader war auf Veranlassung der Journalistin Ulrike Meinhof und mit Unterstützung seines Anwalts **Horst Mahler** (geb. 1936) in das Berliner Zentralinstitut für Soziale Fragen ausgeführt worden, um dort zusammen mit der Journalistin dringend notwendiges Material für ein gemeinsames Buchprojekt zu sichten. Bei der Befreiungsaktion wird ein Institutsangestellter von einer Kugel getroffen und erliegt später seinen Verletzungen, ein Justizbeamter wird leicht verletzt. Befreiter und Befreier reisen von Juni bis August über den Ostberliner Flughafen Schönefeld nach Jordanien aus. Die Flucht Baaders gilt mittlerweile als Geburtsstunde der **Roten Armee Fraktion** (RAF): Schon am 22. Mai erscheint in der linksradikalen Zeitschrift *agit 883* unter dem Titel *Die Rote Armee aufbauen* eine erste öffentliche Erklärung der RAF.

Contergan-Prozess: Verfahrenseinstellung

Nach zweieinhalb Jahren endet der Prozess gegen Angestellte der Firma Chemie Grünenthal – mit der Einstellung des Verfahrens. Die Firma hatte 1957 das Schlaf- und Beruhigungsmittel **Contergan** auf den Markt gebracht. Bei 300 Personen waren nach der Einnahme bleibende Nervenschäden aufgetreten. Vor allem wurden jedoch Kinder geschädigt, deren Mütter das Mittel während der Schwangerschaft eingenommen hatten. Die Hälfte der 5000 Neugeborenen starb kurz nach der Geburt, die Überlebenden haben verkrüppelte Gliedmaßen. Die Anklage hatte insbesondere geltend gemacht, dass Ärzte und Verbraucher zu spät informiert worden seien. Das für das Verfahren zuständige Aachener Landgericht verweist in seinem Urteil und der Begründung zur Einstellung des Verfahrens jedoch zum einen auf die unzureichenden gültigen Arzneimittelgesetze, zum anderen auf die vom Pharmaunternehmen bereitgestellte Entschädigung von 114 Millionen DM.

Blick in den Verhandlungssaal, aufgenommen am 27. Mai 1968

Lohnfortzahlungsgesetz für Arbeiter

Mit Beginn des Jahres tritt das sogenannte **Lohnfortzahlungsgesetz** in Kraft, das der Deutsche Bundestag am 12.6.1969 mit großer Mehrheit verabschiedet hatte. Während der ersten sechs Krankheitswochen sind die Arbeitgeber in Zukunft zur Zahlung des vollen Bruttolohns auch an Arbeiter verpflichtet. Bislang wurde der Nettolohn von den Krankenkassen bezahlt. Vorteil nun: Die Einnahmen während der ersten sechs Krankheitswochen sind jetzt sozialversicherungspflichtig, unterliegen also der Arbeitslosen- und Rentenversicherung. Außerdem stellt das Gesetz einen wichtigen Schritt auf dem Weg zur sozialen **Gleichstellung mit Angestellten** dar. 1996 wird die CDU/FDP-Regierung unter **Helmut Kohl** (geb. 1930) die Lohnfortzahlung auf 80 Prozent des Bruttolohns begrenzen, die rot-grüne Regierung unter **Gerhard Schröder** (geb. 1944) wird sie 1999 wieder auf 100 Prozent anheben.

Bernhard Lotz (Jörg Pleva) ist beinahe am Ziel: Er muss im Studio die letzten Meter durch eine schusssichere Röhre laufen. Dabei zielen die Killer auf Löcher in der Röhre – die letzte Möglichkeit, Lotz zu töten

Perfekte Fiktion: *Das Millionenspiel*

Am 18. Oktober strahlt der WDR ein Fernsehspiel aus, das für ungeahnte Reaktionen sorgt. Millionen von Fernsehzuschauern erleben die Jagd auf einen Kandidaten (Jörg Pleva, geb. 1942, als Bernhard Lotz), der sieben Tage lang von einer bezahlten Killerbande (Dieter Hallervorden, geb. 1935, als Bandenchef Köhler) verfolgt wird – bis es zum Show-down vor dem Studiopublikum kommt. Für den Fall, dass Lotz überlebt, soll er von einem Privatsender eine Million Mark erhalten, andernfalls folgt er den ers-

ten acht erfolglosen Kandidaten des *Millionenspiels* in den Tod. Das Spiel kommt als **Fernsehshow** daher (Dieter Thomas Heck, geb. 1937; als Moderator Thilo Uhlenhorst), unterbrochen von Werbeinblendungen für Verhütungsmittel und Leichenkosmetik. Den Menschen jedenfalls stockt der Atem und viele von ihnen halten das inszenierte Horrorszenario für echt. Nach der Sendung gehen zahlreiche Bewerbungen von zur Teilnahme entschlossenen Zuschauern beim WDR ein. Immerhin protestieren aber auch tausende telefonisch gegen die Show. Drehbuchautor **Wolfgang Menge** (geb. 1924) hat mit seiner Satire auf die Quotengläubigkeit des Fernsehens eine Vision vorweggenommen: Denn in der Wirklichkeit gibt es noch kein Privatfernsehen, keine Werbepausen und vor allem keine Reality-Shows, die Kandidaten zu unfassbaren Taten verleiten.

Aus der Fassung gebracht von den bohrenden Fragen des Hamburger Hauptkommissars Paul Trimmel (Walter Richter), greift Erich Landsberger (Paul Albert Krumm) zur Pistole

Tatort Leipzig

Die ARD eröffnet eine gemeinsam mit dem Österreichischen Fernsehen (ORF) produzierte Krimi-Reihe. **Walter Richter** (1905–85) ist als bärbeißiger Hamburger Hauptkommissar Paul Trimmel am 29. November als Erster am *Tatort*. Der liegt – hier schlägt sich die sozialliberale Ostpolitik nieder – zunächst in der DDR: Per Fernschreiben fordert der Leipziger Generalstaatsanwalt die Behörden der Bundesrepublik zur Mithilfe bei der Klärung eines Falles auf. An einem Autobahnrastplatz bei Leipzig hatte man die Leiche eines Jungen entdeckt, der Schuhe aus der Bundesrepublik trug. Trimmel wird mit dem Fall beauftragt und setzt sich ins *Taxi nach Leipzig*. Fortan darf sich der Zuschauer einmal monatlich mit jeweils verschiedenen Kommissaren auf die Suche nach dem Täter begeben: So ermitteln schon 1971 bald regelmäßig z. B. in Hamburg auch **Sieghardt Rupp** (geb. 1931) als Zollfahnder Kressin, in Frankfurt **Klaus Höhne** (1927–2006) als Kriminalkommissar Konrad, in

Kiel **Klaus Schwarzkopf** (1922–91) als Kommissar Finke, in Wien **Fritz Eckhardt** (1907–96) als Oberinspektor Marek. Die unabhängigen ARD-Landesanstalten und das ORF produzieren die einzelnen Folgen eigenständig: Authentizität und Lokalkolorit werden zum Kennzeichen der Reihe. Das Sendeformat in Spielfilmlänge erlaubt es zudem, aktuelle und brisante Themen ausführlicher in den Mittelpunkt zu stellen. Die Produktion der Reihe ist zunächst auf zwei Jahre begrenzt, wird aber bis 1974, dann bis 1976 und schließlich bis zur hundertsten Sendung im Sommer 1979 verlängert. Doch auch nach 2000 ist der *Tatort* eine der erfolgreichsten Krimi-Serien der ARD mit festem Sendeplatz am Sonntagabend, selbst Wiederholungen erreichen – wenngleich auch nicht die Traumquoten von 50–70 Prozent der ersten Folgen – hohe Zuschauerzahlen.

WAS SONST NOCH GESCHIEHT

- ⮑ Nach zweieinhalb Jahren geht der Biafrakrieg um die gleichnamige abtrünnige, erdölreiche Ostregion Nigerias zu Ende: Er hat zwei Millionen Menschen das Leben gekostet
- ⮑ In Ostpakistan kommen bei einer Flutkatastrophe schätzungsweise weit über 200.000 Menschen ums Leben, ca. eine Million Menschen werden obdachlos
- ⮑ Der sogenannte Jumbo, eine Boeing 747, die bis zu 450 Personen befördern kann, wird erstmals im Transatlantik-Liniendienst eingesetzt
- ⮑ Computertechniker bringen die Floppy-Disk im Acht-Zoll-Format auf den Markt
- ⮑ Auf seiner „apostolischen Reise" nach Ostasien, Ozeanien und Australien entgeht Papst Paul VI. auf dem Flughafen der philippinischen Hauptstadt Manila nur knapp einem Attentat

Sport für alle

Am Anfang des Jahrzehnts geht es den Deutschen zwar wirtschaftlich gut, doch lässt die bundesdeutsche Gesundheit zu wünschen übrig: Gut 30 Prozent der Männer und etwa 40 Prozent der Frauen leiden unter Übergewicht, die Zahl der

Logo der Breitensportbewegung „Trimm Dich"

Herzinfarkte ist dramatisch angestiegen. Um dem die Produktivität schädigenden Trend entgegenzuwirken, ruft **Willi Daume** (1913–96), Präsident des Deutschen Sportbundes (DSB), am 16. März zur Aktion **Trimm dich durch Sport!** auf. Der DSB will mit seiner Initiative eine breite Bevölkerung zu körperlicher Betätigung anregen und wirbt mit modernen Kommunikations- und Marketingmethoden: Unter anderem soll das Maskottchen Trimmy, ein kleines, quadratköpfiges Männchen mit hochgestrecktem Daumen, die trägen Bundesbürger fortan mit Slogans wie „Trimm dich durch Sport", „Ein Schlauer trimmt die Ausdauer" oder „Spiel mit – da spielt sich was ab" animieren, sich sportlich zu betätigen. Schließlich sollen gemäß des DSB-Anspruchs „Sport für alle" nicht nur junge, talentierte und ausdauernde Sportler, sondern vor allem ältere, leistungsschwache und untalentierte Menschen angesprochen werden. Die Aktion kommt an: Noch im selben Jahr kennen 60 Prozent der Bundesdeutschen das kleine Männchen, Sportvereine erleben einen unerwarteten Zulauf. In vielen Naherholungsgebieten entstehen längs der Wanderwege drei bis vier Kilometer lange, sportmedizinisch durchdachte **Trimm-Dich-Pfade**. Bis dahin sportlich uninteressierte Normalbürger sind dazu eingeladen, unter anderem Bocksprünge, Liegestütze, Klimmzüge und Balance-Akte an hölzernem Turngerät zu absolvieren, um ihre Kraft, Kondition und Koordination zu schulen.

Ein Toter wird Weltmeister

Beim Training zum Großen Preis von Italien in Monza kommt es zu einem folgenschweren Unfall. Mit einer gebrochenen Bremswelle rast der Formel-1-Fahrer **Jochen Rindt** (1942–70) mit seinem Lotus und ca. 250 Stundenkilometern in die Leitplanken, der Wagen überschlägt sich mehrmals und zerbricht. Rindt, der als gebürtiger Deutscher mit österreichischer Lizenz fährt, verunglückt tödlich. Später wird man eine zerrissene Luftröhre und einen eingedrückten Brustkasten als Todesursache feststellen. Kritiker bemängeln daraufhin insbesondere die Leichtbauweise von Formel-1-Rennwagen.

Nachdem Rindt bereits 1969 beim Großen Preis von Spanien einen schweren Unfall erlitten und im laufenden Jahr bereits die ersten fünf Grand-Prix-Rennen gewonnen hatte, wollte er seine Karriere mit dem Weltmeistertitel beenden. Weil er in der Gesamtwertung auch nach seinem Tod unaufholbar führt, wird er tatsächlich posthum zum **Formel-1-Weltmeister** erklärt.

Jochen Rindt in seinem Rennwagen vor dem Training zum Großen Preis von Monza

Viermächteabkommen über Berlin

Am 3. September unterzeichnen die Botschafter der alliierten Siegermächte Großbritannien, UdSSR, USA und Frankreich das sogenannte **Viermächteabkommen** über Berlin. Es regelt den Status der geteilten Stadt: Das Recht der Alliierten auf Anwesenheit in Berlin und die Verantwortung für die Stadt wird bestätigt und es wird festgeschrieben, dass der Westteil Berlins „wie bisher kein Bestandteil" der Bundesrepublik ist – auch wenn Moskau die faktische Zugehörigkeit der Westsektoren zum Rechtssystem der Bundesrepublik akzeptiert. Gleichzeitig sieht das Abkommen Verbesserungen im Besucherverkehr von Westberlin nach Ostberlin und in die DDR vor. Zudem garantiert die Sowjetunion den ungehinderten zivilen Transitverkehr zwischen der Bundesrepublik Deutschland und Westberlin, Einzelheiten sollen jedoch in einer gesonderten Vereinbarung zwischen beiden deutschen Staaten getroffen werden. Die langwierigen, über ein Jahr dauernden Verhandlungen hatten sich insbesondere deshalb schwierig gestaltet, weil die Vertreter der Sowjetunion die Viermächte-Zuständigkeit lediglich auf Westberlin, die West-

Einigung der vier Botschafter über Berlinabkommen (v.l.n.r.): Kenneth Rush (USA), Pjotr A. Abrassimow (Sowjetunion), Sir Roger Jackling (Großbritannien) und Jean Sauvagnargues (Frankreich)

mächte jedoch auf die ganze Stadt beziehen wollten. Erst nach einer De-facto-Anerkennung der DDR durch die Westmächte hatte die Sowjetunion ihre Bedenken gegen eine Anbindung der Westsektoren an die Bundesrepublik aufgegeben. Das Abkommen tritt am 3.6.1972 in Kraft. Es kam wegen der **Entspannungspolitik** zwischen den USA und der UdSSR sowie der Deutschland- und Ostpolitik der sozialliberalen Koalition zu Stande.

Unterzeichnung des Transitabkommens

In Ergänzung zum **Viermächteabkommen** werden deutsch-deutsche Vereinbarungen getroffen: Im Bonner Kanzleramt unterzeichnen am 17. Dezember die Staatssekretäre **Egon Bahr** (SPD, geb. 1922) und **Michael Kohl** (SED, 1929–81) das **Transitabkommen** zwischen der Bundesrepublik Deutschland und der DDR. Das Abkommen – es soll gemeinsam mit dem Viermächteabkommen in Kraft treten – ist der erste Vertrag zwischen beiden deutschen Staaten auf Regierungsebene. Er regelt den Personen- und Güterverkehr zwischen der Bundesrepublik Deutschland und Westberlin und erleichtert Westdeutschen die Fahrten von und nach Westberlin. Die Bundesrepublik bestimmt und beschleunigt mit Zahlungen in Devisen die Richtlinien des Baus der Transitstrecken. Den Autobahnprojekten kommt innerhalb der DDR-Wirtschaft eine große Bedeutung zu und sie werden planungsgerecht abgeschlossen. In der Folge kommt es zu einer Erhöhung des Transitaufkommens sowie der Zahl der Besuche von Westberlinern in Ostberlin und der DDR. Am 26.5.1972 folgt dem Abkommen ein **Verkehrsvertrag**, der den Personen- und Güterverkehr zwischen West- und Ostdeutschland regelt. Innerhalb eines Jahres wird die Zahl der

Im Gobelin-Saal im Palais Schaumburg in Bonn wurde das Transitabkommen durch Egon Bahr (r.) und Michael Kohl (l.) unterzeichnet

DDR-Reisen von 1,4 auf 2,3 Millionen steigen. Selbst DDR-Bürger, die das Rentenalter noch nicht erreicht haben, dürfen nun bei dringenden Familienangelegenheiten in den Westen reisen.

Neue Straßenverkehrsordnung

In der Bundesrepublik tritt auf Initiative des Bundesverkehrsministers **Georg Leber** (geb. 1920) zum 1. März eine neue **Straßenverkehrsordnung** (StVO) mit grundlegenden Änderungen in Kraft. Sie löst die bisherige aus dem Jahr 1937 inklusive späterer Änderungen ab. Die StVO regelt das Verhalten sämtlicher Teilnehmer im Straßenverkehr, die Verwendung von Zeichen und Verkehrseinrichtungen und enthält Durchführungs- und Bußgeldvorschriften. Die neuen Verkehrsregeln sollen die Unfallziffern senken und eine Anpassung an international gültige Vorschriften bewirken. Auch die Verkehrszeichen werden angepasst. 54 neue oder geänderte Verkehrszeichen sind insbesondere für die Autofahrer zunächst gewöhnungsbedürftig: z. B. ersetzt das rote, achteckige Stoppschild das dreieckige, blau-rote Halteschild, das neue gelb-weiße Quadrat

weist auf eine Vorfahrtsstraße hin. Verkehrsgefährdende Maßnahmen können zukünftig als Ordnungswidrigkeit geahndet werden.

DB führt Intercity-Züge ein

Mit Beginn des Winterfahrplans am 26. September führt die **Deutsche Bundesbahn** ihre bedeutendste Neuerung des Jahrzehnts ein. Die Bahn startet den planmäßigen Personenschnellverkehr mit sogenannten **Intercity-Zügen** (IC). Sie verkehren mit ca. 200 Stundenkilometern Spitzengeschwindigkeit im Zwei-Stunden-Takt auf vier Strecken, verbinden 33 bundesdeutsche Städte und führen ausschließlich die 1. Wagenklasse. Die Bahn möchte mit ihrem Angebot vor allem beruflich Reisende ansprechen, die zwischen deutschen Wirtschaftsstädten unterwegs sind, und bietet bald auch Serviceleistungen wie Zugpostfunk, Zugsekretariate und Konferenz-

NEUE MATHEMATIK

Obermengen, echte Teilmengen, Schnittmengen, Vereinigungsmengen, leere Mengen: Grundschüler rechnen nicht mehr mit Zahlen, denn zum neuen Schuljahr beginnt in der Bundesrepublik die Einführung der Mengenlehre. Im Rahmen einer allgemeinen Schulreform will man als Grundlage der sogenannten neuen Mathematik die Beschäftigung mit abstrakten Strukturen lehren, neben Rechenfertigkeiten auch das logisches Denken der Schüler fördern. Die Reform des Mathematikunterrichts stößt bei vielen Eltern auf Widerstand. Sie wollen verstehen, was ihre Kinder in den ersten Schuljahren lernen, und sie wollen ihnen helfen können. Die Mengenlehre wird nach wenigen Jahren zugunsten des traditionellen Rechenunterrichts wieder abgeschafft.

abteile an. Die damals ebenfalls nur die 1. Klasse führenden TEE-Züge (Trans Europ Express) – ab 1954 zunächst zwischen den Staaten der EWG (Europäische Wirtschaftsgemeinschaft) und der Schweiz verkehrende Luxuszüge – werden auf den betreffenden Strecken in das IC-Taktsystem eingebunden. Mit dem Slogan **Jede Stunde, jede Klasse** führt die Bahn 1979 die 2. Wagenklasse und den Ein-Stunden-Takt bei IC-Zügen ein, um der wachsenden Nachfrage entgegenzukommen. Kennzeichen der IC-Züge sind das im Vergleich zu anderen Zügen höherwertige Wagenmaterial und die höheren Geschwindigkeiten, weniger Halte … und höhere Preise. Gleichzeitig entfallen die auf den IC-Strecken verkehrenden, bis zu einer Reisestrecke von 50 Kilometern zuschlagfreien D-Züge bis auf wenige Nachtzüge nahezu völlig. 1987 werden die letzten TEE-Verbindungen eingestellt und durch den Eurocity (EC), eine europäische Zuggattung für Qualitätszüge der 1. und 2. Wagenklasse, ersetzt. Am 2.6.1991 verkehrt erstmals ein 200 Stundenkilometer schneller **Intercity-Express** (ICE) auf der Strecke Hamburg – München.

TIERISCHER FERNSEHAUFTRITT

- 7.3.1971: Der WDR strahlt das erste Mal die *Lach- und Sachgeschichten* aus
- 10.3.1971: Eine orangefarbene Maus erscheint in der Bildergeschichte *Maus im Laden*
- 23.1.1972: Die *Lach- und Sachgeschichten* heißen jetzt *Sendung mit der Maus*
- 6.2.1972: Die Maus bekommt Gesellschaft. Der Maulwurf aus Prag hat in der Geschichte *Maulwurf und Auto* seinen ersten Auftritt
- 23.2.1975: Ein kleiner blauer Elefant trötet und trampelt erstmals über den Bildschirm
- 2.1.1987: Vorwitzig und frech – Die kleine gelbe Ente wird das jüngste Mitglied in der Maus-Familie

Friedensnobelpreis für deutschen Kanzler

Als am 20. Oktober der Deutsche Bundestag über den Haushalt für das Jahr 1972 berät, unterbricht Bundestagspräsident **Kai-Uwe von Hassel** (1913–97) die Sitzung und teilt den Abgeordneten mit, dass soeben ein Telegramm des Nobel-Komitees eingetroffen sei: **Willy**

Bundeskanzler Willy Brandt mit der Urkunde nach der feierlichen Verleihung des Friedensnobelpreises am 10. Dezember 1971 in der Aula der Universität von Oslo

Brandt (1913–92) erhalte den Friedensnobelpreis. Selbst die Opposition ehrt den Preisträger durch stehende Ovationen. In der Begründung aus Oslo heißt es dann: „Bundeskanzler Willy Brandt hat als Chef der westdeutschen Regierung und im Namen des deutschen Volkes die Hand zu einer Versöhnungspolitik zwischen alten Feindländern ausgestreckt. Er hat im Geiste des guten Willens einen hervorragenden Einsatz geleistet, um Voraussetzungen für den Frieden in Europa zu schaffen." Die Verleihung des Preises findet am 10. Dezember in der Universität von Oslo statt. „Die Ehre der Preisverleihung", so erklärt Brandt in seiner Dankesrede, „ kann gewiss nur als eine Ermutigung meines politischen Strebens verstanden werden, (…) und ich darf hinzufügen, wie viel es mir bedeutet, dass auf meine Arbeit im Namen des deutschen Volkes abgehoben wurde. Dass es mir also vergönnt war, nach den unauslöschlichen Schrecken der Vergangenheit den Namen meines Landes und den Willen zum Frieden in Übereinstimmung gebracht zu sehen." Brandt ist der vierte Deutsche, dem diese Auszeichnung zuteil wird. Vor ihm hatten schon der damalige deutsche Außenminister **Gustav Stresemann** (1878–1929, verliehen 1926 für die Aussöhnung zwischen Deutschland und den Westmächten), der Historiker und Parlamentarier **Ludwig Quidde** (1858–1941, verliehen 1927) sowie der Publizist **Carl von Ossietzky** (1889–1938; für 1935, verliehen 1936) den Friedensnobelpreis erhalten.

§ 218: Selbstanzeige als Protest

Die neue Frauenbewegung, die sich im Zuge der Studentenbewegung bereits 1968 formiert hatte, erfährt durch die Kritik an **§ 218** Anfang der 70er-Jahre eine Ausweitung. Denn das deutsche Strafrecht stellt Abtreibungen seit 1871 grundsätzlich unter Strafe, seit 1927 sind Abtreibungen aus medizinischen Gründen in Ausnahmefällen zugelassen. So sind es nicht nur einige Frauengruppen, die sich für eine Reform beziehungsweise eine Streichung des § 218 einsetzen, sondern die Frauen protestieren zu tausenden in der Öffentlichkeit. In vielen Städten der Bundesrepublik demonstrieren sie unter dem Slogan **Mein Bauch gehört mir** für ein Selbstbestimmungsrecht aller Frauen am eigenen Körper. Am 6. Juni erregt zudem eine ungeheuerliche Selbstbezichtigung in der bundesdeutschen Gesellschaft großes Aufsehen. Im Rahmen einer Kampagne der Zeitschrift *stern* bekennen 374 Frauen, unter ihnen auch Prominente: „Wir haben abgetrieben". Mit ihnen meldet sich vor allem **Alice Schwarzer** (geb. 1942) in ihrer direkten und polarisierenden Art zu Wort, um auf die Funktion von Sexualität

bei der Entmündigung von Frauen aufmerksam zu machen. Es ist ihr erstes großes Projekt und macht sie zu einer Vorkämpferin für Frauenrechte, denn die folgende kontroverse Diskussion geht weit über die Frage des Schwangerschaftsabbruchs hinaus.

374 deutsche Frauen halten den § 218 für überholt und erklären öffentlich: „Wir haben gegen ihn verstoßen"

Weltweit erste Magnetschnellbahn

Der Luft- und Raumfahrtkonzern Messerschmitt-Bölkow-Blohm (MBB) stellt am 6. Mai den weltweit ersten **magnetbetriebenen Zug** vor. Er verkehrt auf einer ca. 700 Meter langen Teststrecke bei Ottobrunn in Bayern. Noch im Herbst stellt der Maschinenbauer Krauss-Maffei eine eigene Studie vor: den Transrapid 02. Fortan entwickeln beide gemeinsam die sogenannte **EMS-Technologie** (elektromagnetisches Schweben) weiter. 1979 verkehrt die erste für Menschen zugelassene Magnetschwebebahn, der Transrapid 05, auf der **Internationalen Verkehrsausstellung** in Hamburg. Die Konstrukteure versprechen den Bahnkunden schon für die 80er-Jahre Sicherheit, Schnelligkeit und Komfort eines Magnetzugs auf der 1100 Kilometer langen Strecke Hamburg – Ruhrgebiet – München. Dazu wird ab 1980 im emsländischen Haren eine 31,5 Kilometer lange Teststrecke errichtet, auf der die Züge immer wieder Weltrekorde einfahren – der Transrapid 07 bringt es auf 450 Stundenkilometer. Doch aus dem Großprojekt wird ebenso wenig wie aus der ab 1994 geplanten Verbindung Hamburg – Berlin, man überlegt sich stattdessen Alternativstrecken wie eine Anbindung des Münchner Flughafens an den Hauptbahnhof oder eine Ruhrgebietstrasse. Immerhin wird außerhalb Deutschlands am 31.12.2002 eine 30 Kilometer lange Transrapidstrecke von Shanghai zum Flughafen Pudong International eröffnet. Die Idee für das elektromagnetische Schweben von Fahrzeugen hatte in den 30er-Jahren bereits **Hermann Kemper** (1892–1977): Ihm wurde dafür am 14.8.1934 das deutsche Reichspatent DRP 643316 zugesprochen. Eine Teststrecke wurde wegen des 2. Weltkrieges nie gebaut.

Entführung von Theo Albrecht

Der Milliardär **Theo Albrecht** (geb. 1922) wird am 29. November beim Verlassen seiner Firmenzentrale in Herten (Ruhrgebiet) entführt. Das Drama findet nach 17 Tagen mit der Zahlung eines Lösegelds in Höhe von sieben Millionen Mark – für damalige Verhältnisse ein Rekord – ein ver-

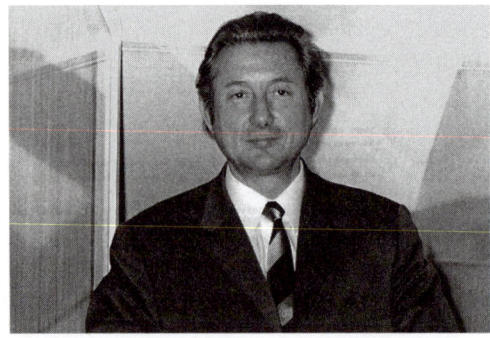

Theo Albrecht steht nach seiner Rückkehr am Fenster seines Hauses

hältnismäßig glimpfliches Ende, nachdem der Ruhrbischof **Franz Hengsbach** (1910–91) die geforderte Summe an die Erpresser übergibt. Die werden bald darauf gefasst und 1973 vom Landgericht Essen zu einer Freiheitsstrafe von jeweils achteinhalb Jahren verurteilt. Nach seiner Entführung klagt der geschäftüchtige Unternehmer vor Gericht, um das gezahlte Lösegeld steuerlich absetzen zu können. Bald zieht er sich völlig aus der Öffentlichkeit zurück. Die Entführung macht den Bundesbürgern deutlich, welcher Handelsriese unbemerkt in ihrem Land herangewachsen ist. Theo Albrecht hatte Anfang der 60er-Jahre mit seinem Bruder **Karl Albrecht** (geb. 1921) eine neue Geschäftsform eingeführt: den Lebensmitteldiskount. Im Albrecht-Diskount, kurz **Aldi**, ist das Warensortiment begrenzt, die Artikel müssen einen hohen Warenumschlag aufweisen, wenn sie im Sortiment bestehen sollen, auf Dekoration, aufwändige Ladenausstattung und teure Werbung verzichtet man ganz. Nach Eröffnung der ersten Aldi-Filiale 1962 in Dortmund wächst die Firma innerhalb von zehn Jahren auf über 600 Filialen in rund 300 Städten an. Inzwischen unterhält Aldi rund 3800 Filialen weltweit, setzt allein im Jahr 2000 ca. 31,9 Milliarden Euro um und macht einen Gewinn von 500 Millionen Euro. Mit einem geschätzten Privatvermögen von 55 Milliarden DM, so das US-amerikanische Wirtschaftsmagazin Forbes, belegen die Albrecht-Brüder 2001 zusammen den fünften Platz unter den reichsten Menschen der Welt.

Regelung der staatlichen Ausbildungsförderung

Zum ersten Mal ist in der Bundesrepublik die staatliche Ausbildungsförderung gesetzlich geregelt: Am 1. September tritt das sogenannte **Bundesausbildungsförderungsgesetz,** kurz **BAföG,** als Synonym für die finanzielle Förderung, in Kraft. Es garantiert erstmals einen Rechtsanspruch auf Förderung. Das BAföG wird zunächst als reines Stipendium gewährt, es braucht nicht zurückgezahlt werden. In diesen Genuss kommen erst jedoch nur individuell bedürftige Studierende, erst im Laufe der 70er-Jahre haben auch Schüler und Auszubildende Anspruch auf die staatliche Förderung. Später ändern sich auch immer wieder staatliche Finanzierungsart und Förderungsvoraussetzungen. So wird z. B. 1974 trotz massiver Proteste ein verpflichtendes Grunddarlehen eingeführt, das von jedem BAföG-Empfänger aufzunehmen und nach Ende der Ausbildung unverzinst zurückzuzahlen ist (1977 sind es ca. 150,– DM). Mit der Einführung des BAföG kommt der Gesetzgeber nicht nur der Aufgabe eines sozialen Rechtsstaats nach, soziale Unterschiede von Kindern aus Familien mit niedrigen oder mittleren Einkommen auszugleichen und auf eine berufliche Chancengleichheit hinzuwirken, sondern auch der, Bildungspotenziale zu aktivieren. Denn Industrie und Dienstleistungsunternehmen verlangen nach hoch ausgebildeten Spitzenkräften.

Bestechungsskandal bei Bundesligaspielen

Drei Jahre vor der Fußball-WM im eigenen Land macht der deutsche Fußball Schlagzeilen: Im Abstiegskampf kommt es in der Saison 1970/71 zu

Chefankläger Hans Kindermann

unsauberen Vorgängen durch Geldzuwendungen. Rot-Weiß Oberhausen und Arminia Bielefeld gelingt durch „gekaufte" Punktspiele der Klassenerhalt. Der Betrug wird am 6. Juni bekannt durch **Horst-Gregorio Canellas** (1921–99), den Präsidenten des ebenfalls vom Abstieg bedrohten Bundesligavereins Kickers Offenbach. Er hatte Bestechungsangebote erhalten, sie auf Tonband aufgezeichnet und sie dem Deutschen Fußball-Bund (DFB) zur Verfügung gestellt. **Hans Kindermann** (geb. 1922), Vorsitzender des DFB-Kontrollausschusses, führt als Chefankläger die Ermittlungen und stellt unter anderem fest, dass die Partie FC Schalke 04 – Arminia Bielefeld vom 17. April „verschoben" worden war. Später erhalten fast alle Spieler der Schalker Mannschaft eine lange Sperre, darunter auch die Nationalspieler Klaus Fischer (geb. 1949), Reinhard Libuda (1943–96) und Klaus Fichtel (geb. 1944). Beteiligt sind auch Spieler von Hertha BSC, dem VfB Stuttgart, der Arminia Bielefeld, dem MSV Duisburg und der Eintracht Braunschweig. Für die Manipulationen in insgesamt elf Spielen werden 52 Spieler, zwei Trainer und sechs Funktionäre bestraft. Dem wegen der Manipulationen abgestiegenen Verein Rot-Weiß Essen wird keine Wiedergutmachung gewährt, Arminia Bielefeld jedoch 1972 in die Regionalliga versetzt. Die Zuschauerzahlen bei Bundesligaspielen gehen bis 1973 um knapp 20 Prozent zurück. Der Skandal beschäftigt die Republik fünfeinhalb Jahre lang, ehe am 8.1.1976 vor dem Landgericht Essen das letzte Verfahren abgeschlossen wird.

Willy Brandt übersteht Misstrauensvotum

Zwar hat die sozialliberale Koalition unter Bundeskanzler **Willy Brandt** (1913–92) auf außenpolitischer Ebene das Ansehen Deutschlands durch ihre **Entspannungspolitik** gemehrt, im Bundestag gerät die Regierung jedoch wegen ihrer Ostverträge und innenpolitischer Spannungen von Seiten der Opposition unter Druck. Die CDU/CSU-Koalition beschließt daher – erstmalig in der Geschichte der Bundesrepublik – ein konstruktives **Misstrauensvotum**. Mit 247 zu 249 Stimmen verfehlt die Union am 27. April im Bundestag knapp ihr Ziel, Willy Brandt zu stürzen und durch ihren Kandidaten **Rainer Barzel** (1924–2006) zu ersetzen. Die solide Mehrheit der sozialliberalen Koalition schmilzt wegen mehrerer Überläufer zur CDU zwar dahin, allerdings sorgen Abweichler in den Reihen der CDU für ein Scheitern des Votums. Wegen der unsicheren Mehrheitsverhältnisse stellt der Kanzler am 22. September die **Vertrauensfrage**. Weil die Abgeordneten der Regierungskoalition der Abstimmung fernbleiben, verweigert die Mehrheit ihr Vertrauen und Bundespräsident **Gustav Heinemann** (1899–1976) löst den Bundestag auf. Für den 19. November werden Neuwahlen angesetzt, aus denen die SPD mit 45,8 Prozent erstmals als stärkste Fraktion hervorgeht – ihr bis heute bestes Ergebnis bei einer Bundestagswahl.

Rainer Barzel beglückwünscht Willy Brandt zum Wahlsieg

Am 14. Dezember wird Willy Brandt erneut zum Kanzler einer SPD/FDP-Koalition gewählt.

Grundlagenvertrag unterzeichnet

Wenige Tage, nachdem **Willy Brandt** (1913–92) erneut zum Kanzler gewählt wurde, unterzeichnen am 21. Dezember in Berlin Vertreter der Bundesrepublik Deutschland und der DDR einen Vertrag über die Grundlagen der Beziehungen zwischen beiden Ländern. Mit der Ratifizierung des Vertrags durch Bundestag und Volkskammer am 21.6.1973 tritt er in Kraft. Die Bundesrepublik Deutschland und die DDR erklären einen gegenseitigen Gewaltverzicht, verpflichten sich, Sicherheit und Zusammenarbeit zu fördern, erkennen die Unverletzlichkeit der zwischen ihnen bestehenden Grenze an und versichern ihre Bereitschaft, humanitäre Fragen zu regeln. Zudem wird die Einrichtung ständiger Vertretungen vereinbart, sie können am 2.5.1974 in Bonn und Ostberlin ihren Dienst aufnehmen. Mit dem Vertrag sind auch die Voraussetzungen für den Beitritt beider deutscher Staaten zur **UNO** erfüllt.

Auch wenn die Teilung Deutschlands als Folge des Zweiten Weltkriegs nicht überwunden ist, machen die Verträge mit der DDR den Weg frei für eine Zusammenarbeit zwischen beiden deutschen Staaten zum Wohle der Menschen: Verbesserung des Post- und Fernmeldeverkehrs, Familienzusammenführungen und Reiseerleichterungen rücken in greifbare Nähe.

Mit dem **Grundlagenvertrag** fällt zwar der Alleinvertretungsanspruch der Bundesrepublik Deutschland, die Staatsangehörigkeitsfrage wird jedoch wegen Vorbehalten der Bundesregierung ausdrücklich nicht geregelt. Sie hält am Konzept einer allgemeinen deutschen Staatsangehörigkeit fest und wird später durch das Bundesverfassungsgericht bestärkt: „Deutscher im Sinne des Grundgesetzes ist also nicht nur der Bürger der Bundesrepublik Deutschland. Für die Bundesrepublik Deutschland verliert ein Deutscher diese Staatsangehörigkeit nicht dadurch, dass ein anderer Staat sie aberkennt." Auch Deutsche mit Wohnsitz in der DDR können demnach die Garantie auf eine deutsche Staatsbürgerschaft in der Bundesrepublik Deutschland oder in Drittländern einfordern, westdeutsche Vertretungen müssen ihnen also Aufnahme gewähren und Pässe ausstellen.

Die Staatssekretäre Michael Kohl (l.) und Egon Bahr während der Paraphierungszeremonie des Grundlagenvertrags

AUSZEICHNUNG FÜR HEINRICH BÖLL

Am 10. Dezember erhält Heinrich Böll den Literatur-Nobelpreis „für eine Dichtung, die durch ihren zeitgeschichtlichen Weitblick in Verbindung mit ihrer von sensiblem Einfühlungsvermögen geprägten Darstellungskunst erneuernd im Bereich der deutschen Literatur gewirkt hat". Schreiben und Leben des Schriftstellers sind von seinem Bewusstsein als politischer Staatsbürger geprägt. Weil er auf eine auf moralischen Grundlagen aufbauende Politik hofft, unterstützt er die sozialliberale Koalition insbesondere wegen ihrer Ostpolitik, später auch Kernkraftgegner und die Friedensbewegung. Konservative Kritiker werfen ihm immer wieder vor, er sympathisiere mit dem Terrorismus. Böll ist Mitglied des P.E.N.-Zentrums der Bundesrepublik Deutschland, von 1970 bis 1972 dessen Präsident und von 1971 bis 1974 Präsident des Internationalen P.E.N.-Clubs, er wird mit zahlreichen weiteren Literaturpreisen und Ehrendoktorwürden ausgezeichnet. Seine bedeutendsten Veröffentlichungen in den 70er-Jahren sind der Roman *Gruppenbild mit Dame*, die Erzählung *Die verlorene Ehre der Katharina Blum* oder *Wie Gewalt entstehen und wohin sie führen kann* sowie der Roman *Fürsorgliche Belagerung*.

Radikalenerlass verabschiedet

Die Regierungschefs des Bundes und der Länder beschließen am 28. Januar „Grundsätze zur Frage der verfassungsfeindlichen Kräfte im öffentlichen Dienst", kurz **Radikalenerlass** oder **Berufsverbot**. „Die Einstellung in den öffentlichen Dienst setzt … voraus, dass der Bewerber die Gewähr dafür bietet, dass er jederzeit für die freiheitlich-demokratische Grundordnung im Sinne des Grundgesetzes eintritt." Grundsätzlich richtet sich der Erlass gegen Links- und Rechtsextremisten. In der Auslegung zielt er jedoch nach links gegen verschiedene Gruppen, die sich nach dem Zerfall der Außerparlamentarischen Opposition (APO) gebildet hatten oder aus deren Umfeld ihre Mitglieder rekrutierten – insbesondere jedoch gegen die zwar formal demokratisch auftretende, aber Moskau hörige Deutsche Kommunistische Partei (DKP), die sich 1968 konstituiert hat. Sie war aus der 1956 verbotenen Kommunistischen Partei Deutschlands (KPD) hervorgegangen.

Die Bundestagsparteien haben Interesse, jene Gruppierungen auszugrenzen, die sich außerhalb ihres politischen Spektrums befinden. Vor allem SPD und FDP erhoffen sich klare Konturen am linken Rand ihrer Anhängerschaft. Bis zur Abschaffung des Erlasses Ende der 70er-Jahre werden ca. 3,5 Millionen Regelanfragen an die Verfassungsschutzämter durchgeführt, in ca. 10.000 Fällen kommt es wegen vermeintlicher verfassungsfeindlicher Aktivitäten zu einer Ablehnung der Bewerber, über 100 Personen werden entlassen.

Das politische Klima im Land begünstigt die Durchsetzung des Erlasses. In der Wahrnehmung der breiten Öffentlichkeit und in den Mediendarstellungen verschmelzen allzu oft Anschläge der RAF, Aktionen anderer gewaltbereiter linker Gruppen, die „Stamokap-Fraktion" der Jungsozialisten

in der SPD, „Spontis" und „Marxisten" bei der FDP mit sonstigen „Radikalen" zu einer einzigen, den Rechtsstaat von links bedrohenden Einheit. Der Erlass wird mehrfach als demokratiefeindlich kritisiert. Selbst **Willy Brandt** (1913–92) bezeichnet ihn später als schweren Fehler seiner Regierung.

Fristlose Entlassung von Joseph Beuys

Joseph Beuys (1921–86), Professor für Bildhauerei an der Kunstakademie Düsseldorf, besetzt am 10. Oktober mit rund 60 abgewiesenen Studenten das Sekretariat der Hochschule. Gemäß seinem Motto **Jeder Mensch ist ein Künstler** und unter Berufung auf die Lehrfreiheit will er sie und weitere 70 Anwärter in seine Klasse aufnehmen, die immerhin bereits 270 Schüler zählt. **Johannes Rau** (1931–2006), der damalige Minister für Wissenschaft und Forschung des Landes Nordrhein-Westfalen und oberster Dienstherr des Künstlers, lässt ihm zunächst dienstrechtliche Konsequenzen androhen

---

BLUTIGER PROTEST

Aus Protest gegen „die Verbrechen des amerikanischen Imperialismus und ihrer Billigung durch die herrschende Klasse hier" und „gegen die Massenmörder von Vietnam" verübt die RAF (Rote Armee Fraktion) im Mai Anschläge insbesondere auf US-amerikanische Ziele in Deutschland

- 11. Mai: Bombenanschlag auf das V. US-Korps in Frankfurt/Main – ein Toter, 13 Verletzte
- 12. Mai: Bombenanschlag auf die Polizeidirektion Augsburg – fünf Verletzte; Autobombe vor dem LKA München – 60 Autos beschädigt, in sechs Stockwerken zerbersten die Fensterscheiben
- 15. Mai: Anschlag auf den Wagen von Wolfgang Buddenberg, Richter am Bundesgerichtshof in Karlsruhe und zuständig für die Verfolgung der RAF – seine Frau, die statt seiner am Steuer sitzt, wird schwer verletzt
- 19. Mai: Bombenanschlag auf das Axel-Springer-Gebäude in Hamburg – 17 Verletzte. Trotz mehrerer Warnanrufe wird das Gebäude nicht geräumt
- 24. Mai: Autobomben detonieren vor dem Europa-Hauptquartier der US-Armee in Heidelberg – drei Tote, fünf Verletzte

Joseph Beuys schaut durch eine Stacheldrahtbarriere, die von Kunststudenten in Düsseldorf aus Protest gegen seine Entlassung und als Symbol für die Unfreiheit an der Akademie errichtet worden ist

mit der knappen Begründung, die Akademie sei ohnehin überfüllt. Doch nachdem der Bildner („Ich halte mich an höheres Recht") und seine Anhänger die folgende Nacht hartnäckig im Sekretariat verharren, spricht der Minister („Auch wenn Herr Beuys malt, darf er keinen Hausfriedensbruch begehen") die fristlose Kündigung des Arbeitsverhältnisses aus. Namhafte Künstler wie **Heinrich Böll** (1917–85), **Peter Handke** (geb. 1942) und **Martin Walser** (geb. 1927) protestieren in einem offenen Brief. Bereits 1971 hatte der Professor mit einer Sekretariats-Besetzung jedoch Erfolg: Er durfte auch 142 abgewiesene Bewerber in seine Klasse aufnehmen, der Minister errichtete eine Dependance der Akademie in Münster. Nach der **Zwangsemeritierung** klagt Beuys gegen das Land Nordrhein-Westfalen, der Rechtsstreit endet 1978 mit der Feststellung des Arbeitsgerichts, die Kündigung sei rechtswidrig, und einem Vergleich. Obwohl Beuys seinen Professorentitel und das Nutzungsrecht für sein Atelier behalten darf, nimmt er in Wien eine Professur an der Hochschule für Angewandte Kunst an.

Joseph Beuys zählt zu den bedeutendsten deutschen Künstlern in der zweiten Hälfte des 20. Jahrhunderts.

BKA dennoch am 1. Juni einen Erfolg verbuchen, nachdem man in Frankfurt ein Sprengstofflager der RAF ausfindig gemacht und observiert hatte: Mit großem Polizeiaufgebot und unter massivem Tränengaseinsatz werden **Andreas Baader** (1943–77),

Fahndungsplakat des Bundeskriminalamts

Holger Meins (1941–74) und **Jan-Carl Raspe** (1944–77) gefasst. Am 7. Juni können auch **Gudrun Ensslin** (1940–77) in Hannover, am 15. Juni **Ulrike Meinhof** (1934–76) in Köln festgenommen werden. Damit sind die führenden Mitglieder der sogenannten **Baader-Meinhof-Gruppe** festgesetzt, sie werden in Isolationshaft genommen.

Bundesweite Terroristenjagd

Auf mehrere **Bombenanschläge**, die im Mai das Land erschüttern, folgt die bis dahin größte Fahndungsaktion in der Geschichte der Bundesrepublik. Dazu sind am 31. Mai alle Polizisten dem Bundeskriminalamt (BKA) unterstellt: Bundesweit sind Hubschrauber in der Luft, Straßensperren werden errichtet, Fahrzeugkontrollen finden statt. Die Großaktion bleibt jedoch weit gehend ohne Erfolg. Allerdings kann das

XX. Olympische Spiele in München

Nachdem sich München 1966 gegen Montreal bei der Olympia-Bewerbung durchsetzen konnte, fließen rund zwei Milliarden Mark in den Bau moderner Sportanlagen im **Olympiapark** und in eine aufwändige Infrastruktur. Es sollen **heitere Spiele** werden, wie **Willi Daume** (1913–96), Vorsitzender des Nationalen Olympischen Komitees (NOK) und des Organisationskomitees der Olympischen Spiele, betont. Deutschland will sich gastfreundlich, weltoffen, fröhlich und mit einer perfekten Organisation präsentieren. So marschieren die Sportler am 26. August in bunter Kleidung statt in grauen Uniformen in das Olympiastadion mit seinem sensationellen Zeltdach ein. Orchesterchef **Kurt Edelhagen** (1920–82) hat für seinen musikalischen *Einzug der Nationen* poppige Klänge unter Verwendung landestypischer Melodien gewählt – keine Marschmusik. Um politische Probleme beim Einmarsch der DDR-Sportler zu umgehen, hat er eine neue Musik mit dem Titel *An der Elbe* komponiert. Die Mannschaft der Bundesrepublik Deutschland – sie sollte ursprünglich von Ludwig van Beethovens *Ode an die Freude* (der Olympiahymne für die gesamtdeutschen Mannschaften der Olympischen Spiele von 1952 bis 1964) begleitet werden – marschiert zu *Hoch auf dem gelben Wagen* ein. Bundespräsident **Gustav Heinemann** (1899–1976)

Glanzvoller Auftakt der Olympischen Spiele in München

spricht die Eröffnungsformel, die erfolgreiche Leichtathletin **Heidi Schüller** (geb. 1950) spricht als erste Frau bei Sommerspielen überhaupt den olympischen Eid. Schon mit der gelungenen Eröffnungsfeier scheint die Hoffnung des NOK, ein neues deutsches Image zu zeigen, Realität zu werden. Dennoch haben die Spiele mit sportpolitischem Ärger begonnen: Wegen der Teilnahme des von einer weißen Minder

MEDAILLENSPIEGEL DER XX. OLYMPISCHEN SOMMERSPIELE				
Platz	Land	Gold	Silber	Bronze
1	UdSSR	50	27	22
2	USA	33	31	30
3	DDR	20	23	23
4	BRD	13	11	16

heitsregierung geführten Rhodesien, dem heutigen Zimbabwe, hatten mehrere schwarzafrikanische Staaten mit dem Boykott der Spiele gedroht. Erst der Ausschluss Rhodesiens durch das IOC (mit 36 zu 31 Stimmen) kann den Konflikt beilegen.

Insgesamt nehmen über 7000 Athleten aus 122 Ländern teil, in 21 Sportarten stehen 195 Entscheidungen an. Zum Star der Spiele wird der US-amerikanische Schwimmer Mark Spitz (geb. 1950), der jeweils in Weltrekordzeit sieben Olympiasiege erringt. Bewundert werden die australische Schwimmerin Shane Gould (geb. 1956), die zwölfmal an den Start geht (dreimal Gold, je einmal Silber und Bronze), die zierliche sowjetische Turnerin Olga Korbut (geb. 1956) sowie vor allem die westdeutsche Hochspringerin **Ulrike Meyfarth** (geb. 1956) wegen ihres unerwarteten Olympiasiegs. Die DDR kann sich hinter der UdSSR und den USA als drittgrößte Sportmacht behaupten.

Aber nach nur zehn Tagen verlieren die Spiele von München ihre Unschuld und werden unterbrochen.

Geiselnahme durch „Schwarzer September"

Am Morgen des 5. September, am elften Wettkampftag, wird der olympische Frieden gegen 4.30 Uhr jäh gestört. Acht palästinensische

Terroristen dringen in das olympische Dorf ein und überfallen die israelische Mannschaft in ihrem Quartier. Ringertrainer **Moshe Weinberg** (1939–72) und Gewichtheber **Yossef Romano** (1940–72) werden erschossen, neun israelische Sportler als Geiseln genommen. Die Geiselnehmer fordern von Israel die Freilassung 200 inhaftierter Araber.

Augenblicklich sind die Kameras auf das Geschehen gerichtet, quasi vor den Augen der Weltöffentlichkeit verhandeln deutsche Politiker und Sicherheitsexperten mit den Terroristen. Die Verhandlungen ziehen sich über den ganzen Tag. Bundesinnenminister **Hans-Dietrich Genscher** (geb. 1927) und der bayerische Innenminister **Bruno Merk** (geb. 1922) weisen die Polizeiführung an, die Befreiung der Geiseln vorzubereiten. Israel weigert sich nach wie vor, auch nur einen Gefangenen freizulassen. Gegen 16 Uhr werden die Olympischen Spiele unterbrochen, alle weiteren Wettkämpfe des Tages sind abgesagt. Inzwischen verlangen die Terroristen den sofortigen Abzug der Scharfschützen. Außerdem fordern sie, mit ihren israelischen Geiseln nach Kairo ausgeflogen zu werden. Um 22.20 Uhr startet ein Hubschrauber mit ihnen zum Flughafen Fürstenfeldbruck. Als Scharfschützen der Polizei dort das Feuer eröffnen, kommt es zu einem Gefecht: Alle neun israelischen Geiseln, ein deutscher Polizist und fünf Terroristen werden getötet, die überlebenden drei festgenommen. Nach einer kontroversen Diskussion verkündet der Präsident des IOC, **Avery Brundage** (1887–1975), am nächsten Tag während einer Trauerfeier im vollbesetzten Olympiastadion:

Mitglied der Terrororganisation „Schwarzer September"

„The games must go on" (Die Spiele müssen fortgesetzt werden). Sie werden dort fortgesetzt, wo man am Tag zuvor unterbrochen hatte. Später gerät die gescheiterte Befreiungsaktion insbesondere wegen eines Kompetenzgerangels und mangelhafter Vorbereitungen in die Kritik. So seien z. B. in Fürstenfeldbruck nur fünf Scharfschützen für acht Terroristen bereitgestellt worden.

Deutscher Traumfußball

Im Finale der Fußball-Europameisterschaft am 18. Juni in Belgien spielt der Favorit, die Mannschaft von Bundestrainer **Helmut Schön** (1915–96), gegen die UdSSR – und holt sich mit einem 3:0-Erfolg den Titel. Damit ist eine westdeutsche Nationalmannschaft erstmalig **Fußball-Europameister**.

Die Mannschaft um Libero **Franz Beckenbauer** (geb. 1945) und Spielmacher Günter Netzer (geb. 1944) gilt manchen noch heute als die beste Elf aller Zeiten. Die Tore erzielen Stürmer Gerd Müller (zwei Tore, geb. 1945) und Mittelfeldspieler Herbert Wimmer (ein Tor, geb. 1944). Im Halbfinale hatte sich die Bundesrepublik Deutschland gegen Belgien (2:1), die UdSSR gegen Ungarn (1:0) durchgesetzt. Auch bei den Fußball-Europameisterschaften 1980 in Italien (Sieg gegen Belgien mit 2:1) und 1996 in England (Sieg gegen Tschechien mit 2:1 durch „Golden goal") kann sich die Fußball-Nationalmannschaft der Bundesrepublik Deutschland den Titel sichern.

Szene während des Finalspiels in Brüssel. Der Ball schwebt genau vor einer der Kugeln des Atomiums

Bundesrepublik und DDR in die UNO aufgenommen

Laut Beschluss der 28. Vollversammlung der **Vereinten Nationen** am 18. September in New York und auf Empfehlung des UN-Sicherheitsrats werden die Bundesrepublik Deutschland und die DDR als 143. und 144. Mitglied aufgenommen. Die Aufnahmeanträge wurden insbesondere von der UdSSR und den Westmächten aufgrund des Vertragssystems der sogenannten Ostverträge positiv beschieden: **Moskauer Vertrag** (1970) mit der Sowjetunion, **Warschauer Vertrag** (1970) mit Polen, **Transitabkommen** (1971), **Verkehrsvertrag** (1972) und **Grundlagenvertrag** (1972) mit der DDR. Die Bundesrepublik unterzeichnet zudem mit der CSSR einen **Normalisierungsvertrag** und nimmt diplomatische Beziehungen zu Bulgarien, Ungarn und Finnland auf.

Außenminister **Walter Scheel** (geb. 1919) betont in seiner Antrittsrede jedoch die unveränderte Haltung der Bundesrepublik zur angestrebten Wiedervereinigung beider deutscher Staaten: „Verstehen Sie, warum wir zögerten, den Schritt in die Vereinten Nationen zu tun? Es ist schmerz-

Die Außenminister beider deutscher Staaten, Otto Winzer (l.) und Walter Scheel (r.) begrüßen sich in New York

lich, der politischen Realität der Teilung des eigenen Landes ins Auge zu sehen. Wir befürchteten, ein solcher Schritt könnte den Eindruck erwecken, als resignierten wir. Als hätten wir die Hoffnung auf Einheit aufgegeben."

Für die DDR ist die Aufnahme ein großer internationaler politischer Durchbruch. Sie wird z.B. von Frankreich und Großbritannien anerkannt und nimmt noch im selben Jahr diplomatische Beziehungen zu Österreich, Italien und Finnland auf.

Schon seit den 50er-Jahren ist die Bundesrepublik in Sonderorganisationen der UNO (z.B. UNESCO, Welternährungsorganisation) aktiv. Mit der Wiedervereinigung Deutschlands scheidet die DDR aus der UNO aus, die Bundesrepublik vertritt das vereinigte Deutschland in der UNO.

Soziale Marktwirtschaft: Stagnation

Das stürmische Wirtschaftswachstum in der Bundesrepublik weicht einer **Konjunkturkrise**. Kurzarbeit, steigende Sozialausgaben, stärkere Inflation, steigende Staatsverschuldung und Rationalisierung sind der deutschen Bevölkerung bislang fremde wirtschaftliche Erscheinungen. Spontane Streiks im Bergbau, in der Stahlindustrie und in der Metall verarbeitenden Industrie erschüttern das Land. Arbeitnehmervertreter rechnen mit weiteren Auseinandersetzungen, falls Steuererhöhungen die Preise weiter hoch treiben, Arbeitgeber stellen sich auf vorgezogene Tarifverhandlungen ein. Das Wirtschaftswachstum geht in der Bundesrepublik von 1973 bis 1974 von 4,5 Prozent auf 0,00 Prozent zurück, die Inflationsrate stagniert bei sieben Prozent. Nach der Vollbeschäftigung der 60er- und frühen 70er-Jahre steigt die Arbeitslosenquote im selben Zeitraum von 1,2 Prozent auf 2,5 Prozent. Über eine Mil-

1973

Eintracht Braunschweig führt als erster Fußball-Bundesligaverein Trikotwerbung ein. Statt des bisherigen Löwenemblems tragen die Spieler zukünftig das Hirsch-Logo des Wolfenbütteler Spirituosen-Herstellers Günter Mast auf der Brust. Der zahlt für die „Jägermeister"-Werbung 500.000 DM. Die Wirtschaft hat die Bundesliga als wirksames Werbeinstrument erkannt, der Protest des DFB gegen die Trikotwerbung bleibt ohne Erfolg. Seit der Bundesligasaison 1974/75 gehört die werbewirksame Form des Sponsorings zum Bundesliga-Alltag. Bald wird man auch damit beginnen, auf Banden am Spielfeldrand zu werben. Ohne einen Sponsor können viele Vereine die laufenden Kosten, Gehälter und Ablösesummen der Spieler nicht mehr aufbringen.

Das Sonntagsfahrverbot fegte die Autobahnen leer. Hier eine Aufnahme der Autobahn zwischen Köln und Bonn

lion Menschen sind 1974 arbeitslos. Wesentliche Faktoren der Krise sind der Zusammenbruch des Weltwährungssystems, die drastische Erhöhung des Rohölpreises und eine damit verbundene internationale Konjunkturkrise. Im Frühjahr entfällt die starre Fixierung auf den Dollarwechselkurs, die Westeuropäer koppeln ihre Währungen vom Dollar ab und beschließen die Bildung eines Wechselkurssystems, in dem die DM als Leitwährung fungiert. Die Ölkrise zeigt die Störanfälligkeit der westlichen Industrieländer und deren Abhängigkeit von fossilen Brennstoffen.

Politisches Druckmittel: Öl

Im Herbst beschließt die **OPEC** (Organisation Erdöl exportierender Länder), ihre Ölproduktion um ein Vielfaches zu drosseln. Der Grund: Sie hat während des **Jom-Kippur-Kriegs** (seit dem 6. Oktober) das Öl als Waffe gegen israelfreundliche Staaten entdeckt und fordert die Befreiung

der von Israel besetzten arabischen Gebiete. Israel hatte 1967 im sogenannten **Sechstage-Krieg** den Gazastreifen, die Golanhöhen, das Westjordanland und die Sinai-Halbinsel eingenommen und nun einen Gegenschlag ägyptischer und syrischer Truppen hinnehmen müssen. Die Maßnahme zeigt einige Wirkung: Tatsächlich fordern die zunächst vorwiegend neutralen Staaten der Europäischen Gemeinschaft Israel am 5. November auf, die besetzten arabischen Gebiete zu räumen. Gleichzeitig verhängt die OPEC jedoch ein Ölembargo gegen die USA, und die Niederlande, die Bundesrepublik und andere Länder werden mit nur noch 75 Prozent beliefert. Die Preise für Rohöl steigen: im Herbst um 70 Prozent, zum Jahreswechsel noch einmal um mehr als 100 Prozent. Die erste und bisher schwerste **Ölkrise** in der westlichen Welt nimmt ihren Lauf. Es beginnen panikartige Überlegungen, wie der Knappheit begegnet werden kann. Der Benzinvorrat der Bundesrepublik reicht z.B. nur für drei Monate. Für den 25. November und drei folgende Sonntage spricht die Bundesregierung daher ein **Sonntagsfahrverbot** aus, in der gesamten Republik ruht an diesen Tagen der Straßenverkehr: Ca. 13 Millionen Bundesbürger dürfen ihre Fahrzeuge nicht bewegen, Sondergenehmigungen erhalten lediglich z.B. einige hundert Taxis sowie Ärzte und Journalisten, das Bußgeld für unerlaubtes Fahren wird von 80 auf 500 DM angehoben. Zudem gelten auf den Straßen der Bundesrepublik befristete Tempobeschränkungen von 80 Stundenkilometern auf Landstraßen und 100 Stundenkilometern auf Autobahnen. Viele Menschen nutzen die Gelegenheit gähnend leerer Autobahnen für Fahrradtouren, Spaziergänge und zum Rollschuhlaufen. Auch in Belgien, Holland, Luxemburg, Dänemark und in der Schweiz bleiben sonntags die meisten Fahrzeuge in der Garage.

MEDIENGESCHEHEN IN DER BUNDESREPUBLIK DEUTSCHLAND

⮕ Wer, wie, was? – Die dritten Programme von NDR, BR und SFB gehen mit einer deutschen Fassung der frechen US-amerikanischen Vorschul- und Kinderserie *Sesamstraße* auf Sendung. Das revolutionäre Motto „Wer nicht fragt, bleibt dumm!" kann heute nicht mehr provozieren, die Reihe gilt inzwischen als solide Kinderunterhaltung

⮕ Die ARD strahlt den Film *Nicht der Homosexuelle ist pervers, sondern die Situation, in der er lebt* von Rosa von Praunheim aus. Der umstrittene Film war noch ein Jahr zuvor kurzfristig aus dem Programm genommen worden

⮕ Nachdem der DDR-Ministerrat eine „Verordnung über die Tätigkeit von Pressekorrespondenten aus anderen Staaten in der DDR" erlassen hat, werden Korrespondenten von ARD und ZDF sowie von Zeitungen und Zeitschriften aus der Bundesrepublik in der DDR akkreditiert

⮕ Ein Druckerstreik verhindert das Erscheinen fast aller Tageszeitungen. Der von der IG Druck und Papier organisierte Arbeitskampf soll Setzern und Druckern eine Lohnerhöhung um mindestens 13 Prozent einbringen

⮕ Das ZDF zeigt die erste Folge der Serie *Rappelkiste*, die sich an Kinder im Vorschulalter wendet

Anti-Familienserie
Ein Herz und eine Seele

Die deutsche Adaption einer britischen Familienserie geht am 15. Januar im WDR auf Sendung. Der Zuschauer darf durch das Schlüsselloch einer Bochumer Dreizimmer-Wohnung blicken und **Familie Tetzlaff** kennen lernen: einen stets nörgelnden, besserwisserischen Familientyrann namens Alfred (Heinz Schubert, 1925–99), seine einfältige Ehefrau Else (Elisabeth Wiedemann, geb. 1926), Tochter Rita (Hildegard Krekel, geb. 1952) und den ungeliebten Ostzonen-Schwiegersohn Michael Graf (Dieter Krebs, 1947–2000). Die Reihe wird zum Straßenfeger.

Drehbuchautor **Wolfgang Menge** (geb. 1924) karikiert die Familie als Basis einer geordneten Gesellschaft: Zumindest bei Tetzlaffs sind die Familienmitglieder nicht das, was der Harmonie verheißende Titel erwarten lässt – „ein Herz und eine Seele". Heinz Schubert schreibt als **Ekel Alfred** Fernsehgeschichte: Die Figur ist der Prototyp eines deutschen Spießbürgers, erschüttert mit reaktionären und derb-ordinären Äußerungen („dumme Kuh") das Publikum, ist selbstgerecht, intolerant, ausländerfeindlich. Die derbe Ausdrucksweise bringt dem die Reihe ausstrahlenden WDR auch heftige Kritik ein. Ein Großteil der Zuschauer ergötzt sich jedoch an der Karikatur des häss-

Alfred Tetzlaff mit Frau in einer Szene der Serie *Ein Herz und eine Seele*

lichen Deutschen, während andere eine Verstärkung reaktionärer Tendenzen befürchten. Die ersten elf Folgen, zunächst in Schwarz-Weiß produziert, werden ausschließlich im WDR ausgestrahlt. Seit dem Silvesterabend und der zwölften Folge *Silvesterpunsch* erscheint Familie Tetzlaff bis zur letzten Folge 21 auch im Programm der ARD. Ab 1976 entsteht eine zweite Staffel mit teilweiser Veränderung und Umbesetzung der Charaktere: Helga Feddersen (1930–90) als Mutter Else und Klaus Dahlen (1938–2006) als Schwiegersohn Michael. Die Neuauflage lässt jedoch den satirischen Biss sowie das Flair der ersten Staffel vermissen und wird nach vier Folgen abgesetzt.

Szene aus dem Film *Smog*: In gefährdeten Teilen des Ruhrgebiets wird der Autoverkehr wegen der hohen Schadstoffkonzentration in der Luft stillgelegt

Bedrohliche Wetterlage im Ruhrgebiet: *Smog*

Lange bevor die Umweltproblematik überhaupt Thema ist, macht der WDR am 15. April mit dem Fernsehspiel *Smog* Furore. Es entsteht nach einem Drehbuch von **Wolfgang Menge** (geb. 1924) und in der Regie von **Wolfgang Petersen** (geb. 1941). Die fiktive Sondersendung *Smog* simuliert eine vom Menschen verursachte **Umweltkatastrophe**: Seit vier Tagen dauert im Ruhrgebiet eine bedrohliche Smog-Wetterlage an, die schließlich katastrophale Ausmaße annimmt. Es wird nicht mehr hell, wegen des Säurenebels lösen sich bald die Nylonstrümpfe der Hausfrauen auf, die Zahl der Todesanzeigen in den Zeitungen steigt um ein Vielfaches. Menge behandelt das Thema auf verschiedenen Ebenen: stellvertretend für die Bürger aus Sicht der Arbeiterfamilie Rykalla und der Industriellenfamilie Grobeck; außerdem zeigt er das Katastrophen-Management in Politik und Verwaltung. Der **Dokumentar-Thriller** löst wegen seiner realistischen, die Möglichkeiten des Fernsehens nutzenden Inszenierung beim Publikum heftige Reaktionen aus. Zahlreiche Zuschauer halten den gesellschaftskritischen Film für real, die ARD muss einen Hinweis einblenden, dass es sich bei *Smog* um eine fiktive Fernsehsendung handelt. Tatsächlich hatte Nordrhein-Westfalen kurz vorher das erste deutsche **Smog-Gesetz** verabschiedet.

Gleichstellung von Zivil- und Wehrdienst

Das Gesetz über die **Gleichstellung von Wehr- und Zivildienst** löst am 1. Juli das sogenannte Ersatzdienstgesetz von 1960 ab. Gut einen Monat später tritt zudem das **Zivildienstgesetz** in Kraft. Neben einer Namensänderung ergeben sich wesentliche Neuerungen: Die Tagegelder der Zivildienstleistenden werden den bei der Bundeswehr üblichen Sätzen angeglichen, zuständig für Zivildienstleistende ist zukünftig als obere Behörde das Bundesamt für den Zivildienst im Geschäftsbereich des Bundesministeriums für

Arbeit und Sozialordnung. Um die stetig wachsende Zahl von Kriegsdienstverweigerern kümmert sich nun ein Zivildienstbeauftragter. Die Praxis der sogenannten **Gewissensprüfung** für junge Männer, die den Dienst mit der Waffe ablehnen, bleibt jedoch bestehen. Das Grundgesetz sieht keine Wahlmöglichkeit zwischen Wehr- und Zivildienst vor. Nur derjenige, der aus Gewissensgründen als Kriegsdienstverweigerer anerkannt ist, kann Zivildienst leisten. 1972 waren der Grundwehrdienst von 18 auf 15 und der Zivildienst auf 16 Monate verkürzt worden.

DAS SIND DIE TOPHITS DES JAHRES

- *Ich wünsch mir 'ne kleine Miezekatze* – Wums Gesang
- *Block Buster* – Sweet
- *Mama Loo* – Les Humphries Singers
- *Der Junge mit der Mundharmonika* – Bernd Clüver
- *Get Down* – Gilbert O'Sullivan
- *Hell Raiser* – Sweet
- *Goodbye My Love Goodbye* – Demis Roussos
- *Can the Can* – Suzie Quatro
- *Der kleine Prinz* – Bernd Clüver
- *Ballroom Blitz* – Sweet

Die erste Talkshow: *Je später der Abend*

Die ARD bringt am 4. März ein neues Format der Unterhaltungssendung auf den Bildschirm und präsentiert mit *Je später der Abend* die erste **Talkshow** im deutschen Fernsehen. Lässig, frech und selbstbewusst kommt die Reihe achtmal pro Jahr daher und sorgt für einige Skandale. Da wird

Der Moderator Dietmar Schönherr (r.) mit seinen Gästen Burkhard Driest (l.), Romy Schneider (M.) und Gustav „Bubi" Scholz (hinten) während der Talkshow *Je später der Abend* am 30. Oktober 1974 in Köln

stern-Chef Henri Nannen (1913–96) schon mal nach seinem Einkommen gefragt, Romy Schneider (1938–82) erklärt dem Bankräuber Burkhard Driest (geb. 1939) ihre Zuneigung („Sie gefallen mir, Sie gefallen mir sogar sehr …") und Klaus Kinski (1926–91) beschimpft, nachdem er den Moderator nur eine Frage hat stellen lassen, das Publikum. Das Anecken sowohl der Gäste als auch der Moderatoren ärgert zwar, kommt aber gleichzeitig an.

Dietmar Schönherr (geb. 1926), der erste Talkmaster der Nation, muss den Zuschauern in der ersten Sendung noch erklären, was es mit dem neuen Format auf sich hat: „Wir machen heute eine sogenannte Talkshow. Was sie ist, das wissen Sie nicht und wir auch nicht so genau. … Das Ganze ist eine Rederei". Schönherr muss den Bildschirm verlassen, nachdem er Ronald Reagan (1911–2004) als „Arschloch" titulierte. Dann folgen Hans-Jürgen Rosenbauer (geb. 1941) und schließlich Reinhard Münchenhagen (geb. 1940), bis die Reihe 1979 eingestellt wird. Immerhin hat sich die Kritiker-Häme inzwischen in gedämpftes Lob verwandelt. Das Format hat sich im deutschen Fernsehen etabliert.

ZVS nimmt Betrieb auf

Nach Einführung des **Numerus clausus**, der einen bestimmten Abitur-Notendurchschnitt für einige Studienfächer verlangt, beauftragt das Bundesverfassungsgericht den Gesetzgeber 1972, ein einheitliches System bei der Vergabe von Studienplätzen zu schaffen. Um also die Nachfrage nach Studienplätzen zu regulieren, Kapazitäten von Universitäten (z. B. Labor- und Praktikantenplätze) und steigende Studentenzahlen in Einklang zu bringen, errichten Bildungspolitiker der Länder eine zentrale Institution. Die **Zentralstelle zur Vergabe von Studienplätzen** (ZVS) nimmt am 1. Mai in Dortmund ihren Betrieb auf. Bewerber, die ein Fach mit einem bundesweiten Numerus clausus studieren möchten, müssen sich hier bewerben und können nur durch Erfüllung bestimmter Voraussetzungen einer Universität zugeteilt werden. Traditionell zulassungsbeschränkte Fächer sind z. B. **Medizin**, **Zahnmedizin** und **Jura**. Zum Wintersemester 1973/74 bearbeiten 250 Mitarbeiter der ZVS ca. 100.000 Anträge. Allerdings können auch Universitäten unabhängig vom ZVS-Verfahren einen internen Numerus clausus einführen. Wegen steigender Studentenzahlen wird er bald auf alle Natur- und Ingenieurswissenschaften, später auch auf manche Wirtschafts-, Sozial- und Geisteswissenschaften ausgeweitet.

Carmen Thomas: Versprecher „Schalke 05"

Das ZDF versucht, die starre Männerdomäne Sport aufzubrechen. Am 3. Februar moderiert **Carmen Thomas** (geb. 1946) als erste Frau überhaupt eine Sportsendung im deutschen Fernsehen: *Das aktuelle Sportstudio.* Das vorwiegend männliche Publikum ist irritiert, es hagelt empörte Leserbriefe. Zu Beginn der zweiten Sendung wendet sie sich gleich direkt an ihr Publikum und hält eine Zeitung in die Kamera: „Sie brauchen heute nicht zu gucken, weil eine große deutsche Zeitung schon weiß, wie ich heute sein

Die 26-jährige Journalistin Carmen Thomas, aufgenommen im Januar 1973 beim WDR in Köln

werde." Die *Bild* bringt einen vernichtenden Kommentar zu ihrer Sendung und ist bereits am Kiosk zu haben. Mit ihrem Versprecher „FC Schalke 05 gegen – jetzt hab ich es vergessen – Standard Lüttich" ruft sie am 21. Juli erneut den Unmut des Publikums hervor. Für die meisten Zuschauer scheint endgültig bewiesen: Frauen verstehen eben doch nichts von Fußball. Wieder ist es die *Bild*-Zeitung, die sich – Versprecher männlicher Moderatoren und Kommentatoren bleiben freilich unberücksichtigt – zum Sprachrohr fassungsloser Sportfreunde macht und die sofortige Entlassung der Moderatorin fordert. Aber Carmen Thomas moderiert die Sendung noch fast zwei Jahre weiter.

Der Fall Thomas zeigt: Offenbar ist der Zeitgeist noch nicht reif für Frauen in der ersten Fernsehreihe, auch wenn mit **Wibke Bruhns** (geb. 1938) 1971 zum ersten Mal eine Frau die Nachrichten lesen darf (die ARD folgt mit **Dagmar Berghoff**, geb. 1943, erst fünf Jahre später). Frauen sollen Beiwerk sein und keine Präsenz zeigen, die über die Tätigkeit einer gefälligen, charmant lächelnden, brav das Programm präsentierenden Ansagerin hinausgeht.

Willy Brandt (l.) und Günter Guillaume

chen Karriere, erlangen Zugang zu Strategiepapieren der SPD und zu NATO-Dokumenten. 1970 kommt Günter Guillaume – er erweist sich nach einer Sicherheitsüberprüfung als vertrauenswürdig – in die Abteilung Wirtschaftspolitik des Kanzleramts, wird als **Kanzlerreferent** ab 1972 ein ständiger Begleiter des westdeutschen Regierungschefs und kann so nicht nur über Staatsgeheimnisse, sondern auch über das Privatleben **Willy Brandts** (1913–92) nach Ostberlin berichten. Der Bundeskanzler übernimmt die politische Verantwortung für die Affäre und tritt am 7. Mai von seinem Amt zurück.

Agentenaffäre: DDR-Spion im Kanzleramt

„Ich bin Bürger der DDR und ihr Offizier, respektieren Sie das!" **Günter Guillaume** (1927–95), Offizier im besonderen Einsatz (OibE) der Hauptverwaltung Aufklärung (HVA) der Staatssicherheit (Stasi) der DDR und persönlicher Referent des deutschen Kanzlers, wird am Morgen des 24. April wegen des dringenden Verdachts der Spionage für die DDR verhaftet, ebenso seine Frau Christel (1928–2004), Verwaltungsangestellte bei der hessischen Landesvertretung in Bonn. Der größte **Spionagefall** in der Geschichte der Bundesrepublik ist aufgeklärt. Später wird Günter Guillaume zwar wegen **Landesverrats** zu 13, seine Frau zu acht Jahren Haft verurteilt, unter Hinweis auf seine schlechte Gesundheit werden beide jedoch 1981 gegen acht Agenten ausgetauscht. In der DDR arbeitet der als „Kundschafter des Friedens" geehrte Offizier fortan als Ausbilder von Mitarbeitern des DDR-Geheimdienstes.

Die Stasi hatte das Ehepaar 1956 als Flüchtlinge in die Bundesrepublik eingeschleust, auf Anweisung der Stasi treten beide 1957 in die SPD ein. Sie ma-

WAS SONST NOCH GESCHIEHT

- ⮑ Die sieben Anrainerstaaten der Ostsee unterzeichnen das sogenannte Helsinki-Abkommen zum Schutz des Meeres, denn der Boden der Ostsee verödet zusehends, Gifte zerstören die Meeresfauna
- ⮑ In Hamburg tritt als erstem Bundesland ein Bildungsurlaubsgesetz in Kraft: Arbeitnehmer haben nun über den Erholungsurlaub hinaus alle zwei Jahre Anspruch auf 14 Tage bezahlten Bildungsurlaub zur Fortbildung zu politischen, beruflichen oder allgemein bildenden Themen
- ⮑ Auf dem Air-France-Flug Paris – London wird erstmalig ein Passagierflugzeug (A300) der Airbus Industries im Liniendienst eingesetzt. Der Konzern war 1970 von Belgien, Deutschland, Frankreich, Großbritannien, den Niederlanden und Spanien gegründet worden
- ⮑ Der Iran übernimmt 25,4 Prozent des Grundkapitals der Fried. Krupp Hüttenwerke AG in Bochum. Nach einer Vereinbarung zwischen der iranischen Regierung und der Krupp GmbH in Essen soll der deutsche Konzern dem asiatischen Land Knowhow vermitteln

1974

Schmidt übernimmt Kanzleramt

Nach dem jähen Ende der Ära Brandt wählt der Bundestag **Helmut Schmidt** (geb. 1918) am 16. Mai zum neuen Kanzler der Bundesrepublik Deutschland. Er hatte **Brandts** (1913–92) Kabinett bereits als Verteidigungsminister angehört und war nach dem Rücktritt **Karl Schillers** (1911–94) im Juli 1972 zum Wirtschafts- und Finanzminister berufen worden (seit Dezember 1972 nur Finanzminister). Schmidt führt sowohl die Koalition von SPD und FDP als auch die Entspannungspolitik Brandts fort – trotz des herben Rückschlags durch die Guillaume-Affäre. Innenpolitisch sind seine größten Herausforderungen die Bekämpfung der anhaltenden Wirtschaftsrezession sowie des

Helmut Schmidt bei der Verabschiedung des Kabinetts durch Willy Brandt

Terrorismus der RAF. Die Euphorie eines neuen politischen Aufbruchs, wie ihn Brandt symbolisierte, weicht der Notwendigkeit, praktische politische Aufgaben zu bewältigen. Schmidt, der als Technokrat und Pragmatiker gilt, bringt es im In- und Ausland zu großem Ansehen, auch wenn er wegen seiner energischen Amtsführung in der eigenen Partei umstritten bleibt.

Nach dem Bruch der sozialliberalen Koalition übernimmt Schmidt ab dem 17.9.1982 auch das Amt des Außenministers, bis ihn **Helmut Kohl** (geb. 1930) nach einem konstrukti-

ven Misstrauensvotum am 1.10.1982 als Kanzler ablöst.

Lösung auf Zeit: Reform des § 218

Um den Einspruch des Bundesrats zu umgehen, beschließt der Bundestag in einer zweiten Abstimmung eine Reform des **Abtreibungsparagrafen** (§ 218 des Strafgesetzbuches). Damit hat sich am 5. Juni der Entwurf der sozialliberalen Koalition mit knapper Mehrheit endgültig durchgesetzt. Die sogenannte **Fristenlösung** sieht vor, den Schwangerschaftsabbruch innerhalb der ersten drei Monate nach der Empfängnis straffrei zu stellen. Voraussetzung dafür ist jedoch, dass sich die Schwangere vor dem Eingriff einer **Beratung** durch einen Arzt unterzieht.

In der Bevölkerung ruft die Reform heftige Auseinandersetzungen hervor, Opposition und vor allem die katholische Kirche laufen Sturm. Die CDU/CSU hatte eine **Indikationsregelung** favorisiert, nach der Abbrüche nur aus medizinischen oder ethischen Bedingungen zugelassen werden sollen. Die Kirchen betonen das uneingeschränkte Lebensrecht des Ungeborenen und fordern dessen Schutz, die „Notlage" sei als soziale Indikation viel zu weit gefasst. Vielen Frauengruppen geht die Änderung des Paragrafen jedoch noch nicht weit genug, sie stellen das Persönlichkeitsrecht der Mutter in den Vordergrund und treten mit der Parole **Mein Bauch gehört mir** für eine völlige Streichung des Paragrafen ein.

Die CDU ist mit einer Klage vor dem Bundesverfassungsgericht erfolgreich, denn das stellt 1975 fest: Die Fristenlösung ist verfassungswidrig, eine Abtreibung in den ersten drei Monaten bleibt weiterhin verboten. Der Gesetzgeber erlässt 1976 eine weit gefasste Indikationsregelung.

Bankenpleite: Herstatt muss schließen

Blick auf das Gebäude der Herstatt-Bank in Köln von 1974

Das Bundesaufsichtsamt für Kreditwesen entzieht der zweitgrößten deutschen Privatbank, dem Kölner Bankhaus von **Iwan David Herstatt** (1913–95), am 26. Juni die Erlaubnis zur Fortführung ihrer Bankgeschäfte. Der Bankier muss seine Schalter in Köln und Bonn schließen. Der noch am Anfang des Jahres erwartete Gewinn aus Devisengeschäften von 54 Millionen DM hatte sich zum Sommer in einen Verlust von 64 Millionen Mark gewandelt, das Bundesaufsichtsamt beziffert den Schaden auf insgesamt fast eine halbe Milliarde DM. Herstatt wälzt die Schuld auf seinen Chef-Devisenhändler ab. Auch wenn die Ansprüche der privaten Gläubiger zum Teil erfüllt werden können: Das Vertrauen der deutschen Anleger in private Banken ist erschüttert. Die Pleite zieht weite Kreise: Unternehmen müssen Insolvenz anmelden, die Stadt Köln hatte Einlagen von 190 Millionen DM, die Stadt Bonn von rund 12 Millionen DM.

Die Staatsanwaltschaft kann mit einer Anklage wegen betrügerischen Bankrotts nicht durchdringen. Nach jahrelangen Prozessen wird Herstatt schließlich wegen Untreue zu einer zweijährigen Freiheitsstrafe verurteilt.

Berliner Kammergerichtspräsident ermordet

Nach den Festnahmen ab Juni 1972 waren die RAF-Gefangenen – sie sitzen in verschiedenen Haftanstalten der Bundesrepublik ein – immer wieder in einen **Hungerstreik** getreten,

WERBESPRÜCHE DER 70ER

Man betreibt ungeniert Tabak- und Weinbrand-Werbung, nicht immer politisch korrekt, und zeigt eine bisweilen konsumfreudige Naivität:

- ⮑ Reicher alter Weinbrand. Sein Reichtum öffnet Herz und Sinne (Dujardin, 1976)
- ⮑ Gut gelaunt genießen. Die HB ist mild und schmeckt (1970)
- ⮑ Kein Weg ist zu weit für eine Camel Filter (1975)
- ⮑ Ein Hauch von Eve steht jeder Frau (1975)
- ⮑ Der Geschmack von Freiheit und Abenteuer (Marlboro, 1971)
- ⮑ Ein Mann, ein Wort, Overstolz (1970)
- ⮑ Leicht genießen in der Welt der Peter Stuyvesant (1973)
- ⮑ Die immer neue Begegnung mit dem Leichten (Ernte 23, 1972)
- ⮑ Wir lieben's leicht und mit Geschmack (Atika, 1979)
- ⮑ Cin… Cin… Cinzano (1972)
- ⮑ Tun, was man will. Trinken, was man mag (Eckes Edelkirsch, 1975)
- ⮑ Ich trinke Jägermeister, weil … (1971)
- ⮑ MM – der Sekt mit dem gewissen Extra (1970)
- ⮑ Wenn's mal wieder nichts zu lachen gibt (MM'chen, 1975)
- ⮑ Die Zeiten ändern sich, das Gute bleibt (Scharlachberg, 1973)
- ⮑ Immer gut für eine Überraschung (Schwarzer Kater, 1978)

Günter von Drenkmann

um gegen die Haftbedingungen zu protestieren (17.1.–12.2.1973, 8.5.–29.6.1973). Während des dritten Hungerstreiks kommt es zu einem folgenschweren Zwischenfall: Trotz Zwangsernährung aller Gefangenen ab Ende Oktober verstirbt **Holger Meins** (1941–74) am 9. November. Noch am selben Tag kommt es in der gesamten Bundesrepublik zu Protestdemonstrationen, die RAF-Sympathisanten halten einen Mord für wahrscheinlich. Am Folgetag geben mehrere junge Leute vor, dem Berliner Richter **Günter von Drenkmann** (1910–74) einen Blumenstrauß überreichen zu wollen, doch noch an der Eingangstür seines Wohnhauses kommt es zu einem Handgemenge, Schüsse fallen, Drenkmann wird bei dem misslungenen Entführungsversuch getötet. Zu dem Mord bekennt sich später die **Bewegung 2. Juni**, eine in Berlin aktive terroristische Gruppe (am 2. Juni war der Student **Benno Ohnesorg**, 1940–67, bei einer Demonstration gegen den Staatsbesuch des Schahs von Persien von einem Polizeibeamten erschossen worden). In einer Stellungnahme der RAF-Gefangenen heißt es später in Menschen verachtender Weise: „Wir weinen dem toten Drenkmann keine Träne nach. Wir freuen uns über eine solche Hinrichtung. Diese Aktion war notwendig, weil sie jedem Justiz- und Bullenschwein klargemacht hat, dass auch er – und zwar heute schon – zur Verantwortung gezogen werden kann." Dennoch kommt es zu einer Verbesserung ihrer Haftbedingungen: Fast alle Gefangenen werden nach Stuttgart-Stammheim verlegt, die Isolationshaft wird aufgehoben.

Drama um ungleiches Paar: *Angst essen Seele auf*

Der Regisseur **Rainer Werner Fassbinder** (1945–82) erregt mit der Darstellung einer ungewöhnlichen Liebesgeschichte großes Aufsehen. Sein Film hat am 5. März Premiere. Mit seinem Motiv des Fremden, das in die Enge des kleinbürgerlichen Lebens eindringt, hält er der scheinbar liberalen Gesellschaft einen Spiegel vor. Es sei ein „Film über die Liebe, die eigentlich unmöglich ist, aber eben doch eine Möglichkeit", erklärt Fassbinder später.

Die 60 Jahre alte Witwe Emmi Kurowski (Brigitte Mira, 1910–2005) geht tagsüber putzen, um ihre Rente aufzubessern, abends hockt sie einsam vor ihrem Fernsehgerät. Als sie eines Tages vor einem Regenschauer in eine Kneipe flüchtet, begegnet sie dort dem jungen marokkanischen Gastarbei-

Witwe Emmi Kurowski liebt den 20 Jahre jüngeren Gastarbeiter Ali

ter Ali (El Hedi Ben Salem, geb. unbek., gest. 1982). Sie verlieben sich ineinander und heiraten. Nachbarn tuscheln, ihre Arbeitskolleginnen und drei erwachsenen Kinder wenden sich ab – allein die beachtlichen Ersparnisse des Marokkaners verhelfen zu einer geheuchelten Akzeptanz, der äußere Druck lässt nach, man nutzt die beiden aus. Doch dann lernt Ali die Barfrau Barbara (Barbara Valentin, 1940–2002) kennen. Die Ehe des ungleichen Paares scheitert. **Brigitte Mira** erhält für ihre Darstellung den Bundesfilmpreis.

Uri Geller und seine Kaffeelöffel-Magie

3 *x 9* ist bis Anfang des Jahres eine normale Unterhaltungssendung im ZDF: **Wim Thoelke** (1927–95) kombiniert in seiner Donnerstagabend-Show spielerische Elemente mit einer Lotterie zu Gunsten der **Aktion Sorgenkind**. Am 17. Januar tritt jedoch der israelische Magier **Uri Geller** (geb. 1946) auf: Er behauptet von sich, **übersinnliche Fähigkeiten** zu haben, und will das in der Sendung unter Beweis stellen – schein-

Uri Geller (r., mit Wim Thoelke) verbiegt Löffel

bar mit Erfolg. Über die Fernsehzuschauer lässt er seine mentalen Kräfte auf deren Gerätschaften zu Hause wirken und bringt stehen gebliebene Uhren zum Ticken, Löffel und Gabeln verbiegen sich auf wundersame Weise, Kompassnadeln spielen verrückt. Tausende von Anrufern bestätigen dem ZDF das Unfassbare, die Wahrnehmung der Fernsehnation scheint erschüttert.

Am 28.1.2004 darf Geller das deutsche Publikum in der RTL-Sendung *stern-TV* mit einer Neuauflage seiner Künste verblüffen. Wieder ereignen sich in deutschen Wohnzimmern die seltsamsten Dinge, 13.000 Zuschauer berichten gegenüber

dem Sender, es habe sich „etwas Positives" getan. Nach einer TV-Abwesenheit von über 20 Jahren nimmt die Popularität des Künstlers wieder zu, er tritt mit bekanntem Repertoire in deutschen und schweizerischen Shows auf.

Insbesondere Bühnenzauberer sehen in den Fähigkeiten Gellers nichts weiter als die Präsentation ihnen durchaus bekannter magischer Kunststücke, geplante, nur scheinbar paranormale Effekte. Ein Vorstandsmitglied der Gesellschaft zur wissenschaftlichen Untersuchung von Parawissenschaften e. V. soll dazu unlängst erklärt haben: „Ausnahmslos jeder Effekt wird seit 30 Jahren vorgeführt und alle sind erklärbar".

Rundfunk- und TV-Werbung für Tabak verboten

Mit der Änderung des sogenannten **Lebensmittel- und Bedarfsgegenständegesetzes** (LMBG) vom 15. August durch den Bundestag wird die Werbung für Zigaretten und andere Tabakerzeugnisse in Fernsehen und Rundfunk grundsätzlich untersagt (dem Lebensmittelrecht sind alle Genussmittel einschließlich der Tabakprodukte zugeordnet). Verboten ist zukünftig auch jedwede gesundheitsbezogene Werbung, die den Eindruck erweckt, Rauchen sei unbedenklich, oder geeignet, das körperliche Leistungsvermögen oder das Wohlbefinden zu steigern. Der Gesetzgeber will damit missbräuchlicher Werbung begegnen, die durch ihre Ausgestaltung Jugendliche zum Rauchen veranlassen könnte. Die deutsche Zigarettenindustrie wiederum will selbst zur Aufklärung der Bevölkerung beitragen und gibt im Dezember eine Liste mit Nikotin- und Kondensatwerten von rund hundert Zigarettenmarken heraus (erst ab 1980 ist auf jeder Packung ein Warnhinweis mit Angaben über Nikotin- und

ANSPRUCHSVOLLES DEUTSCHES KINO

Auch wenn das Fernsehen dem Kino Konkurrenz macht und die Besucherzahlen der Kinos sinken, kann sich der sogenannte neue deutsche Film etablieren. Bedeutende Produktionen sind z. B.:

- *Die bitteren Tränen der Petra von Kant* (1972) von Rainer Werner Fassbinder
- *Angst essen Seele auf* (1974) von Rainer Werner Fassbinder
- *Die Ehe der Maria Braun* (1978) von Rainer Werner Fassbinder
- *Alice in den Städten* (1974) von Wim Wenders
- *Der amerikanische Freund* (1976) von Wim Wenders
- *Aguirre, der Zorn Gottes* (1973) von Werner Herzog
- *Jeder für sich und Gott gegen alle* (1974) von Werner Herzog
- *Die verlorene Ehre der Katharina Blum* (1975) von Volker Schlöndorff
- *Die Blechtrommel* (1978) von Volker Schlöndorff

Kondensatgehalt abgedruckt). Man hatte sich schon 1966 **qualitative Selbstbeschränkungen** auferlegt und seitdem solche Werbung vermieden, die sich an Jugendliche richtet, keine Leitbildwerbung mit Prominenten betrieben oder Motive aus der Welt der Jugendlichen verwendet. Quantitative Auflagen des Gesetzgebers verlangen ab 1972 eine Beschränkung der Plakatwerbung, der Anzeigengrößen in Zeitungen und Zeitschriften. Im Kino bleiben HB-Männchen & Co. jedoch von allem unbeeindruckt: „Wer wird denn gleich in die Luft gehen?". Eine Einführung von **Warnhinweisen** in der Kinowerbung erfolgt erst 1993. Immerhin bessert die Tabaksteuer die Kasse des Finanzministers auf, Verlage erzielen aus der Tabakwerbung Erlöse in Millionenhöhe.

Deutschland wird Fußballweltmeister

Im Finale der Fußball-WM spielt die Mannschaft des Gastgebers Deutschland gegen die holländische Auswahl. Wer am 7. Juli nicht im Münchener Olympiastadion dabei sein kann, sitzt wie weltweit ca. 800 Millionen Fußballfans vor dem

Franz Beckenbauer präsentiert den Pokal

Fernseher und erlebt, wie 20 Jahre nach dem sogenannten Wunder von Bern eine deutsche Mannschaft wieder **Fußballweltmeister** wird: Sie schlägt das gegnerische Team mit 2:1.

Schon in der ersten Minute gehen die Holländer durch ein Elfmetertor von Johann Neeskens (geb. 1951) in Führung, sie scheinen dem favorisierten Europameister überlegen. Dann gleicht Paul Breitner (geb. 1951) mit einem Strafstoß nach Foul an Bernd Hölzenbein (geb. 1946) aus und Gerd Müller (geb. 1945) schießt in der 42. Spielminute das entscheidende Tor. In der zweiten Halbzeit dominieren zwar die Holländer das Spiel, doch Verteidiger Berti Vogts (geb. 1946) kann die Angriffe des holländischen Spielemachers Johann Cruyff (geb. 1947) erfolgreich abwehren.

Die westdeutsche Mannschaft war trotz einer Vorrunden-Niederlage gegen den WM-Debütanten DDR (1:0) ins Finale gelangt. Allerdings hatte sie sich gegen Jugoslawien (2:0), Schweden (4:2) und Polen (1:0) durchsetzen können.

China-Reise von Franz Josef Strauß

Auf Einladung des chinesischen Volksinstituts für auswärtige Angelegenheiten trifft der CSU-Vorsitzende **Franz Josef Strauß** (1915–88) am 12. Januar in China ein. Strauß ist der erste offizielle Besucher aus der Bundesrepublik Deutschland. Der Besuch erregt bei den Regierungen in Bonn und Moskau daher gleichermaßen Aufsehen, umso mehr, als der westdeutsche Gast überraschend am 16. Januar auch die Gelegenheit zu einem mehrstündigen Gespräch mit dem KP-Vorsitzenden **Mao Tse-tung** (1893–1976) und Regierungschef **Tschou En-Lai** (1898–1976) erhält – eine Ehre, die sonst nur Staats- und Regierungschefs zuteil wird. Erst ein Dreivierteljahr später wird mit **Helmut Schmidt** (geb. 1918) erstmals ein deutscher Regierungschef offiziell das asiatische Land besuchen. Die Bundesrepublik und China hatten 1972 diplomatische Beziehungen aufgenommen.

Während sich die westdeutsche sozialliberale Koalition um einen Ausgleich mit der Sowjetunion, anderen osteuropäischen Staaten und der

DDR bemüht und intensive Kontakte mit China vermeidet, da das Verhältnis zwischen der Sowjetunion und China gespannt ist, setzen konservative Politiker um Strauß seit den 60er-Jahren auf ein Bündnis mit der Volksrepublik. Im Rahmen eigener Machtinteressen soll China als Konkurrent der Sowjetunion gestärkt werden, um insbesondere

Der Vorsitzende des Zentralkomitees der Kommunistischen Partei Chinas, Mao Tse-tung (r.), begrüßt den CSU-Vorsitzenden Franz Josef Strauß (l.)

UNO PROKLAMIERT DAS „JAHR DER FRAU"

Auch wenn die Gleichberechtigung in der Charta der Vereinten Nationen von 1948 (und im Grundgesetz der Bundesrepublik Deutschland von 1949) festgeschrieben ist: Die UNO proklamiert das „Jahr der Frau". Denn viele Grundrechte von Frauen sind zwar gesetzlich geregelt, doch gesellschaftlich nicht verwirklicht. In den Industriestaaten fällt den Frauen meist ausschließlich die Rolle der Hausfrau und Mutter zu. In der Bundesrepublik Deutschland sind ca. 35 Prozent von ihnen erwerbstätig, meist müssen sie mit weniger qualifizierten Stellen und schlechterer Entlohnung als ihre Kollegen vorlieb nehmen. Ihre Unterdrückung durchsetzt Familien- und Berufsleben. Das Jahr soll aber auch „den Kampf gegen mitunter staatlich tolerierte Gewalt gegen Frauen vorantreiben, gegen Vergewaltigung im Krieg und sexuellen Missbrauch in der Ehe, gegen Genitalverstümmelungen und Witwenverbrennungen, gegen Frauenhandel und Zwangsprostitution". Die UN leitet mit ihrer Kampagne jedoch nicht nur ein Jahr, sondern eine ganze „Dekade der Frau" (1976–85) ein. Unter dem Motto „Gleichberechtigung, Entwicklung, Frieden" verabschiedet die Vollversammlung z. B. 1979 ein Übereinkommen zur Beseitigung jeder Form von Diskriminierung der Frau, 1983 ein Protokoll, das Klagen von Frauen vor einem UN-Ausschuss zulässt. Die Vertragswerke haben jedoch kaum praktische Konsequenzen, zumal sie von nur 50 der ca. 140 Staaten unterzeichnet werden.

deren Engagement im Westen zu mindern. Ziel der Strauß-Reise ist es selbstverständlich auch, bayerische Wirtschaftsaktivitäten voranzutreiben.

CDU-Politiker Peter Lorenz entführt

Zwei Tage vor der Wahl zum Berliner Abgeordnetenhaus wird zum ersten Mal ein deutscher Politiker entführt. **Peter Lorenz** (1922–87) ist Spitzenkandidat der CDU und damit Gegenkandidat des amtierenden Regierenden Bürgermeisters **Klaus Schütz** (SPD, geb. 1926).

Die **Bewegung 2. Juni** will mit ihrer Aktion am 27. Februar unter anderem die inhaftierten RAF-Terroristen Verena Becker, Ingrid Siepmann, Gabriele Kröcher-Tiedemann (1951–95), Rolf Heißler (geb. 1948) und Rolf Pohle (1942–2004) freipressen – Horst Mahler (geb. 1936) verzichtet später auf seine Freilassung – und spielt der Deutschen Presse-Agentur (dpa) am nächsten Tag ein Foto des Entführten zu. Es zeigt den Politiker mit einem Schild um den Hals: „Peter Lorenz Gefangener der Bewegung 2. Juni". Zudem fordern die Geiselnehmer ein aufgetanktes Flugzeug samt Besatzung, um ihre Gesinnungsgenossen ausfliegen zu lassen. Weil keiner der Gefangenen wegen Mordes angeklagt oder verurteilt ist, geht die Berliner Regierung nach einer kontroversen Diskussion im Krisenstab auf die Forderung ein. Kurz vor der Wahl besteht so auch die Chance, ihr politisches Überleben zu sichern. Der ehemalige Berliner Bürgermeister und Pfarrer **Heinrich Albertz** (1915–93) begleitet den Flug: Ziel ist der kommunistische Süd-Jemen (Aden).

Nach seiner Rückkehr verliest Albertz am 4. März im Fernsehen eine Erklärung, die das Codewort zur Freilassung enthält: „So ein Tag, so

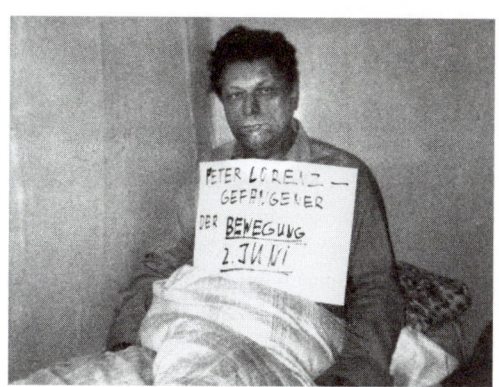

Peter Lorenz mit dem Schild um den Hals

wunderschön wie heute". Tatsächlich meldet sich Lorenz kurz nach Mitternacht unversehrt aus einer Telefonzelle bei der Polizei. Die Täter werden später gefasst und zu langjährigen Haftstrafen verurteilt. Auch wenn bei der Wahl am 2. März die CDU stärkste Partei (43,9 Prozent) wird, den neuen Senat stellt eine sozialliberale Koalition (SPD: 42,6 Prozent; FDP: 7,1 Prozent).

Die Lorenz-Entführung gilt zwar als Präzedenzfall, im Umgang des Staates mit Terroristen bleibt das Eingehen auf die Forderungen der Lorenz-Entführer jedoch ein Einzelfall.

Eröffnung des Elbtunnels in Hamburg

Nach siebenjähriger Bauzeit eröffnet Bundeskanzler **Helmut Schmidt** (geb. 1918) am 10. Januar in Hamburg den neuen **Elbtunnel** für den Autoverkehr. Er zählt zu den längsten Unterwasserstraßentunneln der Welt und unterquert die Elbe zwischen den Stadtteilen Othmarschen und Waltershof in einer Tiefe von ca. 28 Metern unter der Wasseroberfläche, bei einer Gesamtlänge von 3325 Metern liegen 1056 Meter unter dem Flussbett. Das sogenannte **Jahrhundertbauwerk** ist Bestandteil der Bundesautobahn A7 und soll eine schnellere Anbindung Schleswig-Holsteins an den Süden gewährleisten. Doch die für ein tägliches Verkehrsaufkommen von ca. 60.000 Autos dimensionierten drei Röhren mit ihren sechs Fahrspuren können den zunehmenden Reiseverkehr trotz moderner Verkehrsleitsysteme nicht immer reibungslos bewältigen. Bald hat das Bauwerk als **Nadelöhr des Nordens** einen Stammplatz im Verkehrsfunk regionaler Radioprogramme. 2002 wird schließlich eine vierte Röhre dem Verkehr übergeben.

Bis zur Eröffnung des Tunnels war der Verkehr vorwiegend durch die Hansestadt über die Elbbrücken nach Süden geleitet worden. Mit dem neuen Tunnel wird auch der alte Elbtunnel entlastet. Dieser ist 426,5 Meter lang und verbindet die Innenstadt bei den St. Pauli Landungsbrücken mit dem gegenüberliegenden Stadtteil Steinwerder. Bei seiner Eröffnung am 7.9.1911 war er der erste Flusstunnel auf dem europäischen Kontinent und galt als technische Sensation. Seit 2003 steht er unter Denkmalschutz.

Das ist „Otto" – die weltgrößte Schildvortriebsmaschine, die sich täglich vier Meter tief wühlt und die erste der drei Tunnelröhren aushöhlt

SCHLUSSAKTE VON HELSINKI

In Helsinki unterzeichnen am 1. August die Staats- und Regierungschefs aller europäischer Staaten (außer Albanien) sowie die USA und Kanada als Staaten, die Truppen in Westeuropa stationiert haben, die Schlussakte der Konferenz für Sicherheit und Zusammenarbeit in Europa (KSZE). Die Charta umfasst einen Katalog mit zehn Prinzipien, zu dessen Einhaltung sich die Unterzeichner verpflichten. Dazu gehören unter anderem ein Gewaltverzicht, die Unverletzlichkeit der Grenzen, die Nichteinmischung in die inneren Angelegenheiten eines Staates, die Achtung der Menschenrechte sowie das Selbstbestimmungsrecht der Völker. Um den Entspannungsprozess weiterzuentwickeln, vereinbaren die Teilnehmerländer Folgekonferenzen.

Volljährigkeit mit 18 Jahren

Noch nie werden in der Bundesrepublik so viele junge Menschen volljährig wie in diesem Jahr: Von einem Tag auf den anderen betrifft es etwa 2,5 Millionen Jungen und Mädchen. Denn mit Beginn des Jahres wird gemäß § 2 des Bürgerlichen Gesetzbuches (BGB) die gesetzliche **Volljährigkeit** von **21 auf 18 Jahre** herabgesetzt. Ziel des Gesetzgebers ist es, die Ausbildungszeit der Jugendlichen zu verkürzen. Damit sind die 18-Jährigen nun ehemündig, sie dürfen ohne Erlaubnis von Sorgeberechtigten oder des Familiengerichts heiraten und erreichen die volle Geschäftsfähigkeit, d.h., sie dürfen z.B. selbstständig Verträge abschließen. Gleichzeitig erhalten sie das aktive und passive Wahlrecht, sie dürfen wählen (erstmals bei der Bundestagswahl 1976) und sich zur Wahl stellen (lediglich für eine Bewerbung um das Amt des Bundespräsidenten schreibt der Gesetzgeber ein Mindestalter von 40 Jahren vor). Auch wenn die jungen Leute im Alltagsleben nun früher für ihre Entscheidungen selbst einstehen müssen: Im Strafrecht gelten die jungen Erwachsenen noch bis zum Alter von 21 Jahren als Heranwachsende, auf die das Jugendstrafrecht oder das allgemeine Strafrecht angewendet werden kann. In der DDR erfolgte die Herabsetzung der Volljährigkeit bereits 1950.

Waldbrände in Niedersachsen

Infolge des sehr heißen, trockenen Sommers kommt es ab dem 8. August in den niedersächsischen Landkreisen Lüchow-Dannenberg, Celle und Gifhorn zu verheerenden **Waldbränden**. Auf dem extrem trockenen Waldboden breiten sich die Flammen schnell aus. 15.000 Helfer sind im Einsatz: Mannschaften des Technischen Hilfswerkes (THW) aus Niedersachsen, Bremen, Hamburg und Schleswig-Holstein sowie 8000 Soldaten der Bundeswehr kämpfen gegen die Flammen, Transportflugzeuge vom Typ Transall und Hubschrauber fliegen ununterbrochen Löscheinsätze. Frankreich stellt spezielle Löschflugzeuge zur Verfügung, die im Flug Wasser aus einem Fluss oder See aufnehmen können. Viele Siedlungen können nur knapp gerettet werden. Nach anderthalb Wochen ist das Feuer unter Kontrolle, es hat ca. 10.000 Hektar Wald vernichtet, elf Menschen das Leben gekostet und einen materiellen Schaden in Höhe von ca. 40 Millionen DM hinterlassen. Nach einem Kompetenzgerangel wird der **Katastrophenschutz** technisch und organisatorisch verbessert.

Niedersachsen verfügt über rund eine Million Hektar Wald, der etwa 20 Prozent der Landesfläche ausmacht. Große, geschlossene Waldgebiete erstrecken sich im Harz, auf Solling und Elm, im Weserbergland sowie in der Süd-, Zentral- und Ost-Heide. Schon während eines verheerenden Orkans am 13.11.1972 verlor das Land rund 100.000 Hektar Wald. Meist handelt es sich dabei um **frostharte Nadelwälder**, denn in der Nachkriegszeit ist insbesondere der Bergbau des Ruhrgebiets auf Kiefer- und Fichtenstämme als Grubenholz angewiesen.

Verheerende Brände vernichten große Waldbestände in Niedersachsen

Überfall auf deutsche Botschaft

Sechs mit Pistolen und Sprengstoff bewaffnete Deutsche dringen am 25. April gegen 2 Uhr nachts in das Gebäude der **deutschen Botschaft in Stockholm** ein, nehmen zwölf Botschaftsangehörige als Geiseln und besetzen das obere Stockwerk. Die Terroristen bezeichnen sich selbst als **Kommando Holger Meins** (er war am

9.11.1974 an den Folgen eines Hungerstreiks verstorben) und fordern die Freilassung von 26 „politischen Gefangenen", darunter die RAF-Mitglieder Baader (1943–77), Meinhof (1934–76), Ensslin (1940–77) und Raspe (1944–77). Diese sollen bis 1 Uhr des nächsten Tages vom Flughafen Frankfurt aus mit bis dahin unbekanntem Ziel ausgeflogen werden.

Als die schwedische Polizei in das untere Stockwerk vordringt, drohen die Geiselnehmer mit der Erschießung des deutschen Militärattachés **Andreas Baron von Mirbach** (1931–75). Die Polizei zieht nicht ab, die Geiselnehmer machen ihre Drohung wahr. Als dann der deutsche Bundeskanzler **Helmut Schmidt** (geb. 1918) über den schwedischen Justizminister mitteilen lässt, nicht auf die Forderung einzugehen („Mein ganzer Instinkt sagt mir, dass wir hier nicht nachgeben dürfen."), wird auch der Wirtschaftsattaché **Heinz Hillegart** ermordet. Noch bevor die Polizei das Gebäude mit Betäubungsgas angreifen kann, explodiert kurz vor Mitternacht versehentlich der von den Terroristen installierte Sprengstoff (15 Kilogramm TNT). Einer der Terro-

Feuerwehrfahrzeuge vor dem durch die Explosion mehrerer Sprengladungen beschädigten Gebäude der deutschen Botschaft in Stockholm

risten kommt ums Leben, alle anderen Personen erleiden schwere Verbrennungen, später stirbt noch einer der Festgenommenen an den Folgen seiner Verletzungen. Durch die Explosion entsteht zudem großer Sachschaden.

Prozess gegen führende RAF-Terroristen

In einer extra errichteten Halle in Stuttgart-Stammheim beginnt am 21. Mai der Prozess gegen **Ulrike Meinhof** (1934–76), **Gudrun Ensslin** (1940–77), **Andreas Baader** (1943–77) und **Jan-Carl Raspe** (1944–77). Nachdem mehrere Anwälte der Gefangenen vom Bundestag ausgeschlossen und Pflichtverteidiger bestimmt wurden, verliest der Vorsitzende drei Monate später, am 19. August, die Anklageschrift. Ihnen werden vierfacher Mord und 54-facher Mordversuch, Sprengstoffanschläge und die Bildung einer kriminellen Vereinigung zur Last gelegt. Die Angeklagten verweigern nach wie vor die Aussage. Das Verfahren zieht sich: Die Anwälte beantragen, Richard M. Nixon (1913–94), Willy Brandt (1913–92) und Helmut Schmidt (geb. 1918) als prominente Zeugen anzuhören, erheben Vorwürfe, sie und ihre Mandanten seien während vertraulicher Gespräche abgehört worden, oder erklären ihre Mandanten wegen eines Hungerstreiks für nicht verhandlungsfähig. Das Verfahren wird aber – entsprechend einer neuen gesetzlichen Regelung ist die Fortführung bei selbst verschuldeter Verhandlungsunfähigkeit rechtens – zeitweise in Abwesenheit der Angeklagten weitergeführt.

Nach 192 Verhandlungstagen, am 28.4.1977, befindet der Richter die Angeklagten für schuldig, verschiedene „tateinheitliche Morde in Tateinheit mit versuchten Morden", „Mordversuche in Tat-

Die Bleistiftzeichnung eines Gerichtszeichners zeigt die Angeklagten am 5.6.1975 im Gerichtssaal

einheit mit Sprengstoffanschlägen" begangen und eine kriminelle Vereinigung gebildet zu haben. Baader, Ensslin und Raspe werden zu **lebenslanger Haft** verurteilt. Ulrike Meinhof war bereits am Morgen des 9.5.1976 tot in ihrer Zelle aufgefunden worden. Laut Obduktion handelt es sich um einen Selbstmord durch Erhängen.

TV-Disput: Alice Schwarzer gegen Esther Vilar

Nicht immer verlaufen die Konfrontationslinien der neuen Frauenbewegung zwischen Frauen und Männern, manchmal verlaufen sie auch zwischen Geschlechtsgenossinnen. Der WDR strahlt am 6. Februar die Aufzeichnung eines Streitgesprächs zweier Frauen aus, deren Positionen in Geschlechterfragen unterschiedlicher nicht sein könnten. Die beiden Kontrahentinnen diskutieren ohne beschönigendes Drehbuch, ohne hemmende Regie, ohne vermittelnde Moderation und lernen sich auch erst kurz vor dem Streitgespräch persönlich kennen. **Esther Vilar** (geb. 1935) hat Jahre zuvor ihre Schrift *Der*

dressierte Mann herausgegeben und vertritt die These, der Mann werde durch die Frau unterdrückt und ausgebeutet („Ich kann Ihren Quatsch nicht länger anhören!") – eine krasse Gegenthese zum Ansatz von **Alice Schwarzer** (geb. 1942), die mit einem spektakulären Fernsehauftritt ihrem Image als streitbare, angriffslustige Galionsfigur der westdeutschen Frauenbewegung alle Ehre macht („Das ist Verrat an Ihrem eigenen Geschlecht!"). Obwohl die Sendung im Nachmittagsprogramm gezeigt wird, rufen ungewöhnlich viele Zuschauer den Sender an: Männer stört die „scharfe Art" Schwarzers, Frauen empören sich über die gutgläubige Art Vilars. Im Rheinland ist am selben Tag Weiberfastnacht.

⮑ *Ein Planet wird geplündert – Die Schreckensbilanz unserer Politik:* Umweltpolitiker Herbert Gruhl erregt mit einer wirtschaftsökologischen Bestandsaufnahme Aufsehen. Anhand der Folgen der Umweltzerstörung zeigt er die Grenzen von Fortschritt und Wachstum auf und fordert eine „radikale Umkehr".

⮑ *Ästhetik des Widerstandes:* Der Roman von Peter Weiss bildet den Auftakt zu einer Trilogie, die ein Gesamtbild des antifaschistischen Widerstands in Europa zu geben versucht. Das Werk wird wegen seiner Aspekte verdrängter und verschwiegener Vergangenheit intensiv diskutiert.

⮑ *Der kleine Unterschied und seine großen Folgen:* Frauenrechtlerin Alice Schwarzer versucht, jene Mechanismen aufzudecken, die als „patriarchalisches Prinzip" die Lebenswelten von Frauen durchdringen. Das heftig kritisierte Buch macht die tabuisierte weibliche Sexualität öffentlich und wird zum Bestseller.

Bundestagswahl: Helmut Schmidt setzt sich durch

Die CDU/CSU kann bei der Bundestagswahl am 3. Oktober zwar erhebliche Stimmengewinne verbuchen und wird sogar stärkste Partei (48,6 Prozent, +3,7 Prozent), ihr Wahlziel, die sozialliberale Koalition aus der Regierung zu verdrängen, erreicht sie jedoch nicht.

Nach dem Rücktritt von **Willy Brandt** (1913–92) am 7.5.1974 gilt die Wahl als erste Bewährungsprobe für seinen Nachfolger **Helmut Schmidt** (geb. 1918). Der kann sich gegen den CDU-Kandidaten **Helmut Kohl** (geb. 1930) durchsetzen und in einer Neuauflage der Koalition aus SPD (42,6 Prozent, −3,2 Prozent) und FDP (7,9 Prozent, −0,5 Prozent) als Bundeskanzler weiter regieren. Helmut Kohl, Spitzenkandidat der Union, tritt von seinem Amt als Ministerpräsident des Landes Rheinland-Pfalz zurück, geht nach der Wahl als Oppositionsführer nach Bonn und übernimmt zusätzlich zum Amt des Parteivorsitzenden der CDU auch den Vorsitz der CDU/CSU-Bundestagsfraktion.

Zu zentralen Begriffen des Wahlkampfs werden „Freiheit" und „Sozialismus". Die CDU versucht, eine Polarität zwischen beiden aufzubauen und mit dem altbewährten Gespenst der „roten Gefahr" Wähler auf ihre Seite zu ziehen: „Aus Liebe zu Deutschland: Freiheit statt Sozialismus – CDU. Sicher, sozial und frei." Tatsächlich empfinden 93 Prozent der Bevölkerung den Begriff „Freiheit" als sympathisch, 30 Prozent empfinden „Sozialismus" als sympathisch. Die SPD hingegen definiert in ihrem Wahlkampf vor allem die Voraussetzung persönlicher Freiheit: „Von Freiheit verstehen wir mehr: soziale Sicherheit. SPD".

Befreiung in Entebbe

Auf dem Flughafen der ugandischen Stadt Entebbe befreien israelische Spezialeinheiten hundert Menschen aus einem von deutschen und arabischen **Terroristen** entführten Flugzeug, drei Geiseln und sechs Terroristen werden getötet.

Die Maschine der Air France war sieben Tage zuvor von Athen aus nach Paris gestartet, dann zum Flughafen Bengasi (Libyen) umgeleitet und schließlich gezwungen worden, auf dem Flughafen von Entebbe zu landen. Die acht Terroristen der **Volksfront zur Befreiung Palästinas** und die zwei **RAF**-Mitglieder lassen alle Passagiere bis auf die israelischen Staatsbürger frei und verlangen, 53 Freiheitskämpfer zu ihnen nach Uganda auszufliegen. Die Regierungen der beteiligten Länder Bundesrepublik Deutschland, Schweiz, Frankreich und Kenia lassen sich nicht erpressen und lehnen Verhandlungen ab.

Ohne Wissen der ugandischen Behörden und daher ohne Bodenunterstützung landen am Morgen des 4. Juli vier israelische Transportflugzeuge vom Typ Hercules in Entebbe. Ein Luftwaffenjet mit medizinischen Einrichtungen hält sich in Nairobi (Kenia) bereit. Die Aktion der Israelis dauert, trotz eines Feuergefechts mit ugandischen Soldaten, die das Gelände umstellt haben, nur etwa drei Minuten. Weil dabei die ugandischen Kampfjets zerstört werden, können die Geiseln umgehend über Nairobi nach Israel ausgeflogen werden. Trotz der erfolgreichen Befrei-

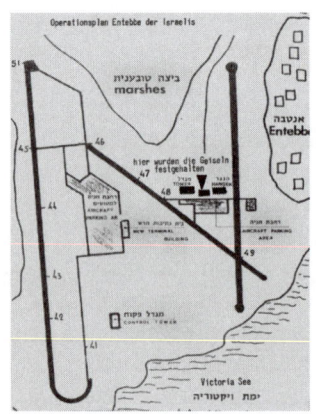

Die Operationskarte der israelische Armee, nach der sie ihre Rettungsaktion in Entebbe organisierten

SELBSTVERBRENNUNG

Aus Protest gegen die Verhältnisse in der DDR stellt der evangelische Pfarrer Oskar Brüsewitz am 18. August im Stadtzentrum von Zeitz (Sachsen-Anhalt) Plakate auf mit der Aufschrift „Funkspruch an alle: Die Kirche in der DDR klagt den Kommunismus an! Wegen Unterdrückung in Schulen an Kindern und Jugendlichen", übergießt sich mit Benzin und zündet sich an. Am 22. August erliegt der Pfarrer im Krankenhaus Halle/Saale seinen Verletzungen. Kirchenvertreter erklären später offiziell, es handele sich um ein persönliches Problem des Geistlichen. Sie wollen sich die Möglichkeit einer Liberalisierung des DDR-Systems „von innen" heraus offen halten.

als ein vorbildliches Ehepaar. Er tut schließlich das, was er schon immer tun wollte und verlässt sie wegen einer anderen, sie löst sich von ihm, erkennt in ihrer ständigen Rücksichtnahme einen schweren Fehler, wird selbstbewusst und zuversichtlich. Der Film, der als Serie für das schwedische Fernsehen entstand, kommt zwar bereits 1973 als Kurzfassung in die Kinos, wird

Schwedens Regie-Legende Ingmar Bergman

einem größeren Publikum aber erst durch die Ausstrahlung im ZDF bekannt. Mit *Sarabande* dreht Bergman 2002 eine Fortsetzung der *Szenen einer Ehe*.

ung gerät Israel in die internationale Kritik: Kein Land habe das Recht, eine derartige Militäraktion ohne Absprache mit der betroffenen Regierung durchzuführen.

Neues Frauenbild: *Szenen einer Ehe*

An den drei Abenden des 20., 22. und 23. September sendet das ZDF den schwedischen Fernsehfilm *Szenen einer Ehe* von **Ingmar Bergman** (1918–2007). Der in dokumentarischem Stil gedrehte Film löst heftige Reaktionen aus und belebt die öffentliche Diskussion um die sogenannten Beziehungsprobleme zwischen Mann und Frau. Bergman zeichnet das Psychogramm einer gescheiterten Ehe: Er zeigt die Entwicklung der Liebesbeziehung, thematisiert sein menschliches Scheitern, ihr aufkeimendes Selbstbewusstsein und zeigt die Wiederbegegnung nach ihrer Scheidung. Johan (Erland Josephson, geb. 1923) und Marianne (Liv Ullmann, geb. 1939) sind alles andere

Oetker-Entführung: frei für 21 Millionen

Auf einem Parkplatz der Münchener Universität wird der Industriellen-Sohn **Richard Oetker** (geb. 1955) am 14. Dezember von einem maskierten und mit Gaspistole bewaffneten Mann überwältigt und in einen VW-Kastenwagen gezerrt. Der fast zwei Meter große Oetker muss sich in eine 1,75 Meter lange, 80 Zentimeter hohe und 70 Zentimeter breite Kiste zwängen. Der Entführer hat das Gefängnis zusätzlich mit einem perfiden Folterinstrument ausgestattet. Der sogenannte Akustomat sendet ab einer gewissen Lautstärke (wie sie z. B. bei Hilferufen entsteht) Stromstöße aus, die das Opfer traktieren. Ein Stromschlag bricht Oetker schließlich beide Oberschenkelhalsknochen und acht Lendenwirbel. Nach drei quälenden Tagen findet die vereinbarte Übergabe des Lösegeldes statt. Der Täter kann mit den 21 Millionen Mark entkommen und gibt tatsächlich den Aufenthaltsort seines Opfers bekannt.

Nach zwei Jahren beispielloser Fahndungsarbeit haben die Kriminalisten den Tathergang zumindest grob rekonstruiert, die veröffentlichte Telefonstimme des Täters führt auf die Spur von **Dieter Zlof** (geb. 1942). In einem spektakulären Indizienprozess – es gibt keine Beweise, das Lösegeld bleibt verschwunden, von vermeintlichen Hintermännern fehlt jede Spur – wird Zlof 1980 schuldig gesprochen und zu einer Gefängnisstrafe von 15 Jahren verurteilt. Währenddessen und auch nach seiner Haftentlassung beteuert er noch seine Unschuld, stilisiert sich selbst zum Opfer und tritt 1993 sogar in der Sat.1-Fernsehsendung *Schreinemakers live* auf. Die Fahnder beobachten ihn über Jahre weiter, der Versuch, 1997 in London mehrere Tausend-Mark-Scheine des Lösegelds einzutauschen, wird von Scotland Yard vereitelt – erneute Verurteilung, ein Jahr Gefängnis. Seine Komplizen können wegen Hehlerei und Geldwäsche dingfest gemacht werden. Im selben Jahr bekennt er einer Münchener Journalistin:

Der Angeklagte Dieter Zlof (M.) betrachtet eine Nachbildung der Kiste, in der Entführungsopfer Richard Oetker gefangen gehalten worden war

„Ich war es doch!". Das Buch mit dem Titel *Geständnis des Dieter Zlof – Die Geschichte der 21-Millionen-Erpressung* zeugt vom Größenwahn eines Menschen, der erklärtermaßen den Behörden nur zeigen will, „wer der Schlauere ist". Schon Jahre vor der Tat hatte er sich für Entführungsfälle interessiert und über die „perfekte Entführung" nachgedacht. Richard Oetker äußert sich nie öffentlich zu den Geschehnissen.

Proteste gegen Kernkraftwerke

Am frühen Morgen des 29. Oktober errichten Bautrupps in der Wilster Elbmarsch rund um eine Baustelle eine Festungsanlage mit Zäunen, Wassergräben und Hubschrauber-Landeplatz, um den „sofortigen Vollzug der ersten Teilgenehmigung zum Bau des **Kernkraftwerks Brokdorf**" sicherzustellen. Erfahrungen aus anderen Projekten lassen es dem schleswig-holsteinischen Ministerpräsidenten **Gerhard Stoltenberg** (1928–2001) ratsam erscheinen, Vorsorgemaßnahmen zu ergreifen, um einen ungestörten Beginn der Bauarbeiten zu gewährleisten: Immer wieder behindern Bürger den normalen Gang der Bauvorhaben durch Protesterklärungen und Einsprüche, 30.000 Menschen belagern dann 1975 sogar den Bauplatz des geplanten Kernkraftwerks Wyhl (Baden).

Tatsächlich kommt es in Brokdorf vier Tage später zu einer ersten Demonstration: 8000 Kernkraftgegner ziehen zum Bauplatz, werden von der Polizei mit Knüppeln, Hunden und unter Einsatz von Tränengas zunächst vertrieben. Am 13. November dann kommt es zur legendären **Brokdorf-II-Demonstration**: AKW-Gegner aus der ganzen Bundesrepublik sind zusammengekommen und liefern sich eine stundenlange Schlacht mit Werkschutz und Polizei, die mit Pferden, Hunden und Hubschraubern gegen ihren Gegner zu Felde zieht und mit wahllosem Abwurf von Tränengasgranaten in die Demonstrantenmenge und willkürlichen Prügeleien versucht, Herr der Lage zu werden. Die Medien bescheinigen den Polizeikräften eine „unfassbare Brutalität". Doch die Sympathie wechselt auch in großen Teilen der Bevölkerung: Der Kampf gegen Atomanlagen wird als Massenbewegung zu einer bundesweiten Angelegenheit, engagierte Bürger gründen **Arbeitskreise gegen**

FILME DES JAHRES

- *Rocky* mit Sylvester Stallone
- *Der Marathon-Mann* mit Dustin Hoffman und Laurence Olivier
- *Taxi Driver* von Martin Scorsese, mit Robert De Niro
- *Die Unbestechlichen* mit Dustin Hoffman und Robert Redford
- *King Kong* mit Jessica Lange und Jeff Bridges
- *Steiner – Das Eiserne Kreuz* mit James Coburn und Maximilian Schell

die Atomkraft und Bürgerinitiativen. In den Folgejahren kommt es bundesweit immer wieder zu Demonstrationen, an denen hunderttausende von Menschen teilnehmen. Auch in der Elbmarsch gehen die Proteste trotz Demonstrationsverbots weiter: 1977 und 1981 finden weitere Großdemonstrationen statt. Das Kernkraftwerk Brokdorf geht 1987 ans Netz.

Deutsche wird schwedische Königin

Eine Nachricht aus Stockholm sorgt am 12. März in der Bundesrepublik für allerhand Trubel: Der schwedische König heiratet die gebürtige Deutsche **Silvia Sommerlath** (geb. 1943). Am 19. Juni gibt sich das Paar in der Kathedrale von Stockholm das Ja-Wort, Millionen von Zuschauern erleben die Traumhochzeit an den Bildschirmen. „Ich glaube an das Schicksal. Dass mein Mann und ich uns getroffen haben, war kein Zufall", erklärt die Königin später.

Silvia Sommerlath lernt den schwedischen Kronprinzen **Carl XVI. Gustav** (geb. 1946) 1972 bei den Olympischen Spielen in München kennen. Dort bildet sie für das Organisationskomitee

Hostessen aus und ist auch für die Betreuung der Ehrengäste verantwortlich. Jahrelang bleibt die Beziehung zwischen ihm und der Kaufmannstochter vor der Öffentlichkeit verborgen. Inzwischen besteigt Carl XVI. Gustav im Alter von 27 Jahren den schwedischen Thron, was traditionellerweise unter einem Motto geschieht. Der Souverän wählt „Für Schweden – mit der Zeit".

Offizielles Hochzeitsfoto mit Blumenkindern des schwedischen Königs Carl Gustav und der Deutschen Silvia Sommerlath

Diesem Leitspruch folgt er auch in der Liebe, denn mit der Thronbesteigung ist der Weg frei für eine Heirat: Gemäß der schwedischen Verfassung verliert zwar ein Kronprinz durch die Heirat mit einer Bürgerlichen seinen Anspruch auf die Thronfolge, ein regierender König ist jedoch frei in seiner Wahl.

Königin Silvia ist wegen ihres unbefangenen, offenen Auftretens in Schweden beliebt, ihre Popularität lässt viele Landsleute ihre Zweifel an der Monarchie vergessen.

Wolf Biermann aus der DDR ausgebürgert

Eigentlich will die DDR-Führung das politische Klima im Land durch eine liberale Haltung gegenüber Künstlern und Intellektuellen verbessern. Aber mit der Ausbürgerung **Wolf Biermanns** (geb. 1936) findet der Prozess am 16. November ein jähes Ende: Nach einer Konzertreise durch Westdeutschland verweigern die Behörden der DDR dem politischen Liedermacher die Rückkehr ins Land und entziehen ihm somit die Staatsbürgerschaft. Begründung: Biermann sei kurz zuvor während eines Konzerts in Köln durch „feindseliges Auftreten gegenüber der DDR" aufgefallen.

Nicht nur im Westen kommt es zu Protesten. Zahlreiche Künstler der DDR kritisieren die Führung öffentlich und unterzeichnen eine Protesterklärung – ein bis dahin unvorstellbarer Akt: der Schriftsteller **Jürgen Fuchs** (1950–99) wird inhaftiert, der Schauspieler und Jazz-Musiker **Manfred Krug** (geb. 1937) erhält Berufsverbot und reist 1977 mit seiner Familie nach Westberlin aus. Auch andere prominente Künstler wie der DDR-Star **Angelica Domröse** (geb. 1941) und der renommierte Schweizer Schauspieler und Regisseur **Benno Besson** (1922–2006) verlassen das Land. 1979 eskaliert die Auseinandersetzung im Ausschluss zahlreicher Mitglieder aus dem Schriftstellerverband der DDR.

Biermann siedelte 1953 von Hamburg in die DDR über. Obwohl er dort seit 1965 mit Berufs- und Arbeitsverbot belegt ist, kann er zur gleichen Zeit als Vertreter eines kritischen Sozialismus durch zahlreiche Publikationen zur Symbolfigur der westdeutschen Linken aufsteigen. Im Oktober erhält er überraschend ein Visum für die Bundesrepublik und reist unter der Bedingung aus, wieder in die DDR zurückkehren zu dürfen.

Olympia: Rosi Mittermaier ist Ski-Königin

In der Tiroler Landeshauptstadt Innsbruck finden vom 4.–15. Februar die XII. Olympischen Winterspiele statt. Rund 1130 Sportler aus 37 Ländern kämpfen in acht Sportarten und 37 Wettbewerben um Medaillen. Die Teams der UdSSR und der DDR dominieren jedoch die meisten Wettkämpfe. So erringen die ostdeutschen Bobfahrer und Rennrodler dank der Sport-Ingenieure aus Oberhof und ausgefeilter Technik in ihren Disziplinen sämtliche Siege. Abfahrtsläufer Franz Klammer (geb. 1953) und Skispringer Karl Schnabl (geb. 1954) sind die Stars des Gastgeberlandes. Zum Liebling des westdeutschen Publikums wird **Rosi Mittermaier** (geb. 1950), die im Ski alpin Erfolge feiert: Drei Tage nach ihrem Sieg im Abfahrtslauf gewinnt sie auch den Spezialslalom. Im Riesenslalom verfehlt sie mit einem Rückstand von 13 Hundertstelsekunden nur knapp die Goldmedaille. Die sportliche Heldin der Medien und Fans heißt fortan nur noch **Gold-Rosi**.

Ursprünglich waren die Olympischen Winterspiele sechs Jahre zuvor der US-amerikanischen Stadt Denver im Bundesstaat Colorado zugesprochen worden, die Bevölkerung hatte sich jedoch wegen der zu befürchtenden massiven Umweltzerstörung in einer Volksbefragung 1972 gegen die Ausrichtung entschieden. Das

Rosi Mittermaier fährt bei den Olympischen Winterspielen von Innsbruck im Spezialslalom auf der Axamer Lizum einer Goldmedaille entgegen

IOC entschied sich rasch für die ehemalige Olympiastadt Innsbruck. Grund vor allem: Man veranschlagte nur Kosten in Höhe von 40 Millionen Dollar, um die Sportstätten der Olympischen Winterspiele von 1964 wieder herzurichten.

UMWELTKATASTROPHEN

Im oberitalienischen Seveso kommt es am 10. Juli zu einer der größten Umweltkatastrophen des Jahrhunderts in Europa. Nach einer unkontrollierten Erhitzung in einem Chemiewerk werden durch noch geöffnete Ventile große Mengen des hochgiftigen Dioxin TCDD freigesetzt. Schon kleinste Mengen des Gifts führen zu Verätzungen der Haut, Schädigungen innerer Organe, krankhafter Veränderungen des Erbmaterials, Missbildungen ungeborenen Lebens. Schwangere Frauen lassen ihre Kinder abtreiben, Landwirte müssen ihren Betrieb aufgeben. Die Entseuchung des Bodens dauert Jahre.

Ein schweres Erdbeben mit Stärke 7,8 auf der Richterskala überrascht am 28. Juli gegen vier Uhr morgens Millionen von Menschen in der Region der nordostchinesischen Industriestadt Tangshan (Provinz Hebei). Dieses und mehrere Nachbeben mit gleicher Stärke fordern insgesamt über 650.000 Menschenleben, ca. 780.000 Menschen werden verletzt. Es ist das folgenschwerste Erdbeben des 20. Jh. Die Stadt selbst ist nahezu völlig zerstört, die Wirtschaft der Region kommt zum Erliegen. Ursache des Bebens sind Spannungen im Erdinnern zwischen der sogenannten eurasischen Platte und dem indischen Subkontinent.

Niki Lauda kommt auf regennasser Bahn vom Kurs ab und verunglückt schwer mit seinem in Flammen stehenden Auto

denkilometern bricht das linke Vorderrad seines Ferraris weg, der Wagen prallt gegen eine steinige Böschung und wird zurück auf die Fahrbahn geschleudert. Lauda wird der Helm vom Kopf gerissen, bevor sich die rund 200 Liter Benzin entzünden und das Fahrzeug in Flammen steht. Nachfolgende Fahrer bergen den Weltmeister nach einer halben Minute aus dem brennenden Wrack. Lauda überlebt mit schweren Brandverletzungen und Verätzungen der Atemwege, hervorgerufen durch Einatmen des giftigen Rauchs, der beim Verbrennen der Kunststoffkarosserie entsteht. Öffentlichkeit und Kollegen scheint klar: Die Karriere des Formel-1-Fahrers ist beendet. Doch nach sechs Wochen startet Lauda bereits wieder beim Formel-1-Rennen in Monza. Erst zum Saisonende 1979 steigt er aus dem Rennsport aus („Ich will nicht mehr blöd im Kreis herumfahren") und widmet sich dem Aufbau einer **Fluglinie**. Die österreichische Lauda-Air nimmt am 27.4. 1979 ihren Betrieb auf. Dennoch kehrt er 1982 überraschend in die Formel-1 zurück, gibt aber 1985 als dreifacher **Weltmeister** nach 25 Grand-Prix-Siegen seinen endgültigen Rücktritt bekannt.

Niki Lauda verunglückt

Beim Rennen zum Großen Preis von Deutschland auf dem Nürburgring verunglückt der österreichische Weltmeister **Niki Lauda** (geb. 1949) am 1. August schwer. Bei rund 250 Stun-

Ermordung von Siegfried Buback und Jürgen Ponto

Auf der Fahrt von seiner Wohnung zum Bundesgerichtshof in Karlsruhe wird am Morgen des 7. April Generalbundesanwalt **Siegfried Buback** (1920–77) ermordet. Mit ihm stirbt der Fahrer seines Dienstwagens, ein Beamter der Bundesanwaltschaft erliegt später seinen Verletzungen. Zwei Motorradfahrer hatten das Feuer eröffnet, als der Wagen an einer roten Ampel hielt. Nach einigen Tagen bekennt sich ein **Kommando Ulrike Meinhof** gegenüber der Deutschen Presseagentur (dpa) zu dem Anschlag. Meinhof hatte sich am 9.5.1976 in ihrer Zelle in Stuttgart-Stammheim erhängt.

Zwar hatte es schon früher Terroranschläge gegeben (Ermordung des Berliner Kammergerichtspräsidenten **von Drenkmann** (1910–74); Entführung des CDU-Spitzenpolitikers **Lorenz** (1922–87); Geiselnahme in der deutschen Botschaft Stockholm), doch nach der Ermordung von Buback hält die RAF die Bundesrepublik mit einer beispiellosen Reihe von Anschlägen in Atem – aus Protest gegen eine „Situation, in der Bundesanwaltschaft und Staatsschutz zum Massaker an den Gefangenen ausgeholt haben".

Generalbundesanwalt Buback bei Anschlag getötet

Am 30. Juli fällt **Jürgen Ponto** (1923–77), Vorstandssprecher der Dresdner Bank, einer missglückten Entführung zum Opfer. RAF-Terroristin **Susanne Albrecht** (geb. 1951) ist Patenkind des Bankiers und kann sich mit **Brigitte Mohnhaupt** (geb. 1949) und **Christian Klar** (geb. 1952) ungehindert Zutritt zu dessen Wohnung verschaffen. Als sich Ponto gegen seine Entführung wehrt, löst sich zunächst ein Schuss, dann wird er von Mohnhaupt erschossen. Später stellt das Bundeskriminalamt fest: Mohnhaupt und Klar sind auch die Mörder von Generalbundesanwalt Buback. Acht Jahre später werden beide zu lebenslangen Haftstrafen verurteilt. Susanne Albrecht wird 1990 gefasst, ihr umfassendes Geständnis verhilft ihr zum Status einer Kronzeugin. Sie wird 1996 auf Bewährung entlassen, Brigitte Mohnhaupt 2007.

Freiheit statt Geld: Schleyer-Entführung

Nach der missglückten Entführung **Pontos** suchen die Terroristen nach einem neuen Opfer, um die in Stuttgart-Stammheim einsitzende RAF-Führungsriege um **Andreas Baader** (1943–77) freizupressen. Das finden sie am 5. September in **Hanns Martin Schleyer** (1915–77), dem mächtigsten Mann der deutschen Wirtschaft. Nach monatelanger Vorbereitung und dem Auskundschaften seiner Gewohnheiten stoppen sie die Wagenkolonne des Arbeitgeberpräsidenten, für den die höchste Sicherheitsstufe gilt, töten alle seine Begleiter und verschleppen ihn in eine Wohnung in der Region Köln.

Bundeskanzler **Helmut Schmidt** (geb. 1918) setzt von Anfang an auf eine harte Linie, lässt Wohnungen durchsuchen, verhängt eine Nachrichtensperre. Wie sich später zeigt, hat ein Beamter des Bundeskriminalamts das Versteck in Köln tatsächlich im Visier, seine Erkenntnisse gehen jedoch in der allgemeinen Informationsflut des Falls unter. Später wird Schleyer von seinen Entführern in die Niederlande und schließlich nach Belgien gebracht, per Video muss er an die westdeutsche Regierung appellieren, ihn gegen die in Stuttgart Inhaftierten auszutauschen. Ein Antrag von Schleyers Sohn an das Bundesverfassungsgericht, die Freilassung der inhaftierten RAF-Mitglieder per Gerichtsbeschluss anzuordnen und so das

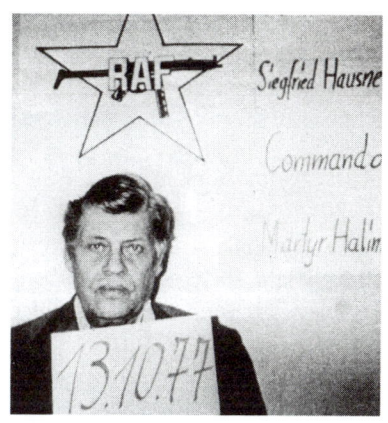

Hanns Martin Schleyer wenige Tage vor seiner Ermordung

DEUTSCHER HERBST

Die Ereignisse und Entwicklungen in der Bundesrepublik vom 5. September bis zum 19. Oktober gehen als sogenannter deutscher Herbst in die Geschichte ein. Sie beginnen mit der Entführung Hanns Martin Schleyers (1915–77), reichen über die Entführung der Lufthansa-Maschine „Landshut" nach Mogadishu und den Selbstmord der in Stuttgart-Stammheim einsitzenden RAF-Terroristen bis zum Auffinden des toten Arbeitgeberpräsidenten. Der Begriff steht auch für eine insbesondere von den Medien geschürte Stimmung im Land, der die Furcht vor linksextremistischen Anschlägen zugrunde liegt. Jene, die das Vorgehen des Staats hinterfragen, geraten nicht selten als angebliche Sympathisanten des Terrorismus in Verruf. Viele bezweifeln, ob eine Regierung ihre Prinzipien über das Leben eines Einzelnen stellen darf. Umstritten ist auch das Kontaktsperregesetz, das in nur fünf Tagen eilig alle Instanzen durchläuft, am 2. Oktober in Kraft tritt und den Kontakt zwischen den Gefangenen untereinander, mit ihren Anwälten und der Außenwelt regelt.
Bundeskanzler Schmidt (geb. 1918) äußert sich dazu später vor dem Bundestag: „Ich glaube, dass wir bis an die Grenzen des Rechtsstaates gegangen sind. Aber wir haben sie nicht übertreten."

Leben seines Vaters zu retten, bleibt ohne Erfolg. Währenddessen bringen vier Araber eine Linienmaschine der Lufthansa in ihre Gewalt und entführen sie nach Mogadishu (Somalia). Die deutsche Regierung lässt das Flugzeug stürmen. **Baader** (1943–77), **Ensslin** (1940–77) und **Raspe** (1944–77) nehmen sich nach offiziellen Angaben das Leben und besiegeln damit das Schicksal Schleyers. Am 19. Oktober entdeckt man in der Nähe des französischen Mülhausen seine Leiche im Kofferraum eines Audis, zusammen mit einem Brief der Terroristen: „Wir haben nach 43 Tagen Hanns Martin Schleyers klägliche und korrupte Existenz beendet".

GSG-9-Einsatz in Mogadishu

Auf dem Flug von Palma de Mallorca nach Frankfurt/Main bringen Araber am 13. Oktober die Lufthansa-Maschine „Landshut" mit 82 Passagieren und fünf Besatzungsmitgliedern an Bord in ihre Gewalt. Die zwei Männer und zwei

Frauen wollen den Forderungen der **Schleyer-Entführer** Nachdruck verleihen, verlangen zudem die Freilassung zweier in der Türkei festgehaltenen Palästinenser sowie 15 Millionen Dollar und zwingen Flugkapitan Jürgen Schumann zu einem Irrflug mit Stopps in Rom, Larnaka (Zypern), den arabischen Emiraten Bahrain und Dubai sowie in Aden (Südjemen), um schließlich in der somalischen Hauptstadt Mogadishu zu landen. Den Leichnam des von ihnen ermordeten Flugkapitäns werfen sie auf die Piste.

Eine Schlüsselrolle als Krisenmanager spielt der in Verhandlungen mit arabischen Ländern erfahrene Staatsminister **Hans-Jürgen Wischnewski** (SPD, 1922–2005). Der Bonner Krisenstab sucht nach einer Lösung, Bundeskanzler **Helmut Schmidt** (geb. 1918) bleibt unnachgiebig, Wischnewski versorgt die Entführer gezielt mit Fehlinformationen, um Zeit zu gewinnen, und verhandelt gleichzeitig mit den somalischen Behörden. Schließlich erhält die deutsche Regierung vom somalischen Präsidenten **Mohammed Siad Barre** (vermutl. 1919–95) die Erlaubnis für eine Befreiungsaktion. Am 18. Oktober, kurz nach Mitternacht, rückt die GSG-9, eine Spezialeinheit des Bundesgrenzschutzes, an und beginnt ihre **Aktion Feuerzauber**. Innerhalb von sieben Minuten sind alle Geiseln unverletzt befreit. Von den Entführern überlebt jedoch nur eine der Frauen.

Die „Landshut" in Mogadischu

Für die stolze Ablösesumme von 1,75 Millionen DM wechselt Rekordnationalspieler Franz Beckenbauer (geb. 1945; 103 Länderspiele, davon 50 als Kapitän, 14 Tore) vom FC Bayern München zum Fußballclub Cosmos New York. Das US-amerikanische Team spielt in der nordamerikanischen Fußball-Liga und will mit renommierten Spielern wie Beckenbauer und dem Brasilianer Pelé (geb. 1940) für die in den USA weitgehend unbekannte Sportart „Soccer" werben. Beide werden mit dem Verein dreimal in Folge US-amerikanischer Meister (1978, 1979, 1980). 1980 wechselt Beckenbauer wieder in die deutsche Fußball-Bundesliga und spielt für den Hamburger SV.

Selbstmord von Baader, Ensslin und Raspe

Nachdem die in Stuttgart-Stammheim inhaftierten verurteilten Terroristen **Andreas Baader** (1943–77), **Gudrun Ensslin** (1940–77) und **Jan-Carl Raspe** (1944–77) über Radio vom missglückten Freipressungsversuch in Mogadishu erfahren, nehmen sie sich das Leben. Baader erschießt sich, Ensslin erhängt sich mit einem Lautsprecherkabel, Raspe verstirbt morgens im Operationssaal an seinen Schussverletzungen, **Irmgard Möller** (geb. 1947) bringt sich mehrere Stichverletzungen in der Herzgegend bei und überlebt schwer verletzt.

Auch wenn die Vorgänge um den Tod der Gefangenen rätselhaft erscheinen, heißt es von offizieller Seite, es habe sich um einen **kollektiven Selbstmord** gehandelt. Um im In- und Ausland den Anschein einer Hinrichtung zu vermeiden, lassen die deutschen Behörden die Leichen von ausländischen Gerichtsmedizinern obduzieren: Sie bestätigen die Selbstmorde. Zudem steht fest: Trotz strenger Einzelhaft und Kontaktsperre konnten die Gefangenen untereinander ein **Kommunikationssystem** aufbauen, Pakete konnten durch die Postzensur zu den Gefangenen gelangen, Pistolen und ein Transistorradio konnten versteckt gehalten werden. Die heftige Kritik an den baden-württembergischen Justizbehörden, die die Selbstmorde trotz umfangreicher Abhörmaßnahmen nicht verhindert hatte, führt schließlich zum Rücktritt von Justizminister **Traugott Bender** (CDU, 1927–79).

Günter Wallraff am 29.3.2000 in seiner Wohnung in Köln

Günter Wallraff als Hans Esser bei *Bild* Hannover

Einen **Hans Esser** gibt es tatsächlich, er tauscht mit **Wallraff** (geb. 1942) Auto und Papiere – und für eine begrenzte Zeit einen Teil seiner Identität. Wallraff plant eine Aktion bei einem Presseunternehmen. Pass und Führerschein bleiben dem richtigen Hans Esser, er lebt sein Leben wie zuvor. Wallraff lässt sich währenddessen über einen Bekannten bei *Bild* in Hannover einschleusen.

Unter dem Pseudonym Hans Esser arbeitet Günter Wallraff ab März vier Monate lang als Reporter in der Lokalredaktion der *Bild*-Zeitung. Noch im laufenden Jahr veröffentlicht er mit dem Buch *Der Aufmacher – Der Mann, der bei* Bild *Hans Esser war* die Ergebnisse seiner Recherchearbeit und erregt – verständlicherweise – den Unmut des Springer-Konzerns. Wallraff erklärt, was die Macht der Zeitung begründet, welche Methoden die Zeitungsmacher anwenden, um Bild- und Textmaterial für sensationelle Reportagen zu erhalten, wie sie in zynischer Weise menschliche Schicksale zur Steigerung ihrer Auflagen missbrauchen, wie Nachrichten umgedich-

tet und getarnt werden, ohne jemals juristisch angreifbar zu sein. Die folgenden juristischen Auseinandersetzungen mit dem Springer-Konzern erläutert Wallraff später in seinem Buch *Zeugen der Anklage.* Der Konzern überzieht den Autor mit Prozessen, seine Kernaussage können sie jedoch nicht erschüttern.

Mit seinem Aufsehen erregenden Recherchestil will Wallraff in das unmittelbare Kernumfeld seines Reportageziels einbrechen, Missstände anprangern und direkte Einblicke in die Funktionsweise unserer Gesellschaft geben.

Schwules Drama: *Die Konsequenz*

Der WDR sendet den ersten deutschen Fernsehfilm über eine Liebe zwischen Männern, die ihr **gleichgeschlechtliches Zusammenleben** gegen Vorurteile und Anfeindungen durchsetzen wollen.

In einer Schweizer Strafanstalt begegnen sich der 23-jährige Strafgefangene Martin Kurat (Jürgen Prochnow, geb. 1941) und der 16-jährige Thomas Manzoni (Ernst Hannawald, geb. 1959),

Filmszene mit Jürgen Prochnow (r.) und Ernst Hannawald

Sohn eines Aufsehers – sie empfinden Zuneigung füreinander und beschließen, nach der Haftentlassung von Martin zusammenzuleben. Thomas' Eltern und die Behörden laufen Sturm. In einer Erziehungsanstalt soll Thomas mithilfe von Prügelstrafe und Einzelhaft lernen, seine gleichgeschlechtlichen Gefühle zu überwinden und „erwachsen" zu werden. Martin lässt sich derweil unter falscher Identität in der Anstalt als Praktikant einstellen und verhilft Thomas zur Flucht nach Deutschland. Doch die Versuche, ein gemeinsames Leben fortzusetzen, scheitern.

Der Film entsteht nach dem Drehbuch von **Alexander Ziegler** (geb. 1944) in der Regie von **Wolfgang Petersen** (geb. 1941) und kommt ohne überzogene, klischeehafte Elemente aus. Das Bayerische Fernsehen schert um 21.15 Uhr aus dem ARD-Programm aus und bietet seinen Zuschauern stattdessen ein gefühlvolles Bauern-Melodram. Bereits 1973 hatte die ARD mit der Ausstrahlung des provokant-spektakulären Films *Nicht der Homosexuelle ist pervers, sondern die Situation, in der er lebt* von **Rosa von Praunheim** (geb. 1942) für Aufsehen gesorgt. Ein Jahr zuvor war der umstrittene Film noch kurzfristig aus dem Programm genommen worden.

Seit einer Reform des § 175 im Jahr 1973 sind in der Bundesrepublik nur noch homosexuelle Handlungen mit männlichen Jugendlichen unter 18 Jahren strafbar. Den entsprechenden Paragrafen streicht die DDR bereits 1988. Die Bundesrepublik wird den § 175 erst, im Zuge einer Rechtsangleichung mit der ehemaligen DDR, 1994 aufheben.

Frauenzeitschrift *Emma* erscheint

Die erste Ausgabe der weltweit einzigen autonomen **feministischen Zeitschrift** erscheint am 26. Januar in einer Auflage von 200.000 Stück. Nachdem die Startauflage bald restlos vergriffen ist, kommen weitere 100.000 Exemplare in die Kioske. Das Titelfoto zeigt die Macherinnen des Blatts, wie sie schnurstracks auf die Fotografin zugehen: Wir kommen! Unter dem Motto **Von Frauen für Frauen** will sich die Mitbegründerin und Herausgeberin **Alice Schwarzer** (geb. 1942) mit ihrer bundesweit erscheinenden Publikation um eine feministische Alternative und um

Emma-Herausgeberin Alice Schwarzer, aufgenommen am 16.1.2002 in der Kölner Redaktion vor einer Wand mit aktuellen und älteren Titelbildern ihrer Zeitschrift

Nur Samstag Nacht: Deutsche im Disco-Fieber

John Travolta in *Nur Samstag Nacht*

Handlung und Musik des US-amerikanischen Musikfilms *Nur Samstag Nacht* (Originaltitel: *Saturday Night Fever*) sind auf das Thema Disco zugeschnitten, einem Mainstream, der gerade in den USA in Mode ist.

Der 19-jährige Tony Manero (John Travolta, geb. 1954) arbeitet als Verkäufer in Brooklyn, New York. Am Wochenende zieht es ihn nach Manhattan: Er ist weder schwul noch schwarz, geht aber trotzdem regelmäßig in eine Diskothek, um als Tänzer im schicken weißen Anzug sein Selbstbewusstsein zu stärken. Der Film lebt insbesondere von allerhand Tanzeinlagen und seiner Musik: *Staying Alive* und *Night Fever* werden ewige Disco-Klassiker. Mit dem Erfolg des Films schwappt das Disco-Fieber auch in die Bundesrepublik: Die Tanzstile der Filmakteure werden vielfach kopiert und *Saturday Night Fever* erobert als neuer Modetanz sogar die deutschen Tanzschulen. Disco-Formationen wie Boney M., Baccara, Chic und Eruption feiern Erfolge in den deutschen Hitparaden.

„ein Stück anderen, aufklärerischen Journalismus" bemühen und so für die Rechte von Frauen eintreten. „*Emma* ist in erster Linie ein Blatt, das informiert, und wenn es nötig ist, eines, das etwas anzettelt", sagt sie später. Schwarzer hatte bereits 1976 die „Alice Schwarzer Verlags GmbH" gegründet, diese jedoch bald darauf in „Emma Frauenverlagsgesellschaft mbH" umbenannt.

Die Zeitschrift behandelt nicht nur Themen wie Abtreibung, Klitoris-Beschneidung in der Dritten Welt, Scheidungsrecht und lesbische Liebe, berichtet nicht nur über Probleme von Frauen in der Arbeitswelt und Gewalt in der Familie, sondern gibt wie in der Reihe *Selbst ist die Frau* bisweilen auch praktische handwerkliche Tipps fürs Alltagsleben. 1987 wendet sich *Emma* gegen die Entwürdigung und Erniedrigung von Frauen durch pornografische Darstellungen und macht mit einer Anti-Porno-Kampagne Furore. Zwischenzeitlich wird die Zeitschrift in *Zeitschrift für Menschen* umbenannt. Heute erscheint die *Emma* zweimonatlich in einer Auflage von knapp 60.000 Exemplaren.

Filbinger-Affäre

Der baden-württembergische Ministerpräsident **Hans Filbinger** (CDU, 1913–2007) gerät in die Schlagzeilen: Er soll als Marinerichter Soldaten zum Tode verurteilt haben. Der Schriftsteller **Rolf Hochhuth** (geb. 1931) weist im Februar durch seine Erzählung *Eine Liebe in Deutschland* in der Wochenzeitung *Die Zeit* auf die Mitwirkung Filbingers an vier Todesurteilen bei NS-Kriegsgerichtsverfahren hin und prägt das Wort vom **furchtbaren Juristen**. Der aber wiegelt ab und bezieht sich auf das Militärstrafrecht von 1872: „Was damals Recht war, kann heute nicht Unrecht sein!" Die Zeitschrift *Der Spiegel* weist ihm anhand von Akten zwei Todes-

Hans Filbinger gibt am 7. 8.1978 in Stuttgart seinen Rücktritt bekannt

---

KULTVERDÄCHTIG: US-AMERIKANISCHE SERIEN IM DEUTSCHEN FERNSEHEN

- *Columbo* – Knautschmantel, kalte Zigarre und klappriger Peugeot, aber erst sein scharfsinniger Verstand macht den Kommissar legendär (ARD, 1969–77, 68 Folgen)
- *Der Chef* – Robert T. Ironside sitzt zwar im Rollstuhl, doch zusammen mit seinem Team legt er jedem Gangster das Handwerk (ARD, 1969–74, 199 Folgen)
- *Immer, wenn er Pillen nahm* – Wissenschaftler haben eine Superpille entdeckt, die nur bei Stanley Beamisch wirkt (ZDF, 1970, 17 Folgen)
- *Invasion von der Wega* – David Vincent nimmt allein den Kampf gegen Invasoren vom Planeten Wega auf (ZDF, 1970–71, ca. 20 Folgen)
- *Hawaii 5-0* – Unter dieser Nummer erreichen die Hawaiianer Steve McGarrett und sein Team: Bei der Super-Polizei von Honolulu haben Verbrecher keine Chance (ARD, ab 1971, 283 Folgen)
- *Die Zwei* – Beide schwer reich und mit einem Faible für knifflige, aber turbulente Kriminalfälle: Playboy Danny Wilde und Lord Brett Sinclair (ZDF, ab 1972, 24 Folgen)
- *Männerwirtschaft* – Der schlampige Oscar wird von seiner Frau verlassen und zieht ausgerechnet beim Ordnung liebenden Felix ein (ZDF, 1972–75, 114 Folgen)
- *Einsatz in Manhattan* – Iss es wahr? Entzückend! Der Lolly lutschende Lieutenant Theo Kojak löst seine Fälle vor der Kulisse New Yorks (ARD, ab 1974, 127 Folgen)
- *Die Straßen von San Francisco* – Sie sorgen auf den Straßen der kalifornischen Großstadt für Ordnung – sensibel und mit Humor: der erfahrene Lieutenant Mike Stone und sein junger Assistent Steve Heller (ZDF, ab 1974, 120 Folgen)
- *Detektiv Rockford: Anruf genügt* – Büro im Wohnwagen, Anrufbeantworter statt Sekretärin, 200 Dollar pro Tag plus Spesen: 555-2368 (später: 555-9000) (ARD, ab 1976, 123 Folgen)
- *Starsky und Hutch* – Zwei supercoole Undercover-Cops fegen in Los Angeles den Abschaum von der Straße (ZDF, ab 1978, 89 Folgen)
- *Drei Engel für Charly* – Drei ehemalige Polizistinnen erledigen für den ominösen und wohlhabenden Charly Townsend allerlei Detektivarbeit (ZDF, ab 1979, 113 Folgen)

urteile nach, an denen er mitgewirkt hat. Nachdem Filbinger zunächst bestreitet, beteiligt gewesen zu sein, gerät er zunehmend unter öffentlichen Druck, muss seine Teilnahme einräumen und am 7. August von seinem Amt als Ministerpräsident zurücktreten. Später gibt er alle Parteiämter ab. Doch auch nach seinem Rücktritt sorgt Filbinger bei politischen Gegnern für Unmut, als die CDU ihn für Bundespräsidenten-Wahlen mehrmals als **Wahlmann** aufstellt, zuletzt 2004. Proteste mehrerer Organisationen, unter ihnen auch jüdische, bei der CDU-Vorsitzenden **Angela Merkel** (geb. 1954) und die Forderung, die Nominierung Filbingers zurückzuziehen, bleiben erfolglos.

Druckerstreik

Am 8. Februar treten die Drucker mehrerer Verlagshäuser in einen befristeten **Streik**, 21 Zeitungen können nicht erscheinen. Die IG Druck und Papier befürchtet für ihre Mitglieder Nachteile durch die Einführung **computergesteuerter Textverarbeitung** und fordert von den Arbeitgebern Beschäftigungsgarantien und Konzepte sozialer Absicherung. Die Zeitungen werden bisher in aufwändigen Verfahren von Setzern und sogenannten Metteuren hergestellt, die neue Technik kann nach Ansicht der Arbeitgeber auch von Schreibkräften oder Journalisten bedient werden. Zum Ende des Monats hin weiten sich die Streiks in der Druckindustrie aus. Tagelang müssen Millionen von Lesern auf ihre Zeitung verzichten, etwa 14 Millionen der Exemplare (rund 70 Prozent der täglich verkauften Auflage) können nicht erscheinen. Am 20. März einigen sich die Tarifparteien auf einen Kompromiss, bei dem die Arbeitgeber unter anderem umfassende Umschulungsmaßnahmen anbieten.

Streikende verteilen am 28.2.1978 vor dem Gebäude des Süddeutschen Verlages in München Flugblätter der Gewerkschaft

Schneekatastrophe in Schleswig-Holstein

Das Land hat grüne Weihnachten erlebt mit Temperaturen um den Gefrierpunkt. Am 28. Dezember schieben sich jedoch von Osten her Luftmassen mit bis zu −47 Grad Celsius über die feuchtwarme Atlantikluft. Es regnet, der Regen wird zu Eis – auch auf den Freileitungen der Stromversorger und der Post: Drähte reißen, Masten brechen. In mehreren Gemeinden fällt der Strom aus, die Post schaltet die Telefone ab. Bedrohlich ist die Situation insbesondere auf dem Land, weil viele Landwirte zur Versorgung ihrer Tiere auf Elektrizität angewiesen sind. Orkanartige Stürme treiben den Schnee meterhoch an den landestypischen Knicks zusammen. Wegen des starken Windes gibt das Deutsche Hydrografische Institut in Hamburg eine **Sturmflutwarnung** heraus.

In der Nacht auf den 30. Dezember verschlechtert sich die Situation so sehr, dass die Behörden um 8 Uhr morgens **Katastrophenalarm** auslösen. Zunächst in Nordfriesland, dann auch in den Landkreisen Rendsburg-Eckernförde, Ostholstein, Plön und Dithmarschen. Flensburg ist völlig von der Außerwelt abgeschnitten, an der Ostsee droht eine Sturmflut. Die Bundeswehr setzt 3000 Soldaten mit Bergepanzern, Mannschaftstransportwagen, Feldarbeitsgerät, Hubschraubern und anderem schweren Gerät ein, um die Menschen zu versorgen. 4000 Polizisten und 15.000 Feuerwehrleute sind im Einsatz. Am 9.1.1979 können das in weiten Teilen des Landes geltende allgemeine Fahrverbot und der Katastrophenalarm aufgehoben werden.

Am frühen Morgen des 14.2.1979 wird jedoch wiederholt Katastrophenalarm für die Insel Fehmarn und den Kreis Ostholstein ausgelöst: Schleswig-Holstein wird innerhalb weniger Wochen von der zweiten Schneekatastrophe heimgesucht.

Bundeswehrsoldaten versuchen, die Autobahn Hamburg–Hannover mit Bergepanzern von den Schneemassen zu befreien

LETZTER KÄFER AUS DEUTSCHLAND

Bis zum 19. Januar sind insgesamt 16.255.500 VW-Käfer im VW-Werk Wolfsburg produziert worden. Weil man den Wagen bezüglich Technik und Ausstattung nicht mehr für zeitgemäß hält, läuft die Fertigung des Käfers in Deutschland mit diesem Tag aus. Nur in Mexiko wird er noch bis 2003 weiter produziert.

Der Käfer war bereits in den 30er-Jahren von Ferdinand Porsche (1875–1951) als „Volkswagen" konstruiert worden, während des Zweiten Weltkriegs werden auf der technischen Basis des Modells rund 70.000 Kübelwagen für die Wehrmacht gebaut. Erst im November 1945 nimmt man die zivile Produktion in Wolfsburg auf. In den 50er-Jahren wird der Käfer zum Symbol des wirtschaftlichen Aufschwungs, schon 1955 läuft in Deutschland der millionste Käfer vom Band. Die Deutschen schätzen ihn, denn er ist vor allem eins: preisgünstig in der Anschaffung. Eine ebenso sparsame Ausstattung nehmen sie gerne in Kauf. Noch 1970 kostet ein Standard-Modell knapp unter 5000 DM.

Der Käfer wird im Laufe seiner Geschichte in mehr als 20 Ländern weltweit produziert, insgesamt 21.529.464 Stück – nach Toyota Corolla und seinem Nachfolgemodell Golf das am dritthäufigsten produzierte Fahrzeugmodell der Welt.

Deutschland im Herbst: Filmemacher und Terror

Mehrere Regisseure des sogenannten **neuen deutschen Films** versuchen sich anhand verschiedener fiktiver Sequenzen und dokumentarischer Aufnahmen an einer künstlerisch-kritischen Beschreibung des sogenannten **deutschen Herbstes** und der Befindlichkeit im Land nach dem Schleyer-Mord, der Entführung der „Landshut" und dem Selbstmord der RAF-Terroristen in Stammheim. Die Gemeinschaftsarbeit beginnt und endet mit zwei Totenfeiern: Dem Staatsakt für Hanns Martin Schleyer (1915–77) und dem Begräbnis für Baader (1943–77), Ensslin (1940–77) und Raspe (1944–77). Dazwischen stehen unzusammenhängende Episoden, in denen die Filmemacher Alf Brustellin (1940–81), Rainer Werner Fassbinder (1945–82), Alexander Kluge (geb. 1932), Maximiliane Mainka (geb. 1943), Edgar Reitz (geb. 1932), Katja Rupé (geb. 1949), Hans Peter Cloos, Volker Schlöndorff (geb. 1939) und Bernhard Sinkel (geb. 1940) mithilfe verschiedener filmischer Mittel ihre jeweils eigene Position gegenüber den Ereignissen offenbaren. Vor allem das sozialpolitische Klima der Zeit steht im Vordergrund: Die Filmemacher thematisieren die Terrorismushysterie des vergangenen Jahres ebenso wie die Repressionen gegen linke und linksliberale Intellektuelle, die aufgrund ihrer Äußerungen zu vermeintlichen Sympathisanten des Terrorismus gemacht wurden.

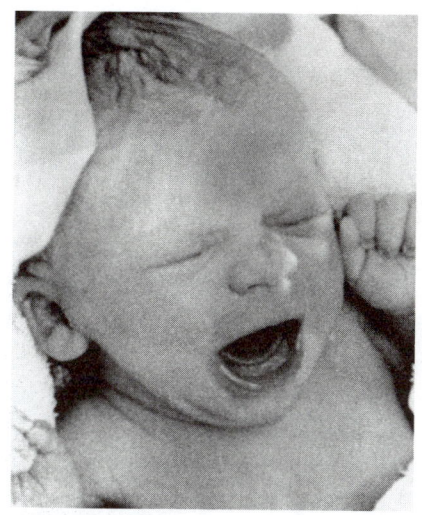

Louise Brown, das erste Retortenbaby der Geschichte, aufgenommen kurz nach ihrer Geburt

Erstes Retortenbaby: Kirchen im Zwiespalt

Am 25. Juli kommt im Oldham General Hospital in Manchester bei London nach einem Kaiserschnitt ein Mädchen zur Welt. Louise Brown ist 2600 Gramm schwer und gesund. Dennoch sorgt die Kleine für einiges Medieninteresse: Es ist das weltweit erste **Retortenbaby** – gezeugt außerhalb des Mutterleibes. Britische Ärzte hatten eine **Befruchtung im Reagenzglas** vorgenommen und, nachdem sich eine ausgewählte befruchtete Eizelle im Brutschrank geteilt hatte, diese kurze Zeit später in die Gebärmutter von Lesley Brown (geb. 1946) eingepflanzt. Die Schwangerschaft der jungen Frau verläuft ohne Komplikationen.

Die künstliche Befruchtung sorgt insbesondere bei Ethikern in Kirchenkreisen für Aufregung. Die anglikanische Kirche äußert vorsichtige Bedenken. Während die evangelische Kirche der Zeugung außerhalb des Mutterleibes zustimmt, solange kein ehefremder Samen verwendet wird, reagiert die katholische Kirche mit einer klaren Ablehnung, insbesondere weil es sich nach ihrer Ansicht auch bei Embryonen, die nicht eingepflanzt werden, um einen Menschen in seiner allerersten Entwicklung handelt.

Ungeachtet dessen hat sich die sogenannte **In-vitro-Fertilisation** inzwischen zu einer bewährten Methode entwickelt, um Paaren zu helfen, deren Kinderwunsch aufgrund von Fruchtbarkeitsstörungen unerfüllt bleibt. Seit der Geburt von Louise Brown wurden weltweit über 1,8 Millionen Kinder auf diese Weise gezeugt – und gesund geboren. Gynäkologen schätzen, dass in der Bundesrepublik zurzeit rund 15 Prozent der Paare ungewollt kinderlos sind.

Drogenreport: *Wir Kinder vom Bahnhof Zoo*

Unter dem Titel *Christiane F. – Wir Kinder vom Bahnhof Zoo* veröffentlicht der *stern* die Tonbandprotokolle mehrerer Interviews, die zwei Mitarbeiter der Zeitschrift über ein Jahr lang mit einem 16-jährigen Mädchen aus Berlin führten. **Christiane F.** berichtet vom Teufelskreis, in den sie geraten ist: Mit zwölf Jahren gerät sie an die „weiche" Droge Haschisch, mit 13 Jahren an die „harte" Heroin. Sie wird straffällig, die Sucht zwingt sie schließlich, sich nach der Schule am Bahnhof Zoo zu prostituieren. Die Reihe über das Schicksal des Mädchens führt vielen Lesern vor Augen, dass Drogensucht mitten in der Gesellschaft entsteht, lange bevor sie in Form von Statistiken über Drogentote von der Öffentlichkeit wahrgenommen wird:

Hans-Peter Bull, Foto von 2001

Bundesgesetz über den persönlichen Datenschutz

Anfang des Jahres tritt das vom Bundestag beschlossene **Datenschutzgesetz** (DSG) in Kraft. **Hans-Peter Bull** (geb. 1936) wird am 13. Februar erster **Datenschutzbeauftragter** der Bundesrepublik Deutschland. Der Beauftragte soll insbesondere die Bundesbehörden, andere öffentliche Stellen des Bundes sowie private Unternehmen beraten und kontrollieren, den Missbrauch und die Weitergabe von personenbezogenen Daten unterbinden und so den Schutz der Privatsphäre der Bürger garantieren. Der Beauftragte wird von der Bundesregierung vorgeschlagen und vom Bundestag für eine Amtszeit von fünf Jahren gewählt.

JUGENDLICHER PROTEST: PUNK

Seit Mitte der 70er-Jahre erreicht die jungen Leute der Bundesrepublik von Großbritannien aus eine neue Bewegung: Junge, meist arbeitslose, von ihrer Situation und von ihrem Leben enttäuschte Jugendliche machen mit einem schrillen Äußeren auf sich aufmerksam und stoßen bei den „normalen" Bürgern zumeist auf Unverständnis und Ablehnung. Gefärbte Haare, Irokesen-Haarschnitt, Gürtel, Arm- und Halsbänder mit Nieten, zerschnittene Kleidung, Tätowierungen und Piercings werden zum äußeren Symbol einer „Alles egal"-Mentalität. Erst langsam setzt sich eine politische Einstellung durch: Es gehört zum guten Ton, für einen freien Staat oder für Anarchie einzutreten. Mit der Zeit etabliert sich mit britischen Gruppen wie The Sex Pistols oder The Clash und ihrem harten, schnellen Rock auch eine musikalische Punk-Kultur.

in Familien und Schulen. Die Lebensbeichte von Christiane F. schreckt nicht nur ab, sondern sensibilisiert viele Menschen für ein aktuelles gesellschaftliches Problem. Denn immer mehr Jugendliche wenden sich sogenannten harten Drogen wie z. B. Heroin zu. Das Buch wird ein Bestseller und Anti-Drogen-Klassiker. **Ulrich Edel** (geb. 1947) verfilmt den Stoff 1981 unter gleichnamigem Titel mit **Nadja Brunckhorst** (geb. 1966) in der Titelrolle.

Drei Päpste in einem Jahr

Papst **Paul VI.** (bürgerlich Giovanni Battista Enrico Antonio Maria Montini, 1897–1978) stirbt nach einer Amtszeit von 15 Jahren in Castel Gandolfo bei Rom. Das Kardinalskollegium tritt zum Konklave zusammen und wählt den Italiener Albino Luciani (1912–78) nach nur einem Tag zum neuen Papst. Der gilt zwar als Traditionalist, verlangt absolute Kirchentreue und Disziplin, hat sich aber durch seine seelsorgerische Arbeit in Venedig Sympathien erworben. Er will die Öffnung der Kirche, wie sie Johannes XXIII. und Paul VI. vorantrieben, weiterverfolgen und nennt sich **Johannes Paul I.** Nach einem Pontifikat von nur 33 Tagen verstirbt er am 28. September. Obwohl sein früher Tod Anlass zu Verschwörungstheorien gibt, verweigert der Vatikan eine Obduktion des Leichnams: Der Pontifex soll seit mehreren Jahren herzkrank und den Anforderungen der abrupten Amtsübernahme nicht gewachsen gewesen sein. Immerhin bleibt wegen dieser Informationspolitik des Vatikans die geistliche Autorität der katholischen Kirche unbeschädigt.

Zahlreiche Veröffentlichungen beschäftigen sich mit dem Thema: Während z. B. der US-amerikanische Enthüllungsjournalist **David Yallop** (geb. 1937) in seinem Buch *Im Namen Gottes* eine der Verschwörungstheorien verfolgt (der Papst sei vergiftet worden, weil er korrupte Machenschaften der Vatikanbank aufdecken wollte), versucht der österreichische Pathologe **Hans Bankl** (geb. 1940) eben diese zu widerlegen (*Viele Wege führen in die Ewigkeit*).

Am 16. Oktober wählt das Kardinalkonklave nach dem Niederländer Hadrian VI. (1459–1523), also nach 455 Jahren, erstmals wieder einen Nicht-Italiener zum Papst. Der polnische Kardinal **Karol Józef Wojtyla** (1920–2005), Erzbischof von Krakau, wird neues Oberhaupt der römisch-katholischen Kirche. Er will an Werke und Ziele seines Vorgängers anknüpfen und wählt den Namen **Johannes Paul II.** Nach seiner Wahl hoffen viele Menschen in seiner Heimat auf eine Stärkung der katholischen Kirche Polens und der mit ihr eng verbundenen jungen polnischen Demokratiebewegung.

Die wahlberechtigten Kardinäle am 14.10.1978 am Eingang zur Sixtinischen Kapelle

Erste Direktwahl zum Europäisches Parlament

In neun EG-Staaten (Belgien, Dänemark, Deutschland, Frankreich, Großbritannien, Irland, Italien, Luxemburg, Niederlande) finden vom 7.–10. Juni die ersten direkten Wahlen zum Europäischen Parlament statt. Der Europäische Rat (eine Institution der Staats- und Regierungschefs der Mitgliedsstaaten, die jeweils halbjährlich zusammenkommt) hatte 1974 auf seinem Pariser Gipfel die Einführung von Direktwahlen beschlossen.

Das Europäische Parlament wurde 1958 gegründet und ist die Volksvertretung der EU, es wird regelmäßig alle fünf Jahre gewählt. Die Sitze im Parlament werden nach der Bevölkerungszahl der Mitgliedsstaaten aufgeschlüsselt. Bei der ersten Direktwahl dürfen die großen Länder Deutschland, Frankreich, Großbritannien und Italien jeweils 81 Mandate vergeben, Luxemburg als kleinstes Land nur sechs. Insgesamt ziehen 410 direkt gewählte Abgeordnete in das Parlament ein. Stärkste Fraktion werden die Sozialisten (112 Sitze), gefolgt von Christdemokraten (106), Konservativen (63) und Kommunisten (44). Die Parlamentarier wählen die französische Gesundheitsministerin Simone Veil (Kandidatin der Zentrumspartei, geb. 1927) zur Präsidentin des Parlaments.

Die hohe Wahlbeteiligung in Deutschland von 65,7 Prozent kann bei späteren Wahlen nie wieder erreicht werden. Der europäische Durchschnitt liegt bei 63 Prozent; höchste Wahlbeteiligung hat Belgien mit 88 Prozent, die niedrigste hat Großbritannien mit 31 Prozent.

Als es zur ersten Direktwahl kam, hatten die Regierungen der Mitgliedsländer den gewählten Volksvertretern noch keine entscheidende Rolle zugestanden. Erst ab 1986, seit einer Revision der Römischen Verträge (Gründungsverträge der Europäischen Wirtschaftsgemeinschaft und der Europäischen Atomgemeinschaft) von 1957, haben EU-Parlamentarier die Möglichkeit, EU-Gesetze durch Änderungsvorschläge zu beeinflussen, seit In-Kraft-Treten des Maastrichter Vertrags (1992) haben sie ein Mitentscheidungsrecht.

DAS SIND DIE TOPHITS DES JAHRES

- *Born To Be Alive* – Patrick Hernandez
- *El Lute* – Boney M.
- *So bist du* – Peter Maffay
- *Heart Of Glass* – Blondie
- *We Don't Talk Anymore* – Cliff Richard
- *Pop Muzik* – M
- *YMCA* – Village People
- *Maybe* – Thom Pace
- *Dschinghis Khan* – Dschinghis Khan
- *I Was Made For Lovin' You* – Kiss

NATO-Doppelbeschluss: Stationierung von Mittelstreckenraketen

Die Außen- und Verteidigungsminister der NATO beschließen am 12. Dezember eine Modernisierung ihrer US-amerikanischen Mittelstreckenwaffen, um dem ihrer Meinung nach übermäßigen Gewicht der Sowjetunion in Europa zu begegnen. Auf Drängen der deutschen Regierung soll die sogenannte **Nachrüstung** jedoch mit einem **Verhandlungsangebot** an die Sowjetunion über den Abbau der Mittelstreckenraketen in Europa verbunden werden (**NATO-Doppelbeschluss**).

Seit 1976 hat die UdSSR ihr veraltetes Waffenarsenal in Osteuropa durch ca. 140 moderne Mittelstreckenraketen vom Typ SS 20 mit Atomsprengköpfen, einer Reichweite von 5000 Kilometern und größter Zielgenauigkeit ersetzt. Um das sogenannte **Gleichgewicht des Schreckens** aufrecht zu erhalten, will das westliche Militärbündnis ihnen 108 moderne, leistungsfähige Pershing-II-Mittelstreckenraketen und 464 Cruise Missiles, jeweils bestückt mit US-amerikanischen Atomköpfen, gegenüberstellen. Tatsächlich verhandeln die USA und die UdSSR später (ab 1983) in den sogenannten **INF-Gesprächen** (In-

Der US-amerikanische Außenminister Cyrus Vance (l.) im Gespräch mit seinem belgischen Amtskollegen Henri Simoneit am 13.12.1979 in Brüssel

termediate Nuclear Forces) über einen Abbau der Mittelstreckenwaffen, sie gestalten sich jedoch nach dem Einmarsch der Sowjetunion in Afghanistan am 26. Dezember und wegen der unnachgiebigen Haltung des US-Präsidenten Ronald Reagan (1911–2004) als überaus schwierig; nach der Stationierung von Pershing-II-Raketen bricht die Sowjetunion die Verhandlungen ab. Erst 1987 kommt es nach erfolgreicher Wiederaufnahme von Verhandlungen zum Abbau der Waffen.

In der Bundesrepublik ist der NATO-Doppelbeschluss in weiten Teilen der Bevölkerung heftig umstritten. Man befürchtet eine Gefährdung der von **Willy Brandt** (1913–92) eingeleiteten Entspannungspolitik und nach dem Abschluss von SALT I und SALT II (Abkommen über die Begrenzung strategischer Waffen wie Abschussrampen, Trägerwaffen, U-Boote, Fernbomber – Mittelstreckenwaffen sind ausgeklammert) einen Rückfall in den „Kalten Krieg". Die Friedensbewegung, die auch weite Teile der Sozialdemokratie

erfasst, wendet sich 1980 im sogenannten **Krefelder Appell** gegen das Wettrüsten, ein Jahr später, am 10.10.1981, erlebt die Bundesrepublik mit 300.000 Teilnehmern in Bonn die bis dahin größte Friedensdemonstration ihrer Geschichte.

Strauß wird Kanzlerkandidat der CDU/CSU

Der bayerische Ministerpräsident **Franz Josef Strauß** (1915–88) erklärt sich bereit, bei den Bundestagswahlen im kommenden Jahr gegen Bundeskanzler **Helmut Schmidt** (geb. 1918) anzutreten. Strauß hatte sich in einer Probeabstimmung gegen den von seinem Rivalen **Helmut Kohl** (geb. 1930) vorgeschlagenen niedersächsischen Ministerpräsidenten **Ernst Albrecht** (geb. 1930) durchsetzen können (Strauß: 135 Stimmen; Albrecht: 102 Stimmen).

Mit dem Slogan **Stoppt Strauß** formiert sich in der Bevölkerung eine alle Oppositionsgruppen

FILME DES JAHRES

- *Apocalypse Now* von Francis Ford Coppola, mit Marlon Brando
- *Alien – Das unheimliche Wesen aus einer fremden Welt* von Ridley Scott, mit Sigourney Weaver
- *Das Leben des Brian* von und mit Monty Python
- *Wie ein wilder Stier* von Martin Scorsese, mit Robert De Niro
- *Kramer gegen Kramer* mit Dustin Hoffman und Meryl Streep
- *Blues Brothers* mit John Belushi und Dan Aykroyd
- *Shining* von Stanley Kubrick, mit Jack Nicholson
- *Die Blechtrommel* von Volker Schlöndorff

und die Gewerkschaften umfassende Aktionsfront, denn der Politiker ist längst zum Symbol für eine autoritäre Politik geworden.

Die Union verpasst jedoch nicht nur ihr Ziel, die Regierung abzulösen, sondern bleibt mit 44,5 Prozent auch weit hinter dem Ergebnis der vorherigen Bundestagswahl von 1976 (48,6 Prozent) zurück. Strauß verzichtet auf sein Bundestagsmandat. Mit dem Scheitern des Kanzlerkandidaten Strauß ist in der Union der Weg frei für einen seiner Rivalen: Helmut Kohl wird am 1.10.1982 durch ein **konstruktives Misstrauensvotum** zum Bundeskanzler gewählt. Strauß lehnt es ab, im Kabinett Kohl einen Ministerposten zu übernehmen.

Erste links-alternative Tageszeitung

In einer Auflage von 30.000 erscheint am 17. April erstmalig *Die Tageszeitung* (taz). Das gleichwohl unerfahrene wie unabhängige *taz*-Kollektiv im Berliner Wedding will mit seiner Berichterstattung die Vormachtstellung der sogenannten bürgerlichen Presse brechen. Auch in ihrer Organisation unterscheiden sie sich von anderen Blättern: Die Redakteure erhalten ein monatliches Einheitshonorar von 1000 DM, die Setzer dürfen die Texte mit eigenen Anmerkungen versehen.

Immer wieder tritt die *taz* mit spektakulären Aktionen an die Öffentlichkeit: Im Rahmen einer Mobilisierung der Bevölkerung gegen den „Atomstaat" druckt sie z.B. die Route eines Sternmarschs nach Hannover auf der Titelseite ab, wirbt 1980 im Rahmen ihrer Spendenaktion „Waffen für El Salvador" für Solidarität mit den Befreiungsbewegungen in der Dritten Welt und ruft 1981 aus Anlass der hundertsten Hausbesetzung in Berlin zu einem Mietboykott der „Neuen Heimat" auf. Zudem veröffentlicht sie das sogenannte Besetzer-Journal *Sachschaden*.

Seit ihrer Gründung arbeitet die Zeitung meist am Rande des wirtschaftlichen Ruins, ab 1992 versucht eine *taz*-Genossenschaft mit den Einlagen von ca. 6100 Lesern, nicht nur ihre Unabhängigkeit, sondern vor allem ihr Überleben zu sichern.

Ein junger Mann hält die Null-Nummer der Tageszeitung in Händen, die im September 1978 mit einer Auflage von 55.000 erschienen ist

Holocaust: Leidensweg der Familie Weiss

Knapp 35 Jahre nach dem Ende des Zweiten Weltkriegs sitzen am Abend des 22. Januar Millionen von Deutschen in den gepolsterten Sesseln ihrer behaglichen Wohnzimmer und erleben im Fernsehen ein erstes Mal das, was unzählige Statistiken und Dokumentationen vorher nicht zu vermitteln vermocht hatten, weil die Vorstellungskraft der Menschen nicht ausreichte. Nun lässt sich eine ganze Nation vielleicht zum ersten Mal kollektiv berühren vom millionenfachen Mord an jüdischen Mitbürgern während der NS-Diktatur, sie fühlt und leidet mit, ist entsetzt. Die fünf dritten Programme der ARD (West 3, Nord 3, Bayern 3, Hessen 3 und Südwest 3) beginnen mit der Ausstrahlung der 4-teiligen US-amerikanischen Fernsehserie *Holocaust*. Eine Ausstrahlung im ersten Programm war wegen der Bedenken einiger ARD-Intendanten nicht zu Stande gekommen.

Der Film berichtet vom Schicksal einer jüdischen Arztfamilie, die in die Tötungsmaschinerie des NS-Staats gerät: Die Ehe zwischen dem jüdischen Karl und der „arischen" Inga steht nach den Nürnberger Gesetzen unter Strafe, er wird zunächst ins KZ Buchenwald, dann nach Auschwitz verschleppt, sein Vater organisiert im Warschauer Getto eine Widerstandsgruppe, sein Bruder schließt sich jüdischen Partisanen an … Am Ende überlebt nur die Nicht-Jüdin Inga als einzige der Familie.

Trotz bisweilen naiver, klischeehafter Darstellungen verschiedener Charaktere, dramaturgischer Sentimentalitäten und kleiner historischer Ungenauigkeiten findet die Serie breite Zustimmung. Sie hat bis zu 15 Millionen Zuschauer pro Folge, mehr als 30.000 von ihnen

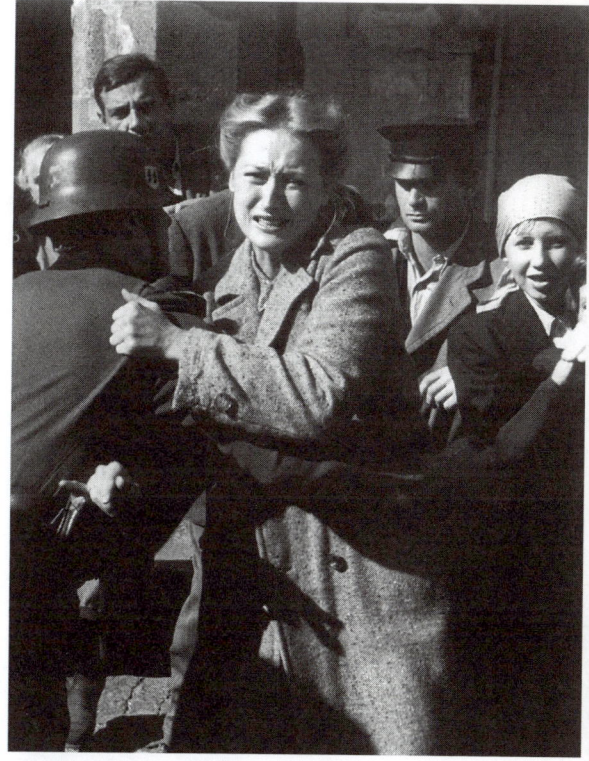

Die Schauspielerin Meryl Streep als Inga Helms Weiss

rufen bei den Sendern an, um ihre Zustimmung zu erklären oder kritische Fragen zu stellen. Auch Betroffene berichten von ihren Erlebnissen.

Der Begriff „Holocaust" bezeichnet die Vernichtung von sechs Millionen europäischen Juden durch das nationalsozialistische Regime. Er leitet sich ab vom griechischen Wort „holókauton" (ganz verbrannt, Brandopfer), im Judentum eine religiöse Bezeichnung für ein Opfer, das Gott auf dem Altar dargeboten und vollständig verbrannt wurde. Um die Ermordung der Juden durch die Nationalsozialisten zu bezeichnen, verwendet man auch oft den Begriff „Shoa" (hebräisch, „Brand").

Protest gegen atomares Zwischenlager

Die niedersächsische Regierung unter Ministerpräsident **Ernst Albrecht** (geb. 1930) beschließt 1977 die Errichtung eines atomaren Endlagers in einem Salzstock bei **Gorleben** (Kreis Lüchow-Dannenberg) sowie eine Wiederaufbereitungsanlage eben dort. Es kommt zu ersten großen Protesten, über 100.000 Menschen versammeln sich unter dem Motto „Gorleben soll leben" zu Demonstrationen vor Ort. Am 14. März beginnen schließlich die Erkundungsarbeiten für ein atomares Endlager, wieder demonstrieren ca. 100.000 Menschen – dieses Mal mit einem Sternmarsch in die Landeshauptstadt Hannover.

Am 16. Mai hat man die Pläne für eine Wiederaufbereitungsanlage zwar fallen gelassen, doch der Bau eines atomaren Zwischenlagers ist beschlossen. 1980 gründen Protestler im Bereich der künftigen Bohrstelle das Anti-Atom-Dorf **Freie Republik Wendland**, 33 Tage lang können 5000 Kernkraftgegner Widerstand leisten, bevor Bundesgrenzschutz und Polizei das Gelände räumen. Am 8.10.1984 wird im Zwischenlager Gorleben der erste, schwach radioaktive Atommüll eingelagert.

DDR-Familie überwindet deutsch-deutsche Grenze

Nach einem 22-minütigen Flug über rund 40 Kilometer und in bis zu 2600 Metern Höhe landen zwei Thüringer Familien mit einem selbst gebastelten **Heißluftballon** im bayerischen Naila. In der Nacht des 16. September ist den vier Erwachsenen und vier Kindern endlich die **Flucht** in die Bundesrepublik gelungen. Weder die Grenztruppen der DDR noch die Luftsicherung der Bundeswehr haben etwas bemerkt. Die Familien hatten ab 1978 mit höchster Vorsicht an ihrem Ballonprojekt getüftelt, nach und nach Stoffbahnen gekauft, sie in nächtlicher Kleinarbeit zusammengenäht, Gondel und Brenner gebaut – immer in der Angst, an die Staatssicherheit verraten zu werden. Am 4. Juli war bereits der Fluchtversuch einer der Familien gescheitert,

Doris, Andreas und Hans-Peter Strelzik, der die Aktion leitete. Daneben Frank Strelzik sowie Petra und Andreas Wetzel, aufgenommen am 17.9.1979 (v.l.n.r.)

NUKLEARER ZWISCHENFALL

Im Kernkraftwerk Three Mile Island, nahe der Stadt Harrisburg im US-amerikanischen Staat Pennsylvania, ca. 200 Kilometer nördlich von Washington, ereignet sich am 28. März der bis dahin schwerste Störfall in der Geschichte der friedlichen Nutzung von Atomenergie. Nachdem das Kühlsystem zusammenbricht, fallen auch die Notkühlaggregate aus, radioaktiver Dampf und radioaktives Wasser gelangen zunächst in Sicherheitsbehälter, dann ungefiltert in die Umwelt. Wie sich später zeigt, schmelzen 30 Prozent des Reaktorkerns unter der Hitze. Schließlich kann der GAU (größter anzunehmender Unfall) durch Abschalten der Anlage verhindert werden. Die Beseitigung des völlig zerstörten Reaktors zieht sich wegen der hohen Strahlenbelastung im Inneren über zehn Jahre hin. Der Vorfall dient Kernkraftgegnern in Nordamerika und Westeuropa dazu, erneut auf die Risiken der Atomenergie hinzuweisen.

als der Ballon in eine Wolke gerät, der nicht imprägnierte Stoff nass wird und ihn im Sperrgebiet kurz vor dem ersten Sicherheitszaun in die Tiefe zieht. Die Familien können das Grenzgebiet verlassen und bauen einen neuen Ballon – dieses Mal aus wasserfestem Regenmantelstoff.

Das öffentliche Interesse ist groß: Die Medien veröffentlichen Exklusivstorys, ein Buch folgt und unter dem Titel *Mit dem Wind nach Westen* verfilmt Hollywood die spektakuläre Flucht.

Sportunfall: Handballer im Koma

Joachim **Deckarm** (geb. 1954), Spieler des deutschen Rekordmeisters VfL Gummersbach, gilt als einer der besten Handballer der Welt.

Am 30. März treten Deckarm und sein Team in einem Spiel um den **Handball-Europapokal** gegen den ungarischen Verein Banyasz Tatabanya an. Dabei ereignet sich ein folgenschwerer Unfall: Deckarm prallt mit einem Gegenspieler zusammen und schlägt mit dem Kopf auf den harten Hallenfußboden auf. Die Verletzungen sind so stark, dass er ins Koma fällt. Der Deutsche wird zunächst in eine Budapester Klinik, dann in die Uniklinik nach Köln gebracht. Diag-

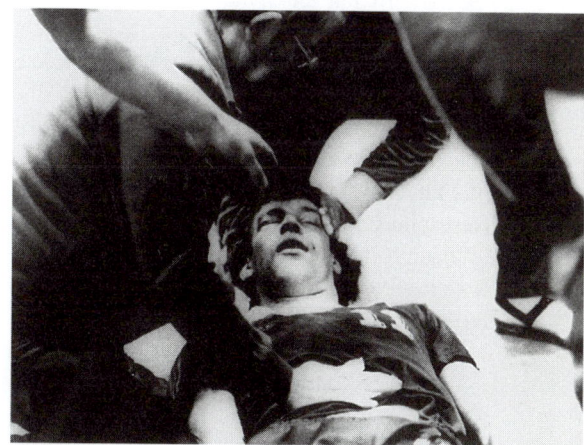

Joachim Deckarm, nachdem er mit seinem Gegenspieler Lajos Panovic zusammengestoßen ist

nose: Doppelter Schädelbasisbruch und ein zehn Zentimeter langer Riss der Hirnhaut. Deckarm liegt noch immer im Koma, seine verzweifelten Eltern haben ihm das Schild „Ich will, ich kann, ich muss." übers Krankenbett gehängt. Aber es zeichnet sich bereits ab, dass die Hirnverletzungen irreparabel sind und das Leben des Sportlers entscheidend verändern werden. Nach 131 Tagen erwacht er am 8. August aus dem Koma, doch das Sprachzentrum in seinem Gehirn ist in Mitleidenschaft gezogen, seine Motorik gestört. Nach einem Aufenthalt in einer Reha-Klinik wird er 1982 als 100-prozentiger Pflegefall entlassen.

DIE ACHTZIGER JAHRE
Die 80er-Jahre finden auf der Straße statt

Die 80er sind das Jahrzehnt der Demonstrationen und Proteste: Gegen die Stationierung von Mittelstreckenraketen in Deutschland, für Abrüstung und Frieden, für die Umwelt und gegen die Kernkraft gehen hunderttausende auf die Straße. Im Gegensatz zu 1968 sind es aber nicht mehr nur die Jugendlichen, die protestieren, sondern ein breiter Bevölkerungsquerschnitt. Eine zentrale Erkenntnis der 80er-Jahre lautet: Wir leben in einer Welt. Weder ein Atomunfall, noch eine Klimakatastrophe, noch ein Krieg zwischen West- und Ostblock machen vor Grenzen oder Gruppen halt. Die Abholzung der Wälder in den Tropen wird plötzlich genauso relevant wie die Verschmutzung der Nordsee.

Unaufhaltsamer Werteverlust

Doch nicht nur die Grenzen zwischen den Generationen verwischen. Die 80er-Jahre sind bunt. Die alten Werte und Institutionen haben ausgedient. Die Bindung an Parteien, Gewerkschaften und Verbände schwindet rapide. Die Kirchen haben nur noch dann gesellschaftliche Relevanz, wenn sie sich den aktuellen Problemen stellen. Die Katholikentage und evangelischen Kirchentage der 80er sind hochpolitische Veranstaltungen.

Doch die neue Vielfalt beschränkt sich nicht auf den politisch engagierten Bevölkerungsteil. Auch in Alltag und Freizeit brechen die Menschen aus traditionellen Rollenbildern aus. Gerade die Senioren emanzipieren sich, schwingen sich aufs Fahrrad, unternehmen Abenteuerreisen und schrecken dabei auch nicht vor Jeans oder schockfarbener Sportbekleidung zurück. Die Jugendkultur ist sowieso unübersichtlich: Punker, Popper, Friedensbewegte in bunten Batikhosen und selbst gestrickten Pullovern, Staatsgegner in Palästinensertuch und Parka gehüllt, karrierebewusste Yuppies, rechtsradikale Skinheads, Heavy-Metall-Fans mit Kutten voller Aufnäher und langen Haaren, Bodybuilder mit Goldkettchen, Netzhemden und stonewashed Jeans, dauergewellte Disco-Mädchen in Pink und Neonfarben, 50er-Jahre-Fans mit Schmalztolle, Mods mit kurzen Haaren und engen Anzügen und, und, und... Doch auch die einzelnen Gruppen sind keine geschlossenen Gebilde. Die Friedensbewegten haben einen

Beim 19. Evangelischen Kirchentag in Hamburg am 19.6.1981 demonstriert eine Gruppe von Abrüstungsgegnern vor den Gebäuden

Jugendliche Punks in Berlin

christlichen, kommunistischen oder esoterischen Hintergrund. Manche Punks sind dies nur am Wochenende, weil es schick geworden ist, andere leben für den politischen Widerstand, andere für Alkohol und Pogo-Tanzen.

Alles ist voller Widersprüche

Beinahe zu jeder Aussage über die 80er lassen sich auch Gegenbeispiele finden. *Anything goes* von Paul Feyerabend (1924–94) und *Nichts ist wahr, alles ist erlaubt* von Friedrich Nietzsche (1844–1900) könnten Leitthemen dieser Jahre sein. Im Kino dominieren gebrochene Helden, wie diverse oscargekrönte Filme zeigen, die auch in Deutschland zu Publikumsrennern werden: Das Scheidungsdrama *Kramer gegen Kramer* (1980), die Polit-Biografie *Gandhi* (1983), der respektlose Blick auf einen Kultur-Heros *Amadeus* (1985), das Antikriegsdrama *Platoon* (1987) und die Geschichte um einen Behinderten *Rain Man* (1989).

Doch es gibt auch einen großen Bevölkerungsanteil, der seine Probleme mit dieser neuen Unübersichtlichkeit hat. Er hält fest „an der Trennung des Lebens in geschlossene Bereiche", schreibt der *Spiegel*-Reporter Jürgen Leinemann

(geb. 1937) 1982 in einer großen Serie zur „Deutschen Depression". Dieser Teil der Bevölkerung geht nicht auf die Straße. „Die schweigende Mehrheit will auch ein bisschen blind und taub sein", analysiert Leinemann. „Sie ist längst in einen begrenzten Wahrnehmungboykott getreten." Dass die „Krawallmacher und Chaoten" mit der Zeit salonfähig werden und ihre Forderungen im Laufe des Jahrzehnts auch von den etablierten Parteien aufgenommen werden, verunsichert diese Menschen noch mehr. Mit einer feministischen CDU-Frontfrau wie Rita Süssmuth (geb. 1937) oder einem SPD-Mann, der kürzere Arbeitszeiten ohne vollen Lohnausgleich vorschlägt, wie Oskar Lafontaine (geb. 1943), können sich die traditionellen Anhänger der Parteien nicht identifizieren. Je größer die Unsicherheit wird, desto stärker wird die diffuse Abneigung gegen alles, was „anders" ist. „Wir bewegen uns auf ganz dünnem Eis", warnt Justizminister Gerhart Baum (geb. 1932) schon 1982. Trotzdem treffen die Protestwahlen von 1989, die Rechtsradikale in die Landesparlamente bringen, die Republik wie ein Schock.

In den 80er-Jahren streben auch die materiellen Lebensverhältnisse stark auseinander. Nachdem in den 70er-Jahren die Löhne in der Regel deutlich stärker wuchsen als die Lebenshaltungskosten, geht es vielen sehr gut. Statt einer „Geiz-ist-geil"-Mentalität dominiert auch bei unteren Einkommensschichten Markenbewusstsein und der Wunsch, sich etwas leisten zu können.

„Die fetten Jahre sind vorbei"

Gesamtwirtschaftlich beginnen die 80er mit einer Depression, die sich nach drei Jahren relativ überraschend in einen stabilen Aufschwung verwandelt, der bis zum Ende des Jahrzehnts anhält. Doch die Unternehmer trauen dem Frieden nicht, sodass die Lohnsteigerungen meistens unter der Inflationsrate liegen. Dafür sinken die Arbeitszeiten weiter und die Lohnstückkosten steigen. Das Bedürfnis nach Genuss und Selbstverwirklichung weicht die einstmals so eiserne Arbeitsmoral auf. Daneben propagieren die politisch Alternativen eine Abkehr von der Konsumgesellschaft, in der Werte wieder mehr zählen als Güter – auch wenn diese Werte nicht mehr an traditionelle Institutionen oder Verhaltenskodizes gebunden sind. Zahlreiche alternative Betriebe und Genossenschaften schießen aus dem Boden. Eine sinnvolle Arbeit im Kreis von Gleichgesinnten wird wichtiger als hoher Lohn und Karriere. Für viele jedoch stellt sich die Alternative nicht. Die Arbeitslosigkeit steigt auf über zwei Millionen. Vor allem in der Stahlindustrie und im Bergbau, aber auch in der Landwirtschaft, sind dramatische Umwälzungen

im Gange. Unter dem Strich jedoch steigt die Zahl der Arbeitsplätze – allerdings nicht so stark wie die der Arbeitssuchenden. Die „Baby-Boom"-Generation wird erwachsen. Außerdem beginnen immer mehr Frauen zu arbeiten.

Entspannungspolitik

Politisch sind die 80er-Jahre der Entspannung. Trotz aller pessimistischen Zukunftsszenarien gehen die konkreten Bedrohungen zurück. 1982 stirbt Leonid Breschnew. Die ab 1983 in Deutschland stationierten Pershing-II-Raketen werden fünf Jahre später schon wieder verschrottet. Die Beziehungen zur DDR normalisieren sich zunehmend. Viele Politiker und Wähler sind bereit, auf die Forderung nach Wiedervereinigung zu verzichten, wenn die DDR-Führung dafür mehr Freiheiten nach innen und außen gewährt. Die Öffnung der Grenzen kommt für viele deshalb umso überraschender.

Die RAF, das Schreckgespenst der 70er, bleibt zwar das ganze Jahrzehnt über aktiv. Doch die Angst vor dem Terror beherrscht nicht mehr das gesellschaftliche Leben. Die RAF-Attentate fallen nun für die meisten Menschen in den Bereich „Kriminalität" und haben kaum noch politische Dimension.

Silvester 1989/90 in Berlin

Die „Computer-Kids" kommen

Vielfalt der Medien

Das gesellschaftliche Leben wird durch den Siegeszug der elektronischen Medien und einen Sportboom revolutioniert. In den 80er-Jahren wird der Computer vom exotischen Produkt zum Gegenstand des täglichen Gebrauchs in Büros, Firmen und Privathaushalten. Die Einführung von Kabel-, Satelliten- und damit auch Privatfernsehen steigert die Programmauswahl enorm. Dazu kommen die Videoangebote. Medienkritiker befürchten dadurch eine zunehmende Vereinzelung und Verunsicherung des Menschen. Während er alleine vor dem Fernseher sitzt, werden über den Bildschirm mehr Probleme als je zuvor an ihn herangetragen.

Doch obwohl der Medienkonsum steigt, sind die Menschen in den 80ern auch aktiv wie nie zuvor. Die Zahl der Sporttreibenden nimmt explosionsartig zu. 1981 findet der erste Berlin-Marathon statt, 1982 der erste deutsche Triathlon. 1987 hat der Deutsche Sportbund mehr als 20 Millionen Mitglieder. Vor allem der Prozentsatz der Frauen und Senioren steigt gewaltig. Dabei sind längst nicht alle im Verein organisiert. Die Trendsportarten der 80er heißen: Skifahren, Surfen, Joggen, Radfahren, Aerobic, Tennis und Bodybuilding.

Zahlreiche Satellitenschüsseln sind an diesem Hochhaus in Berlin angebracht

Die Grünen kommen

Gründungsparteitag der Grünen

Aus der Umweltbewegung heraus entsteht am 12./13. Januar in Karlsruhe eine neue politische Partei. Allerdings verläuft der Gründungskongress der **Grünen** so chaotisch, wie das viele Beobachter erwartet hatten. Zwei Tage lang liefern sich rund 1000 Delegierte vom Marxisten bis zum Ökobauern lebhafte Diskussionen, dann reicht die Zeit nicht mehr, einen Vorstand zu wählen und ein politisches Programm festzulegen – unter anderem, weil die norddeutschen Abgeordneten zum Zug müssen. „Wie Studenten in den besten Tagen der APO", spottet die bürgerliche Presse und stellt die Grünen in ihren Karikaturen mit Vorliebe als kleine Männchen vom Mars dar. Auf ihrem Kongress in Saarbrücken am 23. März legt die Partei dann mit den Schlagworten **ökologisch**, **basisdemokratisch**, **sozial**, **gewaltfrei** die Grundzüge ihrer Politik fest. Als Parteiführer werden **Petra Kelly** (1947–92), der einstige CSU-Mitbegründer **August Haußleiter** (1905–89) und der Familienrichter **Norbert Mann** (geb. 1943) gewählt. Prominentere Parteimitglieder kandidierten nicht, weil sie auf Landtagsmandate spekulieren, die laut Grünensatzung nicht mit einem Parteiamt verknüpft werden dürfen. Haußleiter muss jedoch schon im Juni wegen Differenzen mit der Partei wieder gehen. Überhaupt verlassen im ersten Jahr viele Mitglieder die Partei. Meinungsumfragen bescheinigen der Neugrün-dung ein Wählerpotenzial um drei Prozent. Im linken Lager fragt man sich bang, ob die Kandidatur der Grünen am Ende zu einem Sieg von Franz Josef Strauß bei den Bundestagswahlen führen könnte. Während die Grünen im März in Baden-Württemberg jedoch 5,3 Prozent und sechs Abgeordnetensitze erringen können, kommen sie bei den Bundestagswahlen nur auf 1,5 Prozent.

„Stoppt Strauß"

Die Kanzlerkandidatur des bayerischen Ministerpräsidenten **Franz Josef Strauß** (1915–88) polarisiert die Republik. 500 Intellektuelle und Künstler unterzeichnen einen Aufruf **Freiheit statt Strauß**. CSU-Generalsekretär **Edmund Stoiber** (geb. 1941) bezeichnet sie als „Ratten und Schmeißfliegen" und löst damit einen Eklat bei vielen aus, denen diese Formulierung deutlich über normale Wahlkampfhärte hinausgeht. Populär sind auch **Stoppt Strauß**-Plaketten. Nachdem bereits mehrere Lehrlinge und

- Die rechtsextreme „Wehrsportgruppe Hoffmann" wird verboten. Bei Razzien wird auch schweres militärisches Gerät beschlagnahmt
- 110 Familien verlassen Goslar. Nachdem eine wissenschaftliche Studie festgestellt hat, dass durch die Abgase der Hüttenbetriebe Blei- und Cadmium-Gehalte in der Luft und im Boden stark erhöht sind, legt die Landesregierung im April einen 10-Millionen-Mark-Fonds für Umzugswillige auf
- Vertreter des Steinkohlebergbaus und der Elektrizitätswirtschaft schließen den „Jahrhundertvertrag", in dem sich die Stromerzeuger verpflichten bis 1995 bestimmte Mengen an Steinkohle abzunehmen
- Der 9. Deutsche Bundestag wird gewählt: Sieger ist die sozialliberale Koalition mit 42,9 Prozent der Stimmen für die SPD und 10,6 Prozent für die FDP. Stärkste Partei jedoch ist die Union mit 44,5 Prozent der Stimmen

Republik Freies Wendland

Am 3. Mai rufen Atomkraftgegner in Gorleben zum **Kampftag der Wenden** auf. 5000 kommen, rund 300 bleiben. Sie besetzen den Bohrplatz 1004, um weitere Probebohrungen zu verhindern, die prüfen sollen, ob der Untergrund als Atomlagerstätte taugt. Die Besatzer errichten ein Hüttendorf und rufen die **Republik Freies Wendland** aus. Gegen zehn Mark geben sie einen „Wendenpass" mit Einreisestempel aus, teilen sich selber die Postanschrift „3131 Gorleben-Solleben, Postfach 1004" zu und richten das Radio Freies Wendland ein, das 20 Kilometer weit zu empfangen ist. Es gibt einen Thing-Platz für Versammlungen und eine Kirche mit einem Turm aus geflochtenen Weiden. Die „Wendländer" probieren alternative Lebensformen aus und bieten Dienstleistungen wie Zen-Yoga und Akupressur an. Eine große Zahl der Anwohner unterstützt die Besatzer. Am 4. Juni jedoch rücken Polizei und Bundesgrenzschutz an. Trotz eines martialischen Polizeiaufgebots verläuft die Räumung

Schüler, aber auch einige erwachsene Arbeitnehmer wegen der Buttons gemaßregelt worden sind, gipfelt der Streit im Fall einer Regensburger Schülerein, die wegen „politischer Werbung" von der Schule verwiesen wird, nachdem sie sich geweigert hat, den Button abzulegen. Der Rechtsstreit zieht sich zwei Jahre lang hin, bis der bayerische Verwaltungsgerichtshof entscheidet: Der Rauswurf war nicht rechtens. Die Plakette würde den Schulfrieden nicht in einer Art und Weise stören, dass eine Unterdrückung des Rechts auf Meinungsfreiheit gerechtfertigt sei. In Hamburg führt eine Wahlveranstaltung von Strauß zu schweren Krawallen. Dabei stirbt ein Demonstrant, zahlreiche andere sowie über 100 Polizeibeamte werden verletzt.

Gemütlich um einen Tisch sitzen Bewohner des Anti-Atom-Dorfes auf der Tiefbohrstelle 1004 auf dem Gelände für die geplante nukleare Entsorgungsanlage bei Gorleben im Wendland

friedlich. Die Besatzer halten sich strikt an ihre Devise des passiven Widerstands. Das Camp jedoch wird von Planierraupen zerstört und für die Zukunft mit einer hohen Mauer umgeben.

Die Boatpeople

Seit 1978 fliehen tausende von Vietnamesen vor dem kommunistischen Regime. Viele versuchen, auf hoffnungslos überfüllten, kaum seetauglichen Booten über das Südchinesische Meer in andere asiatische Länder zu gelangen. Schätzungsweise die Hälfte ertrinkt, verhungert oder wird von Piraten getötet. Das privat finanzierte „Deutsche Komitee Not-Ärzte" chartert das Hospital-Schiff **Cap Anamur**, um die Flüchtlinge zu retten. Die Bundesrepublik Deutschland gibt eine Asyl-Garantie für die **Boatpeople**. 1982 jedoch ist von allen Bundesländern nur noch Niedersachsen bereit, weitere Flüchtlinge aufzunehmen. Die Cap Anamur, die bis dahin fast 10.000 Menschen gerettet hat, muss aus Asien zurückkehren. Weitere Versuche von Initiator **Rupert Neudeck** (geb. 1939), die Fahrten wieder auf-

zunehmen, scheitern. Neudeck prangert an, dass viele Handelsschiffe einfach vorbeifahren und die Flüchtlinge ihrem Schicksal überlassen, beziehungsweise Firmen sogar die Fahrrouten geändert hätten, um keinen zu begegnen.

Olympia-Boykott

Die Bevölkerung ist gespalten. Doch mit 52 Prozent findet es eine knappe Mehrheit richtig, die Olympischen Sommerspiele in Moskau zu boykottieren, nachdem sowjetische Truppen

PUNKER UND POPPER

Sie stehen für die Gegensätze der Jugendkultur in den 80er-Jahren: Punker und Popper. Sie sind nur zwei Gruppen von vielen, aber beide fallen zum ersten Mal 1980 in Hamburg so richtig ins Auge. Während die Punk-Bewegung aus England kommt, sind die Popper vermutlich ein originäres Produkt der Hamburger Oberschicht. Für die „Kaschmir-Kinder" sind edle Schals und Pullover mit V-Ausschnitt typisch, dazu die ins Gesicht fallenden Haare der Jungs, die für viel Spott sorgen. Die Collegeschuhe dagegen werden gemieden, nachdem sie im Quelle-Katalog aufgetaucht sind. Der typische Popper nimmt private wie gesellschaftliche Probleme „locker-flockig". Probleme sind „öde" oder „prolo", weder Strauß noch Schmidt werden als „schick" empfunden und die politisch engagierten Altersgenossen sind „doch gestört mit ihrem Weltuntergangsgequatsche". Dagegen kultivieren die Punks die „Null Bock"-Totalverweigerung und den Widerstand gegen „Schickis" und „Bonzen". Ihr Styling mit bunten Irokesenfrisuren, schwerem Kettenschmuck, Stiefeln, Nietenhalsbändern und zerrissenen Kleidungsstücken findet aber mit der Zeit genauso Eingang in den Mainstream wie das Edel-Outfit der Popper.

Ein völlig überladenes Boot mit chinesischen Flüchtlingen aus Vietnam im Chinesischen Meer

am 2. Januar in Afghanistan einmarschiert sind. Die Frage, ob auch die eigenen Sportler daheim bleiben sollen, fällt ein bisschen zögernder aus: Sowohl für die Antwort „Ja" als auch für „Nein" finden sich 48 Prozent Unterstützer. Das deutsche Nationale Olympische Komitee (NOK) entscheidet sich am 15. Mai mit 59 zu 40 Stimmen **für den Boykott**. Insgesamt bleiben 30 westliche Länder den Spielen fern. Die meisten EG-Staaten jedoch nehmen teil. Die mangelnde Geschlossenheit des Westens wirft jedoch die Frage auf, ob damit nicht der ganze Boykott ins Leere zielt. Zahlreiche Sportler, die auf dem Zenit ihrer Karriere stehen und auf Medaillen spekuliert haben, fühlen sich betrogen. „Der Weltrekord ist die einzige Konsequenz", erklärt Zehnkämpfer Guido Kratschmer (geb. 1953). Vier Wochen nach den Olympischen Spielen verbessert er tatsächlich den in Moskau aufgestellten Weltrekord des Briten Daley Thompson (geb. 1958) um 27 Punkte.

Attentat auf dem Oktoberfest

Direkt am Haupteingang der **Theresienwiese** explodiert am 26. September kurz nach 22 Uhr eine Bombe. 13 Menschen, darunter vier Kinder, werden getötet, 219 verletzt. Es ist das schwerste Attentat, das es bis dahin in Deutschland gab. Am Tatort finden die Ermittler auch den Pass des mutmaßlichen Täters: ein Rechtsextremist namens **Gundolf Köhler**, der Kontakte zur verbotenen **Wehrsportgruppe Hoffmann** hatte. Trotzdem attackiert CSU-Kanzlerkandidat **Franz Josef Strauß** kurz danach den liberalen Innenminister **Gerhart Baum** (geb. 1932), der die Gruppe hatte verbieten lassen. Baum „verharmlose den Terrorismus" und habe deshalb eine Mitschuld, erklärte er in Bezug auf Pannen,

die es bei der Fahndung nach RAF-Tätern gegeben hatte. Das Attentat schockiert die Öffentlichkeit vor allem deshalb, weil erstmals seit langem keine bekannten Politiker und Wirtschaftsführer, sondern gewöhnliche Bürger das Ziel eines Terrorakts waren. Auch die Entscheidung, das Oktoberfest fortzusetzen, führt zu heftigen Diskussionen.

Logo von Greenpeace

Greenpeace kommt

Die Umweltorganisation **Greenpeace** wird auch in Deutschland aktiv. In Nordenham vertäuen sich mehrere Aktivisten mit zwei Rettungsinseln an Bug und Ruder des Tankers **Kronos** und hindern ihn drei Tage lang am Auslaufen, bevor die Polizei die Taue kappt. Das Schiff transportiert jährlich rund 750.000 Tonnen verdünnte Schwefelsäure in ein Seegebiet nordwestlich von Helgoland, wo die Säure einfach ins Meer entsorgt wird. Parallel lädt Greenpeace vor dem Deutschen Hydrografischen Institut in Hamburg, das die Entsorgung von Chemikalien genehmigt, zwei Zentner Fisch ab, der von Krebsgeschwüren befallen ist. Ein Rheinanleger der Firma Bayer, die jährlich rund 450.000 Tonnen Dünnsäure in der Nordsee verklappt, wird blockiert, in der Innenstadt von Leverkusen wird missgebildeter Fisch angepriesen.

Abpfiff und die deutschen Spieler liegen sich jubelnd in den Armen

Weihnachtsgeschenk Video

In Deutschland beginnt das **Video-Zeitalter**. Die rund 2500 Mark teuren Geräte sind der Schlager im Weihnachtsgeschäft. Die deutsche Wirtschaft sieht es nicht gerne. Denn Marktführer sind ganz klar die Japaner. Obwohl noch drei verschiedene Systeme miteinander konkurrieren, boomt auch der Markt mit den Kaufkassetten bereits. Der Verkaufserfolg überrascht auch Experten. Auf rund eine Milliarde Mark schätzen die Fachleute den Umsatz mit den etwa 400.000 Titeln weltweit. Die erste Branche, die dabei den neuen Trend erkannt hat, waren die Porno-Anbieter. Doch nicht nur die Inflation der Sex-Filme von der Kassette lässt Befürchtungen aufkommen. Kinos und Fernsehanstalten bangen um

Deutschland wird Europameister

Mit einem 2:1 gegen Belgien gewinnt die Deutsche Fußballnationalmannschaft am 21. Juni in Rom die Europameisterschaft. Beide Treffer steuert „Kopfballungeheuer" **Horst Hrubesch** (geb. 1951) bei. Das Team von **Jupp Derwall** (1927–2007) qualifizierte sich mit Siegen über die Tschechoslowakei und Holland sowie mit einem Unentschieden gegen Griechenland. Die Experten sehen Deutschland als verdienten Sieger, bescheinigen dem Turnier jedoch ein niedriges Niveau. Die 14 Spiele, bei denen nur 27 Tore fielen, seien von Taktik und Härte bestimmt gewesen. Dementsprechend blieben die Ränge oft halb leer. Außer Hrubesch machen vor allem Karl-Heinz Rummenigge (geb. 1955) und Bernd Schuster (geb. 1959) von sich reden.

DAS PASSIERT IM AUSLAND

- Der Erzbischof von San Salvador, Oscar Romero, wird ermordet. Bei der Trauerfeier werden 40 Menschen durch Bomben und Schüsse getötet, 200 verletzt
- Die USA bangen um die über 50 seit dem 4.11.1979 in der Teheraner Botschaft festgehaltenen Geiseln. Ein Versuch, sie militärisch zu befreien, scheitert an technischen Pannen
- In Polen beginnen im August Streiks auf der Lenin-Werft in Danzig. Verhandlungsführer Lech Walesa ringt dem Staat die Zusage ab, freie Gewerkschaften zuzulassen
- Der jugoslawische Staats- und Parteichef Josip Broz Tito stirbt
- Ronald Reagan gewinnt die amerikanischen Präsidentschaftswahlen

ihre Zukunft. Auch die Polizei hat die neue Technik schon entdeckt und setzt Videokameras bei Demonstrationen ein.

Spiel des Jahres: Rubik's Cube

Der **Zauberwürfel** erobert auch Deutschland. Seine sechs einfarbigen Seiten sind in neun Felder unterteilt, die sich in alle Richtungen verdrehen lassen. Den Würfel danach wieder in den Originalzustand zu bringen, ist eine harte Nuss. Schließlich gibt es über **43 Trillionen** mögliche Kombinationen. In Zahlen: 43.252.003.274.489.856.000. Bald werden seitenlange Lösungswege weitergegeben, dann wetteifern die Profis darum, möglichst schnell zum Ziel zu kommen. Der offizielle Rekord liegt bei 38 Sekunden. Andere Würfel-Süchtige suchen nach den kürzesten Lösungswegen. Aber nicht nur Tüftler kaufen den Kultgegenstand. Insgesamt gehen in Deutschland zwei Millionen der bunten Würfel über den Ladentisch. Einige Besitzer verdrehen ihren *Rubik's Cube* aber lieber erst gar nicht in allzu komplizierte Positionen, sondern probieren – nach Anleitung – nur einige hübsche Muster aus.

Der legendäre Zauberwürfel, erfunden Mitte der 70er-Jahre von dem ungarischen Bildhauer und Architektur-Professor Ernö Rubik

Regierung steht zu NATO-Doppelbeschluss

Ab 1983 sollen in der Bundesrepublik atomare Mittelstreckenraketen stationiert werden, falls die Sowjetunion nicht vorher ihre SS-20-Raketen aus Osteuropa abzieht. Das sieht der **NATO-Doppelbeschluss** von 1979 vor. In der Bevölkerung gibt es heftigen Widerstand gegen diesen neuen Schritt im **Rüstungswahnsinn** und auch die Regierungsparteien sind tief gespalten. So haben sich die Jusos für „kalkulierte einseitige Abrüstungsmaßnahmen des Westens" und damit gegen Schmidts Politik ausgesprochen.

Auf dem Parteitag in Recklinghausen vom 16.–17. Mai droht Bundeskanzler **Helmut Schmidt** (geb. 1918) deshalb indirekt seinen Rücktritt an, sollte sich seine Partei gegen den Beschluss entscheiden. Er erhält daraufhin die Unterstützung der Delegierten. Keine zwei Wochen später droht auch der FDP-Vorsitzende, Außenminister **Hans-Dietrich Genscher** (geb. 1927), auf dem Bundesparteitag seiner Partei mit Rücktritt. Der Protest in weiten Teilen der Bevölkerung bleibt jedoch hoch. Als am 13. September der amerikanische Außenminister **Alexander Haig** (geb. 1924) Deutschland besucht, kommt es in Berlin zu schweren Zusammenstößen zwischen Rüstungsgegnern und Polizei.

Demonstration gegen den Kernkraftwerksbau in Brokdorf

Deutschland statt, die den Bau des Kernkraftwerks Brokdorf verhindern wollen. Einigen tausenden gelingt es trotz 10.000 Polizisten, die im Einsatz sind, bis zum Sperrzaun vorzudringen. Am 10. Oktober rufen Gruppen, die der evangelischen Kirche nahe stehen, wie etwa „Aktion Sühnezeichen", in Bonn zur **Friedensdemonstration** auf und bringen 300.000 Menschen auf die Beine. Ebenfalls 100.000 Menschen sammeln sich am 14. November in Wiesbaden, um gegen den Ausbau der Startbahn West zu demonstrieren, deren Bau Anfang Oktober unter strenger polizeilicher Bewachung begonnen hat. Die zunächst friedliche Demonstration endet am nächsten Tag in schweren Ausschreitungen zwischen Polizei und Startbahn-Gegnern.

Rekord-Demonstrationen

Die Proteste gegen die Politik der Regierung werden immer größer und beginnen zu eskalieren. Am 28. Februar findet in der Wilstermarsch bei Hamburg mit etwa 100.000 Teilnehmern trotz eines – rechtlich umstrittenen – Demonstrationsverbots die bislang **größte Demonstration von Kernkraftgegnern** in

Straßenschlachten in Berlin

In Berlin eskalieren die Auseinandersetzungen zwischen Hausbesetzern und Polizei. Tragischer Höhepunkt ist der Tod des 18-jährigen Demonstranten **Klaus-Jürgen Rattay** am 22. Sep-

WAS SONST NOCH GESCHIEHT

- ➲ Die Paarläufer Tina Riegel und Andi Nischwitz werden mit einer Silbermedaille bei der Europameisterschaft und einer Bronzemedaille bei den Weltmeisterschaften zum neuen Traumpaar auf dem Eis
- ➲ Vom 12. Februar an führt die britische Rockgruppe Pink Floyd acht Tage hintereinander in der ausverkauften Dortmunder Westfalenhalle ihre Show *The Wall* auf
- ➲ Bei einem Bombenattentat auf das Haus der US-Sender „Radio Free Europe" und „Radio Liberty" in München werden acht Menschen verletzt
- ➲ In München findet die erste erfolgreiche Herztransplantation in Deutschland statt
- ➲ Der hessische Wirtschaftsminister Heinz Herbert Karry von der FDP wird von linksextremen Terroristen erschossen
- ➲ Millionen von Deutschen verfolgen am Fernseher die Hochzeit des britischen Thronfolgers Prinz Charles mit Lady Diana Spencer
- ➲ Auf das Hauptquartier der US-Luftstreitkräfte in Ramstein/Pfalz wird ein Sprengstoffanschlag verübt, bei dem zwei Deutsche und 18 Amerikaner verletzt werden
- ➲ Das „Kommando Gudrun Ensslin" verübt in Heidelberg ein Attentat auf den Oberbefehlshaber der amerikanischen Landstreitkräfte in Europa
- ➲ Mit einer Silbermedaille bei der Turnweltmeisterschaft beendet der 36-malige Deutsche Meister Eberhard Ginger seine Turnkarriere
- ➲ Die Werbeindustrie in Deutschland boomt; vor allem Autofirmen ziehen in die Imageschlacht gegen die Importwagen aus Fernost

ten und privaten Vermietern, preisgebundene Altbauwohnungen so lange leer stehen zu lassen, bis ein Abriss wegen Unrentabilität beantragt und das Grundstück für lukrative Neubauten genutzt werden kann. Während 60.000 Menschen eine Wohnung suchen, stehen 20.000 leer. Im Juni sind 165 Häuser besetzt. Bereits im Winter 1980/81 hatte es schwere Krawalle gegeben. Als die CDU-Minderheitsregierung nun mit gewaltsamen Räumungen beginnt, flammen sie wieder auf. Am 22. September treibt die Polizei in Schöneberg eine Gruppe maskierter Randalierer auf die stark befahrene Kreuzung Potsdamer Straße/Bülowstraße, wo Rattay von einem Bus erfasst wird. Das Unglück polarisiert Berlin weiter. Während auch unbeteiligte Zeugen das Vorgehen der Polizei kritisieren, weist Berlins Innensenator **Heinrich Lummer** (geb. 1932) auf die massive Gewalt gegen die Polizei hin und spricht von Kriminellen unter den Hausbesetzern, denen es nur um den Kampf gegen das politische System gehe. Bei den anschließenden heftigen **Straßenschlachten** in Schöneberg werden weit über 100 Menschen verletzt.

Ein großes Polizeiaufgebot räumt besetzte Häuser in Berlin

tember. Die Besetzungen hatten im November 1979 in Kreuzberg unter dem Schlagwort **Instandbesetzung** begonnen. Sie richteten sich gegen eine Praxis von Wohnungsbaugesellschaf-

Schwache Mark

Die **starke Deutsche Mark** ist für viele Bundesbürger eine Selbstverständlichkeit. Doch im Juli beginnt der Kurs plötzlich nachzugeben. Ab Oktober wird der Sturz immer schneller, sodass die Deutschen zum ersten Mal mit einem gefährlichen **Kursverlust** ihrer Währung konfrontiert sind. Gründe sind das Defizit in der Leistungsbilanz von 30 Milliarden Mark, die drastisch gestiegenen Rohölpreise, der unerwartete Kursanstieg des Dollars nach Ronald Reagans (1911–2004) Amtsantritt und die Reiselust der Deutschen, die immer größere Summen ins Ausland tragen. Um die Kapitalflucht zu stoppen, reagiert die Bundesbank mit einer Hochzinspolitik. Im Gegensatz zu allen anderen Staaten hatte man das bisher vermieden, um die Binnenkonjunktur nicht zu drücken. Doch die Krise währt nicht lange. Schon gegen Ende des Jahres sorgt ein kräftiges Export-Plus für Entspannung in der Währungspolitik.

Deutsche Mark Münzen

NEUE DEUTSCHE WELLE

Die „Neue Deutsche Welle" kommt aus dem Untergrund. Während bisher vor allem unkommerzielle, experimentierfreudige Punkbands dieser Richtung zugeordnet wurden, beginnt nun die Musikindustrie, den Trend zu entdecken. Nur wenige der Alternativ-Bands wie Fehlfarben oder Einstürzende Neubauten werden auch einem größeren Publikum bekannt. Eine Vorzeigeband der „Neuen Deutschen Welle" ist die Berliner Gruppe Ideal, die sich Anfang 1980 gründet, im Mai die erste Single veröffentlicht, im August als Vorband vor 150.000 Menschen vor dem Reichstag Barclay James Harvest die Show stiehlt und im November die erste LP veröffentlicht, die in diesem Jahr mit der goldenen Schallplatte für 250.000 verkaufte Alben ausgezeichnet wird. Mehr und mehr werden jedoch alle deutsch singenden Bands mit dem Prädikat „Neue Deutsche Welle" vermarktet.

Marianne Bachmaier

Am 6. März streckt **Marianne Bachmaier** (1950–96) im vollbesetzten Lübecker Schwurgerichtssaal Klaus Grabowski, den Mörder ihrer siebenjährigen Tochter Anna, mit acht Schüssen nieder. Die Tat löst nicht nur Entsetzen, sondern auch eine Welle von Sympathiebekundungen aus. Für Marianne Bachmaier werden Spendenkonten eingerichtet. Eine Interessensgemeinschaft kämpft für ihren Freispruch. Die Behörden, die gegen sie ermitteln, werden massiv bedroht. In den Medien – von den Regenbogenblättern bis hin zu politischen Magazinen – wird die Lebensgeschichte der attraktiven, dunkelhaarigen Mörderin ausgebreitet: Mit 17 das erste Kind, das sie weggab, später Jobs als Barfrau. Der Prozess gegen Marianne Bachmaier im November 1982 löst ein erneutes Medienspektakel aus, obwohl die Angeklagte die Rechte an ihrer Lebensgeschichte exklusiv an den *stern* verkauft. Sie wird wegen Totschlags und unerlaubten Waffenbesitzes zu einer Freiheitsstrafe von sechs Jahren verurteilt. Nach der Haft flieht sie vor dem Trubel nach Palermo. Im Herbst 1996 kehrt sie schwer krebskrank zurück. Sie initiiert selbst einen Fernsehfilm über ihren nahenden Tod. Außerdem werden zwei Spielfilme über die Mörderin gedreht.

Der Majdanek-Prozess

Bei den Häftlingen im KZ Majdanek hieß sie „die Stute" wegen ihrer Reitpeitsche und ihrer eisenbeschlagenen Stiefel. Am 30. Juni wird die ehemalige Aufseherin **Hermine Braunsteiner-Ryan** (1919–99) vom Landgericht Düsseldorf zu lebenslanger Haft verurteilt. Mit fünfeinhalb Jahren ist der Prozess der bis dahin längste der deutschen Rechtsgeschichte. Sieben weitere Angeklagte erhalten lediglich Freiheitsstrafen zwischen drei und zwölf Jahren, einer wird sogar freigesprochen, weil die Morde nach Auffassung des Gerichts nicht mehr präzise zuzuordnen seien. Zwar waren 215 KZ-Überlebende geladen, doch ihre Erinnerung genügte den Richtern nicht für eine härtere Verurteilung. In der Öffentlichkeit kommt es zu **Protestkundgebungen** gegen das **milde Urteil**. Auch beim Gedenken der Holocaust-Überlebenden, das parallel in Jerusalem stattfindet, werden der späte Einstieg in die Ermittlungen, die Verschleppung des Prozesses durch einige Verteidiger und das erschreckende Auftreten ehemaliger SS-Angehöriger im Zeugenstand hart kritisiert.

Vor der Urteilsverkündung kam es am 29.6.1981 zu einer Demonstration in der Düsseldorfer Innenstadt. Ein 72-jähriger ehemaliger KZ-Häftling und ein Bundeswehrsoldat führten den Schweigemarsch an

Benzin immer teurer

Mitte Juli, als überall die Ferien beginnen, ist die Schallgrenze durchbrochen: Die magischen 1,50 Mark sind erreicht. **151,9 Pfennig** für einen Liter Benzin lesen viele geschockte Autofahrer an den Zapfsäulen. Insgesamt dreimal haben die großen Ölfirmen seit Anfang Juni den Preis heraufgesetzt – so häufig wie nie zuvor. 65,4 Pfennig war 1970 noch der Durchschnittspreis gewesen. 1975 wurde dann die 1-Mark-Grenze geknackt, doch viel weiter wagten die Anbieter jahrelang nicht zu gehen. Doch dann geht es Schlag auf Schlag: 114 Pfennig im Jahr 1979, 132 ein Jahr später und nun bis zu 155 Pfennig. Dabei waren die Steuern von 1970–81 mit 14 Pfennigen eher maßvoll gestiegen. „Wo soll das noch hinführen?" fragen sich die gebeutelten Autofahrer. Die Statistiken jedenfalls verzeichnen einen deutlich geringeren Jahresbenzinverbrauch pro Fahrer.

Wetten, dass...?

Am 14. Februar startet das ZDF eine neue Show, die sich Moderator **Frank Elstner** (geb. 1942) angeblich in einer schlaflosen Nacht ausgedacht hat. Die Zuschauerränge sind halb leer, der Moderator nervös und bei der Studio-Regie geht einiges schief. Doch die Idee zündet schnell: Ganz normale Menschen bieten herausragende Leistungen an und ein prominenter **Wettpate** tippt, ob der Kandidat es schafft oder nicht. Zusätzlich wird ein Zuschauer aus dem Publikum ausgewählt, der eine besonders originelle Saalwette anbietet.

Schon bald werden die unglaublichen Wetten nach der Sendung zum Tagesgespräch, die Sendung zum Straßenfeger und viele Prominente verbringen einen Tag als Helfer in sozialen Einrichtungen oder Ähnliches, weil sie ihre Wette verloren haben. 1988, als bereits **Thomas Gottschalk** (geb. 1950) Frank Elstner abgelöst hat, landet die Satirezeitschrift *Titanic* einen Coup. Einer ihrer Redakteure hat sich mit der Behauptung beworben, er könne Buntstifte am Geschmack unterscheiden. Nach scheinbar gewonnener Wette gibt er zu, die Farbnamen auf den Stiften unter seiner Maske hervor abgelesen zu haben.

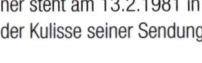

Der Showmaster Frank Elstner steht am 13.2.1981 in der Kulisse seiner Sendung

FILME DES JAHRES

- ⮑ *Lili Marleen* von Rainer Werner Fassbinder zeichnet den Lebensweg der Sängerin Lale Andersen nach, die in der NS-Zeit durch ihr Lied *Lili Marleen* berühmt wurde
- ⮑ István Szabó verfilmt Klaus Manns *Mephisto*. Die ungarisch-österreichisch-deutsche Koproduktion erhält 1982 den Oscar für den besten fremdsprachigen Film. Neben Hauptdarsteller Klaus Maria Brandauer glänzt vor allem Rolf Hoppe als Hermann Göring
- ⮑ *Die bleierne Zeit* von Margarethe von Trotta beschreibt nach dem Vorbild der Ensslin-Schwestern den Lebensweg einer radikalen politischen Aktivistin und ihrer bürgerlichen Schwester.
- ⮑ Die ARD zeigt den ersten *Tatort* mit dem Duisburger Hauptkommissar Horst Schimanski, gespielt von Götz George

Reality im Kino

Das Boot von **Wolfgang Petersen** (geb. 1941) und die Verfilmung von *Christiane F. – Wir Kinder vom Bahnhof Zoo* durch **Uli Edel** (geb. 1947) machen Furore an den Kinokassen. *Das Boot* ist mit 25 Millionen Mark Produktionskosten der bis dahin teuerste deutsche Film. Er wird für sechs Oscars nominiert. Geschildert wird das dramatische Leben auf dem deutschen Unterseeboot U 96 während des Zweiten Weltkriegs. Buchautor **Lothar-Günther Buchheim** (1918–2007), auf dessen Bestseller der Film beruht, ist der schonungslose, realitätsnahe Streifen allerdings nicht authentisch genug. Er spricht gar vom „Kinderfilm". Manche Kritiker vermissen die politischen Hintergründe des Kampfes, die sowohl Buchheim als auch Petersen bewusst ausgespart haben.

Uli Edel dreht die *Kinder vom Bahnhof Zoo* mit lauter jungen Laiendarstellern. Wie das Buch, das 1,3 Millionen Mal verkauft worden war, fesselt auch der Film eine große Anzahl Jugendlicher. Während die meisten die gezeigte Welt der Drogensüchtigen als abschreckend empfinden, gibt es auch einige wenige, die sich gerade von der authentischen Darstellung angezogen fühlen.

Dallas kommt

Am 30. Juni beginnt die ARD mit der Ausstrahlung der amerikanischen TV-Serie **Dallas**, einem bunten Sumpf von Familienintrigen, Ehebruch, Mord und Alkoholismus in einer schillernden texanischen Ölsippe rund um den Fiesling J. R. Ewing, gespielt von **Larry Hagman** (geb. 1931). Nachdem *Dallas* bereits in 64 anderen Ländern ein Erfolg war, kommt die Serie auch in Deutschland auf rund 42 Prozent Ein-

schaltquoten. Wer mitreden will, muss über das aktuelle Treiben von J. R., Miss Ellie, Sue Ellen, Pamela und Bobby auf dem Laufenden sein. Am 27. April 1983 kontert das ZDF mit dem ähnlich gestrickten **Denver-Clan**, der es immerhin auf 30 bis 35 Prozent Einschaltquoten bringt. Clan-Oberhaupt ist Blake Carrington. Doch das wahre Pendant zu J. R. Ewing stellt Carringtons intrigante Ex-Frau Alexis dar, gespielt von **Joan Collins** (geb. 1933).

Larry Hagman als J. R. Ewing

MAN TRÄGT KOPFHÖRER

Ohne „Walkman" geht gar nichts mehr. Allein Branchenführer Sony verkauft in Deutschland rund 100.000 der tragbaren Kassettenspieler mit Kopfhörer. Die Qualität ist so gut, dass Musikkoryphäen wie Herbert v. Karajan (1908–89) zu den größten Fans der kleinen Geräte gehören. Sehr beliebt sind sie auch bei den Trendsportarten Jogging oder Rollerskating, was dazu führt, dass auch das Design der Geräte immer poppiger wird. Über einen zweiten Kopfhörer kann der Partner an das Gerät angeschlossen werden, muss sich allerdings dann immer auf Kabellänge zum Walkman-Träger aufhalten. Skeptiker befürchten vermehrte Unfälle beim Radfahren, Skilaufen und Autofahren, aber auch eine gesellschaftliche Vereinzelung der akustisch abgeschotteten Nutzer.

Die *Astro-Show*

Die Deutschen sind sternengläubig wie nie zuvor. Insgesamt werden rund 60 Millionen Mark für persönliche **Horoskope** ausgegeben, die im Extremfall schon einmal ein paar Tausender pro Stück kosten. Die Zahl der berufsmäßigen Sterndeuter hat sich auf 4000 verdoppelt. Viele davon waren vorher arbeitslos oder Hausfrauen. Vorzeigefrau der Branche ist die französische Astrologin **Elizabeth Teissier** (geb. 1938), die als kosmische Briefkastentante eine tägliche Kolumne in der *Bild*-Zeitung hat und auch im Fernsehen regelmäßig mit ihrer *Astro-Show* auftritt. Für 1982 sagt sie Naturkatastrophen, eine Bedrohung des freien Welthandels, einen großen internationalen Konflikt und noch mehr Mord und Gewalt voraus.

Die Regierung zerbricht

Die steigende Arbeitslosigkeit und die wachsende Staatsverschuldung belasten die sozialliberale Regierung. Bereits im August 1981 schreibt **Hans-Dietrich Genscher** (geb. 1927) in einem internen Papier, eine „Wende" hin zu mehr Marktwirtschaft und Einsparungen bei den Sozialausgaben sei nötig. Die schwierige Situation nimmt **Helmut Schmidt** (geb. 1918) auch gesundheitlich mit. Im Oktober 1981 erhält er einen Herzschrittmacher. Als er jedoch im Februar die Vertrauensfrage stellt, stellen sich zunächst alle Abgeordneten hinter ihn. Doch im Sommer spitzen sich die Gegensätze wieder zu. Für die Landtagswahl in Hessen legt sich die FDP auf eine Koalition mit der CDU fest.

Am 17. September ist das Ende gekommen. Die vier FDP-Minister Hans-Dietrich Genscher, Gerhart Baum (geb. 1932), Otto Graf Lambsdorff (geb. 1926) und Josef Ertl (1925–2000) treten aus der Regierung aus. Schmidt bildet eine Minderheitsregierung und schlägt Neuwahlen vor. Drei Tage später einigen sich Union und

DAS TUT SICH IM SPORT

- ⮡ Der extrovertierte Eiskunstläufer Norbert Schramm holt trotz eines Sturzes in der Kür den ersten Europameistertitel nach Kriegsende
- ⮡ Franz Beckenbauer gibt in Hamburg sein Abschiedsspiel
- ⮡ Ulrike Meyfarth stellt zehn Jahre nach ihrem spektakulären Olympiasieg mit 2,02 Metern einen neuen Hochsprungrekord auf und wird damit in Athen Europameisterin
- ⮡ Die deutsche Fußballnationalmannschaft verliert das Finale der Fußballweltmeisterschaft in Madrid mit 1:3 gegen Italien. In der Vorrunde hat sie zusammen mit Österreich durch ein überaus unengagiertes „Freundschaftsspiel" für einen Skandal gesorgt. Während das 1:0 beiden Mannschaften zum Weiterkommen reichte, sprachen die drittplatzierten Algerier von Schiebung

FDP, Schmidt am 1. Oktober durch ein konstruktives Misstrauensvotum zu stürzen und **Helmut Kohl** (geb. 1930) zum neuen Kanzler zu wählen. In seiner Regierungserklärung spricht Kohl von einer „geistig-moralischen Erneuerung" und führt den Begriff der **Wende** ein, der später auf den Zusammenbruch des Ostblocks umgemünzt wird.

Da die neue Regierungskoalition die Stimmung für Neuwahlen nutzen will, stellt Kohl am 17. Dezember im Parlament die Vertrauensfrage, die – wie vorher abgesprochen – keine Mehrheit findet. Damit kann der Bundestag aufgelöst werden. Der verfassungsrechtlich bedenkliche Schachzug stößt auf heftige Kritik. Bundespräsident **Karl Carstens** (1914–92) erklärt, er gebe dem Antrag, den Bundestag aufzulösen, nur deshalb statt, weil alle Fraktionen Neuwahlen wünschten.

Der SPD-Vorsitzende Willy Brandt (r.) gratuliert dem neuen Bundeskanzler zu dessen Wahl

Streit um Asyl

Das Thema **Asyl** ist ein heißes Eisen in den 80er-Jahren. Zwar sinken die Anerkennungsquoten kontinuierlich, doch der Ansturm der Bewerber wird immer größer und die Auffanglager und behördlichen Stellen sind mit der Bearbeitung der Anträge heillos überfordert. Teilweise müssen Flüchtlinge in teuren Unterkünften untergebracht werden, was die rechten Kräfte populistisch nutzen. Mit der Behauptung „Das Boot ist voll" fordern sie eine Abschaffung des Asylrechts. Mit der „Liste für Ausländer-Stopp" tritt bei den Wahlen zur Hamburger Bürgerschaft zum ersten Mal eine Gruppierung an, die ausländerfeindliche Forderungen zum Parteiprogramm erhoben hat. Doch auch in anderen Städten formieren sich Bürgerinitiativen. Während es 1978 noch 39 Prozent waren, die Angst hatten, es gäbe zu viele Ausländer in Deutschland, sind es nun bereits 68 Prozent. Die Regierung reagiert mit mehreren Verschärfungen des Asylrechts, die die Forderungen von rechts nur noch lauter werden lassen, aber Protest von links hervorrufen.

NATO-Gipfeltreffen in Deutschland

Zum ersten Mal findet ein **NATO-Gipfeltreffen** auf deutschem Boden statt. Die 16 Staats- und Regierungschefs verabschieden eine **Bonner Erklärung**, in der sie die Verhinderung eines Krieges und eine konstruktive Entspannungspolitik, aber auch die Stärkung der westlichen Verteidigungsfähigkeit als die wichtigsten Ziele der Allianz bezeichnen. Vor allem US-Präsident **Ronald Reagan** (1911–2004) ist der Meinung, der Osten habe bisher von der Entspannungspolitik

Ronald Reagan (r.) und Helmut Kohl, kurz nach dessen Wahl zum neuen Bundeskanzler

mehr profitiert als der Westen. In Bonn demonstrieren am Rande des Gipfeltreffens 400.000 bis 500.000 Menschen für den Frieden. Parallel dazu finden in New York und London Demonstrationen mit 500.000 beziehungsweise 150.000 Teilnehmern statt. Doch auch die Opposition macht mobil. Der CDU gelingt es, 100.000 Menschen auf die Straße zu bringen, die sich für die offizielle amerikanische Politik aussprechen.

Ähnlich gespalten präsentiert sich Berlin bei Reagans anschließendem Besuch. Als er die amerikanische Verpflichtung, für die Freiheit Westberlins zu sorgen, betont, erntet er im Garten des Charlottenburger Schlosses begeisterten Beifall von 30.000 Zuhörern. Parallel dazu gibt es jedoch eine friedliche Anti-Reagan-Demonstration in Charlottenburg und schwere Krawalle in der Westberliner Innenstadt.

Top-Terroristen der RAF gefasst

In einem Waldstück bei Frankfurt/Main werden am 11. November mit **Adelheid Schulz** (geb. 1954) und **Brigitte Mohnhaupt** (geb. 1949) zwei der meistgesuchten Terroristinnen Deutschlands gefasst. Ein Pilzsammler hatte zufällig ein Waffenlager der RAF entdeckt, das die Fahnder im Auge behielten, bis die beiden Frauen dort auftauchten. Fünf Tage später wird auch **Christian Klar** (geb. 1952) festgenommen, der als Kopf der Roten Armee Fraktion gilt. Alle drei werden beschuldigt, 1977 am Mord an dem Bankier **Jürgen Ponto** (1923–77) und an der Entführung und Ermordung des Arbeitgeberpräsidenten **Hanns Martin Schleyer** (1915–77) beteiligt gewesen zu sein, Klar und Mohnhaupt dazu noch an der Ermordung von Generalbundesanwalt **Siegfried Buback** (1920–77). 1995 werden die beiden zu je fünfmal lebenslänglich zuzüglich 15 Jahren Freiheitsstrafe verurteilt, Adelheid Schulz zu dreimal lebenslänglich.

Blick auf das Verwaltungsgebäude der gewerkschaftseigenen Wohnungsbaugesellschaft Neue Heimat in Hamburg, aufgenommen am 12. Februar 1982

DAS SIND DIE TOPHITS DES JAHRES
➲ *Polonäse Blankenese* – Gottlieb Wendehals
➲ *Skandal im Sperrbezirk* – Spider Murphy Gang
➲ *Der Kommissar* – Falco
➲ *Ein bisschen Frieden* – Nicole
➲ *Ebony & Ivory* – Paul McCartney & Stevie Wonder
➲ *Joan Of Arc* – OMD
➲ *Ich will Spaß* – Markus
➲ *Adios Amor* – Andy Borg
➲ *Words* – FR David
➲ *Do You Really Want To Hurt Me* – Culture Club

Skandal um Neue Heimat

Am 8. Februar erhebt das Nachrichtenmagazin *Der Spiegel* schwere Vorwürfe gegen die Spitze des gewerkschaftseigenen Wohnungsbaukonzerns **Neue Heimat**. Drei Vorstandsmitglieder sollen sich mithilfe von Strohmännern und Tarnfirmen persönlich bereichert haben. Die Beschuldigten nutzten z. B. ihr Wissen um den Wohnungsmarkt und kauften über die Tarnfirmen besonders lukrative Objekte für sich. Außerdem schlossen sie im Namen der Neuen Heimat Verträge mit diesen Firmen ab und belieferten die Mieter dann mit übeteuerter Energie oder installierten Antennen zu überzogenen Preisen. Außerdem hinterzogen sie auch noch Steuern, indem sie überhöhte Verluste geltend machten. Die Neue Heimat war nach dem Krieg eigentlich als **Selbsthilfeprojekt** der Arbeiter gegen den großen Wohnraummangel gegründet worden. Hinter diesen ideellen Ansprüchen versteckten sich die Angeklagten immer noch. „Der DGB ist ein kräftiger Schutzschild", schreibt der *Spiegel*. Alle früheren Vorwürfe hätte der Hauptangeklagte stets in Angriffe gegen die Gewerkschaft umgedeutet. Nach der Enthüllung werden die drei Beschuldigten fristlos entlassen, doch es werden immer neue Unregelmäßigkeiten aus dem Unternehmen bekannt. Ab 1986 beschäftigt sich ein Untersuchungsausschuss des Bundestags mit den Geschäftspraktiken der Neuen Heimat.

AEG ist pleite

Die Krise des zweitgrößten bundesdeutschen Elektrokonzerns hat sich seit Langem abgezeichnet. Am 9. August beantragt die stark überschuldete **AEG-Telefunken** in Frankfurt/Main das gerichtliche Vergleichsverfahren wegen Zahlungsunfähigkeit. Es ist bis dahin der größte Firmenzusammenbruch in der deutschen Nachkriegsgeschichte. Fachleute führen die **Insolvenz** auf Managerfehler seit den 60er-Jahren zurück. Die AEG habe zu einer Zeit, wo der Markt für Hausgeräte bereits gesättigt gewesen sei, zahlreiche weitere Firmen und Beteiligungen erworben.

TOTE 1982

- ➲ In Paris stirbt die Schauspielerin Romy Schneider im Alter von 43 Jahren
- ➲ In Hamburg verbrennt sich die Türkin Semra Ertan Bilir aus Protest gegen die Ausländerfeindlichkeit in Deutschland. Die Sozialarbeiterin hatte ihren Selbstmord in mehreren Gedichten angekündigt
- ➲ Der Regisseur Rainer Werner Fassbinder stirbt im Alter von 37 Jahren an einer Überdosis Kokain

Zu einer Investition in neue Technologien jedoch habe die Finanzkraft nicht mehr gereicht. 1983 wird ein Vergleich geschlossen, dem die überwiegende Mehrheit der 60.000 Gläubiger des Konzerns zustimmt. Forderungen bis 10.000 Mark werden voll ausgezahlt, alle weiteren mit einer Quote von 40 zu 60 Prozent abgegolten. 24 Banken verzichten auf rund eine Milliarde Mark und stellen diese Summe dem Konzern wieder als Kredit zur Verfügung. Am Ende kann durch den Vergleich eine neue AEG mit 60.000 Mitarbeitern weitergeführt werden, die 1985 von Daimler-Benz übernommen wird.

Mit seinem Konkurs steht der Elektrogigant jedoch nicht alleine dar. Mit 8494 Firmenpleiten war 1981 ein neuer Rekord erreicht worden.

Mehrere hundert Beschäftigte des AEG-Telefunken-Konzerns demonstrieren für den Erhalt ihrer Arbeitsplätze

Pakete für Polen

Die Verhängung des Kriegsrechts im Dezember 1981 hat in Polen zu massiven **Versorgungsschwierigkeiten** geführt. Am 1. Februar erhöht die Regierung die Preise für Lebensmittel, Heizung, Strom und Benzin um bis zu 400 Prozent, um das krasse Missverhältnis zwischen Angebot und Nachfrage unter Kontrolle zu bringen. Um drohende Aufstände im Keim zu ersticken, verschärft sie außerdem das **Kriegsrecht**. Vor allem Rentner und kinderreiche Familien können sich nun kaum noch das Lebensnotwendige leisten.

Die materielle Not führt in ganz Europa zu einer großen Hilfsaktion. In Deutschland werden innerhalb von sechs Monaten über 200 Millionen Mark gespendet, so viel wie nie zuvor. Vor allem aber engagieren sich die Menschen persönlich. Insgesamt werden 2,5 Millionen Privatpakete an polnische Familien geschickt. Die meisten gehen nach Pommern, Masuren und Oberschlesien. Die Paketaktion wird durch einen Verzicht der Bundespost auf Porto gefördert. Viele Privatpersonen fahren aber auch persönlich Hilfsgüter in Lkw über die Grenze. Die Internationale Gesellschaft für Menschenrechte bezeichnet die Solidarität mit Polen als **Volksbewegung**. Die Polen sprechen von „Zruty" (Fallschirmabwürfen), in Anlehnung an die Hilfsgüter, mit denen die Amerikaner die polnische Bevölkerung im Zweiten Weltkrieg per Fallschirm versorgten.

Postmitarbeiter sortieren die Pakete

- ⮑ Bundespräsident Karl Carstens steckt mit seiner Wanderleidenschaft ganz Deutschland an. Im Januar begleiten ihn 2000 Menschen auf einer Wanderung zwischen Essen und Hattingen
- ⮑ Bei einem Sprengstoffanschlag auf ein jüdisches Restaurant in Westberlin kommt ein 14 Monate altes Mädchen ums Leben. 24 weitere Gäste werden verletzt
- ⮑ Der hessische Staatsgerichtshof lehnt ein Volksbegehren zur Startbahn West ab, darauf kommt es zu schweren Krawallen mit rund 140 Verletzten
- ⮑ Das erste deutsche Retortenbaby kommt in Erlangen zur Welt
- ⮑ Nach 149 Tagen endet die längste Entführung in Deutschland. Die achtjährige Nina, an deren Überleben kaum mehr jemand geglaubt hat, kommt gegen ein Lösegeld von 1,5 Millionen Mark frei. Schwere Differenzen zwischen Eltern und Polizei hatten mehrmals die Lösegeldübergabe scheitern lassen
- ⮑ Auf dem Münchner Flughafen werden sieben Menschen vor der Abfertigungshalle für die Flüge nach Israel durch eine Bombenexplosion verletzt.
- ⮑ Am 1. Dezember klettert die Arbeitslosigkeit erstmals seit Bestehen der Bundesrepublik auf über zwei Millionen beziehungsweise acht Prozent.
- ⮑ Die Welthungerhilfe ruft erstmals zur Aktion „Brot statt Böller" auf
- ⮑ Eine Erhöhung der Tabaksteuer um 30 Prozent führt dazu, dass zahlreiche Raucher auf Billigmarken umsteigen, die bis zu eine Mark billiger sind als die Markenzigaretten (3,80 bis 4,00 DM)
- ⮑ Fantasy boomt: Auf der Bestseller-Liste im Bereich Belletristik liegt Michael Ende mit seinen Büchern *Die unendliche Geschichte* und *Momo* vor Tolkiens *Herr der Ringe*

Ein Stück Himmel

Als Antwort auf den enormen Erfolg der US-Serie *Holocaust* im Jahr 1979 sendet die ARD die achtteilige Serie **Ein Stück Himmel**, die auf der Autobiografie der polnischen Jüdin **Janina David** (geb. 1930) beruht. Aus der Sicht eines Kindes wird erzählt, wie die Existenzangst sich langsam in das ursprünglich so behütete Leben hineinschleicht und wie das Juden-Getto zum makabren Abenteuerspielplatz für die Kinder wird. Vor ihrem Tod gelingt es Janinas Eltern, die Tochter zu christlichen Bekannten zu schmuggeln. Janina überlebt schließlich als Katholikin getarnt in einem Kloster und erfährt erst nach Kriegsende, dass auch ihre Mitschülerinnen Jüdinnen sind. Presse und Publikum sind begeistert über die zehn Millionen Mark teure, feinfühlig inszenierte Verfilmung von **Franz Peter Wirth** (1919–99) vor allem aber erringt die junge Tschechin **Dana Vavrova** (geb. 1967) in der Hauptrolle die Herzen der Zuschauer. Sie wird unter anderem mit der „Goldenen Kamera" und dem „Adolf-Grimme-Preis" ausgezeichnet.

Grand Prix für Nicole

Als erste deutsche Interpretin kann die Sängerin **Nicole Hohloch** (geb. 1964) aus Neunkirchen am 24. April im englischen Harrogate den „Grand Prix d'Eurovision de la Chanson" gewinnen. Ihr Lied *Ein bisschen Frieden* will sie als persönlichen Beitrag zum Frieden sehen. Mit seinem gefühlvollen, aber völlig unpolitischen Text trifft es die Gefühle vieler Zuhörer, während es anderen zu seicht ist. Mit insgesamt 14 ersten Plätzen bei der ZDF-Hitparade ist Nicole unangefochtene Nummer 1. Allerdings wird sie mit ihren offenen, blonden Haaren, den langen Röcken, weißen Cowboystiefeln und der großen, weißen Gitarre, die ihr Markenzeichen ist, auch oft und gerne karikiert. Komponist ihres Erfolgstitels ist **Ralph Siegel** (geb. 1945).

Nicole

Chopper geht um

Eine pöbelnde Stimme aus dem Spucknapf einer Zahnarztpraxis in Neutraubling bei Regensburg hält die Nation in Atem. Der Geist, der sich **Chopper** nennt, beschimpft die Patienten mit Sätzen wie „Der brunzt sich ja gleich in die Hosen!" und deckt den Arzt mit Morddrohungen ein. Nur zur 16-jährigen Helferin Claudia ist er freundlich, wie er überhaupt nur in ihrer Gegenwart spricht. Während internationale Journalistenteams sich schon bald die Klinke in die Hand geben, meldet sich der pöbelnde Geist bis zu 150-mal täglich, nicht nur aus dem Spucknapf, sondern auch aus Waschbecken und Steckdosen. Die Polizei gründet eine „Soko Geist", die Deutsche Bundespost schickt ihre Techniker, die die Praxis auseinander nehmen, Esoteriker aus aller Welt bieten ihre Hilfe an. Schließlich gestehen der Zahnarzt und seine Sprechstundenhilfe, dass sie den Spuk selbst inszeniert haben. Wie sie jedoch technisch vorgegangen sind, bleibt ihr Geheimnis.

Die Flick-Affäre

Ein Minister muss vor Gericht. Nachdem die Bonner Staatsanwaltschaft am 9. November Anklage wegen Bestechlichkeit gegen Wirtschaftsminister **Otto Graf Lambsdorff** (geb. 1926) erhoben hat, hebt der Bundestag am 2. Dezember seine Immunität auf. Hintergrund war die **Parteispendenaffäre**. Parteispenden sind nur bis zu einer bestimmten Höhe steuerlich absetzbar. Zu Beginn der 80er war jedoch ruchbar geworden, dass alle im Bundestag vertretenen Parteien Großspenden über Tarnorganisationen an der Steuer vorbei geschleust haben. Die **Flick-Affäre** jedoch war noch brisanter. **Eberhard von Brauchitsch** (geb. 1926), Manager des Flick-Konzerns, war bei der „besonderen Pflege der Bonner Landschaft", wie er die Parteispenden nannte, besonders aktiv gewesen. Unter anderem hatten auch Lambsdorff und sein Vorgänger **Hans Friderichs** (geb. 1931) 500.000 Mark für die klamme

Der FDP-Politiker und ehemalige Bundeswirtschaftsminister Otto Graf Lambdsdorff begibt sich zum Gericht

FDP-Parteikasse erhalten. Andererseits hatten die Wirtschaftsminister dem Flick-Konzern einen großen Gefallen getan. Als Flick 1,5 Millionen Mark, die er aus dem Verkauf von Aktien erlöst hat, in amerikanische Großbetriebe investiert, stufen sie das als „besonders förderungswürdig" ein. Damit bleiben Flick Steuerzahlungen in Höhe von 450 Millionen Mark erspart. Im Nachhinein stellt sich auch noch heraus, dass es sich nicht einmal um ein aktives Engagement des Konzerns auf dem amerikanischen Markt, sondern um eine reine Finanzanlage gehandelt hat. Neben Lambsdorff müssen sich auch noch Friderichs und Brauchitsch wegen des Verdachts der Bestechlichkeit beziehungsweise Bestechung vor Gericht verantworten. Das Vertrauen der Wähler in die Unabhängigkeit ihrer Politiker jedoch ist nicht nur durch diese einzelne Affäre, sondern durch den ganzen Parteispendensumpf schwer erschüttert.

Aids

In der deutschen Presse hatte es 1982 erste Notizen über eine rätselhafte Krankheit unter den amerikanischen Homosexuellen gegeben. Nun wird langsam klar, dass die Immunschwäche **Aids** (Acquired Immune Deficiency Syndrome) mehr ist. Am 6. Juni rüttelt der *Spiegel* mit seiner Titelgeschichte *Tödliche Seuche AIDS – Die rätselhafte Krankheit* Bevölkerung und Politik auf. Zu diesem Zeitpunkt gibt es in Deutschland 23 Aids-Fälle, rund 70 weitere Verdachtsfälle und sechs Aids-Tote. Weltweit wurden knapp 1500 Fälle registriert, immer noch vor allem bei homosexuellen Männern. Doch das Bundesgesundheitsamt warnt: „Das ist nur die Spitze des Eisbergs." Auch der *Spiegel* prophezeit eine drastische Zunahme und wirft die Frage auf, ob auch Heterosexuelle, Frauen

➲ Die berüchtigte Gewissensprüfung für Wehr-dienstverweigerer wird abgeschafft, die Zivil-dienstzeit jedoch auf 20 Monate verlängert

➲ Ausgelöst durch den Film *Die weiße Rose* von Michael Verhoeven löscht das Bundesjustiz-ministerium alle noch bestehenden Unrechts-urteile der NS-Zeit aus dem Strafregister

➲ Ein Grünen-Politiker legt sein Amt nieder, nach-dem sich drei Frauen der Fraktion in einem Flug-blatt über sein sexistisches Verhalten beschwert haben. Der Fall löst eine Debatte über sexuelle Belästigung aus

➲ Die Bundespost beginnt mit der bundesweiten Einführung von Bildschirmtext (BTX)

➲ Zwei ehemalige CSU-Abgeordnete gründen in München die rechtsgerichtete Partei der Re-publikaner

Ende Oktober ruft die Friedensbewegung zur **Aktionswoche** auf. Jeden Tag wird eine andere Bevölkerungsgruppe für den Protest aktiviert, unter anderem Schüler, Frauen und Christen. Der Höhepunkt ist eine 108 Kilometer lange Friedenskette, die etwa 200.000 Men-schen am 22. Oktober zwischen Neu-Ulm und Stuttgart bilden. Gleichzeitig findet eine Groß-kundgebung in Bonn statt. Insgesamt äußern in dieser Woche rund 1,5 Millionen Menschen – weitgehend friedlich – ihren Protest. Parallel finden auch in anderen europäischen Städten wie Rom, London, Brüssel oder Wien Veranstal-tungen mit hunderttausenden von Teilnehmern statt.

Der Bundestag jedoch beschließt, gegen die Stimmen von SPD und Grünen am NATO-Doppel-beschluss festzuhalten. Am 25. November tref-fen die ersten von über 100 Pershing-II-Raketen in Mutlangen ein.

und Kinder gefährdet seien. Am 13. Juni setzt das Bundesgesundheitsamt eine Expertengruppe von 15 Professoren zur Erforschung der Krank-heit ein.

Die Raketen kommen

Der **NATO-Doppelbeschluss** tritt in Kraft. Im Herbst sollen die ersten atomaren Mittel-streckenraketen in Deutschland stationiert wer-den. Das US-Militärdepot in Mutlangen ist als Standort vorgesehen. Rund 1000 Rüstungs-gegner, darunter zahlreiche Prominente wie der Schriftsteller **Heinrich Böll** (1917–85), blockie-ren deshalb Anfang September drei Tage lang das Tor der Militärbasis. Parallel finden im Bundesgebiet rund 100 andere Protestveranstal-tungen statt.

Trotz Verbots nehmen Bundeswehrsoldaten in Uniform am 22.10.1983 an der Großkundgebung im Bonner Hofgarten teil und demonstrieren mit einem Transparent und einer Pershing-II-Attrappe gegen die NATO-Rüstung

Eine Schulklasse bei einem Ausflug auf dem „Waldfriedhof" zwischen toten Bäumen, aufgenommen im August 1983 bei Altenau im Kreis Goslar

Das Waldsterben

Der schlechte Zustand des deutschen Walds löst Ängste und Ratlosigkeit aus. Der **Waldschadensbericht** der Bundesregierung stellt fest, dass sich die Schäden im Vergleich zum Vorjahr vervierfacht haben. Langsam zeigt sich auch, dass nicht nur einzelne Bäume, sondern das gesamte ökologische System des Walds in Mitleidenschaft gezogen sind. Als einer der Hauptverursacher der Schäden wird das **Schwefeloxid** aus Verbrennungsanlagen ausgemacht, das in die Luft steigt und dann in Form von schwefliger Säure abgeregnet wird. Um den **sauren Regen** einzudämmen, beschließt die Bundesregierung eine neue Verordnung für Großfeueranlagen. Die Abgase müssen in Zukunft entschwefelt werden und auch für die anderen Schadstoffe gelten Grenzwerte. Als 1984 bereits die Hälfte aller Bäume schwere Schäden aufweist, wird der TÜV mit einem Großversuch zu Tempo 100 auf den Autobahnen beauftragt. Der Widerstand der Automobilindustrie und vieler Privatleute gegen

ein allgemeines Tempolimit ist jedoch groß. 1985 entscheidet sich die Regierung gegen eine Einführung. Der Test habe weniger Stickoxid-Einsparungen ergeben, als zunächst angenommen, ist die Begründung. Allerdings hatten sich auch nur 30 Prozent der Fahrer an das Tempolimit gehalten. Viele Menschen jedoch schließen sich der freiwilligen Aktion „Tempo 100 – dem Wald zuliebe" an und dokumentieren ihre Absicht mit Aufklebern auf ihren Autos.

Bleifreies Benzin

Nach Erhebungen von 1980 entstehen von über 4500 Tonnen giftigen Blei-Emissionen jährlich allein 3200 durch den Kraftverkehr. Die

Umweltschützer fordern deshalb die Einführung von **bleifreiem Benzin**. Doch Bundesinnenminister **Friedrich Zimmermann** (geb. 1925) tut den Vorstoß als weltfremd ab und malt aus, dass sich deutsche Autofahrer dann nicht mehr ins Ausland wagen könnten. Doch es stellt sich heraus, dass sowohl der ADAC als auch die Automobilindustrie die Umrüstung befürworten und auch alle EG-Länder außer Italien und Frankreich mitziehen würden. Am 25. Juli beschließt der Bundestag deshalb, dass bis 1986 alle deutschen Tankstellen bleifreies Benzin anbieten müssen und Neuwagen dann nur noch mit **Katalysator** ausgeliefert werden dürfen. Am 7. November nimmt Zimmermann in München die erste öffentliche Zapfsäule für bleifreies Benzin in Betrieb.

Skandal um die Hitlertagebücher

Am 25. April kündigt das Magazin *stern* eine Sensation an: Die geheimen Tagebücher von **Adolf Hitler** (1889–1945) seien gefunden worden. Angeblich stammen sie aus einem Flugzeug mit Unterlagen aus dem Hitler-Bunker, das in den letzten Kriegstagen in Ostdeutschland abgestürzt ist. Der *stern*-Reporter **Gerd Heidemann** (geb. 1931), ein begeisterter Sammler von Militaria, bekommt die Bände von **Konrad Kujau** (1938–2000) angeboten, der sie angeblich von seinem Bruder aus der DDR erhalten hat. In der Chefredaktion des *stern* beschließt man, auf eine Überprüfung zu verzichten, um die journalistische Sensation nicht vorzeitig auffliegen zu lassen. Insgesamt werden 60 Bände für fast zehn Millionen Mark angekauft.

Als der *stern* jedoch mit dem Abdruck beginnt, sind die Leser enttäuscht über die Banalität der Tagebuchaufzeichnungen, die Experten misstrauisch. Schließlich beugt sich die Redaktion dem wachsenden Druck und lässt die Tagebücher untersuchen. Am 5. Mai erklären die Gutachter sie alle für Fälschungen. Neun Tage später wird Kujau festgenommen. Er hat die Tagebücher mit alten DDR-Schulkladden gefälscht, die er mit Teeflecken vergilbte. Allerdings hat er sich große Mühe gegeben, die Handschrift Hitlers nachzuahmen und Aufzeichnungen studiert, um glaubhafte Inhalte zu konstruieren.

stern-Chefredakteur **Henri Nannen** (1913–96) muss zurücktreten, neben Kujau wird auch Heidemann wegen Betrugs verurteilt. 1992 persifliert **Helmut Dietl** (geb. 1944) die ganze Affäre in seinem Film *Schtonk!*, in dem **Götz George** (geb. 1938) Heidemann und **Uwe Ochsenknecht** (geb. 1956) Kujau spielt.

Hitler-Tagebücher: Gerd Heidemann präsentiert auf der Pressekonferenz des Hamburger Magazins *stern* am 25.4. die vermeintlichen Dokumente

Der Sprayer von Zürich

Können **Graffitis** Kunst sein? Für die meisten Menschen sind die Zeichnungen an Wänden, Mauern oder Zügen ein wachsendes Ärgernis. Doch im Laufe der 70er-Jahre sind die illegalen Bildwerke immer aufwändiger und kunstvoller geworden und die Sympathisanten nehmen zu. Insbesondere die Strichmännchen des **Sprayers von Zürich**, des Schweizers **Harald Naegeli** (geb. 1939), gelten vielen Menschen inzwischen als Kunstwerke. Als Naegeli am 28. August in Puttgarden festgenommen wird, entspinnt sich deshalb eine lebhafte Diskussion, ob er – gemäß einem internationalen Haftbefehl – an die Schweiz ausgeliefert werden soll, wo er zu neun Monaten Haft und einer Geldstrafe von über 100.000 Franken wegen Sachbeschädigung in mehr als 180 Fällen verurteilt worden war. Vor allem **Joseph Beuys** (1921–86) setzt sich vehement für den Kollegen ein. Die deutschen Behörden setzen Naegeli zunächst gegen eine Kaution auf freien Fuß, liefern ihn im April 1984 aber doch aus.

Harald Naegeli

- ⮑ Der HSV gewinnt durch ein Tor von Felix Magath mit 1:0 gegen den favorisierten Club Juventus Turin den Europapokal der Landesmeister, den Vorläuferwettbewerb der Champions League. Zehn Tage später verteidigt er auch den deutschen Meistertitel

- ⮑ Der Physiker Ulf Merbold nimmt als erster Bundesbürger an einem Flug der Weltraumfähre Columbia teil

- ⮑ Auf der Internationalen Funkausstellung in Berlin wird die Compact Disc vorgestellt

- ⮑ *Der Name der Rose* von Umberto Eco, *Allah ist mit den Standhaften* von Peter Scholl-Latour und *Frieden ist möglich* von Franz Alt führen die Bestseller-Listen an

- ⮑ Der amerikanische Film *Flashdance* macht auch in Deutschland den Breakdance populär

Sonderzug nach Pankow

Die Selbsteinladung kam in Berlin nicht gut an: „Entschuldigen Sie, ist das der Sonderzug nach Pankow? Ich muss da mal eben hin, mal eben nach Ostberlin. Ich muss da was klären, mit eurem Oberindianer. Ich bin ein Jodeltalent und will da spielen mit ’ner Band." Und: „Erich, ey, bist du denn wirklich so ein sturer Schrat, warum lässt du mich nicht singen im Arbeiter- und Bauernstaat?" Umso überraschender ist es, als Rockmusiker **Udo Lindenberg** (geb. 1946) am 25. Oktober im Rahmen eines von der **FDJ** (Freien Deutschen Jugend) veranstalteten Musikabends gegen den Nato-Doppelbeschluss im Ostberliner Palast der Republik auftreten darf. Doch während im Saal handverlesene FDJ-Vertreter lauschen, warten die wahren Lindenberg-Fans, die aus der ganzen DDR angereist sind, vor dem Gebäude, um auch nur einen kurzen Blick auf ihr Idol zu erhaschen. Außer Lindenberg planen aber auch die Bands Spider Murphy Gang, BAP und Nena Tourneen in Ostdeutschland. Lindenbergs Verhältnis zu **Erich Honecker** (1912–94) jedoch bleibt speziell. Als der Sänger 1987 in einem Brief an Honecker das Verhalten von DDR-Sicherheitskräften kritisiert, die Jugendliche, die in der Nähe der Mauer ein David-Bowie-Konzert vor dem Reichstag hatten verfolgen wollen, mit Schlagstöcken auseinander getrieben hatten, schenkt Honecker dem Rocksänger darauf eine Schalmei. Lindenberg revanchiert sich mit einer Lederjacke.

Nena

Die Sängerin **Nena** (Gabriele Susanne Kerner, geb. 1960) wird zum Star der deutschen Musikszene. Ihr Hit *99 Luftballons* hält sich 23 Wochen an der Spitze der Charts und wird mit Platin ausgezeichnet. 1984 wird er als erster deutschsprachiger Song überhaupt auch Spitzenreiter der amerikanischen Charts. Danach folgen Spitzenplätze in Japan, Mexiko, Neuseeland, Kanada und Australien. Außerdem ist Nena im Kino in der Komödie *Gib Gas, ich will Spaß* zu sehen. Die Zeitschrift *Bunte* erklärt sie zum „neuen deutschen Mädchen". Anderswo wird die Sängerin, die immer in bunten, schrägen Klamotten auftritt, als „Mick Jaggers kleine Schwester" bezeichnet. Die *99 Luftballons* über Kampfflieger, die harmlosen Luftballons nachjagen, sind zwar eine Satire gegen Militanz, aber doch vor allem fetzig und harmlos. In der bunten Jugendbewegung der 80er verkörpert Nena den neuen Trend von „Fun" und Discomusik.

Nena und Udo Lindenberg

Der Albatros räumt ab

Bei den Schwimm-Europameisterschaften in Rom vom 20.–27. August gewinnt „Albatros" **Michael Groß** (geb. 1964) vier Goldmedaillen und einmal Silber. Über 200 Meter Freistil, 200 Meter Schmetterling und mit der 4 x 200-Meter-Freistilstaffel stellt er neue Weltrekorde auf. Über 200 Meter Freistil verbessert er dabei seinen eigenen Weltrekord, den er erst im Juni aufgestellt hatte. Für den Deutschen Schwimmverband (DSV) reicht es in Rom zu Platz drei in der Nationenwertung hinter der DDR und der Sowjetunion.

Bereits im Vorjahr hatte Groß bei der Weltmeisterschaft in Ecuador vier Medaillen gewonnen: zwei goldene über 200 Meter Freistil und 200 Meter Schmetterling, eine silberne und eine bronzene.

Neue Sender

Am 1. Januar nimmt aus seinem Kellerstudio in Ludwigshafen der Sender PKS, das spätere **SAT.1**, den Sendebetrieb auf. Einen Tag später geht Radio Luxemburg mit **RTL Plus** auf Sendung. Vorerst allerdings nur im Rahmen eines Pilotprojekts in Ludwigshafen. Neue Techniken wie Kupfer-Koaxial-Kabel und Satelliten ermöglichen es, weit mehr Programme auszustrahlen als die bis dahin üblichen drei. Doch die neuen Chancen erwecken auch Begehrlichkeiten. Verlage, Medienkonzerne und Verbände fordern, dass das bisherige Monopol der öffentlich-rechtlichen Rundfunkanstalten nun aufgehoben wird. Während auch die Union für eine Einführung von privatem Fernsehen und Hörfunk ist, äußert die SPD schwere Bedenken. Sie fürchtet, dass der Einfluss rein kommerzieller Interessen, die nicht von einem Rundfunkrat kontrolliert werden, einen negativen Einfluss auf die Meinungsvielfalt haben könnte. Insgesamt werden vier Pilotprojekte gestartet, die zunächst jedoch nur schleppend in Gang kommen. Weniger Menschen als erwartet leisten sich die hohen Anschlussgebüh-

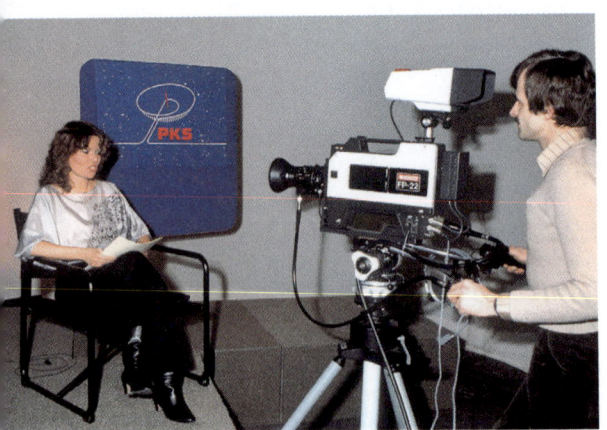

PKS-Ansagerin Irene Jost im Studio

ren. Kritisiert wird auch, dass die Post für 13,5 Milliarden Mark Kupferkabel verlegt, obwohl schon absehbar ist, dass sie 1990 gegen die besseren, aber derzeit noch nicht serienreifen Glasfaserkabel ausgetauscht werden sollen.

Flucht in die Botschaften

Im Januar können sechs DDR-Bürger, die in der Botschaft der USA um Asyl nachgesucht haben, nach langen Verhandlungen ausreisen. Prompt fliehen einige hundert Menschen in die deutschen Botschaften in Prag, Warschau, Budapest und die Ständige Vertretung in Ostberlin. Im Sommer müssen diese wegen **Überfüllung** geschlossen werden. In Prag treten im Dezember 40 der 150 Flüchtlinge in den **Hungerstreik**. Als die DDR-Behörden ihnen Straffreiheit und eine wohlwollende Prüfung ihrer Ausreiseanträge zusagt, kehren sie schließlich zurück. Die Bundesregierung reagiert eher zurückhaltend. Man wolle die DDR nicht entvölkern, sondern lieber bessere Besuchsregelungen vereinbaren, heißt es. Auch die bundesdeutsche Bevölkerung steht den Ausreisewilligen nicht unbedingt positiv gegenüber. „Die nehmen uns nur die Arbeitsplätze weg", heißt es teilweise sogar.

Bußgeld für Gurtmuffel

Eigentlich ist es schon seit 1976 Vorschrift, dass sich Fahrer und Beifahrer im Auto anzuschnallen haben. Doch bislang sind Verstöße nicht geahndet worden. Auch teure Werbekampagnen mit dem Slogan **Erst gurten, dann starten** ließen die Anzahl der **Gurtmuffel** nicht eben geringer werden. In der Innenstadt, wo sich statistisch die meisten Unfälle ereignen, tragen nicht einmal 50 Prozent auf den Vordersitzen einen Sicherheitsgurt. Auf den Autobahnen sind es immerhin knapp 80 Prozent – die Tendenz ist jedoch sinkend. Dafür steigt die Zahl der Verkehrstoten. Deshalb beschließt die Regierung, die „Nichtgurter" jetzt zur Kasse zu bitten. Zwischen dem 1. August und dem 1. September führen alle Bundesländer ein Bußgeld von 40 Mark ein. Wissenschaftliche Untersuchungen rechnen damit, dass so bis zu 2000 Menschenleben pro Jahr gerettet werden können. Am 1. Juli 1986 wird auch auf den Rücksitzen die Gurtpflicht eingeführt.

Mit einem eigens entworfenen Zeichen erinnert eine Blechwarenfabrik ihre Mitarbeiter daran, vor dem Verlassen des Parkplatzes den Sicherheitsgurt anzulegen

AUCH DAS GESCHIEHT IN DER POLITIK

- ⊃ Die umstrittene Startbahn West des Frankfurter Flughafens wird in Betrieb genommen
- ⊃ Richard von Weizsäcker wird mit 832 von 1018 Stimmen zum Bundespräsidenten gewählt
- ⊃ In Hessen tolerieren die Grünen eine SPD-Minderheitsregierung unter Holger Börner. Das Experiment scheitert jedoch schon bald, weil die Regierung der umstrittenen Hanauer Atomfabrik Nukem eine Teilgenehmigung geben will
- ⊃ Otto Graf Lambsdorff tritt wegen der Flick-Affäre als Wirtschaftsminister zurück. Im Oktober gibt auch Bundestagspräsident Rainer Barzel sein Amt auf, nachdem der Verdacht geäußert wurde, auch er habe über ein Anwaltsbüro von Flick Geld bekommen. Barzel erklärt jedoch, zwischen seinem Honorar von der Kanzlei und den Flick-Zahlungen gebe es keinen Zusammenhang
- ⊃ Bei der Bundestagsdebatte über den Flick-Skandal wird der Grüne Jürgen Reents von Bundestagsvizepräsident Richard Stücklen ausgeschlossen, weil er behauptet, Helmut Kohls politischer Weg sei von Flick freigekauft worden. Sein Parteifreund Joschka Fischer reagiert mit der Beschimpfung „Mit Verlaub, Herr Präsident, Sie sind ein Arschloch" und wird ebenfalls für zwei Tage verbannt

Kießling-Affäre

Urplötzlich wird der stellvertretende Nato-Oberbefehlshaber General **Günter Kießling** (geb. 1925) in den vorzeitigen Ruhestand versetzt. Die Erklärungen von Bundesverteidigungsminister **Manfred Wörner** (1934–94) wechseln. Erst ist von einer Erkrankung des Generals die Rede, dann von ständigen Reibereien mit anderen hohen Offizieren. Auf Druck der Öffentlichkeit erklärt Wörner am 12. Januar schließlich, Kießling sei wegen Homosexualität zum Sicherheitsrisiko geworden. Kießling weist die Behauptungen zurück und schnell wird ruchbar, dass sich Wörner blindlings auf einen Bericht des Militärischen Abwehrdienstes (MAD) verlassen hat, der behauptet, Kießling hätte Kontakte zur Stricher-Szene. Bei genauerer Überprüfung erweisen sich die angeblich eindeutigen Beweise als wenig stichhaltig. Kießling wird wieder in den

Dienst aufgenommen und am 26. März auf eigenen Wunsch mit allen militärischen Ehren verabschiedet. Der für den MAD zuständige Staatssekretär wird „aus gesundheitlichen Gründen" vorzeitig pensioniert, während Verteidigungsminister Wörner trotz Rücktrittsforderungen der Opposition im Amt bleibt.

General Günter Kießling

Streik für die 35-Stunden-Woche

Im Mai geht in der deutschen Autoindustrie gar nichts mehr. Durch gezielte **Bestreikung** von Zulieferbetrieben wird die ganze Branche lahm gelegt. Es tobt einer der längsten und härtesten Arbeitskämpfe in der Geschichte der Bundesrepublik. Ziel ist die Einführung der **35-Stunden-Woche**. Die Gewerkschaften erhoffen sich davon Neueinstellungen und familienfreundlichere Arbeitsbedingungen. Nach Berechnungen des Deutschen Gewerkschaftsbundes (DGB) wird es 1990 sechs bis acht Millionen Arbeitslose geben, eine Zahl, von der man glaubt, sie durch die 35-Stunden-Woche um 1,5 Millionen verringern zu können. Allerdings beharrt man auf vollem Lohnausgleich. Die Arbeitgeber dagegen argumentieren mit steigenden Lohnstückkosten, die dann nicht mehr international konkurrenzfähig wären. Auf den Streik reagieren sie mit Aussperrungen. Anfang Juli einigt man sich dann auf eine Regelarbeitszeit von 38,5 Stunden. Mit einem ähnlichen Kompromiss endet auch der Arbeitskampf in der Druckindustrie.

BTX geknackt

Seit 1983 bietet die Deutsche Post einen modernen **Online-Dienst** an. Über die Telefonleitung und ein spezielles Modem können sich die Nutzer Informationsseiten auf ihren Bildschirm holen. Streng geschützte Passwörter sollen die Verwendung der Bildschirmtexte sicher machen. Doch die **Hacker** des Chaos Computer Clubs (CCC) zeigen immer wieder, dass das hoch gelobte **BTX**-System Schwächen hat. Am 24. November landen sie ihren größten Coup. Sie haben festgestellt, dass man eine Anbieterseite durch Datenüberlastung so ins Flimmern bringen kann, dass fremde Inhalte, darunter auch hochsensible Daten, über den Bildschirm huschen. So beschaffen sich die Hacker den BTX-Zugangscode einer Bank und lassen diese alle drei Sekunden eine zehn Mark teure Nonsens-Seite des CCC anwählen. Im Laufe eines Wochenendes kommen so 135.000 Mark zusammen. Die Post

HORROR AUF VIDEO

Sind Horror-Videos wie *Das Kettensägenmassaker* und *Großangriff der Zombies* schuld an der zunehmenden Gewalt auf deutschen Schulhöfen? Unter den Grundschülern werden die Titel jedenfalls fleißig getauscht und manche Kinder sind regelrecht wild nach immer noch sadistischeren Massakern. Entsetzte Eltern fordern, dass solche Machwerke verboten werden, die Videotheken behaupten, sie würden sich an Altersgrenzen halten, und geben nachlässigen Eltern die Schuld und die Boulevardpresse fragt bei passenden Gelegenheiten „Menschenfleisch in Dosen – war's ein Videokannibale?" Zwar machen die Horrorfilme nur gut sechs Prozent der gesamten Video-Produktion aus, doch unter den zwölf am häufigsten verliehenen Filmen sind sieben Gewalttitel.

DIE MIKROWELLE

In Japan hat bereits jeder zweite Haushalt eine Mikrowelle, in den USA wurden im vergangenen Jahr sechs Millionen Geräte verkauft und auch in Deutschland sind sie schon seit sieben Jahren auf dem Markt. Doch der Absatz war mit 100.000 Stück bisher eher schleppend. Aber langsam zeichnet sich in den deutschen Küchen eine Trendwende ab. Die Industrie wirbt mit der Zeitersparnis für die moderne, berufstätige Frau und dem Energiesparargument. Doch viele Verbraucher schreckt noch die Tatsache, dass das Gerät mit Strahlung arbeitet. Auch die Tatsache, dass die Mikrowelle keine leckeren, braunen Krusten produziert, wird als echter Mangel empfunden.

reagiert nicht gerade erfreut, als ihr die Hacker den spektakulären Einbruch melden, hat doch BTX wegen der hohen Hardwarekosten sowieso schon Akzeptanzprobleme in der Bevölkerung.

Bubi Scholz erschießt seine Frau

Am 23. Juli wird der populäre frühere Boxchampion **Gustav Scholz** (1930–2000) unter dem dringenden Verdacht festgenommen, seine Frau erschossen zu haben. Es stellt sich heraus, dass Bubi Scholz betrunken und unter Medikamenten stehend mit einem Kleinkalibergewehr durch die Tür der Gästetoilette geballert und dabei seine Frau Helga tödlich getroffen hat. Er wird wegen fahrlässiger Tötung und unerlaubtem Waffenbesitz zu drei Jahren Haft verurteilt. Scholz war 1951 und 1952 Deutscher Meister im Weltergewicht. Danach musste er seine Karriere wegen Lungentuberkulose unterbrechen. 1957 stieg er gegen den Rat der Ärzte wieder in den Ring, wurde Deutscher Meister und Europameister. In 96 Profikämpfen erlitt er nur zwei Punktniederlagen, darunter war jedoch 1962 ein Kampf um die Weltmeisterschaft im Halbschwergewicht. Nachdem er 1965 seine Karriere beendet hatte, fing Scholz an zu trinken und litt an schweren Depressionen, die mit aggressiven Schüben einhergingen. Nach dem Tod seiner Frau versucht er zweimal, sich umzubringen, stirbt aber schließlich, an Alzheimer erkrankt, in einem Berliner Altersheim.

Bubi Scholz mit seiner ersten Ehefrau Helga, aufgenommen im Februar 1981 in ihrer Berliner Wohnung

Jahrhunderthagel

Der 12. Juli ist im Süden Deutschlands ein sonniger, warmer Tag – bis kurz vor 20 Uhr die Temperaturen schlagartig innerhalb weniger Minuten um zehn Grad sinken. Ein von Westen hereinziehendes **Unwettergebiet** trifft auf die feuchte, warme Luft, die über der Stadt München liegt. Über die überraschte Bevölkerung bricht das schwerste **Hagelunwetter** seit Menschengedenken herein. Bis zu tennisballgroße **Eisklumpen** prasseln vom Himmel. Fünf bis sechs Zentimeter Durchmesser ist der Durchschnitt, bis zu 9,5 Zentimeter sind nachgewiesen, doch auch von fast 15 Zentimetern wird berichtet. 20 bis 30 Minuten dauern die Hagelschauer in etwa, doch vor allem im Osten der Stadt ist er von Wolkenbrüchen und orkanartigem Wind begleitet, sodass das Unwetter insgesamt 2,5 Stunden über der Stadt tobt. Danach bedeckt eine bis zu 20 Zentimeter dicke Hagelschicht die Straßen, die erst am Morgen vollständig wegtaut. Unzählige Fensterscheiben werden zerschlagen, Autos und Flugzeuge zerbeult. Noch einige Jahre nach dem Unwetter sieht man gelegentlich Autos, die mit den charakteristischen Dellen übersät sind. Gärten und Felder werden total verwüstet. Im Osten Münchens kommen abgedeckte Dächer und überflutete Keller hinzu. Todesopfer gibt es nicht, aber 300 Menschen werden zum Teil schwer verletzt. Der Sachschaden wird auf drei Milliarden Mark geschätzt.

Filmplakat

WAS SONST NOCH GESCHIEHT

- ⮑ Das Orwelljahr 1984 forciert die Debatte um den Datenschutz
- ⮑ In Stuttgart wird die Neue Staatsgalerie von James Stirling eingeweiht, einer der herausragenden Bauten der Postmoderne in Deutschland
- ⮑ Karl-Heinz Rummenigge wechselt als bis dahin teuerster Spieler Europas gegen eine Ablösesumme von 13 Millionen Mark zu Inter Mailand
- ⮑ Rechtsradikale Skinheads greifen ein internationales Punker-Treffen in Hannover an. Vorher haben sie bundesweit zum Kampftag gegen die Punks aufgerufen
- ⮑ Ulrike Meyfarth und Michael Groß werden zum zweiten Mal hintereinander „Sportler des Jahres"
- ⮑ Georges J. F. Köhler erhält zusammen mit zwei weiteren Wissenschaftlern den Medizin-Nobelpreis für die Entwicklung einer Theorie über Aufbau und Funktion des Immunsystems

Fernsehserie
Heimat läuft an

Bei den Filmfestspielen in Venedig sorgt ein 15-stündiger Film über eine einfache Frau, die im Jahr 1900 in einem kleinen Dorf im Hunsrück geboren ist, für Furore. Im September läuft **Heimat** dann als elfteilige Fernsehserie in der ARD. Gezeigt wird, wie Maria Simon und ihre Familie die deutsche Geschichte von 1919–82 erleben – die Weimarer Republik, den Weg in den Faschismus, die Nazizeit, den Krieg, den Wiederaufbau und das Wirtschaftswunder. Viele der Schauspieler sind Laien, die ihren original Hunsrück-Dialekt sprechen. Die Presse feiert das Projekt, in das Regisseur **Edgar Reitz** (geb. 1932) viele Jahre Vorbereitungszeit investiert hat, als eine völlig neue Art Heimatfilm, ohne Verklärung, dafür mit dem Reiz des Alltäglichen. Die zweite Staffel, die

NEUE APPARATE

Allein die Geräte kosten vier Millionen Mark und die Installation eine weitere: Seit zwei Jahren sind die Röhren für Kernspin- beziehungsweise Magnetresonanztomografie (MRT) auf dem Markt und auch in deutschen Arztpraxen stehen die Ersten. Doch noch sind sich die Mediziner nicht sicher, welchen Nutzen die aufwändigen Apparate haben. Zwar ist die Begeisterung über die völlig neuen Einblicke in den menschlichen Körper groß, doch die Mediziner lernen erst langsam, diese nie gesehenen Bilder zu entziffern. Gerade die Tatsache, dass die Aufnahmen so detailliert sind, ist noch ein Problem. Bislang ist es vor allem gelungen, inoperable Hirntumore und Anzeichen für die ebenfalls unheilbare Multiple Sklerose zu entdecken. In einigen Jahren, so hofft man, werden die teuren Geräte auch für andere – therapierbare – Krankheitsbilder von Nutzen sein.

1992 fertig gestellt wird, ist den Studienjahren von Marias Sohn Herrmann zwischen 1960 und 1970 in München gewidmet. 2004 folgt eine dritte Staffel, die mit dem Fall der Mauer beginnt und mit der Jahrtausendwende endet.

Olympia in Sarajewo und Los Angeles

Die Bilanz der Deutschen bei den Olympischen Winterspielen in **Sarajewo** fällt mager aus. Eine Goldmedaille im Rodeldoppelsitzer der Herren und drei bei den Biathleten, die damit jedoch ihre bis dato in der Öffentlichkeit fast unbekannte Sportart ins Rampenlicht führen. Peter Angerer (geb. 1959) gewinnt über 20 Kilometer die Goldmedaille und über zehn Kilometer Silber. Die deutsche Staffel holt Bronze.

Die Bilanz der Sommerspiele in **Los Angeles** dagegen ist mit 59 Medaillen – darunter 17 goldene – die beste, die ein bundesdeutsches Team bis dahin erreicht hat. Allerdings haben mit Ausnahme von Rumänien alle Ostblockstaaten die Veranstaltung boykottiert. Die offizielle Begründung: Die Sicherheit der Sportler sei nicht gewährt.

Doch der mit Spannung erwartete Zweikampf zwischen dem deutschen Zehnkämpfer Jürgen Hingsen (geb. 1958), der noch am 9. Juni mit 8798 Punkten einen neuen Weltrekord aufgestellt hat, und seinem Dauerrivalen, dem Briten Daley Thompson (geb. 1958), geht nach einer regelrechten Psychoschlacht, bei der jede Geste der Kontrahenten von Presse und Publikum unter die Lupe genommen wird, zu Ungunsten des Deutschen aus. Obwohl Hingsen noch Silber und Siggi Wentz (geb. 1960) Bronze gewinnt, ist damit die deutsche Dominanz im Zehnkampf zu Ende, die erst von Guido Kratschmer (geb. 1953) und dann von Jürgen Hingsen mit immer neuen Weltrekorden zementiert worden war.

Olympische Spiele in Los Angeles: Einzug der Mannschaft aus der Bundesrepublik

Streit um Bitburg

Im Vorfeld seines Deutschland-Besuchs zum 40. Jahrestag des Kriegsendes vereinbart US-Präsident **Ronald Reagan** (1911–2004) mit Bundeskanzler **Helmut Kohl** (geb. 1930), auf einem Soldatenfriedhof zum Zeichen der Versöhnung einen Kranz niederzulegen. Es stellt sich jedoch heraus, dass es keinen Friedhof gibt, auf dem Deutsche und Amerikaner begraben sind. Als man stattdessen den rein deutschen Soldatenfriedhof **Bitburg** wählt, reagiert ein Teil der US-Öffentlichkeit empört. Dadurch fühlen sich wieder viele Deutsche angegriffen, die den Amerikanern vorwerfen, deutsche Soldaten grundsätzlich als NS-Schergen zu sehen. Die Auseinandersetzungen diesseits und jenseits des Atlantiks spitzen sich zu, als bekannt wird, dass in Bitburg auch 49 Gefallene der Waffen-SS begraben sind. Obwohl eine Mehrheit der Deutschen die Zeremonie als geschmacklos empfindet, hält Kohl hartnäckig an dem Besuch in Bitburg fest. Seine Kompromissgeste, mit Reagan auch noch das ehemalige Konzentrationslager Bergen-Belsen zu besuchen, macht den Image-Schaden nicht wett. Zentrale Organisationen der Juden sowie der Sinti und Roma schlagen eine Einladung zur Kranzniederlegung aus. Protestierende Juden werden von der Polizei gewaltsam vom KZ-Gelände entfernt.

Weizsäcker zum 8. Mai

Auf einer gemeinsamen Veranstaltung von Bundestag und Bundesrat anlässlich des 40. Jahrestages der deutschen **Kapitulation** hält Bundespräsident **Richard von Weizsäcker** (geb. 1920) eine auch international viel beachtete Gedenkrede. Er stellt dabei erstmals klar fest: „Der 8. Mai war ein Tag der Befreiung". Die Ursache für Flucht, Vertreibung und Unfreiheit, die nach dem 8. Mai folgten, habe nicht im Ende, sondern im Anfang des Kriegs ihren Grund gehabt. Die schlesische Landsmannschaft allerdings greift Weizsäcker in ihrem Verbandsorgan *Der Schlesier* massiv an. Außerdem finden sich Spekulationen über einen Angriff auf die Sowjetunion in dem Blatt. Als Bundeskanzler **Helmut Kohl** (geb. 1930) trotzdem im Juni am Deutschlandtreffen der Schlesier teilnimmt, stößt das in der Öffentlichkeit auf breite Kritik. Immer stärker wird die **Kluft** zwischen Kohl und Weizsäcker in der Öffentlichkeit thematisiert. Bereits zu Anfang des Jahres war Weizsäcker in der Presse öfters bescheinigt worden, er sei „stark da, wo der Kanzler Schwächen hat". Die Rede des Bundespräsidenten im Vergleich zu Kohls paralleler Taktlosigkeit in Bitburg verschärft den Konflikt nochmals. Laut einer ZDF-Umfrage sinkt die Zu-

Richard von Weizsäcker spricht zum 40. Jahrestag des Kriegsendes

WAS SONST NOCH GESCHIEHT

- Private Sternengucker und Wissenschaftler verfolgen den Halleyschen Kometen, der alle 76 Jahre das Sonnensystem durchquert
- Der Vorstandsvorsitzende der Motoren- und Turbinen-Union (MTU), Ernst Zimmermann, wird in Gauting bei München von einem Kommando der RAF erschossen
- Markus Wasmeier wird Weltmeister im Riesenslalom
- Bernhard Langer gewinnt als erster Deutscher Golf Masters Turnier in den USA
- Ein Kongress in Jerusalem löst eine Suche nach dem berüchtigten KZ-Arzt Josef Mengele aus. Es stellt sich heraus, dass Mengele bereits 1979 in Brasilien ertrunken ist und unter falschem Namen beerdigt wurde
- Bei einer Anti-NPD-Demonstration in Frankfurt/Main wird ein Sozialarbeiter von einem Wasserwerfer der Polizei überrollt und getötet. In den folgenden Tagen kommt es daraufhin in mehreren Städten zu gewalttätigen Ausschreitungen
- Die amerikanische Raumfähre Challenger startet zum ersten Mal unter deutscher Leitung. Mit an Bord sind die deutschen Wissenschaftsastronauten Reinhard Furrer und Ernst Messerschmidt
- Der Direktor des Stuttgarter Max-Planck-Instituts, Klaus v. Klitzing, erhält den Physik-Nobelpreis für die Entdeckung eines Effekts, der es erlaubt, die physikalische Einheit für den elektrischen Widerstand zu eichen
- In Hamburg jagt eine Gruppe von Skinheads den 26-jährigen Türken Ramazan Avci vor ein Auto und prügelt den angefahrenen, hilflos auf dem Boden liegenden Mann anschließend zu Tode. Die Tat löst eine Debatte über die Gewalt gegen Ausländer aus

stimmung für Kohl vom Januar bis zum Mai von 0,7 auf 0,1 auf einer Skala von −5 bis +5. Der *Spiegel* fragt offen: „Stürzt Kohl im Herbst?"

Frauenministerin Süssmuth

Deutschland bekommt eine **Frauenministerin**. Am 26. September löst die bis dahin weit gehend unbekannte Dortmunder Pädagogikprofessorin **Rita Süssmuth** (geb. 1937) **Heiner Geißler** (geb. 1930), den **Kohl** (geb. 1930) als Generalsekretär für den nächsten Bundestagswahlkampf zur Verfügung haben möchte, an der Spitze des Gesundheits- und Familienministeriums ab. Gleichzeitig wird ihr Ressort um den Fachbereich Frauen erweitert. Die Ernennung wird in der Partei gespalten aufgenommen. Während die liberaleren die Entscheidung begrüßen, ist den konservativeren eine Ministerin, die sich als Feministin sieht, die Vereinbarkeit von Beruf und Kindern fordert und die Institution Familie nicht nur verherrlicht, ein Dorn im Auge. In der Öffentlichkeit fragt man sich, wie lange sich die Wissenschaftlerin, die über keine Hausmacht in der Partei verfügt, wird halten können.

Die Bundesministerin für Jugend, Familie und Gesundheit, Rita Süssmuth, aufgenommen am 6.11.1985 in ihrem Haus in Neuss

Rot-grün in Hessen

„Mit denen nie wieder", hatte der ehemalige hessische Ministerpräsident **Holger Börner** (SPD, 1931–2006) nach dem Scheitern der von den Grünen tolerierten Minderheitsregierung in Hessen erklärt. Doch nach den Landtagswahlen und mehr als dreiwöchigen Verhandlungen entschließen sich beide Partner, eine Koalition zu bilden. Denn vor allem für die hessische SPD-Basis sind die Grünen im Gegensatz zu CDU und FDP das kleinere Übel. Die CDU sagt eine Abwanderung der Industrie voraus, Boulevardzeitungen titeln „Angst um Hessen". Im Mittelpunkt des Interesses steht der künftige Umweltminister **Joschka Fischer** (geb. 1948), „einer, der aussieht wie die Typen, die dem Ruhrpott-Schläger Schimanski Spitzeldienste leisten", so der *Spiegel*, und dessen Telefon noch vor zwei Jahren vom Generalbundesanwalt abgehört worden war. Zur Vereidigung jedoch macht sich Fischer mit Hemd, Sakko und 150 Mark teuren weißen Turnschuhen, die heute im Museum für Deutsche Geschichte stehen, vergleichsweise fein.

DAS SIND DIE TOPHITS DES JAHRES

- *You're My Heart You're My Soul* – Modern Talking
- *Live Is Life* – Opus
- *Rock Me Amadeus* – Falco
- *Maria Magdalena* – Sandra
- *19* – Paul Hardcastle
- *The Power Of Love* – Jennifer Rush
- *I Know Him So Well* – Elaine Paige und Barbara Dickson
- *Into The Groove* – Madonna
- *Frankie* – Sister Sledge
- *Careless Whisper* – Wham! feat. George Michael

Hansjoachim Tiedge

Spionageskandal um Hansjoachim Tiedge

Erst verschwinden zwei Bonner Sekretärinnen, was noch für Witzeleien unter den Politikern sorgt, obwohl schnell der Verdacht aufkommt, dass die beiden Agentinnen der DDR gewesen seien. Doch dann muss das Bundesamt für Verfassungsschutz am 22. August bekannt geben, dass **Hansjoachim Tiedge** (geb. 1937) spurlos verschwunden ist. Tiedge war beim Bundesnachrichtendienst (BND) für die Abwehr der DDR-Spionage zuständig. Als einen Tag später der DDR-Nachrichtendienst ADN den **Übertritt** Tiedges bekannt gibt, ist der Skandal perfekt. Denn Tiedge weiß über die Methoden der bundesdeutschen Gegenspionage und alle Operationen in der DDR im Detail Bescheid. Außerdem kann er die teils von ihm selbst angeworbenen Agenten im Osten den Behörden ausliefern. Einer der Männer wird später tot aufgefunden. Zudem wird schnell bekannt, dass Tiedge schon lange wegen Alkoholproblemen und Schulden als unzuverlässig gegolten hat. Der Chef des BND muss zurücktreten. Die Opposition fordert auch die Ablösung von Innenminister **Friedrich Zimmermann** (geb. 1925), kann sich damit aber nicht durchsetzen. Außer Tiedge setzen sich im August und September noch fünf andere Bonner Beamte in die DDR ab, darunter Sekretärinnen des Kanzleramts und des Wirtschaftsministeriums.

Günter Wallraff als türkischer Gastarbeiter

Der Mann, der bei *Bild* Hans Esser war schlägt wieder zu. Getarnt mit einer schwarzen Perücke, einem gefärbten Schnurrbart und dunklen Kontaktlinsen erkundet der Enthüllungsjournalist Günter Wallraff (geb. 1942) diesmal als türkischer Leiharbeiter Ali Sigirlioglu die deutsche Wirklichkeit – den alltäglichen Rassismus, vor allem aber die Arbeitswelt der Illegalen. Von zwei Firmen werden er und seine Kollegen an teils nam-

Günter Wallraff

hafte deutsche Unternehmen verliehen, um dort – oftmals unter Umgehung der Sicherheitsvorschriften – die Arbeiten auszuführen, die der legal angestellten Belegschaft nicht zuzumuten sind. Wallraffs Reportage über seine Erlebnisse *Ganz unten* wird zum Bestseller. Innerhalb von zwei Wochen verkauft sich das Buch 600.000 Mal. Nach vier Monaten sind 1,8 Millionen Exemplare über den Ladentisch gegangen, der größte Bucherfolg der Nachkriegsgeschichte.

2,3 MILLIONEN ARBEITSLOSE

Auch unter der christlich-liberalen Regierung steigt die Arbeitslosigkeit stetig weiter. Am stärksten sind Jugendliche zwischen 20 und 25 Jahren betroffen, die vielleicht noch einen Ausbildungsplatz finden, jedoch nicht übernommen werden, wenn sie keine billigen Lehrlinge mehr sind. Besonders dramatisch ist die Situation weiterhin für Lehrer. Gewerkschaften schätzen, dass es etwa 60.000 arbeitslose Lehrer gibt. Die Angst der Politiker vor hohen Arbeitslosenzahlen jedoch verliert sich langsam. Es zeigt sich, dass von den unorganisierten Arbeitslosen kein allzu großes Konfliktpotenzial ausgeht. Noch steckt jedoch hinter der Erhöhung der Arbeitslosigkeit kein realer Verlust an Arbeitsplätzen. Die Zahl erhöht sich zwischen 1983 und 89 um 1,5 Millionen. Doch der Andrang der geburtenstarken Jahrgänge und der Frauen in den Arbeitsmarkt ist noch größer.

Die Teilzeitbeschäftigung steigt in den 80er-Jahren von 2,7 auf 3,4 Millionen, was jedoch deutlich unter der Zahl derer liegt, die eine Teilzeitstelle wünschen. Auch die Tarifverträge werden langsam flexibler. Auslöser dafür sind unter anderem die vielen kleinen Kollektive, Alternativbetriebe und Selbsthilfegruppen, die in der ersten Hälfte der 80er-Jahre gegründet wurden. Zwar bestanden viele nur kurze Zeit, gaben dem konventionellen Arbeitsmarkt aber einige Impulse.

Protest in Wackersdorf

Im Februar entscheidet sich die Deutsche Gesellschaft für die **Wiederaufbereitung** von Kernbrennstoffen, im oberpfälzischen **Wackersdorf** – und nicht im niedersächsischen Dragahn – eine Anlage zu bauen, in der aus abgebrannten Brennelementen der Kernkraftwerke unverbrauchtes Uran und Plutonium gewonnen wird. Kritiker sprechen von der „gefährlichsten Industrieanlage aller Zeiten", da aus dem gewonnenen Plutonium Atomwaffen hergestellt werden könnten. Außerdem würden die wiederaufbereiteten Abfälle zwölfmal so viel Radioaktivität abgeben, wie die abgebrannten Brennelemente, aus einer Wiederaufbereitungsanlage (WAA) entweiche sogar 3000-mal mehr Radioaktivität als aus einer Endlagerstätte. Zudem sei die Aufbereitung auch noch unwirtschaftlich. Als das bayerische Umweltministerium am 27. September die erste Teilerrichtungsgenehmigung erteilt, kündigt unter anderem der Bund Naturschutz „Widerstand mit allen zur Verfügung stehenden legalen Mitteln" einen „heißen Herbst" an. Am 12. Oktober kommt es in München zu den ersten großen Protesten mit zehntausenden von **Atomkraftgegnern**.

Die baden-württembergische Landesregierung dagegen entschließt sich im Dezember zum Verzicht auf den Bau des Atomkraftwerks in Whyl, obwohl das Bundesverfassungsgericht die Klage gegen den Bau zurückgewiesen hat.

Herbstmilch

Die Lebenserinnerungen einer niederbayerischen Bäuerin führen wochenlang die Bestseller-Listen an. In *Herbstmilch* erzählt **Anna Wimschneider** (1919–93), wie sie als Achtjährige Mutterersatz für ihre jüngeren Geschwister sein muss, wie ihr Mann elf Tage nach der Hochzeit eingezogen wird und sie ein hartes Leben unter der Fuchtel ihrer tyrannischen Schwiegermutter führt. Aufstehen um zwei Uhr früh gehört ebenso dazu wie die knochenharte Feldarbeit und die Versorgung von vier alten Leuten. Auf dem Tisch steht oft nur eine Suppe namens Herbstmilch. „Eine Sittengeschichte, wie man sie

Anna Wimschneider

sonst nur von fremden Völkern kennt", urteilen die Rezensenten und loben die knappe, unlakonische Sprache, mit der die 65-Jährige ohne in Klischees zu verfallen, das Grausige und Groteske ihres Lebens aufgeschrieben hat. Gedacht waren die Aufzeichnungen, die Anna Wimschneider in Sütterlinschrift in Schulhefte schrieb, ursprünglich für ihre Enkelin. 1988 wird *Herbstmilch* von **Joseph Vilsmaier** (geb. 1939) mit **Dana Vavrova** (geb. 1967) in der Hauptrolle verfilmt.

Schwarzwaldklinik und *Lindenstraße*

Zwei der erfolgreichsten deutschen Fernsehserien laufen an. Am 22. Oktober startet das ZDF die *Schwarzwaldklinik*. Die von der Presse als „Romanze in Mull" oder „Mullpunkt der deutschen Fernsehunterhaltung" verspottete Serie erreicht auf Anhieb Einschaltquoten von über 60 Prozent und lässt damit *Dallas*, den *Tatort* und die Spiele der Fußballnationalmannschaft locker hinter sich. Vor allem ältere Zuschauer begeistern sich für die Wehwehchen rund um Dr. Brinkmann (Klaus-Jürgen Wussow, 1929–2007) und Schwester Christa (Gabi Dohm, geb. 1943).

Weniger Erfolg hat erst einmal die am 8. Dezember von der ARD gestartete *Lindenstraße*.

Doch Produzent und Regisseur **Hans W. Geißendörfer** (geb. 1941) erklärt selbstbewusst „500, ja 1000" Folgen erreichen zu wollen. Die 150 Meter lange Kulissenstraße soll zu einem Mikrokosmos werden, in dem alle Typen vertreten sind, und in dem aktuelle Probleme wie Aids, Arbeitslosigkeit und Wehrdienstverweigerung behandelt werden.

Boris Becker gewinnt Wimbledon

Als bislang jüngster Tennisspieler und als erster Deutscher gewinnt **Boris Becker** (geb. 1967) am 7. Juli das Tennisturnier von **Wimbledon** in England. Becker war ungesetzt. Er schlägt den aus Südafrika stammenden Amerikaner Kevin Curren (geb. 1958) mit 6:3, 6:7, 7:6 und 6:4.

Boris Becker

- Der Literaturnobelpreisträger Heinrich Böll stirbt 67-jährig nach langer Krankheit in Langenbroich/Eifel. Posthum erscheint sein letzter Roman *Frauen vor Flusslandschaft* über die Bonner Politszene
- Im Kino macht Doris Dörries Komödie *Männer* Furore. Sie stellt den Auftakt für eine Welle von deutschen Beziehungskomödien dar
- *Otto – der Film* von dem ostfriesischen Komiker Otto Waalkes wird innerhalb von 14 Tagen von über drei Millionen Menschen gesehen und damit der größte deutsche Erfolg an der Kinokasse
- Am 4.11. hat Rainer Werner Fassbinders Stück *Der Müll, die Stadt und der Tod* in Frankfurt/Main Premiere. Der Termin hatte verschoben werden müssen, weil Mitglieder der jüdischen Gemeinde die Bühne blockiert hatten. Eine Woche später setzen die Städtischen Bühnen das Stück unter dem Druck der Öffentlichkeit wegen seiner antisemitischen Tendenzen ab
- Patrick Süskinds Roman *Das Parfum* erobert die Bestseller-Listen

Vorher hatte er den Amerikaner Tim Mayotte (geb. 1960), den Franzosen Henri Leconte (geb. 1963) und den Schweden Anders Jarryd (geb. 1961) besiegt, während Curren seine beiden favorisierten Landsleute John McEnroe (geb. 1959) und Jimmy Connors (geb. 1952) ausschaltete. Becker rückt vom 20. auf den achten Platz der Weltrangliste vor. Auch **Steffi Graf** (geb. 1969) ist als weiteres hoffnungsvolles Talent bereits im Visier. Die beiden könnten „ganz Große werden", lobt die etablierte Konkurrenz. Enttäuscht sind die Fans jedoch, als Meldungen des *Aktuellen Sportstudios*, die beiden wären ein Paar, wieder dementiert werden müssen.

Die Wolke von Tschernobyl

Es ist das Unglück der 80er: Am 26. April schmilzt im **Kernkraftwerk von Tschernobyl** bei einem außer Kontrolle geratenen Experiment der Reaktorkern und verursacht die bisher größte Katastrophe in der Geschichte der friedlichen Nutzung von Atomenergie. Nach offiziellen Angaben wird eine Strahlung von insgesamt 50 Millionen Curie freigesetzt, was ungefähr 40- bis 50-mal so viel Radioaktivität wie bei der Atombombenexplosion über Hiroshima im August 1945 ausmacht. Das Wetter treibt die Wolke nach Norden. Während sie das 130 Kilometer entfernte Kiew erst nach fünf Tagen erreicht, werden in Schweden bereits am 28. April um das 15-fache erhöhte Strahlenwerte gemessen. Einen Tag später ist dies auch in

Kernkraftwerk in Tschernobyl nach der Katastrophe von 1986

Deutschland der Fall. Doch Bundesinnenminister **Friedrich Zimmermann** (geb. 1925) gibt Entwarnung: „Wir sind 2000 Kilometer von der Unglücksstelle entfernt. Eine Gefährdung ist ausgeschlossen." Einen Tag später ist die Radioaktivität auf 150 Becquerel angestiegen, während der Normalwert bei höchstens zehn liegt. Während die Sowjetunion erst nach und nach zugibt, was passiert ist, herrscht in Deutschland höchste Verunsicherung. Nicht einmal die Experten und schon gar nicht die Politiker waren auf einen solchen Fall vorbereitet. Die Bevölkerung versucht zu verstehen, was Becquerel und **Halbwertszeiten** sind. Kinder werden vorsichtshalber nicht mehr auf die Straße gelassen, schon gar nicht auf eventuell verseuchte Spielplätze. Der Konsum von Gemüse, Obst und Milch sinkt rapide. Ab dem 3. Mai wird ein Verkaufsstopp für Milchprodukte, die mit über 500 Becquerel, und Gemüse, das mit über 250 Bequerel belastet ist, verhängt.

Der erste Umweltminister

Die **Beschwichtigungspolitik** von Bundesinnenminister **Friedrich Zimmermann** (geb. 1925) kommt bei der verunsicherten Bevölkerung in den Tagen und Wochen nach dem Unglück von Tschernobyl extrem schlecht an. Auf Drängen von Generalsekretär **Heiner Geißler** (geb. 1930) gründet **Helmut Kohl** (geb. 1930) deshalb am 6. Juni ein Bundesministerium für Umwelt, Naturschutz und Reaktorsicherheit. Zum ersten bundesdeutschen Umweltminister macht er allerdings nicht, wie von Geißler vorgeschlagen, den Umweltminister von Rheinland-Pfalz, **Klaus Töpfer** (geb. 1938), weil der ihm nicht bekannt genug ist, sondern den Frankfurter Oberbürgermeister **Walter Wallmann** (geb. 1932), der ein strikter Befürworter der Kernener-

1986

- Joseph Beuys stirbt in Düsseldorf im Alter von 64 Jahren
- Der Film *Stammheim* erhält bei der Berlinale den „Goldenen Bären". Die Jury-Vorsitzende Gina Lollobrigida distanziert sich allerdings von dem Votum
- Am Berliner Universitätsklinikum in Charlottenburg wird zum ersten Mal in Deutschland einem Menschen ein Kunstherz eingesetzt, das allerdings nach wenigen Tagen durch ein Spenderherz ersetzt wird. Diese zweite Operation überlebt der 39-jährige Patient nur um zwei Tage
- Die 16-jährige Steffi Graf schlägt im Finale der Internationalen Deutschen Tennismeisterschaften in Berlin die Weltranglistenerste Martina Navratilova und gewinnt mit ihrer Partnerin Helena Sukova auch das Doppel
- Der Bayerische Rundfunk blendet sich aus der Übertragung der Satiresendung *Scheibenwischer* aus, weil dort über einen strahlenverseuchten Großvater und die Dekontaminierung des Papstes Witze gemacht werden
- Boris Becker wiederholt seinen Triumph von Wimbledon. Diesmal besiegt er den Weltranglistenersten Ivan Lendl aus der Tschechoslowakei
- Der Berliner Professor Ernst Ruska und der Frankfurter Gerd Binnig erhalten zusammen mit einem Schweizer Kollegen den Physik-Nobelpreis für die Erfindung und Entwicklung eines Elektronenmikroskops
- Die ARD sendet aus Versehen die Neujahrsansprache des Bundeskanzlers von 1985. Die meisten Zuschauer werden erst stutzig, als der Kohl ihnen ein „friedvolles 1986" wünschte. Die Ausstrahlung der korrekten, jedoch ähnlich nichts sagenden Sendung am 1.1.1987 steigert die Peinlichkeit der Angelegenheit nur noch

gie ist und, wie er selbst zugibt, ein Laie in Sachen Umweltpolitik.

Blutbad im Hamburger Polizeipräsidium

Am 29. Juli erschießt der sogenannte **Killer von St. Pauli**, Werner Pinzner, im Sicherheitstrakt des Hamburger Polizeipräsidiums den Staatsanwalt, seine Frau und sich selbst vor den Augen von zwei Bewachern. Die Tatwaffe, eine Smith & Wesson, Kaliber 38, hatte ihm seine Anwältin besorgt, die ihn auch während seiner Haft mit Kokain versorgte.

Werner Pinzner hatte im Auftrag eines Bordellbesitzers dessen Konkurrenten ermordet. Pinzner selbst sprach von elf Morden. Anklage konnte in fünf Fällen erhoben werden. Pinzner schockierte die Öffentlichkeit mit Aussagen wie „Ich habe nur meine Aufträge so gut ich konnte erledigt." oder „Das ist ein Job wie jeder andere. Das Arbeitsamt hatte ja doch nichts für mich." Außerdem berichtete die Presse ausführlich über Milieu und Bandenkriege auf der Reeperbahn. Die Polizei dagegen gewährte Pinzner, um an die Hintermänner heranzukommen und den Killer

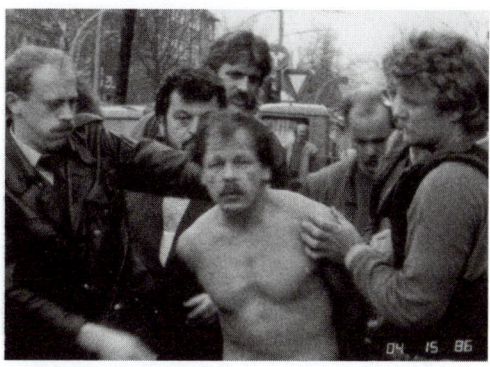

Verhaftung Werner Pinzners

bei Laune zu erhalten, eine Reihe von Vergünstigungen. So sagte Pinzner z. B. nur aus, wenn seine Ehefrau dabei war.

Nach dem Blutbad müssen Hamburgs Justizsenatorin und der Innensenator zurücktreten. Pinzners Anwältin wird wegen fahrlässiger Tötung zu fünf Jahren und neun Monaten Haft verurteilt. Das Rotlicht-Milieu jedoch verabschiedete den Killer mit einem großen Autokorso.

Gift im Rhein

Am 1. November gelangen bei einem Großbrand in dem Schweizer Chemiekonzern Sandoz in der Nähe von Basel mit dem Löschwasser erhebliche Mengen giftiger **Chemikalien**, darunter Pflanzenschutz- und Insektenvernichtungsmittel, in den Rhein und verursachen ein weit ausgreifendes **Fischsterben**. Der Oberlauf des Flusses ist danach biologisch nahezu tot und der Unterlauf schwer beschädigt. Das giftige Wasser erreicht nach drei Tagen Rheinland-Pfalz und nach sechs Tagen Nordrhein-Westfalen. Dort müssen Rheinbrunnen geschlossen werden und die Wasserversorgung auf andere Reservoirs umgestellt werden. Die Menschen werden von Löschfahrzeugen mit Wasser versorgt. In den

Ein Helfer fischt mit einem Kescher tote Aale aus dem Oberrhein bei Basel

Wochen nach dem Unglück finden die Prüfer des Staatlichen Amts für Wasserwirtschaft jedoch ständig neue Chemikalien, die nicht von Sandoz stammen. Stück für Stück müssen sowohl BASF wie Ciba-Geigy, Hoechst und Bayer Unfälle einräumen.

Bereits im Juli war es durch die Einleitung hochgiftiger Cyanide in einem Zufluss der Saar zu einem großen Fischsterben bekommen. Rund 100 Tonnen Fisch verendeten.

Die RAF mordet wieder

„Das waren Superprofis", urteilen die ermittelnden Polizeibeamten. Am 9. Juli werden der Siemens-Manager und Atomphysiker **Karl Heinz Beckurts** (1930–86) und sein Fahrer von einem ferngezündeten Sprengkörper in Straßlach bei München getötet. Eine Kontaktschwelle in der Fahrbahn sorgt dafür, dass der Sprengsatz genau in dem Sekundenbruchteil in die Luft geht, in dem Beckurts Wagen darüber fährt. Zu dem Mordanschlag bekennt sich ein Kommando der **RAF**. Die Ermittler sehen einen Zusammenhang zu dem Mord an **Ernst Zimmermann** (gest. 1985). Umfangreiche Funde belegen, dass die neue Generation der RAF den sogenannten **militärisch-industriellen Komplex**, von ihnen kurz MIK genannt, in ganz Europa im Visier hat. Auch Beckurts Gefährdung war bekannt. Auf keiner Liste dagegen stand **Gerold v. Braunmühl** (1935–1986), der Leiter der politischen Abteilung des Auswärtigen Amts, der am 10. Oktober in Bonn auf offener Straße erschossen wird. In einem Bekennerschreiben jedoch bezeichnet ihn die RAF als eine der zentralen Figuren bei der „Formierung westeuropäischer Politik im imperialistischen System".

Im Gegensatz zu früher, so die Ermittler, habe die RAF keine herausragenden Führungsge-

Das Wrack des gepanzerten BMW, in dem Beckurts und sein Fahrer getötet wurden

stalten und kaum mehr öffentlichen Rückhalt, arbeite dafür aber extrem professionell und disipliniert. Einige konservative Politiker jedoch ziehen Verbindungen zwischen dem Mord an Beckurts und der Anti-Atom-Bewegung. „Die Saat von Brokdorf und Wackersdorf ist aufgegangen", behaupten sie.

Gorbatschow mit Goebbels verglichen

Nachdem Bundeskanzler **Helmut Kohl** (geb. 1930) schon öfters mit recht unglücklichen Bemerkungen zur Nazizeit öffentliche Diskussionen hervorgerufen hat, sagt er in einem Interview mit dem US-Nachrichtenmagazin *Newsweek* am 15. Oktober über den neuen sowjetischen Partei- und Regierungschef **Michail Gorbatschow** (geb. 1931): „Er ist ein moderner kommunistischer Führer, der sich auf Public Relations versteht. Goebbels, einer von jenen, die für die Verbrechen der Hitler-Ära verantwortlich waren, war auch ein Experte für Public Relations".

Für die Sowjetunion ist das ein direkter Vergleich zwischen Gorbatschow und Goebbels und damit eine Ungeheuerlichkeit. Die deutsche

Presse reagiert nach dem Motto: „Auf Kohl ist Verlass, wenn es um Pannen geht."

Im 6. November distanziert sich der Kanzler vor dem Bundestag von dem veröffentlichten Text, obwohl nur der Einschub „einer von jenen, die für die Verbrechen der Hitler-Ära verantwortlich waren" nachträglich eingefügt worden ist. Ob von der Redaktion oder vom Bundespressesprecher bleibt

ALKOHOL DROGE NR. 1

Weder Hasch noch Heroin, sondern Alkohol stelle das größte Drogenproblem in Deutschland dar, erklärt Gesundheitsministerin Rita Süssmuth. Nach dem Suchtbericht der Bundesregierung gibt es 1,5 Millionen behandlungsbedürftige Alkoholiker. Dagegen sind nur 300.000 bis 500.000 Menschen von Medikamenten abhängig und 50.000 von den klassischen Drogen. Auch die Zahl der Drogentoten ist mit 324 im Gegensatz zu 623 im Spitzenjahr 1978 stetig fallend.

Doch auch beim Alkoholkonsum verzeichnet Süssmuth positive Tendenzen. Seit 1980 ist der Pro-Kopf-Verbrauch in Deutschland leicht gesunken und bei den Jugendlichen zwischen 14 und 17 fiel die Zahl der regelmäßigen Biertrinker von 40 auf 25 Prozent. Der Eindruck der Öffentlichkeit ist allerdings ein anderer. Der „Schülersuff" ist Thema öffentlicher Debatten. „Immer mehr, immer früher, immer regelmäßiger" scheinen die Kinder und Jugendlichen zu trinken. Angesagt sind Saufspiele, bei denen die Verlierer „Wodka ex" trinken müssen. Statistisch gesehen jedoch gibt es zwar immer mehr Jugendliche, die viel trinken, aber auch eine steigende Anzahl von solchen, die (fast) gar nicht zum Alkohol greifen. Um diesen Trend zu unterstützen, kündigt Süssmuth Gespräche mit dem Gaststättengewerbe an, damit alkoholfreie Getränke billiger angeboten würden als Bier.

ungeklärt. Zu einer offiziellen Entschuldigung ist Kohl jedoch nicht bereit. Daraufhin werden mehrere Reisen und Einladungen seitens der Sowjetunion abgesagt. In einer *Spiegel*-Umfrage halten 90 Prozent der Bundesbürger Kohls Äußerung für falsch, 58 Prozent jedoch finden auch die Reaktion der Sowjetunion überzogen.

Ausschreitungen in Wackersdorf

Vom 17.–19. Mai werden bei den bislang schwersten Ausschreitungen in **Wackersdorf** hunderte von Demonstranten, aber auch über 150 Polizisten verletzt. Zu den Demonstrationen waren auch einige hundert militante **Kernkraftgegner** aus dem ganzen Bundesgebiet angereist und versuchten, die Absperrungsanlagen zu überwinden. Die Polizei, die das Ausmaß der Demonstrationen offenbar unterschätzt hatte, ist vollkommen überfordert. Zum Teil werfen Beamte die Steine, die von den Militanten gegen sie geschleudert werden, einfach spontan in die Menge zurück. Der Einsatz von Tränengas per Hubschrauber trifft zum größten Teil friedliche Demonstranten. Am 28. Juni verhängt das bayerische Innenministerium ein **Einreiseverbot** für österreichische Kernkraftgegner, was für

Demonstration gegen Wiederaufbereitungsanlage Wackersdorf

viel öffentlichen Wirbel sorgt. Die Karikaturisten malen reihenweise absurde Situationen aus, wie das Grenzpersonal versucht, dieser Weisung nachzukommen.

Am 26. und 27. Juli veranstalten die Kernkraftgegner im nahen Burglengenfeld ein friedlich verlaufendes **Anti-WAAhnsinnsfestival**, bei dem zahlreiche prominente Rockmusiker unentgeltlich vor 100.000 Zuschauern auftreten. Auf der Bühne stehen unter anderem BAP, Udo Lindenberg (geb. 1946) und Herbert Grönemeyer (geb. 1956).

Groteske um Neue Heimat

Die gewerkschaftseigene Wohnungsbaugesellschaft **Neue Heimat** macht weiter Schlagzeilen. Am 18. September verkauft der Deutsche Gewerkschaftsbund (DGB), die mit 17 Milliarden Mark verschuldete Gesellschaft zum symbolischen Preis von 1 DM an den Westberliner Brotfabrikanten **Horst Schiesser** (geb. 1930). Der kündigt an, die Neue Heimat wieder in die Gewinnzone zu führen. Allerdings setzt er dabei auf eine großzügige Unterstützung der Banken und der öffentlichen Hand. Doch den Banken ist das Konzept zu gewagt. Da sich außerdem sowohl bei den politischen Parteien wie auch innerhalb des DGB die kritischen Stimmen gegen den Verkauf mehren, kauft der Gewerkschaftsbund die Neue Heimat am 24. November für 1 DM zurück. Allerdings lässt sich Schiesser mit 14 Millionen Mark „Aufwandsentschädigung" abfinden.

Anschlag auf die Diskothek La Belle

Morgens gegen 1:50 Uhr detoniert am 5. April in der Berliner Diskothek La Belle ein schwerer Sprengsatz. Von den etwa 500 Gästen werden rund 200 schwer verletzt. Zwei US-Soldaten und eine junge Türkin sterben. Es gehen mehrere Bekenneranrufe von zum Teil unbekannten arabischen Terrorgruppen ein. Die US-Regierung jedoch behauptet, sie habe Beweise, dass der libysche **Revolutionsführer Muammar al-Gaddafi** (geb. 1942) der Drahtzieher hinter dem Attentat auf die bei US-Soldaten beliebte Disco sei. Sie beruft sich dabei auf vom US-Geheimdienst abgefangene Funksprüche zwischen Tripolis und der libyschen Botschaft in Ostberlin. Zusammen mit dem Bombenanschlag auf eine TWA-Maschine am 2. April sei der La Belle-Anschlag Teil eines weltweiten Terror-Aktionsplanes Gaddafis. **Ronald Reagan** (1911–2004) fordert massive Sanktionen gegen Libyen, die jedoch die meisten westlichen Staaten mit Hinweis auf die unsichere Beweislage ablehnen. Am 15. April fliegen die USA einen Vergeltungsangriff auf Tripolis, der bei den Verbündeten auf heftige Kritik stößt. Dabei kommen über 100 Menschen ums Leben – zum größten Teil Zivilisten.

Ausgepumpt und deprimiert sitzen die deutschen Spieler (v. l.) Klaus Allofs, Lothar Matthäus (unten), Karl-Heinz Förster (oben), Pierre Littbarski und Andreas Brehme nach Spielende auf dem Rasen

Vizeweltmeister

Das Finale der Fußballweltmeisterschaft in Mexiko verliert die deutsche Nationalmannschaft mit einem 2:3 gegen Argentinien – ein glückliches Ende nach einer langen Phase des Auf und Ab. Nach der blamablen Vorstellung bei der Europameisterschaft 1984, als ein einfallslos wirkendes Team schon im Viertelfinale ausschied, war Bundestrainer **Jupp Derwall** (1927–2007) durch Teamchef **Franz Beckenbauer** (geb. 1945) abgelöst worden. Obwohl der Einstand gegen Argentinien mit 1:3 missglückte, gelang es Beckenbauer, der mit der Aura des „Retters" angetreten war, etwa ein halbes Jahr lang für frischen Wind zu sorgen und die Qualifi-

kation zu meistern. Doch Mitte 1985 sorgte eine Niederlagenserie für Unruhe. Die Sportjournalisten spekulierten, ob die Spieler etwa durch die Präsenz des einstigen Ausnahmespielers erdrückt würden. Manche forderten vehement den Einsatz des zurückgetretenen Mittelfeldregisseurs Bernd Schuster (geb. 1959), der jedoch bei seinem Nein zur Nationalmannschaft blieb. Beckenbauer selbst reagierte sehr gereizt auf Bemerkungen, dass Tennis dabei sei, dem Fußball den Rang als Sportart Nr. 1 abzulaufen.

MEHR KAUFKRAFT

Ein Anstieg der Löhne um durchschnittlich 4,1 Prozent und ein Sinken der Preise um 0,2 Prozent führen zum ersten Mal in den 80er-Jahren zu einem Kaufkraftgewinn. Von der gestiegenen Finanzkraft profitiert vor allem die Touristikbranche, die einen Umsatzanstieg um 3,6 Prozent verzeichnet. In den Medien wird über den neuen Hang der Deutschen zum Luxus spekuliert. Auch Männer interessieren sich vermehrt für Mode und Kosmetik. Die positive wirtschaftliche Tendenz hält drei Jahre lang an. 1989 führt ein starker Anstieg der Preise dagegen wieder zu einem Kaufkraftverlust von 1,4 Prozent.

Tod in der Badewanne

Mit einer Vorabmeldung enthüllt das Nachrichtenmagazin *Der Spiegel* am 12. September, dem Tag vor der Landtagswahl in Schleswig-Holstein, einen politischen Skandal: **Reiner Pfeiffer** (geb. 1939), ehemaliger Medienreferent des CDU-Ministerpräsidenten **Uwe Barschel** (1944–87) hat ausgesagt, er habe von Barschel den Auftrag erhalten, dessen Konkurrenten, den SPD-Spitzenkandidaten **Björn Engholm** (geb. 1939), gezielt moralisch zu diskreditieren. Dafür sei Engholms Privatleben ausgeschnüffelt worden, sein Diensttelefon mit einer Wanze angezapft und eine anonyme Steueranzeige gegen ihn gestellt worden, für die es jedoch keine Grundlage gab. Prompt verliert die CDU 6,4 Prozent bei den Wahlen und wird nur zweitstärkste Kraft hinter der SPD. Aber natürlich interessiert eigentlich nur eins: Ist an den Vorwürfen etwas dran? Am 18. September gibt Barschel sein Ehrenwort, dies sei nicht der Fall. Als sich die Indizien gegen ihn verdichten, tritt er am 25. September zurück, bestreitet aber weiter jede persönliche Schuld. Anschließend fliegt er in den Urlaub. Auf dem Rückweg steigt er im Hotel Beau Rivage in Genf ab. Dort findet ihn der *stern*-Reporter **Sebastian Knauer** (geb. 1949), der sich unerlaubt Zugang zu Barschels Ho-

Reiner Pfeiffer, im September 1987 in seiner Hamburger Wohnung mit einer Ausgabe des Nachrichtenmagazins *Der Spiegel*, in der seine Bespitzelungsvorwürfe gegen Barschel veröffentlicht sind

telzimmer verschafft hat, am 11. Oktober tot in der Badewanne. Bei der Obduktion werden verschiedene Medikamente in seinem Blut gefunden. Das Ergebnis der Ermittlungen lautet **Selbstmord**. Einige Ungereimtheiten lassen jedoch Verschwörungsgerüchte aufblühen. Auch die Familie Barschels glaubt an Mord. In Kiel wird ein Untersuchungsausschuss eingerichtet, der in seinem Abschlussbericht am 3.2.1988 Barschel schwere Verfehlungen im Wahlkampf und Machtmissbrauch vorwirft.

Volkszählung und neuer Ausweis

Was darf der Staat von seinen Einwohnern wissen? Die Furcht vor dem **gläsernen Bürger** führt zu großen Protesten gegen den neuen **maschinenlesbaren Ausweis**, der seit dem 1. April von den Einwohnermeldeämtern ausgegeben wird, und gegen die **Volkszählung**. Viele Menschen vernichten ihren alten Ausweis kurz vor der Ausstellung der neuen Plastikkarten, um noch einmal einen alten zu bekommen. Am 15. März findet in Berlin ein „öffentlicher Waschtag" statt. Die Einführung des Ausweises im November 1985 musste genauso verschoben werden, wie die Volkszählung, die man im April 1983 geplant hatte. Sie wurde vom Bundesverfassungsgericht gestoppt. Doch obwohl Sicherheitskriterien eingeführt und der Fragenkatalog stark reduziert wurde, bildet sich eine breite Boykott-Front. Der Staat hat große Probleme, genug Zähler zu finden. Seine massive Werbekampagne wird mit einer ebenso massiven Gegenkampagne gekontert. In der Boykott-Front kursieren Informationen, dass es natürlich keinesfalls gestattet sei, z. B. Kaffee über den Fragebogen zu schütten oder einen vier Millimeter breiten Streifen am

Demonstration gegen Volkszählung in Berlin

oberen Rand abzutrennen, weil die Bögen dann nicht mehr computerlesbar seien. Als die Front immer breiter wird, droht der Staat Verweigerern Bußgelder in Höhe von 10.000 Mark an. Manche Kritiker sehen das Problem nicht im fehlenden Datenschutz, aber sie bezweifeln, dass die 350 Millionen teure Aktion sinnvoll ist. Fast alle Daten seien bereits vorhanden. Am Ende erklären die Verantwortlichen doch, die Aktion wäre ein Erfolg gewesen, während die Sachbearbeiter vor Ort über große Mengen fehlender und fehlerhaft ausgefüllter Formulare klagen und die *taz* spottet, dass Millionen Bundesbürger nicht in der Lage seien, „zu entscheiden, ob sie männlich oder weiblich sind".

Endlich Friede in der Hafenstraße

Am 19. November wird der jahrelange Konflikt um die **Hamburger Hafenstraße** beendet: Nach Beseitigung aller Barrikaden inner- und außerhalb der **besetzten Häuser** verzichtet der Hamburger Senat auf eine polizeiliche Räumung und unterschreibt Pachtverträge mit den Bewohnern. Der Regierende Bürgermeister, **Klaus von**

Dohnanyi (geb. 1928), hatte ein letztes Ultimatum zum Abbau der Barrikaden gestellt, aber gleichzeitig sein Wort für eine gütliche Einigung gegeben. Die CDU lehnt die Verpachtung der Häuser an die ehemaligen Besetzer ab. Allgemein war mit einer friedlichen Einigung kaum noch

AUCH DAS GESCHIEHT IN DER POLITIK

- Bei den Wahlen zum 11. Deutschen Bundestag kann sich die christlich-liberale Koalition trotz des schlechtesten Unionsergebnisses seit 1949 von nur 44,3 Prozent der Stimmen behaupten. Die FDP erhält 9,1 Prozent, die SPD kommt auf 37 Prozent und die Grünen erreichen 8,3 Prozent. „Stammwählerschaft und stabile Wählermilieus zählen immer weniger", kommentiert *Die Zeit*
- In Hessen zerbricht die rot-grüne Koalition wieder wegen eines Streits um die Hanauer Atomfabriken
- Im Flick-Prozess werden Otto Graf Lambsdorff, Hans Friderichs und Eberhard von Brauchitsch wegen Steuerhinterziehung zu hohen Geldstrafen verurteilt, Brauchitsch auch zu Haft auf Bewährung. Der Vorwurf der Bestechlichkeit beziehungsweise der Bestechung wurde jedoch fallengelassen, da er nicht nachweisbar war
- Willy Brandt tritt als Parteivorsitzender der SPD zurück. Nachdem die Partei die von ihm vorgeschlagene Pressesprecherin Margarita Mathiopoulos ablehnte, kam es zu einer grundsätzlichen Debatte über seinen Führungsstil
- Erich Honecker kommt zu einem fünftägigen offiziellen Besuch nach Deutschland, wobei er unter anderem sein Elternhaus im Saarland besucht
- An der Startbahn West in Frankfurt/Main werden zwei Polizisten von Angehörigen der militanten Szene erschossen und neun weitere durch Schüsse verletzt

Verhärtete Fronten: Menschen vor den verbarrikadierten Häusern in der Hafenstraße in Hamburg im November 1987

gerechnet worden. Der Konflikt hatte 1982 mit der Besetzung von acht Häusern begonnen. 1983 wurden jedoch Mietverträge zwischen Besetzern und der stadteigenen Wohnungsbaugesellschaft geschlossen. Als sie 1986 ausliefen, kommt es zur offenen Fehde. Der rechte politische Flügel bis hinein in die SPD drängt auf Räumung, woraufhin sich die Bewohner verbarrikadieren. Die Hafenstraße gerät immer mehr zum symbolischen Streitfeld. Im Sommer 1987 jedoch erarbeitet Dohnanyi mit Vertretern der Besetzer ein Vertragskonzept. Der Pachtvertrag übergibt ihnen die Häuser zur eigenverantwortlichen Instandsetzung und Verwaltung.

Gauweiler anti Aids

Aids, das wird mittlerweile klar, ist eine Krankheit, die jeder bekommen kann. Die Infektionsraten in Deutschland verdoppeln sich zwischen 1984 und 1987 jedes Jahr. Der bayerische Staatssekretär **Peter Gauweiler** (geb.1949) befürchtet, es könne schon bald Millionen von Opfern geben, und will Aids wie eine Seuche behandelt wissen. Er schlägt einen drastischen Maßnahmenkatalog vor, den das bayerische Kabinett gegen den Protest der Öffentlichkeit und der anderen Bundesländer verabschiedet. Dazu gehören eine Meldepflicht, Zwangstests für Angehörige von Risikogruppen, verpflichtende

Tests für alle Beamtenanwärter, Strafgefangene und Nicht-EU-Bürger, die eine Aufenthaltserlaubnis beantragen. Gauweiler redet aber auch über den Einstieg in Reihentests bei der ganzen Bevölkerung – „wie röntgen" – und verbreitet nicht zutreffende Informationen, z. B. dass Aids über Tränen oder Speichel übertragen werden könne oder ein aidskranker Verletzter in einem öffentlichen Schwimmbecken alle Badegäste infiziere. In einem Streit, der sich monatelang hinzieht, wirft er Bundesgesundheitsministerin **Rita Süssmuth** (geb. 1937) „blinde Broschüren-Politik" vor. Süssmuth kontert, durch die bayerischen Maßnahmen gegen bestimmte Bevölkerungsgruppen würde sich der Rest in falscher Sicherheit wiegen. In den Streit, der sich über Monate hinzieht, mischt sich auch der innenpolitische Sprecher der FDP-Fraktion **Burkhard Hirsch** (geb. 1930) ein, der meint, Gauweiler solle doch anordnen, dass jedem Virusträger ein Aids-Stern auf die Stirn tätowiert werde. Süssmuth startet eine 100 Millionen Mark teure Aufklärungskampagne. Nach 1987 verläuft der Anstieg der Neuinfektionen tatsächlich gebremster.

Mathias Rust

Die Nachricht vom Himmelfahrtstag, dem 28. Mai, mutet wie ein Aprilscherz an: Ein deutscher Sportpilot landet mit seiner Cessna 172 auf dem Roten Platz. **Mathias Rust** (geb. 1968) aus Wedel bei Hamburg startet nachmittags in Helsinki, unterfliegt über eine Strecke von 800 Kilometern die gesamte Radarkontrolle der Sowjetunion, um dann um 19:30 Uhr neben der **Basiliuskathedrale** aufzusetzen. Die Aktion wird allgemein als unglaubliche Blamage für die Sowjetunion aufgefasst, deren Luftraum mit 1300 Abfangjägern, 10.000 Luftabwehrraketen

- Rund 10.000 Wattvögel sterben innerhalb weniger Tage. Die Experten vermuten, dass das Umweltgift PCB der Auslöser ist
- Torwart Harald „Toni" Schumacher wird nach Erscheinen seines Buchs *Anpfiff*, in dem er unter anderem behauptet, Doping wäre im Fußball weit verbreitet, aus der Nationalmannschaft ausgeschlossen und von seinem Verein, dem 1. FC Köln, suspendiert
- Der Europäische Gerichtshof erklärt das deutsche Brau-Reinheitsgebot im Rahmen der EG für unzulässig
- Uta Ranke-Heinemann, Deutschlands erste Theologie-Professorin, wird wegen ihres provokanten Buchs *Eunuchen für das Himmelreich* die Lehrbefugnis entzogen
- Ein Tanklastzug rast im hessischen Herborn in eine Eisdiele. Fünf Menschen kommen ums Leben, neun Häuser werden zerstört. Vermutlich war ein Versagen der Bremsen schuld
- Das ARD-Fernsehmagazin *Monitor* berichtet über lebende Nematoden in Fischen, was einige Wochen lang zu dramatischen Umsatzrückgängen führt
- Steffi Graf löst Martina Navratilova als Nummer eins der Weltrangliste ab und wird diese Position bis März 1991 halten – ein unerreichter Rekord
- Rudolf Heß erhängt sich im Alter von 93 Jahren in Berlin-Spandau
- Thomas Gottschalk löst Frank Elstner als Moderator von *Wetten, dass...* ab
- Johannes Georg Bednorz erhält zusammen mit einem Schweizer Kollegen den Physik-Nobelpreis für die Entwicklung eines neuen keramischen Supraleiters

und 7000 Radargeräten als extrem gut abgeschirmt galt. Im Westen fragt man sich bang, wie die bloßgestellte Supermacht reagieren wird. Und: Was hat den „Don Quichote der Lüfte", wie ihn die Presse nennt, eigentlich zu dieser Tat bewogen? Diese Frage kann Rust der Öffentlichkeit nie befriedigend erklären, obwohl sich die Medien um Exklusiv-Nachrichten bemühten. Auch die Bestrafung fällt weniger schwer aus als befürchtet. In einem erstmals öffentlichen Prozess wird Rust zu vier Jahren Arbeitslager verurteilt, aber bereits im August 1988 begnadigt.

Mathias Rust landet auf dem Roten Platz

Stahlkrise

Die Schließung der Heinrichshütte in Hattingen durch die Thyssen Stahl AG am 19. Februar steht symbolisch für die **Stahlkrise** der BRD. Ein Überangebot an billigerem Stahl aus anderen EG-Ländern und Übersee drosselt die Nachfrage nach deutschem Stahl. Die Konzerne reagieren darauf mit Massenentlassungen und geringeren Produktionskapazitäten. In Hattingen gehen 2900 Arbeitsplätze verloren, was einem Viertel der Arbeitsplätze in der Stadt entspricht.

Die Arbeitslosigkeit steigt von knapp 15 auf etwa 30 Prozent. Auch der Konkurs der **Maxhütte** in der strukturschwachen Oberpfalz sorgt für Schlagzeilen. Im Oktober verständigen sich die Stahlindustrie, die IG Metall und die Deutsche Angestelltengewerkschaft zusammen mit der Bundesregierung auf ein gemeinsames Programm zur sozialen Abfederung des Abbaus von Arbeitsplätzen. Insgesamt sollen fast 35.000 Arbeitsplätze abgebaut werden, das ist jeder vierte in der Branche. Allerdings wollen die Hüttenwerke bis 1989 keine Entlassungen vornehmen, sondern vor allem mit dem Instrument Vorruhestand agieren. Die Regierung stellt 300 Millionen Mark für Sofortmaßnahmen zur Verfügung. Im Dezember jedoch kommt es wieder zu Streiks, als Pläne des Krupp-Konzerns bekannt werden, das als besonders modern und effizient geltende Werk in Duisburg-Rheinhausen stillzulegen.

Entführung in Beirut

Nachdem am 13. Januar auf dem Frankfurter Flughafen der junge Libanese Mohammed Ali Hamadei (geb. 1965) verhaftet worden ist, entführen vier Tage später Mitglieder der schiitischen Hisbollah-Miliz in Beirut den Hoechst-Manager **Rudolf Cordes** (geb. 1933) und am 21. Januar den Siemens-Techniker **Alfred Schmidt**. Damit soll die Freilassung von Hamadei erzwungen werden, der beschuldigt wird, im Juni 1985 an der Entführung eines amerikanischen Flugzeugs nach Beirut beteiligt gewesen zu sein und dabei einen Amerikaner getötet zu haben. Doch Hamadei und sein in Deutschland lebender Bruder Ali Abbas (geb. 1959), der am 26. Januar ebenfalls festgenommen worden ist, werden am 24. Juni in Düsseldorf vor Gericht gestellt. Ali Abbas wird im April 1988 zu 13 Jahren verurteilt, Hamadei im Mai 1989 zu lebenslanger

Haft. Schmidt wird noch während des Prozesses am 7. September wieder freigelassen. Rudolf Cordes dagegen kommt erst am 13. September 1988 nach 605 Tagen frei. Vermittler soll der Geheimagent **Werner Mauss** (geb. 1940) gewesen sein. Die Bundesregierung erklärte, mit den Freilassungen seien keine politischen Zugeständnisse verknüpft gewesen. Ob Lösegeld gezahlt wurde, wird nicht bekannt.

Der Himmel über Berlin

Einer der Lieblingsfilme der – vor allem französischen – Cineasten in den 80er-Jahren ist *Der Himmel über Berlin* von **Wim Wenders** (geb. 1945). In Cannes bringt er seinem Schöpfer den Preis für den besten Regisseur ein. Zwei Engel in Gestalt von **Bruno Ganz** (geb. 1941) und **Otto Sander** (geb. 1941) streifen durch Berlin. Die Kameraführung versucht, ihre Sicht nachzufühlen – mal ganz nah dran an den Menschen, mal entrückt über der Stadt schwebend. Obwohl sich einer der Engel in eine geheimnisvolle Trapez-Künstlerin verliebt, wird der Film im Grunde nicht durch die Handlung getragen, sondern

Wim Wenders

durch die kleinen Szenen, die Beobachtungen am Rande und durch viele ungewöhnliche Blicke auf die Stadt, z. B. über die Brachen des Potsdamer Platzes. Er sei „optimistisch und traurig zugleich", meint Wenders, der seinem Personal in diesem, seinem dreizehnten Film, das erste Mal eine Liebesszene gönnte.

Verschobene Molke

242 Güterwaggons mit 5000 Tonnen **Molkepulver** an Bord sorgen für eine monatelange Polit-Posse. Das Pulver war nach dem **Reaktorunglück in Tschernobyl** in einer bayerischen Großmolkerei produziert worden, wies aber eine Strahlenbelastung von bis zu 8000 Becquerel auf. Obwohl der bayerische Umweltminister **Alfred Dick** (1927–2005) öffentlich zum Löffel griff, um die Harmlosigkeit zu beweisen, war klar, dass es sich hier um Sondermüll handelte. Als niemand weiß, wohin mit der verstrahlten Fracht, übernimmt Bundesumweltminister **Walter Wallmann** (geb. 1932) die Initiative. Doch mehr als einen kurzfristigen Parkplatz für den Zug auf diversen Bundeswehrstandplätzen kann auch er nicht finden. Sein Nachfolger **Klaus Töpfer** (geb. 1938) scheint mehr Glück zu haben. Eine hessische Firma bietet sich an, die Molke mithilfe eines Ionentauschverfahrens für 13 Millionen Mark zu filtern. Doch nun laufen die Anwohner Sturm, die fürchten, das strahlende Pulver könne dabei in Boden und Grundwasser dringen. Sollte doch Bayern, das als einziges Bundesland den Grasschnitt nach Tschernobyl verfüttert hatte, allein mit dem Problem fertig werden, meint man in Hessen. Im Endeffekt wird ein Teil der Molke dann 1990 in einem stillgelegten Atomreaktor im Emsland entseucht und der inzwischen weniger strahlende Rest 1996 in Bayern verbrannt.

Berlin wird 750 Jahre

In Berlin wird das öffentliche Leben sowohl im West- wie auch im Ostteil das ganze Jahr über von der **750-Jahr-Feier** geprägt. Da man das genaue Gründungsdatum nicht kennt, beruft man sich auf eine urkundliche Erwähnung vom 28. Oktober 1237. Beide Stadtteile putzen sich zu den Festlichkeiten heraus. Westberlin kann unter anderem **Königin Elizabeth II.** (geb. 1926) und den US-Präsidenten **Ronald Reagan** (1911–2004) als Gäste begrüßen, der am 2. Juni in einer öffentlichen Rede vor dem Brandenburger Tor den sowjetischen Parteichef **Gorbatschow** (geb. 1931) auffordert, die Mauer niederzureißen und vorschlägt, Olympische Spiele in beiden Teilen der Stadt abzuhalten. Eine wirkliche Begegnung zwischen Ost und West findet jedoch nicht statt. Lediglich die Bürgermeister der beiden Stadtteile begegnen sich während der kirchlichen Schlussveranstaltung am 22. Oktober in der Ostberliner Marienkirche zum ersten Mal. Während die Feierlichkeiten im Westen bei der alternativen Szene auf heftige Kritik stoßen und am 1. Mai wieder Straßenschlachten in Kreuzberg stattfinden, duldet man in Ostberlin am 5. September zum ersten Mal eine nicht angemeldete Demonstration von 1000 Aktivisten der Friedensbewegung.

Erich Honecker während seiner Rede am 23. Oktober 1987 im Palast der Republik in Ostberlin

Franz Josef Strauß ist tot

Am 1. Oktober erleidet der CSU-Vorsitzende und bayerische Ministerpräsident **Franz Josef Strauß** (1915–88) bei einem Jagdausflug einen schweren Herzanfall und stirbt zwei Tage später. Urplötzlich verliert die Bundesrepublik einen ihrer profiliertesten, aber auch umstrittensten Politiker. Kein anderer hatte so viele begeisterte Anhänger und so viele erbitterte Gegner wie der bayerische Ministerpräsident, keiner verstand es – auch rhetorisch – derartig zu polarisieren. Während er als Verteidigungsminister durch eine Reihe von **Rüstungsskandalen** und die *Spiegel*-**Affäre** 1962 eher im Zwielicht gestanden hatte, beeindruckte er als wortgewaltiger Oppositionsführer auch seine Gegner. Noch im Sommer hatte der Hobbypilot wieder für Aufregung gesorgt, als er die Regierung Kohl nötigte, Benzin für Privatflieger von der Mineralölsteuer zu befreien. Obwohl es nur um eine Summe von 25 Millionen Mark ging, wurde die Steuerbefreiung für viele Bundesbürger zum Symbol für die Selbstbedienungsmentalität der Regierenden. Die Trauerfeierlichkeiten, zu denen zahlreiche Staatsgäste aus dem Ausland kommen, dauern bis zum 8. Oktober. Die Landtagsfraktion der bayerischen Grünen bleibt dem Staatsakt fern – jedoch nicht aus Protest gegen den verstorbenen politischen Gegner, sondern aufgrund der Teilnahme des wegen seiner Apartheid-Politik geächteten südafrikanischen Präsidenten **Pieter Willem Botha** (1916–2006).

Franz Josef Strauß

Obwohl die CSU auf den Abtritt ihrer Galionsfigur nicht vorbereitet ist, gelingt ihr überraschend schnell eine Neuordnung. Der bisherige Finanzminister **Max Streibl** (1932–98) wird neuer bayerischer Ministerpräsident, **Theo Waigel** (geb. 1939) übernimmt den Parteivorsitz.

Atomkraft-Gegner während einer Demonstration für die Stilllegung der Atomfabriken Nukem und Alkem in Hanau am 17.1.1988 in der Hanauer Innenstadt

Aus für Nukem

Am 14. Januar lässt Bundesumweltminister **Klaus Töpfer** (geb. 1938) der Hanauer **Brennelement-Firma Nukem**, an der schon zwei rot-grüne Bündnisse in Hessen gescheitert sind, die Betriebsgenehmigung entziehen. Zu dem schwer überschaubaren Komplex (Nukem, Alkem, RBU) gehört auch die Tochterfirma Transnuklear, die 80 Prozent aller Atomtransporte in Deutschland durchführt. Wie bekannt wird, hat sie tausende von Transporten falsch deklariert. Material, das zur Vorbereitung auf die Endlagerung nach Belgien geschickt wurde, war stärker belastet als offiziell angegeben. Dafür enthielten die zurückkommenden Fässer radioaktive Stoffe wie Cäsium und Kobalt, die im Ausgangsprodukt überhaupt nicht vorhanden waren. Im Rahmen dieses Deals sind auch Schmiergelder in Millionenhöhe geflossen. Außerdem soll die Hanauer

Firma spaltbares Material nach Libyen und Pakistan geliefert haben. Der Skandal wirft auch die Frage nach einem Versagen der Kontrollbehörden auf. „Eine Fischbratküche wird in unserem Land besser kontrolliert", kritisiert der ehemalige Innenminister **Gerhart Baum** (geb. 1932).

Fundis und Realos

Das Scheitern der hessischen Koalition hat bei den Grünen den Zwist zwischen **Fundis** und **Realos** angeheizt. Auf einem „Perspektiv-Kongress" in Bad Godesberg richtet die Vorstandssprecherin **Jutta Ditfurth** (geb. 1951), eine Vertreterin des radikal-ökologischen Flügels, am 17. Juni scharfe Angriffe gegen die Realos. Deren kompromissbereite Haltung führe zu einem Profilverlust der Grünen. Während **Joschka Fischer** (geb. 1948) dafür plädiert, dass die Partei auch für die Mittelschicht attraktiv werden müsse, nennt Ditfurth das einen „Schlag ins Rechtskonservative". Öffentlichkeit und Medien fragen sich, ob die Partei diese Selbstzerfleischung überlebt und spekulieren über einen Austritt der Fundis und eine Spaltung der Grünen.

Anfang Dezember entziehen die Grünen jedoch ihrem Fundi-Vorstand, den sie erst nach der Pleite in Hessen gewählt hatten, mit 214 zu 186 Stimmen das Vertrauen. Bis März 1989 wird ein kommissarischer Vorstand eingesetzt, in dem die verschiedenen Strömungen vertreten sind. Danach setzt sich der Realo-Flügel durch.

Aussiedler

Eine großzügigere Ausreisepraxis in den Ostblockstaaten führt zu einem rasanten **Anstieg der Aussiedlerzahlen**. Während es 1986 noch gut 40.000 waren, sind es in diesem Jahr um die 200.000. Obwohl die Regierung Kohl

sich immer wieder mit Nachdruck für **Ausreiseerleichterungen** eingesetzt hat, ist sie nicht vorbereitet – vor allem da die Hauptausreisewelle in die Sommerferien fällt. Die Aufnahmelager sind völlig überfüllt, die bereitgestellten Gelder schon im Sommer verbraucht. Dazu kommt

WAS SONST NOCH GESCHIEHT

- Nordrhein-Westfalen führt den ersten Modellversuch mit der Ersatzdroge Methadon durch, die an Heroinabhängige begleitend zur Therapie ausgegeben wird
- Der saarländische Ministerpräsident Oskar Lafontaine bringt die Gewerkschaften und viele Genossen der SPD gegen sich auf, indem er die 35-Stunden-Woche ohne vollen Lohnausgleich fordert, um neue Arbeitsplätze zu schaffen
- Andauernder heftiger Regen und die Schneeschmelze führen in der Bundesrepublik zu einer Hochwasserkatastrophe, bei der 13 Menschen sterben. Nach Dammbrüchen stehen zahlreiche Ortschaften an Donau und Rhein unter Wasser
- Die alternative Ökobank nimmt den Betrieb auf
- US-Superstar Michael Jackson tritt zum ersten Mal in Deutschland auf. Bei acht Freiluftkonzerten hören 600.000 Zuschauer zu
- Gemäß dem Vertrag über die Beseitigung von Mittelstreckenwaffen in Europa (INF) werden die ersten Pershing-II-Raketen verschrottet
- Auf ihrem Parteitag in Münster nimmt die SPD mit einer überraschenden Mehrheit von 87 Prozent die zuvor heftig umstrittene Frauenquote an Bis 1994 sollen etappenweise 40 Prozent aller Mandate und Ämter an Frauen vergeben werden
- Johann Deisenhofer, Robert Huber und Hartmut Michel vom Max-Planck-Institut für Biochemie erhalten für ihre Arbeiten über die Fotosynthese den Chemie-Nobelpreis

TRENDS DER SAISON

- ⮑ Mikro-Minis, die kaum die Pobacken bedecken
- ⮑ Auf jugendliches Publikum gestylte Modeketten wie Benetton, H & M, Stefanel oder Seppälä mit schnell wechselnden Trends
- ⮑ Faxgeräte
- ⮑ Snowboards
- ⮑ Die „PorNo"-Kampagne von Alice Schwarzer
- ⮑ Das Musical *Starlight Express*

eine politische Debatte: **Oskar Lafontaine** (geb. 1943) und **Herta Däubler-Gmelin** (geb. 1943) etwa werfen die Frage auf, ob es rechtens sei, das Asylrecht für politisch Verfolgte immer stärker einzuschränken, dafür aber immer mehr Aussiedler aufzunehmen. Immer mehr sprechen kein Deutsch und haben kaum noch Bezug zur deutschen Kultur. Daneben ist aber auch das andere Extrem zu finden: Aussiedler, die umso intensiver an dem, was sie „Deutschtum" nennen, festgehalten haben und nicht verstehen können, dass sie für die meisten Deutschen Ausländer sind.

Seehundsterben und Algenteppich

Nordsee – *Mordsee:* So war 1980 ein Dokumentarfilm polemisch betitelt. 1988 wird das für mehr als 10.000 **Robben** zur Wahrheit. Massenhaft verenden die beliebten Tiere und auch Experten befürchten schon ihr **Aussterben**. Eine Erklärung jagt die andere: Viren sollen schuld sein, Würmer und die zahlreichen Chemikalien, die sich im Fettgewebe der Tiere angereichert haben. Auch von einer Übertragung der Staupe-Epidemie ist die Rede, da kurz zuvor viele

grönländische Schlittenhunde, die an der Krankheit verendet sind, ins Meer entsorgt wurden. Klar ist aber auch, dass die zunehmende Verschmutzung dazu beiträgt, dass die Tiere einzelnen Erregern hilflos ausgeliefert sind. Gleichzeitig bedroht ein giftiger, schaumiger Algenteppich, der sich seit dem Frühjahr von der schwedischen Westküste aus rasch ausbreitet, das Leben in Nord- und Ostsee bis in eine Tiefe von zwölf Metern. Tausende Tonnen von Fisch und Schalentieren gehen zu Grunde. Vor allem die Einleitung von Phosphat und Nitrat aus den Flüssen und die Verklappung von Dünnsäure und Klärschlamm regen nach Meinung von Experten im salzigen Meerwasser die Algenbildung an.

Entführung von Gladbeck

In Gladbeck überfallen zwei Gangster am 16. August eine Bank, erbeuten 420.000 DM und fliehen mit zwei Geiseln nach Bremen. Dort kapern sie einen voll besetzten Linienbus und erschießen auf einer Raststelle einen 15-jährigen Jungen. Bei der Verfolgungsjagd stirbt ein Polizist. Mit dem Bus fahren die **Geiselnehmer** in die Niederlande, verschaffen sich ein Fluchtauto

Geiseldrama von Gladbeck: Der Entführer Dieter Degowski bedroht die Geisel Silke Bischoff am 18.8.1988 mit einer Waffe

und lassen alle Geiseln bis auf zwei Mädchen frei. 54 Stunden nach dem Überfall stoppt die Polizei den Wagen auf der Autobahn Köln–Frankfurt. Dabei wird die 18-jährige Silke Bischof von den Gangstern erschossen.

Das Vorgehen der Polizei ruft im Nachhinein viel Kritik hervor. Doch überlagert wird diese Diskussion von der über das Verhalten der Medien während der Geiselnahme. Ein Pulk von Journalisten machte das Drama zu einem **Livespektakel**. Bereits beim Überfall auf die Bank hatten die beiden Geiselnehmer versammelten Journalisten bereitwillig Interviews gegeben, darunter auch ein live Rundfunk-Interview über Telefon. Die Aktionen putschen die Täter auf und behindern die Arbeit der Polizei. Auf der Flucht von Bremen in die Niederlande folgt ein Pulk mit dutzenden von Fahrzeugen den Geiselnehmern. Am Vormittag des 18. August halten sich die beiden in der Kölner Innenstadt auf und stehen dort Passanten und Journalisten Rede und Antwort. Ein Journalist bietet an, Handschellen für die Geiseln zu besorgen, ein anderer bittet, die Waffe noch einmal an den Kopf der immer verängstigter werdenden Mädchen zu halten, weil er noch nicht die richtigen Bilder im Kasten habe. Ein Dritter verrät den Tätern, dass einer der Kollegen Pressesprecher der Polizei ist, und der stellvertretende Chefredakteur einer Boulevardzeitung steigt schließlich zu den Geiselnehmern ins Auto und lotst sie aus der Kölner Innenstadt.

Ramstein, Remscheid und Borken

Das Jahr wird gleich von einer ganzen Serie spektakulärer Unglücke überschattet. Am 28. August stoßen bei einem Flugtag auf dem amerikanischen Stützpunkt **Ramstein** drei Jets

Rettungsdienste in einer mit Trümmern übersäten Straße vor abgebrannten Häusern in Remscheid

der italienischen Kunstflugstaffel „Frecce Tricolori" zusammen. Eine stürzt in die 350.000-köpfige Zuschauermenge und explodiert. Dabei werden 70 Menschen getötet und über 300 schwer verletzt. Das Unglück löst heftige Diskussionen um den Sinn solcher Veranstaltungen, die unzulänglichen Rettungsmaßnahmen und die mangelnde Koordination zwischen deutschen und amerikanischen Rettungskräften aus.

Am 8. Dezember stürzt ein amerikanisches Kampfflugzeug vom Typ Thunderbolt über **Remscheid** ab und reißt eine 300 Meter lange Schneise der Verwüstung in die Innenstadt. Sechs Menschen werden getötet und etwa 50 verletzt. Der Pilot hatte einen Waffeneinsatz im Tiefflug simulieren sollen, aber bei schlechter Sicht die Orientierung verloren. Die US-Militärdienststellen weigern sich stundenlang zu erklären, welche Waffen sich an Bord befanden, sodass die Rettungsarbeiten verzögert werden. Politiker aller Parteien fordern daraufhin die Reduzierung oder die totale Einstellung von Tiefflügen.

Im hessischen **Borken** waren am 1. Juni bei einem Grubenunglück 51 Bergleute umgekommen. Nach vier Tagen jedoch können noch sechs Überlebende gerettet werden, die in 150 Meter Tiefe Zuflucht in einer Luftblase gefunden hatten.

Mordprozess Weimar

Wer hat Karola (5) und Melanie (7) Weimar im August 1986 erwürgt? Für die Ermittler ist klar, dass es entweder der Vater oder die Mutter gewesen sein muss. Erst wird **Monika Weimar** (geb. 1958) festgenommen und wieder freigelassen, dann ihr Mann, dann wieder die Frau. Als einer der größten **Indizienprozesse** vor dem Landgericht Fulda beginnt, ist die öffentliche Stimmung aufgeheizt. Boulevardmedien haben alle Details der zerrütteten Ehe der Weimars in die Öffentlichkeit gezerrt. Monika Weimar wird u. a. als „Rabenmutter" und „Ami-

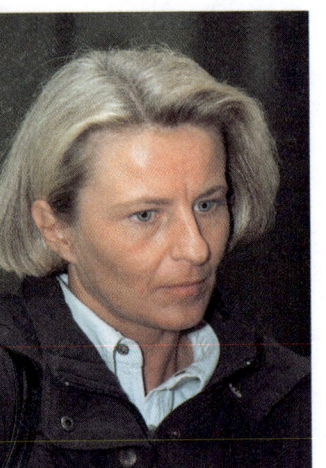

Monika Böttcher (vormals Weimar) am 19.3.1997 in einer Prozesspause auf dem Flur des Landgerichts in Gießen

Hure" beschimpft, die ihre Kinder getötet haben soll, weil sie angeblich ihrer Beziehung zu einem US-Soldaten im Wege gestanden haben. Als die 29-Jährige schließlich am 8. Januar schuldig gesprochen und zu lebenslanger Haft verurteilt wird, bricht ein Teil des Publikums in Applaus aus, während andere sich über das „Fehlurteil" empören. 1995 tauchen tatsächlich Fakten auf, die die Indizien gegen Monika Weimar erschüttern. Sie wird entlassen und 1997 auch vor Gericht freigesprochen. 1999 wird sie erneut verurteilt und schließlich 2006 nach insgesamt 15 Jahren Haft endgültig entlassen.

Steffis Golden Slam

Als dritte Tennisspielerin der Welt gewinnt **Steffi Graf** (geb. 1969) innerhalb eines Jahres alle vier **Grand-Slam-Turniere** in Melborne, Paris, Wimbledon und Flushing Meadow (New York). Das war vor ihr erst der Amerikanerin Maureen Conolly (1934–69) 1953 und der Australierin Margaret Court (geb. 1942) 1970 gelungen. Den Gewinn des Grand Slam am 10. September krönt Steffi Graf 20 Tage später noch mit dem Gewinn der Goldmedaille bei den Olympischen Spielen von Seoul, wo erstmals Tennisprofis zugelassen worden sind. Die Presse tauft ihren Erfolg **Golden Slam**. Der Rummel um sie ist riesig. Im Gegensatz zu dem in Monaco lebenden und zwischen diversen Freundinnen wechselnden **Boris Becker** (geb. 1967) wird sie, wie Helmut Kohl (geb. 1930) es ausdrückt, als „deut-

---

FILME DES JAHRES

- ⮞ *Ödipussi*, der erste Spielfilm von Loriot (Vicco von Bülow), zeigt den Komiker als Muttersöhnchen im fortgeschrittenen Alter
- ⮞ *Man spricht deutsh* von Gerhard Polt macht sich über die deutschen Urlauber in Italien lustig
- ⮞ *Yasemin* von Hark Bohm thematisiert die schwierige Liebesgeschichte einer jungen Türkin und eines Deutschen
- ⮞ *Die letzte Versuchung Christi* von Martin Scorsese bringt wegen einer Fantasie des sterbenden Jesus über eine Ehe mit Maria Magdalena konservative Christen zu leidenschaftlichen Protesten vor den Kinosälen

ter. 135 Millionen Mark zahlt die Bertelsmann-Tochter Ufa, die Teilhaber des Privatsenders RTL plus ist. ARD und ZDF hatten die Rechte im Vorjahr noch für 18 Millionen bekommen. Die 18 Bundesliga-Clubs erhalten durch den Deal zusätzliche Einnahmen von jeweils 1,2 Millionen Mark, die Zweitliga-Vereine 300.000 Mark. Von den Zuschauern und auch den Trikotsponsoren der Vereine kommt allerdings harsche Kritik. Denn bislang können nur 25 Prozent der Haushalte die privaten Sender empfangen. Außerdem droht der Fußball sowieso schon von der Popularität des Tennis in den Schatten gestellt zu werden. Doch ARD und ZDF wollen nicht ganz abseits stehen und kaufen der Ufa für 25,5 Millionen Mark Teilrechte ab.

Steffi Graf

sches Prachtmädel" vermarktet. Allerdings würden die Medien gerne mehr Persönliches aus der eher spröden und zurückhaltenden Tennis-Queen herausholen. „Soll ich lachen oder Tennis spielen?", erwidert sie darauf und verrät, sie würde „am liebsten nach Amerika verschwinden." „Ich frage mich, wie lange sie das noch aushält", meint auch Konkurrentin Martina Navratilova (geb. 1956).

135 Millionen für die Bundesliga

Wird die Fußballbundesliga zum Nischenprodukt? Der Deutsche Fußball-Bund (DFB) verkauft die Rechte für die Übertragung der Bundesligaspiele erstmals an einen **privaten Anbie-**

DAS TUT SICH IM SPORT

- Bei den Olympischen Winterspielen in Calgary gibt es zwei Goldmedaillen für Marina Kiehl in der Abfahrt und im Teamwettbewerb der Nordischen Kombination
- In einem dramatischen Rückspiel mit Elfmeterschießen gegen Español Barcelona gewinnt Bayer Leverkusen den Uefa-Pokal
- Die Olympischen Sommerspiele in Seoul enden mit 40 Medaillen für das Team Deutschlands, darunter elf goldenen. Erfolgreichste Sportart ist das Reiten, wo alle drei Teams (Dressur, Springen, Vielseitigkeit) Goldmedaillen holen. Im Florettfechten schaffen Anja Fichtel, Sabine Bau und Zita Funkenhauser einen Dreifacherfolg und holen auch Mannschaftsgold
- Zum ersten Mal in der 88-jährigen Geschichte des Daviscups gewinnt eine deutsche Mannschaft die höchste Team-Trophäe im Tennis. Boris Becker, Carl-Uwe Steeb und Eric Jelen bezwingen im Finale Schweden mit 4:1

Das Botschaftsdrama

Am 27. Juni zerschneiden der ungarische Außenminister **Gyula Horn** (geb. 1932) und sein österreichischer Kollege **Alois Mock** (geb. 1934) bei Sopron den Stacheldrahtzaun an der gemeinsamen Grenze. Obwohl nur die Sperren beseitigt werden, die Grenzen aber bleiben, drängt es ausreisewillige DDR-Bürger nach Ungarn. Irgendetwas muss doch gehen. Und tatsächlich gelingt 900 von ihnen am 19. August die Flucht über die **Grüne Grenze** nach Österreich, als bei Sopron im Rahmen eines „Paneuropäischen Picknicks" kurzzeitig ein Grenztor geöffnet wird. Parallel dazu setzt auch wieder ein Run auf die bundesdeutschen **Botschaften** ein. Am 8. August wird die Ständige Vertretung der Bundesrepublik in Ostberlin wegen Überfüllung für den Besucherverkehr geschlossen. 130 DDR-Bürger erhoffen sich hier die Ausreise. Am 13. August folgt die Schließung der Botschaft in Budapest, wo sich 180 Flüchtlinge aufhalten. Am 22. August wird die Prager Botschaft mit rund 140 Flüchtlingen geschlossen. Zwei Tage später erlaubt Ungarn 108 Botschaftsflüchtlingen die Ausreise in den Westen – gedacht als einmalige humanitäre Aktion. Am 10. September lassen die Ungarn dann aber doch alle DDR-Flüchtlinge ausreisen. Die DDR-Führung spricht von organisiertem Menschenhandel. Bundesaußenminister **Hans-Dietrich Genscher** (geb. 1927) verhandelt unterdessen mit den Außenministern der UdSSR, der DDR, der CSSR und Polens am Rande der New Yorker UN-Vollversammlung über das Schicksal der Flüchtlinge in den Botschaften von Prag und Warschau, wo die humanitären und medizinischen Zustände untragbar werden. Am 30. September verkündet er vom Balkon der Prager Botschaft unter ohrenbetäubendem Jubel, dass die Ausreise genehmigt sei.

Die meisten der Botschaftsflüchtlige sind jung, recht gut ausgebildet und relativ wohlhabend. Als Motive nennen sie fehlende Entfaltungsmöglichkeiten in der DDR und die Hoffnung auf bessere persönliche Zukunftsperspektiven. Gefragt nach ihren politischen Präferenzen, macht nur knapp die Hälfte Angaben. Am stärksten sind die Vorlieben mit 28 Prozent für die CDU, sie decken aber das ganze Spektrum zwischen grün und rechtsradikal ab.

Die Montags-demonstrationen

Am 4. September ziehen die Teilnehmer des traditionellen Friedensgebets in der Nikolaikirche zum ersten Mal im Anschluss an das Gebet durch die Stadt. Sie fordern mehr Reisefreiheit und die Abschaffung des Ministeriums für Staatssicherheit. Von nun an finden wöchentlich **Montagsdemonstrationen** statt. Parallel gründen sich Bürgerbewegungen wie „Demokratie Jetzt", „Neues Forum" und „Demokratischer Aufbruch". Am 2. Oktober sind es schon 20.000 Menschen, die für eine Reform der DDR auf die Straße gehen. Obwohl die bislang größte Demonstration gewaltsam aufgelöst wird, sind es am 9. Oktober 70.000, die sich zur

Gyula Horn und Alois Mock

Montagsdemonstration in Leipzig auf dem Karl-Marx-Platz

Montagsdemo einfinden. Bewaffnete Truppen stehen bereit. Doch diesmal greift die Staatsmacht nicht ein. Eine Woche später skandieren 120.000 Menschen: **Wir sind das Volk – keine Gewalt.**

Am 18. Oktober wird **Erich Honecker** (1912–94) „auf eigenen Wunsch" von allen Ämtern entbunden und durch **Egon Krenz** (geb. 1937) ersetzt, der eine Wende der sozialistischen Politik ankündigt. Doch die Proteste lassen nicht nach. Am 23. Oktober gehen 300.000 Menschen auf die Straße, am 4. November demonstrieren auf dem Berliner Alexanderplatz rund eine Million.

Maueröffnung

Was hatte die neue DDR-Führung wirklich vor? Am 9. November gegen 19 Uhr verliest Politbüromitglied **Günter Schabowski** (geb. 1929) auf einer vom Fernsehen übertragenen, internationalen Pressekonferenz einen **Beschluss des Ministerrats**: „Privatreisen nach dem Ausland können ohne Vorliegen von Voraussetzungen (Reiseanlässe und Verwandtschaftsverhältnisse) beantragt werden. Die Genehmigungen werden kurzfristig erteilt." Auf eine Nachfrage erklärt Schabowski ziemlich überfahren, der Beschluss trete nach seiner

WAS SONST NOCH GESCHIEHT

- ⮌ Der Wehrdienst wird verlängert und eine Quellensteuer auf Zinsgewinne eingeführt, beides aber innerhalb von wenigen Monaten wegen heftiger Proteste zurückgenommen

- ⮌ DDR-Grenzsoldaten erschießen den 20-jährigen Schlosser Chris Gueffroy beim Versuch, von Ost- nach Westberlin zu flüchten. Er ist der letzte Mauer-Tote

- ⮌ Unter heftigem Protest der Gläubigen, aber auch führender Theologen wird der extrem konservative Kardinal Joachim Meißner neuer Erzbischof von Köln

- ⮌ Die deutsche Stromwirtschaft entscheidet sich, den Bau der Wiederaufbereitungsanlage in Wackersdorf einzustellen und ihren radioaktiven Müll lieber im französischen La Hague aufbereiten zu lassen

- ⮌ Helmut Kohl entlässt den CDU-Generalsekretär Heiner Geißler, weil der zu oft seine innerparteiliche Autorität infrage gestellt hat

- ⮌ Eine Sondererlaubnis des Bundeswirtschaftsministeriums erlaubt die größte Fusion der bundesdeutschen Firmengeschichte zwischen Daimler-Benz und dem Luft- und Raumfahrtskonzern MBB (Messerschmidt-Bölkow-Blohm)

- ⮌ Der „Todesengel von Wuppertal", eine Krankenschwester, die 15 Menschen getötet hat, wird wegen Totschlags und Tötung auf Verlangen zu elf Jahren Freiheitsstrafe verurteilt. Die Richter sahen es als erwiesen an, dass sie nicht aus Heimtücke gemordet habe, sondern glaubte, die alten Menschen zu erlösen

- ⮌ Wolfgang Paul erhält zusammen mit zwei US-Amerikanern den Physik-Nobelpreis für die Entwicklung einer Ionenfalle

Günter Schabowski gibt die Öffnung der innerdeutschen Grenze bekannt

Kenntnis „sofort, unverzüglich" in Kraft. Zehntausende von Ostberlinern nehmen ihn beim Wort und drängen sich kurz darauf an den Kontrollstellen Bornholmer Straße, Sonnenallee und Invalidenstraße. Als ARD und ZDF irrtümlich eine Öffnung der Grenzen melden, wird der Ansturm noch größer, die Stimmung aggressiver. Kurz nach 23 Uhr geben die Grenztruppen an der Bornholmer Straße nach und öffnen die Schlagbäume. Binnen weniger Minuten stürmen tausende nach Westberlin, wo schon viele Neugierige warten. Hunderte von Trabbis und Wartburgs fahren hupend durch das Spalier begeisterter Westberliner und im Autokorso weiter zum Ku'damm. Bezechte Nachtschwärmer tanzen mit Sektflaschen in der Hand auf der Mauer – in Sichtweite der Grenztruppen mit Kalaschnikows und Wasserwerfern. Viele Gastronomen schenken Freibier aus. Während die DDR-Bürger nach Westberlin strömen, nutzen viele Westberliner die Gelegenheit zu einem Bummel durch den Osten. Am Morgen sagt Bürgermeister **Walter Momper** (geb. 1945): „Gestern Nacht war das deutsche Volk das glücklichste auf der Welt."

Das **Brandenburger Tor** wird am 22. Dezember wieder geöffnet. An Silvester feiern rund um das Tor 500.000 Menschen.

Wählerstimmen für Rechts

Experten und linke Gruppen hatten schon lange gewarnt. Doch für den Großteil von Politik und Bevölkerung ist es ein Schock, als im Januar bei den Wahlen zum Berliner Abgeordnetenhaus die **Republikaner** aus dem Stand auf 7,5 Prozent der Stimmen kommen und als erste rechte Partei seit 20 Jahren in ein deutsches Parlament einziehen. Auch im Ausland wird das Ergebnis mit großer Besorgnis zur Kenntnis genommen und schürt alte Ressentiments gegen Deutschland. Am 12. März kommt mit der NPD auch in Hessen eine rechtsradikale Partei über die Fünf-Prozent-Hürde. Bei den Europawahlen im Juni kommen die Republikaner auch bundesweit auf 7,1 Prozent.

Allgemein ist man sich einig, dass die steigende Zukunftsangst der Menschen den Rechten in die Hände spielt. Der typische Wähler ist männlich, eher unterprivilegiert und theoretisch nationalistisch. Er möchte zwar ein Deutschland in den Grenzen von 1937, ist aber keineswegs bereit, mit DDR-Flüchtlingen oder Aussiedlern aus dem Osten zu teilen. Vielen geht es nur um Dampfablassen gegen „die da oben". Im Gegensatz zu den Behauptungen der Republikaner stimmt es nicht, dass Wirtschaft und Polizei hinter der neuen Partei stehen.

Uneins ist man sich über den Umgang. CDU-Generalsekretär **Heiner Geißler** (geb. 1930) gibt die Parole aus: „Mit einer solchen Malzkaffee-Partei – braun, billig und von vorgestern – reden wir nicht, die wird von uns bekämpft." Der CSU-Vorsitzende **Theo Waigel** (geb. 1939) dagegen wirft Geißler vor, mit der Öffnung der CDU nach links, ein Vakuum am rechten Rand verursacht zu haben, dass die Rechten genutzt hätten. Die Union müsse deshalb auf dem Gebiet der Rechts- und Innenpolitik, vor allem im Asyl- und Ausländerrecht mehr Entschlossenheit zeigen. Generell gibt es heftige Meinungsverschiedenheiten, ob die Union die Rechten eher neutralisiert oder fördert, indem sie sich um eine Einbindung am rechten Rand bemüht.

- Kreditkarten: Während bisher nur vier Prozent der Deutschen Kreditkarten benutzten, bringt eine Aktion des ADAC, der seinen Mitgliedern die Visa-Card anbietet, die Trendwende
- Gorbatschow: Bei seinem Besuch in Deutschland im Juni schlägt dem sowjetischen Staats- und Parteichef und seiner Frau Raissa eine Sympathiewelle entgegen, die Medien und ausländische Beobachter als „Gorbimania" bespötteln.
- Pfarrer-Serien: Nach dem Überraschungserfolg von *Oh Gott, Herr Pfarrer* mit Robert Atzorn startet das ZDF *Mit Leib und Seele* mit Günther Strack in der Hauptrolle
- Kampfsport: Noch relativ unbemerkt von der Öffentlichkeit wird das brutale Kickboxen bei Jugendlichen immer beliebter
- Frauenkrimis: Nachdem bisher vor allem Engländerinnen und Amerikanerinnen wie Sara Paretsky mit ihrer Detektivin Vic Warshawski für Bestseller sorgten, ziehen jetzt die deutschen Autorinnen nach, z. B. Doris Gercke mit Bella Block oder Christine Grän mit der neugierigen Klatschkolumnistin Anna Marx
- Lambada: Ein Bein der Tänzerin zwischen die Schenkel des Partners, dazu die Bäuche aneinander gepresst und die Hüften in extreme Rotation versetzt, so funktioniert der Tanzhit des Jahres theoretisch. In der Praxis gelingt dieser „simulierte Beischlaf" eher weniger
- Fast-Food: Total außer Mode dagegen kommt das Kochen. Der moderne Mensch von 1989 ernährt sich von „Lila Pause" und Müsliriegeln, „Heißer Tasse" oder dem „Bistro-Schlemmerteller", der nur in die Mikrowelle geschoben werden muss. Deutschland wird zu einem Volk situativer Einzelesser, wie die Soziologen sagen. McDonald's verzeichnet einen Rekordgewinn

RAF tötet Herrhausen

Am 30. November wird mit dem Vorstandssprecher der Deutschen Bank, **Alfred Herrhausen** (1930–89), der vermutlich einflussreichste deutsche Wirtschaftsführer von der RAF ermordet. Wie schon 1986 bei dem Anschlag auf Siemens-Manager **Karl Heinz Beckurts** (1930–86) wird eine Bombe genau in dem Augenblick gezündet, in dem der gepanzerte Wagen des Opfers darüber fährt. Die Begleitfahrzeuge vor und nach ihm bleiben unbeschädigt. Selbst Herrhausens Fahrer kommt mit Verletzungen davon. Herrhausen galt als der am besten geschützte Mensch in Deutschland. Seine Gefährdung war bekannt. Schließlich war er als Aufsichtsratmitglied diverser Großfirmen führender Repräsentant dessen, was die **RAF** als **militärisch-industriellen Komplex** bezeichnet. Die Ermittler vermuten aber auch, dass die RAF ein Zeichen setzen wollte, nachdem ein Hungerstreik von RAF-Häftlingen, der eine Zusammenlegung erzwingen sollte, im Mai ergebnislos geendet hatte und danach spekuliert worden war, ob die RAF künftig auf gewalttätige Aktionen verzichten werde.

Polizeibeamte am Wrack der Herrhausen-Limousine

Giftgas für Libyen

Als die *New York Times* berichtet, deutsche Firmen seien maßgeblich am Bau einer **Giftgasfabrik in Libyen** beteiligt, reagieren Medien und Politik in Deutschland mit Empörung. Selbst der nicht gerade regierungs- und industriefreundliche *Spiegel* hält die Vorwürfe für unwahrscheinlich. Ausgerechnet von den Amerikanern, die bisher maßgeblich die Ächtung von Chemiewaffen behindern, möchte man sich diesen Vorwurf nicht machen lassen. Doch sehr schnell muss man erkennen, dass die Vorwürfe wahr sind. Die Firma Imhausen-Chemie hat Pläne und Ingenieure für den Bau einer Fabrik geliefert und das Ganze durch den Bau einer Anlage in Hongkong getarnt. Mehr noch: US-Präsident **Reagan** (1911–2004) hat die Bundesregierung bereits im November 1988 informiert. Die ersten „nicht gerichtsverwertbaren Hinweise" hat es sogar schon 1986 gegeben.

Bei Ermittlungen in der Firma werden auch noch 170 Kilogramm Amphetamine mit einem Schwarzmarktwert von 30 Millionen Mark sichergestellt. Der Geschäftsführer wird festgenommen. Im Verlauf der Ermittlungen wird bekannt, dass auch noch andere deutsche Firmen gegen die strengen deutschen Rüstungsexportgesetze verstoßen haben und z. B. am Bau eines Raketenzentrums im Irak beteiligt waren. Die Gesetze werden umgangen, indem man das kriegstaugliche Material z. B. nach Frankreich und Italien liefert oder in andere Länder, die den Rüstungsimport in Spannungsgebiete nicht untersagt haben.

HAUSMÄNNER

Eine Studie der Freien Universität Berlin untersucht das neue Phänomen „Hausmänner". Der Einstieg in diese Karriere, so stellt sich heraus, ist extrem schwierig. Arbeitgeber reagieren mit Ablehnung, ja Wut, greifen teilweise aber auch zu massiver Bestechung, um Präzedenzfälle zu verhindern. Kollegen sind bestürzt und verständnislos. Die Aufstiegschancen sinken nach der Entscheidung rapide. Einmal zu Hause empfinden die meisten Männer das erste Jahr mit ihren Kindern als sehr befriedigend, während die ewige Putzerei sie nervt. Nach einem Jahr jedoch schlägt den meisten der einsame Kampf mit schreienden Kindern, der Sortierung von Koch- und Feinwäsche und dem ständig wiederkehrenden Schmutz, der einen zum Don Quichotte zu machen scheint, aufs Gemüt. Das Modell, so das Fazit, funktioniert eigentlich nur mit Teilzeitarbeit — wie es sich auch die meisten Frauen wünschen. Denn die fürchten nicht nur, dass sie ihren Kindern entfremdet werden, wenn sie Vollzeit arbeiten, sondern auch, dass der Mann auf Dauer zu Hause „lieb, aber uninteressant" wird.

Abtreibungsprozess in Memmingen

Für eine starke Polarisierung der Öffentlichkeit sorgt der Prozess gegen einen 50-jährigen Memminger Frauenarzt, der im September 1988 begonnen hat. Der Arzt wird beschuldigt, zahlreiche **illegale Abtreibungen** ohne Feststellung einer Notlage vorgenommen zu haben. Nach der seit 1975 geltenden **Indikationslösung** ist der Schwangerschaftsabbruch straffrei, wenn z. B. eine medizinische, seelische oder soziale Notlage der Frau vorliegt. Um zu beweisen, dass eine solche Notlage oft nicht vorgelegen habe, lässt das Gericht hunderte von Zeuginnen vorladen. Sie müssen intimste Einzelheiten und Details zu ih-

Der Angeklagte (r.) mit seinem Anwalt im Gerichtssaal

rer finanziellen und privaten Situation preisgeben. Wie der Richter weinenden Zeuginnen erklärt, warum er keine Notlage sieht, wenn sie z. B. noch das Familienauto hätten verkaufen können, um das vierte Kind zu finanzieren, wird von vielen Beobachtern als regelrechte Hexenjagd empfunden. Auch als die Faktenlage längst ausreichend ist, um über das Handeln des Angeklagten zu entscheiden, wird weiter eine um die andere Frau vorgeführt. Außerdem wird bekannt, dass Krankenhäuser in Memmingen vielfach auch gesetzlich erlaubte Abtreibungen verweigert hätten. Die Hardliner unter den Abtreibungsgegnern jedoch nutzen den Prozess, um für eine harte Bestrafung aller Beteiligten und eine Verschärfung der gesetzlichen Lage zu protestieren. Am 5. Mai wird der Arzt zu zweieinhalb Jahren Gefängnis und dreijährigem Berufsverbot verurteilt. Ende Oktober hebt das Oberlandesgericht München das Berufsverbot wieder auf.

Doppelsieg in Wimbledon

Am 9. Juli triumphieren die beiden deutschen Tennisstars gemeinsam: **Steffi Graf** (geb. 1969) und **Boris Becker** (geb. 1967) holen sich die Einzeltitel bei den Internationalen Tennismeisterschaften im englischen **Wimbledon**. Für Becker ist es der vierte Sieg auf dem heiligen Rasen, für Graf der dritte. Steffi Graf setzt sich wie im Vorjahr gegen Martina Navratilova (geb. 1956) in drei Sätzen durch (6:2, 6:7, 6:1). Becker besiegt den Schweden Stefan Edberg (geb. 1966) glatt mit 6:0, 7:6, und 6:4. Im Halbfinale hatte er sich mit dem Weltranglistenersten Ivan Lendl (geb. 1960) ein dramatisches Match geliefert. Den historischen **Doppelsieg** können jedoch nur die 12,5 Millionen deutschen Haushalte verfolgen, die RTL plus empfangen, das für fünf Millionen Mark die Übertragungsrechte erworben hat. ARD und ZDF, die sich entschlossen hatten, auf die Zweitverwertungsrechte, die sie immer noch eine Million Mark gekostet hätten, zu verzichten, um ein Zeichen gegen die Preistreiberei zu setzen, werden danach heftig angegriffen. Die Zuschauer, die nicht einmal Kurzberichte der Spiele präsentiert bekamen, reagieren extrem sauer auf die beiden öffentlich-rechtlichen Sender.

Freudestrahlend präsentieren Steffi Graf und Boris Becker ihre Trophäen

DDR

Der Anfang

Walter Ulbricht

Am 7. Oktober 1949 wird die DDR gegründet. Präsident wird **Wilhelm Pieck** (1876–1960), Ministerpräsident **Otto Grotewohl** (1894–1964). Doch der eigentliche „starke Mann" ist **Walter Ulbricht** (1893–1973), der 1950 Generalsekretär der Sozialistischen Einheitspartei SED wird.

Stasi und Schauprozesse

Im Januar 1950 wird das Ministerium für Staatssicherheit (Stasi) gegründet. In den **Waldheimer Prozessen** werden im April dieses Jahres Tausende von Häftlingen in irregulären, teils nur wenige Minuten dauernden Verfahren wegen nationalsozialistischer Verbrechen verurteilt, darunter einige zum Tode. Die internationalen Proteste sind so groß, dass viele Verfahren 1952 revidiert werden. Auch innerhalb der SED finden „Säuberungen" statt. Die Vorwürfe lauten etwa „Sozialdemokratismus", „Trotzkismus", Sabotage, Kontakt zu angeblichen Spionen oder Engagement für die Entschädigung der Juden.

Die Grenze entsteht

Im Mai 1952 beginnt die Schließung der Grenzen zum Westen. Entlang der deutsch-deutschen Grenze werden der **Todesstreifen** und eine fünf Kilometer breite **Sperrzone** eingerichtet. Dabei werden einige Dörfer und Höfe zerstört. Außerdem werden im Rahmen der „Aktion Ungeziefer" bis zu 12.000 Menschen, die als politisch unzuverlässig eingestuft werden, vom Grenzgebiet in das Landesinnere umgesiedelt.

Der 17. Juni

Die massenhafte Abwanderung in den Westen und das nicht gerade glänzende Funktionieren der Planwirtschaft bringen die DDR 1953 wirtschaftlich in die Krise. Die SED beschließt eine Erhöhung der Normen um mindestens zehn Prozent, woraufhin es auf zwei Berliner Baustellen am 16. Juni erst zu Streiks und bis zum Abend zu **großen Demonstrationen** kommt, auf denen auch politische Forderungen, z. B. nach freien Wahlen, erhoben werden. Am nächsten Tag kommt es im ganzen Land zu Streiks, Demos und der **Besetzung staatlicher Einrichtungen**. Am Nachmittag beginnen die sowjetischen Besatzungsbehörden mit Panzern und Soldaten gegen die Aufständischen vorzugehen. 55

DER TRABBI

Am 23. Oktober 1956 wird er erstmals vorgestellt: Das „Auto der DDR", der Trabant (slaw.: Begleiter). Insgesamt werden bis April 1991 über drei Millionen Exemplare hergestellt. Anfangs entspricht der „Trabbi" als robuster, sparsamer, aber geräumiger Kleinwagen dem Stand der Zeit. Doch in der Folge erlebt die „Rennpappe" kaum Innovationen und ist bald technisch veraltet. Das gilt vor allem für den Zweitaktmotor. Da die Bürger jedoch – vom viel teureren Wartburg abgesehen – keine Alternative haben, sparen sie trotzdem jahrelang auf ihren Trabbi. Nach der Wende bekommt das Auto Kultstatus, hat aber wirtschaftlich keine Zukunft, weshalb die Produktion bald eingestellt wird.

Menschen werden getötet, Tausende verhaftet, sieben davon zum Tod verurteilt. Die offizielle DDR-Geschichtsschreibung spricht später von einem von außen inszenierten Putschversuch.

Jugendweihe statt Konfirmation

Am 27. März 1955 findet die erste **offizielle Jugendweihe** in Ost-Berlin statt. Offiziell deshalb, da dieser Ersatz für die protestantische Konfirmation und die katholische Firmung nicht von der SED erfunden wurde, sondern von Freidenker-Verbänden Mitte des 19. Jahrhunderts. Auch in der DDR gab es anfangs private Jugendweihen in nicht konfessionell gebundenen Familien, die vom Staat eher ungern gesehen wurden. Die staatliche Jugendweihe wird auf Befehl der Sowjetunion eingeführt, die sich dadurch eine „Gesundung der politischen Lage in der DDR" erhofft. Nach einem Vorbereitungskurs, einer Mischung zwischen politischer Erziehung und gemeinsamer Freizeitgestaltung, geloben die 14-jährigen in feierlichem Rahmen ihre **Treue zum sozialistischen Staat**. Anschließend haben sie das Recht, mit „Sie" angesprochen zu werden und erhalten einen Personalausweis.

Digedags und Abrafaxe

Der Westen hat die Disneyhefte, der Osten seit 1955 *MOSAIK*. Helden des **Comicheftes** sind zunächst die drei Digedags Dig, Dag und Digedag. Anders als Micky Maus und Donald Duck erleben diese keine einzelnen kleinen Abenteuer, sondern sind über mehrere Hefte hinweg z. B. in der Südsee, im Alten Rom, im Mittelalter, bei berühmten Erfindern oder im Weltraum unterwegs. Als ihr Zeichner **Hannes Hegen** (geb. 1925) sich 1975

mit dem Verlag überwirft, werden die Digedags durch die Abrafaxe Abrax, Brabax und Califax ersetzt, die die Wende überleben und zum längsten Fortsetzungsroman der Welt werden. Bei ihren Abenteuern reisen sie durch sämtliche Epochen der Weltgeschichte und begegnen Kaiser Barbarossa, dem Sonnenkönig oder Kublai Khan.

MOSAIK-Heft mit Dig, Dag und Digedag

Propaganda im Schwarzen Kanal

Am 12. März 1960 geht **Karl-Eduard von Schnitzler** (1918–2001) mit dem *Schwarzen Kanal* zum ersten Mal auf Sendung. Anhand von Ausschnitten aus dem Westfernsehen, das er als schwarzen Abwasser- und Unratkanal ansieht, zieht er über den Westen her und versucht die Überlegenheit der DDR zu beweisen. Dabei liefert er sich regelrechte bissige Duelle mit der älteren Westsendung *Die rote Optik* und später mit dem *ZDF-Magazin*. Die Sendung wird auch

AUCH DAS GESCHIEHT IN DEN 50er-JAHREN

- 1950: Die Volljährigkeit wird von 21 auf 18 Jahre herabgesetzt
- 1951: Der erste Fünfjahresplan startet
- 1955: Die DDR wird Mitglied des Warschauer Pakts
- 1956: Die Nationale Volksarmee (NVA) wird gegründet
- 1956: Die Entstalinisierung führt zur Freilassung Zehntausender politischer Gefangener
- 1959: Das Sandmännchen hat seinen ersten Auftritt im DDR-Fernsehen

zur ideologischen Schulung verwendet. Aber ein Großteil der DDR-Bürger sieht lieber direkt Westfernsehen, sofern man es empfangen kann.

Drama in Zwickau

Bei einer **Explosion im Steinkohlebergwerk** „Karl-Marx" in Zwickau werden 174 Bergleute in über 1000 Meter Tiefe verschüttet. Sieben Tage lang versuchen Rettungskräfte aus dem ganzen Land und der Tschechoslowakei alles, was möglich ist. Ein Hilfsangebot aus dem Ruhrgebiet wird jedoch ausgeschlagen. Nur 51 Menschen können lebend geborgen werden. Als dann nach sechs Tagen das Feuer erneut aufflammt, wird der betreffende Schachtabschnitt zugemauert, da man davon ausgeht, dass keiner der Vermissten noch am Leben sein kann.

Die Grenze wird dicht

1961 sind vermutlich bereits 2,7 Millionen Menschen seit Kriegsende von Ost- nach Westdeutschland übergesiedelt. Die **SED-Führung** beschließt, diesen Exodus zu stoppen, indem sie das letzte Schlupfloch schließt: die **Grenze durch Berlin**. In der Nacht vom 12. auf den 13. August beginnen Tausende von Soldaten, Polizisten und Angehörige von Betriebskampfgruppen die Straßen zwischen Ost- und Westberlin abzusperren und anschließend zu vermauern. Viele Menschen unternehmen einen letzten verzweifelten Fluchtversuch, indem sie sich z. B. aus den Häusern entlang der Grenze abseilen. Bis September gelingt jedoch noch 400 Menschen die Flucht. Dazu kommen 85 Sicherheitskräfte, die desertieren.

Der Volkspolizist Conrad Schumann springt in den Westen

AUCH DAS GESCHAH IN DEN 60er-JAHREN

- 1961: Skispringer Helmut Recknagel gewinnt zum dritten Mal die Vier-Schanzen-Tournee
- 1961: Die Langzeitdokumentation *Die Kinder von Golzow* beginnt
- 1961: Geburtsstunde des Ampelmännchens
- 1963: West-Berliner dürfen ihre Verwandten im Osten wieder besuchen
- 1964: DDR-Rentner erhalten die Erlaubnis, ihre Verwandten im Westen zu besuchen
- 1966: In Rheinsberg wird das erste Kernkraftwerk in Betrieb genommen
- 1968: Knapp 500 Menschen, die gegen die Niederschlagung des Prager Frühlings demonstrieren, werden festgenommen
- 1968: In Leipzig eröffnet das „konsument", das damals größte Warenhaus der DDR
- 1969: Der Fernsehturm im Zentrum Berlins wird für das Publikum geöffnet

NVA für alle

Angesichts der heftigen Wiederbewaffnungsdiskussion im Osten hat die SED-Führung die NVA zunächst als **Freiwilligenarmee** gegründet. Doch da die angestrebte Stärke von 170.000 Soldaten nicht erreicht wird, muss das Prinzip aufgegeben werden. 1962 wird eine **allgemeine Wehrpflicht** von 18 Monaten eingeführt. Zwar wird auf Drängen der Kirchen 1964 die Möglichkeit eröffnet, den Dienst als „Bausoldat" auch ohne Waffe abzuleisten, doch in der Öffentlichkeit ist das wenig bekannt. Zudem sind die Bausoldaten zahlreichen Schikanen unterworfen, vor allem auch, wenn es um ihre anschließende berufliche Karriere geht, z. B. eine Zulassung zum Studium.

Die DDR bei Olympia

Nachdem sich das Internationale Olympische Komitee (IOC) lange geweigert hat, das Nationale Olympische Komitee (NOK) der DDR anzuerkennen, und 1956, 1960 und 1964 ein gesamtdeutsches Team bei den Spielen aufgelaufen ist, darf bei den Olympischen Spielen 1968 in Grenoble und Mexiko City erstmals eine **Mannschaft der DDR** teilnehmen. In Grenoble ist der Erfolg noch bescheiden: Es gibt fünf Medaillen, darunter eine goldene im Rodel-Doppelsitzer. Auch im Rodelwettbewerb der Frauen kommen die beiden Schnellsten aus der DDR. Doch als festgestellt wird, dass ihre Kufen unerlaubt erhitzt wurden, werden sie disqualifiziert. Die ostdeutsche Mannschaftsleitung beschuldigt daraufhin die westdeutsche der Verschwörung. In Mexiko schafft man es jedoch bereits auf Platz fünf der Nationenwertung und liegt mit **neun Goldmedaillen** deutlich vor der Bundesrepublik, die nur fünf Erstplatzierte vorweisen kann.

Einmarsch der Olympioniken der DDR

FILM-HIGHLIGHTS DER DDR
⮑ 1951: *Der Untertan* von Wolfgang Staudte
⮑ 1953: *Der kleine Muck* von Wolfgang Staudte
⮑ 1963: *Nackt unter Wölfen* von Frank Beyer
⮑ 1966: *Spur der Steine* von Frank Beyer
⮑ 1973: *Die Legende von Paul und Paula* von Heiner Carow
⮑ 1975: *Jakob der Lügner* von Frank Beyer
⮑ 1980: *Solo Sunny* von Konrad Wolf

Der Klassenfeind im Friedrichstadtpalast

Kalter Krieg hin oder her: **Wolfgang E. Struck** (1920–89), Intendant des Berliner Friedrichstadtpalastes, gelingt es, **internationale Stars** aus dem feindlichen Westen in sein Theater zu holen. Als erster US-Star tritt 1965 der Jazz-Trompeter Louis Armstrong (1901–71) mit seinen All Stars auf. Die Begeisterung ist so groß, dass er statt zehn sechzehn Konzerte gibt, neben Berlin in Leipzig, Magdeburg, Erfurt und Schwerin. Im Friedrichstadtpalast treten u. a. auch Liza Minelli, Caterina Valente und Udo Jürgens auf.

Jubel für Willy Brandt

Der neue Bundeskanzler **Willy Brandt** (1913–92) kommt 1970 zum ersten deutsch-deutschen Gipfeltreffen und trifft sich dort mit Ministerpräsident **Willi Stoph** (1914–99). In Erfurt bereitet die Bevölkerung dem Gast aus dem Westen einen begeisterten Empfang und feiert ihn mit „Willy, Willy"-Sprechchören – eine große Irritation für die DDR-Führung, die so etwas nicht erwartet hatte.

Ulbricht geht, Honecker kommt

Vermutlich sind es seine Vorbehalte gegen den beginnenden Dialog mit Westdeutschland, die dazu führen, dass SED-Chef **Walter Ulbricht** (1893–1973) 1971 „aus gesundheitlichen Grünen" zurücktreten muss. Mit der Rückendeckung

Erich Honecker

DDR

Moskaus wird er vom FDJ-Vorsitzenden und Sicherheitssekretär des ZK **Erich Honecker** (1912–94) abgelöst.

Neue Grundlagen

Am 21. November 1972 schließen die DDR und die Bundesrepublik den **Grundlagenvertrag** über ihre gegenseitige Beziehung. Er tritt am 21. Juni 1973 in Kraft und sieht eine Anerkennung der jeweiligen Grenzen und der Selbstständigkeit der anderen Seite vor. Beide Partner erklären, **gute nachbarliche Beziehungen** unterhalten zu wollen, die Grundsätze der Vereinten Nationen anzuerkennen und sich an der **Konferenz für Sicherheit und Zusammenarbeit** in Europa (KSZE) zu beteiligen. Damit ist der Weg für weitere praktische Abkommen bereitet, z. B. im Post- und Fernmeldewesen, aber auch für vereinfachte Besuchsregelungen und Familienzusammenführungen.

Woodstock des Ostens

1973 inden die sozialistischen **Weltfestspiele der Jugend und Studenten** zum zweiten Mal nach 1951 in Ost-Berlin statt. In der DDR-Hauptstadt treffen sich vom 28. Juli bis zum 5. August Millionen Jugendliche, darunter Besucher aus 140 Ländern. In der Stadt sind fast 100 Bühnen aufgebaut, auf denen u.a. auch moderne Beat- und Rockmusik gespielt wird. Überall sitzen Jugendliche zusammen, diskutieren und spielen Gitarre. Die Polizei gibt sich freundlich und zurückhaltend und die Atmosphäre ähnelt der ähnlicher Happenings im Westen. Der neue SED-Chef **Erich Honecker** hat eine **kontrollierte Öffnung** befohlen, um der Welt ein positives Bild der DDR vorzuführen. Hinter den Kulissen sind die Sicherheitskräfte allerdings schwer aktiv. Viele Menschen werden bereits im Vorfeld heimlich verhaftet und unter den Jugendlichen befinden sich zahlreiche geschulte Stasi-Mitarbeiter, die in die Diskussionen unauffällig steuernd eingreifen.

Das Tor des Jürgen Sparwasser

Fußballweltmeister 1974 wird die Bundesrepublik Deutschland. Doch im letzten Spiel der Vorrunde muss sie eine herbe Niederlage einstecken. Durch ein Tor von **Jürgen Sparwasser** (geb. 1948) siegt die DDR im ersten und einzigen Duell zwischen den beiden deutschen Staaten und sichert sich

Sparwasser beim 1:0 gegen die Bundesrepublik

den **Gruppensieg** vor Westdeutschland. In der harten zweiten Finalrunde führen Niederlagen gegen die Niederlande und Brasilien bei lediglich einem Unentschieden gegen Argentinien dann zum Aus. Trotzdem wird der Sieg gegen die Bundesrepublik zum Mythos. Held Sparwasser hat 1988 allerdings trotzdem genug von der DDR und setzt sich in den Westen ab.

Das Fanal von Zeitz

Am 18. August 1976 übergießt sich der regimekritische evangelische Pfarrer **Oskar Brüsewitz** (geb. 1929) in Zeitz mit Benzin und zündet sich an. Vier Tage später stirbt er im Krankenhaus an seinen Verletzungen. Auf einem Transparent

AUCH DAS GESCHIEHT IN DEN 70er-JAHREN

- 1970: Die dänische Kultserie *Die Olsen-Bande* kommt in die Kinos
- 1971: Im Fernsehen läuft die erste Folge von *Polizeiruf 110*
- 1972: Die erste Sendung der Show *Ein Kessel Buntes* wird ausgestrahlt
- 1973: Die DDR und die Bundesrepublik Deutschland werden Mitglied der UNO
- 1973: Die DDR reagiert auf die akute Wohnungsnot mit einem Wohnungsbauprogramm, das zur Errichtung von rund zwei Millionen Plattenbauwohnungen führt
- 1976: Eröffnung des Palasts der Republik
- 1979: Amnestie für über 20.000 Gefangene anlässlich des 30. Jahrestages der DDR

erklärt er die Unterdrückung der Kinder und Jugendlichen im Kommunismus zum Grund seiner Tat. Die SED-Regierung versucht den Fall erst zu vertuschen. Als das nicht gelingt, stellt sie Brüsewitz als Psychopathen dar. Doch auch damit hat sie kein Glück. Ein Artikel über den Pfarrer im Neuen Deutschland trieft derart vor Bösartigkeit, dass es Protestbriefe von Lesern hagelt, auch von vielen, die selbst nicht religiös sind. Eine Gruppe von „35 jungen Marxisten", darunter die Liedermacherin **Bettina Wegner** (geb. 1947), richtet ein Protestschreiben an die SED. Der Fall Brüsewitz führt dazu, dass sich kirchliche und politische **Opposition** zu formieren beginnen.

Der Fall Biermann

Knapp zwei Monate nach der Selbstverbrennung von Oskar Brüsewitz äußert sich der in der DDR mit Auftrittsverbot belegte Musiker **Wolf Biermann** (geb.1936) bei einem Konzert im Westen kritisch über sein Heimatland. Obwohl er manches an der DDR auch gegen Vorwürfe verteidigt, beschließt die DDR am 16. August seine Ausbürgerung. Über **100 namhafte Künstler** protestieren gegen diese Maßnahme und fordern, dass sie zurückgenommen wird. Die SED-Führung reagiert mit Maßnahmen gegen die Unterzeichner. Viele von ihnen werden ebenfalls zur Ausreise gedrängt bzw. bekommen eine Ausreiseerlaubnis. Die DDR verliert Künstler wie Katharina Thalbach (geb. 1954), Armin Müller-Stahl (geb. 1930) und Manfred Krug (geb. 1937).

Die Kaffeekrise

Bohnenkaffee ist eines der wichtigsten Importgüter in der DDR und schon in den 50er-Jahren ist es für die Regierung oft schwierig, die nötigen Devisen für den Import zu beschaffen. 1976 schnellt der Kaffeepreis aufgrund von Missernten in Brasilien in die Höhe. Die DDR versucht sich zu behelfen, indem sie **Ersatzkaffee** in das Pulver mischt, doch „Erichs Krönung", wie das Volk spottet, kommt überhaupt nicht an. Der Unmut ist derart groß, dass die Regierung doch die dringend anderweitig benötigten Devisen opfert, aber gleichzeitig eine **Kooperation mit Vietnam** beginnt, die dazu führt, dass das ostasiatische Land heute einer der größten Kaffeeproduzenten ist.

Der erste Deutsche im All

Sigmund Jähn

1978 liegt **Sigmund Jähn** (geb. 1937) im Rahmen einer sowjetischen Mission für sieben

HITS DER 70er-JAHRE

- *Ein himmelblauer Trabant* (Sonja Schmidt)
- *Jeder Tag ist ein neuer Anfang* (Dagmar Frederic)
- *Wie ein Stern* (Frank Schöbel)
- *Wer die Rose ehrt* (Klaus-Renft-Combo)
- *Wenn ein Mensch lebt* (Puhdys)
- *Du hast den Farbfilm vergessen* (Nina Hagen)
- *Auf der Wiese haben wir gelegen* (Veronika Fischer)
- *Am Fenster* (City)
- *Über sieben Brücken musst du gehn* (Karat)

Tage zur **Raumstation Saljut 6** und führt zahlreiche Experimente im All aus. Die Begeisterung in der Heimat ist riesengroß. Spötter behaupten, die DDR hätte eine neue Maßeinheit eingeführt. „Ein Jähn" sei der Abstand von einem Jubelplakat zum nächsten.

„Frieden schaffen ohne Waffen"

Aufkleber: „Schwerter zu Pflugscharen"

Auch in der DDR formiert sich angesichts der neuen Aufrüstungen der beiden Blocksysteme die **Friedensbewegung**. 1980 wird in der kirchlichen Jugendarbeit eine **Friedensdekade** in den zehn Tagen vor Buß- und Bettag ausgerufen. 1982 veröffentlichen **Robert Havemann** (1910–82) und **Rainer Eppelmann** (geb. 1943) den „Berliner Appell – Frieden schaffen ohne Waffen". 1983

demonstrieren in Dresden etwa 100.000 Menschen für den Frieden. Im gleichen Jahr lässt **Friedrich Schorlemmer** (geb. 1944) auf dem Kirchentag in Wittenberg symbolisch ein Schwert zu einer Pflugschar umschmieden. Bei Jugendlichen werden Aufnäher mit dem Bibelspruch „Schwerter zu Pflugscharen" als Zeichen der Rebellion populär. Das führt dazu, dass die Kleidung oft beschlagnahmt oder der Spruch herausgeschnitten wird.

Flucht in die Botschaften

1984 wird sechs Menschen, die sich in die Botschaft der USA geflüchtet haben, nach langen Verhandlungen die **Ausreise** gewährt. Dies führt dazu, dass einige Hundert Menschen in verschiedene westdeutsche Botschaften flüchten. Im Sommer 1984 müssen mehrere Botschaften wegen Überfüllung geschlossen werden. In **Prag** treten Flüchtlinge in den Hungerstreik. Die DDR-Regierung bewegt die Menschen schließlich mit der Zusage, Straffreiheit zu gewähren und ihre Ausreiseanträge wohlwollend zu prüfen, zum Verlassen der Botschaften. Insgesamt dürfen 1984 über 40.000 Menschen in den Westen ausreisen.

Klänge aus dem Westen

Etwa 4000 junge Menschen versammeln sich im Juni 1987 direkt an der Mauer, um einem **Rockkonzert in West-Berlin** mit Koryphäen wie David Bowie und Phil Collins vor dem Reichstag zu lauschen. Als sie sich von der Polizei nicht vertreiben lassen, setzt diese Schlagstöcke, Hunde und andere Waffen ein. Hunderte von Jugendlichen, die „Gorbi, Gorbi" oder „Die Mauer muss weg" skandieren, werden verhaftet. Ein Jahr später kommt es bei einem ähnlichen

Konzert, bei dem diesmal Michael Jackson, Pink Floyd, Nina Hagen und Udo Lindenberg auftreten, trotz zahlreicher Verhaftungen und scharfer Sicherheitsvorkehrungen im Vorfeld wieder zu Versammlungen und Demonstrationen an der Ostseite des Brandenburger Tors.

Das schönste Gesicht des Sozialismus

So wird die Eiskunstläuferin **Katharina Witt** (geb. 1965) von der Westpresse bezeichnet. Mit anmutigen Pirouetten und einem strahlenden Lächeln läuft sie sich auch in die Herzen der westlichen Fernsehzuschauer. 1986 scheint die dunkelhäutige US-Amerikanerin **Debi Thomas** (geb. 1968) ihr den Rang abzulaufen. Bei den **Olympischen Spielen 1988** in Calgary gibt es den großen Showdown: Beide Läuferinnen haben Musik aus Carmen gewählt, in beiden Heimatländern wird aus dem Kampf der Sportlerinnen der Kampf der Systeme gemacht. Debi Thomas scheint die Stärkere, doch sie patzt und Katharina Witt triumphiert zum zweiten Mal bei Olympia.

Katharina Witt in Calgary

Nur weg

1988 erklärt der neue Kreml-Chef **Michail Gorbatschow** (geb. 1931), die Sowjetunion werde sich künftig nicht mehr in die inneren Angelegenheiten der Warschauer-Pakt-Staaten einmischen. In Polen und Ungarn beginnen daraufhin Reformen, die im Mai 1989 in Ungarn zu einem Abbau der Grenzbefestigungen führen. Da die eigene Regierung keinerlei Willen zu **Glasnost** (Transparenz) und **Perestroika** (Umgestaltung) zeigt, suchen viele DDR-Bürger ihr Heil in der Flucht. Wie 1984 flüchten sie in die bundesdeutschen Botschaften in Prag, Warschau und Budapest oder warten in Ungarn auf eine Möglichkeit, die Grenze überwinden zu können. Als am 30. September die **Ausreiseerlaubnis für die Botschaftsflüchtlinge** bekannt wird, heizt dies die Stimmung in der DDR auf. Am 4. Oktober versammeln sich Tausende von Menschen auf dem Dresdner Hauptbahnhof, in der Hoffnung, in die Züge zu gelangen, mit denen die Botschaftsflüchtlinge in den Westen gebracht werden. Daraus entwickeln sich schwere Auseinandersetzungen zwischen Demonstranten und Sicherheitskräften. Drei Tage später lässt Erich Honecker den 40. Jahrestag der DDR feiern, als gäbe es keine Probleme und keine Reformforderungen. Staatsgast Gorbatschow wird hierzu sinngemäß zitiert: „Wer zu spät kommt, den bestraft das Leben."

Immer montags in Leipzig

Seit 1982 veranstaltet Pfarrer **Christian Führer** (geb. 1943) jeden Montag um 17 Uhr in der **Leipziger Nikolaikirche** Friedensgebete. Immer wieder schreitet die Stasi gegen die Teilnehmer ein. So auch am 4. September, als die Gläubigen nach dem Gebet mit Plakaten für Reisefreiheit demonstrieren. Trotzdem gehen die

Montagsdemo 1989 in Leipzig

Montagsdemonstrationen weiter und werden ab dem 2. Oktober zur Massenbewegung. Die Angst marschiert immer mit. Vor allem am 9. Oktober gibt es zahlreiche Gerüchte, eine gewaltsame Niederschlagung sei geplant. Trotzdem kommen über 70.000. Die gefürchtete Eskalation bleibt aus.

Der Ansturm auf den Westen

Es ist kurz vor 23 Uhr, als die Grenztruppen an der Bornholmer Straße in Berlin am **9. November** angesichts der anstürmenden Menschenmassen nachgeben und die Grenze öffnen. Berlin ist in dieser Nacht außer Rand und Band. Innerhalb der nächsten zwei Tage fahren drei Millionen Menschen in den Westen, bis zum 20. November haben etwa elf der 16 Millionen DDR-Bürger die geöffnete Grenze passiert. Jeder erhält 100 Mark Begrüßungsgeld, mancherorts sogar mehr, die meist unverzüglich in Schokolade, Südfrüchte und Ähnliches umgesetzt werden. Viele siedeln in der Umbruchszeit auch gleich in den Westen über. Dabei wird so manche Familie zerrissen.

Reform oder Wiedervereinigung

Die Oppositionsgruppen, wie das Neue Forum, das sich am 10. September 1989 gründet, treten für eine Reform der DDR ein. Auch die Bevölkerung wünscht bei einer Befragung im Dezember 1989 vor allem Reformen. Nur 27 Prozent sprechen sich für eine Wiedervereinigung aus. Doch bei den **ersten freien Volkskammerwahlen** am 18. März gewinnen überraschend die Parteien, die für eine Wiedervereinigung eintreten. Bundeskanzler **Helmut Kohl** (geb. 1930) setzt sich dafür ein, dass dies rasch geschieht. Am 3. Oktober 1990 werden die östlichen Bundesländer in die Bundesrepublik Deutschland aufgenommen. Im Nachhinein wird der Vereinigungsprozess, bei dem vieles in der DDR unter die Räder kam, oft heftig kritisiert. Andererseits befürchtet man damals, eine langsame Umsetzung würde die Massenabwanderung in den Westen nicht stoppen.

AUCH DAS GESCHIEHT IN DEN 80er-JAHREN

- 1981: Matthias Domaschk, Mitglied der evangelischen Jungen Gemeinde Jena, wird von der Stasi verhaftet und stirbt unter mysteriösen Umständen
- 1982: Die Sowjetunion beginnt mit der Stationierung von mobilen SS-21-Kurzstreckenraketen
- 1983: Franz Josef Strauß fädelt einen Milliardenkredit für die DDR ein. Im Gegenzug werden die Selbstschussanlagen an der Grenze abmontiert
- 1983: Udo Lindenberg gibt ein Konzert im Palast der Republik
- 1984: Die zweimillionste Wohnung, die im Rahmen des Wohnungsbauprogramms seit 1970 gebaut wurde, wird feierlich übergeben
- 1984: Bei den Olympischen Winterspielen in Sarajewo stellt die DDR die erfolgreichste aller Mannschaften
- 1987: Die Todesstrafe wird offiziell abgeschafft. Die letzte Hinrichtung wird in aller Heimlichkeit 1991 vollzogen

DIE NEUNZIGER JAHRE

Das Ende des Kalten Krieges

In den 90er-Jahren geht in vielerlei Hinsicht ein Ruck durch die Welt. Die beiden großen politischen Strömungen des 20. Jahrhunderts – die demokratisch-kapitalistische westliche Hemisphäre einerseits und der aus Moskau zentral gelenkte sozialistische Osten andererseits – haben ihren Kampf so gut wie beendet. Nach der Öffnung des Eisernen Vorhangs im Jahr 1989 und damit dem Ende der Moskau treuen DDR bröckelt der Ostblock in nahezu atemberaubendem Tempo auseinander. Ein sozialistisches Land nach dem anderen kündigt dem großen sowjetischen Bruder die Gefolgschaft auf und nähert sich – anfangs noch vorsichtig – dem westlichen Bündnis an: weil es am sagenhaften Wirtschaftswachstum des Westens partizipieren will und

weil die Menschen den „Einheitsbrei" des sozialistischen Alltags nicht mehr ertragen können. Sie glauben nicht mehr an die Versprechungen ihrer Politiker, die ihnen seit der russischen Revolution Lenins zu Beginn des 20. Jahrhunderts eine schöne und heile sozialistische Welt versprochen hatten und diesem Anspruch nicht einmal im Ansatz gerecht werden konnten.

Die Folgen der Einheit

Deutschland selbst hat die Folgen des Zweiten Weltkriegs überwunden und ist vereint. Es hat seinen europäischen Nachbarn und der Welt durch jahrzehntelange politische Zuverlässigkeit glaubhaft gemacht, dass von ihm für die Zukunft keinerlei Gefahr mehr ausgehen wird. Dies ist nicht zuletzt einer Politik zu verdanken, die auf alte demokratische Gepflogenheiten im Innern und auf den diplomatischen Ausgleich in der Außenpolitik zurückzuführen ist.

Doch der Paukenschlag der deutschen Einheit, der dank der dafür günstigen weltpolitischen Lage im Nachhinein als einfach und konsequent erscheinen mag, will sich auch Jahre danach nur schwer in den Köpfen der Menschen verankern. Sie sehen sich einer Welt gegenüber, die sich mit der sogenannten Globalisierung rasant verändert. Mit dem Kapital wandern auch die Arbeitsplätze zuhauf dorthin, wo der maximale Profit lockt: in die prowestlichen Länder Osteuropas und vor allem in die industriellen Schwellenländer, wo die Menschen ohne sozialem Schutz ihrer Arbeit nachgehen müssen. Viele Menschen im Osten trauern deshalb nach der ersten Wiedervereinigungs-Euphorie der verlorenen Sicherheit nach, die ihnen das DDR-System geboten hat. Vor allem die Freiheit, einen Arbeitsplatz wählen zu können, zählt für manche wenig gegenüber der „Arbeitsplatzgarantie" im Sozialismus.

Brandenburger Tor: Symbol der deutschen Einheit

Arbeitslosigkeit statt „blühender Landschaften"

Mit dem wirtschaftlichen Niedergang Deutschlands, das von einem internationalen Spitzenplatz unter den Industrienationen in vielen Belangen auf einen der hinteren Plätze in Europa zurückzufallen droht, endet gleichsam die Ära von „Einheitskanzler" Helmut Kohl. Er hatte dem Osten bei der Vereinigung „blühende Landschaften" versprochen und trotz milliardenschwerer Geldtransfers von Westdeutschland

Ein Mann protestiert vor dem Reichstagsgebäude in Berlin

nach Ostdeutschland das wirtschaftliche Ausbluten der östlich der Elbe liegenden Regionen nicht verhindern können. Hoffnungsträger sind Sozialdemokraten und Grüne, die nach ihrem Wahlsieg 1998 allerdings auch kein Patentrezept gegen Kapitalflucht und Arbeitsplatzschwund finden. Die 90er-Jahre sind für die Bundesrepublik auch deshalb eine besondere Herausforderung, weil sie nicht nur – wie alle westlichen Industrienationen – die veränderten Bedingungen in der globalisierten Welt meistern, sondern überdies die beträchtlichen Kosten der Wiedervereinigung schultern muss. Außerdem gehört die deutsche zu den Gesellschaften in Europa, bei denen sich die schleichende Überalterung schon jetzt besonders bemerkbar macht, was zu einer Belastung der Sozialkassen führt. Regierung und Opposition sind bei den meisten Reformen zur Einigung gezwungen, da die Opposition die Mehrheit im Bundesrat hat. Wenn also Kompromisse überhaupt gelingen, dann sind sie keine großen Würfe.

Helmut Kohl

Spaßgesellschaft und Generation X

Die wirtschaftliche Lage und damit die Lebensperspektive verdüstert sich in den 90er-Jahren für viele in der Gesellschaft mehr und mehr. Kompensiert wird dies mit der massenhaften Flucht in die sogenannte Spaßgesellschaft mit ihren zynischen TV-Clowns wie Harald Schmidt oder Anke Engelke. Und wer's noch ein wenig „blöder" mag, konsumiert die Musik der „Doofen"

Blick auf die tanzende Menschenmenge an der Siegessäule bei der musikalischen Abschlusskundgebung der Love Parade im Berliner Bezirk Tiergarten

oder weidet sich an den inhaltslosen Wort-Ergüssen eines pubertierenden Daniel Küblböck, der von geldhungrigen TV-Managern zum „Star" erklärt wird. Alles wird durch den Kakao gezogen und die bedrohliche Realität damit verniedlicht. In seinem Buch *Generation X* spiegelt der kanadische Autor Douglas Coupland den Zeitgeist treffend wider. Und so wird der Titel auch Synonym für eine Jugend, die von Aushilfsjobs lebt und den Traum der Selbstverwirklichung aufgegeben hat, den die Elterngeneration noch mehr oder weniger erfolgreich ausleben konnte.

Gewalt von rechts

Für die Aktivisten der rechtsradikalen Ecke ist eine solche Zeit Gold wert: Sie beschwören einen neuen unheilvollen Nationalismus und erreichen mit ihren Parolen vor allem junge Leute aus den vernachlässigten Schichten. Gerade Jugendliche aus dem Osten, die erleben müssen,

dass ihre Eltern Wendeverlierer sind, sind anfällig für das faschistische Gedankengut. Aber die rechten Gewalttäter sind ein gesamtdeutsches Phänomen. Glatzköpfig und in Springerstiefeln zeigen diese offen ihren Hass auf die Gesellschaft. Ihre Gewalt richtet sich vor allem gegen Ausländer. Doch auf ihr Konto gehen auch Brandanschläge auf jüdische Synagogen. Protestwähler, die den etablierten Parteien einen Denkzettel verpassen wollen, sorgen dafür, dass Neofaschisten in Kommunal- und Landesparlamente einziehen, wo die braunen Fraktionen aber regelmäßig sehr schnell Auflösungserscheinungen zeigen. Mit „Lichterketten gegen rechts" zeigen die Demokraten im Land den Neonazis die Grenzen auf und verhindern damit, dass der Ruf der Deutschen weltweit wieder einmal ins Bodenlose sinkt.

Wilde Love-Parade und schnelle Flitzer

Die 90er-Jahre sind aber auch die Zeit, in der Hunderttausende in Berlin und anderen Großstädten des Kontinents auf „Love-Parades" der Techno-Musik huldigen und in den Kinderzimmern die altehrwürdige *Sesamstraße* in den *Teletubbies* ihren TV-Nachfolger findet. Mit Mauerschützenprozessen und verstohlenen Blicken in Stasi-Akten wird die DDR-Vergangenheit teilweise aufgearbeitet und der letzte Trabbi, auf den keiner mehr acht Jahre oder länger sehnsüchtig und geduldig gewartet hat, läuft vom Band. 1991 startet Deutschland mit dem ICE in das Zeitalter der superschnellen Schienenflitzer und muss bereits 1998 einen herben Tribut an die Geschwindigkeit zahlen, als einer der Hochgeschwindigkeitszüge im niedersächsischen Eschede entgleist und in seinen Trümmern viele Passagiere sterben.

Sportliche Glanzlichter

Sportliches Highlight ist sicherlich der WM-Titel im Fußball 1990, der aus Team-Manager Franz Beckenbauer eine „unsterbliche Fußball-Ikone" werden und den EM-Titel unter Berti Vogts in der Rückschau verblassen lässt. Doch die unglaublichen Siegesserien der Tennis-Idole Boris Becker und Steffi Graf stehen dem Fußball-Leckerbissen in nichts nach. Die Nation schwelgt im Tennisfieber. Und Deutschland wird auch von Sportlern aus anderen Disziplinen verwöhnt: Als „Gold-Franzi" macht der hübsche Ost-Teenager Franziska van Almsick im Schwimmsport den Fischen in punkto Schnelligkeit Konkurrenz und die Formel-1 bringt einen Michael Schumacher hervor, der im Auto-Rennsport alle bisherigen Rekorde schlagen kann. Der erste Tour de France-Sieg eines Deutschen lässt die Radsport begeisterte Nation aufleben, ist man doch bei diesem klassischsten aller Rennen bislang hinterhergefahren. Mit seinem Sieg in Paris avanciert Jan Ullrich 1997 binnen weniger Tage zum beliebtesten Sportler Deutschlands. Dass seine Karriere zehn Jahre später wegen Dopingverdacht enden wird, kann damals noch niemand ahnen.

Alltag: Handys, Internet und Gentechnik

Computertechnik und Mobilfunk erleben in den 90er-Jahren einen entscheidenden Technologie-Sprung: Der PC hält in nahezu jeden Haushalt Einzug. Mit etwas Geschick kann auf einmal jeder seine Bankgeschäfte von zu Hause aus erledigen, über eBay an Online-Auktionen teilnehmen oder einfach nur sein Wissen aus dem Internet beziehen. Das Handy, Mitte der 90er-Jahre noch Angebersymbol, wird zur Jahrtausendwende zum Muss. In der U-Bahn oder im Café mischen sich die Handyklingeltöne aufdringlich in die bereits vorhandene Geräuschkulisse ein. Und auch die Gentechnik verändert unser Leben: Als erster Klon macht das Schaf Dolly weltweit Schlagzeilen. Die Entschlüsselung des menschlichen Genmaterials lässt auf bislang ungeahnte Fortschritte in der Medizin hoffen und in der Verbrechensbekämpfung kann die DNA-Analyse erste spektakuläre Erfolge verzeichnen. Mit gentechnisch veränderten Pflanzen ist möglicherweise ein Schritt zur Beseitigung des Hungers in der Welt getan. Diese Entwicklungen rufen allerdings nicht nur bei grundsätzlichen Gegnern der modernen Wissenschaften Widerstand hervor. Denn die „Nebenwirkungen" der Gentechnik liegen nach wie vor im Dunkeln. Der Aufbruch in ein neues Zeitalter hat schon vor dem Millennium begonnen. Was der technologische Fortschritt jedoch bringen wird, muss das neue Jahrtausend noch zeigen.

Handys und Internet bestimmen die 90er-Jahre

Wiebke holzt Süddeutschland ab

In der Nacht vom 26. auf den 27. Februar bekommen Millionen Menschen in Deutschland kaum ein Auge zu: Orkan **Wiebke** tobt mit Windgeschwindigkeiten von über 200 Stundenkilometern über das Land und richtet besonders in den **Wäldern Süddeutschlands** verheerende Schäden an. Das als Jahrhundertereignis betitelte Unwetter hinterlässt quer durch Europa eine Schneise der Verwüstung. Für den Waldbestand verzeichnen die Forstverwaltungen die schlimmsten Sturmschäden des Jahrhunderts.

Entwurzelte und abgeknickte Bäume im Wald im Landkreis Straubing (Bayern)

POLITIKER-ATTENTATE

Das bislang wohl geschichtsträchtigste Jahr der Bundesrepublik Deutschland wird von zwei Attentaten überschattet, die beide großen Volksparteien CDU und SPD gleichermaßen treffen und als Beginn der Bodyguard beschirmten Politiker-Ära in Deutschland zu werten sind:

Am 25. April trifft es SPD-Kanzlerkandidat Oskar Lafontaine. Auf einer Wahlveranstaltung wird er von einer geistesgestörten Frau durch Messerstiche lebensgefährlich verletzt. Lafontaine überlebt und kann seine Politikerkarriere fortsetzen. Als Vorsitzender der SPD lenkt er von 1995–99 die Geschicke seiner Partei.

Nur wenige Monate später, am 3. Oktober, schießt ein – ebenfalls geistesgestörter – Mann auf den CDU-Regierungspolitiker Wolfgang Schäuble. Das Attentat auf einer Wahlkampfveranstaltung im badischen Oppenau hat für den „Vermittler der deutschen Einheit" nachhaltige Folgen: Schäuble ist gelähmt und seither auf den Rollstuhl angewiesen. Auch er prägt trotz eingeschränkter Bewegungsfreiheit die politischen Geschicke Deutschlands in den nachfolgenden Jahren.

Die deutsche Küste erlebt in der Zeit vom 26. bis zum 28. Februar zwei Sturmfluten, zwei Orkanfluten und eine Windflut. Nur wenige Tage vor Wiebke hatte bereits Orkan Vivian die Menschen in Angst und Schrecken versetzt. Europa zählt nach den Unwettern fast 100 Todesopfer und die Zahl derjenigen, die in der vom Menschen verursachten Klimaerwärmung die Ursache allen Übels sehen, steigt rapide an. Vivian und Wiebke stellen Waldbesitzer und Forstleute hinsichtlich der Aufarbeitung, des Transports und der Lagerung des Sturmholzes vor eine gewaltige Aufgabe: Allein im bayerischen Staatswald werden etwa eine Million Festmeter Holz über einige Jahre hinweg nass gelagert.

Freie Wahlen und Westmark in der DDR

Nachdem sich 1989 die politischen Ereignisse in der DDR quasi überschlagen haben – beginnend mit den Montagsdemonstrationen über die Öffnung der Berliner Mauer und der innerdeutschen Grenze bis hin zum Zerfall der Staatspartei SED – ist mit dem neuen Jahr der Weg für die **ersten freien demokratischen Wahlen** in der DDR geebnet. Bei den Wahlen zur Volkskammer am 18. März erringt ein Wahlbündnis aus CDU, DSU und Demokratischem Aufbruch, das unter dem Namen **Allianz für Deutschland** auftritt, eine deutliche Mehrheit. Zusammen mit der Ost-SPD bildet die Allianz eine große Koalition unter Ministerpräsident **Lothar de Maizière** (CDU, geb. 1940). Die Mehrheit der DDR-Bevölkerung erwartet von der neuen Regierung mit der **Westmark** die Segnungen des durch Mauerfall und Reisefreiheit „greifbaren" westlichen Wohlstands kapitalistischer Prägung. Der massive Druck führt gegen die Stimmen der Kritiker, die den DDR-Sozialismus reformieren wollen, am 1. Juli zur **Wirtschafts-, Sozial- und Währungsunion** zwischen der Bundesrepublik und der DDR. Die Deutsche Mark wird offizielles Zahlungsmittel. Als die Wechselstuben öffnen, kann man letztmalig ein lange berüchtigtes DDR-Phänomen bestaunen: Endlose Menschenschlangen harren geduldig auf die aus den Bundesdruckereien lastwagenweise herangekarrten Scheine und Münzen, um ihr wertlos gewordenes Geld im Verhältnis 1:1 einzutauschen.

Brandenburger Tor in Berlin: Symbol für die Deutsche Einheit

Erbe der Planwirtschaft

Wohin mit den **Volkseigenen Betrieben** (VEB)? Das sogenannte Volksvermögen passt mit dem Start der Wirtschafts-, Sozial- und Währungsunion zwischen der Bundesrepublik und der DDR nicht mehr so recht ins Bild des deutschen Einigungsfahrplans. Auf Beschluss der DDR-Volkskammer wird es deshalb am 1. Juli der **Treuhandgesellschaft** unterstellt. Etwa 8500 Betriebe, in denen mehr als vier Millionen Menschen arbeiten, sollen nach den Grundsätzen der sozialen Marktwirtschaft privatisiert oder stillgelegt werden. Dies scheint nötig, um die Effizienz und Wettbewerbsfähigkeit der Unternehmen zu sichern. Mit der **Wiedervereinigung** am 3. Oktober wird die Treuhand eine Anstalt des öffentlichen Rechts unter der Aufsicht des Bundesfinanzministeriums. Nachdem der Treuhandchef **Detlev Karsten Rohwedder** (1932–91) im April 1991 durch Terroristen der RAF ermordet wird, tritt die CDU-Politikerin **Birgit Breuel** (geb. 1937) seine Nachfolge als Präsidentin der Treuhandanstalt an. Am 31.12.1994 wird die Treuhandanstalt schließlich aufgelöst und die verbliebenen Aufgaben auf mehrere Folgegesellschaften verteilt. Die Bilanz ist erschreckend: Erlösen aus Privatisierungen in Höhe von rund 60 Milliarden DM stehen Ausgaben von weit über 300 Milliarden DM gegenüber. Die Maxime „Privatisierung vor Sanierung" hat viele Betriebe unnötig zerschlagen. Es kam zu massenhaftem **Fördermittelmissbrauch,** da in den Anfangsjahren keine Arbeitsplatzgarantien in den Privatisierungsverträgen enthalten waren.

WIND OF CHANGE

Mit ihren Konzerten in der damaligen UdSSR bewirken die Scorpions, dass die sowjetischen Behörden im August 1989 den Weg für das legendäre „Moscow Music Peace Festival" freigeben. Hier spielen die Hannoveraner mit weiteren internationalen Größen wie Bon Jovi, Skid Row und Ozzy Osbourne sowie der sowjetischen Band Gorky Park vor 260.000 Fans im Leninstadion. Die Eindrücke aus dem Konzert verarbeitet Klaus Meine im September 1989 im Hit *Wind Of Change.* Er wird weltweit als Soundtrack zur Öffnung des „Eisernen Vorhangs", dem Niedergang des Kommunismus und dem Ende des „Kalten Kriegs" angesehen, zur Hymne von Glasnost und Perestroika. *Wind Of Change* ist Anfang der 90er-Jahre die erfolgreichste Single. Die Scorpions nehmen sogar eine russische Version auf. Und sie gewinnen einen prominenten Fan: 1991 wird die deutsche Rockgruppe von Michail Gorbatschow, dem letzten amtierenden sowjetischen Staats- und Parteichef, zu einem Gedankenaustausch im Kreml empfangen. Ein in der Geschichte der UdSSR und in der Rockwelt bisher einzigartiges Ereignis.

Rockkonzert mit Kultstatus

Es ist nicht einmal ein Jahr seit dem Fall der Mauer in Berlin vergangen, als am 21. Juli auf dem Potsdamer Platz – historisches Zentrum Berlins – das bis dahin größte **Rockkonzert** der Geschichte stattfindet: Viele, die in der internationalen Musikszene Rang und Namen haben, interpretierten auf Einladung von **Roger Waters** (geb. 1943) das Pink-Floyd-Mammutwerk *The Wall.* Vor über 300.000 Menschen spielen die Stars mit Unterstützung einer Rockband, dem Chor und Orchester des Ostberliner Rundfunks sowie der Marschkapelle der sowjetischen Streitkräfte sämtliche Hits aus dem Jahrhundert-Album.

An den Fernsehschirmen verfolgen über 300 Millionen Zuschauer über ZDF und 3sat die Veranstaltung mit Kultstatus.

Deutschland vereint

Am 3. Oktober wird für viele Deutsche ein Traum wahr, der so nur vor dem Hintergrund einer günstigen weltpolitischen Konstellation möglich wurde: Mit der **Vereinigung der beiden deutschen Staaten** werden im Europa des ausgehenden 20. Jahrhunderts endgültig die politischen Folgen des Zweiten Weltkriegs beseitigt. Verfassungsrechtlich handelt es sich bei der **Wiedervereinigung** allerdings um den Beitritt der Gebiete der ehemaligen DDR (und Ostberlins) zur Bundesrepublik Deutschland. Man spricht daher auch vom sogenannten **Beitrittsgebiet.** Doch das ist den meisten Menschen an diesem 3. Oktober egal. Wie sich später jedoch herausstellen wird, ist die politische Einheit nicht so leicht in den Köpfen und Herzen der Deutschen

det von nun an ein eigenständiges Bundesland und wird wieder zur **Hauptstadt** Deutschlands.

Deutschland im Fußballfieber

Kaiser Franz kann's auch als Trainer! Es ist erst 16 Jahre her, dass **Franz Beckenbauer** (geb. 1945) im eigenen Land den **Weltmeistertitel** mit der deutschen Fußball-Nationalmannschaft gewinnen konnte. Jetzt darf er als Teamchef erneut auf dem Gipfel des Fußball-Olymps verharren:

Bundesinnenminister Wolfgang Schäuble (l.) und DDR-Staatssekretär Günther Krause bei der Unterzeichnung des Vereinigungsvertrags. In der Mitte DDR-Ministerpräsident Lothar de Maizière

zu verankern. Es bedarf wohl eines Jahrzehnte langen Prozesses, bis die vollständige Angleichung der Lebensverhältnisse bewältigt ist und aus „Wessis" und „Ossis" gesamtdeutsche „Wossis" werden und auch die oft zitierte „Mauer im Kopf" fällt.

Voraussetzung für die deutsche Einheit war die Unterzeichnung des **Zwei-plus-Vier-Vertrags** (Vertrag zwischen den vier Siegermächten des Zweiten Weltkriegs und den beiden deutschen Staaten) am 12. September, der dem neuen Deutschland zur vollen Souveränität verhalf. Ein Preis dafür war die formelle Anerkennung der Oder-Neiße-Linie als polnische Westgrenze. Am 14. Oktober folgt die Neugründung der fünf Bundesländer Brandenburg, Mecklenburg-Vorpommern, Sachsen, Sachsen-Anhalt und Thüringen. Die wiedervereinigte Stadt Berlin bil-

POLITISCHE UND SOZIALE SLOGANS IN DEN 90ERN

- ⮑ Alphabetisierung: Schreib dich nicht ab
- ⮑ Amnesty International: Für die Menschenrechte
- ⮑ Blutspende: Jeder Tropfen hilft
- ⮑ Caritas: Jeder Mensch braucht eine Wohnung. Eine Bank ist kein Zuhause
- ⮑ CDU: Freiheit – Wohlstand – Sicherheit
- ⮑ CDU: Auf in die Zukunft – aber nicht auf roten Socken
- ⮑ Deutscher Kinderschutzbund: Helfen statt Schweigen
- ⮑ DGB: Zeichen setzen: für Gleichberechtigung, Toleranz und Gerechtigkeit
- ⮑ Die Grünen: Grün ist der Wechsel
- ⮑ Evangelische Kirche Deutschland: Ohne Sonntag gibt's nur noch Werktage
- ⮑ PDS: Für die Schwachen eine starke Opposition
- ⮑ SPD: Oskar ... find ich Kanzler
- ⮑ SPD: Gemeinsam sind wir stark
- ⮑ WWF: Mensch, die Zeit drängt

Am 8. Juli schlägt das deutsche WM-Team im Endspiel von Rom Titelverteidiger Argentinien mit 1:0 und holt damit den dritten WM-Titel nach 1954 und 1974 nach Deutschland. Spielentscheidend ist der verwandelte Foulelfmeter von Andy Brehme (geb. 1960) in der 85. Spielminute. Er bleibt in der insgesamt schwachen Begegnung auch einziger und – umstrittener – Treffer. Die Zeitlupeneinspielung scheint zu beweisen, dass Rudi Völlers (geb. 1960) „Strafraumschwalbe", die zum Strafstoß führte, ohne Einwirkung des Gegners erfolgte. Doch das stört einen Fußballfan im Nachhinein nicht mehr, hatte doch die Elf um Kapitän Lothar Matthäus (geb. 1961) beim 4:1 gegen Jugoslawien in der Vorrunde und im Achtelfinale mit einem 2:1 gegen den amtierenden Europameister Niederlande überzeugende Leistungen gezeigt. Und auch auf ihren „Fußball-Krimi" mussten die deutschen Fans nicht verzichten. Den gab es beim 5:4 (nach Elfmeterschießen) im Halbfinale gegen England. Und so rollen denn auch in der lauen Sommernacht des Triumphes wild hupende Autokorsos durch die Straßen der deutschen Städte. Für Italien wird die Fußball-WM zum finanziellen Erfolg: Mit etwa 2,5 Millionen verkauften Eintrittskarten schlägt sie alle vorangegangenen Turniere.

Nelson Mandela und Frederik de Klerk (1993)

Nelson Mandela frei

Nach über 27 Jahren Haft wird der Südafrikaner **Nelson Mandela** (geb. 1918) – Symbolfigur der schwarzen Befreiungsbewegung – am 11. Februar auf freien Fuß gesetzt. Er bestärkt die Hoffnung auf ein Ende der Apartheidpolitik, die seit 1948 das Leben der Schwarzen in Südafrika bestimmt. Kernelemente der **Großen Apartheid** (seit Mitte der 80er-Jahre) sind die räumliche Trennung von Schwarzafrikanern und Weißen, was zur Zwangsumsiedlung in „homelands" und „townships" führt, sowie das Verbot jeglicher politischer Mitwirkung für die Schwarzafrikaner.

Eingeleitet wird der Reformprozess in Südafrika von Staatspräsident **Frederik Willem de Klerk** (geb. 1936), der wenige Wochen nach seiner Amtseinführung im Oktober 1989 die ersten prominenten Gefangenen aus der Haft entlässt. Im Februar hebt er das Verbot der Schwarzenorganisation **ANC** (African National Congress) auf. Der Präsident des ANC, Nelson Mandela, wird 1994 der erste Präsident einer gemischten Regierung. Als Staatschef und Präsident des ANC leitet Mandela die Umgestaltung des Staats und der Gesellschaft weg von der Apartheid und der Minderheitenherrschaft. Er gewinnt internationalen Respekt für sein Eintreten für nationale und internationale Versöhnung. Mandela und de Klerk erhalten 1993 den Friedensnobelpreis.

Jelzin betritt die Bühne

Am 29. Mai wird der Reformer **Boris Jelzin** (1931–2007) zum Parlamentspräsidenten der russischen Unionsrepublik gewählt. Einer der schärfsten Kritiker von **Michail Gorbatschow** (geb. 1931) betritt damit die politische Bühne.

Boris Jelzin

Er soll zu seinem wichtigsten Gegenspieler werden. Bereits am 12. Juni erklären die Volksdeputierten mit 901 gegen 113 Stimmen die Russische Föderation innerhalb der UdSSR für souverän. Die Folge: Jelzin ist nun in der Lage, alle Anordnungen und Befehle Gorbatschows zurückzuweisen. Ein zweites Machtzentrum neben Moskau entsteht: In Russland leben rund 50 Prozent der Sowjetbürger. Jelzin tritt am 12. Juli aus der KPdSU aus, kurz darauf schafft er per Erlass sämtliche Privilegien für Führungskader ab. Ein Jahr später, am 12. Juni 1991, wird der populäre Politiker Jelzin als erster Präsident der sowjetischen Teilrepublik Russland direkt gewählt.

Saddam marschiert in Kuwait ein

Ein Vermittlungstreffen am 31. Juli in Dschidda scheitert. Daraufhin marschieren in einer **nächtlichen Blitzaktion** am 2. August irakische Truppen in das Emirat Kuwait ein und besetzen alle strategisch wichtigen Punkte. Am 4. August kontrolliert der Irak Kuwait komplett. Der Emir von Kuwait flieht nach Saudi-Arabien und bildet dort eine provisorische Regierung. Der UN-Sicherheitsrat verurteilt den Einmarsch, und am 6. August verhängt er ein totales **Handelsembargo** gegen den Irak. Nur die Lieferungen von Medikamenten und Lebensmitteln sind ausgenommen. Am 8. August schließlich erklärt

Saudische und amerikanische Soldaten während des Irak-Kriegs

Saddam Hussein (1937–2006) Kuwait zur 9. Provinz des Irak. Grenzprobleme zwischen dem Irak und Kuwait hat es immer gegeben. Mit der Unabhängigkeit von Kuwait – im Jahre 1961 – hat sich der Irak nie abgefunden. Neben historisch bedingten Gebietsansprüchen spielte aber auch die Sicherung des strategisch wichtigen Zugangs zum Persischen Golf eine Rolle. Schließlich benötigt Saddam Hussein, den nach dem Ende des verlustreichen Golfkriegs von 1988 milliardenschwere Schulden drücken, Kapital. Das reiche Kuwait verfügt über 120 Milliarden Dollar Auslandsreserven.

DAS SIND DIE TOPHITS DES JAHRES

- *Verdammt ich lieb dich* – Matthias Reim
- *Nothing Compares 2 U* – Sinéad O'Connor
- *Sadness Part 1* – Enigma
- *Toms Diner* – DNA & Suzanne Vega
- *Another Day In Paradise* – Phil Collins

Der Mann aus dem Eis

Am 19. September macht das Bergsteiger-Ehepaar **Erika und Helmut Simon** einen grausigen Fund in den Ötztaler Alpen: Vor ihnen in einem Schmelzwassersee des Similaun-Gletschers liegt die rund 5000 Jahre alte Mumie eines Mannes. **Ötzi**, wie man den 1,60 Meter großen, etwa 45-jährigen Mann aus der Jungsteinzeit liebevoll nennt, ist – bis auf Bandscheibenverschleiß und eine Pfeilverletzung – nahezu unversehrt. Er wird in das gerichtsmedizinische Institut der Universität Innsbruck transportiert, wo Wissenschaftler feststellen, dass sie den bislang ältesten Fund eines menschlichen Körpers in Händen halten.

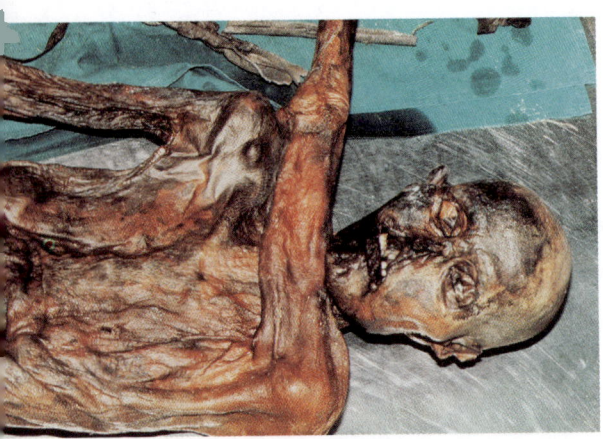

Blick auf die mumifizierte, rund 5000 Jahre alte Leiche Ötzi

Bei der Leiche des an einigen Körperteilen tätowierten Gletschermannes findet man Reste seiner Bekleidung: gegerbte Felle, Grasmantel, Mütze, Gürtel, Lendenschurz und Schuhe. Bei seinem letzten Gang ins Eis trug Ötzi eine umfangreiche Ausrüstung mit sich, die es ihm ermöglichte, über einen längeren Zeitraum seiner Siedlung fernzubleiben und sich selbst zu versorgen: Nähzeug, Schmuck, ein Messer mit Steinklingen, Feuersteine und ein Bronzebeil. Nicht zu vergessen einen Bogen aus Ebenholz und 14 Pfeile.

Seit 1998 ruht Ötzi im Südtiroler Archäologiemuseum von Bozen. Bei minus sechs Grad Celsius und 98 Prozent Luftfeuchtigkeit belegt der Gletschermann einen eigens für ihn konstruierten Kühlraum. Ein Fenster gewährt Museumsbesuchern Einblick in die Spezialvitrine.

Berlin schlägt Bonn

Mit 338 gegen 320 Stimmen entscheidet sich der Bundestag im Bonner Wasserwerk am 20. Juni nach stundenlangen Diskussionen knapp für **Berlin** als zukünftigen **Parlaments- und Regierungssitz** des vereinigten Deutschlands. Der Umzug nach Berlin ist damit beschlossene Sache. Die Parlamentarier einigen sich darauf, dass der Bundestag ins **Reichstagsgebäude** unweit des Brandenburger Tors einzieht. Der Abstimmung gingen wochenlang hitzige und emotional aufgeladene Debatten, Verhandlungen, Werbe- und Unterschriftenaktionen voraus. Selbst parteiintern war man sich uneins. Während die einen in Bonn ein Symbol für den demokratischen Neubeginn nach dem Zweiten Weltkrieg sehen und vor immensen Umzugskosten warnen, erinnern die anderen an die vielfältigen Traditionen, mit welchen das einst preußische Berlin aufwartet. Für sie bedeutet Berlin als Hauptstadt politische Kontinuität.

Mittlerweile haben die wichtigsten politischen Entscheidungsgremien der Bundesrepublik Deutschland ihren Sitz in Berlin. In **Bonn** haben weiterhin sechs Ministerien ihren ersten, die übrigen elf ihren zweiten Dienstsitz. Am Rhein sind 11.500 Beschäftigte der Bundesregierung tätig, in Berlin sind es 8300. Bonn hat sich

MAASTRICHT – DER WEG ZUR EUROPÄISCHEN UNION

Ein Meilenstein in der Geschichte Europas: Am 12. Dezember beschließen die zwölf Staats- und Regierungschefs der Europäischen Gemeinschaft (EG) im niederländischen Maastricht die Bildung der Europäischen Union (EU). Kernstück der größten und umfassendsten Reform seit den Römischen Verträgen von 1957 ist die Einrichtung einer Wirtschafts- und Währungsunion (WWU) mit einer gemeinsamen Währung bis 1999. Grundlage der Europäischen Union sind die drei bestehenden Gemeinschaftsverträge, die gemeinsame Außen- und Sicherheitspolitik sowie die Zusammenarbeit in den Bereichen Justiz und Inneres. Daher spricht man auch von den drei Säulen der Union beziehungsweise einer Tempelkonstruktion.

Ziele der Union sind die Förderung eines ausgewogenen und dauerhaften wirtschaftlichen und sozialen Fortschritts, insbesondere durch die Schaffung eines Raums ohne Binnengrenzen, die Stärkung des wirtschaftlichen und sozialen Zusammenhalts und die Errichtung einer Wirtschafts- und Wäh-rungs-union. Der Vertrag eröffnet der Europäischen Gemeinschaft in zahlreichen Politikfeldern neue Handlungsspielräume. So enthält der Vertrag weiterführende Bestimmungen in den Bereichen Kultur, Bildung, transeuropäische Netze, Industrie, Forschung und Entwicklung, Umwelt sowie Verbraucherschutz. Ausgeweitet werden die Kompetenzen auch in der Sozialpolitik. Zur Förderung eines Europas der Bürger wird eine Unionsbürgerschaft eingeführt, die jedem EU-Bürger das kommunale Wahlrecht an seinem Wohnort innerhalb der Union und den konsularischen Schutz der Mitgliedsstaaten garantiert.

Das Vertragswerk war nicht unumstritten. Die immer engere Union war vielen Europa-Politikern nicht eng genug. Bei anderen wiederum riefen die Verträge die Angst vor dem Verlust nationaler Souveränität hervor.

zur einzigen **UNO-Stadt** in Deutschland entwickelt. Mehr als 600 Mitarbeiter in zwölf Einrichtungen der Vereinten Nationen sind am Rhein beschäftigt.

Schneller ICE-Start

Die Deutsche Bundesbahn leitet das Hochgeschwindigkeitszeitalter ein – ein Meilenstein in der deutschen Eisenbahngeschichte. Schöner, bequemer, schneller: Am 1. Juni startet vom Bahnhof Hamburg-Altona der **Intercity-Express** (ICE) zu seiner Jungfernfahrt nach München. In sieben Stunden und 15 Minuten erreicht er mit Spitzengeschwindigkeiten bis zu 250 Stundenkilometern die bayerische Metropole. Mit dem Hochgeschwindigkeitszug setzt die Deutsche Bahn auf die schnelle Städteverbindung, um mit dem innerdeutschen Flugverkehr konkurrieren zu können. Vorbild ist der französische TGV, der bereits seit 1981 zwischen Paris und Lyon fahrplanmäßig mit 270 Stundenkilometern verkehrt. Inzwischen gibt es mit dem ICE 2 und 3 verbesserte Hochgeschwindigkeitszüge der zweiten und dritten Generation und schließlich mit dem ICE-TD einen Dieseltriebzug mit Neigetechnik,

Diesel-ICE mit Neigetechnik

der speziell auf kurvenreichen Altstrecken eingesetzt wird.

Doch nicht nur in Deutschland oder Frankreich werden Hochgeschwindigkeitszüge entwickelt und verbessert. Auch in Spanien (AVE) oder Schweden (X2000), in Italien (ETR 500), Großbritannien (Intercity 225) und Russland (Sokol) bestimmen die Schienen-Jets die Zukunft der Bahn und ihrer Strecken. Vorbild sind oft die japanischen Shinkansen-Züge, die mit mehr als 443 Stundenkilometern über die Schienen „fliegen".

Bye, bye Trabbi

Eine Legende nimmt Abschied. Nach 28 Produktionsjahren rollt am 30. April der letzte von der Treuhand subventionierte **Trabant 601** in Zwickau vom Band. Fast drei Millionen Mal wurde er produziert. Als die Serienproduktion des **Ost-Käfers** am 10.7.1958 anläuft, ist der Trabant P50 ein im Vergleich absolut konkurrenzfähiges Fahrzeug. Die aus dem Rohstoffmangel der DDR entstandene **Duroplast-Karosserie** ist leicht und rostresistent, die anfangs rund 18 PS (später 20 PS) lassen den P50 wegen seines geringen Gewichts so agil fahren wie einen VW Käfer. Das Frontantriebskonzept mit Zweitakt-Motor entspricht ebenfalls dem Stand des Klein-

Trabbi

Dem Kanadier Douglas Coupland gelingt mit seinem Buch *Generation X – Geschichten für eine immer schneller werdende Kultur* etwas, wovon vermutlich jeder Autor träumt: Er wird praktisch über Nacht weltweit berühmt. Mehr noch: Der Begriff „Generation X" wird zum Schlagwort für eine Jugendbewegung. In dem Roman geht es um drei Angehörige der Generation X, drei „twentysomethings", zwischen 1960 und 1970 geborene Menschen, die am Wüstenrand ein Aussteigerleben führen, von Aushilfsjobs leben und einander Geschichten erzählen – verstörte, surrealistisch anmutende, manchmal gar apokalyptische, aber auch witzige Geschichten. Der Roman scheint den Zeitgeist genau widerzuspiegeln. Die Kinder der Hippies sind von der Realität eingeholt worden und können den schönen Traum von Selbstverwirklichung, gegenseitiger Akzeptanz, freier Liebe und Naturverbundenheit angesichts von Karrierezwang, Aids und Umweltverschmutzung nicht mehr weiterträumen. Und an die Stelle dieses Traums tritt – zunächst einmal gar nichts. Denn gegen verlorene Illusionen kann man nicht rebellieren. Inmitten dieser Orientierungslosigkeit bleibt nur der Rückzug, das Verliererdasein als Ausdruck eines Protests, der sich gegen nichts richten kann. Diese „Slacker" (Abhänger), die abgesehen von dem Gefühl der Verlorenheit eigentlich keine Gemeinsamkeiten haben, werden also gemeinhin als Angehörige der Generation X angesehen: Das „X" steht für undefiniert und einzelgängerisch.

wagenbaus jener Zeit. Nur ein nennenswertes Facelifting macht der Trabant in seinem Autoleben durch. Er wird ein wenig eckiger – 1964 beim Übergang zum P601. Der damals moderne, sogenannte Trapezstil gibt dem Trabbi ein unverwechselbares Äußeres. Im Durchschnitt zwölf

Jahre musste der DDR-Bürger auf seinen Trabbi warten, kein Wunder also, dass man das gute Stück hegte und pflegte. Im Zuge der großen Ostalgie-Welle erlebt das Kultauto des Ostens mittlerweile eine Renaissance.

Attentat auf Rohwedder

Detlev Karsten Rohwedder (1932–91), Chef der Berliner Treuhandanstalt, fällt am 1. April dem letzten politischen Attentat der **Roten Armee Fraktion** (RAF) zum Opfer. Der Herr über tausende ostdeutsche Betriebe arbeitet am Ostermontag bis in die Nacht hinein in seiner Villa in Düsseldorf-Oberkassel. Als er von seinem Schreibtisch aufsteht, trifft den 58-Jährigen eine Kugel aus gut 60 Metern Distanz in den Rücken. Rohwedders Frau wird von einem weiteren Geschoss am Arm verletzt. In einem Bekennerbrief bezichtigt sich ein RAF-Kommando der Tat. Rohwedder gilt als Chef-Sanierer der ostdeutschen Industrie. Auf ihn, den mächtigsten **Industriekapitän der Wendezeit**, konzentrierte sich die Wut über den Zusammenbruch der DDR-Wirtschaft. Die sofort ausgelöste Ringfahndung bleibt

Blick auf die Einschusslöcher in dem Fenster, durch das Rohwedder erschossen wurde

ergebnislos. Erst die Gentechnik macht es möglich: Mehr als zehn Jahre nach dem tödlichen Terroranschlag auf den mächtigen Industriellen gelingt dem Bundeskriminalamt ein Durchbruch bei den Ermittlungen. Am letzten Mord der RAF scheint der zwei Jahre später ums Leben gekommene Terrorist **Wolfgang Grams** (1953–1993) beteiligt gewesen zu sein.

Hoyerswerda oder „Ausländer raus!"

Eine blutige Spur von Hass und Gewalt gegen Fremde zieht sich durch die gerade zweijährige Geschichte des vereinigten Deutschland. Seit Beginn der 90er-Jahre kommt es zu einer Eskalation rassistisch motivierter **Gewalttaten.** Menschen werden auf offener Straße überfallen, Wohnungen von Ausländern und Asylbewerbern in Brand gesteckt. So auch in der sächsischen Kreisstadt **Hoyerswerda**, zu DDR-Zeiten sozialistische Arbeiterhochburg. Im September gehen Bilder aus Hoyerswerda um die Welt. Zerborstene Fensterscheiben, verängstigte Gesichter von Asylbewerbern, die in der Stadt untergebracht waren. **Ausländer raus** lautet die Parole. Nach einem Überfall von Neonazis auf vietnamesische Händler artet die rechtsradikale Gewalt in ein Ausländer-Pogrom aus: Tagelang veranstalten Jugendliche auf Ausländerwohnheime und Asylunterkünfte regelrechte Hetzjagden. Brandsätze, Steine und Stahlkugeln fliegen, 17 Personen werden verletzt. Am 22. September greifen 100 Vermummte das Asylantenheim mit Benzinbomben und Stahlkugeln an. 32 Menschen erleiden zum Teil schwerste Verletzungen. Die Gewalttäter, meist Jugendliche unter 21 Jahren, die der Skinhead-Szene angehören, finden in großen Teilen der Bevölkerung Zustimmung.

Frisch aus der Presse: Der Einheitsduden

Am 26. August wird in Leipzig ein neuer **gesamtdeutscher Duden** vorgestellt. 40 Jahre lang haben die Dudenverlage Ost und West zuvor getrennte Wörterbücher erarbeitet. Die 20. Auflage des *Duden 1 Rechtschreibung* (die Letzte vor der *Neuen deutschen Rechtsschreibung* 1996) entsteht in Zusammenarbeit der beiden Bibliografischen Institute in **Mannheim und Leipzig**. 5000 neue Stichwörter werden aufgenommen. Bewusst entscheidet man sich dafür, Wörter aus der DDR-Zeit, die aktuell im Sprachgebrauch sind, beizubehalten, z. B. Volkskammer, Staatsratsvorsitzender oder Abschnittsbevollmächtigter.

Der Förderer der deutschen Rechtschreibung, **Konrad Duden** (1829–1911), legte bereits 1880 mit seinem *Orthographischen Wörterbuch der deutschen Sprache* den Grundstein für die spätere deutsche **Einheitsrechtschreibung**. Auf einer Konferenz in Berlin beschließen Vertreter der deutschen Bundesstaaten und Österreich-Ungarns 1901 eine einheitliche deutsche Rechtschreibung. Grundlage soll Dudens Wörterbuch sein. Es erscheint seit der neunten Auflage 1905 unter dem Titel *Duden. Rechtschreibung der deutschen Sprache und Fremdwörter*. Bis heute ist es als Nachschlagewerk für Rechtschreibung unerlässlich und wird ständig überarbeitet.

Erich Honecker wird ausgeflogen

Trotz massiver Proteste der Bundesregierung wird am 13. März der frühere DDR-Staats- und SED-Chef **Erich Honecker** (1912–94) aus dem sowjetischen Militärhospital Beelitz bei Potsdam nach Moskau ausgeflogen. Die Verletzung der deutschen Souveränität begründet die Sowjetregierung mit humanitären Gründen und medizinischen Notwendigkeiten. Gegen Honecker war einige Monate zuvor, am 1.12.1990, Haftbefehl erlassen worden. Der Grund: Er war nachweislich persönlich für den **Schießbefehl** an der Berliner Mauer und an der innerdeutschen Grenze verantwortlich. Doch Honeckers Schonfrist ist nur kurz. Am 11. De-

Erich Honecker während seines Prozesses. Links: Honeckers Anwalt Friedrich Wolf

zember flüchtet er in die Moskauer Botschaft **Chiles**, nachdem zunächst das russische Parlament, dann die russische Regierung beschließt, ihn nach Deutschland auszuweisen. Ihm und seiner Frau Margot gewährt die chilenische Regierung in der exterritorialen Residenz des Botschafters **Clodomiro Almeyda** (1923–97) Asyl als Gast. Doch im Juli des darauf folgenden Jahres wird ihm dieses Gastrecht entzogen. Er kehrt nach Deutschland zurück, wo am 12.11.1992 das Strafverfahren gegen ihn eröffnet wird. Nachdem der Prozess im Januar 1993 wegen der Krebserkrankung Honeckers eingestellt wird, begibt er sich wieder nach Chile, wo er im Mai 1994 stirbt.

Putsch in Moskau

19. August: In Moskau putschen konservative Kräfte von KPdSU und KGB gegen **Perestroika** und **Glasnost** (Umgestaltung und Offenheit). **Michail Gorbatschow** (geb. 1931), noch amtierender Präsident der Sowjetunion, wird am 18. August mit seiner Familie in der Urlaubsdatscha auf der Krim festgesetzt. Panzer und Truppen rollen schon am frühen Morgen in das Zentrum von Moskau. Zehntausende von Bürgern protestierten, darunter auch der Präsident der Russischen Republik, **Boris Jelzin** (1931–2007). Mit den Worten „Werdet nicht

zur blinden Waffe des verbrecherischen Willens von Abenteurern" ruft Jelzin Bürger und Soldaten zum Widerstand auf. Der **Putsch** bricht am 21. August zusammen. Jelzin nutzt den Rückhalt, um mit der Zerschlagung der alten Machtstrukturen zu beginnen. Mehrere Republiken der Sowjetunion erklären ihre **Unabhän-**

Michail Gorbatschow

gigkeit. Der politisch angeschlagene Gorbatschow versucht, den Zerfall des Sowjetreiches aufzuhalten, kann sich aber gegen den entschiedenen Reformer Jelzin nicht durchsetzen. Auf Initiative Jelzins gründen schließlich am 23. Dezember elf Präsidenten von Republiken der ehemaligen Sowjetunion in Kasachstan die **Gemeinschaft Unabhängiger Staaten** (GUS). Gorbatschow tritt am 25. Dezember als Präsident zurück.

Boris Nummer eins der Tennis-Weltrangliste

Durch seinen Sieg über den Tschechoslowaken Ivan Lendl (geb. 1960) wird der Leimener Tennisspieler **Boris Becker** (geb. 1967) am 27. Januar Gewinner der internationalen Tennismeisterschaften von Australien und als erster Deutscher **Nummer eins der Weltrangliste**. Deutschland ist im Tennis-Rausch. Doch das Glück hält nicht lange vor: Schon am 18. Februar läuft ihm der Schwede Stefan Edberg (geb. 1966) den Rang wieder ab. Am 7. Juli gewinnt Michael Stich (geb. 1968) mit einem Sieg über Becker die Tennismeisterschaften von Wimbledon.

Lichterketten gegen Gewalt von rechts

Immer mehr Menschen werden auf offener Straße überfallen, Wohnungen von Ausländern und Asylbewerbern in Brand gesteckt. Besonders erschreckend ist, dass die Ausschreitungen von rechts mancherorts den offenen Beifall von Schaulustigen finden. Einen neuen Höhepunkt erreichen sie am 22. August in Rostock-Lichterhagen: Hunderte Gewalttäter greifen wiederholt die in einer Trabantensiedlung untergebrachte zentrale Aufnahmestelle für Asylbewerber mit Steinen, Molotowcocktails und Feuerwerkskörpern an.

Die ausländerfeindlichen **Brandanschläge** lösen weltweit ebenso wie bei der Mehrheit der deutschen Bevölkerung Entsetzen aus. In vielen Städten bekunden die Menschen mit **Lichterketten** ihre Solidarität mit den Ausländern.

Blick auf den Jungfernstieg mit dem Hamburger Rathaus im Hintergrund. Mehr als 300.000 Menschen verwandelten am 13.12.1992 mit Kerzen, Fackeln, Laternen und Wunderkerzen das Ufer der Hamburger Binnen- und Außenalster in ein Lichtermeer

HIP-HOP

Deutsche Texte, deutsche Themen, deutsche Stars – mit den Fantastischen Vier entsteht ein neues Selbstverständnis. Ein langer Weg von brennenden Mülltonnen und gereimten Sozialkundeaufsätzen zu den Emanzipationsrappern aus Stuttgart und Hamburg. Freundeskreis, Fettes Brot, Eins Zwo, Massive Töne – eine neue Hip-Hop-Generation, die locker mit ihrer Sprache und ihren Themen jongliert. Und nicht nur das: Designer-Boxershorts, Kappen, Turnschuhe und T-Shirts, Trainingshosen oder weite Jeans, die unter der Hüfte hängen: Das sind die Markenzeichen der Hip-Hopper. Auch Skater und Breakdancer lassen sich von der Mode inspirieren, XXL-Jeans gehören bald zu ihrer Grundausstattung. Hip-Hop entstand in den späten 60ern als Musik von schwarzen Jugendlichen, die eine Alternative zu Bandenkriegen suchten. In den verwahrlosten Straßen der New Yorker Bronx konnte sich diese Subkultur ungestört entwickeln. Der Rap (Sprechgesang), der aus der jamaikanischen Tradition des Toasting entstand, das Samplen und das Scratchen sind weitere Merkmale.

Auch im Westen nehmen die Übergriffe auf Ausländer zu. In der Nacht zum 23. November werfen zwei Rechtsextremisten Brandsätze in zwei Häuser in der Möllner Altstadt. In dem einen Haus kommen die 36 türkischen Bewohner mit leichten Verletzungen davon. Doch in dem Haus in der Mühlenstraße sterben eine 51-jährige türkische Frau, ihre 14 Jahre alte Nichte und ihre zehn Jahre alte Enkelin. Die Morde in Mölln bringen das Fass zum Überlaufen: Die Kundgebungen gegen Gewalt erreichen ihren Höhepunkt am 6. Dezember, als in München rund 400.000 Menschen mit einer Lichterkette gegen Intoleranz auf die Straße gehen.

Berlin: Nach dem Staatsakt im Berliner Reichstagsgebäude werden die sterblichen Überreste Willy Brandts auf dem Waldfriedhof Zehlendorf beigesetzt

Trauer um Willy Brandt

Am 8. Oktober stirbt 78-jährig der erste sozialdemokratische Bundeskanzler Deutschlands und langjährige Vorsitzende seiner Partei. Von 1969–74 bringt **Willy Brandt** (1913–92) frischen Wind in die deutsche Politik. Neben der Westintegration betreibt er auch die Annäherung an den Osten. Seine Ostpolitik trägt in den Moskauer Verträgen und in den Warschauer Verträgen, die unter anderem auch die Oder-Neiße-Grenze festlegen, schon bald Früchte. Am Tag der Vertragsunterzeichnung in Warschau fällt Brandt spontan vor dem Mahnmal für die im Warschauer Getto von Deutschen ermordeten Juden auf die Knie. Das amerikanische Nachrichtenmagazin *TIME* wählt ihn daraufhin zum Mann des Jahres und am 20.10.1971 wird ihm als erstem Deutschen nach 1945 der Friedensnobelpreis zugesprochen.

Gauck-Behörde nimmt Arbeit auf

Mit dem **Stasi-Unterlagen-Gesetz** vom 2. Januar wird in Berlin die Bundesoberbehörde des Beauftragten für die Unterlagen des Staatssicherheitsdienstes der ehemaligen DDR errichtet. An der Spitze von über 3000 Mitarbeitern steht bis zum Jahr 2000 der evangelische Pfarrer und Mitbegründer des „Neuen Forums" **Joachim Gauck** (geb. 1940). Viele Betroffene wollen Gewissheit über die Bespitzelung: Allein bis 1993 werden über 650.000 Anträge auf Einsicht in persönliche Akten gestellt. Jeder Bundesbürger hat das Recht, bei der Gauck-Behörde etwaige Unterlagen über seine Person einzusehen. Das betrifft mehrere Millionen Menschen, da hunderttausende als Inoffizielle Mitarbeiter (IM) der Stasi zuarbeiteten; auch zahllose Westdeutsche mit häufigen DDR-Kontakten wurden von Stasi-Agenten überwacht. Beim Zusammenbruch des SED-Regimes hatten Mitarbeiter der Stasi im letzten Moment versucht, möglichst viele Akten verschwinden zu lassen. Es blieben aber über 180 Regalkilometer Akten übrig, außerdem 88 Millionen Dokumente auf Mikrofilm und fünf Millionen Karteikarten.

Joachim Gauck

Deutscher Filmpreis für Schtonk!

Helmut Dietl

Helmut Dietl (geb. 1944) erzählt in seinem Film die Geschichte der gefälschten Hitler-Tagebücher nach, die 1983 im *stern* abgedruckt wurden: Kunsthändler Knobel (Uwe Ochsenknecht, geb. 1956) hat es schon immer verstanden, Geschäfte mit der Leichtgläubigkeit seiner Mitmenschen zu machen. Seinen größten Coup landet der passionierte Fälscher allerdings, als er Sensationsreporter Willie (Götz George, geb.1938) die angeblichen Hitler-Tagebücher unterjubeln kann. Beide wittern das Geschäft ihres Lebens ... *Schtonk!* ist eine gelungene Satire auf den größten Medienskandal der Bundesrepublik. Der als Fälscherkönig in die Geschichte eingegangene Plagiator **Konrad Kujau** (1938–2000) hatte dem *stern*-Magazin die angeblichen Hitler-Tagebücher verkauft. Als die Ente aufflog, blieb der Nation das Lachen im Halse stecken – so kunstvoll wurden Redakteure, Fachleute und die Öffentlichkeit eine Zeit lang hinters Licht geführt.

Für die Satire erhält Regisseur Dietl am 4. Juni den „Deutschen Filmpreis".

Gute Zeiten, schlechte Zeiten (GZSZ)

Heute kaum vorstellbar, aber *Gute Zeiten, schlechte Zeiten* ist die erste deutsche **Daily-Soap**. Drehbeginn ist am 16. März; Folge eins läuft am 11. Mai erstmals auf RTL. Ursprünglich diente eine australische Serie als Vorbild für das deutsche Drehbuch, doch seit Folge 231 stammt die Handlung aus deutschen Köpfen. Werktäglich kann der Zuschauer mitverfolgen, wie eine Clique junger und teilweise nicht mehr ganz so junger Leute Wirren um Liebe, Eifersucht, Macht und Intrigen erlebt. Natürlich ist die Handlung oft vorhersehbar oder scheint an den Haaren herbeigezogen. Doch gerade die Absurdität macht für viele Zuschauer den Reiz an dieser Serie aus. Immerhin gewann *GZSZ* – wie die Fans die Sendung nennen – 1999 den Bambi-Publikumspreis und den Kulturpreis 2000 der *Berliner Zeitung*.

SPASSGESELLSCHAFT

Massenarbeitslosigkeit, Armut, Umweltzerstörung, Gewalt, Ellenbogenmentalität und Entsolidarisierung nehmen in den 90ern zu. Je ernster die gesellschaftliche und politische Situation, umso mehr der Hang zum Spaßigen, insbesondere bei jungen Menschen. Humor, Satire, Zynismus und Sarkasmus sind neben Protesten, Bürgerinitiativen und Demonstrationen alternative Reaktionen auf missliche Zustände in unserer zivilisierten Gesellschaft. Jugendliche wollen sich in ihrem Lebensgefühl und in ihrem Selbstbewusstsein nicht unterkriegen lassen. Unerfreuliches, das „durch den Kakao gezogen wird", soll verniedlicht und verharmlost werden, damit der Betrachter und Betroffene Herr der Lage sein kann. Vorbilder unserer Spaßgesellschaft sind z. B. Harald Schmidt, Anke Engelke und Stefan Raab.

Reform des § 218

Am 26. Juni finden jahrzehntelange Debatten ein vorläufiges Ende: Die Bundesregierung beschließt die **Reform des Abtreibungsrechts** und beendet damit die unterschiedliche rechtliche Situation in Deutschland, mit der die Frauen seit der Vereinigung leben müssen. Der Bundestag verabschiedet nach einem 16-stündigen Verhandlungsmarathon ein Modell, das eine Art **Fristenlösung mit Beratungspflicht** vorsieht. Es löst das Indikationsmodell im Westen und das Fristenmodell im Osten ab, das 1972 von der Volkskammer verabschiedet wurde. Nach **§ 218** ist der Schwangerschaftsabbruch in Deutschland rechtswidrig. Schon das befruchtete Ei wird als schützenswertes Leben angesehen. Ein Schwangerschaftsabbruch ist aber bis zur zwölften Woche straffrei, wenn die Frau den gesetzlich vorgeschriebenen Weg einhält. Vorgeschrieben ist, dass mindestens drei Tage vor dem Schwangerschaftsabbruch in einer zugelassenen Beratungsstelle eine Beratung stattfinden muss. Die Krankenkasse bezahlt den Schwangerschaftsabbruch jedoch nur, wenn einer der folgenden nichtrechtswidrigen Gründe vorliegt: medizinische Indikation (Gefahr für die Gesundheit der Mutter), embryopathische Indikation (Schädigung des Embryos) oder kriminologische Indikation (Schwangerschaft nach einer Vergewaltigung).

Rhein-Main-Donau-Kanal eröffnet

Mit der Eröffnung der 171 Kilometer langen Strecke von Bamberg bis Kehlheim am 25. September wird nach über 30 Jahren Bauzeit das letzte Teilstück einer 3500 Kilometer langen **Wasserstraße** zwischen Nordsee und

Der Rhein-Main-Donau-Kanal im Talraum von Schloss Eggersberg

Schwarzem Meer in Betrieb genommen. Die Kanaltrasse ist vier Meter tief und 55 Meter breit; zur Überwindung der Höhenunterschiede sind 16 Schleusen notwendig.

Bereits **Kaiser Karl der Große** (747–814) versuchte 793 an jener Stelle, wo sich Altmühl und schwäbische Rezat bis auf wenige 100 Meter nähern, einen Kanal zu bauen. Die Fossa Carolina beziehungsweise der Karlsgraben wurde nie fertig gestellt, da die technischen Probleme für die damalige Zeit zu groß waren. Die Idee wurde von **König Ludwig I. von Bayern** (1786–1868) wieder aufgegriffen. In neunjähriger Bauzeit, von 1836–45, entstand der Ludwig-Donau-Main-Kanal. Durch die damals nur eingeschränkt mögliche Schifffahrt auf Main und Donau konnte der Kanal jedoch seine ihm zugedachte Aufgabe nicht erfüllen; außerdem stellten die 101 Schleusen auf der insgesamt 178 Kilometer langen Strecke zwischen Main und Donau ein zeitraubendes Hindernis dar.

Olympische Spiele in Barcelona

Nicht nur Rekorde, Stars und Highlights, sondern vor allem auch die neue weltpolitische Lage prägen die Spiele von Barcelona. Aus fünf bisherigen Republiken der Sowjetunion (Russland, Ukraine, Kasachstan, Weißrussland und Usbekistan) wird nur für diese Olympiade ein gemeinsames Team gebildet, das als EUN oder **GUS** startet. Die **beiden deutschen Staaten** sind wieder vereinigt und treten zum ersten Mal seit 1936 wieder als deutsche Mannschaft an. Jugoslawien gibt es nicht mehr, **Slowenien** und **Kroatien** sind selbstständig, das sogenannte Rest-Jugoslawien nimmt nur mit Einzelsportlern unter dem Kürzel **IOP** teil. Beide Teile Chinas sind ebenso vertreten wie Kuba (nach zwölfjähriger Pause) und erstmals seit 1960 auch wieder Südafrika. Vom 25. Juli – 9. August nehmen insgesamt 2708 Frauen und 6659 Männer aus 169 Ländern an 257 Wettbewerben teil.

Die mit 82 Medaillen erfolgreiche deutsche Mannschaft setzt einige Glanzpunkte: Herausragend bleiben die vier Olympiasiege der Leichtathleten, darunter der 5000-Meter-Triumph von Dieter Baumann (geb. 1965), vier Siege der Ruderer, sieben der Kanuten, des Tennisdoppels Michael Stich (geb. 1968) und Boris Becker (geb. 1967), der Dressurreiter und des Springreiters Ludger Beerbaum (geb. 1963), des Hebers Ronny Weller (geb. 1969), der Fechter, Radfahrer und Hockeyspieler.

Deutschland versinkt im Müll

Er beginnt am 25. April an den Städtischen Bühnen in Dortmund und Essen und weitet sich über die ganze Republik aus: der erste **ÖTV-**

Auf der Frankfurter Nobelstraße Fressgass stapeln sich am 3.5.1992 unzählige Müllsäcke

Streik der Nachkriegsgeschichte. Mitarbeiter der Gewerkschaft „Öffentliche Dienste, Transport und Verkehr" fordern eine Lohnerhöhung: 4,8 Prozent bieten die Arbeitgeber, doch schon der Vorschlag der Schlichter, die den Streik abwenden wollen, liegt bei 5,4 Prozent. Die ÖTV-Mitglieder entscheiden in einer Urabstimmung: **Streik!**

Das Krankenhauspersonal tut nur das Nötigste, damit der Betrieb nicht zusammenbricht, die Müllabfuhr kommt erst gar nicht. Die anfangs verständnisvolle Zustimmung der Bürger kippt angesichts überquellender Müllkörbe und ausgefallener Straßenbahnen und Busse. Am 7. Mai einigen sich die Tarifparteien auf die vorgeschlagenen 5,4 Prozent.

Begeisterung für Albertville

Die am 8. Februar eröffneten Winterspiele im französischen **Albertville** graben sich tief in die Herzen begeisterter Sportfans ein: Deutschland führt mit insgesamt 26 Medaillen (10 x Gold, 10 x Silber und 6 x Bronze) den olympischen Medaillenspiegel an. Zu den erfolgreichsten deutschen Athleten gehört die Eisschnellläuferin Gunda Niemann-Stirnemann (geb. 1966), die Gold über 3000 Meter und 5000 Meter sowie Silber über 1500 Meter gewinnt. Claudia Pechstein (geb. 1972) holt Bronze, Heike Warnicke (geb. 1966) Silber beim 5000-Meter-Eisschnelllauf. Auch die Herren begeistern mit Höchstleistungen. Allen voran Rodler Georg Hackl (geb. 1966), der Gold im Herren-Einer verbucht. Im Biathlon heimst Mark Kirchner (geb. 1970) im Zehn-Kilometer-Einzel Gold für Deutschland ein. „Magic", ein Plüschkobold und Maskottchen der Olympischen Winterspiele bringt den Deutschen einfach Glück.

DAS SIND DIE TOPHITS DES JAHRES

- *Das Boot* – U 96
- *Sweat (A La La La La Long)* – Inner Circle
- *Rhythm Is A Dancer* – SNAP!
- *It's My Life* – Dr. Alban
- *To Be With You* – Mr. Big
- *Let's Talk About Sex* – Salt 'n' Pepa

Start von D1 und D2

Die liebsten Begleiter der Bundesbürger heißen heute Nokia, Ericsson oder Siemens. Das digitale **Handy** hat binnen zehn Jahren nach seinem Start im Juni dieses Jahres mit seinem unaufhaltsamen Siegeszug das Alltagsleben und die Wirtschaft verändert. Mitte des Jahres startet das heutige D-Netz, das auf dem digitalen Standard **GSM** (Global System for Mobile Communication) basiert und erste wirkliche Handys erlaubt. In der letzten Juniwoche drücken in Düsseldorf die Ingenieure von Mannesmann D2 (heute Vodafone) auf den Sendeknopf, ein paar Tage nach Mannesmann folgt in Bonn die Deutsche Telekom mit ihrem D1-GSM-Netz. Neben den beiden Marktführern etablieren sich bislang noch E-Plus und Viag (heute O2); Quam, als letzter Mobilfunkanbieter gestartet, will erst mit **UMTS** auf ein eigenes Netz setzen und mietet derweil GSM-Kapazitäten bei den anderen Netzbetreibern.

Schon am 20.6.1953 führte der damalige Postminister **Hans Schubert** das erste mobile Telefonat – und zwar im Rahmen der Deutschen Verkehrsausstellung in München. Zu diesem Zeitpunkt wurden erste Testläufe mit dem sogenannten A-Netz durchgeführt, welches fünf Jahre später in den Regelbetrieb ging. Die erste Mobilfunkeinrichtung für das A-Netz wog 16 Kilogramm und kostete 8000 Mark.

Jurassic Park und das Dino-Fieber

Sie trampeln, schnauben und beißen – die prähistorischen Riesenechsen. Die weltweite „Dino-Manie", vor allem in der Spielzeugbranche, erlebt durch **Steven Spielbergs** (geb. 1947) Computeranimations-Spektakel *Jurassic Park* die absolute Krönung. Nicht nur Kinder, auch Erwachsene zieht dieser Film in seinen Bann. Selbst Wissenschaftler verfallen in einen neuen Forschungsdrang und gehen der Frage nach: Warum starben die **Dinosaurier** aus? Über ein Jahr wird bei Industrial Light & Magic an diesem Projekt gearbeitet. Die Filmtechnik: Zuerst werden mittels speziell entwickelter **3-D Computerprogramme** Skelett-Grafiken in die Real-Szenen hineinkopiert. Mithilfe komplizierter Bewegungsstudien an Laufvögeln werden die Saurier perfekt animiert und zum Leben erweckt. Der Computer berechnet noch die Größenverhältnisse, den Lichteinfall und fügt Haut und Muskeln hinzu. Die Folge: Die Qualität der Trickdarstellungen der Saurier ist perfekt. Der Film spielt Millionen ein und erhält **drei Oscars**.

Brandanschlag in Solingen

Sechs Monate nach dem Mordanschlag auf eine türkische Familie in Mölln brennt in der Nacht des 29. Mai in Solingen das Haus der Familie Genc. Die Täter legen kurz nach Mitternacht im Treppenhaus des Fachwerkhauses Feuer. Zwei Frauen und drei Mädchen überleben den Anschlag nicht: Sie sterben in den Flammen oder beim Sprung aus dem brennenden Haus.

Die Polizei nimmt vier junge Männer fest. Obwohl viele Deutsche erschüttert sind und die Tat betrauern, zieht sie eine neue Welle von Gewalt gegen Ausländer nach sich. Bei der Trauerfeier für die Opfer des Brandanschlags fordert Bundespräsident Richard von Weizsäcker (geb. 1920) am 3. Juni mehr Rechte für die in der Bundesrepublik Deutschland lebenden Ausländer.

Vor dem abgebrannten Haus in Solingen nehmen Verwandte und Freunde am 3.6.1993 Abschied von den Toten, die bei dem Brandanschlag ums Leben gekommen sind.

Nach dem Anschlag erfährt Familie Genc große Anteilnahme – ganz Deutschland trauert. Spenden werden gesammelt, damit die Überlebenden sich eine neue Existenz aufbauen können. Die Täter werden gefasst und zu langen Haftstrafen verurteilt. Zwei von ihnen sind inzwischen wieder auf freiem Fuß.

Neue Postleitzahlen für Ost und West

Schon wieder geht eine Wende durchs Land, diesmal sind die **Postleitzahlen** betroffen. Mit der Wiedervereinigung Deutschlands ist die Eindeutigkeit des Postleitzahlensystems nicht mehr gegeben. Aus diesem Grund ersetzt die Deutsche Bundespost die seit 1961 geltenden vierstelligen Zahlenkombinationen. Statt vier Ziffern sind ab 1. Juli fünf angesagt. Größere Städte

1993

GUTES AUS DEM OSTEN

Die Zeiten, in denen sich ostdeutsche Produkte in den hinteren Regalreihen der Supermärkte wieder finden, sind vorbei. Nach der Wende sind Ostprodukte erst einmal über Nacht aus den Regalen verschwunden. Mangels Nachfrage. Westprodukte mussten auf den Tisch. Doch angesichts nicht „blühender Landschaften" und hoher Arbeitslosenzahlen wächst die Unzufriedenheit mit dem, was aus dem Westen kommt. Qualitätsprodukte aus den neuen Bundesländern sind wieder gefragt – zumindest im Osten. Florena-Creme, Spee-Waschmittel, Rotkäppchen-Sekt oder Radeberger Bier haben sich ihre Plätze im Sortiment erobert. Auch immer mehr „Wessis" kommen auf den Geschmack von Thüringer Wurst, Spreewaldgurken, Halberstädter Würstchen, Nudossi, Rügenfisch aus Sassnitz, Strippensalami, Grabower Küsschen und Köstritzer Schwarzbier.

haben in Zukunft nicht mehr nur eine Postleitzahl: Die Zustellbezirke werden neu geordnet und feiner gegliedert. Die Post verspricht sich eine bessere Übersichtlichkeit sowie eine rationellere und zuverlässigere Bearbeitung der Postsendungen. Derjenige, der einen Brief versenden möchte, muss allerdings erst einmal ein dickes Postleitzahlenbuch durchstöbern, um die gewünschte Postleitzahl zu finden!

Blutkonserven mit Aids verseucht

Ein gesundheitspolitischer Skandal tobt im Juli durchs Land, nachdem bekannt wird, dass **Blutpräparate** mit dem **Aidsvirus HIV** infiziert sind. Mitarbeiter des Bundesgesundheitsamts (BGA) informieren Bundesgesundheitsminister **Horst Seehofer** (geb. 1949) über 373 Verdachtsfälle einer Infektion von Blutpräparaten mit dem Aidsvirus. Viele Menschen, die zuvor in einem Krankenhaus eine Bluttransfusion erhalten haben, befürchten, sich mit dem Virus angesteckt zu haben. Pharmafirmen und Labors werden geschlossen, leitende Mitarbeiter von Gesundheitsbehörden suspendiert und schließlich wird das **Bundesgesundheitsamt** selbst aufgelöst. Genauere Untersuchungen bringen Schlampereien und zum Teil kriminelle Praktiken im Umgang mit Blutkonserven ans Tageslicht.

Aids ist eine erworbene, nicht angeborene Immunschwächekrankheit, die durch das HI-Virus hervorgerufen wird. Aids bewirkt das Zusammenbrechen des Immunsystems, das dann Krankheitserreger nicht mehr abwehren kann. Weltweit haben sich rund 40 Millionen Menschen mit dem Aids-Virus infiziert, weit mehr als die Hälfte davon in Afrika. Noch ist die Krankheit nicht heilbar. Auch die Suche nach einem geeigneten Impfstoff erweist sich als schwierig.

Gold-Franzi

Ein Fest für **Franziska van Almsick** (geb. 1978) und ihre Fans: Bei den 21. **Europameisterschaften** der Schwimmer im englischen Sheffield holt die Berlinerin bei ihren sieben Starts sechsmal Gold und einmal Silber. Aufgrund ihrer herausragenden Leistung wird sie „Sportlerin des Jahres". Van Almsicks internationale Karriere beginnt 1992 für die damals 14-Jährige mit den **Olympischen Spielen in Barcelona**. Mit zwei Silber- und zwei

Franziska van Almsick

Bronzemedaillen sowie mit ihrer spontanen Art schwimmt sie sich in die Herzen der deutschen Fans. Fast über Nacht wird sie zum ersten gesamtdeutschen Sportstar, den auch die Medien kräftig feiern. Kaum eine Zeitschrift, auf deren Titelblatt die schöne Franziska nicht zu sehen ist. 2004 nach Olympia in Athen zieht sich die „Schwimm-Königin" aus dem Leistungssport zurück.

Clinton zieht ins Weiße Haus

Am 20. Januar zieht mit **William Jefferson (Bill) Clinton** (geb. 1946) der jüngste Präsident in der Geschichte der USA ins Weiße Haus ein. Mit ihm übernimmt ein Demokrat die Macht, der im Wahlkampf als Mann der Erneuerung angetreten ist. Als Gouverneur von Arkansas brachte er bereits seinen Heimatstaat wirtschaftlich nach vorn und tatsächlich enttäuscht er auch als Präsident in dieser Hinsicht nicht: Am Ende der zweiten Amtsperiode sind die Bundesfinanzen saniert, der Haushalt weist einen milliardenschweren Überschuss auf, die Arbeitslosenzahl ist auf einem Tiefststand. Weniger erfolgreich ist er dagegen bei der Um-

Bill Clinton

setzung seines eigentlichen Sozialprogramms, gerade bezüglich einer allgemeinen Krankenversicherung für alle Bürger. Die sexuelle Beziehung Clintons zu der Praktikantin Monica Lewinsky (geb. 1973) wird von der republikanischen Kongressmehrheit und einer parteilichen Staatsanwaltschaft ausgenutzt, um ein **Amtsenthebungsverfahren** gegen den Präsidenten anzustrengen. Die notwendige Zweidrittelmehrheit kommt allerdings nicht zustande.

Das Netz der Netze wird freigegeben

Die Europäische Organisation für Kernforschung (CERN) in Genf gibt das **World Wide Web** (WWW) für die Öffentlichkeit frei. Das WWW wächst in rasanter Geschwindigkeit zum populärsten **Internet-Dienst** heran und ermöglicht in bisher unvergleichlichem Maß die Nutzung für jeden, der über einen Computer mit Netzzugang verfügt. Einen ungeheuren Wachstumsschub bekommt das Internet durch die Entwicklung der **Hyper Text Markup Language**

HTML in den Jahren 1989/90. Durch diese abstrakte Seitenbeschreibung kann man ein relativ einheitliches Erscheinungsbild der gleichen Seite auf unterschiedlichen Rechnern erreichen. Mit der Entwicklung und Verbreitung von **Browser-Software** zur Anzeige dieser sowohl Text als auch Grafiken enthaltenden Seiten ist der Siegeszug des WWW nicht mehr aufzuhalten.

Am Anfang der Entwicklung des Netzes der Netze stand militärisches Interesse: Der „Kalte Krieg" war in vollem Gange, als das amerikanische Verteidigungsministerium die Entwicklung eines militärischen Netzes in Auftrag gab, das 1972 als **Arpanet** der Öffentlichkeit vorgestellt wurde. Dieses Netz sollte auch dann noch die Kommunikation gewährleisten, wenn wichtige Teile des militärischen Netzverbundes durch gegnerische Angriffe zerstört wären. Schnell stellte sich heraus, dass die Technik dieses militärischen Forschungsnetzes sich auch für zivile Zwecke hervorragend eignete und zudem eine kostengünstige Alternative zu vielen einzelnen Großrechnern war.

Solidarbeitrag für Ostdeutschland

Nach starken wirtschaftlichen Einbrüchen setzt 1992 ein nur allmähliches Wachstum in den neuen Ländern ein. Um den **Aufbau Ost** voranzubringen, vereinbaren am 13. März die Bundesregierung, die Ministerpräsidenten der Bundesländer sowie die Spitzen der politischen Parteien ein Zehn-Punkte-Programm zur Finanzierung der deutschen Einheit ab 1995, den sogenannten **Solidarpakt-Ost I**. Die neuen Länder und ihre Gemeinden erhalten über den Finanzausgleich vom Bund und den alten Ländern hohe Milliarden-Beträge. Damit werden ökologische

Altlasten beseitigt und der Erhalt industrieller Kerne unterstützt. Der Wohnungsbau wird mit Sanierungsmitteln gestärkt. Der Solidaritätszuschlag wird mit 7,5 Prozent auf die Lohn-, Einkommen- und Körperschaftsteuerschuld wieder eingeführt, seit 1998 sind es 5,5 Prozent. Insgesamt 94,5 Milliarden Euro werden bereit gestellt. Von 2005–19 gilt der **Solidarpakt II:** Die Mittel umfassen 156,5 Milliarden Euro, die aber in Stufen abnehmen.

Gefahr für Leib und Leben

Am 22. Februar um vier Uhr morgens ereignet sich im Frankfurter Werk der Firma Hoechst ein schwerer **Chemie-Unfall**. Ein hochgiftiges Gemisch mit mehreren Tonnen des Krebs erregenden Stoffes Ortho-Nitroanisol entweicht aus einem Kessel und zieht als Wolke über die Stadt-

Die Werksfeuerwehr mit Schutzmasken und Schutzkleidung beim Säubern des Geländes

teile Griesheim und Schwanheim. Das **Haut- und Atemgift** verseucht ein Areal von 1200 Metern Länge und 350 Metern Breite sowie den Main. Noch am Tag des Unfalls werden Schulen und Kindergärten, Plätze, Wege, Geländer, Balkone, Bänke, Masten, Schilder und Bushaltestellen gesäubert. Was mit der Chemikalie in Berührung gekommen ist, muss abgewaschen, der Boden an zahlreichen Stellen abgetragen werden. Die Bewohner sind beunruhigt und klagen seitdem immer wieder über gesundheitliche

Box-WM: Henry Maske verteidigt den Titel

Beschwerden. Innerhalb der nächsten sechs Wochen folgen weitere 17 **Störfälle**. Eine Untersuchung, die von Hoechst in Auftrag gegeben wurde, kommt zu dem Ergebnis: In der betroffenen Region leiden weitaus mehr Kinder an Hautkrankheiten als in anderen Gebieten. Bis heute wurde die Studie jedoch nicht veröffentlicht.

Im Box-Fieber

Mit einem Sieg nach Punkten über den seit 1987 amtierenden Titelverteidiger Charles Williams (geb. 1962) aus den USA wird der deutsche Profiboxer **Henry Maske** (geb. 1964) am 20. März in der ausverkauften Philippshalle in Düsseldorf **Weltmeister im Halbschwergewicht**. Der über zwölf Runden geführte Kampf bringt dem Herausforderer Maske in seinem 20. Fight den 20. Sieg. Der Berufsboxer begann seine Karriere als Amateur in der DDR. Schnell feiert er mit seiner überlegenen Technik Erfolge: 1988 wird er Olympiasieger im Mittelgewicht, 1989 Weltmeister. Noch zweimal verteidigt er in diesem Jahr in Düsseldorf seinen Titel. Zunächst schlägt Maske am 18. September Anthony Hembrick (USA, geb. 1966) nach Punkten, am 11. Dezember besiegt er den US-Amerikaner David Vedder (geb. 1964). Am 25. Oktober wird der „Gentleman-Boxer" zum Sportler des Jahres gewählt. Am 23.11.1996 beendet er seine Karriere.

Attentat auf Seles

Die 19-jährige Serbin **Monica Seles** (geb. 1973) – Erste der Weltrangliste im Damen-Tennis – wird am 30. April beim internationalen Tennisturnier am Hamburger Rothenbaum von dem geistig verwirrten Deutschen **Günter Parche** (geb. 1954) attackiert: Er rammt ihr ein Messer in den Rücken. Der **Attentäter** gibt an,

Monica Seles greift sich mit schmerzverzerrtem Gesicht an den verletzten Rücken

er habe Seles spielunfähig machen wollen, damit die deutsche Tennisspielerin **Steffi Graf** (geb. 1969) wieder auf Platz eins der Weltrangliste vorrücken könne. Keine Frage, sein Wunsch geht in Erfüllung. Seles bestreitet nach dem Attentat zwei Jahre lang keine professionellen Spiele mehr. Obwohl sie die Australian Open kurz nach ihrem Comeback gewinnt und sich unter den Top Ten der Weltrangliste behaupten kann, verfällt sie nach einer Verletzungsserie und nach dem Tod ihres Vaters in Depressionen.

Hungerstreik in Bischofferode

40 Bergarbeiter treten am 1. Juli aus Protest gegen die geplante Schließung der Kali-Mine im thüringischen **Bischofferode** in den **Hungerstreik**. Unter den Teilnehmern befinden sich neben zahleichen Bergleuten auch etliche Sympathisanten. Zusammengepfercht auf harten Pritschen locken die zähen Kali-Kumpel zahllose

Besucher ins Innere der Grube. Doch das enorme **Medienaufgebot** und der Besuch zahlreicher Politiker führen nicht zum gewünschten Ergebnis. Trotz aller Proteste wird der Betrieb Ende Dezember **stillgelegt.** 700 Arbeitsplätze gehen verloren, auch wenn sich mittlerweile 20 neue Firmen dort angesiedelt haben.

Mit der Schließung der Grube geht auch die 80-jährige Bergbautradition des Orts zu Ende. Auf dem ehemaligen Gelände des Kaliwerks befindet sich heute ein Museum, in dem die historische Entwicklung des Bergbaus im Eichsfeld sowie sein Niedergang dokumentiert sind.

Umstrittenes Asylrecht

Während sich seit Beginn der 90er-Jahre rechtsextremistische Gewalttaten häufen und Wohnungen von Ausländern und Asylbewerbern sogar in Brand gesteckt werden, findet in Deutschland eine Debatte über die Änderung des **Asylrechts** statt. Artikel 16 des Grundgesetzes sichert politisch Verfolgten Asyl zu. Dieses einklagbare Individualrecht des politisch verfolgten Ausländers in Deutschland ist weltweit einzigartig. Um die zunehmende Zahl von Asylbewerbern zu bremsen, will die Koalition aus CDU, CSU und FDP die Verfassung ändern. Nach heftigen innerparteilichen Kontroversen stimmt die SPD einer **Grundgesetzänderung** zu. Mit 521 gegen 132 Stimmen beschließt der Deutsche Bundestag am 26. Mai eine **Gesetzesänderung zum Asylrecht**. Zukünftig sollen Asylbewerber, die über ein Land der Europäischen Gemeinschaft oder aus einem anderen sogenannten sicheren Drittland kommen, zurückgewiesen werden. Dazu zählen neben den EG-Ländern alle an die Bundesrepublik angrenzenden Staaten. Das in der Öffentlichkeit teilweise stark kritisierte Gesetz tritt am 1. Juli in Kraft.

Eurotunnel wird eingeweiht

Eine mögliche Verbindung zwischen **Großbritannien und Frankreich** erhitzte schon im 18. Jahrhundert die Gemüter. Aber erst 100 Jahre später sind die Ingenieure davon überzeugt, die zur Realisierung eines solchen Großprojekts nötigen technischen Fähigkeiten zu besitzen. Es wurden von verschiedenen französischen und britischen Ingenieuren Vorschläge eingereicht und im Jahr 1880 Arbeiten an einem Tunnel begonnen, die aber wegen einer Überschwemmung bald wieder eingestellt wurden. Erst 1984 wird die Idee erneut von der britischen und französischen Regierung ausgeschrieben, verbunden mit privat finanziertem Bau und Unterhalt. Bald ist es so weit: Das größte Bauprojekt

Die britische Königin Elizabeth II. und der französische Staatspräsident François Mitterrand zerschneiden im französischen Coquelles bei Calais ein blau-weiß-rotes Band

WERBESLOGANS IN DEN 90ERN
1990: Advocard ist Anwalts Liebling
1990: It's so easy mit alltours
1991: Ich und mein Magnum
1991: Man ist, was man trinkt (Apollinaris)
1991: Zeit für Gefühle (Baileys)
1991: Der Beginn einer kochenden Leidenschaft (Barilla)
1993: Bonbel – Das schönste Wort für Butterkäse
1993: Mars macht mobil
1993: Aspirin – immer für dich da
1995: Meine Quelle
1995: Pizza Alberto kommt
1997: Ich bin doch nicht blöd (Media Markt)
1997: Mehr Bank braucht kein Mensch (Bank24)
1997: Think different (Apple)
1997: Always Ultra – so sicher wie Sie selbst
1998: Berentzen – Knackiger Spaß im Glas
1998: Bild dir deine Meinung
1998: AOL – Online für alle
1998: Aral Super Wash. Sie haben doch sowieso nichts Besseres vor
1998: 11880 … Da werden Sie geholfen
1999: amazon.de – einfach so einkaufen
1999: ARD – das Erste ist das Fernsehen
1999: AXA. The future. Together. Now

des 20. Jahrhunderts wird in Angriff genommen. Mit dem Bau des Tunnels sind 15.000 Arbeiter über sieben Jahre beschäftigt, wobei der Tunnel von beiden Seiten gleichzeitig vorangetrieben wird. Am 6. Mai eröffnen in einer feierlichen Zeremonie Königin **Elizabeth II.** (geb. 1926) und der französische Staatspräsident **François Mitterrand** (1916–96) den **Eurotunnel** unter dem Ärmelkanal. Der königliche Rolls Royce bringt die Queen und Mitterrand an Bord des Autotransporters **Shuttle** und unter dem Meer von der französischen Kanalküste nach Großbritannien.

Der Kanaltunnel zwischen Calais und Folkestone ist 50 Kilometer lang, wobei 39 Kilometer unterseeisch sind. Die durchschnittliche Tiefe beträgt 40 Meter unter dem Meeresgrund. Fast sieben Millionen Passagiere nutzen die 35-minütige Reise durch den Tunnel jedes Jahr.

Die Estonia sinkt

Die letzte Fahrt der Fähre **Estonia** beginnt, als sie am 27. September gegen 19.15 Uhr den Hafen von Tallinn/Estland mit etwa 15-minütiger Verspätung in Richtung Stockholm/Schweden verlässt. Es ist ein stürmischer Abend, die Ostsee entsprechend aufgewühlt und rau, und die meisten Passagiere ziehen sich relativ früh in ihre Kabinen zurück. Die Fähre befindet sich rund 35 Kilometer südwestlich der finnischen Insel Utö, als gegen Mitternacht die äußere Bugklappe abreißt. Maschinen und elektrische Geräte fallen sofort aus. Die Estonia funkt SOS. Das 1980 von der deutschen Werft Meyer in Papenburg erbaute Schiff sinkt innerhalb von 30 Minuten. 1047 Menschen sind an Bord. Insgesamt überleben diese Nacht nur 137 Menschen. 93 Personen werden tot aus dem Wasser geborgen und 819 Menschen werden vermisst. Ein Großteil dieser befindet sich vermutlich noch im Inneren der Fähre; sie werden im Schlaf in ihren Kabinen von dem Unglück überrascht und haben keine Zeit mehr den Weg nach draußen zu finden.

Nach dem Unglück setzt wieder einmal die Diskussion über die Sicherheit der sogenannten Ro/Ro-Schiffe ein (Roll on/Roll off), von denen weltweit etwa 4500 im Einsatz sind. Bei dieser Art Fähren fahren die Autos in Höhe der Wasserlinie durch große Bug- und Heckklappen in das Schiff und können es wieder verlassen, ohne rückwärts fahren zu müssen.

Die Bugklappe der gesunkenen Fähre Estonia wird am 19.11.1994 im Hafen von Hanko (Finnland) aus dem Wasser gehievt

Pflegeversicherung: Aus für den Buß- und Bettag

Am 11. März billigt der Deutsche Bundestag mit großer Mehrheit den Kompromiss zur **Pflegeversicherung**. Der Arbeits- und Sozialminister **Norbert Blüm** (CDU, geb. 1935) preist die Einführung der Pflegeversicherung als Jahr-

Norbert Blüm

hundertwerk. Sie soll Pflegebedürftigen und ihren Angehörigen unabhängig vom Einkommen ein humanes Leben ermöglichen. In die Pflegeversicherung müssen alle abhängig Beschäftigten jeden Monat einen Betrag von 1,7 Prozent des Bruttolohnes einzahlen. Anders als bei der Rentenversicherung weigern sich die Arbeitgeber jedoch, den gleichen Anteil dafür zu übernehmen. Ihr Beitrag wird daher teilweise durch den Wegfall eines gesetzlichen Feiertags kompensiert. Trotz der Proteste von Gewerkschaften und Kirche wird der **Buß- und Bettag** als gesetzlicher Feiertag gestrichen, obwohl der Festtag im kirchlichen Leben der Protestanten tief verankert ist. Seit 1532 sind Festgottesdienste nachgewiesen, die anfangs allerdings an unterschiedlichen Tagen abgehalten wurden. Erst 1852 wurde für alle Protestanten der Mittwoch zwischen Volkstrauertag und Ewigkeitssonntag als einheitlicher Termin festgelegt.

Sowjetarmee verlässt die Bundesrepublik

Das Ende des Ost-West-Gegensatzes und die Überwindung der deutschen Teilung haben die Sicherheitspolitik grundlegend verändert. Der **Zwei-plus-Vier-Vertrag** befristet den Aufenthalt der Sowjetarmee in der ehemaligen DDR bis Ende des Jahres. Am 31. August findet im Schauspielhaus am Gendarmenmarkt zur Verabschiedung der russischen Truppen ein Festakt mit militärischem Zeremoniell in Anwesenheit von Russlands Präsident **Boris Jelzin** (1931–2007) und dem deutschen Kanzler **Helmut Kohl** (geb. 1930) statt. Am nächsten Tag verlässt die **Berlin-Brigade** als letzte russische Einheit mit der Bahn die Stadt. Mit dem Abzug verlassen etwa 380.000 russische Soldaten sowie 210.000 Zivilpersonen das Gebiet der Ex-DDR. Gleichzeitig wird auf dem ehemaligen Armeeflughafen in Speerenberg südlich von Berlin zum letzten Mal die Flagge der sowjetischen Westtruppe eingeholt. Mit dem Abflug des Oberkommandierenden der russischen Truppen Generaloberst Burlakow verlässt der letzte russische Soldat Deutschland.

Deutschland im Formel-1-Paradies

Großer Preis von Australien, 13. November: Als erster deutscher Rennfahrer wird **Michael Schumacher** (geb. 1969) **Weltmeister der Formel-1**. Der Zweikampf zwischen dem Kerpener und dem Briten **Damon Hill** (geb. 1960) beherrscht die Schlagzeilen der Medien: Mit seinem Benetton-Ford kommt Schumacher von der Strecke ab, kracht in eine Begrenzungsmauer, schleudert zurück auf die Piste, wo er mit dem unmittelbar hinter ihm fahrenden Hill kollidiert, der rechts an ihm vorbeiziehen will. Schumacher bleibt liegen, Hill schafft es, mit seinem beschädigten Williams-Renault gerade noch an die Boxen zu fahren. Beide Fahrer scheiden aus, der in der Gesamtwertung mit 92 Punkten vor Hill (91 Punkte) führende Schumacher gewinnt den Titel. Die Nation feiert ihren Helden.

Michael Schumacher nach dem Gewinn seiner ersten Formel-1-Weltmeisterschaft

Straße an. Anwohner benachrichtigen die Feuerwehr und der Brand kann schnell gelöscht werden. Die Bewohner der darüber liegenden Räume retten sich ins Freie. Die Nachricht vom Anschlag auf die Synagoge der Hansestadt Lübeck löst bundesweit Entsetzen und Abscheu aus. Die Lübecker Synagoge war bereits in der Reichspogromnacht 1938, wie viele andere jüdische Gotteshäuser, in Brand gesteckt worden.

Haftbefehl gegen Baulöwe Jürgen Schneider

Am 15. April meldet die Firmengruppe von **Jürgen Schneider** (geb. 1934) Konkurs an und sorgt damit für die größte deutsche **Immobilienpleite**, die je ein einzelner Kaufmann verursacht hat. Insbesondere die **Banken** stehen im Mittelpunkt der Affäre. Seit Beginn der 90er-Jahre investiert der Unternehmer in Großprojekte, vor allem in den neuen Bundesländern. Im Laufe der Jahre werden seine Objekte immer teurer und seine Übertreibungen immer kurioser. Schneider pickt sich nur die teuersten und ange-

Brandanschlag auf Lübecker Synagoge

24. März: Am Abend treffen sich im Lübecker Stadtteil Buntekuh vier junge Männer auf einem Parkplatz und wissen nicht, was sie mit sich und ihrer Zeit anfangen sollen. Sie betrinken sich, sie fahren in die Lübecker Innenstadt. Um 2.20 Uhr in der Nacht zünden die vier mit Molotowcocktails den linken Gebäudeflügel der **Lübecker Synagoge** in der St.-Annen-

FILME DES JAHRES

- *Der König der Löwen* von Roger Allers, Rob Minkoff
- *Schindlers Liste* von Steven Spielberg
- *Forrest Gump* mit Tom Hanks
- *Vier Hochzeiten und ein Todesfall* mit Hugh Grant, Andie MacDowell
- *Der bewegte Mann* von Sönke Wortmann
- *Free Willy* mit Jason James Richter
- *Philadelphia* mit Tom Hanks
- *Die Akte* mit Julia Roberts
- *Eine fast perfekte Liebe* mit Meg Ryan
- *Perfect World* von Clint Eastwood

sehensten Immobilien in Deutschlands Innenstädten heraus, die er teuer kauft und aufwändig renoviert, in der Hoffnung, später dafür einen noch höheren Verkaufspreis zu erzielen. Ständig nimmt er dafür neue Kredite auf. Das **Konkursverfahren** deckt auf, dass die Immobilienholding bei etwa 50 Gläubigerbanken mit über fünf Milliarden DM verschuldet ist. Hauptgläubiger ist die **Deutsche Bank**, die Großkredite ohne hinreichende Sicherheit gewährt hatte. Am 26. April wird gegen Schneider, dessen Aufenthaltsort unbekannt ist, ein Haftbefehl wegen Verdachts auf Betrug und Urkundenfälschung im Zusammenhang mit einem Kredit der Deutschen Bank erlassen.

Dagobert wird festgenommen

Ganz Deutschland lacht über seine Tricks wie die legendäre Streusandkiste ohne Boden, die Unterwasser-Seilwinde oder die funkgesteuerte Zug-Abwurfmechanik. Stets lässt er seine Verfolger tölpelhaft aussehen – wenn sie nicht selbst für Schadenfreude beim Publikum sorgen und bei ihrer Jagd auf nassem Laub oder weniger appetitlichem Straßenbelag ausrutschen. „Deutschlands berühmtester Ganove" **Arno Funke** alias **Dagobert** (geb. 1950), Schildermaler und Kaufhauserpresser, narrt fast drei Jahre lang die Berliner Polizei mit immer neuen raffinierten Geldübergabeanweisungen. Am 22. April ist der Spaß vorbei: Der gesuchte Kaufhauserpres-

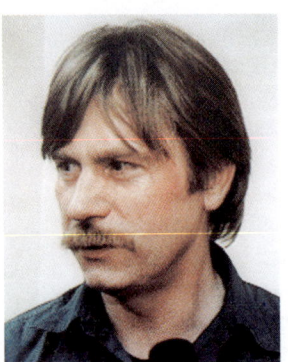

Arno Funke alias Dagobert

ser Dagobert wird im Berliner Stadtteil Treptow nach einer Verfolgungsjagd festgenommen. Zuvor hat er von einer Telefonzelle aus versucht, für 11 Uhr einen neuen Geldübergabetermin auszumachen. Doch die Polizei kann den Anruf zurückverfolgen.

Ein Geschenk des Himmels: Der Wonderbra

Als im Mai der US-amerikanische Großkonzern Sara Lee eine Kampagne mit einem Bild der damals unbekannten **Eva Herzigova** (geb. 1973) im **Wonderbra** auf einer riesigen Werbefläche am New Yorker Times Square startet, bricht eine unglaubliche Begeisterung aus. Das erste Wonderbra-Model verzaubert mit seinen betörenden Kurven derart die Männerwelt, dass Autofahrer immer wieder Unfälle bauen. Und die Frauen reißen sich in den Kaufhäusern das revolutionäre Wunderwerk gegenseitig aus den Händen. In Europa wird er 20 Millionen Mal verkauft. Für die Herstellerfirma Sara Lee ist er die schönste **Mogelpackung der Welt**. In Sekundenschnelle zaubert er die gewünschte Körbchengröße. Mehr als 40 Einzelteile, doppelt so viele wie bei einem normalen BH, heben die Brüste und modellieren sie zu einem prallen Vorzeige-Dekolleté. Dass der Wonderbra so erfolgreich ist, verdankt er nicht zuletzt einem Wandel des Frauenbildes. In den 60er- und 70er-Jahren lagen noch kleine Brüste sowie der androgyne Twiggy-Stil im Trend und Vorkämpferinnen der Emanzipation verbrannten öffentlich ihre als einengend empfundenen Büstenhalter. In den 90ern besinnt sich die Modebranche mit Supermodels wie Cindy Crawford (geb. 1966) auf die Betonung der weiblichen Attribute – üppige Rundungen sind wieder gefragt.

1994

Giftstoff in Plastikbeuteln wird angespült

Mit Schutzhandschuhen präsentiert ein Mitarbeiter des Klärwerks auf der Nordseeinsel Norderney einen Teil der bisher hier angeschwemmten Giftbeutel

Im Dezember 1993 verliert der französische Frachter Sherbro an der Antlantikküste während eines Sturms einige Container mit „irgendwelchen Inhaltsstoffen". Das Verlustgut stellt sich als **hochgiftiges Pflanzenschutzmittel** Apron Plus heraus. Dem Vorfall wird zunächst keine besondere Bedeutung beigemessen, also auch kein Alarm ausgelöst. Dies ändert sich schlagartig, als im Januar Beutel mit dem Pflanzenschutzmittel an Nordseestränden der Niederlande und Deutschlands angespült werden. Der Fund entwickelt sich zu einer hochbrisanten Angelegenheit, da die Substanz bei Menschen im schlimmsten Fall zum Tode führen kann. Darüber hinaus ist völlig unklar, welche Langzeitbedrohung für Flora und Fauna der Strände besteht. Die Strände werden gesperrt um die Suche zu erleichtern. Viele Touristen reisen aus Angst vor einer Vergiftung rasch wieder ab. Wochenlang wird das giftige Treibgut von freiwilligen Helfern eingesammelt.

Picasso der Steinzeit

Am 18. Dezember entdecken Amateurforscher in der 490 Meter langen **Tropfstein-**höhle Chauvet bei Vallon-Pont d'Arc etwa 300 Felsmalereien, deren Alter auf über 30.000 Jahre bestimmt werden kann: Jean-Marie Chauvet, Christian Hillaire und Éliette Brunel Deschamps begehen im **Tal der Ardèche** eine Höhle und stehen vor **atemberaubenden Bildern:** Nashörner, Löwen, Pferde, ein kleines Mammut, Wisente, eine mit Fingerspuren stilisierte Eule – all das in einer Schönheit und Deutlichkeit, wie man sie niemals von steinzeitlichen Menschen erwartet hätte. Das hohe Alter der Malereien (die ältesten Holzkohlepartikel sind mindestens 35.000 Jahre alt), aber auch die überwältigend große Zahl von prächtig erhaltenen Zeichnungen revolutionieren die Paläontologie. Bemerkenswert ist nicht allein der außergewöhnlich gute Erhaltungszustand der Malereien. Die eigentliche Bedeutung dieser Neuentdeckung liegt darin, dass die Höhle durch einen Felssturz vor etwa 20.000 Jahren verschlossen und seither weder von Menschen noch von Tieren betreten und auch durch das eindringende Wasser nicht wesentlich verändert worden ist. Die heute für die Öffentlichkeit nicht zugängliche Höhle gilt zugleich als die älteste und **bedeutendste Bilderhöhle** aller Höhlenkunstwerke. Die Fähigkeit der ausführenden Künstler zur Abstraktion und Bildgestaltung zeugt von einer hohen künstlerischen Qualität.

DAS SIND DIE TOPHITS DES JAHRES

- *I Swear* – All-4-One
- *Cotton Eye Joe* – Rednex
- *Streets Of Philadelphia* – Bruce Springsteen
- *United* – Prince Ital Joe & Marky Mark
- *Without You* – Mariah Carey
- *Eins zwei Polizei* – Mo-Do

Christo verpackt den Reichstag

Ein kultureller Höhepunkt des Jahres ist die **Verhüllung des Reichstags in Berlin**. Am 23. Juni vollendet das Künstlerehepaar **Christo** (geb. 1935) und **Jeanne-Claude** (geb. 1935) das Werk. Die Planung des Projekts reicht bis in die frühen 70er-Jahre zurück. Die beiden Künstler brauchen Jahrzehnte, um die verantwortlichen Politiker von ihrem Vorhaben zu überzeugen. Die konkrete Vorbereitung dauert nochmals zwei Jahre. 100.000 Quadratmeter Polypropylen-Gewebe mit aluminiumbedampfter Oberfläche und 15.600 Meter blaues Polypropylen-Seil mussten produziert, eine spezielle Stahlkonstruktion für die Türme musste gebaut werden. Das Projekt wird – wie beim bulgarisch-US-amerikanischen Künstler Christo üblich – über den Verkauf von Studien, Modellen und Grafiken selbst finanziert. Rund 13 Millionen Mark kostet das Spektakel. Fünf Millionen Menschen sehen den silbrig glänzenden „Wrapped Reichstag" und verwandeln den Platz der Republik für zwei Wochen in eine Non-Stop-Party-Wiese. Das erste gemeinsame Verhüllungsprojekt des Ehepaares war 1961 der „Wrapped Renault 4 CV".

Christo vor dem verhüllten Reichstag

Lafontaine übernimmt SPD-Parteivorsitz

Nach der verlorenen Bundestagswahl von 1994 hat Parteichef **Rudolf Scharping** (geb. 1947) Mühe, die Parteiflügel hinter sich zu scharen. Er mache Opposition auf leisen Sohlen, wird ihm vorgeworfen; die Partei müsse sich stärker in die Debatte um den Umbau des Sozialstaats einmischen, um eine attraktive Alternative zur Regierungskoalition zu bieten. Das Aus für den SPD-Vorsitzenden Rudolf Scharping kommt am 16. November auf dem Mannheimer Parteitag. Der saarländische Ministerpräsident **Oscar Lafontaine** (geb. 1943) tritt als Gegenkandidat auf, hält eine mitreißende Rede und gewinnt die Abstimmung um den Parteivorsitz: 321 Stimmen für Lafontaine, 190 für Scharping. Die Abwahl Scharpings ist das Ergebnis eines wachsenden Unmuts der Basis am Führungsstil ihres Vorsitzenden. Lafontaine bleibt bis 1999 Vorsitzender der SPD. 1998, nach der Machtübernahme in Berlin, wird er Finanzminister. 1999 legt Lafontaine ohne schlüssige Erklärung seine politischen Ämter nieder.

Windows 95 setzt neue Maßstäbe

Im August publiziert **Microsoft** mit **Windows 95** ein Betriebssystem, das eine verbesserte Benutzeroberfläche aufweist. Mit der größten Werbekampagne aller Zeiten führt die Softwareschmiede das neue Produkt ein. TV-Spots untermalen die Einführung des Start-Knopfes mit dem Lied *Start me Up* von den Rolling Stones. Windows 95 übertrifft noch heute die Verkaufszahlen aller nachfolgenden Versionen einschließlich Windows XP.

Windows 95 stellt im Gegensatz zu den Vorgängerversionen Windows 3.x ein eigenes Betriebssystem mit einer neuen grafischen Bedieneroberfläche dar. Seinen Namen verdankt Windows der Fenstertechnik. Für jeden Dialog zwischen Benutzer und Computer öffnet Windows ein Fenster, das nach dem Beenden des Dialogs wieder geschlossen wird. Jedes Anwendungsprogramm wird durch ein Fenster repräsentiert. Dialogboxen mit Fehlermeldungen und Abfragen stellen die Schnittstelle zwischen Anwender und Programm dar. Windows 95 benutzt standardmäßig nicht mehr den Programm-Manager von Windows 3.x, sondern sieht vor, dass auf Anwendungsprogramme über das Start-Menü der Task-Leiste zugegriffen wird. Außerdem lassen sich Symbole für den Aufruf von Programmen und Dokumenten auf dem Desktop platzieren.

Windows 95 ist das erste Microsoft-Betriebssystem, das zum größeren Teil auf der auch heute noch benutzten **32-Bit-Technologie** basiert und diese der breiten Masse eröffnet, nachdem sich IBM mit OS/2, das diese Technik schon längere Zeit beherrscht, auf dem Markt gegen Windows nicht durchsetzen konnte.

Rabin wird ermordet

Tel Aviv, 4. November: Auf einer Friedenskundgebung spricht der israelische Ministerpräsident **Yitzhak Rabin** (1922–95) vor 100.000 Menschen zur Politik der Aussöhnung mit den Palästinensern. Als der 77-Jährige nach einem Friedenslied von Sicherheitsbeamten umringt die Treppe zur Bühne heruntersteigt, treffen ihn tödliche Schüsse. Täter ist ein Israeli, der 25-jährige Jurastudent Yigal Amir. Der Mann gibt seine Tat offen zu und erklärt, er habe auf Geheiß Gottes gehandelt. Rund 1,2 Millionen Menschen erweisen Rabin die letzte Ehre. Seine Beisetzung wird zu einer Demonstration für die Fortsetzung des **Friedensprozesses** im Nahen Osten.

Yitzhak Rabin, einer der bedeutendsten Staatsmänner Israels, war 27 Jahre lang Soldat und wandte sich dann der Politik zu. Die entscheidende Wende vom Kriegsheld zur Symbolfigur für den Friedensprozess im Nahen Osten vollzieht er, als er 1992 zum zweiten Mal Ministerpräsident Israels wird. Zusammen mit seinem Außenminister **Shimon Peres** (geb. 1923) kämpft er für den Frieden und arbeitet dabei mit Staaten und Politikern zusammen, gegen die er zahlreiche Kriege geführt hatte. Der historische Handschlag zwischen ihm und **Jassir Arafat** (1929–2004) vor dem Weißen Haus in Washington markiert den Beginn des Friedensprozesses. Alle drei – Yitzhak Rabin, Shimon Peres und Jassir Arafat – wurden 1994 mit dem Friedensnobelpreis ausgezeichnet.

Yitzhak Rabin

Jahrhunderthochwasser am Niederrhein

Mehrere Straßenzüge sind vom Rheinhochwasser überflutet. Helfer des Technischen Hilfswerks (THW) sind mit Booten im Einsatz, um die Anwohner zu ihren Häusern zu bringen

Anhaltende **Regenfälle** und die beginnende **Schneeschmelze** in den Mittelgebirgen in den ersten Tagen des neuen Jahres lassen den Rhein auf die **Rekordhöhe** von 10,60 Meter steigen. Am 27. Januar laufen die Wassermassen über die mobilen Hochwasserwände und überfluten die Altstadt von Köln. Kurz bevor der Pegel die Höhe von zehn Metern erreicht, wird der Rheinufertunnel geschlossen. Die Hilfskräfte sind zu diesem Zeitpunkt schon voll in Aktion. Die vom Wasser eingeschlossenen Menschen müssen versorgt, weitere Hochwasserschäden vermieden werden. Die Bewohner vieler Ortschaften sind tagelang vom Rest der Welt abgeschnitten. Einkaufen, der Weg zur Arbeit, Besuch empfangen – alles ist nur mit dem Schlauchboot möglich. Die Sandsäcke vor der Tür und die Pumpen im Keller nutzen nichts: Die Häuser laufen voll. Etwa 14.000 Menschen sind direkt betroffen. Bereits 1993 wurde die Kölner Altstadt überflutet. Überall versinken Stadtteile und Orte in den Wassermassen, und das bis an die Grenzen von Nordrhein-Westfalen.

Galileo erreicht Atmosphäre des Jupiter

Die **Raumsonde Galileo** wurde am 18.10.1989 von der NASA gestartet, um den Jupiter und seine Monde zu untersuchen. Wichtigster Partner der Mission ist die Bundesrepublik Deutschland. Ihren Namen hat die Sonde von dem italienischen Erfinder und Naturwissenschaftler **Galileo Galilei** (1564–1642). Noch nie war der Planet Jupiter direkt angeflogen worden. Zwar flogen schon vier Raumsonden an ihm vorbei (Pioneer 10 und 11 und Voyager 1 und 2), aber sie konnten durch den Vorbeiflug nur

Die NASA-Raumsonde Galileo (grafische Darstellung) vor dem Jupiter-Mond Io

Massaker von Srebrenica

Traurige Bekanntheit erlangt die Stadt Srebrenica im Juli, als bosnische Serben unter Führung von General **Ratko Mladić** (geb. 1942) in einem generalstabsmäßigen Einmarsch die muslimische Enklave erobern und etwa 8000 männliche Personen in beispiellosen Massakern ermorden. 30.000 weitere Einwohner werden vertrieben. Von einem mit Leichen übersäten Fußballplatz nimmt ein amerikanischer Satellit ein Bild auf. Wenige Tage später fotografiert ein amerikanischer Pilot aus seinem Aufklärungsflugzeug dieselbe Stelle – inzwischen ist der Platz umgegraben, bedeckt von frischer Erde. Die damals in der bosnischen UNO-Schutzzone stationierten niederländischen UN-Blauhelmsoldaten können die Einwohner nicht vor den serbischen Truppen beschützen.

Die Ereignisse vom 11. Juli gehen als das **Massaker von Srebrenica** in die Geschichte ein und gelten als das schlimmste Massaker an

Momentaufnahmen liefern. Das sollte sich mit Galileo ändern.

In 82 Millionen Kilometer Entfernung zum Jupiter trennt sich im Juli die Tochtersonde vom Mutterschiff. Am 7. Dezember ist die Reise zu Ende. Mit einer Geschwindigkeit von 173.000 Stundenkilometern taucht die Tochtersonde in die Atmosphäre des Jupiter ein. Die Sonde liefert nicht nur **gestochen scharfe Bilder** von Jupiter, sondern auch von dessen Monden zur Erde. Man entdeckt **Wasserozeane** unter der Eiskruste von *Europa* und Vulkane auf *Io*. Der Missionsteil bei Jupiter ist ursprünglich nur für 23 Monate bis Dezember 1997 geplant, wird aber insgesamt dreimal verlängert, da Geräte und Triebwerk einwandfrei funktionieren und gute Ergebnisse liefern.

GIRLIES DER 90ER

Heike Makatsch steht für einen neuen Mädchentyp: selbstbewusst, sexy, romantisch – ein Girlie eben. Die Girlies der 90er machen sich nichts mehr aus den Symbolen des Feminismus ihrer Mütter. Lila Latzhosen und indische Tücher sind out. Dazu gehört, alles tragen zu dürfen, was gefällt, auch super-ultra-kurze, bauchfreie T-Shirts oder nur einen Wonderbra auf nackter Haut. Worauf es ankommt, ist Spaß haben, frei und selbstbewusst sein, immer da sein, wo die Party etwas länger dauert. „Girl-Power" verbreitet unter anderem die fünfköpfige Mädchenband Spice-Girls, die allein Mitte der 90er-Jahre neun Nummer-1-Hits für sich verbuchen kann.

Zivilisten in Europa seit dem Zweiten Weltkrieg. Bislang wurden die Überreste von mehr als 5000 Opfern exhumiert; von diesen konnten 1620 durch eine Kommission für die Suche nach Vermissten identifiziert werden. Auf den Tag genau neun Jahre später wurden 338 identifizierte muslimische Opfer an der Gedenkstätte Potocari erneut beigesetzt.

Massive Proteste bei Castor-Transport

Tausende von Polizisten müssen die Atommüllbehälter sichern, denn **Atomkraftgegner** versuchen, die Transporte zu stoppen. Am 25. April trifft der erste Atommüllbehälter Castor mit radioaktivem Restbrennstoff aus dem badischen Kernkraftwerk Philippsburg im niedersächsischen Zwischenlager **Gorleben** ein. Der Transport, dem monatelanges politisches Gerangel vorausging, wird von massiven Protes-

Begleitet von Demonstranten wird der mit einer blauen Plane bedeckte Castor-Behälter von Polizisten auf der Straße von Dannenberg nach Gorleben eskortiert

ten begleitet. Insbesondere auf der letzten Strecke zwischen dem Verladebahnhof Dannenberg und Gorleben versuchen rund 4000 Demonstranten, den Transport aufzuhalten. 10.000 Polizisten versuchen, die Castor-Fahrt zu sichern und gehen dabei rigoros mit Schlagstöcken und Wasserwerfern gegen die Demonstranten vor.

Das Thema Atomkraft löst bei vielen Menschen Angst aus. Nach dem **Reaktorunfall in Tschernobyl** im Jahre 1986, der Teile der Ukraine verstrahlte, bekamen die Anti-Atom-Bewegungen starken Zulauf. Immerhin wurde die in Tschernobyl frei gesetzte Radioaktivität mit dem Wind bis nach Westeuropa getragen.

Das Schengener Abkommen tritt in Kraft

In sieben der 15 Staaten der Europäischen Union fallen am 26. März die Grenzschranken zu Gunsten eines ungehinderten und nicht-kontrollierten Verkehrs. Die Regelung gilt für die sogenannten **Schengen-Staaten** (nach dem Abkommen im gleichnamigen luxemburgischen Ort von 1985) Belgien, Deutschland, Frankreich, Luxemburg, Niederlande, Portugal und Spanien. Italien, Griechenland und Österreich entscheiden sich dafür, 1997 ihre Grenzkontrollen abzubauen. Dänemark, Finnland und Schweden unterzeichnen 1996 Beitrittsprotokolle zum Schengener Abkommen. Zudem wird eine verstärkte Zusammenarbeit mit Island und Norwegen vereinbart. Großbritannien und Irland treten dem Schengener Abkommen nicht bei.

Für die in Europa lebenden EU-Bürger hat das Abkommen zu sichtbar mehr Reisefreizügigkeit bei erhöhter Sicherheit im Innern und an den Außengrenzen geführt.

Blick auf eine ausgebrannte Shell-Tankstelle

Boykott gegen Shell

30.April: Greenpeace-Mitglieder besetzen die **Ölplattform Brent Spar** des britisch-niederländischen Ölkonzerns **Shell** im Atlantik. Der Konzern plant, die ausgediente Plattform, die mit ölhaltigem Schlamm, hochgiftigen PCB (polychlorierte Biphenyle) und Schwermetallen verseucht ist, im Atlantik zu versenken. Am 24. Mai lässt Shell die Aktivisten von der Ölplattform vertreiben. Am 16. Juni gehen erneut Greenpeace-Mitglieder auf die Plattform. Mitte Juni beginnt in Deutschland ein **Boykott** von Shell-Tankstellen. Am 13. und 16. Juni kommt es zu Anschlägen auf Shell-Tankstellen in Mörfelden-Walldorf, Hamburg und Essen. Die Aktionen richten sich gegen die **geplante Versenkung** der Ölplattform. Am 20. Juni beugt sich der Erdölkonzern Shell schließlich dem Druck von Politik und Verbrauchern und gibt bekannt, dass die ausgediente Ölplattform Brent Spar nicht in der Nordsee versenkt, sondern an Land entsorgt wird.

Frieden auf dem Balkan

Das am 21. November unter der Schirmherrschaft des amerikanischen Präsidenten Bill Clinton (geb. 1946) zwischen den Präsidenten Bosniens, Kroatiens und Serbiens ausgehandelte und am 14. Dezember in Paris unterzeichnete **Dayton-Abkommen** besiegelt die endgültige Zweiteilung Bosniens und Herzegowinas in eine Muslimisch-Kroatische Föderation und eine Serbische Republik mit der gemeinsamen Hauptstadt Sarajevo. Der Friedensvertrag sieht vor, dass Bosnien-Herzegowina als international anerkannter Staat erhalten bleibt, er besteht jedoch aus zwei gleich großen Teilen, der muslimisch-kroatischen Föderation und der bosnisch-serbischen Republik. Die vor dem Bosnienkrieg mehrheitlich muslimisch besiedelte Region Srebrenica liegt heute mitten in der serbisch dominierten Republika Srpska. Die Einhaltung des Abkommens kontrolliert eine **internationale Friedenstruppe**, an der 4000 deutsche Soldaten beteiligt sind. Doch um die Zukunftschancen und eine tragende Hoffnung steht es bei den rund vier Millionen Menschen in dem Balkan-Staat nach wie vor mehr als schlecht.

DAS SIND DIE TOPHITS DES JAHRES

- ⮎ *Conquest of paradise* – Vangelis
- ⮎ *Gangsta's paradise* – Coolio
- ⮎ *Wish you were here* – Rednex
- ⮎ *Back for good* – Take That
- ⮎ *Sie ist weg* – Die Fantastischen Vier
- ⮎ *Zombie* – Cranberries
- ⮎ *Where the wild roses grow* – Nick Cave & Kylie Minogue
- ⮎ *Boombastic* – Shaggy
- ⮎ *Wonderwall* – Oasis

Importverbot für britisches Rindfleisch

Besorgnis unter den Fleischverbrauchern macht sich breit, als am 15. März der britische Premier **John Major** (geb. 1943) erstmals öffentlich einräumt, es gäbe einen Zusammenhang zwischen der Rinderseuche **BSE** und der vereinzelt bei Menschen auftretenden neuen Art der **Creutzfeldt-Jakob-Krankheit**. Demnach hat die Rinderseuche bereits zehn Todesopfer in Großbritannien gefordert.

Europa reagiert sofort: Bereits am darauf folgenden Tag verhängen Frankreich und Belgien ein **Importverbot** über Rindfleisch von der Insel. In Deutschland folgt man allerdings nur zögerlich diesem Beispiel. Zum Schutz der Verbraucher verhängt die Europäische Kommission am 25. März ein weltweites Exportverbot für britische Rinder, Rinderprodukte und britisches Tiermehl. Während in Deutschland zu dieser Zeit von offizieller Seite noch immer behauptet wird, die inländischen Rinderbestände seien BSE-frei (das erweist sich später als falsch), brennen in Großbritannien die Scheiterhaufen: Das Land wird von der EU verpflichtet, alle Rinder, die älter als 30 Monate sind, zu vernichten. Das sind schätzungsweise vier Millionen Tiere.

Bayerische Bauern protestieren gegen die britische BSE-Politik

Bündnis für Arbeit scheitert

Aufgeschreckt durch den Nachkriegsrekord von über vier Millionen Arbeitslosen im Winter 1995/96 wollen Vertreter aus Politik, Wirtschaft und Gewerkschaften ein **Bündnis für Arbeit** schmieden, das bis zum Jahr 2000 zwei Millionen neue Arbeitsplätze schaffen soll. Am 23. Januar einigen sich Bundesregierung und Tarifparteien in einem Gipfelgespräch darauf, dass dieses ehrgeizige Ziel mit Zurückhaltung der Gewerkschaften bei den Lohnrunden und einer weiteren Flexibilisierung der Arbeitszeiten einerseits und dem Abbau von Überstunden andererseits zu erreichen sei. Doch mit den umstrittenen Sparmaßnahmen, die am 28. Juni mit knapper Regierungsmehrheit den Deutschen Bundestag passieren, scheitert der Verständigungsansatz. Für die Gewerkschaften gehen die Gesetzesänderungen in Arbeitsrecht und Krankenversicherung zu weit. Sie scheren aus dem Bündnis für Arbeit aus.

Reemtsma-Entführung: Lösegeld verschwunden

25. März: Der Millionenerbe **Jan Philipp Reemtsma** (geb. 1952) verlässt sein Haus in Hamburg-Blankenese und wird von Entführern in ein Auto gezerrt. Die Täter hinterlassen nur einen Zettel mit der Lösegeldforderung am Tatort: 20 Millionen Mark für die Freilassung ihrer Geisel. Ganze 33 Tage bleibt Reemtsma in ihrer Gewalt. Er verbringt seine Gefangenschaft im Keller eines Hauses in Garlstedt bei Bremen. Gegen Zahlung des höchsten Lösegeldes in der deutschen Kriminalgeschichte wird er schließlich

Das von der Polizei geblendete Polaroid-Foto zeigt Jan Philipp Reemtsma bei den Entführern mit einer Ausgabe der *Bild*-Zeitung vom 26.3.1996

am 26. April gegen 23.55 Uhr südlich von Hamburg von seinen Entführern freigelassen. In der Zwischenzeit läuft eine der wohl größten und auch spektakulärsten Polizei- und Presseaktionen der Nachkriegsgeschichte. Die Öffentlichkeit wird täglich mit neuen Vermutungen und Details von der Journaille informiert. Doch effektive Fahndungsergebnisse gibt es erst nach der Reemtsma-Freilassung: Ende Mai werden in Spanien zwei Komplizen des mutmaßlichen Drahtziehers festgenommen. Dieser selbst geht den Fahndern am 28.3.1998 in einem Luxushotel in Buenos Aires ins Netz, nachdem er dort mit einem gefälschten britischen Pass aus Uruguay eingereist war. Doch die Millionen aus dem Lösegeld bleiben weiterhin wie vom Erdboden verschluckt.

Fusion Berlin – Brandenburg scheitert

Am Wählervotum scheitert am 5. Mai die von den Parlamenten der beiden Bundesländer Berlin und Brandenburg geplante **Fusion**.

Während die Mehrheit der Berliner für die Zusammenlegung stimmt (53,4 Prozent), geht der Volksentscheid in Brandenburg anders aus: 62,7 Prozent möchten lieber weiterhin getrennt „marschieren". Die Brandenburger befürchten, dass die hoch verschuldete Bundeshauptstadt sich zu ihren Lasten sanieren will. Mit dieser Entscheidung des Wählers enden vorerst alle weiteren Bestrebungen zur Neugliederung der Länder in der Bundesrepublik.

Deutschlands Fußballer auf dem EM-Thron

Im **Mekka des Fußballs**, also im Londoner Wembley-Stadion, holt die Deutsche Nationalmannschaft unter Trainer **Berti Vogts** (geb. 1946) am 30. Juni den Titel des **Europameisters**. Erstmals in der Fußballgeschichte wird das unter Experten umstrittene **Golden Goal** (erster Treffer in der Verlängerung bestimmt den Sieger)

FILME DES JAHRES

- *Independence Day* von Roland Emmerich
- *Werner – das muss kesseln!* von Michael Schaak
- *Dangerous Minds* mit Michelle Pfeiffer
- *Mission impossible* mit Tom Cruise
- *Der verrückte Professor* mit Eddie Murphy
- *Das Superweib* von Sönke Wortmann
- *Versprochen ist versprochen* mit Arnold Schwarzenegger
- *Sinn und Sinnlichkeit* mit Emma Thompson, Hugh Grant
- *The Birdcage – ein Paradies für schrille Vögel* mit Robin Williams, Nathan Lane
- *12 Monkeys* mit Bruce Willis, Brad Pitt

Jürgen Klinsmann mit Europameisterschaftspokal

zum Zünglein an der Waage. Gefeierter Torschütze ist Oliver Bierhoff (geb. 1968), der zuvor bereits den ersten Treffer zum 2:1 Endspielsieg über die Tschechische Republik beigetragen hatte. Mit dem EM-Erfolg – seinem einzigen internationalen Triumph – tritt Bundestrainer Berti Vogts vorläufig aus dem Schatten von „Kaiser" **Franz Beckenbauer** (geb. 1945), den er nach dem WM-Titelgewinn 1990 als Teamchef abgelöst hatte. Von den sechs Viertel- und Halbfinalspielen dieser EM in England wurden vier erst im Elfmeterschießen entschieden. Eines hat sich tief in die Erinnerung der deutschen Fußballfans eingegraben: Das nervenzehrende Halbfinale zwischen Deutschland und England. Deutschlands Torhüter Andreas Köpke (geb. 1962) avanciert dabei zum Helden des Tages, als er beim Stand von 6:6 den Elfer des Briten Gareth Southgate (geb. 1970) halten kann. Möllers (geb. 1967) kaltblütiges 7:6 markiert danach die Entscheidung für den Finaleinzug. Insgesamt sieht diese EM kaum herausragende Stars. Die Mannschaftsleistungen stehen weitgehend im Vordergrund.

Atlanta sieht die XXVI. Sommer-Olympiade

Nahezu uneingeschränkte Kommerzialisierung und Showeffekte der Sonderklasse beherrschen die **Olympischen Sommerspiele** vom 19. Juli – 4. August in der US-amerikanischen Südstaaten-Metropole. Gleichzeitig ist das Programm so umfangreich wie nie zuvor: In 26 Sportarten und 271 Wettbewerben kämpfen über 10.000 Sportler aus 197 Nationen um die Medaillenränge. Neu in den olympischen Katalog aufgenommen werden so exotische Sportarten wie **Beach-Volleyball**, **Softball** und **Mountainbike-Fahren**.

Bei seiner letzten Olympia-Teilnahme gewinnt Ausnahmeathlet Carl Lewis (USA, geb. 1961) zum vierten Mal in Folge den Weitsprung-Wettbewerb und damit seine neunte olympische Goldmedaille. Der bis dahin schnellste 100-Meter-Lauf aller Zeiten bringt den Kanadier Donovan Bailey (geb. 1967) mit einem Weltrekord von 9,84 Sekunden auf Platz eins. Deutschland schlägt sich in der Medaillenwertung achtbar und landet hinter den USA und Russland auf Platz drei der Nationenwertung. Eigentlich hätten diese Spiele – genau 100 Jahre nach der ersten Olympiade der Neuzeit in Athen – wiederum in der Hauptstadt Hellas' stattfinden sollen. Die Organisatoren hatten jedoch Bedenken ob der fehlenden Infrastruktur Griechenlands und bestimmten überraschenderweise Atlanta zum Austragungsort. Athen erhält als Ersatz die Olympischen Spiele 2004.

Viel Wirbel um Bonner Sparpaket

Hinter dem Namen **Sparpaket** verbirgt sich der bis dahin in der Geschichte der Bundesrepublik Deutschland größte Einschnitt in das soziale Netz. Unter dem Druck immer größer werdender Staatsschulden und einer ungebremst ansteigenden Arbeitslosenzahl beschließt die Regierungsmehrheit aus CDU/CSU und FDP am

DAS SIND DIE TOPHITS DES JAHRES

- *Killing me softly* – Fugees
- *Earth Song* – Michael Jackson
- *10 kleine Jägermeister* – Die Toten Hosen
- *Lemon tree* – Fool's Garden
- *Macarena* – Los del Rio
- *Wannabe* – Spice Girls

ß oder ss? Rechtschreibreform verabschiedet

Wohl kaum ein Reformvorhaben in der bundesdeutschen Geschichte hat in der Öffentlichkeit so kontroverse Diskussionen ausgelöst wie die **Reform der deutschen Rechtschreibung**. Dabei sind sich Kritiker und Befürworter in einem Punkt einig: Was von Fachgremien in mühevoller Kleinarbeit auf die Beine gestellt wurde, ist nichts Halbes und nichts Ganzes. Ein **fauler Kompromiss**, mit dem keine der Seiten so richtig zufrieden sein kann. Das spiegelt sich wohl am besten in der Bevölkerungsmeinung wider, die nahezu geschlossen gegen die Rechtschreibreform votiert.

13. September (bezeichnenderweise ein Freitag) im Bundestag eine Reihe von Gesetzen, die Arbeit billiger machen und die explodierenden öffentlichen Ausgaben drosseln sollen.

Für die Bevölkerung bedeutet dies im Wesentlichen: Eine Reduktion der Lohnfortzahlung im Krankheitsfall um 20 Prozent auf 80 Prozent des Brutto-Einkommens (zuvor sechs Wochen lang 100 Prozent); Kuren werden nur noch alle drei bis vier Jahre gewährt, ihre Dauer wird von vier auf drei Wochen gekürzt. Pro Kurwoche werden dem Versicherten zwei Urlaubstage angerechnet und seine Zuzahlung auf 25 Mark pro Tag erhöht. Der Kündigungsschutz wird für Betriebe bis zu zehn Mitarbeiter aufgehoben (bis dahin fünf Mitarbeiter); Frauen gehen (nach einer Übergangsfrist) erst mit 65 Jahren in Rente; die Krankenkassenleistungen werden gekürzt: Zuschüsse für Brillen entfallen, das Krankengeld wird um zehn auf 70 Prozent gesenkt, der Zuschuss zum Zahnersatz für jüngere Versicherte (ab Jahrgang 1979) gestrichen und die Medikamenten-Zuzahlungen erhöht. Die bereits am 1. September in Kraft tretenden Neuerungen stoßen auf den Unmut vieler, vor allem der Gewerkschaften, die mühsam errungene Arbeitnehmerprivilegien schwinden sehen. Ihnen fehlt zudem der Beitrag der Reichen zur Kostendämpfung. Die sogenannte **Neiddiskussion** beherrscht Medien und öffentliches Leben.

Doch am 1. Juli verpflichten sich die deutschen Bundesländer, Österreich, die Schweiz, Liechtenstein und weitere Staaten mit deutschsprachigen Bevölkerungsteilen durch die „Wiener Absichtserklärung zur Neuregelung der deutschen Rechtschreibung", die neue Orthografie bis zum 1.8.1998 einzuführen. Einige Bundesländer führen bereits mit Schulbeginn 1996/97 die neuen Regeln im Unterricht ein. Der *Duden* – bereits seit 1880 Grundlage für die amtliche Or-

An der Tafel einer Berliner Schule vergleichen zwei Schülerinnen verschiedene Wörter, geschrieben nach der bisherigen und der neuen Rechtschreibregelung

thografie Preußens – belegt Spitzenplätze auf den Bestsellerlisten und der Schulbuchmarkt erlebt eine nie da gewesene Konjunktur. In einer Übergangsfrist, die im August 2005 enden soll, gelten alte und neue Rechtschreibung nebeneinander.

Klonschaf Dolly kommt zur Welt

Am 5. Juli wird für Wissenschaftler ein alter Traum wahr: Mit der Geburt von **Klonschaf Dolly** präsentiert sich ein Lamm der staunenden Weltöffentlichkeit, das „bis aufs Haar" eine Kopie seiner genetischen Mutter ist. Dem Embryologen und Leiter des Forschungsteams am schottischen Roslin Institut **Ian Wilmut** (geb.1945) ist es gelungen, Erbmaterial aus der Eizelle eines Schafs zu entfernen und in diese das Erbgut aus einer Körperzelle aus dem Euter eines zweiten Schafs einzupflanzen. Das auf ungeschlechtliche Weise entstandene Fusionsprodukt bezeichnet man als rekonstruierten Embryo; den Vorgang, identische Nachkommen zu schaffen, als reproduktives Klonen. Wilmut verpflanzt die neue Zelle in den Uterus eines dritten Schafs, welches Klonlamm Dolly gesund zur Welt bringt – geschaffen aus einer erwachsenen Körperzelle.

Die Geburt von Dolly markiert einen Höhepunkt in der Geschichte des Klonens, die bereits 1930 begann, als der deutsche Wissenschaftler **Hans Spemann** (1869–1941) den ersten künstlichen Klon durch die Teilung von Molch-Zellen schuf. Die Entdeckung

Klonschaf Dolly

der **Nukleinsäure** (Desoxiribonukleinsäure oder DNS) als Träger der Erbanlagen im Jahre 1944 und die Entschlüsselung der DNS-Struktur (Chromosomenstruktur) waren weitere Meilensteine. 1973 wurde zur Geburtsstunde der Gentechnik: Es gelang, DNS aus zwei verschiedenen Organismen miteinander zu verbinden, die Voraussetzung für das Klonen eines Säugetiers.

Acht Millionen Inline-Skater

Was noch Anfang der 90er in deutschen Fußgängerzonen besonders bei älteren Passanten gewagte Sprünge provozierte und ansonsten allenfalls milde belächelt wurde, hat sich bis 1996 zur **Massenbewegung** gemausert: Rund acht Millionen Inline-Skater bevölkern auf ihren rasenden Rollen die Straßen. Bis 2001 wird ihre Zahl sogar auf 14 Millionen angewachsen sein. Der „Virus" kommt – wie bei Kaugummi, Coca Cola und diversen anderen „Segnungen" der westlichen Zivilisation – einmal mehr aus den USA.

Inline-Fans sollten allerdings wissen, dass ihr Lieblingssport nicht so modern ist, wie man vielleicht vermuten könnte. Denn bereits 1760 konstruierte der Belgier John Josef Merlin (geb. 1735, gest. unbek.) den Vorläufer der **Inline-Skates**. Er montierte unter die damals bereits bekannten Schlittschuhe jeweils zwei Metallrädchen. Rund 100 Jahre später wurden die einspurigen (in line) Laufschuhe von (zweispurigen) Rollschuhen abgelöst, die sich besser steuern ließen.

Der Inline-Sport, wie er heute betrieben wird, geht wohl auf den US-Amerikaner Scott Olson (geb. 1960) zurück. Der passionierte Eishockeyspieler wollte auch im Sommer trainieren und entwickelte um 1980 die ersten Inline-Ska-

COMPUTERSLOGANS IN DEN 90ERN

- ⤷ Apple: Think different
- ⤷ Dell: Be direct
- ⤷ Hewlett-Packard: Expanding possibilities
- ⤷ IBM: Solutions for a small planet
- ⤷ Intel: Intel inside
- ⤷ Logitech: It's what you touch
- ⤷ Maxdata: Open your mind
- ⤷ Microsoft Windows 95: Where do you want to go today?
- ⤷ Nintendo: Die Action-Welt für coole Köpfe
- ⤷ Phenomedia: Entertaining people
- ⤷ Software AG: Accept no limits
- ⤷ Sun: We put the dot in dot-com
- ⤷ Vobis: Die Leute mit Ideen
- ⤷ Windows 98: Works better, plays better

hen und in den meisten westlichen Ländern mit viel liberaleren Ladenöffnungszeiten schon lange gang und gäbe ist, drängt kleinere Geschäfte nicht selten an den Rand des Ruins. Bedeuten doch die längeren Öffnungszeiten für sie bis ins Endlose ausgedehnte Arbeitszeiten – und das häufig bei geringer werdenden Umsätzen. Und für die Angestellten wird der Feierabend kürzer. So hatten in der hitzigen Debatte zuvor auch die Gewerkschaften argumentiert und die Oppositionsparteien SPD, Grüne und PDS überlegten, dem Gesetz am 5. Juli im Bundestag nicht zuzustimmen. Doch das Ladenschlussgesetz passiert ungehindert den Bundesrat.

tes. Sein *Rollerblade* wurde später von der italienischen Firma Benetton Sportsystem vermarktet und trat den Siegeszug um die ganze Welt an.

Auch sonntags frische Brötchen

Die Verbraucher freut's: Am 1. November tritt das **neue Ladenschlussgesetz** in Kraft. Ab sofort darf der Einzelhandel an den Wochentagen von Montag bis Freitag die Geschäfte von 6–20 Uhr für seine Kunden öffnen. Am Sonnabend bieten die Einkaufsparadiese im Allgemeinen von 8–16 Uhr ihr Sortiment feil. Und für Bäckereien und Konditoreien gibt's noch ein besonderes Schmankerl obendrauf: Sie dürfen ihre Kunden in Zukunft auch am Sonntag für drei Stunden mit den Köstlichkeiten der Backstube verwöhnen. Was die großen Handelsketten als ausgezeichnete Möglichkeit zur Umsatzoptimierung anse-

Kofi Annan wird UN-Generalsekretär

Gegen den Widerstand vieler Mitgliedsstaaten wird **Kofi Annan** (geb. 1938) am 13. Dezember auf Druck der USA vom UN-Sicherheitsrat zum **Generalsekretär der Vereinten Nationen** gewählt. Die Wahl wird erst vier Jahre später von der UN-Generalversammlung bestätigt. Er übernimmt damit die Stelle von **Boutros Boutros-Ghali** (geb. 1922) aus Ägypten und wird erster schwarzafrikanischer Generalsekretär in der Geschichte der Vereinten Nationen. Am 1. Januar 1997 tritt er als erster Generalsekretär, der direkt aus den Reihen der UN-Mitarbeiter gewählt wurde, sein Amt an.

Kofi Annan spricht am 17.12.1996 zur Vollversammlung der Vereinten Nationen in New York.
Er war zuvor als neuer Generalsekretär der Vereinten Nationen vereidigt worden

90er

Neuer Markt startet mit Börsenneuling Mobilcom

Im Nachhinein werden Kritiker ihn als größte **Geldvernichtungsmaschine** aller Zeiten bezeichnen. Doch als am 10. März der **Neue Markt** mit der Telefongesellschaft Mobilcom und dem Ingenieurdienstleister Bertrandt an der deutschen Börse startet, sehen die meisten Analysten in ihm das „Wachstums-Segment der Zukunft überhaupt". Zum Jahresende sind bereits 17 Firmen gelistet und seit Einrichtung im März hat der Neue-Markt-Index um 97,4 Prozent zugelegt. Die Deutsche Börse führt im Juli 1999 für die größten 50 Unternehmen am Neuen Markt den sogenannten Blue-Chip-Index Nemax 50 ein. Als Basis dient der 30. Dezember mit einem Wert von 1000 Punkten. Eine weitere Neuerung: Der bisherige Neue-Markt-Index wird in „Nemax All Share" umbenannt. Im All Share sind zu diesem Zeitpunkt 124 Unternehmen mit einer Marktkapitalisierung von 56 Milliarden Euro vertreten. Die Hightechbranche boomt und Spekulanten sorgen dafür, dass die Notierungen zu wahren Höhenflügen ansetzen. So erreicht der Nemax 50 ein Allzeithoch nach dem anderen. Zu Spitzenzeiten tummeln sich über 300 Firmen am Neuen Markt.

Doch zu viele Firmen bedienen sich lediglich an den Einlagen der Aktionäre, zu viele Firmen gehen mit gefälschten Bilanzen an den Neuen Markt. Die Folge: Am 3. April 2001 ist der Ausverkauf in vollem Gange, der Nemax 50 stürzt im freien Fall unter die Marke von 1300 Punkten. Und am 26.9.2002 platzt die **Seifenblase Neuer Markt** endgültig: Die Deutsche Börse kündigt das Ende des Neuen Markts bis Dezember 2003 an. Knapp sechs Jahre nach dem Start am 10. März ist der Neue Markt damit endgültig gescheitert.

Komet Hale-Bopp fasziniert am Nachthimmel

Ein nächtliches Spektakel bietet für die Bewohner der Nordhalbkugel ein einmaliges Schauspiel: In einer Entfernung von etwa 200 Millionen Kilometern zur Erde rast im Frühjahr der **Komet Hale-Bopp** durch unsere Milchstraße. Am 1. April, kurz nachdem er seinen erdnächsten Punkt erreicht hat, ist der Jahrhundertkomet mit bloßem Auge gut zu sehen. Am Abendhimmel präsentiert er sich als dritthellstes kosmisches Objekt (nach Sonne und Mond) überhaupt. Mit Fernglas oder Teleskop sind sogar die Strukturen um den Kern des Kometen zu erkennen, die sich wie spiralförmige Schalen präsentieren. Sie entstehen durch das Herausschleudern von Staub und Plasma aus dem rotierenden Kern.

Im Juli 1995 war Hale-Bopp fast zeitgleich von **Alan Hale** (geb. 1958) in Cloudcraft/New Mexiko und **Thomas Bopp** (geb. 1949) in Stanfield/Arizona entdeckt worden. Schon zu dieser Zeit wurde klar, dass es sich um einen Rekordkometen handeln musste. Denn nie zuvor wurde ein Komet bereits in so großer Sonnenentfernung entdeckt. Hale-Bopp befand sich zu diesem Zeitpunkt noch außerhalb der Jupiterbahn!

Über einem Baum auf einem Feld nahe der thüringischen Stadt Gotha ist am späten Abend des 2.4.1997 der Flug des Kometen Hale-Bopp im Sternbild Andromeda zu beobachten

Der Tamagotchi-Boom – Fieber eines Sommers

Sechs Monate nach der Einführung des **virtuellen interaktiven Haustiers** in Form und Größe eines Eis in Japan schwappt das **Tamagotchi**-Fieber im Juni auf den europäischen Kontinent über. Bis zum November werden allein in Deutschland zwei Millionen digitale Kuscheltiere verkauft. Weltweit sind es über 40 Millionen in insgesamt 13 unterschiedlichen Versionen und 44 Farbnuancen. Zuerst sind es in der Hauptsache Jugendliche, die das virtuelle Küken mit sich herumschleppen und ihre Lehrer mit dem Piepen des Kükens nerven. Das Tamagotchi will nämlich regelmäßig gefüttert, gepflegt und diszipliniert werden. Bald jedoch ist eine Altersgrenze bei den Tamagotchi-Süchtigen nicht mehr zu erkennen: In Büros und sogar in Altersheimen trifft man auf die stolzen „Ernährer". Während Wissenschaftler und selbst ernannte Experten noch darüber rätseln, wie es zu dem immensen Verkaufserfolg kommen konnte und ob die Beschäftigung mit dem Tamagotchi für Kinder eventuell schädlich sein könnte, ebbt die Kükenflut bereits wieder ab. Das Einerlei der computergesteuerten Wesen langweilt die kleinen Beschützer und die Tierchen wandern dorthin, wo alles abgelegte Spielzeug einmal landet – in den Keller oder auf den Dachboden. Der Tamagotchi-Boom endet noch im selben Jahr. Doch zuvor wurde weltweit in jeder Sekunde ein Tamagotchi verkauft!

Bundespräsident Herzog mahnt Reformen an

In seiner vielbeachteten „1. Berliner Rede", die Bundespräsident **Roman Herzog** (geb. 1934)

am 26. April vor auserlesenem Publikum im Hotel Adlon hält, prägt er den Satz: „Durch Deutschland muss ein **Ruck** gehen ...". Herzog beschwört den „Aufbruch ins 21. Jahrhundert" und fordert alle Kräfte der Gesellschaft auf, die in Deutschland **überfälligen Reformen** endlich anzupacken. Die deutlichen Worte des Bundespräsidenten zur Erstarrung der bundesdeutschen Gesellschaft in der globalisierten Welt lösen in der Öffentlichkeit kontroverse Diskussionen aus, stellt Herzog doch fest, dass „ ... wir uns auch noch den Luxus ... leisten, so zu tun, als hätten wir zur Erneuerung beliebig viel Zeit ...".

Bundespräsident Roman Herzog während seiner Rede im Berliner Hotel Adlon

DAS SIND DIE TOPHITS DES JAHRES

- *Time to say goodbye* – Sarah Brightman & Andrea Bocelli
- *Warum ?* – Tic Tac Toe
- *I'll be missing you* – Puff Daddy feat. Faith Evans
- *Men in Black* – Will Smith
- *Candle in the wind '97* – Elton John
- *Barbie Girl* – Aqua
- *Bitch* – Meredith Brooks
- *Honey* – Mariah Carey
- *Don't cry for me Argentina* – Madonna
- *Quit playing games* – Backstreet Boys

Harry Potter beginnt seinen Siegeszug um die Welt

Im Juni erscheint in Großbritannien das Buch einer bis dahin weitgehend unbekannten Autorin namens **Joanne Kathleen Rowling** (geb. 1965). Es trägt später den deutschen Titel *Harry Potter und der Stein der Weisen* und handelt von einem elfjährigen Waisenjungen, der bei seinen ungeliebten Muggel-Verwandten (Muggel = Nichtzauberer), den Dursleys, lebt und auf die Hogwarts-Schule für Zauberer und Hexen kommt. Dort findet er in Hermine Granger, Streberin und ewige Klassenbeste, und Ron Weasley, dem zweitjüngsten Kind einer Zaubererfamilie, gute Freunde. Aber auch Feinde: Harry muss sich gegen Draco Malfoy, den Abkömmling einer Schwarzmagier-Familie, den Zaubertrank-Lehrer Snape und gegen den düsteren Lord Voldemort behaupten. Harrys Lieblingsbeschäftigung ist der Magiersport Quidditch. Hier ist er absolut top und stellt als der jüngste Quidditch-Mannschafts-Spieler der Zauberschule Rekorde auf.

Niemand ahnt zu diesem Zeitpunkt, dass mit dem Erscheinen dieses Buchs gleichsam die Geburtsstunde eines **modernen Märchens** geschlagen hat, das weltweit Millionen von Kindern und Erwachsenen in seinen Bann zieht und aus der mittellosen Autorin binnen weniger Jahre die reichste Frau Schottlands werden lässt. Die Wissenschaftler stehen vor einem **literarischen Phänomen**: Abermillionen Kinder aus der Spielkonsolen-Generation legen plötzlich ihre elektronischen Spielzeuge beiseite und werden zu begeisterten Buchlesern. Und auch die nachfolgenden Harry-Potter-Bücher werden zu Millionen-Sellern.

FILME DES JAHRES
➲ *Men in Black* mit Tommy Lee Jones
➲ *Bean* mit Rowan Atkinson
➲ *Vergessene Welt – Jurassic Park* von Steven Spielberg
➲ *Der englische Patient* mit Ralph Fiennes, Juliette Binoche
➲ *Kleines Arschloch* von Michael Schaack, Veit Vollmer
➲ *Con Air* mit Nicolas Cage
➲ *Der Morgen stirbt nie* mit Pierce Brosnan
➲ *101 Dalmatiner* mit Glenn Close
➲ *Romeo und Julia* von Baz Luhrmann
➲ *Die Hochzeit meines besten Freundes* mit Julia Roberts

Joanne K. Rowling

Oderhochwasser

In der Zeit vom 4.–9. Juli verursacht das Tiefdruckgebiet Zolska in den tschechischen und polnischen Gebirgsregionen **sintflutartige Niederschläge**. Die Unwetter hinterlassen katastrophale Schäden in den Oder-Anrainer-Staaten: 114 Tote, hunderttausende Obdachlose und insgesamt 3,8 Milliarden Euro Unwetterschäden allein in Polen und Tschechien. In Deutschland sind keine Todesopfer zu beklagen. Doch auch hier ist der volkswirtschaftliche Schaden mit 650 Millionen Euro erheblich.

Am 8. Juli gibt das Landesumweltamt Brandenburg die erste **Hochwasserwarnung** heraus. Die Flut selbst erreicht Brandenburg am 17. Juli in Ratzdorf am Zusammenfluss von Oder und Neiße. Der Pegel steht mit 6,20 Meter fast 3,5 Meter über den langjährigen Sommerwerten. Weil ein weiterer Anstieg bevorsteht, werden die niedrigsten Deichstrecken vorsorglich erhöht. Erneute starke Niederschläge verursachen vom 18.–21. Juli im oberen Odereinzugsgebiet eine zweite Hochwasserwelle. In Frankfurt erreicht der Pegel am 27. Juli mit 6,57 Meter Rekordhöhe. Der schützende Sandsackdamm ist nur noch wenige Zentimeter höher.

Doch die Schreckensbilanz in Deutschland wäre wohl erheblich höher ausgefallen, hätten nicht insgesamt 30.000 Soldaten im bisher größten Einsatz der Bundeswehr vom 18. Juli bis zum 10. Oktober gegen das Oderhochwasser und seine Auswirkungen gekämpft. Vom Technischen Hilfswerk, der Polizei, Bundesgrenzschutz, Feuerwehren, zivilen Hilfsorganisationen und der Bevölkerung wurden mehr als acht Millionen Sandsäcke mit etwa 177.000 Tonnen Sand und Kies gefüllt. Mehr als 3000 Spezialfahrzeuge und 50 Bundeswehr-Hubschrauber transportierten in über 2700 Flugstunden rund 2000 Personen und etwa 3500 Tonnen Material. Die am Deich eingesetzten Soldaten kamen aus mehr als 70 Verbänden aus allen Regionen Deutschlands.

Jan Ullrich gewinnt die Tour de France

Kein Deutscher konnte vor ihm das wohl populärste und anstrengendste Straßenrennen der Welt gewinnen: Als **Jan Ullrich** (geb. 1973)

Jan Ullrich (M.) nach seinem Triumph bei der Tour de France

am 27. Juli im **Gelben Trikot** des Spitzenreiters Paris erreicht, wird er schlagartig zum beliebtesten aktiven Sportler Deutschlands. Dies wird in seiner Wahl zum „Sportler des Jahres 1997", die er mit dem größten Vorsprung aller Zeiten gewinnt, erneut deutlich. Die Bundesrepublik erlebt in diesem Toursommer erstmals ein „Fieber", das ansonsten eher in den klassischen Profi-Radsportländern wie Frankreich oder Italien grassiert. Denn bereits am Ende der 10. Etappe der Frankreichrundfahrt – nach einem überlegen herausgefahrenen Etappensieg in den Pyrenäen mit einer Bergankunft in Andorra-Arcalis – kann Ullrich das Gelbe Trikot überstreifen, das er bis zur 21. Etappe nicht wieder hergibt. Die extrem hohe Erwartungshaltung der Öffentlichkeit (die wohl eine Serie von Toursiegen von Jan Ullrich erwartete) kann er in den kommenden Jahren allerdings nicht befriedigen. Es reicht jeweils nur zu zweiten Plätzen in der „Tour der Leiden", wie die Frankreichrundfahrt von Kennern der Szene auch genannt wird.

Prinzessin Diana verunglückt tödlich

Der Tod von **Prinzessin Diana** (Lady Diana Frances Spencer, 1961–97) in der Nacht zum 31. August löst weltweit Entsetzen aus. Die Prinzessin der Herzen – Ex-Ehefrau des britischen Thronfolgers **Charles** (geb. 1948) – stirbt gemeinsam mit ihrem vermeintlichen Liebhaber Dodi al Fayed (1956–1997) nach einem Autounfall in Paris.

Mehrere sogenannte Paparazzi (Sensationsfotografen) haben Lady Di in ihrem Mercedes mit Motorrädern und Autos quer durch die Seinestadt gejagt. In einem Tunnel verliert der Fahrer die Kontrolle über das Auto, gerät ins Schlingern und prallt mit hohem Tempo gegen einen Betonpfeiler. Prinzessin Diana stirbt wenige Stunden nach der Einlieferung ins Krankenhaus. Ein Bodyguard überlebt zwar den Unfall, kann sich aber an nichts mehr erinnern.

Die Beerdigung am 6. September entwickelt sich zum Medienereignis erster Güte. Londons Straßen bersten nahezu unter den Menschenmassen, die Diana auf ihrem letzten Weg begleiten wollen. Weltweit verfolgen Millionen die Übertragung der Trauerfeierlichkeiten. Die Trauergemeinde von 1900 Menschen füllt die Westminster Abbey bis auf den letzten Platz und hört Elton Johns (geb. 1947) *Candle in the wind*, das der Diana-Verehrer in *Goodbye England's Rose* umgetextet hat. Die Hymne auf Lady Diana wird zum Welthit.

Nach den Ermittlungsergebnissen der französischen Polizei war der übermüdete und angetrunkene Chauffeur (1,8 Promille) für den Unfall verantwortlich. Doch Prinzessin Diana wäre nicht die **Prinzessin der Herzen** gewesen, würden sich um ihren Tod keine Agenten- und Meuchelmordgeschichten ranken. In regelmäßigen Abständen finden sich bis heute neue Theorien um das Ableben der schönen Britin in den Gazetten.

Tabakwerbung soll verboten werden

Nicht nur die Tabak- und Markenartikelindustrie, auch die Werbe- und Presseverbände geraten in schiere Wut, als die Europäische Union im Dezember die Tabakwerbung in Zeitungen und Zeitschriften, im Fernsehen und im Kino, aber auch auf Plakatwänden vom Jahr 2002 an untersagt und das **generelle Verbot** bis zum Jahr 2006 ausspricht. Bis dahin sollen sogar die Logos der Tabakwarenhersteller von den Formel-1-Autos und den Schutzanzügen ihrer Fahrer verschwinden. Ausschlaggebend für das Verbot sind die Einlassungen von gesundheitspolitischen Sprechern, Ärzteverbänden oder Krebshilfeorganisationen: Sie alle wollen den Einstieg von Jugendlichen in die Suchtspirale der Tabakwelt verhindern und den immensen **volkswirtschaftlichen Schaden,** den die oft tödlichen Spätfolgen des Rauchens in Form von Krebs und Herz-Kreislauf-Erkrankungen anrichten, eindämmen.

Die Tabak-Lobby und mit ihr die meisten Industrie- und Einzelhandelsverbände sehen in dem Verbot eher eine Gefahr für Arbeitsplätze, für die Meinungsbildung der Konsumenten, die Medienvielfalt und den Welthandel. Betont wird dagegen die Bedeutung der Werbung für die Marktwirtschaft, die Schaffung von Arbeitsplätzen, für die Meinungsbildung der Konsumenten, die Medienvielfalt und den Welthandel. Dabei geht es natürlich ums **Geld:** Allein für Werbung in Printmedien gaben die Zigarettenproduzenten in Deutschland 1996 über 150 Millionen Mark aus, der Formel-1-Rennsport hängt noch in diesem Jahr fast vollständig am Tropf der Tabakindustrie. Insgesamt trage die Werbewirtschaft mehr zum **Bruttoinlandsprodukt** bei als die Bekleidungsindustrie, das Kredit- und Versiche-

rungsgewerbe oder der Pharmasektor, so die Argumentation.

Kleiner Mercedes kippt beim Elchtest um

Üble Schlamperei oder genialer Marketingstreich? Es sieht auf den ersten Blick so aus, als würde die Nobelmarke Mercedes mit ihrem Einstieg in die **Kompaktklasse** floppen. Kurz nach der Markteinführung kippt Ende des Jahres ein Wagen der neuen A-Klasse beim **Elchtest** in Schweden um. Was wie ein dunkler Fleck auf der meist weißen Mercedes-Weste anmutet, wandelt sich jedoch binnen Monaten zu einer Erfolgsgeschichte. Unter dem Gelächter der Kritiker, die den Stuttgarter Autoriesen auf seinen angestammten Platz in der Oberklasse verweisen wollen, verpasst der Hersteller seinem „fallsüchtigen Kleinen" ein **Elektronisches Stabilitätsprogramm** (ESP). Und Mercedes-Fanatiker und Neukunden machen die A-Klasse zeitweilig zum erfolgreichsten Pkw-Modell der Schwaben. 1,1 Millionen Wagen der ersten Baureihe werden weltweit abgesetzt.

Der demolierte Mercedes der A-Klasse nach einem missglückten Elchtest bei Stockholm

Treibstoff für den Mann

Wenn's nicht mehr so richtig klappt, gibt es ab sofort Abhilfe. Bequem und auf Rezept. Zumindest seit dem 1. Oktober, als **Viagra**®-Entdecker und Hersteller, der US-amerikanische Pharmariese Pfizer, das **Potenzmittel** in Deutschland auf den Markt bringt. Das blaue Erektionswunder, das ursprünglich gegen Herzmuskelschwäche helfen sollte, erfreut sich rasch hoher Beliebtheit und entsprechender Umsatzzahlen. Der darin enthaltene Wirkstoff Sildenafil unterstützt und verlängert die natürliche Peniserektion. Jeder vierte Mann über 65 freut sich darauf, die Wirkung des Medikaments am eigenen Leib zu verspüren. In Deutschland leiden etwa sechs bis acht Millionen Männer an Impotenz beziehungsweise Erektionsstörungen. Die Wirksamkeit des Präparats ist gut, durch Studien und millionenfache Alltagserfahrung abgesichert. Und auch das von Pharmakritikern befürchtete Massensterben herzschwacher Pillenschlucker bleibt aus. Mittlerweile hat die blaue Pille, die das Liebesleben revolutionierte, Konkurrenz bekommen: Cialis und Levitra.

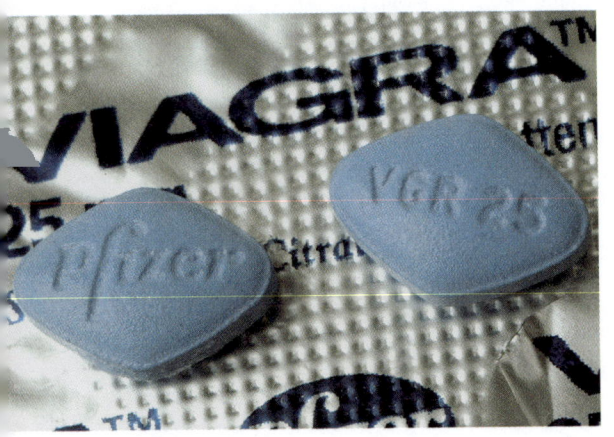

Potenzpille Viagra®

DAILY TALKS

Zappt man durch die Fernsehkanäle, stolpert man zu fast jeder Tageszeit von einer Talkshow in die nächste. Über nahezu jedes Thema scheint es Gesprächsbedarf zu geben, alles ist interessant. Der Ursprung dieser Gesprächssendungen liegt wie so oft in den USA. Das US-amerikanische Fernsehen kann auf eine relativ lange Talkshow-Tradition zurückblicken: Bereits Anfang der 50er-Jahre laufen die ersten regelmäßig ausgestrahlten Gesprächs- und Unterhaltungssendungen, die sozusagen die Prototypen für das Genre darstellten. Seit Mitte der 80er-Jahre boomen die Formate auch in Deutschland: Ob Nachmittagsshows mit Ilona Christen, Hans Meiser, Fliege und Co., Bekenntnisshows (*Ich bekenne*), Versöhnungsshows (*Verzeih mir*), Jux-Talkshows (*Dall-As*), Late-Night-Shows oder Gesprächsrunden für Literaturfreunde, Sportliebhaber, Senioren, Frauen etc. – bis zu diesem Jahr sind in Deutschland auf diese Weise mehr als 60 verschiedene Talkshow-Serien entstanden.

Dem Täter auf der Spur

In einem Wald im emsländischen Lorup wird am 21. März die Leiche eines seit fünf Tagen vermissten elfjährigen Mädchens gefunden. Das Kind war sexuell missbraucht und getötet worden. Daraufhin beginnt eine umfassende Suche nach dem Mörder. Anhand von **DNA-Spuren** soll er ausfindig gemacht werden. Rund 18.000 Männer zwischen 18 und 30 Jahren werden zur Speichelprobe geladen, 12.000 erscheinen. Einer von ihnen, der 30-jährige Ronny Rieken, wird als mutmaßlicher Täter identifiziert. Er gesteht den Mord an Christina und einen weiteren an einem damals 13 Jahre alten Mädchen im Jahr 1996. Im November wird Rieken zu lebenslanger Haft verurteilt. Dabei wird zugleich die besondere

Schwere seiner Schuld festgestellt. In Deutschland ist der Sexualmord einer der ersten größeren Fälle, bei dem eine neue Technik eingesetzt wird und zum Ergreifen des Täters führt. Mit dem sogenannten **genetischen Fingerabdruck** (auch DNA-Profil oder DNA-Fingerprint genannt) haben die Strafverfolgungsbehörden seit Mitte der 80er-Jahre ein ausgesprochen wirksames Mittel zur eindeutigen Identifizierung einer Person in der Hand. Für den genetischen Fingerabdruck reichen Minispuren eines Menschen aus, solange sie noch Erbmaterial enthalten: beispielsweise die Blutspur an einem Glassplitter, die Wurzel eines ausgefallenes Haares oder Speichel- und Zellreste an einer Zigarettenkippe. Im Fall Ronny Rieken findet man am Opfer Spermaspuren des Täters.

Die Unglücksstelle in Eschede

Zugunglück in Eschede

Der ICE 884 Wilhelm Conrad Röntgen ist am 3. Juni – wie an jedem Tag – auf seiner planmäßigen Fahrt von München nach Hamburg. Um 10.59 Uhr geschieht das Unfassbare in **Eschede** bei Celle. An einem Wagon löst sich bei Tempo 200 ein defekter Radreifen. Der silberweiße Zug entgleist. Er rast mit unvorstellbarer Wucht gegen eine Straßenbrücke. Die Wagen schieben sich ineinander und reißen die Brücke ein. Und die schweren Betonmassen begraben Menschen und Wagons. 101 Menschen kommen ums Leben. 105 tragen bei dem schwersten Zugunglück der Deutschen Bundesbahn Verletzungen davon. Bewohner von Häusern nahe der Bahnstrecke treffen, durch den Lärm alarmiert, kurz nach dem Unfall an der Unglücksstelle ein und leisten Hilfe. Um 11:02 Uhr setzt die Polizei in Eschede einen Notruf ab. Um 11:07 Uhr wird Großalarm ausgelöst. Mehr als 1000 Helfer von Feuerwehr, Technischem Hilfswerk, Polizei und Bundeswehr sowie 37 Unfallchirurgen, die auf einem Kongress im nahen Hannover versammelt waren, kommen an diesem Tag zum Einsatz.

Wie sich später im Rahmen der technischen Untersuchung herausstellt, wurde bei der statischen Berechnung der Radsätze nicht genügend auf dynamisch auftretende Kräfte geachtet. Der Sicherheitsaufschlag für die maximal zulässige Abnutzung der Radreifen wurde so in der Folge nicht ausreichend dimensioniert. Im August 2002 erhebt die Staatsanwaltschaft wegen fahrlässiger Tötung Anklage gegen drei Ingenieure der Deutschen Bahn. Das Verfahren wird nach 53 Verhandlungstagen im April 2003 gegen Zahlung einer Geldbuße eingestellt.

DAS SIND DIE TOPHITS DES JAHRES

- ⮞ *My heart will go on* – Celine Dion
- ⮞ *Männer sind Schweine* – Die Ärzte
- ⮞ *Getto Superstar* – Pras Michel
- ⮞ *Bailando* – Loona
- ⮞ *Flugzeuge im Bauch* – Oli P.
- ⮞ *Believe* – Cher

Regierungswechsel in Bonn

Politische Wende in Deutschland: Bei der Bundestagswahl am 27. September wird erstmals in der Geschichte der Bundesrepublik eine amtierende Regierung faktisch abgelöst. Die SPD erreicht 40,9 Prozent der Stimmen und Bündnis 90/Grüne 6,7 Prozent. Damit erringen sie zusammen die absolute Mehrheit der Parlamentsmandate. Die CDU/CSU kommt auf 35,1 Prozent, die FDP auf 6,2 Prozent und die PDS auf 5,1 Prozent der Stimmen. Die 16 Jahre dauernde Ära Kohl hat ein Ende gefunden, der Kanzler der Einheit tritt ab und nimmt auf dem „harten Gestühl" der Oppositionsbank Platz. Am 27. Oktober wird der bisherige niedersächsische Ministerpräsident **Gerhard Schröder** (SPD, geb. 1944) vom Bundestag zum siebten deutschen Bundeskanzler gewählt. Am

Gerhard Schröder und seine Frau Doris jubeln nach der gewonnenen Bundestagswahl

Nachmittag wird das neue Kabinett der rot-grünen Koalition vereidigt. Vizekanzler und Außenminister wird **Joschka Fischer** (Grüne, geb. 1948).

Schweröl im Wattenmeer

Der Öltanker Pallas gerät vor der dänischen Nordseeküste bei schwerem Sturm in Brand und läuft vier Tage später, am 30. Oktober, vor Amrum auf Grund. Mehrere Versuche, den Brand zu löschen, scheitern. Es gelingt nicht, den Frachter von der Küste wegzuschleppen. 100 Tonnen Schweröl laufen ins Wattenmeer und an den Strand. 16.000 Seevögel verenden in der klebrigen Masse. Vom Wrack wird noch Monate später tonnenweise Restöl abgepumpt. Rund 14 Millionen DM kostet die Bergungsaktion.

Verunglückte Öltanker haben immer wieder zu mehr oder weniger starken **Umweltkatastrophen** in Form von Ölverseuchung der betroffenen Gewässer und Strände geführt: Allein in Europa ereigneten sich von 1967–2002 acht große Tankerhavarien. Die Folgen für Ökologie und Ökonomie in den betroffenen Regionen sind meist gravierend und wirken lange nach. Durch Giftstoffe im Öl, die sich weiträumig in den Meeren verteilen und in der Nahrungskette noch anreichern, sind Natur und Umwelt weltweit und damit auch die Gesundheit so gut wie aller Menschen gefährdet. Die unmittelbaren wirtschaftlichen Folgen sind für die betroffenen Menschen und Regionen oft existenzbedrohend.

Dopingskandal im Radsport

Ein **Dopingskandal** von noch nie da gewesenem Ausmaß verdüstert die sportliche Bilanz der Traditionsrundfahrt **Tour de France**. Der

Guildo Horn spaltet die Schlager-Nation

Guildo Horn in Birmingham

„Piep piep piep, ich hab dich lieb. Guildo hat euch lieb und wenn's auch mal Tränen gibt, kommt er rüber und singt für euch Lieder. Guildo hat euch lieb".

Deutschland ist im Grand-Prix-Fieber und ein einziger Künstler spaltet die Nation. **Guildo Horn** (geb. 1953) sorgt für Schlagzeilen wie kein anderer Teilnehmer vorher. Die Presse beschäftigt sich intensiv mit dem Phänomen Guildo Horn und sein Name ist überall präsent, ob in den Printmedien oder im Fernsehen. Darf dieser Mann Deutschland vertreten? Er darf. Durch die bis zum heutigen Zeitpunkt größte Telefonaktion in der Geschichte der Bundesrepublik wird der studierte Sozialpädagoge am 9. Mai als deutscher Vertreter zum **Grand Prix d'Eurovision** nach Birmingham gesandt. Er gewinnt den Vorentscheid mit gewaltigem Vorsprung: 61,8 Prozent der insgesamt 689.402 eingegangenen Anrufe gelten dem „Meister". Das Gesangsduo Rosenstolz wird zweiter. In Birmingham verfolgen rund 500 Millionen Menschen aus 33 Ländern seinen spektakulären Auftritt, mit dem er europaweit zum Vorreiter einer Neugestal-

Masseur des Festina-Teams, also der Nummer eins der Weltrangliste, wird am 2. August an der französisch-belgischen Grenze festgenommen. In seinem Wagen findet die Polizei Ampullen mit unerlaubten Medikamenten zur Leistungssteigerung. Der Skandal weitet sich im Verlauf der Tour aus, die gesamte Festina-Crew wird schließlich aus dem Rennen genommen. Sieger der Tour wird der Italiener **Marco Pantani** (1970–2004).

Unter Doping versteht man den Gebrauch eines Hilfsmittels (Substanz oder Methode), das potenziell gesundheitsgefährdend ist und die sportliche Leistung des Athleten verbessert. Doping im Radsport ist nichts Neues. Das erste Doping-Todesopfer forderte die Tour im Jahr 1967, als der Engländer Tom Simpson am berüchtigten Mont Ventoux bei glühender Hitze völlig entkräftet vom Rad fiel und wenig später starb. In seinen Taschen fanden sich Aufputschmittel, Schmerztabletten und Spirituosen.

tung des Traditonswettbewerbs wird. Horn gewinnt in Birmingham den siebten Platz, sein Grand Prix Titel *Guildo hat euch lieb!* klettert bis auf Platz vier der Singlecharts.

Welt-AG Daimler-Chrysler

Am 7. Mai geben der deutsche Daimler-Benz-Vorstandschef **Jürgen Schrempp** (geb. 1944) und der amerikanische Chrysler-Lenker **Robert Eaton** (geb. 1940) in London die Megafusion zwischen **Daimler** und **Chrysler** bekannt. Einige Monate später genehmigen die US-Kartellbehörden in Washington wie zuvor auch die EU-Kommission die Fusion der beiden Autokonzerne zum drittgrößten Automobilhersteller der Welt. Daimler- und Chrysler-Aktionäre stimmen im September mit großer Mehrheit der Bildung der ersten **Welt-AG** zu.

Bereits am 17. November nimmt der neue Autoriese sein Tätigkeit auf. Die Aktie wird erstmals weltweit unter dem Ticker-Symbol DCX an den Börsen gehandelt. Mit dem überraschenden

Die beiden Vorstandsvorsitzenden von Daimler-Chrysler, Bob Eaton (l., Chrysler) und Jürgen Schrempp (r., Daimler), sitzen bei der ersten Hauptversammlung des neuen Konzerns unter dem neuen Logo

FILME DES JAHRES

- *Titanic* mit Leonardo di Caprio und Kate Winslet, von James Cameron
- *Armageddon* mit Bruce Willis
- *Der Pferdeflüsterer* mit Robert Redford
- *Der Soldat James Ryan* mit Tom Hanks, von Steven Spielberg
- *Deep Impact* von Mimi Leder
- *Besser geht's nicht* mit Jack Nicholson
- *Stadt der Engel* mit Nicolas Cage, Meg Ryan
- *Comedian Harmonists* von Joseph Vilsmaier
- *Lola rennt* mit Franka Potente, von Tom Tykwer
- *In and out* mit Kevin Kline

Zusammenschluss der Stuttgarter Daimler-Benz AG und der Chrysler Corp. mit Sitz in Auburn Hills/Michigan entsteht ein transnationaler Gigant mit über 421.000 Beschäftigten und einem Jahresumsatz von fast 230 Milliarden DM. Die treibende Kraft hinter der Fusion ist der Wunsch, immer größere global operierende Unternehmen zu schaffen, die sich auf allen bedeutenden Märkten der Welt behaupten können, besonders in den drei Zentren des Weltkapitalismus: Nordamerika, Europa und Asien. Vor dem Zusammenschluss produzierte vor allem Chrysler, aber in gewisser Hinsicht auch Daimler-Benz, in der Hauptsache noch für regionale Märkte.

Gewalttätige Hooligans überschatten Fußball-WM

Die Bilder einer Prügelszene gehen um die Welt: Am 21. Juni kommt es bei der Fußballweltmeisterschaft im nordfranzösischen Lens nach dem Spiel Deutschland gegen Jugoslawien zu schweren Prügeleien **randalierender Hooligans**. Dabei wird ein französischer Polizist lebensgefährlich verletzt. Er erleidet Kopfverletzungen, fällt sechs Wochen ins Koma und ist seitdem schwerbehindert. 1999 werden vier Hooligans vor dem Landgericht Essen zu Haftstrafen zwischen dreieinhalb und zehn Jahren verurteilt. Es dauert jedoch weitere fünf Jahre, bis der Haupttäter, ein 28-jähriger Bochumer, zur Rechenschaft gezogen werden kann.

Mit seinen eben erhaltenen Medaillen posiert der von deutschen Hooligans schwer verletzte französische Polizist Daniel Nivel am 12.2.1999 in Paris für die Fotografen

Ansonsten ist es eine Fußball-WM der Rekorde: 643 Qualifikationsspiele (1938 waren es ganze 21) und zum ersten Mal 32 Endrundenteilnehmer. Deutschland müht sich zum Gruppensieg in der Vorrunde. Viel besser wird auch der Auftritt im Achtelfinale nicht: Mexiko geht in der 47. Minute in Führung. Ein Kraftakt beschert zwei Treffer durch Jürgen Klinsmann (geb. 1964) und Oliver Bierhoff (geb. 1968) und somit das Viertelfinale für Deutschland. Dort verabschiedet sich die Vogts-Elf mit einem 0:3 gegen Kroatien von der Fußball-WM. Die Kritik an **Berti Vogts** (geb. 1946) wird nach einer eher konzeptlosen WM lauter. Und der Stil des Bundestrainers trägt nicht gerade zu einem Imagegewinn bei. Ohne Gratulation verschwindet er in der Kabine und schmiedet Verschwörungstheorien; „Wir müssen nach Hause. Warum auch immer. Das haben andere Leute zu verantworten!"

Zum Helden der WM wird der Star der Franzosen, **Zinedine Zidane** (geb. 1972). Mit seinen beiden ersten Turniertoren köpfte er sein Team im Endspiel gegen Brasilien in Führung, das schließlich mit 3:0 für Frankreich endet. Das „Team der Rassenvielfalt" entlockt dann auch Frankreichs Staatspräsident Jaques Chirac (geb. 1932) den Satz: „Frankreich hat seine Seele wieder gefunden!"

Erfolgreichster Film in Deutschland

Das Jahr steht ganz im Zeichen des Films *Titanic*. Sechs Goldene Leinwände, 15 Wochen auf Platz eins, 34 Wochen in den Top Ten und knapp 120 Millionen Euro Einspielsumme machen den James-Cameron-Film in Deutschland zum erfolgreichsten Kassenschlager aller Zeiten: Der Oscar-Gewinner allein hat einen Marktanteil von 13,5 Prozent unter den Top 100 des Jahres. Es gibt keinen Rekord, den dieser Film nicht bricht: Die höchsten Produktionskosten (280 Millionen Dollar), die meisten Oscarnominierungen (14), die meisten Auszeichnungen (elf), und natürlich das höchste Einspielergebnis (weltweit knapp zwei Milliarden Dollar). Der Film ist Katastrophenszenario und rührende Liebesgeschichte zugleich. Auf der Jungfernfahrt der *Titanic* von Southampton nach New York lernen sich die Erste-Klasse-Passagierin Rose (Kate Winslet, geb. 1975) und der mittellose Lebenskünstler Jack (Leonardo Di Caprio, geb. 1974) kennen und lieben. Ihre Beziehung ist sowohl Roses klassenbewusster Mutter als auch ihrem versnobten Verlobten ein Dorn im Auge. Sie kämpfen um ihre Liebe – auch nach der Kollision des Schiffs mit einem Eisberg. Jack opfert sich, um Rose zu retten, er selbst erfriert in den Fluten. Der Filmsong *My heart will go on* von Celine Dion (geb. 1968) wird zum Welthit: als eine bewegende Liebeserklärung in schwerer See.

Jüdisches Museum Berlin öffnet seine Pforten

Ein leeres Museum öffnet im Februar seine Pforten und zieht massenhaft Besucher an. Nach sechsjähriger Bauzeit kann in Berlin das **Jüdische Museum** besichtigt werden. Das Gebäude – vom amerikanischen Architekten **Daniel Libeskind** (geb. 1946) als labyrinthisch verzweigter Zickzack-Bau konzipiert – gleicht im Grundriss einem geborstenen Davidstern. Einen Zugang zu finden fällt schwer. Keine Türen, keine Fenster, nur verglaste Schlitze hat der Architekt dem Jüdischen Museum zugestanden. Schlitze, die wie jeder Riss in einem intakten Gegenstand kindliche Neugier provozieren auf das, was dahinter stecken könnte. Libeskind, der selbst den Großteil seiner Familienangehörigen im Holocaust verloren hat, bannt seine Gefühle in Beton. Die Architektur des Gebäudes, die an einen versteinerten Blitz oder zerbrochenen Davidstern erinnert, die **Voids** genannten Leerräume, die beklemmenden schiefen Achsen und der gefrorene Schmerz des Holocaust-Turms – das sind die traurigen Höhepunkte der ungewöhnlichen Reise in die deutsch-jüdische Vergangenheit. Das Jüdische Museum ist eine begehbare Skulptur, ein lebendiges Mahnmal, das die Katastrophe symbolisch erlebbar macht.

DAS SIND DIE TOPHITS DES JAHRES

- ⮞ *Hijo de la luna* – Loona
- ⮞ *Big big world* – Emilia
- ⮞ *Baby one more time* – Britney Spears
- ⮞ *I want it that way* – Backstreet Boys
- ⮞ *Mambo No. 5* – Lou Bega
- ⮞ *Maschen-Draht-Zaun* – Stefan Raab

Der Breitling Orbiter 3-Ballon überfliegt die Schweizer Alpen

In 20 Tagen um die Welt

Sie sind die ersten Menschen, die mit einem Heißluftballon die Welt umrunden. Der Ballonflug um die Erde endet nach 20 Tagen am 21. März in der ägyptischen Wüste. Der Pilot **Bertrand Piccard** (geb. 1958) besteht zusammen mit **Brian Jones** (geb. 1948) im Breitling Orbiter 3 das sogenannte letzte Abenteuer dieses Jahrhunderts. Sie schaffen die **Weltrundfahrt ohne Halt** und brechen dabei sechs Weltrekorde für den längsten Flug in Zeit und Raum. Der in Lausanne geborene Piccard entstammt einer berühmten Familie. Sein Großvater, **Auguste Piccard** (1884–1962), erkundete 1931 auf 16.000 Metern Höhe die Stratosphäre und war der erste Mensch, der in die tiefste Stelle des Ozeans tauchte. Sein Vater, **Jacques Piccard** (geb.1922), brach den Tiefseetauchweltrekord und tauchte im Marianengraben auf – 10.916 Meter hinunter. Er baute das erste Touristen-U-Boot der Welt, erforschte 1969 den Golfstrom und setzte sich für das Leben im Meer ein.

Bertrand Piccard wurde Arzt und spezialisierte sich später auf Psychiatrie und Psychotherapie für Erwachsene, Kinder und Jugendliche sowie die Hypnose. Interessanterweise kommt er aufgrund seiner Arzttätigkeit wieder zur Familientradition, dem Ballonflug, zurück. Er beteiligte sich als Co-Pilot, Arzt und Hypnotiseur am Chrysler Challenge, dem ersten transatlantischen Ballonwettbewerb mit Start in den USA.

Lafontaine tritt zurück

Kaum sechs Monate im Amt, da gibt **Oskar Lafontaine** (geb. 1943) am 11. März schriftlich und ohne Angabe von Gründen seinen **Rücktritt** als Finanzminister, als SPD-Vorsitzender und als Bundestagsmitglied bekannt. Sein Aufsehen erregender Rückzug aus der Politik kennzeichnet einen tiefen Einschnitt in der politischen Entwicklung Deutschlands. Erst drei Tage später äußert sich der SPD-Politiker zu seinen Motiven und verweist auf „das schlechte Mannschaftsspiel" im Kabinett und nennt als Beispiel für den „fehlenden Teamgeist" die Auseinandersetzungen um die Steuerpolitik. „Wenn die Mannschaft nicht mehr gut zusammenspielt, muss man eine neue Mannschaftsaufstellung suchen. Dazu ist mein Schritt die Voraussetzung gewesen." Über die genauen Umstände, die Lafontaine zu seinem abrupten Rücktritt bewogen, gibt es zahlreiche Spekulationen. Sie reichen von einer Verschwörung im Kanzleramt, Lafontaine in der Öffentlichkeit zu demontieren, bis zu einem heftigen Zusammenstoß zwischen **Gerhard Schröder** (geb. 1944) und Lafontaine. Sicher ist, dass Lafontaines politischer Kurs auf wachsenden Widerstand stieß und dass er auch in der eigenen Partei zunehmend an Unterstützung verlor. In seinem Buch *Das Herz schlägt links*, das im Oktober erscheint, erläutert Lafontaine seine politische Arbeit der letzten Jahre und legt die Beweggründe für seinen Rückzug aus dem politischen Leben dar. Die Veröffentlichung stößt auf heftige Kritik innerhalb und außerhalb der SPD.

Reichstag eingeweiht

Endlich ist es so weit: Im April wird der **Reichstag in Berlin** Sitz des Deutschen Bundestags. Als das „Ende eines weiteren Provisoriums" in der Geschichte der Bundesrepublik feiert Kanzler **Gerhard Schröder** (geb. 1944) den Einzug des Parlaments. Vor den Abgeordneten und Gästen erklärt er am 19. April, dass damit jedoch kein

Außenansicht des Hauptportals des Reichstags in Berlin

Bruch mit der Nachkriegsgeschichte gemeint sei, „denn wir gehen ja nicht von Bonn nach Berlin, weil wir etwa in Bonn gescheitert wären". Zuvor war das Gebäude nach den Plänen des Architekten **Sir Norman Foster** (geb. 1935) für 600 Millionen Mark grundlegend erneuert und umgebaut worden. Beeindruckend ist vor allem die begehbare 23,5 Meter hohe **Glaskuppel**. 360 Spiegel in der Kuppel lenken das Licht in den Plenarsaal. Von der Kuppel aus hat man eine herrliche Aussicht über Berlin. Die bewegte Geschichte des Berliner Reichstagsgebäudes spiegelt die Turbulenzen der Deutschen Historie seit dem 19. Jahrhundert wider. 1884–94 von **Paul Wallot** (1841–1912) errichtet, nachdem mit der Gründung des Deutschen Reiches ein repräsentatives Gebäude für das Parlament erforderlich war, wurde das im Krieg zerstörte Gebäude nach Plänen von **Paul Baumgarten** (1900–84) von 1961–71 in vereinfachter Form ohne die 1945 gesprengte Kuppel wieder aufgebaut.

Im Büro des Berliner Unternehmens alando.de AG

FILME DES JAHRES

- ➲ *Notting Hill* mit Julia Roberts, Hugh Grant
- ➲ *Die Mumie* mit Brendan Fraser, Rachel Weisz
- ➲ *Die Braut, die sich nicht traut* mit Julia Roberts, Richard Gere
- ➲ *Asterix und Obelix. Mission Kleopatra* mit Gerard Depardieu
- ➲ *E-Mail für dich* mit Tom Hanks, Meg Ryan
- ➲ *Shakespeare in Love* mit Gwyneth Paltrow
- ➲ *Werner – volles Roooäää!* von Gerhard Hahn
- ➲ *Star Trek – der Aufstand* mit Patrick Stewart
- ➲ *Message in a bottle* mit Kevin Costner, Paul Newman
- ➲ *Sonnenallee* mit Alexander Scheer, Katharina Thalbach

eBay Deutschland geht online

„**d**rei, zwei, eins – meins!" Die Erfolgsgeschichte beginnt 1995 in den USA: **Pierre Omidyar** (geb. 1967) entwickelt die Vision eines Marktplatzes im Internet – ein Ort, an dem alle Menschen miteinander effizient Handel treiben können. Die eBay-Idee ist geboren. Am Labour Day, dem ersten Montag im September 1995, findet die erste eBay-**Internetauktion** statt. Ein Jahr später wird das Unternehmen von Pierre Omidyar offiziell unter dem Namen **eBay** gegründet und an die Börse gebracht. Die Idee des Internet-Marktplatzes stößt auch in Deutschland auf Begeisterung. Im Februar gründen die Brüder Marc, Oliver und Alexander Samwer sowie Jörg Rheinboldt, Karel Dörner und Max Finger die **alando.de AG.** Vier Wochen später geht alando online und etabliert sich mit über 50.000 registrierten Mitgliedern schnell als führende C2C (Customer to Customer)-Internet-Auktionsplattform in Deutschland. eBay meldet Interesse an, kauft alando im Juni und wird damit der online-Marktplatz für den deutschsprachigen Raum und

Ausgangspunkt für alle deutschsprachigen eBay-Länderseiten. Inzwischen nutzen mehrere Millionen Menschen diese Plattform, um Waren zu kaufen oder zu verkaufen.

Das Leben ist schön

Der Film ist eine grandiose **Gratwanderung** zwischen Horror und Komik, ohne dabei die realen Opfer des Dritten Reichs zu verhöhnen. Für seine melodramatische Fabel *La vita è bella* wird **Roberto Benigni** (geb. 1952) mit dem Oscar als bester Hauptdarsteller und Regisseur ausgezeichnet. Die Geschichte eines kauzigen Juden, der auch im Konzentrationslager seinen Humor nicht verliert und seinen Sohn bis zum Ende vor den Gräueltaten der SS bewahrt, geht um die Welt. In den USA wird er sogar zum populärsten ausländischen Film.

Italien, kurz vor dem Einmarsch der deutschen Truppen. Der lebenslustige und charmante Guido begibt sich in die toskanische Stadt Arezzo, um dort sein Glück als Buchhändler zu suchen. Er findet es in Dora. Mit dem Einmarsch der Deutschen zerfällt seine wunderbare Welt der Liebe und des Glücks. Guido wird mit seinem Sohn ins KZ deportiert, da er Jude ist. Seine Frau Dora steigt ebenfalls in den Todeszug, um ihrer Familie zu folgen. Guido versucht, seinem Sohn mit diversen Possen die Schönheit des Lebens zu vermitteln. Um ihn vor der grausamen KZ-Realität zu bewahren, behauptet Guido seinem Sohn gegenüber, es handle sich bei der ganzen Angelegenheit um ein Spiel: Die Gefangenen spielen gegen die Aufseher und wer gewinnt, bekommt einen echten Panzer. Am Ende gelingt es ihm, seinen Sohn zu retten. Regisseur Roberto Benigni gelang ein komischer, nachdenklicher und erfolgreicher Film über den Holocaust.

Literaturnobelpreis für Günter Grass

Erstmals nach 27 Jahren geht wieder ein Nobelpreis für Literatur nach Deutschland. Nach Thomas Mann (1929) und Heinrich Böll (1972) wird nun **Günter Grass** (geb. 1927) ausgezeichnet. Selten ist der Stockholmer Jury die Entscheidung wohl so leicht gefallen wie dieses Mal, denn die Schwedische Akademie begründet ihre Entscheidung damit, dass Grass der deutschen Literatur nach „Jahrzehnten sprachlicher und moralischer Zerstörung" einen Neuanfang beschert habe. Immer wieder aber nennen die schwedischen Kommentatoren auch das politische Engagement von Grass als wichtigen Hintergrund für die Zuerkennung des Nobelpreises. Besonders seine Beiträge zur deutschen Wiedervereinigung nahmen starken Einfluss auf öffentliche Debatten. So sah er in dem Einheitsstreben des Jahres 1990 einen neuen deutschen Größenwahn entstehen und ein Unrecht gegen die

Günter Grass nach der Verleihung des Literaturnobelpreises

Bevölkerung der DDR wie gegen die Nachbarn, vor allem Polen. In seinem spontanen Urteil drückt Bundeskanzler Gerhard Schröder (geb. 1944), der beim Staatsbesuch in Prag von der Auszeichnung erfährt, das aus, was wohl die meisten Deutschen empfinden: „Ach, ist das toll!" Die wichtigsten Werke des Schriftstellers sind *Die Blechtrommel* (1959), *Katz und Maus* (1961), *Hundejahre* (1963), *Der Butt* (1977), *Das Treffen in Telgte* (1979), *Die Rättin* (1986), *Ein weites Feld* (1995), *Mein Jahrhundert* (1999).

Rau wird Bundespräsident

Am 23. Mai wählt die Bundesversammlung **Johannes Rau** (1931–2006) im Berliner Reichstagsgebäude zum achten Bundespräsidenten der Bundesrepublik Deutschland. Der SPD-Politiker setzt sich gegen die Mitbewerber **Dagmar Schipanski** (geb. 1943), vorgeschlagen aus den Reihen der Unionsparteien und **Uta Ranke-Heinemann** (geb. 1927) von der PDS durch. Doch erst im zweiten Wahlgang im Berliner Reichstagsgebäude erhält der frühere nordrhein-westfälische Ministerpräsident laut Feststellung von Bundestagspräsident **Wolfgang Thierse** (geb. 1943) 690 Stimmen und damit die nötige absolute Mehrheit. In Bonn wird er am 1. Juli vereidigt. Der Nachfolger von **Roman Herzog** (geb. 1934) kann bei seinem Amtsantritt

Johannes Rau

NS-ZWANGSARBEITERENTSCHÄDIGUNG

Im Februar sagen die Bundesregierung und 16 deutsche Unternehmen, darunter DaimlerChrysler, die Deutsche Bank, Siemens, Volkswagen und BMW, die Einrichtung eines Fonds für bisher nicht entschädigte NS-Opfer zu. Vorausgegangen waren im März und April 1998 erste Sammelklagen von ehemaligen NS-Zwangsarbeitern bei US-Gerichten in New York und New Jersey. Im Mai findet unter der Leitung von US-Außenstaatssekretär Stuart Eizenstat und Kanzleramtsminister Bodo Hombach die erste von zwölf Verhandlungsrunden mit der deutschen Wirtschaft, jüdischen Interessenverbänden, Opferanwälten und den Regierungen von fünf mittel- und osteuropäischen Staaten sowie Israels statt. Im Juli werden die Eckdaten für einen Rechtsfrieden, der die deutschen Firmen vor weiteren Klagen in den USA schützen soll, festgelegt. Schließlich einigen sich die Verhandlungsparteien im Dezember auf eine Stiftungssumme von insgesamt zehn Milliarden Mark. Wirtschaft und Bund wollen davon jeweils die Hälfte tragen. Der Fonds soll auch Vermögensansprüche abdecken. In einem Briefwechsel mit Schröder sichert US-Präsident Bill Clinton den deutschen Firmen Rechtssicherheit zu. Doch erst am 22. Mai 2001 waren die Voraussetzungen für eine ausreichende Rechtssicherheit erfüllt, nachdem die letzten Sammelklagen zurückgenommen wurden.

als Bundespräsident auf einer außergewöhnlichen, 47 Jahre andauernden politischen Karriere in Partei, Parlament und Regierung – davon zwei Jahrzehnte als Ministerpräsident von Nordrhein-Westfalen – aufbauen. Themen, die den Politiker während seiner gesamten politischen Laufbahn bewegen, sind die deutsche Einheit, die Bildungspolitik, die Aussöhnung mit Israel und der Dialog der Religionen.

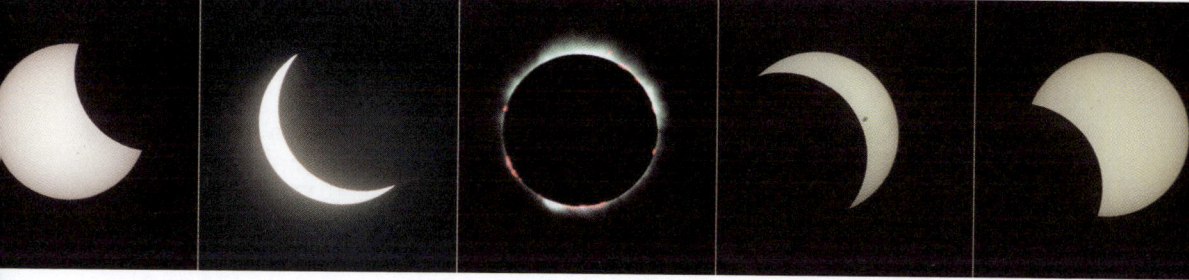

Fünf Phasen der totalen Sonnenfinsternis

Helmut Kohl und der Parteispendenskandal

Ein Skandal erschüttert die Bundesrepublik: Am 29. Dezember leitet die Staatsanwaltschaft Bonn Ermittlungen gegen Altbundeskanzler **Helmut Kohl** (geb. 1930) wegen „Anfangsverdachts der Untreue" ein. Kernpunkt der Affäre sind **Geldspenden** in Millionenhöhe, deren Herkunft zu nennen sich Helmut Kohl gesetzeswidrig weigert – bis heute. Ebenso werden etliche schwarze Konten unter Umgehung des Fiskus geführt. Kohl und sein Fraktionsvorsitzender **Wolfgang Schäuble** (geb. 1942) erklären, Spenden in Millionenhöhe an der Buchführung vorbei angenommen zu haben, Kohl bestreitet jedoch, dass sie seine Regierungsentscheidungen beeinflusst hätten. Ausgangspunkt des CDU-Parteispendenskandals war das Geständnis des ehemaligen CDU-Schatzmeisters **Walter Leisler-Kiep** (geb. 1926) gegenüber der Augsburger Staatsanwaltschaft Anfang November, dass er eine Millionenspende des Waffenhändlers **Karlheinz Schreiber** (geb. 1934) nicht ordnungsgemäß ausgewiesen, sondern an der Steuer vorbei in die schwarzen Kassen der CDU transferiert habe. Innerhalb weniger Wochen wird deutlich, dass dieser Vorgang kein Einzelfall war, sondern dass auf diesem Weg über Jahre hinweg die Finanzen der CDU aufgebessert wurden. Der Partei- und Fraktionsvorsitzende Wolfgang Schäuble tritt von seinen beiden Ämtern zurück, nachdem durch immer neue Enthüllungen auch seine Glaubwürdigkeit stark in Mitleidenschaft gezogen worden war.

Abendstimmung bei Tag

Ein Jahrhundertereignis mit weit reichenden Auswirkungen – Verkehrs-Chaos und Weltuntergangsstimmung in Süddeutschland, Brillenkaufrausch in der ganzen Republik, Millionen Menschen, die gebannt in den Himmel schauen, als warteten sie auf die Ankunft von Aliens: Die sogenannte **Millennium-Sonnenfinsternis** am 11. August lässt wohl die wenigsten Menschen im Beobachtungsgebiet unbeeindruckt. Bei einer totalen Sonnenfinsternis deckt der Mond für eine kurze Zeit – bis maximal sieben Minuten sind möglich – die Sonnenscheibe zu. Damit gelangt keine direkte Sonnenstrahlung mehr auf die Erde. Am besten zu beobachten war das Naturschauspiel in Karlsruhe, Stuttgart, München und Salzburg.

DIE 2000er BIS HEUTE

Aufbruch ins neue Millennium

Der Anfang ist unspektakulär. Zwar feiern in der Silvesternacht 1999 Millionen von Menschen rund um den Globus den Beginn des neuen Millenniums mit aufwendigen Inszenierungen. Doch viele betonen auch, dass die Wende vom zweiten in das dritte Jahrtausend eigentlich „nur ein Datum" ist. Der Bau des riesigen Millennium Domes in London, der den Eintritt in das neue Jahrtausend feiern soll, entpuppt sich jedenfalls als Fehlinvestition und selbst der sogenannte Millennium Bug, das befürchtete Computer-Chaos, das Experten bei der Datumsumstellung der Rechner vorhergesagt hatten, bleibt aus.

Jahrtausendwechsel in Berlin

9/11

Mit dem weitverbreiteten Gefühl der Normalität, das die meisten Menschen in das neue Jahrtausend begleitet hat, ist es am 11. September 2001 nach den Anschlägen auf World Trade Center und Pentagon abrupt vorbei. Als die USA zum Krieg gegen Afghanistan rüsten, das dem vermeintlichen Drahtzieher der Anschläge Osama bin Laden (geb.1957) Unterschlupf gewährt, ist die Front der Unterstützer noch groß und reicht bis weit in die islamische Welt hinein. Zu tief sitzt der Schock über dieses neue, zynische Ausmaß des Terrors, bei dem vollbesetzte Passagierflugzeuge als „lebende Bomben" benutzt werden, zu isoliert ist das radikal-islamische Talibanregime am Hindukusch. Doch die Front bröckelt schnell, als klar wird, dass US-Präsident George. W. Bush (geb. 1946) die Gelegenheit nutzen will, um eine alte Rechnung mit dem irakischen Staatspräsidenten Saddam Hussein (geb.1937) zu begleichen. Das entschiedene „Nein" der rot-grünen Regierung, sich einer US-geführten „Koalition der Willigen" gegen den Irak anzuschließen, schafft Kanzler Gerhard Schröder (geb. 1944) und Außenminister Joschka Fischer (geb. 1948) große Sympathien. Hunderttausende von Menschen demonstrieren gegen den Krieg. Doch Bush macht klar, dass er auf das „alte Europa" nicht angewiesen ist. Der Sturz des irakischen Regimes gelingt ihm tatsächlich schnell, dann tauchen jedoch all die Probleme im neuen Krisengebiet auf, die von anderer Seite prophezeit worden waren.

Konflikt der Kulturen

Vor allem aber haben die USA mit ihrer offensichtlichen Manipulation der Kriegsgründe ihre internationale Glaubwürdigkeit verspielt. In großen Teilen der islamischen Welt erstreckt sich dieses Misstrauen sogar auf den Westen insgesamt. Zwar bleibt Deutschland im Gegensatz zu Großbritannien und Spanien von Attentaten verschont, doch Drohungen des Terrornetzwerkes El Kaida, verschleppte deutsche Geiseln in islamischen Ländern, knapp verhinderte Anschläge, tote Soldaten in Afghanistan und die Einschränkung bürgerlicher Freiheiten durch den „Krieg gegen den Terror" sind fester Bestandteil der nächsten Jahre. Diesen Konflikt der Kulturen bekommen auch die in Deutschland lebenden Muslime zu spüren, die sich steigenden Vorurteilen und einem „Generalverdacht" des Islamismus ausgesetzt fühlen. Andererseits zeigen spätestens die An-

Demonstration gegen den Irakkrieg

schläge von London im Jahr 2005, dass nicht nur von eingeschleusten Attentätern, sondern auch von schlecht integrierten, frustrierten und gewaltbereiten Jugendlichen im eigenen Land eine reale Terrorgefahr ausgeht.

Prekäre Verhältnisse

Vor allem aber beschäftigt die Menschen ihre wirtschaftliche Situation, die immer mehr durch die weltweite Globalisierung diktiert wird. Der Beginn des neuen Jahrtausends verheißt nicht viel Gutes. Arbeitsplätze werden zu Tausenden abgebaut oder ins Ausland verlegt. Viele Firmen können dem Wettbewerbsdruck nicht mehr standhalten und gehen Pleite. Die Politik reagiert auf die leeren Kassen mit Sparmaßnahmen und harten Einschnitten im Sozialsystem. Viele Menschen sind bereit, belastende Jobs anzunehmen, wenn sie nur eine Stelle haben. Gut ausgebildete Jugendliche drohen zu einer „Generation Praktikum" zu verkommen. Unbezahlte Überstunden in großen Mengen werden zur Normalität. Zahlreiche Menschen sind mit den angespannten Verhältnissen derart überfordert, dass sie nicht mehr mit ihrem Leben fertig werden: Depressionen, Burn-out und andere psychosomatische Krankheiten nehmen zu. Immer wieder machen verwahr-

loste Kinder Schlagzeilen. So mancher Arbeitslose ist kaum noch vermittelbar. Politik und Soziologen sprechen von einer „neuen Unterschicht" oder dem „Prekariat".

Kleiner Aufschwung

In den Jahren 2006 und 2007 sorgt dann ein weltweiter Aufschwung auch in Deutschland wieder für bessere wirtschaftliche Verhältnisse. Facharbeiter sind plötzlich Mangelware. Die Zahl der Arbeitslosen sinkt deutlich. Die Kommunen freuen sich über wachsende Steuereinnahmen, sodass zumindest die Neuverschuldung abnimmt. Doch die Trendwende steht auf wackeligen Füßen. Der internationale Wettbewerb bleibt scharf. Gut dotierte Stellen sind weiterhin extrem anspruchsvoll und nur unter großen Belastungen mit einem Familienleben vereinbar, einfachere Jobs unsicher und schlecht bezahlt. Die Sparpolitik geht weiter, die Finanzierung der Sozialsysteme, vor allem der Krankenversicherung, bleibt problematisch. Und schon im Lauf des Jahres 2007 beginnen rasant steigende Lebensmittel- und Energiepreise den Aufschwung wieder zu gefährden.

Skeptischer Blick in die Zukunft

Eine internationale Bankenkrise macht zudem deutlich, wie ausgeliefert die einzelnen Volkswirtschaften dem Weltmarkt inzwischen sind. Auch die politische Entwicklung macht Sorgen. Irans aggressiver Präsident Mahmud Ahmadinedschad (geb. 1956) strebt nach atomarem Knowhow. Der Nahe Osten bleibt ein ständiger Krisenherd. Mit Russland und China gibt es zudem zwei weitere, wenig demokratische Großmächte, deren Kurs unklar ist, aber Ängste erweckt. Dazu kommen die Angst vor dem Klimawandel und der sich abzeichnenden Rohstoffkrise.

2000er

Angela Merkel

Knut

Jagdfieber in Deutschland

Ein neues Computerspiel zieht Millionen von Deutschen in seinen Bann – nicht nur vor dem heimischen PC, sondern auch am Arbeitsplatz: die virtuelle **Moorhuhnjagd**. Zehntausende Fans laden sich das kostenlose Computerspiel auf Firmen- und Privatrechner herunter und erfreuen sich am Abschießen des glubschäugigen Federviehs. Bei dem in vielen Büros beliebten Computerspiel geht es darum, in 90 Sekunden möglichst viele Moorhühner abzuschießen, die auf dem Bildschirm auftauchen. Doch was des einen Freud, ist des anderen Leid: Die virtuelle Moorhuhnjagd verursacht bei Firmen Schäden in Millionenhöhe. Immer mehr Unternehmen klagen über überlastete oder zeitweilig zusammengebrochene Netzwerksysteme. Nicht nur Deutschlands Unternehmer, auch die Tierschützer intervenieren. Die Moorhuhnjagd auf dem PC sei ein Beispiel für mangelnden Respekt vor Tieren und daher besonders für Kinder und Jugendliche ungeeignet. Das Spiel geht ursprünglich auf eine Hamburger Werbeagentur zurück, welche die Moorhuhnjagd im Herbst 1998 als Werbegag für eine schottische Whiskymarke entwickeln ließ.

Angela Merkel

Angela Merkel übernimmt den CDU-Vorsitz

Sie war einmal Kohls „Mädchen". Doch Anfang des Jahres tritt sie aus dem Schatten ihres Gönners heraus. **Angela Merkel** (geb. 1954), unbelastet von Spendenaffären und Günstlingswirtschaft, nimmt nach dem angekündigten Rückzug **Wolfgang Schäubles** (geb. 1942) aus seinen Ämtern die Geschicke der CDU in die Hand. Am 10. April wird sie auf dem CDU-Parteitag in Essen mit knapp 96 Prozent der Stimmen zur neuen Vorsitzenden gewählt. Da-

---

MILLENNIUM

Der Anbruch eines neuen Jahrtausends fasziniert und verängstigt die Menschen in aller Welt. Esoteriker erwarten vom neuen Wassermann-Zeitalter einen friedvolleren Umgang der Menschen miteinander. Apokalyptiker versorgen die Menschheit mit neuen Untergangstheorien und die Techniker befürchten den weltweiten Computerkollaps. Doch das globale Chaos bleibt aus. Was bleibt, ist die Vorfreude auf das neue Jahrtausend. Die Menschen feiern. Überall. Allen voran die Berliner. Auf einer Mega-Silvesterparty zwischen Siegessäule, Alexanderplatz, Oranienburger Tor, Potsdamer Platz und Gendarmenmarkt genießen rund eine Million Menschen die riesige Silvester-Feier der Hauptstadt.

mit führt zum ersten Mal eine Frau die CDU. Mit der Physikerin aus dem Osten bekommt die Partei ein neues Gesicht. Sie, die frei von den Loyalitätszwängen einer langjährigen Parteikarriere ist, soll als neue Integrationskraft wirken. Seit September 2002 ist sie Vorsitzende der CDU/CSU-Fraktion im Deutschen Bundestag.

Big Brother
is watching you

Am 2. März wachen fünf Männer und fünf Frauen zwischen 21 und 40 Jahren im Kölner Vorort Hürth auf: Vor den Augen von Millionen Zuschauern des Privatsenders RTL II. **Big Brother**, die Reality-Show der niederländischen Produktionsgesellschaft Endemol, hat begonnen. Die wichtigste Spielregel lautet: Wer der Abwahl durch Mitbewohner und Zuschauer entgeht und bis zum Ende durchhält, gewinnt 250.000 Mark. 100 Tage lang gibt es für die Teilnehmer kaum eine unbeobachtete Minute in ihrem von der Außenwelt abgeschirmten Leben. In dieser Zeit steht *Big Brother* im Blickpunkt der Öffentlichkeit – mit simplem Voyeurismus und mit skandalträchtigen Schlagzeilen in den Zeitungen. Im Mai zieht Verona Feldbusch (geb. 1968) für 24 Stunden in den Container, bringt eine eigene Toilette mit, kocht Spinat und berichtet von der Ehe mit Dieter Bohlen (geb. 1954). Am 9. Juni ist die erste Show zu Ende: John schlägt den Favoriten Jürgen und gewinnt die Prämie von 250.000 Mark. Täglich treffen bei Endemol und RTL II 2000 bis 4000 Bewerbungen von Menschen ein, die bei der zweiten Staffel zu den zehn Auserwählten gehören möchten.

Geiseldrama
auf den Philippinen

Am Ostersonntag verwandelt sich der Traumurlaub auf der malaysischen Tauchinsel Sipadan für die dreiköpfige deutsche Familie **Wallert** in einen viereinhalb Monate währenden Albtraum. Zusammen mit sieben anderen Europäern sowie elf Malaysiern und Philippinern werden sie von der moslemischen Terroristengruppe Abu Sayyaf auf die philippinische Insel Jolo verschleppt. Versteckt in Dschungel-Camps, lebensgefährlich bedroht durch Scharmützel zwischen den Geiselnehmern und dem philippinischen Militär, sind die Geiseln physischen und psychischen Belastungen ausgesetzt. Commander Robot, Anführer der Abu Sayyaf, verlangt nach anfänglichen politischen Forderungen – mehr Rechte für die benachteiligte moslemische Bevölkerung im Süden des Landes – zwei Millionen Dollar Lösegeld für jede westliche Geisel. Nach zweieinhalb Monaten intensiver Vermittlungstätigkeit, die auf Druck der beteiligten westlichen Regierungen und mithilfe des libyschen Ex-Botschafters auf den Philippinen stattfindet,

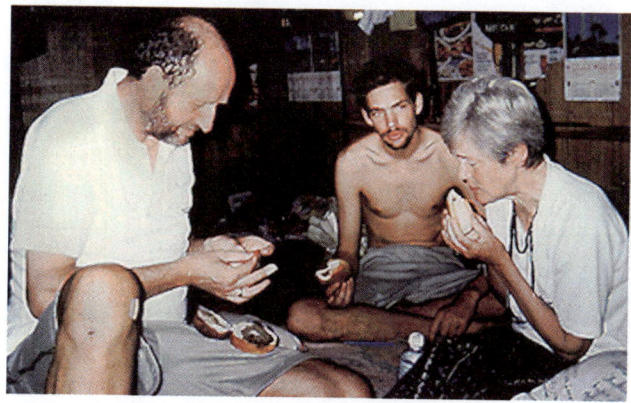

Die entführte Göttinger Familie Wallert in einem Dschungel-Camp der Abu Sayyaf-Guerilla auf der Insel Jolo

2000er

stellt sich ein erster Erfolg ein. Renate Wallert wird freigelassen. Bald darauf kommt ihr Mann, Werner Wallert, mit vier anderen westlichen Geiseln frei. Bis Anfang September müssen Sohn Marc Wallert und drei weitere Geiseln noch in der Gewalt der Rebellen ausharren.

Ausstellung mit Defizit

Am 31. Mai eröffnet Bundeskanzler **Gerhard Schröder** (geb. 1944) in Hannover die erste **Weltausstellung** auf deutschem Boden. Anders als viele Weltausstellungen zuvor steht die **Expo 2000** unter einem Motto: „Mensch, Natur, Technik – eine neue Welt entsteht". Die „vier Säulen der Expo" – die teilnehmenden Nationen, das Kulturprogramm, die weltweiten Projekte und der Themenpark – sollen das Motto mit Leben erfüllen. Schnell zeigt sich, dass nicht die erwarteten 270.000 Besucher pro Tag sondern nur etwa 60.000 die Messe besuchen. Von einem Finanzdesaster ist die Rede. Mitte Juli verabschiedet sich die Expo-Chefin **Birgit Breuel** (geb. 1937) von dem Ziel, 40 Millionen Eintrittskarten zu verkau-

Das offizielle Wahrzeichen der Expo 2000 in Hannover: Der in Form eines Wals gestaltete „Pavillon der Hoffnung" des Christlichen Vereins junger Menschen (CVJM)

fen. Bei der offiziellen Schlussbilanz erntet Breuel viel Lob aus Politik, Wirtschaft und von den teilnehmenden Nationen. 18 Millionen Menschen haben die Expo besucht. Finanziell schließt die Weltausstellung mit einem Defizit von 2,4 Milliarden Mark für den Bund und das Land Niedersachsen ab.

Erbgut des Menschen entschlüsselt

Es ist vollbracht: Genforschern in den USA gelingt es, das **Erbgut des Menschen** komplett zu entschlüsseln. Das private Unternehmen Celera Genomics Corp. in Rockville (Maryland) unter der Leitung des Genforschers Craig Venter teilt mit, die chemischen Buchstaben im menschlichen Genom zu 99 Prozent identifiziert zu haben. Die Erforschung des menschlichen Genoms begann bereits 1990 mit der Gründung des **Human Genome Project** (HGP). Zweieinhalb Monate nach den ersten Erfolgsmeldungen des amerikanischen Genforschers Venter geben im April auch internationale Forscher die nahezu vollständige Entschlüsselung des menschlichen Erbguts bekannt. Nach eigenen Angaben hat das HGP 97 Prozent der menschlichen Gene entschlüsselt. Dabei handelt es sich aber um einen Arbeitsentwurf. Im Kampf um den ersten Platz bei der Entschlüsselung des Genoms versöhnen sich die einstigen Rivalen – das unter Craig Venter privat geführte Celera und das staatlich geförderte HGP – um die Daten und Ergebnisse gemeinsam auszuloten.

Von der Kenntnis des Erbguts mit seinen rund 100.000 Genen werden bahnbrechende Fortschritte in der Medizin erwartet. Medikamente gegen Krebs und Aids, Mittel für die Behandlung von Alzheimer und multipler Sklerose, Pillen gegen Mukoviszidose oder Parkinson rücken vermeintlich in greifbare Nähe. Doch ob die

Vision einer durch Gen-Behandlung gesundenden Menschheit Wirklichkeit wird, muss die Zukunft erst noch zeigen.

Die Concorde stürzt ab

Am Nachmittag des 25. Juli geht ein Mythos in Flammen auf: Zwei Minuten nach dem Start stürzt eine **Concorde** der französischen Fluggesellschaft Air France in der Nähe des Pariser Flughafens Charles de Gaulle mit brennendem Triebwerk auf ein Hotel. 113 Menschen sterben, darunter 97 Deutsche.

Mühsames Zusammentragen der Wrackteile lenkt die Aufmerksamkeit schon bald auf ein Metallstück, das offenbar auf der Startbahn lag und als Unfallursache infrage kommt. Das gut 40 Zentimeter lange Metallteil lässt einen Reifen der Concorde platzen. Die herumfliegenden Gummistücke durchschlagen den Tank und der Treibstoff gerät ins Triebwerk und entfacht dadurch den Brand.

Die Concorde gilt allgemein als Symbol des britischen und vielleicht noch mehr des französischen Nationalstolzes. Das **Überschallflugzeug** absolvierte seinen ersten Testflug im März 1969, nur vier Monate bevor ein Amerikaner als erster Mensch auf dem Mond landete. Am 31.5.2003 stellt die Air France den Betrieb ihres Überschall-Passagierfliegers Concorde ein.

Ärger mit „I love you"

Angriff aus dem Internet: Ein **Virus** mit dem liebevollen Namen „I love you" beziehungsweise „Loveletter" sucht die Internet-Community heim. Der „I love You"-Virus überschwemmt am 4. Mai die Mailserver zahlreicher Großunternehmen wie Verlage und Banken sowie Behörden und Regierungen und legt sie zeitweilig lahm. Nach Schätzungen von Experten werden weltweit etwa

Blick auf die Unglücksstelle der Concorde

45 Millionen Computer infiziert. US-Experten sprechen vom bösartigsten Virus der Computergeschichte und schätzen den weltweiten Schaden auf etwa 15 Milliarden Dollar. In Deutschland ist laut einer Umfrage jedes fünfte Unternehmen von der Attacke betroffen. Der Virus steckt in dem Anhang der **E-Mail** mit dem Betreff „I love you". Der Leser wird mit dem Text „Kindly check the attached Loveletter coming from me" (Schau doch bitte in den mitgeschickten Liebesbrief von mir) aufgefordert, das Attachment zu öffnen, womit ein Programm aktiviert wird, das von selbst das Adressbuch des Empfängers durchstöbert und sich dann ungefragt an die dort enthaltenen Adressen weiterschickt. Auf den Philippinen wird schließlich ein Student unter dem Verdacht, der Urheber des Virus zu sein, vorübergehend festgenommen.

DAS SIND DIE TOPHITS DES JAHRES

- ⮑ *My heart goes boom* – French Affair
- ⮑ *American pie* – Madonna
- ⮑ *Maria Maria* – Santana
- ⮑ *Ich vermiss dich (wie die Hölle)* – Zlatko
- ⮑ *Lucky* – Britney Spears

Russisches Atom-U-Boot sinkt

Als am 14. August die Nachricht vom **Untergang** eines russischen **Atom-U-Boots** an die Öffentlichkeit dringt, sind wahrscheinlich fast alle der 118 Seeleute auf der **Kursk** bereits tot. Dennoch hält die russische Marine Angehörige und die Öffentlichkeit mit Berichten über Klopfzeichen in angstvoller Spannung. Erst allmählich wird bekannt, dass sich die Katastrophe bereits am 12. August bei einem Manöver der Nordflotte 180 Kilometer nordöstlich des russischen Hafens Murmansk ereignet hat. Das russische Atom-U-Boot K-141 Kursk ist ein 18.000-Tonnen Schiff der Oscar II-Klasse (NATO-Klassifikation) zur Bekämpfung von Flugzeugträgern. Einer russischen Rettungskapsel gelingt es nicht, an den Ausstiegsluken der Kursk anzudocken. Hilfsangebote aus dem Ausland lehnt die Militärführung zunächst ab. Jeden Tag wird darüber spekuliert, wie lange der Sauerstoff für eventuell Überle-

bende noch reichen wird. Als sich endlich auf Wunsch der Russen das britische Rettungsboot LR5 und norwegische Taucher auf den Weg zur Kursk machen, ist klar, das sie nicht mehr rechtzeitig zur Rettung von Menschenleben eintreffen können. Neun Tage nach dem Unglück teilt die russische Marine den Tod der gesamten Besatzung mit.

Erstes BSE-Rind in Deutschland

Deutsches Rindfleisch ist sicher. Das hat Bundeslandwirtschaftsminister **Karl-Heinz Funke** (SPD, geb. 1946) gerne und wiederholt verkündet. Doch am 24. November wird es traurige Gewissheit: Auch Deutschland ist **nicht BSE-frei**. Wissenschaftler entdecken mithilfe eines Schnelltests die Seuche bei einer Kuh aus

Das russische Atom-U-Boot Kursk

Hörsten in Schleswig-Holstein. Bis zu diesem Zeitpunkt gilt BSE ausschließlich als ein Problem der Briten und Franzosen. Aus Angst vor verseuchtem Fleisch bricht der Rindfleischmarkt in der Bundesrepublik zusammen. Die Politiker reagieren schnell und einig wie selten zuvor: Tiermehl wird verboten, alle mehr als 30 Monate alten Schlachtrinder müssen getestet werden.

Poker um UMTS-Mobilfunklizenzen

Die Versteigerung der **UMTS-Mobilfunklizenzen** geht nach knapp drei Wochen am 18. August mit einem Rekordergebnis zu Ende. Sechs Unternehmen ersteigern für insgesamt 98,8 Milliarden Mark eine der begehrten Konzessionen. Neben den Mobilfunkbetreibern T-Mobile, Mannesmann-Mobilfunk, E-Plus-Hutchison und VIAG-Interkom gehören auch die Mobilcom und die Gruppe G3 zu den Siegern. Durch die Einnahmen der für den Staat einmaligen Versteigerungsaktion kann Bundesfinanzminister **Hans Eichel** (SPD, geb. 1941) die Schulden des Bundes – allerdings nur minimal und kurzzeitig – etwas senken. UMTS (Universal Mobile Telecommunications System) ist ein Standard, der den heutigen **GSM**-Standard langfristig ersetzen wird. Die Frequenzbänder liegen im Bereich von zwei Gigahertz. Gegenüber den D- und E-Netzen soll eine 200-fache Datenübertragungsrate möglich sein.

Olympia in Sydney

Die ersten **Olympischen Spiele** im neuen Jahrtausend sind zugleich die „besten Spiele", die es je gegeben hat. Dieser Meinung ist nicht nur der Präsident des Internationalen

WIRTSCHAFT
UMTS-Poker bei 75 Milliarden
Auktion der Mobilfunklizenzen erreicht britischen Rekord – Weiter Streit um G

Der Vizepräsident der Regulierungsbehörde für Telekommunikation und Post, Gerhard Harms, liest am 15.8.2000 bei der UMTS-Auktion in Mainz den Wirtschaftsteil einer Tageszeitung

Olympischen Komitees (IOC), **Juan Antonio Samaranch** (geb. 1920). In seiner Abschiedsrede lobt er ausdrücklich die Sportler und vor allem die australischen Gastgeber. Eine erstklassige Infrastruktur an Stadien und Sportstätten sowie ein gut ausgestattetes Olympisches Dorf machen den 11.035 Sportlern aus 199 Ländern ihren Aufenthalt so angenehm wie möglich. Mehr als 45.000 „volunteers" machen mit ihrem ganz persönlichen Einsatz die Spiele 2000 zu den Spielen der Athleten. Deutschland rangiert mit 57 Medaillen (14-mal Gold, 17-mal Silber, 26-mal Bronze) an fünfter Stelle hinter den USA (97 Medaillen), Russland (88 Medaillen), China (59 Medaillen) und Australien (58 Medaillen).

Ein zweites Flugzeug nähert sich dem bereits brennenden World Trade Center in New York

Tod bringender Terror: World Trade Center

Der amerikanische Albtraum beginnt am 11. September um 8.42 Uhr: Nacheinander rasen zwei Flugzeuge in die beiden Türme des **World Trade Centers**. Dichter Qualm steigt auf. Augenzeugen glauben zunächst an ein Unglück. Zwei weitere Flugzeugabstürze über dem **US-Verteidigungsministerium** und in **Arlington** machen deutlich: Diese Katastrophe ist ein **Terroranschlag** – wahrscheinlich der größte, den es je gab. Knapp 3000 Menschen kommen ums Leben. Nach den schrecklichen Terrorattacken auf New York und Washington stehen die USA unter Schock. Über Washington wird der Ausnahmezustand verhängt. US-Präsident **George W. Bush** (geb. 1946) lässt die Armee in Alarmbereitschaft versetzen. Er kündigt an, „die Verantwortlichen für diese feigen Taten jagen und bestrafen" zu wollen und ruft den „Krieg gegen den Terror" aus.

US-Regierungsvertreter gehen davon aus, dass die Terrororganisation des moslemischen Extremisten **Osama Bin Laden** (geb. um 1957) für die Anschläge verantwortlich ist. Die Anschlagserie in den USA löst in der ganzen Welt Entsetzen aus.

Zauber am frühen Morgen

Selten gab es so viel Rummel um einen Film wie um diesen: Das erste *Harry Potter*-Abenteuer, das am 22. November in die deutschen Kinos kommt, treibt vor allem viele kleine Leute mitten in der Nacht aus dem Bett. Sie wollen bei der Suche nach dem *Stein der Weisen* dabei sein und riskieren dafür gerne, beim nächstmorgendlichen Schulunterricht einzuschlafen. Aus diesem Holz sind die richtigen Harry-Potter-Fans geschnitzt, also diejenigen, die den Kino-Start kaum noch erwarten konnten. Tausend Kopien werden in Deutschland an die Kinobetreiber ausgeliefert,

FILME DES JAHRES

- ⮑ *Der Schuh des Manitu* mit Michael Herbig, Christian Tramitz
- ⮑ *Harry Potter und der Stein der Weisen* mit Daniel Radcliffe
- ⮑ *Was Frauen wollen* mit Mel Gibson, Helen Hunt
- ⮑ *Der Herr der Ringe* mit Elijah Wood, Ian McKellen, von Peter Jackson
- ⮑ *Verschollen* mit Tom Hanks
- ⮑ *Bridget Jones – Schokolade zum Frühstück* mit Hugh Grant, Rene Zellweger
- ⮑ *Shrek – der tollkühne Held* von Andrew Adamson, Vicky Jenson
- ⮑ *Jurassic Park III* mit Sam Neill, William H. Macy
- ⮑ *Hannibal* mit Anthony Hopkins, von Ridley Scott
- ⮑ *Die fabelhafte Welt der Amélie* mit Audrey Tautou

normalerweise startet ein Film mit 350 Kopien. Hauptdarsteller des aufwändig inszenierten, turbulenten und spannenden Fantasyfilms nach dem gleichnamigen Erfolgsroman von **J. K. Rowling** (geb. 1965) ist **Daniel Radcliffe** (geb. 1989). Regie führte Chris Columbus (geb. 1958). Harry Potter lebt bei seinem rabiaten Onkel Vernon, der hartherzigen Tante Petunia und dem verwöhnten Cousin Dudley. Der unerwünschte Waisenjunge wird von seinen Verwandten nur geduldet und muss in einem Schrank unter der Treppe schlafen. Als sein elfter Geburtstag naht, überschlagen sich die Ereignisse. Harry kriegt Post von der Zauberschule Hogwarts und erfährt, dass er, genau wie seine verstorbenen Eltern, ein Zauberer ist.

Privattrip ins All

Er heißt **Dennis Tito** (geb. 1940) und ist Amerikaner. 20 Millionen Dollar bezahlt der Hobby-Astronaut für seinen amerikanischen Traum, einen sechstägigen **Trip ins All**. Nach zehnjähriger Vorbereitung erfüllt sich im April für den Multimillionär ein Lebensziel: Er fliegt – begleitet von zwei Profis – ins All und verbringt einige Tage in einer Raumstation. Den außergewöhnlichen Pauschalurlaub ermöglicht ihm die russische Raumfahrtbehörde. Deren amerikanische Kollegen haben zuvor vergeblich versucht, die Reise des 60-Jährigen zu verhindern. Tito ist der zweitälteste Mensch im Weltraum nach dem Ex-Astronauten John Glenn (geb. 1921), der das zweite Mal im Alter von 77 Jahren in den Orbit flog. Dennis Tito trainierte in Russland neun Monate für diesen Flug an Bord einer Sojus-Rakete.

Rabattgesetz und Zugabeverordnung abgeschafft

25. uli: Das **Rabattgesetz** ist abgeschafft, und jetzt ist guter Rat teuer. Ab sofort hat jeder das Recht zu feilschen und die Preise zu drücken, so weit es nur geht. Bisher waren in Deutschland Rabatte nur in Höhe von drei Prozent des Kaufpreises erlaubt. Auch durften dem Kunden laut **Zugabeverordnung** nur Geschenke in geringem Wert hinzugegeben werden. Diese Regelungen galten fast 70 Jahre lang. Ab dem 1. August wird nun alles anders. Eine Liberalisierung war im Hinblick auf die europäische Rechtsentwicklung für den grenzüberschreitenden elektronischen Handel nötig geworden. Nach der im Juli 2000 beschlossenen EU-Richtlinie über den elektronischen Geschäftsverkehr müssen sich Anbieter im grenzüberschreitenden Internet-Handel grundsätzlich nur nach den im Herkunftsland geltenden Vorschriften richten. Wegen der strengen Regelungen des deutschen Rabatt- und Zugaberechts, die so in

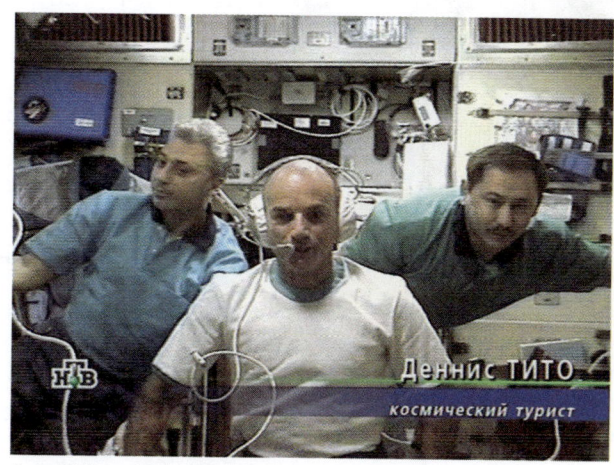

Erster Weltraumtourist Tito arbeitet in der ISS-Kombüse

anderen Ländern nicht existieren, drohte eine Diskriminierung der in Deutschland ansässigen Unternehmen. Die Abschaffung der Vorschriften schafft unternehmerische Freiräume und fördert den Wettbewerb. Und sie verhilft natürlich dem Verbraucher zu dem einen oder anderen Schnäppchen.

Körperwelten in Berlin

Von Februar bis September erhitzt die Ausstellung **Körperwelten – die Faszination des Echten** die Gemüter der Berliner Bevölkerung, nachdem bereits in anderen deutschen Großstädten die sogenannte **Plastination** vor allem beim Klerus auf heftigen Widerstand stieß. Anlass für den „Kirchen-Aufruhr" ist die öffentliche Zurschaustellung von präparierten Körperteilen und Ganzkörperpräparaten – auf gut Deutsch: Leichen. Diese werden nicht in Formalin versteckt oder in Einweckgläsern vom Betrachter fern gehalten, sondern von Angesicht zu Angesicht, in ästhetisierenden oder provozierenden Posen dargeboten. Die anatomische Innenansicht des Menschen und der Blick auf tote Körper war bislang das Privileg von Studenten der Humanmedizin und Anatomen in Sektionssälen. Die

Reiterstandbild in Körperwelten

Fünf Gründungspartner, knapp drei Millionen Mitglieder und rund 1000 Delegierte auf dem Gründungskongress in Berlin: Schon diese Zahlen machen deutlich, dass mit der Vereinten Dienstleistungsgewerkschaft ver.di ein politisches Schwergewicht das Licht der Welt erblickt. Die Deutsche Angestellten-Gesellschaft (DAG), die Deutsche Postgewerkschaft (DPG), die Gewerkschaft für Handel, Banken und Versicherungen (HBV), die Industriegewerkschaft Medien (IG Medien) und die Gewerkschaft Öffentliche Dienste, Transport und Verkehr (ÖTV) gehen in die neue Gewerkschaft ein. Erster Vorsitzender wird der bisherige ÖTV-Chef Frank Bsirske. Sitz ist Berlin.

Möglichkeit, menschliche Körper auf diese Art zu präsentieren, ist einer neuartigen Technik zur Präparation, der sogenannten Plastination zu verdanken, die der Heidelberger Mediziner und Initiator der Ausstellung, **Gunther von Hagens** (geb. 1945) 1977 entwickelt hat. Dabei wird das Wasser der Gewebeflüssigkeit durch spezielle Kunststoffe ersetzt. Neben den gestalterischen sind auch die anschaulichen Möglichkeiten dieser Technik revolutionär: Einzelne Schichten können offen gelegt werden, teilweise werden richtiggehend Schubladen oder Fächer im Körper aufgeklappt.

Holzmann meldet Insolvenz an

Im Frühjahr 2001 meldet der Baukonzern **Philipp Holzmann** Insolvenz an. Rund 23.000 Beschäftigte, allein 11.000 in Deutschland, sind von der größten Pleite im Baugewerbe betroffen. Schon zwei Jahre zuvor hatte der Konzern seine **Überschuldung** bekannt gegeben. Doch Bundeskanzler **Gerhard Schröder** (geb. 1944) hatte die Rettung zur Chefsache erklärt. Per Bundeswehrmaschine hatte er sich im November 1999 nach Frankfurt fliegen lassen, um vom Balkon des Holzmann-Verwaltungsgebäudes per Megafon die vorläufige Rettung des Bauriesen zu verkünden. „Gerhard, Gerhard", jubelten ihm damals tausende Bauarbeiter zu. Doch wenige Jahre später ist – trotz einer Ausfallbürgschaft des Bundes, die nie abgerufen wird – Holzmann im Frühjahr am Ende, die Arbeitsplätze beim Bauriesen gehen verloren.

Operation „Enduring Freedom"

Am 7. Oktober, knapp einen Monat nach den Angriffen auf das World Trade Center in New York, greift die USA mit britischer Unterstützung **Afghanistan** an. Die Militärschläge mit Langstreckenbombern, seegestützten Kampfjets und Marschflugkörpern werden von einer breiten internationalen Koalition gebilligt. Erklärtes Ziel der Militäraktion ist es, die Terrororganisation von **Osama Bin Laden** (geb. um 1957) zu zerschlagen. Doch auch das in Afghanistan herrschende **Taliban**-Regime soll gestürzt werden. Es wird der Unterstützung des Terroristen Osama Bin Laden bezichtigt. Die Angriffe aus der Luft konzentrieren sich zunächst auf die afghanische Hauptstadt Kabul und die Hochburg der Taliban Kandahar im Süden des Landes. Am 11. Oktober werden erstmals Streubomben eingesetzt. Die Proteste in asiatischen Ländern eskalieren. Bei Luftangriffen auf Kabul kommen vier UN-Mitarbeiter ums Leben. Bundeskanzler **Gerhard Schröder** (geb. 1944) erklärt seine „uneingeschränkte Solidarität" mit den USA und sichert der US-Regierung seine Unterstützung für deren Krieg „ohne Vorbehalt"

Osama Bin Laden

zu. Eine Erklärung, die in weiten Teilen der deutschen Bevölkerung auf Widerstand stößt. Am 13. Oktober kommt es zu Demonstrationen in aller Welt gegen die Angriffe auf Afghanistan und gegen die Pläne der USA zur Militarisierung des Weltraums. In Deutschland demonstrieren rund 80.000 Menschen (50.000 in Berlin, 30.000 in Stuttgart) gegen den Krieg. Nach der Einnahme weiter Teile des Landes durch die Nordallianz beginnen Einheiten der Alliierten, darunter auch die Bundeswehr, mit der Suche nach Terroristen und in erster Linie nach Bin Laden. Gefangene Taliban und mutmaßliche El-Kaida-Terroristen werden von den US-Streitkräften entgegen dem Völkerrecht und trotz Protesten von Menschenrechtsorganisationen auf den Stützpunkt Guantanamo auf Kuba verbracht. Die Bundeswehr hat im Rahmen eines ISAF-Kommandos derzeit knapp 1800 Mann in Afghanistan stationiert, die zur Friedenssicherung eingesetzt sind.

Erster menschlicher Embryo geklont

Im November geben US-Wissenschaftler der Firma Advanced Cell Technology im US-Staat Massachusetts bekannt, den ersten **menschlichen Embryo** im Frühstadium geklont zu haben. Dies – so die Wissenschaftler – sei ein wichtiger Schritt zur Produktion embryonaler

Stammzellen, die z. B. für die Behandlung von Diabetes mellitus, Herzkrankheiten und anderen Leiden eingesetzt werden könnten.

Die Forschergruppe startete zwei Experimente: Zum einen injizierte sie eine Zelle samt genetischem Code in eine Eizelle. In einem zweiten Versuch beschleunigten sie den Entwicklungsprozess von Eizellen, indem sie diese bestimmten Chemikalien aussetzten. Sechs von 22 Zellen begannen daraufhin mit der Zellteilung. Bereits im August kündigten zwei US-Wissenschaftler an, im November mit dem Klonen von Menschen beginnen und damit unfruchtbaren Paaren geklonte Kinder ermöglichen zu wollen. In den USA ist das Klonen von Menschen unter Verwendung öffentlicher Finanzmittel verboten. Advanced Cell Technology ist jedoch ein privates Unternehmen und fällt damit nicht unter das Verbot. Noch vor der Weihnachtspause beschließt der Bundestag die **Import-Erlaubnis** von embryonalen Stammzellen.

Der Herr der Ringe: Die Gefährten

Der Herr der Ringe stürmt die Charts

Ein Fest für alle Tolkien-Fans: Mit internationaler Besetzung, 20.000 Statisten und über 1200 Computer-Effekten wird **Der Herr der Ringe** eines der am ungeduldigsten erwarteten Kinoerlebnisse des Jahrzehnts. Zeitgleich mit Amerika startet der erste Teil *Die Gefährten* kurz vor Weihnachen in den deutschen Kinos – gerade einmal vier Wochen nach *Harry Potter und der Stein des Weisen*. **Peter Jacksons** (geb. 1961) atemberaubendes, überwältigendes Fantasy-Abenteuer stellt alles in den Schatten, was bisher in diesem Genre zu sehen war. Das Überraschendste an Teil eins der epischen **Tolkien-Trilogie** ist aber die Tatsache, dass die wohl am-

bitionierteste Filmproduktion aller Zeiten kein glatt gebügeltes Hollywood-Kino ist. Die beschwerliche Reise des jungen Hobbits Frodo, der sich auf den Weg zum Schicksalsberg macht, um dort den einen Ring zu vernichten, ist erstaunlich düster und kompromisslos. Auch wenn nicht alle Details des Buchs umgesetzt werden können, bleibt die Verfilmung dem Geist der Vorlage in jeder Sekunde treu.

DAS SIND DIE TOPHITS DES JAHRES
⮑ *Stan* – Eminem
⮑ *Daylight in your eyes* – No Angels
⮑ *Whole again* – Atomic Kitten
⮑ *Follow me* – Uncle Kracker
⮑ *Can't get you out of my head* – Kylie Minogue
⮑ *From Sarah with love* – Sarah Connor

PISA: Schlechte Noten für deutsche Schüler

Eine groß angelegte Untersuchung im Auftrag der Organisation für wirtschaftliche Zusammenarbeit und Entwicklung (**OECD**) bescheinigt deutschen Schülerinnen und Schülern mangelhafte Noten in den mathematischen Kompetenzen und dem Leseverständnis. **PISA** (Program for International Student Assessment) untersuchte bei 15-Jährigen in 31 Ländern die Basiskompetenzen in den Bereichen Leseverständnis, Mathematik und Naturwissenschaft. Außerdem wurde analysiert, ob die Probanden zu selbstständigem Lernen fähig und wie hoch ihre Kooperations- und Kommunikationsfähigkeiten einzuschätzen sind. PISA verzichtete bewusst auf die Abfrage länderspezifischen Lernstoffs. Das Ergebnis: Von den 31 teilnehmenden Ländern erreicht Deutschland im Bereich Mathematik und Naturwissenschaften Platz 20, im Bereich Leseverständnis nur Platz 21. Zehn Prozent der Schüler erreichen nicht einmal die niedrigste Kompetenzstufe im Lesen. Auch bei der Leseunlust sind die deutschen Jugendlichen Spitze: Während in Finnland gerade mal 22 Pro-

zent der Befragten angeben, dass sie nie zum eigenen Vergnügen lesen würden, sind es in Deutschland 42 Prozent. Auch bei der Mathematik und in den Naturwissenschaften schneiden deutsche Jugendliche schlecht ab: Nur 24 Prozent erreichen die Kompetenzstufe III, was die Fähigkeit zur Lösung einfacher Prozentrechnung ausdrücken soll. Weitere 24 Prozent der 15-Jährigen erreichen gerade mal Stufe I – also lediglich mathematisches Grundschulniveau.

Frauen in der Bundeswehr

Seit dem 1. Januar stehen **Frauen alle Laufbahnen** in der Bundeswehr offen. Die Voraussetzung dafür waren Änderungen des Grundgesetzes, des Soldatengesetzes und der Soldatenlaufbahnverordnung im Dezember 2000. Bereits 1975 wurden die ersten Frauen im Sanitätsdienst der Bundeswehr, besonders zugelassene Ärztinnen oder Apothekerinnen, als Sanitätsoffiziere eingestellt. 1989 folgten die ersten weiblichen Sanitätsoffiziersanwärter. 1991 wurden die Laufbahnen für Unteroffiziere und Mannschaftskapitäne im Sanitäts- und Militärmusikdienst für den freiwilligen Dienst von Frauen geöffnet. Der Hintergrund: Der Europäische Gerichtshof entschied, dass der **allgemeine Ausschluss** von Frauen vom Dienst mit der Waffe nicht mit dem Recht der Europäischen Gemeinschaft in Einklang steht. Der Deutsche Bundestag stimmte daraufhin am 27.10.2000 einer Änderung des Artikels 12a des Grundgesetzes zu. Dem geänderten Paragrafen nach können Frauen Dienst an der Waffe leisten, dürfen jedoch nicht dazu verpflichtet werden. In Artikel 12a des Grundgesetzes heißt es künftig: „Sie (Frauen) dürfen auf keinen Fall zum Dienst mit der Waffe verpflichtet werden." Die bisherige Formulierung lautete: „Sie dürfen auf keinen Fall Dienst mit der Waffe leisten."

Zwei Bundeswehrsoldatinnen bei einer Übung

EURO-Zeichen

Abschied von der Deutschen Mark

Am Neujahrstag heißt es Abschied nehmen von der **Deutschen Mark**: Der **Euro** wird durch die Einführung der neuen Banknoten und Münzen in vielen Ländern Europas zur greifbaren Realität. Bis dahin gab es den Euro ausschließlich als Buchgeld. Zwölf Staaten gehören zum Euroraum: Belgien, Deutschland, Griechenland, Spanien, Frankreich, Irland, Italien, Luxemburg, Niederlande, Österreich, Portugal und Finnland. Andere wie Dänemark, Schweden und Großbritannien sind zwar Mitglieder der Europäischen Union, aber nicht Mitglieder des Eurosystems. Bereits der Vertrag zur Gründung der Europäischen Gemeinschaft (1957) erklärte einen europäischen Binnenmarkt zum Ziel einer Entwicklung, die den wirtschaftlichen Wohlstand steigern und zu „einem immer engeren Zusammenschluss der europäischen Völker" beitragen sollte. Die Einheitliche Europäische Akte (1986) und der Vertrag über die Europäische Union (1992) stützen sich auf dieses Fundament. Sie führten zur Wirtschafts- und Währungsunion (WWU) und sind der Grundstein für die einheitliche Währung. Die dritte Stufe der WWU begann am 1.1.1999, als die Umrechnungskurse der teilnehmenden Währungen unwiderruflich festgelegt wurden. Seither betreiben die Teilnehmerstaaten eine **gemeinsame Geldpolitik.**

Atomausstieg im Schneckentempo

Für die Gegner der Atomkraft eine Farce, für die Energiekonzerne kalkulierbare Umstellung: Am 1. Februar beschließt der Bundesrat den **allmählichen Ausstieg** aus der Atomenergie. Der so genannte **Atomkonsens** sieht vor, dass das letzte der 19 deutschen Kernkraftwerke 2021 vom Netz geht. Die Vorstandschefs der Energieversorgungsunternehmen und der Bundeskanzler erklären mit ihrer Unterschrift den bisher nur paraphierten Atomkonsens zum rechtsverbindlichen Vertrag. Insgesamt dürfen alle 19 deutschen Atomkraftwerke (AKW) zusammen noch 2623 Terawattstunden Strom produzieren, das sind 2623 Milliarden Kilowattstunden. Diese so genannte Reststrommenge, die rückwirkend ab Januar 2000 gerechnet wird, ergibt umgerechnet 32 Jahre als jeweils rechnerische Gesamtlaufzeit pro AKW. Abgebrannte Brennstäbe dürfen vom 1.7.2005 an nicht mehr an Wiederaufarbeitungsanlagen abgegeben werden. Die Betreiber werden verpflichtet, so schnell wie möglich Zwischenlager bei den Atomkraftwerken zu errichten. Der Bau neuer Atomkraftwerke wird verboten.

Ein Medien-Imperium verabschiedet sich

Jahrelang wirtschaftete **Leo Kirch** (geb. 1926) mit Krediten in Milliardenhöhe. Am Ende spielen die Gläubiger nicht mehr mit und es bleibt nur noch der Gang zum Amtsgericht: Am 8. April meldet das Unternehmen des Medienmoguls aufgrund von Schulden in Höhe von 6,5 Milliarden Euro **Insolvenz** an. Kirch startete

Leo Kirch

einst mit hehren Zielen: Richtige Filmkunst wollte er ins „miefige" deutsche Fernsehen bringen. 1958 liefert Kirch bereits die erste Spielfilmpremiere im Fernsehen und 1960 verkauft er erstmals 700 Spielfilme an die ARD. Wie groß sein Unternehmen tatsächlich ist, hält Leo Kirch jahrelang bedeckt, ebenso dessen finanzielle Lage. Er wird dabei auch von der bayerischen Regierung gestützt, insbesondere zu Zeiten von **Franz Josef Strauß** (1915–88). Jahrelang steckt Kirch mithilfe der Banken Milliarden in sein marodes **Pay-TV**. Für den 2002 geplanten Börsengang waren jedoch Struktur und Finanzen des Unternehmens offen zu legen – und das führte zum Desaster: Immer mehr Geldgeber wollten in einer Art Kettenreaktion ihre Anteile zurück.

DIE WELLNESS-WELLE ROLLT

Heute trainiert niemand mehr, um nicht sein Leben, sondern um ein paar Pfunde zu verlieren, um gut auszusehen oder gesund zu bleiben. Und statt an den Stränden des Kaspischen oder Schwarzen Meeres tummeln sich moderne Bewegungswillige in Fitness-Studios. Doch Waschbrettbäuche allein halten nicht gesund. Wellness ist angesagt. Ob ein Kurzurlaub mit Ayurveda-Stirnguss, eine Wellness-Dampfdusche, Wellness-Tee, Wellness-Jogurt oder Wellness-Shirt: Immer mehr Deutsche wollen gesund sein und greifen dafür tief in die Tasche. Die Wellness-Idee hatte der US-amerikanische Arzt Halbert. L. Dunn im Jahre 1959. Er beschreibt einen speziellen Zustand von Wohlbefinden und Zufriedenheit. Dunn begreift den Menschen als eine Einheit aus Körper, Seele und Geist in Abhängigkeit von seiner Umwelt. Der deutsche Freizeitforscher Horst W. Opaschowski spricht bereits 1987 von der Ablösung der Fitness-Welle durch Wellness in Deutschland und umschreibt Wellness als „körperliche Aktivierung in Verbindung mit seelischer Entspannung und geistiger Anregung". Wellness sei ein Gesundheitszustand, der die Harmonie von Körper, Geist und Seele umfasst, und ziele auf persönliches Wohlbefinden ab.

PR-Theater um ein Klon-Baby

Ende Dezember 2002 verkündet die umstrittene Forscherin **Brigitte Boisselier** (geb. 1956), das weltweit erste Klon-Baby sei geboren: Am 26. Dezember habe das Mädchen Eve per Kaiserschnitt das Licht der Welt erblickt – als exakte genetische Kopie ihrer 31-jährigen US-amerikanischen Mutter. Boisselier stammt aus Frankreich und gehört dem Unternehmen Clonaid mit

Sitz in Las Vegas an. Das Unternehmen gehört zur Sekte der **Raelianer**, nach deren Vorstellung Außerirdische vor 25.000 Jahren auf der Erde landeten und irdisches Leben aus toter Materie klonten. Um den Menschen ewiges Leben zu ermöglichen, wollen die Raelianer mittels Clonaid einen speziellen Klon-Service anbieten. Nach eigenen Angaben zählt die Sekte rund 55.000 Anhänger. Sie wird 1973 von dem Rael genannten Franzosen Claude Vorilhon gegründet.

Jeder Beweis für die tatsächliche Existenz eines Klons steht aber bis heute aus. Wissenschaftler zweifeln inzwischen nicht mehr an der Möglichkeit, genetische Kopien menschlicher Mütter zur Welt zu bringen. Die Technik dazu sei in Reproduktionskliniken verfeinert worden.

Amoklauf in Erfurt

13 Schulangestellte, eine 14-jährige Schülerin, ein 15-jähriger Schüler und ein Polizist: 16 Menschen sterben am 26. April beim **Amoklauf** eines 19-jährigen ehemaligen Schülers im Erfurter Gutenberg-Gymnasium. Danach tötet sich der Schütze Robert Steinhäuser

In einem Fenster des Erfurter Gutenberg-Gymnasiums ist ein Zettel mit der Aufschrift „Hilfe" angebracht

selbst. Insgesamt 71 Schüsse feuert er ab. Das Schulmassaker stellt, zumindest in Deutschland, einen bislang dramatischen und traurigen Höhepunkt dar. Der 19-Jährige – wegen Urkundenfälschung Ende März der Schule verwiesen – war Mitglied des örtlichen Schützenvereins und legal im Besitz der Waffen, mit denen er in die Schule stürmte und schoss. Der Amoklauf in Erfurt sorgt weit über die Grenzen Deutschlands hinaus für Entsetzen. Am Abend nach dem schrecklichen Ereignis finden in Erfurt mehrere Gottesdienste statt, unzählige Menschen tragen sich in das Kondolenzbuch der Stadt ein.

Fußball-WM in Asien

B ei der ersten Fußballweltmeisterschaft des 21. Jahrhunderts vom 31. Mai – 30. Juni spielen 32 Mannschaften in Südkorea und Japan um den Weltmeistertitel. Zum ersten Mal in der Geschichte des Fußballs wird die WM in Asien ausgetragen und zum ersten Mal richten zwei Länder eine Weltmeisterschaft gemeinsam aus. Je zehn Städte und ihr Umland in Südkorea und Japan stellen die Spielstätten zur Verfügung. Mehrere 100 Millionen Menschen verfolgen diese WM vor den Bildschirmen. Das viel gepriesene **Wunder von Asien** erfüllt sich für Kahn & Co. allerdings nicht. Mit 0:2 unterliegt die deut-

FILME DES JAHRES

- *Harry Potter und die Kammer des Schreckens* mit Daniel Radcliffe
- *Der Herr der Ringe – die zwei Türme* mit Elijah Wood, Ian McKellen, von Peter Jackson
- *Spiderman* mit Tobey Maguire
- *Minority Report* mit Tom Cruise, von Steven Spielberg
- *A Beautiful Mind* mit Russell Crowe
- *40 Tage und 40 Nächte* mit Josh Hartnett
- *Der Tag der toten Ente* mit Hugh Grant, Rachel Weisz
- *Bibi Blocksberg* mit Sidone von Krosigk, Katja Riemann
- *Roter Drache* mit Anthony Hopkins

sche Fußballnationalmannschaft im Endspiel von Yokohama den Brasilianern, die damit ihren fünften WM-Titel feiern. Den Deutschen fehlt das Quäntchen Glück, das sie in den anderen Spielen in den entscheidenden Momenten gehabt haben. Statt der geplanten Siegeszüge gibt es hängende Köpfe und Tränen vor den zahlreichen Großleinwänden in mehreren Dutzend deutschen Städten.

Sturz der T-Aktie

Am 14. Juni rutscht die **T-Aktie** unter die Marke von zehn Euro und damit auf ein neues Allzeittief. Das als Volksaktie millionenfach unter die Anleger gebrachte Papier erklomm seit dem Telekom-Börsengang am 18.11.1996 Schwindel erregende Höhen, um dann spektakulär abzustürzen. Die T-Aktie legt 1996 an der Frankfurter Börse ein furioses Debüt hin. Erstanleger zahlen 28,50 Mark (14,57 Euro). In den folgenden Monaten und Jahren geht der Kurs ste-

tig nach oben. Im Frühjahr 2000 überspringt die Aktie auf dem Höhepunkt der Hightecheuphorie die Marke von 100 Euro. Anderthalb Jahre später, am 10.9.2001, stürzt die T-Aktie erstmals unter den Ausgabekurs des ersten Börsengangs. Während des weltweiten Aktiencrashs nach den Terroranschlägen in New York und Washington einen Tag später sackt das Papier weiter und erreicht mit 13,12 Euro (25,66 Mark) den tiefsten Stand seiner Geschichte. So mancher Kleinanleger sieht sich durch den Vorstand des Staatskonzerns getäuscht. Gerade haben sich die Deutschen für Aktien erwärmt, da stürzt das Börsenbarometer. Nun verlieren die Volksaktionäre den Glauben an die eigene Zukunft.

Nur knapper Sieg für Schröder

Das Ergebnis vom 22. September fällt knapp aus: Die SPD erhält gerade einmal 6027 Stimmen mehr als CDU und CSU. Beide kommen auf 38,5 Prozent der Zweitstimmen. Bei

Edmund Stoiber (l.) und Gerhard Schröder (r.) vor dem ersten Fernsehduell

den Sitzen ist der Vorsprung dank der Überhangmandate deutlicher. Die SPD erringt vier, die CDU eines. Da die Grünen stärker als die FDP werden und die PDS nur mit zwei fraktionslosen Abgeordneten im Bundestag vertreten ist, reicht es für die **Fortsetzung der rot-grünen Koalition**. Punkten kann **Gerhard Schröder** (geb. 1944) vor allem durch sein tatkräftiges Handeln während der Elbeflut im August. Als „Mann vor Ort" gewinnt er an Glaubwürdigkeit zurück, vor allem in Ostdeutschland. Am 22. Oktober wählt der Deutsche Bundestag Schröder mit 305 der 599 abgegebenen Stimmen ein zweites Mal zum Bundeskanzler.

Die große Flut

Es ist August, es regnet und regnet, die Elbe steigt und steigt. Dämme brechen, ganze Häuser werden weggerissen. Die verheerende **Elbeflut** im August verursacht besonders in Ostdeutschland Schäden in Milliardenhöhe. Betroffen ist vor allem Sachsen. Am 11. August erreicht

Helfer sichern mit Sandsäcken einen Damm während der Flutkatastrophe im Sommer 2002

die Jahrhundertflut die sächsische Landeshauptstadt Dresden. Die Elbe und ihre Nebenflüsse verwandeln sich in reißende Ströme. Sechs Tage später erreicht die zweite Flutwelle Dresden. Der Wasserstand steigt auf die Rekordmarke von 9,40 Meter. Bis zum 26. August fordert die Katastrophe in der Region 20 Todesopfer. Tausende Wohnhäuser werden zerstört. Zur Aufbauhilfe für die von der Flut betroffenen Gebiete stellt die Bundesregierung über sieben Milliarden Euro zur Verfügung. Die Hilfsbereitschaft der Deutschen erreicht ein bis dahin nie gekanntes Ausmaß. Insgesamt fließen rund 350 Millionen Euro Spenden für den Wiederaufbau.

Rudolf Scharping geht von Bord

Kurz vor der Bundestagswahl muss Verteidigungsminister **Rudolf Scharping** (geb. 1947) seinen Ministerposten räumen: Bundeskanzler **Gerhard Schröder** (geb. 1944) entlässt seinen Minister, nachdem dieser wegen umstrittener Kontakte zum PR-Unternehmer **Moritz Hunzinger** (geb. 1959) in die Kritik gerät. Es geht um umstrittene Honorarzahlungen der Frankfurter PR-Firma auf ein Scharpingkonto in den Jahren 1998 und 1999. Scharping geriet in den Verdacht, persönliche Interessen mit Rüstungsentscheidungen verbunden zu haben. Schon ein Jahr zuvor erregten Fotos Aufsehen, die ihn mit seiner Lebensgefährtin in einem Pool auf Mallorca gezeigt hatten. Als sich die Bundeswehr auf den Einsatz in Mazedonien vorbereitet, lässt sich der Verteidigungsminister für eine Foto-Reportage mit Gräfin Pilati planschend im Pool auf Mallorca ablichten. Anschließend fliegt er auf Staatskosten für wenige Stunden zu einer Sondersitzung nach Berlin und wieder zurück nach

Rudolf Scharping

Mallorca, um am nächsten Tag zu einem Truppenbesuch in Skopje aufzubrechen. Es bleibt der Eindruck politischer Instinktlosigkeit.

Im Februar dann gerät Scharping in Zusammenhang mit der Finanzierung des Airbus A400M in Bedrängnis. Er verspricht den Partnerländern, Deutschland werde 73 Militärmaschinen vom Typ Airbus A400M im Gesamtwert von 9,5 Milliarden Euro abnehmen. Der Bundestag hatte aber nur 5,1 Milliarden bewilligt.

Pfand auf Dosen beschlossen

Das **Dosenpfand** stärkt Mehrwegsysteme, spart Rohstoffe und wirkt einer Vermüllung der Landschaft entgegen. Die Bundesregierung macht in ihrer Kabinettsentscheidung vom 20. März den Weg für die Einführung eines Dosenpfands frei: Das Pflichtpfand soll Anfang 2003 gleichzeitig für alle Getränkedosen eingeführt werden. Für Einwegverpackungen mit einem Volumen unter 1,5 Liter ist ein Pfand von 25 Cent geplant, bei größeren Packungen ein Pfand von 50 Cent. Bundesumweltminister **Jürgen Trittin** (geb. 1954) erklärt dazu in einer Pressekonferenz nach der Kabinettssitzung: „Mit dem Beschluss des Kabinetts wird aus ökologischer Sicht die Einwegflut eingedämmt und ein Anreiz für Handel wie für Verbraucher geschaffen, Mehrwegverpackungen den Vorzug zu geben." Als Grund für die Novellierung der seit 1991 geltenden **Ver-**

packungsverordnung nennt er die zunehmende Verwendung von Einweg-Getränkeverpackungen.

Das neue Dosenpfand ist nach jahrelangem Streit unter Dach und Fach

SCHÖNE NEUE EINKAUFSWELT

Einfacher geht es nicht: Im Sessel sitzen, fernsehen, dann zum Telefon greifen und bestellen. Teleshopping – Einkaufen im Wohnzimmer. Tendenz: steigend, da viele Kunden zufrieden sind. Warum sich noch nach Feierabend durch die realen Kaufhäuser quälen? QVC Deutschland, Sendestart im Dezember 1996, ist der führende Anbieter auf dem deutschen Teleshoppingmarkt. Das Düsseldorfer TV-Kaufhaus erreicht mit seinem Programm via Kabel und Satellit mittlerweile über 35 Millionen Fernsehhaushalte im deutschsprachigen Raum und ist zusätzlich mit einem Shop im Internet vertreten. Die Mutterfirma QVC Inc. (USA) ging 1986 erstmalig auf Sendung und zählt heute zu den weltweit führenden elektronischen Einzelhandelsunternehmen.

Vorerst letzte Love Parade in Berlin

Das riesige Techno-Spektakel, das alljährlich im Juli Millionen von Ravern anzieht, findet 2003 unter dem Motto *Love Rules* zum letzten Mal in Berlin statt. Unzählige Fernsehteams berichten von der „härtesten" Party der Welt. Die erste **Love Parade** war 1989 auf eine spontane Idee einer durchfeierten Nacht (zum Geburtstag Dr. Mottes) zurückzuführen. Unter dem Motto *Friede, Freude, Eierkuchen* wurde eine **politische Demonstration** angemeldet, die am 1.7.1989 etwa 150 Teilnehmer fand. Es wurden einfach ein Generator sowie eine Anlage auf einen alten VW-Bus geladen und damit über den Kurfürstendamm gezogen. Kritiker werfen den Veranstaltern vor allem die Kosten vor, die Berlin alljährlich in Form von Einsatzkosten von Polizei, Rettungsdiensten und Reinigungskosten entstehen. Obwohl die gewerblichen Einnahmen Berlins durch die Besucher den Senat immer wieder überzeugt haben, die Love Parade oft in letzter Minute doch noch zu genehmigen, hat der Eigentümer und Hauptnutznießer, **Matthias Roeingh** alias **Dr. Motte** (geb. 1960), die Öffentlichkeit seit dem Verlust des Status als politische Demonstration im Jahr 2001 mehrfach mit politischen Anfeindungen gegen das deutsche Demokratieverständnis brüskiert. Sein Kostenanteil für die Beseitigung des Mülls beträgt seit 2001 etwa 125.000 Euro

Der Erfinder der Love Parade, DJ Dr. Motte

pro Veranstaltung. Der Stadt entstehen weitere Kosten aufgrund der Schäden am Tiergarten und den Anlagen rund um die Siegessäule.

Deutschland sucht den Superstar

Für die einen ein Zeichen dafür, dass es schlimmer nicht kommen kann, für die anderen das TV-Ereignis des Jahres: die RTL-Show ***Deutschland sucht den Superstar*** *(DSDS)*. Die deutsche Castingshow mit Dieter Bohlen (geb. 1954) in der Jury kombiniert das Konzept herkömmlicher Talentwettbewerbe mit interaktiven Elementen. Ähnlich wie in der ebenfalls von RTL produzierten Show *Big Brother* werden die Zuschauer in die Abstimmung einbezogen und in jeder Abstimmungsrunde scheidet der schlechtest platzierte Teilnehmer aus dem Wettbewerb aus. Die Finalshow der ersten Staffel am 8. März verfolgten bis zu 15 Millionen Zuschauer, durchschnittlich waren es 12,8 Millionen. Alle drei Erstplatzierten erreichen 2003 in den deutschen Singlecharts Plätze in den Top Ten, Alexander Klaws (geb. 1983) und Daniel Küblböck (geb. 1985) erreichen sogar Platz eins. Auch die von allen Teilnehmern der ersten Staffel gesungene Single *We have a dream* ist vom 13. Januar bis zum 17. Februar die meist verkaufte Single in Deutschland.

DAS SIND DIE TOPHITS DES JAHRES

- ➲ *All the things she said* – t.A.T.u.
- ➲ *Für dich* – Yvonne Catterfeld
- ➲ *Aicha* – Outlandish
- ➲ *Ich denk an dich* – Pur
- ➲ *Angel of Berlin* – Martin Kesici
- ➲ *Where is the love* – Black Eyed Peas

Proteste gegen Sozialkahlschlag

Die Befreiung der trägen Republik von verkrusteten Strukturen: Unter der Überschrift „Mut zum Frieden und Mut zur Veränderung" stellt Bundeskanzler Gerhard Schröder (geb. 1944) am 14. März im Bundestag die **Agenda 2010** vor. Zu den Neuerungen, die er ankündigt, gehören ein kommunales Investitionsprogramm, eine weitere Flexibilisierung des Arbeitsmarkts, die Begrenzung des Arbeitslosengeldes, die Veränderung des Kündigungsschutzes, eine Modernisierung des Handwerksrechts und eine solidarische Reform des Gesundheitswesens. Mit der Agenda 2010 sollen diese Bereiche weit reichend umstrukturiert werden und somit Anreize für Arbeit, Konsum und Investitionen bieten. Die geplanten Reformen stoßen auf entschlossene Kritik der Gewerkschaften, und die CDU/CSU-Opposition wittert die Chance, den schwächelnden Kanzler zu stürzen. Die vom Reformpaket betroffenen Menschen haben Angst um ihre Zukunft. Sie sind wütend. In ganz Deutschland kommt es nach den Ankündigungen des Kanzlers zu Protestdemonstrationen gegen den **Sozialabbau**. 100.000 Menschen gehen allein in Berlin auf die Straße. Der deutsche Gewerkschaftsbund hat zuvor in 15 Städten zu Protesten gegen die geplante Lockerung des Kündigungsschutzes sowie die vorgesehenen Änderungen beim Arbeitslosen- und Krankengeld aufgerufen.

Koks und Prostituierte

„Deutschlands eitelster TV-Talker" **Michel Friedman** (geb. 1956) gerät im Juni unter Verdacht, Kokain zu konsumieren. Die Berliner Staatsanwaltschaft leitet ein Drogen-Ermitt-

lungsverfahren gegen den **Vizepräsidenten** des Zentralrates der Juden in Deutschland ein. Ihm wird ein Verstoß gegen das Betäubungsmittelgesetz vorgeworfen. Bei der Durchsuchung von Büro- und Privaträumen von Friedman in Frankfurt findet man drei szenetypische Rauschgiftpäckchen, wie sie zur Aufbewahrung von Kokain benutzt werden. Die Haaranalyse fällt positiv aus. Gleichzeitig wird der

Michel Friedman

TV-Moderator und Rechtsanwalt verdächtigt, als Freier ukrainischer Prostituierter diesen von seinem Kokain etwas angeboten zu haben. Auf die Spur Friedmans kommen die Ermittler, als sie das Handy eines Zuhälters abhören und dabei die Identität der Anrufer abklären. Einer der Anrufer ist Friedman, der sich bei dem Zuhälter unter dem Synonym „Paolo Pinkel" gemeldet hat. Friedman tritt von allen seinen öffentlichen Ämtern zurück und wird wegen illegalen Kokainbesitzes verurteilt. Knapp vier Monate nach seiner Kokain- und Sexaffäre und dem Rücktritt von allen öffentlichen Ämtern hält sich der Publizist Michel Friedman wieder für glaubwürdig. Bei seinem ersten Auftritt in der ARD-Talkshow **Sabine Christiansen** seit der Affäre sagte Friedman, dass er Konsequenzen aus seinen Fehlern gezogen habe.

Sage mir, was du liest …

Wenn Promis ihre Biografie schreiben … Schon vor der Veröffentlichung macht **Dieter Bohlens** (geb. 1954) neues Enthüllungsbuch *Hinter den Kulissen* Schlagzeilen. Am 25. September startet die *Bild* einen Vorabdruck des Buchs mit dem höchst umstrittenen Kapitel über Modern Talking, in dem Bohlen gnadenlos mit seinem Ex-Kollegen **Thomas Anders** (geb. 1963) abrechnet. Die PR-Aktion trägt Früchte: Die Vorbestellungen überschlagen sich, der Verlag Random House kommt mit dem Druck kaum noch nach. Mit 250.000 Exemplaren soll die erste Auflage in den Handel gehen. Tatsächlich werden Anfang Oktober 200.000 Bücher an den Handel ausgeliefert. Am 3. Oktober stoppt das Hamburger Landgericht dann überraschend die weitere Auslieferung des Buchs. Eva Herman (geb. 1958), Jens Riewa (geb. 1963) und Jenny Elvers-Elbertzhagen (geb. 1973) erwirken acht einstweilige Verfügungen gegen das Buch, da sie darin ihre Persönlichkeitsrechte verletzt sehen. Am offiziellen Verkaufsstart, dem 4. Oktober, werden 150.000 der ausgelieferten Exemplare verkauft. Da die Medien darüber berichten, dass auch Thomas Anders zwei einstweilige Verfügungen erwirkt hat, die einen Rückruf sämtlicher bereits

ausgelieferter Exemplare beinhalten, startet ein großer Run auf das Buch. Der Rückruf der restlichen Exemplare erfolgt am 6. Oktober, als die Verfügung von Herrn Anders bei Random House eingeht. Obwohl die Erstausgabe nur wenige Tage im Handel erhältlich ist, steigt das Buch auf Anhieb auf Platz 1 der *Spiegel*-Bestsellerliste. Am 9. Oktober präsentiert Bohlen sein Buch auf der Frankfurter Buchmesse, allerdings mit geschwärzten Passagen.

„Männer, schaut auf diese Frauen!"

Die **deutschen Fußballerinnen** triumphieren: Von der Weltmeisterschaft in den USA kehren sie als **Siegerinnen** zurück. Die Kickerinnen spielen sich mit ihrem 3:0 gegen die Schwedinnen aus dem Abseits in die Herzen der Fußballfans. 13,6 Millionen Zuschauer verfolgen das Endspiel am Bildschirm. Der Titelgewinn der Fußballnationalmannschaft der Frauen unter **Tina Theune-Meyer** (geb. 1953) und **Silvia Neid** (geb. 1964) bewegt eine Menge für den Frauenfußball in Deutschland. Bereits die Qualifikation zur WM schafften die Frauen ohne Patzer (3:1 und 1:0 gegen England, 9:0 und 8:0 gegen Portugal, sowie 3:0 und 6:0 gegen die Niederlande). „So sehen Sieger aus!", jubelt die begeisterte Menge am 15. Oktober vor dem Frankfurter Römer den vom Balkon winkenden Weltmeisterinnen zu. Präziser: So sehen Siegerinnen aus. Frauen sind sie zwar, aber stark in einer Männerdomäne.

Neue Friedensbewegung

Am 20. März greifen die USA und ihre Verbündeten den **Irak** militärisch an – ohne UN-

---

FILME DES JAHRES

- ⮑ *Findet Nemo* von Andrew Stanton
- ⮑ *Der Herr der Ringe – die Rückkehr des Königs* mit Elijah Wood, Ian McKellen, von Peter Jackson
- ⮑ *Goodbye, Lenin!* mit Daniel Brühl, Katrin Sass
- ⮑ *Catch me if you can* mit Tom Hanks, Leonardo DiCaprio, von Steven Spielberg
- ⮑ *Das Wunder von Bern* mit Peter Lohmeyer, Louis Klamroth, von Sönke Wortmann
- ⮑ *Das Dschungelbuch 2* von Steven Trenbirth
- ⮑ *Ein Chef zum Verlieben* mit Sandra Bullock, Hugh Grant
- ⮑ *Luther* mit Joseph Fiennes, Alfred Molina
- ⮑ *8 Mile* mit Eminem, Mekhi Phifer
- ⮑ *Terminator 3* mit Arnold Schwarzenegger

US-Außenminister Colin Powell, Präsident George W. Bush und Verteidigungsminister Donald Rumsfeld

Mandat, ohne konkrete Hinweise auf Massenvernichtungswaffen, gegen weltweiten Protest. Während in den eroberten Städten der erwartete Jubel der „befreiten" Bevölkerung zunächst ausbleibt, wird der **internationale Protest** gegen den Irakfeldzug immer lauter.

Der Widerstand gegen den Irakfeldzug des US-Präsidenten **George W. Bush** (geb. 1946) eint die Deutschen und politisiert eine ganze Generation. Kritiker warnen vor einer gefährlichen Welle des Anti-Amerikanismus, doch die Aktivisten wissen sich eins mit Freunden in aller Welt, auch in den USA. George W. Bush bleibt davon unbeeindruckt. Nach drei Wochen Krieg gelingt es US-Truppen schließlich, die Kontrolle über Bagdad zu übernehmen. Am 2. Mai, sechs Wochen nach dem ersten Bombenangriff, erklärt Bush die Militärhandlungen für weit gehend beendet.

Die Auferstehung des Bernsteinzimmers

In Anwesenheit von Bundeskanzler **Gerhard Schröder** (geb. 1944) und dem russischen Präsidenten **Wladimir Putin** (geb. 1952) wird am 31. Mai zur 300-Jahr-Feier Sankt Petersburgs eine Replik des verschollenen **Bernsteinzimmers** im Katharinenpalast von Zarskoje Selo nach 20 Jahren mühseliger Rekonstruktion eröffnet. Das Gesamtkunstwerk besteht aus mehr als einer halben Million Einzelteilen. Sechs Tonnen Bernstein aus Jantarny wurden verarbeitet, doch pro Kilogramm blieben schließlich nur 150 Gramm übrig. Der Rest ging beim Sägen, Schleifen, Fräsen und Polieren verloren.

Bei bis zu 1000 Dollar pro Kilogramm besten Bernsteins ist der finanzielle Wert des neuen Bernsteinzimmers fast unermesslich. Das Bernsteinzimmer – oder das achte Weltwunder, wie es auch betitelt wurde – war ein Geschenk des preußischen Königs **Friedrich Wilhelm I.** (1688–1740) an den russischen Zaren **Peter den Großen** (1672– 1725) im Jahr 1716. Entworfen wurde es von dem Architekten und Bildhauer **Andreas Schlüter** (um 1660–1714). Der Zarenschatz wurde 1941 von deutschen Soldaten aus dem Zarenschloss nach Königsberg verschleppt. „Heimholung" nannten die Deutschen den Kunstraub beschönigend. Dort verlor sich bei Kriegsende jede Spur des Kunstwerks. Zahlreiche internationale Gruppen versuchen bis heute, durch umfangreiche Recherchen parallel zur Rekonstruktion das Original wiederzufinden.

Blick auf die Nordseite des Bernsteinzimmers, deren Rekonstruktion im Juli 2001 abgeschlossen worden ist

Good bye, Lenin!

Der Film *Good bye, Lenin!* von **Wolfgang Becker** (geb. 1954) reflektiert die politischen Ereignisse der deutschen **Wiedervereinigung** anhand der fiktiven Geschichte der Ostberliner Familie Kerner. Am 7.10.1989 erleidet Christiane Kerner (Kathrin Sass, geb. 1956) einen Herzinfarkt und sie erwacht erst acht Monate später – nach dem Mauerfall – wieder aus dem Koma. Um sie zu schonen, beschließen ihre beiden Kinder, die neue politische Situation zu verheimlichen. Alex (Daniel Brühl, geb. 1978), der besonders stark an seiner Mutter hängt, will einfach jene Normalität fortsetzen, die vor ihrem Herzinfarkt gegolten hat. Er belebt für sie auf 79 Quadratmetern die DDR-Alltagskultur wieder. Der Film, der am 13. Februar in den deutschen Kinos startet, wird in Ost und West zu einem ungeahnten Publikumserfolg und zum erfolgreichsten deutschen Film des Jahres. Der Film wird mit zahlreichen Preisen ausgezeichnet.

Filmplakat

Hühnerpest erreicht Westeuropa

Nach BSE und Schweinepest breitet sich im Januar die so genannte **Hühnergrippe** vor allem in Südostasien aus. Nach Südkorea, Japan, Laos, Kambodscha, Taiwan und Indonesien dringt sie nach Vietnam, Pakistan und Thailand vor. Neun Millionen Hühner werden unter Einsatz von Soldaten und Häftlingen allein in Thailand notgeschlachtet oder lebend in Säcke gestopft und in Erdlöchern verscharrt. Die Krankheit beruht auf einem Influenza-A-**Virus** vom Subtyp H5N1. Menschen können normalerweise nur schwer durch Vogel-Influenzaviren infiziert werden, dennoch gibt es bereits Todesfälle. Die große Gefahr besteht darin, dass sich genetisches Material von Vogel- und Menschenviren zu einem neuen für den Menschen hochinfektiösen und gefährlichen Virustyp verbindet oder mit einem Grippevirus vermischen könnte. Im März erreicht die Vogelgrippe Westeuropa. Die niederländischen Behörden reagieren sofort: Am 2. März – nach dem Ausbruch der Geflügelpest – beginnt man mit der Tötung aller Hühner in den bisher betroffenen 13 Betrieben.

Ältester Planet entdeckt

Jahrelang hat man gerätselt, ob im Kugelsternhaufen M4 in 5600 Lichtjahren Entfernung tatsächlich ein Planet im Sternbild des Skorpions kreist. Jetzt hat man Gewissheit – dank des **Hubble-Weltraumteleskops** der amerikanischen Weltraumbehörde NASA. Es bestätigt die Existenz des ältesten Planeten, der bislang entdeckt wurde. Der Planet hat die 2,5fache Masse des Gasriesen Jupiter. Der **Methusalem** hat ein bewegtes Leben hinter sich: Vermutlich begann es vor rund 13 Milliarden Jahren im Orbit um eine ganz normale Sonne. Dann dürfte der Planet mitsamt seiner Sonne ins Zentrum von M4 geraten sein und dabei einen Pulsar passiert haben, der auch über einen Begleiter verfügte. Der Pulsar ist das Ergebnis einer Supernova-Explosion. Durch die Gravitationskraft des Pulsars

Blick auf das Weltraumteleskop Hubble von der US-Raumfähre Columbia aus, die sich ihm nähert

Spätestens seit dem Kino-Kassenschlager *Good bye, Lenin!*, einem der erfolgreichsten deutschen Filme aller Zeiten, rollt eine Ostalgie-Welle durchs Land. Das Fernsehen greift die Lust des Publikums auf den Alltag im Osten gern auf, lässt sich hier doch auf elegante Weise der Nostalgie-Trend fortsetzen: Die Zuschauer in den neuen Bundesländern schwelgen gern in Erinnerungen an Triton-Rasierklingen oder den Rührmixer RG 28s, die in fast jedem DDR-Haushalt zu finden waren. Viele Westdeutsche wiederum sind einfach nur neugierig.

wurden die Sonne und der Planet eingefangen. Die Geschichte von der Entdeckung des Planeten begann im Jahr 1988, als man den Pulsar *PSR B1620-26* in M4 entdeckte.

Ostalgie: „Weißt du noch ...?"

Im Spätsommer 2003 überrascht das deutsche Fernsehen die Zuschauer mit einem neuen Programmtyp: Die „Ostalgie"-Shows kommen in Mode, TV-Erinnerungen an die DDR. Etliche Shows lassen noch einmal den **DDR-Alltag** Revue passieren. Im Mittelpunkt stehen liebenswerte Eigenarten und anheimelnde Produkte wie Trabbi, Spreewaldgurken oder Klopapier im real existierenden Sozialismus. Um Stasiterror, Mauer-Tote und Reiseverbote geht es nur am Rande. Vieles wirkt mehr oder minder unfreiwillig komisch.

WERBESLOGANS

- Appel: Es empfiehlt sich, immer etwas Appel im Haus zu haben
- Balisto: Erlaubt ist, was Spaß macht
- Brunch: Der rahmige Brotaufstrich
- Chocolat Pavot: Du verwöhnst mich!
- Crema Jogurtschnee: Isse cremig, isse Wahnsinn
- Danone: Gutes kann so gesund sein
- Frico: Wer Käse mag, wird Frico lieben
- Giotto: Nichts schmeckt besser zum Kaffee
- Gutfried: Gutfried ist gut für mich
- Jobst: Der Jogurt voll Obst
- Knoppers: Morgens halb zehn in Deutschland
- Knorr: Essen mit Lust und Liebe
- Lätta: Einfach frisch. Einfach Lätta
- Mars: One of life's pleasures
- Pringles: Einmal gepoppt, nie mehr gestoppt
- Puddis: Puddis Pudding schmeckt wie Muddis Pudding
- Ristorante: Schmeckt immer wie beim Italiener
- Schinkenspicker: Der mit dem Pommern-schinken
- Schwartau Extra: Das erste Extra des Tages
- Yakult: Die kleine Gesundheitspflege

Richtfest fürs Holocaust-Mahnmal

Nach 15 Jahren Diskussion und Vorbereitung ist es am 12. Juli endlich so weit: Auf dem Baugelände des Holocaust-Mahnmals in Berlin feiert man Richtfest für das Stelenfeld und den unterirdischen „Ort der Information". Auf dem Gelände sollen nach den Plänen des US-amerikanischen Architekten **Peter Eisenman** (geb. 1932) bald 2751 Betonstelen unterschiedlicher Größe stehen, welche die Vision eines „wogenden" Feldes wecken sollen. Der „Ort der Information" wird ein unterirdisches Museum zur Erinnerung an die systematische Vernichtung der Juden während der NS-Diktatur. Die Eröffnung ist für den 60. Jahrestag des Kriegsendes am 8.5.2005 geplant. Die letzte Stele wird bereits einige Monate später feierlich aufgestellt.

Die Bauarbeiten am Holocaust-Mahnmal waren im Oktober 2003 vorläufig gestoppt worden. Das Stiftungskuratorium beschließt, einen Auftrag an die Chemiefirma Degussa zur Lieferung eines Graffiti-Schutzmittels für die Stelen zu stornieren. Während der NS-Zeit hatte eine Tochtergesellschaft der Degussa das Gift Zyklon B produziert, mit dem in den Vernichtungslagern Millionen Juden und andere Verfolgte getötet wurden. Im November desselben Jahres entscheidet man, dass die Chemiefirma Degussa trotz ihrer Rolle im Nationalsozialismus am Weiterbau des Holocaust-Mahnmals beteiligt bleibt.

Blick auf die Baustelle für das Holocaust-Mahnmal in Berlin, aufgenommen am 17.8.2004

Terroranschlag in Madrid

Bei **Bombenanschlägen** auf vier Vorortzüge kommen in der spanischen Hauptstadt Madrid am 11. März 191 Menschen ums Leben, rund 1500 werden verletzt. Die ganze Welt hält den Atem an. Innerhalb von einer halben Stunde gehen zehn Rucksackbomben in den morgendlichen **Pendlerzügen** hoch. Alle Indizien weisen auf **El Kaida** hin. Doch die konservative spanische Regierung unter Ministerpräsident **Jozé Maria Aznar** (geb. 1953) schiebt die Schuld zunächst auf die baskische Untergrundorganisation **ETA**, diese dementiert aber eine Beteiligung. Elf Millionen Spanier demonstrieren daraufhin auf den Straßen der spanischen Hauptstadt gegen den ETA-Terror. Doch schon wenige Tage später übernimmt El Kaida die Verantwortung für das Attentat. Bei einer Polizeirazzia sprengen sich der als Anführer des El-Kaida-nahen Terrorkommandos geltende Tunesier Serhane Ben Agdelmadschid und sechs weitere Verdächtige in die Luft. Am 14. März wählen die Spanier die konservative Regierung aus dem Amt – und Aznars Nachfolger, der Sozialist **José Luis Rodríguez Zapatero** (geb. 1960), kündigt sofort den Abzug der spanischen Truppen aus dem Irak an. Am 24. September erklärt der spanische Ministerpräsident seine militärische Mission im Irak offiziell für beendet und die Sonderbrigade „Plus Ultra" für aufgelöst.

EUROPA AUF WACHSTUMSKURS

Am 1. Mai treten zehn neue Mitgliedsländer Mittel-, Ost- und Südeuropas (Estland, Lettland, Litauen, Polen, Slowakei, Slowenien, Tschechien, Malta, Ungarn, Zypern) der Europäischen Union bei. Nach dem Ende der Teilung Europas bietet die Erweiterung der EU nach Osten die einmalige Chance, am Erfolg der Europäischen Integration auch jene Staaten zu beteiligen, die bisher keinen Anteil daran hatten. Zur Europäischen Union gehören nun 25 Länder. Weitere Länder sollen in den nächsten Jahren beitreten, z. B. 2007 Bulgarien und Rumänien. Auch mit der Türkei werden Beitrittsgespräche geführt. Bei einem Referendum am 24. April sprachen sich die griechischen Zyprer gegen eine Wiedervereinigung Zyperns aus. Damit tritt am 1. Mai faktisch nur der griechische Landesteil der EU bei. Einen Tag vor dem Beitritt würdigt Bundeskanzler Gerhard Schröder die EU-Erweiterung als Erfüllung einer historischen Mission. Die Aufnahme der Staaten sei eine konsequente Fortsetzung der europäischen Einigung, sagte Schröder in einer Regierungserklärung vor dem Bundestag. Völker, die seit Langem Teil Europas seien, kämen zurück in die europäische Familie.

Bei der ersten Europawahl nach der EU-Erweiterung am 13. Juni werden die Konservativen mit 276 Sitzen stärkste Kraft im Europaparlament. Die Sozialisten folgen mit 201 Mandaten vor den Liberalen (66), Grünen (42) und Linksparteien (39).

Schröder gibt SPD-Vorsitz ab

Am 6. Februar kündigt Bundeskanzler **Gerhard Schröder** (geb. 1944) auf einer Pressekonferenz seinen **Rücktritt** als SPD-Vorsitzender an. Mit dem Rücktritt vom Parteivorsitz, den er vor fünf Jahren von **Oskar Lafontaine** (geb. 1943) übernahm, reagiert Schröder auf den lawinenartigen Mitglieder- und Wählerschwund seiner Partei. In Wählerumfragen sind die Sozialdemokraten bis Februar auf einen historischen Tiefstand von 24 Prozent gesunken. Schröders Rücktritt bedeutet allerdings weder eine Kurskorrektur

Gerhard Schröder

noch die Eröffnung einer neuerlichen Diskussion über die unpopulären Reformen. Zu seinem Nachfolger wird am 21. März mit 95,1 Prozent aller Delegiertenstimmen Fraktionschef **Franz Müntefering** (geb. 1940) gewählt. Seine Aufgabe ist es, den Wählern die Reformen überhaupt erst einmal verständlich und dann auch noch schmackhaft zu machen. Kein Problem für den 64-Jährigen, der den SPD-Vorsitz für „das schönste Amt neben dem Papst" hält.

Griechenland ist Fußballeuropameister

Als die Olympischen Spiele beginnen, befinden sich die Hellenen noch mitten im kollektiven Freudentaumel. Der Grund: **Otto Rehhagel** (geb. 1938) führte Griechenland bei der Fußballeuropameisterschaft Anfang Juli sensationell zum Titel. Die deutsche Fußballnationalmannschaft scheidet bei diesen Europameisterschaften in Portugal frühzeitig aus. Im letzten Vorrundenspiel unterliegt die Elf von Teamchef **Rudi Völler** (geb. 1960) in Lissabon Gruppensieger Tschechien mit 1:2. Völler tritt am nächsten Tag

Otto Rehagel wird mit Griechenland Fußballeuropameister 2004

zurück. Nach DFB-internem Gerangel und kontroversen Diskussionen in der Öffentlichkeit wird **Jürgen Klinsmann** (geb. 1964) Völlers Nachfolger.

Wo Gentechnik drin ist, muss es auch draufstehen

70 Prozent der Deutschen lehnen Lebensmittel mit gentechnisch veränderten Bestandteilen ab. Die **entschiedene Ablehnung** durch die Konsumenten hat es ermöglicht, dass Gentech-Lebensmittel die Supermarktregale in Europa bislang nicht erobern konnten. In der EU tritt am 18. April eine neue **Kennzeichnungsregelung** für gentechnisch veränderte Lebensmittel in Kraft. Alle Lebens- und Futtermittel, die aus **gentechnisch veränderten Organismen** (GVO) bestehen oder daraus hergestellt sind und nach dem 18.4.2004 produziert werden, müssen gekennzeichnet werden. Die Wahlfreiheit für Konsumenten, zwischen Lebensmitteln ohne Gentechnik und Lebensmitteln mit Gentechnik zu unterscheiden, ist nun besser gewährleistet. Die neue Kennzeichnungsverordnung basiert auf der so genannten **Rückverfolgbarkeit der Roh-**

stoffe: Lebensmittel und Lebensmittelzutaten, die aus gentechnisch veränderten Organismen bestehen oder daraus hergestellt wurden, müssen gekennzeichnet werden. Die Grundlage der neuen Kennzeichnungsverordnung ist also nicht mehr die Nachweisbarkeit im jeweiligen Lebensmittel, sondern die Tatsache, dass ein GVO bei der Herstellung verwendet wurde. Ein Öl aus gentechnisch veränderter Soja muss nun gekennzeichnet werden, obwohl die gentechnische Veränderung im Öl meist nicht nachweisbar ist. Dasselbe gilt für Sojalecithin, das z. B. für die Herstellung von Schokolade verwendet wird, wo die gentechnische Veränderung technisch oft ebenfalls nicht mehr nachweisbar ist.

Bei der alten Novel-Food-Verordnung aus dem Jahr 1997, in der erstmalig eine Kennzeichnung für GVO-Lebensmittel geregelt wurde, galt das Nachweisprinzip: Lebensmittel, in denen gentechnisch veränderte Organismen nachweisbar waren, mussten gekennzeichnet werden. Dadurch entstanden beträchtliche Kennzeichnungslücken.

Praxisgebühr belastet Verbraucher

70 Prozent aller Deutschen halten sie für unangemessen. Mit Beginn des neuen Jahres werden erste Auswirkungen der **Gesundheitsreform** spürbar. Die Einführung der **Praxisgebühr** am 1. Januar führt trotz teilweise harscher Kritik von Ärzten und Patienten – abgesehen von einigen Einbrüchen in Arztpraxen, die dem Bargeld gelten – nicht zu größeren Problemen. Während Mediziner und Klinikbeschäftigte über den zusätzlichen Arbeitsaufwand klagen, liefern die meisten Patienten zähneknirschend ihren Obolus von zehn Euro in bar ab. Insgesamt sollen Praxisgebühr und weitere Zuzahlungen laut Gesundheitsministerium rund 3,2 Milliarden Euro bringen. Die Praxisgebühr zahlt jeder gesetzlich Krankenversicherte bei jedem Erstkontakt im Vierteljahr mit bestimmten Arztgruppen. Zu einer gehören die Hausärzte, Fachärzte und Psychotherapeuten. Eine weitere bilden die Leistungserbringer im Notfalldienst. Außerdem sind da noch die Zahnärzte. Wer Pech hat, weil er Vertreter aller drei Gruppen aufsuchen muss, zahlt 30 Euro.

Die Krankenkassen profitieren: Bereits im Juni wird bekannt gegeben, dass die gesetzlichen Krankenkassen im ersten Quartal einen Überschuss von 950 Millionen Euro verbuchen können. Damit sind die Kassen erstmals seit zehn Jahren wieder im Plus.

Horst Köhler wird Bundespräsident

Am 23. Mai wird **Horst Köhler** (geb. 1943) von der Bundesversammlung in Berlin im ersten Wahlgang mit der absoluten Mehrheit von 604 Stimmen zum neunten **Bundespräsidenten** gewählt. Der Kandidat von Union und FDP löst **Johannes Rau** (geb. 1931) am 1. Juli ab. In seiner Antrittsrede fordert er einen Aufbruch und einen Mentalitätswandel für die Zukunftsfähig-

DAS SIND DIE TOPHITS DES JAHRES
➲ *Shut up* – Black Eyed Peas
➲ *Augen auf* – Oomph!
➲ *Yeah* – Usher feat. Ludacris & Lil Jon
➲ *Dragostea din tei* – O-Zone
➲ *Obsesión* – Aventura
➲ *Call On Me* – Eric Prydz

keit Deutschlands. Der Wirtschaftsfachmann ist den meisten Deutschen bis dahin unbekannt. Als Präsident der Europäischen Bank für Wiederaufbau und Entwicklung in London steuerte er jahrelang die Geschäftspolitik der Bank auf die stärkere Unterstützung von mittelständischen Unternehmen um. Auf Vorschlag des deutschen Bundeskanzlers wird Horst Köhler im Jahr

Horst Köhler

2000 Geschäftsführender Direktor des Internationalen Währungsfonds IWF in Washington, D.C. Der spätere Bundespräsident Horst Köhler setzt sich zum Ziel, die Geschäftspolitik des IWF transparent zu machen und stärker auf Krisenprävention auszurichten.

Hartz IV beschlossene Sache

Der Bundestag billigt am 2. Juli mit den Stimmen der rot-grünen Koalition und der Mehrheit der Union die **Zusammenlegung von Arbeitslosen- und Sozialhilfe (Hartz IV)**. Das neue **Arbeitslosengeld II** tritt zum 1.1.2005 in Kraft. Die betroffenen Menschen sind schockiert und verunsichert. In Ostdeutschland kommt es im August erneut zu Montagsdemonstrationen. Die Menschen fordern in Anlehnung an die Montagsdemonstrationen der Wendezeit unter dem Motto „Wir sind das Volk" einen Stopp der Reform. Bei der größten Montagsdemonstration am 30. August attackiert der frühere SPD-Vorsitzende **Oskar Lafontaine** (geb. 1943) in Leipzig die Arbeitsmarktreform der Bundesregierung scharf. Mitte Oktober laufen die Protestmärsche langsam aus. Die Zahl der Arbeitslosen ist mit 4, 5 Millionen auf dem höchsten Stand in einem Juli seit der Wiedervereinigung.

Krone für Dresdens Frauenkirche

Dresden bekommt seine Seele zurück: Am 22. Juni beobachten über 60.000 Menschen die „Krönung" der **Dresdner Frauenkirche** mit ihrer 28 Tonnen schweren Turmhaube und dem vergoldeten Strahlenkreuz. Ein schwerer Spezialkran setzt die Kuppel auf der Laterne auf und vollendet damit den äußeren Bau der Frauenkirche.

Über 200 Jahre lang symbolisierte die Frauenkirche Wohlstand und Glauben der Dresdner Bürger. Nach der Zerstörung im Zweiten Weltkrieg schlummerte die Frauenkirche viele Jahre als Ruine einen „Dornröschenschlaf". Die Trümmer erinnerten an die Schrecken des Kriegs und an den verheerenden Luftangriff auf die Stadt 1945. Bereits seit 1982 versammeln sich Dresdner Bürger am Tag der Zerstörung mit Kerzen vor der Ruine der Frauenkirche, um der Tragödie zu gedenken. Nach dem Fall

Turmhaube für Dresdner Frauenkirche

der Mauer einigt die Dresdner Bürger der Wunsch, das Wahrzeichen Dresdens mit Spendengeldern wieder zu errichten. Noch nie haben die Deutschen für den Wiederaufbau eines Baudenkmals so viel Spendengelder aufgebracht wie im Fall der Dresdner Frauenkirche. Und tausende Menschen auf der ganzen Welt sind diesem Beispiel gefolgt.

Flutkatastrophe in Südostasien

Ein Paradies wird verwüstet: Ein **Erdbeben** der Stärke neun löst am Morgen des 26. Dezembers vor der Küste Sumatras im **Indischen Ozean** eine verheerende **Flutkatastrophe** aus. Die gewaltigen Flutwellen, so genannte **Tsunamis**, die das Beben auslöst, verwüsten ganze Küstenregionen in Südasien. Unter anderem betroffen sind die Länder Thailand, Sri Lanka, Indien und Malaysia. Am schlimmsten trifft es die Region Aceh in Indonesien. Die Zahl der Todesopfer wird am Ende bei knapp 300.000 liegen, genaue Angaben sind nicht möglich. Allein im schwer getroffenen Norden der Insel Sumatra gibt es über 108.000 bestätigte Todesfälle, knapp 128.00 Menschen werden dort vermisst. Die Zahl der identifizierten deutschen Flutopfer liegt anfangs bei 60 Menschen, viele bleiben wohl für immer vermisst. Das „Tsunami-Trauma" ruft nicht nur in Deutschland eine Welle von Mitgefühl und Spendenbereitschaft hervor – ein Phänomen, das nach Expertenmeinung darauf zurückführen ist, dass die Kombination Traumstrand – Urlaub – Katastrophe für die Menschen mental nur schwer fassbar ist. Doch ein Großteil der Opfer könnte wohl noch leben, wäre im Indischen Ozean ein **Tsunami-Frühwarnsystem** installiert worden – wie es

Die indonesische Provinz Aceh vor und nach dem Seebeben

seit 1965 im Pazifik mit seinen reicheren Anrainerstaaten arbeitet.

Den Begriff „Tsunami" prägten japanische Fischer aufgrund ihrer Erfahrung mit dieser besonders gefährlichen Art von Wellenbildung im Meer. Ein Tsunami entsteht, wenn plötzlich große Wassermassen im Meer bewegt werden, z. B. durch ein ruckartiges Auf oder Ab des Meeresbodens, ausgelöst durch ein Seebeben ab Stärke 7,5 auf der Richterskala. Erst ab dieser Stärke reicht die Energie aus, die darüber liegenden Wassermassen ruckartig anzuheben.

Deutscher Film auf Erfolgswelle

Auf Festivals sorgen heimische Produktionen für Furore, an den Kinokassen für lange

Schlangen: **Deutsche Filme** haben 2004 auf ihrem Heimatmarkt so großen Erfolg wie schon seit vielen Jahren nicht mehr. Mehr als 30 Millionen Kinobesucher strömen zwischen Flensburg und Konstanz in deutsche Produktionen wie *(T)Raumschiff Surprise, Der Untergang* oder *Sieben Zwerge – Männer allein im Wald*. Für Diskussionsstoff sorgen auch künstlerische Produktionen wie Fatih Akins Migrantendrama *Gegen die Wand*, das bei der Berlinale im Februar des Jahres sensationell mit dem Hauptpreis des „Goldenen Bären" ausgezeichnet wird und in der Folgezeit 750.000 Besucher aufweist.

Hoch im Kurs sind weiterhin deutsche Kinder- und Jugendfilme, von denen gleich drei mehr als eine Million Zuschauer verzeichnen konnten: *Bibi Blocksberg und das Geheimnis der blauen Eulen, Das Sams in Gefahr* und *Lauras Stern*.

FILME DES JAHRES

- *(T)Raumschiff Surprise* mit Michael Herbig, Christian Tramitz
- *Harry Potter und der Gefangene von Askaban* mit Daniel Radcliffe
- *Sieben Zwerge – Männer allein im Wald* mit Otto Waalkes
- *Shrek 2* von Andrew Adamson
- *Der Untergang* mit Bruno Ganz
- *Troja* mit Brad Pitt, von Wolfgang Petersen
- *The day after tomorrow* mit Dennis Quaid, von Roland Emmerich
- *Was das Herz begehrt* mit Jack Nicholson, Diane Keaton
- *Der letzte Samurai* mit Tom Cruise
- *Mona Lisas Lächeln* mit Julia Roberts

ALG II und Hartz IV

Mit Beginn des Jahres 2005 wird die vierte Stufe der **Arbeitsmarktreformen** eingeführt, die 2002 eine von der Regierung eingesetzte Kommission unter Leitung des früheren VW-Managers **Peter Hartz** (geb. 1941) erarbeitete. Zentraler Bestandteil ist das sogenannte Arbeitslosengeld II. Die Zahlung des traditionellen Arbeitslosengeldes, nun ALG I genannt, wird drastisch beschränkt (damals maximal ein Jahr). Wer danach immer noch arbeitslos ist, erhält ALG II, das damit die traditionelle Sozialhilfe ersetzt. Der Satz des ALG II liegt zwar über der bisherigen Sozialhilfe, dafür fallen zahlreiche Einmalzahlungen bei größeren Ausgaben weg.

Die Lkw-Maut funktioniert

Ab dem 1. Januar 2005 müssen Lkws ab 12 Tonnen auf deutschen Autobahnen **Maut** zahlen. Die Sache funktioniert ohne größere Zwischenfälle und beschert dem Staat im ersten Jahr Einnahmen von 2,85 Milliarden Euro. Das

Ab 2005: Lkw-Maut auf deutschen Autobahnen

kommt für viele überraschend. Denn zuvor hatte es derart viele Pannen bei der Umsetzung gegeben, dass das Thema Lkw-Maut zur Politposse zu verkommen drohte. Eigentlich soll das System schon zum 31. August 2003 eingeführt werden, doch zahlreiche Schwierigkeiten (z. B. zu wenig Erfassungsgeräte für die Lkws, Softwareprobleme, nicht genug Informationen für fremdsprachige Fahrer) machen das unmöglich. Verkehrsminister **Manfred Stolpe** (geb. 1936) gerät massiv unter den Druck der Öffentlichkeit, zumal die Vertragsbedingungen mit der durchführenden Firma Toll Collect geheim bleiben, sich die Firma aber lange weigert, einen neuen Termin zu nennen bzw. für den Mautausfall zu haften. Am 17. Februar 2004 sieht sich die Regierung angesichts der anhaltenden Misere gezwungen, den Vertrag mit Toll Collect zu kündigen. Eine komplette Neuausschreibung scheint anzustehen. Am 29. Februar kann Toll Collect seinen Auftrag aber doch noch retten, indem 2005 als verbindlicher Starttermin zugesichert wird.

Tod durch den Bruder

In Berlin wird die 23-jährige Türkin **Hatun Sürücü** auf offener Straße erschossen. Als Täter wird ihr jüngster Bruder ermittelt. Zwei weitere Brüder landen ebenfalls auf der Anklagebank, eine Beihilfe zum Mord kann ihnen jedoch nicht zweifelsfrei bewiesen werden. Die in Berlin geborne Hatun wird im Alter von 15 Jahren von ihren Eltern in der Türkei zwangsverheiratet. Zwei Jahre später kehrt sie mit ihrem Sohn zurück, zieht in ein Heim für minderjährige Mütter, holt ihren Schulabschluss nach und beginnt eine Ausbildung zur Elektroinstallateurin. Ihr Bruder gibt als Grund für den Mord an, Hatun habe „wie eine Deutsche" gelebt. Die Bluttat entfacht eine öffentliche Debatte um einen besseren

Schutz von Mädchen vor Zwangsheirat und **„Ehrenmorden"** durch ihre Familie, aber auch um die Frage, ob die **Integration** zahlreicher in Deutschland lebender Ausländer gescheitert ist.

Deutschlands Fußball in Händen der Wett-Mafia?

Robert Hoyzer

Deutschlands Fußballfans sind schockiert: Ist das, was ihre Idole auf dem Rasenplatz produzieren, sportlicher Wettkampf oder nur noch manipuliertes Schmierentheater? Schuld ist ein bis dahin beispielloser **Wettskandal** mit mafiösen Strukturen. **Robert Hoyzer** (geb. 1979), ein nach eigenen Angaben leidenschaftlicher Schiedsrichter, gerät im Januar unter Verdacht, gegen **Schmiergeldzahlungen** Spielergebnisse durch Fehlentscheidungen auf dem Platz manipuliert zu haben. Dafür kommt er im Februar für zwei Wochen in Untersuchungshaft. In der Folge geraten 25 Beschuldigte, darunter elf Spieler, ins Visier der Staatsanwaltschaft. Um Wettgewinne einzustecken, wurden Spiele einfach „passend gepfiffen". Vier Personen werden als mutmaßliche Drahtzieher des Wettbetrugs in Berlin inhaftiert. Der Imageschaden für den deutschen Fußball im Jahr vor der Weltmeisterschaft ist immens.

Jahrhundert-Idol tritt ab

Er war das sportliche Idol vieler Generationen und hatte zeitlebens das Image des „braven Jungen von nebenan". Sein Wunsch war, 100 Jahre alt zu werden. Als der Jahrhundertsportler **Max Schmeling** (1905–2005) am 2. Februar stirbt, hat er das letzte große Ziel seines Lebens gerade mal um sieben Monate verfehlt. Am 12.6.1930 greift der Schwergewichtler erfolgreich nach der Krone im **Boxsport**, als er den US-Amerikaner Jack Sharkey (1902–94) durch Disqualifikation in der 4. Runde besiegt. Sein berühmtester Kampf ist jedoch der Fight gegen den als unschlagbar geltenden „Braunen Bomber" **Joe Louis** (1914–81) am 19.6.1936 in New York. Schmeling überrascht die Boxwelt mit einem K.-o.-Sieg in der zwölften Runde. Nach dem Zweiten Weltkrieg kann er jedoch nicht mehr an die großen Erfolge im Boxen anknüpfen. Seine 54-jährige Ehe mit der tschechischen Schauspielerin **Anny Ondra** (1903–1987) und sein beispielhaftes soziales Engagement sind die Grundlage für das hohe Ansehen, das Max Schmeling auch nach seiner Boxkarriere genießt. Er wird damit zu einem der beliebtesten deutschen Sportler aller Zeiten.

Max Schmeling mit dem Modell der Sporthilfe-Medaille, die aus Anlass seines 90. Geburtstags (28.9.1995) herausgegeben wurde

Die Visa-Affäre: Grüne im Schussfeld

„Illegale osteuropäische Arbeitskräfte überschwemmen Deutschland" oder „Deutschland als Dreh- und Angelpunkt osteuropäischer Einbrecherbanden" – solche und ähnliche Schlagzeilen geistern Anfang des Jahres durch die Gazetten, und das alles dank einer nachlässigen

Visa-Politik der Regierung. Als am 14. Februar Außenminister **Joschka Fischer** (geb. 1948) erstmals die politische Verantwortung für „mögliche Versäumnisse und Fehler" übernimmt, ist es gerade drei Tage her, dass der ehemalige Staatsminister im Auswärtigen Amt **Ludger Volmer** (Grüne, geb. 1952) alle Fraktionsämter niedergelegt hat. Damit sind die Grünen ins Schussfeld öffentlicher Kritik geraten und der Stern Fischers als zuvor beliebtester Politiker der Deutschen beginnt zu sinken. Hintergrund der Affäre ist eine schon 1995 eingeführte Praxis in den Staaten des Schengener Abkommens: Das sogenannte **Reisebüroverfahren** regelt, dass Einreisewillige nicht mehr persönlich in den Visa-Stellen erscheinen müssen. Seit 1999 wird diese Praxis weiter liberalisiert. Und laut **Volmer-Erlass** aus dem Jahr 2000 muss „im Zweifel für die Reisefreiheit" entschieden werden. Die neue Visa-Vergabe-Praxis führt zum Massenansturm auf deutsche Botschaften.

Politposse im hohen Norden

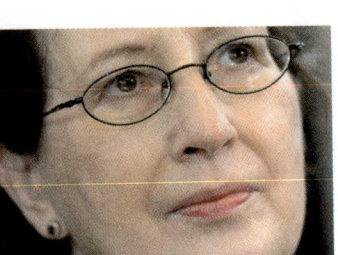

Heide Simonis nach dem dritten Wahlgang mit Patt-Ergebnis

Am 17. März rückt mit **Schleswig-Holstein** ein deutsches Bundesland in den Mittelpunkt des politischen Interesses, das sonst eher als Urlaubsparadies von sich Reden macht: Im Kieler Landtag fehlt **Heide Simonis** (SPD, geb. 1943) die Stimme eines **Abweichlers** aus den eigenen Reihen, um erneut als einzige Frau Deutschlands Ministerpräsidentin werden zu können. In insgesamt vier Wahlgängen reicht es nur zum 34:34-Patt mit dem Herausforderer **Peter Harry Carstensen** (CDU, geb. 1947). Die Person hinter der Stimmenthaltung verliert sich vorerst im Nebel der Kieler Förde. Mit der Erklärung, als Kandidatin nicht mehr zur Verfügung zu stehen, zieht Simonis einen Tag später die Konsequenzen aus der Niederlagenserie.

Neue Linke

Die harten Einschnitte, die die rot-grüne Regierung unter dem Namen **Agenda 2010** am Sozialmarkt vornimmt, führen zu einer **Spaltung der SPD**. Am 22. Januar gründen ehemalige SPD-Mitglieder und Gewerkschafter, die mit diesem Kurs nicht einverstanden sind, die „Wahlalternative Arbeit und Soziale Gerechtigkeit" (WASG). Prominentester Vertreter ist der ehemalige SPD-Vorsitzende **Oskar Lafontaine** (geb. 1943), der im Mai aus seiner alten Partei austritt. Bei den Bundestagswahlen im September kandidieren WASG-Mitglieder auf der offenen Liste der PDS, die sich im Juni in „Die Linkspartei" umbenannt hat. **Gregor Gysi** (geb. 1948) und Oskar Lafontaine treten als Spitzenkandidaten auf und übernehmen nach der Wahl auch gemeinsam den Vorsitz der Fraktion. Mit 8,7 Prozent der Stimmen bzw. 54 Abgeordnetensitzen schafft die neu formierte Partei den Einzug in den Bundestag deutlich. Im Osten ist sie hinter der SPD zweitstärkste Partei.

„Wir sind Papst"

So titelte die *Bild-Zeitung*, als am 19. April der bayerische Kardinal **Joseph Ratzinger** (geb. 1927) zum neuen Papst gewählt wird. Sein ebenso populärer, wie umstrittener **Vorgänger Johannes Paul II.** (Karol Wojtyla, geb. 1920) ist

Papst Benedikt XVI.

am 2. April gestorben, nachdem sich sein sowieso schon angeschlagener Gesundheitszustand mit Beginn des Jahres dramatisch verschlechtert hat. Joseph Ratzinger, von seinem Vorgänger 1981 zum Präfekt der Glaubenskongregation gemacht, gilt vor der Wahl zwar als „papabile", also als „wählbar", zählt wegen seines Alters aber nicht zu den Favoriten. Er wird dann jedoch in einem mit 26 Stunden außergewöhnlich kurzem Konklave im vierten Wahlgang gewählt. Während in seiner Heimat größtenteils Begeisterung über den deutschen Papst herrscht, werten kirchliche Beobachter die Wahl des 75-jährigen Ratzingers als „Übergangslösung": nicht nur wegen seines Alters, sondern vor allem deshalb, weil er schon unter Johannes Paul II. dessen theologisch sehr **konservativen Kurs** zu großen Teilen mitgestaltet hat.

Horrormeldungen vom Arbeitsmarkt

Nachdem die Einführung des ALG II bei vielen Menschen ohnehin die Furcht vor einem schnellen Abstieg in die Hilfsbedürftigkeit geschürt hat, heizen das ganze Jahr über **Firmenpleiten** und die Meldungen von großen Firmen, Tausende von **Arbeitsplätzen abbauen** zu wollen, die Existenzängste der Bevölkerung weiter an. So meldet der Baukonzern Walter Bau AG mit rund 9400 Mitarbeitern Insolvenz an. Elec-

TOTE 2005

- Mordopfer: Der exzentrische Münchner Modemacher Rudolph Moshammer (geb. 1940) wird am 14. Januar in seinem Haus erdrosselt aufgefunden. Der Täter, ein kurdischer Stricher, wird bald danach mithilfe der DNA-Datenbank ermittelt, was den Befürwortern dieser Datensammlung Auftrieb verleiht. Die Boulevard-Presse beschäftigt sich auch intensiv mit dem weiteren Schicksal von Moshammers Yorkshireterrier Daisy. Um sie kümmert sich Moshammers ehemaliger Chauffeur, bis sie 2006 stirbt

- Künstler: der auch in Deutschland äußerst populäre israelische Schriftsteller Ephraim Kishon (geb. 1924), die Schauspielerin Brigitte Mira (geb. 1910), der Schauspieler und Entertainer Harald Juhnke (geb. 1929), die Autorin Marie-Louise Fischer (geb. 1922), die Übersetzerin der Disney-Comics Erika Fuchs (geb. 1906), die österreichische Schauspielerin Maria Schell (geb. 1926), der Schriftsteller und Umweltaktivist Carl Amery (geb. 1922), der Schauspieler und Pumuckl-Sprecher Hans Clarin (geb. 1928), die Verlegerin Aenne Burda (geb. 1909) und der Kabarettist Hanns Dieter Hüsch (geb. 1925)

- Politiker: der ehemalige Staatsminister im Kanzleramt und Krisenmanager Hans-Jürgen Wischnewski („Ben-Wisch", geb. 1922), der ehemalige Parlamentarische Staatssekretär und politische Journalist Peter Glotz (geb. 1939), der österreichische „Nazi-Jäger" Simon Wiesenthal (1908) und der Gründer der zeitweise relativ erfolgreichen rechten Partei „Die Republikaner" Franz Schönhuber (geb. 1923)

trolux kündigt die Schließung des ehemaligen AEG-Werks in Nürnberg an, Infineon macht seinen Münchner Standort zu. Firmen wie Siemens, T-Mobile, Miele und IBM bauen Tausende von Stellen ab. Besonderen Unmut zieht die Deutsche Bank auf sich, da sie gleichzeitig Rekordgewinne verbucht.

Grausiger Fund

Im brandenburgischen **Brieskow-Finkenheerd** werden die **Leichen von neun Babys** entdeckt, die von ihrer Mutter kurz nach der Geburt getötet wurden. Der Vater will von den Schwangerschaften nichts bemerkt haben. Der Fall steht jedoch nicht allein da. Immer wieder entsetzen Kindstötungen sowie Misshandlungen und Vernachlässigungen mit Todesfolge bei kleinen Kindern die Öffentlichkeit.

Von Schröder zu Merkel

Im Mai verliert die SPD nach den Wahlen in Schleswig-Holstein vom März auch in Nordrhein-Westfalen. Mit **Jürgen Rüttgers** (geb. 1951) wird dort zum ersten Mal seit 39 Jahren ein CDU-Mann Ministerpräsident. Bundeskanzler Gerhard Schröder und der SPD-Vorsitzende Franz Müntefering (geb. 1940) kündigen daraufhin – ohne Abstimmung mit großen Teilen der

Koalition – **Neuwahlen** für den Herbst an. Um dies zu erreichen stellt Schröder am 1. Juli im Bundestag die **Vertrauensfrage**, die er – wie geplant – verliert. Lange Zeit sieht es nach einem Wechsel aus, doch kurz vor den Wahlen kann die Regierung noch einmal zulegen. Bei den Wahlen am 18. September verlieren dann beide großen Parteien und es reicht weder für eine rot-grüne, noch eine schwarz-gelbe Mehrheit. Obwohl seine Partei hinter der Union liegt, reklamiert Schröder in der TV-**„Elefanten-Runde"** den Wahlsieg für sich. Da auch keine Dreier-Koalition (diskutiert wurde erstmals eine „Jamaika-Koalition" aus Union, Grünen und FDP) zustande

Angela Merkel

DAS PASSIERTE IM AUSLAND

- ➲ Bei vier zeitgleichen Terroranschlägen in London sterben 56 Menschen, über 700 werden verletzt. Die Täter sind junge Briten pakistanischer Abstammung
- ➲ Im Libanon wird der frühere Ministerpräsident Rafiq al-Hariri mit 22 Begleitern bei einem Attentat ermordet. Obwohl die Drahtzieher nicht ermittelt werden können, kommt es zu Massenprotesten, die einen Abzug der syrischen Truppen aus dem Land erzwingen
- ➲ Im Iran wird der frühere Teheraner Bürgermeister Mahmud Ahmadinedschad überraschend zum neuen Präsident gewählt
- ➲ Der Tod von zwei Jugendlichen führt zu Unruhen in den Pariser Vorstädten
- ➲ Ein Erdbeben in Nord-Pakistan kostet rund 80.000 Menschen das Leben
- ➲ Der Hurrikan Katrina verwüstet den Süden der USA, darunter die Stadt New Orleans
- ➲ Der britische Thronfolger Charles heiratet Camilla Parker-Bowles
- ➲ Fürst Rainier III. von Monaco stirbt

kommt, bleibt jedoch die **große Koalition** von Union und CDU einzige Regierungsalternative. Am 11. Oktober kündigt Gerhard Schröder seinen Rückzug an. Am 11. November wird der Koalitionsvertrag unterzeichnet und am 22. Oktober wählt der neue Bundestag mit Angela Merkel (geb. 1954) erstmals eine Frau in das Kanzleramt.

„Du bist Deutschland"

Im September starten 25 deutsche Medienunternehmen unter dem Titel „Du bist Deutschland" eine **Image-Kampagne** für Engagement und ein positives Nationalgefühl. Die Kampagne soll eine „Initialzündung einer Bewegung für mehr Zuversicht und Eigeninitiative in Deutschland" sein und die Bürger zu „mehr Selbstvertrauen und Motivation" anstoßen. Im Zentrum stehen **Spots mit Prominenten** wie Gerald Asamoah, Günther Jauch, Oliver Kahn, Johannes B. Kerner, Harald Schmidt, Anne Will oder Katarina Witt, die jeweils ermutigende Appelle vortragen. Im Internet können die Bürger zudem eigene Botschaften veröffentlichen. Die Kampagne wird schnell sehr bekannt, aber auch viel persifliert.

Entführung durch die USA

Der Fall des Deutsch-Libanesen **Khaled al-Masri** (geb. 1963), der vom US-Geheimdienst **CIA** entführt und misshandelt wurde, schlägt Wellen. Was sich erst wie eine Räuberpistole liest, entpuppt sich bald als Tatsache. Im Namen des „Krieges gegen den Terror" gehören Entführungen Verdächtiger durch die CIA zur US-Praxis. Inwieweit aber ist die deutsche Regierung aktiv oder passiv involviert? Al-Masri gibt an, in der Gefangenschaft auch von einem **BND-Beamten** verhört worden zu sein. Die Diskus-

WAS SONST NOCH GESCHIEHT

- Nach mehreren spektakulären Entführungen und grausamen Hinrichtungen von Ausländern im Irak wird mit der Archäologin Susanne Osthoff die erste Deutsche entführt; sie kommt nach einem Monat wieder frei
- Die Zahl der Arbeitslosen steigt erstmals auf über fünf Millionen
- Das Holocaust-Denkmal in Berlin wird eingeweiht
- Auf Rügen stürzen rund 50.000 Kubikmeter Kreidegestein ins Meer. Dabei wird der Wussower Klinken, eine der spektakulärsten Formationen der Insel, zerstört
- Ungewöhnlich starke Schneefälle im November lassen im Münsterland Strommasten einstürzen und führen zu einem der größten Stromausfälle, den es in Deutschland je gegeben hat
- Die *Times* wählt mit dem Papst, Michael Schumacher und der Kinderbuchautorin Cornelia Funke drei Deutsche unter die „100 einflussreichsten Persönlichkeiten der Welt"
- Skispringer Sven Hannawald gibt sein Karriereende bekannt
- Die 1000. Folge der *Lindenstraße* läuft

sion verschärft sich, als 2006 der Bremer Türke **Murat Kurnaz** (geb. 1982) nach viereinhalb Jahren aus dem illegalen US-Gefangenenlager **Guantanamo** auf Kuba entlassen wird. Er gibt an, er hätte schon 2002 freikommen können, wenn die Bundesregierung nicht dagegen gewesen sei. In beiden Fällen werden Untersuchungs-Ausschüsse des Bundestags eingesetzt, die jedoch nicht vollständig Licht ins Dunkel bringen können. Die deutsche Justiz erlässt gegen zehn CIA-Beamte, die an al-Masris Entführung beteiligt gewesen sein sollen, Haftbefehl.

Katastrophe in Bad Reichenhall

In der Nacht zum 2. Januar fällt extrem nasser, schwerer **Schnee**. Dem ist das Dach der **Eislaufhalle in Bad Reichenhall** nicht gewachsen. Es stürzt zusammen und begräbt zahlreiche Menschen unter sich. 15 können nur noch tot geborgen werden. Die Gutachter analysieren später jedoch auch Mängel bei Planung und Ausführung des Hallendachs und leiten ein Verfahren gegen die Verantwortlichen ein. Die Sorge, dass sich das Unglück wiederholt, ist anschließend groß, denn der Februar beschert Süddeutschland Schnee ohne Ende. Bundeswehreinheiten, Technisches Hilfswerk und Feuerwehr müssen ausrücken, um die dicken Schichten von den Dächern zu schaffen, bevor sie zu schwer werden. Sechs Landkreise rufen den Katastrophenfall aus. Viele Straßen sind nicht mehr passierbar. Vorräte bleiben aus, Tankstellen fehlt der Sprit. Teilweise werden Schulen und Kindergärten, aber auch andere öffentliche Gebäude und Supermärkte geschlossen, da man für die Sicherheit nicht garantieren will.

Das Rote Kreuz an der Unglücksstelle

Aufregung um Mohammed

Im 30. September 2005 hat die **dänische Zeitung** *Jyllands-Posten* zwölf **Karikaturen** rund um den islamischen Propheten **Mohammed** veröffentlicht. Die meisten davon nehmen Bezug auf den islamistischen Terror. Die Veröffentlichung war eine Reaktion darauf, dass sich kein Zeichner fand, der bereit war Bilder für ein Mohammed-Kinderbuch anzufertigen, da im Islam die Darstellung des Propheten weitgehend verboten ist. Die Zeitung wollte nach eigenen Angaben gegen diese „Selbstzensur" des Westens protestieren. Gegen Ende 2005 verbreiten dänische Imame diese, aber auch andere sehr obszöne Karikaturen im Nahen Osten. Als eine norwegische Zeitung die Zeichnungen nachdruckt, kommt es am 10. Januar in vielen islamischen Ländern zu **Massenprotesten**. Vor allem dänische Einrichtungen werden angegriffen und dänische Produkte boykottiert. Aber auch deutsche Medien, die die Karikaturen zu Informationszwecken nachdrucken, werden bedroht.

„Bruder Johannes" ist tot

Nach mehreren schweren Operationen stirbt der ehemalige **Bundespräsident Johannes Rau** (geb. 1931) nur gut anderthalb Jahre nach seinem Amtsende und dem freiwilligen Verzicht auf eine erneute Kandidatur. Bevor er der erste Mann im Staat wurde, war Rau **Oberbürgermeister von Wuppertal**, 20 Jahre lang **Ministerpräsident von Nordrhein-Westfalen** und 1987 **Kanzlerkandidat** der SPD. Als Bundespräsident gilt der tiefgläubige Protestant „Bruder Johannes" als Mann der leisen Töne, der vor allem im direkten Kontakt überzeugt und nur selten scharfe Worte wählt. Seine bedeutendste Rede hält er im Jahr 2000 vor dem israelischen Parlament Knesset, wo er als erster Politiker auf Deutsch spricht. Dabei bringt er es fertig, auch Politiker für sich zu gewinnen, die der Rede anfangs aus Protest ferngeblieben waren.

Johannes Rau

Elf Goldmedaillen

Bei den **Olympischen Winterspielen** in Turin ist die deutsche Mannschaft mit elf Goldmedaillen, zwölf silbernen und sechs Bronzeplaketten vor den USA und Österreich die **erfolgreichste Mannschaft**. Bester deutscher Athlet ist der Biathlet Michael Greis (geb. 1976) mit drei Goldmedaillen in der Staffel, im 20-Kilometer-Einzel und im Massenstart. Zwei Goldmedaillen gewinnen sein Mannschaftskollege Sven Fischer (geb. 1971) und der Bobfahrer André Lange (geb. 1973). Die Eisschnellläuferin Claudia Pechstein (geb. 1972) kann ihrer Sammlung eine Gold- und eine Silbermedaille hinzufügen und wird mit insgesamt fünf Siegen erfolgreichster deutscher Winter-Olympionike aller Zeiten.

Germany's Next Top Model

Wer ist die Schönste? Lena, Yvonne oder Jennifer? Über vier Millionen Zuschauer, vor allem junge Mädchen, sitzen vor dem Fernseher, als die Casting-Show *Germany's Next Top Model* ins Finale

Heidi Klum

geht. Das Konzept, das auf der US-Show *America's Next Top Model* basiert, wird von Model **Heidi Klum** (geb. 1973) moderiert. In zehn Folgen beurteilt eine Jury die Qualitäten von gut 30 Kandidatinnen, deren Kreis dabei immer kleiner wird. Als eine nach allgemeinen Maßstäben untergewichtige Kandidatin jedoch als zu dick aussortiert wird, gerät die Show in heftige Kritik. Kritiker werfen ihr vor, die Gefahr Magersucht bei jungen Mädchen durch die überzogenen Ansprüche noch zu forcieren.

99 Tage in der Hand von Entführern

Am 24. Januar werden in Irak die beiden Leipziger Ingenieure **René Bräunlich** (geb. 1974) und **Thomas Nitzschke** (geb. 1977) entführt. Die beiden hatten dort im Auftrag ihrer Firma eine technische Anlage in einer Erdölraffinerie aufgebaut. Die Entführer veröffentlichen immer wieder Videos, stellen Ultimaten und drohen die Ermordung der Geiseln an. Gefordert wird, dass alle Deutschen inklusive der Botschafter den Irak verlassen oder die Freilassung von Gefangenen der US-amerikanischen Truppen. In

DIE TOPFILME IN DEUTSCHLAND

- ⮑ *Ice Age 2* (Computeranimation)
- ⮑ *Pirates of the Caribbean* – Fluch der Karibik 2 (mit Johnny Depp, Keira Knightley)
- ⮑ *The Da Vinci Code* – Sakrileg (nach dem Bestseller von Dan Brown)
- ⮑ *Das Parfum* – Die Geschichte eines Mörders (nach dem Bestseller von Patrick Süßkind)
- ⮑ *James Bond 007* – Casino Royale (mit dem neuen „Bond" Daniel Craig)
- ⮑ *Deutschland. Ein Sommermärchen* (Sönke Wormanns Dokumentation der Fußball-WM)
- ⮑ *7 Zwerge* – Der Wald ist nicht genug (von Otto Waalkes)
- ⮑ *Ab durch die Hecke* (Computeranimation)
- ⮑ *Nachts im Museum* (mit Ben Stiller und Robin Williams)
- ⮑ *Der Teufel trägt Prada* (mit Meryl Streep)

Dagegen konnten weder Oscar-Preisträger *Brokeback Mountain* noch *Das Leben der Anderen*, das den Deutschen und Europäischen Filmpreis erhielt, in der Publikumsgunst Spitzenplätze belegen.

der Leipziger Nicolai-Kirche organisiert Pfarrer Christian Führer (geb. 1943) Mahnwachen für die beiden. Am 2. Mai kommen die Männer frei; die Hintergründe sind unbekannt.

Die Ärzte streiken

Zum ersten Mal streiken in Deutschland die **Krankenhausärzte**. Die Streiks beginnen im März mit einzelnen Streiktagen, an denen Tausende von Ärzten gegen die unzumutbaren Arbeitsbedingungen und die niedrige Bezahlung protestieren. Im Juni erreichen sie ihren Höhepunkt. Teilweise legen fast 14.000 Ärzte ihre Arbeit nieder. Ganze Krankenhausstationen müssen geschlossen werden. Am 16. Juni einigt sich der **Marburger Bund** mit den Universitäten, am 17. August mit den kommunalen Arbeitgebern. Er erreicht Lohnerhöhungen, die Arbeitsbedingungen bessern sich jedoch nicht.

Jagd auf „Problembären"

Offiziell heißt er JJ1, aber bekannt wird er als **„Bruno"** oder „Problembär". Der 2004 im Naturpark Adamello-Brenta bei Trient geborene Braunbär begibt sich im Mai 2006 auf eine ausgedehnte Wanderung in Tirol und Oberbayern. Dabei reißt er immer wieder Schafe und plündert Bienenstöcke, dringt aber auch in Kaninchen- und Hühnerställe in Wohngebieten ein. Von den Behörden wird er wegen seiner mangelnden Menschenscheu als „Problembär" eingestuft. Mehrere Versuche, ihn zu fangen, scheitern. Während Bruno von manchen unter dem Slogan „Ihr kriegt mich nie" zur Kultfigur erhoben wird, debattieren andere Kreise die Gefahr, die von ihm ausgehen könnte. Sowohl die bayerische Landesregierung als auch das Land Tirol erteilen **Abschussgenehmigungen**. Am 26. Juni wird

der Bär im Spitzingseegebiet von einem Jäger erlegt. Dies löst heftige Kritik aus, unter anderem aus Italien, wo Bären mit ähnlichem Verhalten (wie Brunos Mutter Jurka) akzeptiert werden.

Das Sommermärchen

Viele blicken der **Fußballweltmeisterschaft in Deutschland** mit Skepsis entgegen. Zu „inszeniert" erscheint manchem der Hype um das Großereignis, zu unerfahren die deutsche Mannschaft. Doch die spielt sich von Anfang an mit attraktivem Offensiv-Fußball in die Herzen der Fans. Bei strahlendem Sommerwetter wird die WM zum riesigen Straßenfest. Wer kein Ticket für die Stadien bekommen hat, trifft sich vor Großleinwänden, die es überall gibt. Vor allem auf der Berliner **Fanmeile** vor dem Brandenburger Tor sammeln sich teilweise bis zu ei-

PUBLIC VIEWING

Da die vorhandenen Tickets für die Fußball-WM in keinem Verhältnis zur Nachfrage stehen und es schon im Vorfeld Kritik an der Vergabepraxis gegeben hat, beschließt die FIFA die Übertragungsrechte an den Spielen für nicht kommerzielle Veranstaltungen kostenlos zu vergeben. Damit ist der Weg zum „Public Viewing" frei. Überall werden Großleinwände aufgestellt, vor denen die Fans die Spiele gemeinsam erleben können. Teilweise werden sogar temporäre Stadien für die Übertragungen errichtet. Auf der Straße des 17. Juni in Berlin vor dem Brandenburger Tor sammeln sich bei den Spielen der deutschen Mannschaft bis zu einer Million Menschen. Das Vergnügen am Public Viewing bleibt auch nach der WM ungebrochen. 2008 werden sogar Wagneropern in Bayreuth auf Großleinwand in der Stadt übertragen.

ner Million Menschen. Auch die Besucher aus dem Ausland sind begeistert. Statt Auseinandersetzungen gibt es Verbrüderungen und für manche ist es das oberste Ziel der WM, Fans aller beteiligten Nationen kennenzulernen. Sportlich ist der Höhepunkt für die deutsche Mannschaft das hart umkämpfte Viertelfinale gegen Argentinien, das schließlich mit einem Sieg im Elfmeterschießen endet. Torhüter Jens Lehmann (geb. 1969) wird mit zwei gehaltenen Strafstößen zum Matchwinner. Nachdem die Mannschaft im Halbfinale gegen Italien scheitert, wird der Sieg

Der „Weltmeister der Herzen" 2006

DAS PASSIERT IM AUSLAND

- ⟳ Israels Staatspräsident Ariel Sharon erleidet einen Schlaganfall und wird in ein künstliches Koma versetzt
- ⟳ Die Entführung von zwei israelischen Soldaten durch die Hisbollah führt zu einem Krieg zwischen Israel und Libanon
- ⟳ Der ehemalige irakische Präsident Saddam Hussein wird zum Tode verurteilt und durch den Strang hingerichtet
- ⟳ Der frühere serbische Ministerpräsident Slobodan Milošević stirbt in seiner Gefängniszelle in Den Haag während seines Prozesses vor dem Kriegsverbrechertribunal
- ⟳ Die kritische russische Journalistin Anna Politkowskaja wird ermordet
- ⟳ Nordkorea testet zum ersten Mal erfolgreich eine Atombombe
- ⟳ Montenegro erklärt nach einem Referendum seine Unabhängigkeit
- ⟳ Die Weltbevölkerung überschreitet die Marke von 6,5 Milliarden
- ⟳ Die Österreicherin Natascha Kampusch (geb. 1988) wird nach achtjähriger Gefangenschaft aus der Gewalt ihres Entführers befreit

um den dritten Platz gegen Portugal von den Fans wie ein Titel und die Mannschaft als **Weltmeister der Herzen** gefeiert. Trainer **Jürgen Klinsmann** (geb. 1964) erklärt jedoch nach der WM seinen Rücktritt, da er sich ausgebrannt fühle. Nachfolger wird sein Assistent **Joachim Löw** (geb. 1960).

Verhinderter Anschlag

Am 31. Juli deponieren zwei junge Libanesen in Köln selbst gebastelte **Kofferbomben** in zwei Regionalzügen. Sie explodieren jedoch aufgrund handwerklicher Fehler nicht und werden in Hamm bzw. Koblenz sichergestellt. Das enthaltene Gas hätte aber vermutlich gereicht, beide Züge zum Entgleisen zu bringen. Die Täter werden mithilfe der Kölner **Überwachsungsvideos** identifiziert. Einer der beiden befindet sich inzwischen im Libanon. Dort stellt er sich den Behörden, bezeichnet seinen Komplizen als den Drahtzieher und wird 2007 zu zwölf Jahren Haft verurteilt. Den zweiten Tatverdächtigen, der in Deutschland vor Gericht steht, verurteilen die libanesischen Richter zu einer lebenslänglichen Freiheitsstrafe. Er beteuert jedoch, die Bomben seien nur als Warnung gedacht und absichtlich falsch konstruiert gewesen. Als einer der Auslöser für die Tat wird der Nachdruck der dänischen Mohammed-Karikaturen genannt.

Islamische Kritik am Papst

Am 12. September zitiert **Papst Benedikt XVI.** im Rahmen einer Vorlesung an der Universität **Regensburg** den byzantinischen **Kaiser Manuel II.** (1340–1425). Dieser verurteilt den islamischen Propheten Mohammed. Indem er vorgeschrieben habe, dass seine Religion mit dem Schwert verbreitet werden solle, habe er nur Schlechtes und Inhumanes hervorgebracht, fand Kaiser Manuel. Daraufhin werfen einige islamische Vertreter dem Papst vor, eine „Hasspredigt" gehalten zu haben. Der Papst erklärt, er habe sich das Zitat nicht zu eigen gemacht, sondern nur als Ausgangspunkt für seine Reflexionen zu Religion und Gewalt benutzt. Während El Kaida Morddrohungen gegen Benedikt XVI. veröffentlicht, bietet eine Gruppe von über 130 muslimischen Gelehrten verschiedenster Richtungen einen Dialog an.

WAS SONST NOCH GESCHIEHT

- Der erst im Vorjahr gewählte SPD-Chef Matthias Platzeck (geb. 1953) tritt wegen gesundheitlicher Probleme zurück; Nachfolger wird Kurt Beck (geb. 1949)
- Paul Spiegel (geb. 1937), der Präsident des Zentralrates der Juden, stirbt. Seine Nachfolgerin wird Charlotte Knobloch (geb. 1932)
- Das Bundesverfassungsgericht stoppt ein Gesetz der Regierung, entführte Flugzeuge notfalls abschießen zu lassen
- Die Mehrwertsteuer steigt von 16 auf 19 Prozent
- Papst Benedikt XIV. besucht seine Heimat Bayern. An den Gottesdiensten nehmen zum Teil mehrere Hunderttausend Menschen teil
- Der neue Berliner Hauptbahnhof wird eröffnet
- Radprofi Jan Ullrich (geb. 1973) gerät in Verdacht, Kunde des spanischen Doping-Arztes Eufemiano Fuentes (geb. 1945) zu sein. Einen Tag vor dem Start der Tour de France wird er deshalb von seinem Team suspendiert
- Das Abschalten einer Hochspannungsleitung im Emsland sorgt dafür, dass zehn Millionen Menschen in Europa ohne Strom sind. Der Vorfall leitet eine Diskussion um die Stabilität des Stromnetzes ein

„Schumi" tritt ab

Zum Abschied wird er nur Zweiter. Der siebenmalige Formel-1-Weltmeister **Michael Schumacher** (geb. 1969) beendet seine Karriere als Vizeweltmeister hinter Fernando Alonso (geb. 1981). Als Grund gibt er an, dass er befürchte, in Zukunft aufgrund körperlicher Verschleißerscheinungen nach 20 Jahren Motorsport sein bisheriges Niveau nicht mehr halten zu können. Schumacher fährt seit 1991 in der Formel 1 und seit 1996 für das Ferrari-Team. Dabei kommt er auf **91 Grand-Prix-Siege** und ist der erfolgreichste Formel-1-Pilot aller Zeiten. Ihm wird ein technisch brillanter, risikoreicher Fahrstil bescheinigt, aber auch bisweilen Unsportlichkeit vorgeworfen. Außerdem ist er in besonderer Weise an der technischen Weiterentwicklung seines Autos beteiligt. Das Vermögen, das er während seiner Karriere verdient, wird auf über 800 Millionen Euro geschätzt.

Michael Schumacher mit seinem Ferrari 2006

Zweites Leben im Internet

Die Öffentlichkeit entdeckt *Second Life*. 2003 gestartet, hat die virtuelle Internetwelt bereits einige Millionen Teilnehmer. Über ihre Internetfiguren, die **Avatare**, leben diese dort ein zweites

Leben, gehen virtuell arbeiten, shoppen, machen Bekanntschaften und verlieben sich. Der Boom führt dazu, dass sich dort auch zunehmend reale Firmen und Institutionen ansiedeln. Adidas verkauft virtuelle Schuhe an die Avatare, *Bild* ist mit einer Zeitung im „zweiten Leben" vor Ort und Greenpeace informiert über die Umweltprobleme der realen Welt. Doch auch die Kriminalität macht vor dem virtuellen Leben nicht halt. So wurden z. B. reale Kinderpornos gehandelt.

Endlich wieder Aufschwung

Nach Jahren der steigenden Arbeitslosigkeit und Staatsverschuldung kann Deutschland von einem **Wachstum der Weltwirtschaft** profitieren. Neben der immer starken Exportwirtschaft steigt auch die Binnennachfrage. Die Arbeitslosenzahlen beginnen zu sinken, und mit einer Neuverschuldung von nur 1,6 Prozent des Bruttoinlandsprodukts kann der Staat endlich wieder die „Maastrichtgrenze" einhalten und einem Strafverfahren durch die EU entgehen.

Jahr der Extreme

2006 beginnt mit einem **extrem kalten Winter**. Am kältesten Tag, dem 23. Januar, an dem bis zu −34 Grad gemessen werden, erfrieren vier Menschen. Im Frühjahr führt die Schneeschmelze deshalb in den Alpen, aber auch auf dem Balkan zu Hochwasser. Der Pegel der Elbe steigt teilweise über die Marke von 2002, doch die erhöhten Dämme halten den Wassermassen stand. Sommer und Herbst sind dagegen außergewöhnlich heiß. Der Juli ist der **heißeste Monat**, der seit Beginn der Wetteraufzeichnungen in Deutschland gemessen wurde. Das ganze Jahr

gehört trotz der Kälte im Winter mit zu den wärmsten, die je registriert wurden.

WAS „IN" IST

- ➲ Pokern: Seit 2003 ein Amateurspieler namens Chris Moneymaker die World Series of Poker und damit ein Preisgeld von 2,5 Millionen Dollar gewonnen hat, erlebt Pokern – vor allem auch Online-Poker – einen Boom, der nach den USA auch Europa erfasst
- ➲ Komasaufen: Immer mehr Jugendliche trinken bis zur Besinnungslosigkeit
- ➲ Computerspiele: Der Umsatz der Branche übersteigt in vielen Ländern bereits den der Filmindustrie. Zunehmend mehr Menschen, vor allem männliche Jugendliche, sitzen lieber vor dem PC als vor dem Fernseher. Experten diskutieren das hohe Suchtpotenzial der Spiele und die verrohende Wirkung
- ➲ Schwarz-Rot-Gold: Zur Fußball-WM 2006 schwelgt ganz Deutschland in den Landesfarben. Patriotismus ist wieder schick
- ➲ Tokio Hotel: Mit ihrem Debut im Sommer 2005 erobert die Boygroup aus Magdeburg sofort die Herzen der weiblichen Teenager und Platz 1 der Charts. Doch im Gegensatz zu den meisten anderen deutschen Bands ist sie auch im Ausland erfolgreich, vor allem in den USA, Frankreich und Israel
- ➲ Multifunktionshandys: Die mobilen Telefone werden immer mehr zu Allzweckgeräten, die gleichzeitig Kamera, Minicomputer mit Internetzugang und Navigationsgerät sind
- ➲ Podcasts: Die öffentlich-rechtlichen Sendeanstalten bieten viele ihrer Sendungen als Podcasts im Internet zum Herunterladen an. Aber auch Bundeskanzlerin Angela Merkel wendet sich mit wöchentlichen Podcasts an die Öffentlichkeit

Ratspräsidentschaft

Mit Beginn des Jahres übernimmt Deutschland turnusgemäß die **Ratspräsidentschaft** der EU. Bundeskanzlerin Angela Merkel nennt die gemeinschaftliche Energie- und Umweltpolitik, sowie die Verbesserung des transatlantischen Verhältnisses, vor allem aber eine Wiederaufnahme des EU-Verfassungsprozesses als Schwerpunkte ihrer Amtszeit. Nachdem die **geplante EU-Verfassung** bereits in einigen Ländern gescheitert ist, einigen sich die Mitglieder nun auf die Eckpunkte eines reformierten Vertrages, aus der dann unter der portugiesischen Ratspräsidentschaft im zweiten Halbjahr 2007 der Vertrag von Lissabon wird. Seine **Ratifizierung** wird im Juni 2008 durch die Ablehnung Irlands gestoppt.

Bundeskanzlerin Merkel und Außenminister Steinmeier beim EU-Gipfel im Juni 2007

Die Stoiber-Affäre

Eigentlich steht der bayerische Ministerpräsident **Edmund Stoiber** (geb.1941) nach der Bundestagswahl 2005 schon als Wirtschaftsminister fest. Doch dann erklärt er überraschend seinen Rückzug. In der Partei schwächt das seine Stellung. Im Winter 2006 eskaliert der Streit in der CSU. Die Fürther Landrätin **Gabriele Pauli** (geb. 1957), die Stoiber besonders heftig kritisiert hat, behauptet, von der CSU bespitzelt worden zu sein. Außerdem regt sie anhand von Stoibers sinkenden Umfragewerten eine Mitgliederbefragung an, ob er noch mal Spitzenkandidat bei den nächsten Landtagswahlen werden solle. Auf der traditionellen Klausur der CSU in Wildbad Kreuth wird die Frage, ob und wann Stoiber seinen Rückzug plane, dann zum alles beherrschenden Thema. Die Journalisten spekulieren tagelang, bevor Stoiber schließlich seinen Abschied zum 30. September bekannt gibt. Als neuen Ministerpräsidenten einigt sich die Partei schnell auf **Günther Beckstein** (geb. 1943), während die Auseinandersetzung zwischen **Erwin Huber** (geb. 1946) und **Horst Seehofer** (geb. 1949) um den Parteivorsitz den Sommer über die Schlagzeilen bestimmt. Am Ende gewinnt Huber. Der eigentliche Machtwechsel findet dann relativ geräuschlos statt.

Kyrill legt Deutschland lahm

Am 18. Januar fegt **Orkan Kyrill** mit Spitzenwindgeschwindigkeiten von über 200 Kilometern in der Stunde über Europa hinweg. Da der Sturm in Deutschland für den Nachmittag und Abend erwartet wird, schließen mittags viele öffentliche Einrichtungen. Kinder werden aus Kindergarten und Schule heimgeschickt, Behörden dichtgemacht und Unternehmen geschlossen. Niemand soll sich auf den Heimweg machen müssen, wenn der Sturm schon da ist. Die meisten Flüge, Bahn- und Fährverbindungen werden gestrichen. Die Bahn lässt zunächst ihre ICE-Züge aus Sicherheitsgründen langsamer fahren, um 21 Uhr stellt sie zum ersten Mal in der Geschichte den Fernverkehr ganz ein. Insgesamt kommen in Europa 47 Menschen ums Leben. 13 Davon sterben in Deutschland, meist durch umstürzende Bäume. Der volkswirtschaftliche Schaden wird auf mehrere Milliarden Euro geschätzt.

Die Sportmärchen gehen weiter

Mit goldenen Pappkronen und angeklebten „Heiner-Brand-Schnurrbärten" feiert die deutsche Handballnationalmannschaft am 4. Februar in Köln ihr „Wintermärchen". Nachdem sie in den vergangenen Jahren bei großen Turnieren oftmals unglücklich in den Finals gescheitert ist, ist der Triumph nun vollbracht. Erstmals seit 1978 wird Deutschland mit einem 29:24 über

Heiner Brand und seine Handballnationalmannschaft

Polen wieder **Handballweltmeister**. Zuvor hat es schon dramatische Fights gegen Spanien (27:25) und Frankreich (32:31) gegeben. Für Bundestrainer **Heiner Brand** (geb. 1952) ist es nach dem Europameistertitel von 2004 der zweite große Erfolg als Nationaltrainer. Außerdem ist er damit der erste Handballer, der sowohl als Spieler (1978) als auch als Trainer Weltmeister geworden ist.

Im Sommer wird Deutschland dann wieder **Fußballweltmeister**. Die **Nationalmannschaft der Frauen** verteidigt in China ihren Titel, wobei jedoch der 2:0-Sieg im Finale gegen die aufstrebenden Brasilianerinnen hart erkämpft ist.

Dreimal Gold für Lena

Schon während zwei Biathlon-Weltcups hat die deutsche Newcomerin **Magdalena Neuner** (geb. 1987) mit furiosen Laufzeiten und meist katastrophalen Ergebnissen beim Stehendschießen auf sich aufmerksam gemacht. Bei den Weltmeisterschaften in Antholz präsentiert sie sich dann abgeklärter. Nicht gerade gute, aber doch stark verbesserte Resultate beim Schießen im Stand reichen ihr, um drei von sechs Goldmedaillen abzuräumen. Sie gewinnt den Sprint, die Verfolgung und die Staffel und ist damit erfolgreicher als Biathlon-Legende Ole Einar Björndalen (geb. 1974) aus Norwegen, der es nur auf zwei goldene und eine silberne bringt. Ihr fröhliches, natürliches Auftreten trägt zusätzlich dazu bei,

DAS SIND DIE TOPHITS DES JAHRES

- *All Good Things* Nelly Furtado
- *Übers Ende der Welt* Tokio Hotel
- *Lied 1 – Stück vom Himmel* Herbert Grönemeyer
- *Wenn nicht jetzt, wann dann?* Höhner
- *Ein Stern (der deinen Namen trägt)* DJ Ötzi & Nik P.
- *Beautiful Liar* Beyoncé & Shakira
- *Now Or Never* Mark Medlock
- *Umbrella* Rihanna feat. Jay-Z
- *You Can Get It* Mark Medlock & Dieter Bohlen
- *Hot Summer* Monrose
- *Prison Break Anthem (Ich glaub an dich)* Azad feat. Adel Tawil
- *Hamma!* Culcha Candela
- *Don't Stop The Music* Rihanna
- *Junge* Die Ärzte
- *Hey There Delilah* Plain White T's
- *Du hast den schönsten Arsch der Welt* Alex C. feat. Y-Ass
- *Apologize* Timbaland presents OneRepublic

dass sie zum sportlichen Shootingstar und am Ende auch zur **Sportlerin des Jahres** wird. Sportler des Jahres wird der Turner **Fabian Hambüchen** (geb. 1987), der in diesem Jahr Weltmeister am Reck, Zweiter im Mehrkampf und Dritter mit der Mannschaft wird.

Alles ist Knut

Ein von seiner Mutter verlassener und im **Berliner Zoo** von Hand aufgezogener Eisbär sorgt für einen weltweiten Hype. **Knut** wurde bereits am 5. Dezember 2006 geboren, doch erste Bilder des schneeweißen Fellbündels mit den dunklen Knopfaugen wecken Anfang 2007 schlagartig das Interesse. Schon Knuts erstem „öffentlichem Auftreten" im Bärengehege am 23. März wird entgegengefiebert. In den folgenden Tagen muss der Zoo mit dem Ansturm Tausender Besucher fertigwerden. Mehrmals täglich ist der kleine Bär in der Außenanlage beim Spielen mit seinem Wärter Thomas Dörflein zu sehen. Die Besucher warten in langen Schlangen und dürfen je nur acht Minuten vor dem Gehege verharren. Umweltminister Sigmar Gabriel (geb. 1959) übernimmt die Patenschaft und erklärt den kleinen Eisbären zum Symboltier für die UN-Umweltschutzkonferenz, die im Mai im Bonn stattfindet. Weltweit berichten Medien u. a. auch aus China, Usbekistan und Südafrika über den jungen Bären, der im englischsprachigen Raum als „Cute Knut" bekannt wird. Es gibt mehrere Bücher und Songs über Knut sowie zahlreiche Merchandising-Produkte von Klingeltönen über EC-Karten bis hin zu Schaumzuckerbären. Der Berliner Zoo erzielt etwa fünf Millionen Euro an zusätzlichen Einnahmen. Ende des Jahres sieht Knut schon recht erwachsen aus, doch am 11. Dezember wird mit **Flocke** in Nürnberg seine Nachfolgerin geboren. Auch sie wird mit der Hand aufgezogen und be-

Eisbär Knut

kommt durch die öffentliche Präsentation viel mehr Popularität, als der einen Tag ältere **Wilbär**, der in Stuttgart unter der Obhut seiner Mutter lebt.

DAS GESCHIEHT IM AUSLAND

- ➲ Bulgarien und Rumänien werden in die EU aufgenommen
- ➲ Der Südkoreaner Ban Ki-Moon wird neuer Generalsekretär der Vereinten Nationen
- ➲ Die ehemalige pakistanische Premierministerin und Oppositionsführerin Benazir Bhutto wird ermordet
- ➲ In Birma protestieren Zehntausende von Menschen, vor allem Mönche, gegen das Militärregime. Der Widerstand wird allerdings gewaltsam erstickt
- ➲ Die liberale Bürgerplattform gewinnt die Parlamentswahlen in Polen, was sofort die unter der Vorgänger-Regierung angespannten Beziehungen zu Deutschland wieder verbessert
- ➲ Nach dem Verschwinden der dreijährigen Madeleine McCann aus einer Ferienanlage in Portugal beginnen die Eltern die bislang größte Medien-Offensive in einem Entführungsfall, die jedoch zu keinem Ergebnis führt

Dopingsumpf Radsport

Der Dopingskandal, der im Jahr zuvor durch die Überführung des spanischen Arztes Fuentes ins Rollen geraten war, ergreift nun auch den deutschen Radsport. Im April wird mithilfe einer DNA-Analyse nachgewiesen, dass ein Teil des bei Fuentes beschlagnahmten Blutes wirklich von **Ex-Star Jan Ullrich** stammt. Außerdem beschuldigt ein ehemaliger Mitarbeiter des Team Telekom/T-Mobile, zwei Sportärzte des Freiburger Uni-Klinikums, die T-Mobile-Profis jahrelang mit Doping-Mitteln versorgt zu haben. Darauf gestehen nacheinander sieben Profis des Teams, darunter der „Sportler des Jahres 2001" **Erik Zabel** (geb. 1970), in der Vergangenheit gedopt zu haben. Sie räumen jedoch nur Vergehen ein, die verjährt sind. Vor allem der ehemalige Telekom-Profi Jörg Jaksche (geb. 1976) spricht von einem systematischen, jahrelangen Doping durch die Ärzte und Betreuer. Auch Doping-Sünder aus mehreren anderen Teams werden überführt. Die Tour de France, die am 1. Juli beginnt, wird deshalb von manchen Medien boykottiert. Als auch noch T-Mobile-Fahrer Patrick Sinkewitz (geb. 1980) während der Tour überführt wird, beenden ARD und ZDF die Live-Berichterstattung. Im November erklärt der Sponsor T-Mobile seinen Rücktritt aus dem Radsport.

Das Spektakel von Heiligendamm

Das Treffen der **G8**, der Regierungschefs der führenden Wirtschaftsnationen, im Ostseebadeort Heiligendamm im Juni wirft schon lange vorher seine Schatten voraus. Um Störungen zu vermeiden, wird in umfangreiche **Sicherheitsmaßnahmen** investiert, u. a. in einen Zaun, der

Demonstranten beim G8-Gipfel in Heiligendamm

die „Weiße Stadt am Meer" weiträumig von der Außenwelt absperrt. Ebenso intensiv werden auch die Pläne der Gipfelgegner geschmiedet, wie diese Maßnahmen zu umgehen sind. Razzien bei bekannten Gipfelgegnern im Vorfeld werden jedoch vom Bundesgerichtshof gestoppt. Während des Gipfels bleibt es rund um den Tagungsort relativ friedlich. Während Gegner versuchen, an den Zaun zu gelangen bzw. Zufahrtswege zu blockieren, bemüht sich die Polizei, dies zu verhindern. Die spektakulärsten Aktionen sind das Eindringen von Greenpeace mit Schlauchbooten in die Sicherheitszone und die Blockade der Schmalspurbahn Molli. Nun müssen die Journalisten über See in das Tagungsgebiet gebracht werden. Bei einer **Großdemonstration** in Rostock kommt es jedoch zu heftigen Auseinandersetzungen zwischen gewaltbereiten Autonomen und der Polizei, in die auch viele friedliche Demonstranten verwickelt werden. Die Ergebnisse des Gipfels sind Absichtserklärungen zum Umweltschutz, zur Einbeziehung der

Schwellenländer in wichtige Entscheidungen, zur Verfolgung von Produktpiraterie und ein Hilfsprogramm gegen Krankheiten in Afrika.

Auswirkungen der Immobilienkrise

Eine **Finanzkrise** in den **USA** führt auch bei deutschen Banken zu Milliardenverlusten. Banken haben Millionen von nahezu vermögenslosen Menschen Immobilienkredite aufgeschwatzt, in dem Glauben, notfalls das Haus als Sicherheit zu haben. Dies zieht jedoch ein inflationäres Immobilienangebot und einen Verfall der Preise nach sich, was die Schuldscheine so gut wie wertlos macht. Die deutschen Banken, die diese vermeintlich hochrentablen Papiere oft in irgendwelchen undurchsichtigen „Finanzpaketen" gekauft haben, brauchen Monate, um die wahren Schäden überhaupt nur feststellen zu können. Immer wieder kommen neue Horrormeldungen. In die besondere Kritik geraten **Landesbanken** wie SachsenLB, BayernLB und WestLB, da für ihre Ausfälle die Steuerzahler haften. Auch die Industriebank IKB wird nur durch eine milliardenschwere Finanzspritze des Anteilseigners KfW (Kreditanstalt für Wiederaufbau)

und damit durch den Steuerzahler vor der Insolvenz gerettet. Weltweit geht man inzwischen von Verlusten von über 600 Milliarden Euro durch die Krise aus. Dies und das rapide gesunkene Vertrauen in den Finanzmarkt sorgen für eine allgemeine Finanzkrise.

Nobelpreise für Ertl und Grünberg

Nach einer langen Durststrecke gewinnen gleich zwei deutsche Forscher den Nobelpreis. **Peter Grünberg** (geb. 1939) erhält ihn gemeinsam mit seinem französischen Kollegen Albert Fert (geb. 1938). 1988 hatten sie beide unabhängig voneinander den GMR-Effekt entdeckt, der es erlaubt, die Speicherkapazität von Festplatten zu erhöhen. **Gerhard Ertl** (geb. 1936) erhält die Trophäe für Chemie. Er wird für seine Erforschung von chemischen Prozessen auf Festkörperoberflächen ausgezeichnet.

Stasi-Drama

Als dritter deutscher Film nach *Die Blechtrommel* (1980) und *Nirgendwo in Afrika* (2003) erhält das Stasi-Drama *Das Leben der Anderen* von Florian Henckel von Donnersmarck (geb. 1973) den Oscar für den besten fremdsprachigen Film. **Ulrich Mühe** (1953–2007), der kurz nach der Oscar-Verleihung an Krebs stirbt, spielt darin einen Stasi-Hauptmann, der nach und nach beginnt, einen bespitzelten Schriftsteller zu schützen, da er erkennt, dass dieser nicht aus politischen, sondern aus privaten Motiven verfolgt wird. Bereits 2006 hatte Mühe in einem Interview zu dem Film seine ehemalige Ehefrau Jenny Gröllmann (1947–2006) der Tätigkeit als IM (inoffizieller Mitarbeiter) bei der Stasi beschuldigt.

TOTE 2007

- ⮞ Carl Friedrich von Weizsäcker (geb. 1912), Physiker und Philosoph
- ⮞ Jörg Immendorf (geb. 1945), Maler
- ⮞ Klaus-Jürgen Wussow (geb. 1929), Schauspieler
- ⮞ Jupp Derwall (geb. 1927), Fußballtrainer
- ⮞ Ulrich Mühe (geb. 1953), Schauspieler
- ⮞ Ulrich Plenzdorf (geb. 1934), Schriftsteller
- ⮞ Evelyn Hamann (geb. 1942), Schauspielerin

Gröllmann, die im August 2006 an Krebs stirbt, kann eine gerichtliche Verfügung dagegen erreichen. Die Auseinandersetzung überschattet die Leistung Mühes, der für *Das Leben der Anderen* sowohl den Deutschen als auch den Europäischen Filmpreis als bester Darsteller erhält. Beide Preise bekommt auch *Das Leben der Anderen* als bester Film sowie **Florian Henckel von Donnersmarck** für das beste Drehbuch. Vereinzelt gibt es Kritik an der Darstellung der Stasi.

Sebastian Koch, Florian Henckel von Donnersmarck und Ulrich Mühe bei der Oscar-Verleihung

Sinkende Arbeitslosenzahlen

Das **wirtschaftliche Wachstum** sinkt zwar im Gegensatz zu 2006 etwas, bleibt aber insgesamt trotz der Erhöhung der Mehrwertsteuer von 16 auf 19 Prozent stabil. Der private Konsum jedoch ist weiter relativ zurückhaltend. Dafür sinkt die Zahl der Arbeitslosen deutlich.

Nach einem Höchststand von 4,8 Millionen (bzw. 13 Prozent) im Jahr 2005 sind nun „nur noch" 3,4 Millionen (8,1 Prozent) Erwerbspersonen ohne Arbeit. Allerdings gibt es zunehmend **Teilzeit- und Niedriglohnjobs**, die nicht weit über den staatlichen Hilfen oder manchmal sogar noch darunter liegen. Viele Branchen klagen bereits über Facharbeitermangel.

Erneute Wetterkapriolen

Auch 2007 ist das Wetter alles andere als „normal". Doch im Gegensatz zum letzten Jahr ist der Winter einer der wärmsten seit Beginn der Klimaaufzeichnungen, mit über weiten Teilen milden, fast frühlingshaften Temperaturen, die im April und Mai auf ein hochsommerliches Niveau klettern. Der Sommer ist dann in Mitteleuropa eher kühl und von zahlreichen Unwettern geprägt, während Großbritannien unter einer Überschwemmung und der Mittelmeerraum unter einer Hitzewelle leidet.

WAS SONST NOCH GESCHIEHT

- ⮩ Der Bundestag beschließt die Rente mit 67
- ⮩ Bundespräsident Horst Köhler lehnt ein Gnadengesuch des RAF-Terroristen Christian Klar ab. Im Zuge der Diskussion wird die Frage aufgeworfen, ob für den Mord an Generalstaatsanwalt Siegfried Buback 1977 die richtigen Täter verurteilt worden sind
- ⮩ WASG und Linkspartei/PDS schließen sich zur Partei Die Linke zusammen
- ⮩ Vizekanzler Franz Müntefering gibt aus familiären Gründen seine Ämter auf
- ⮩ Die Hockey-Nationalmannschaft wird Weltmeister
- ⮩ Der 1. FC Nürnberg gewinnt mit dem DFB-Pokal seinen ersten Titel seit 1968

Wahltheater in Hessen

Im Vorfeld der hessischen Landtagswahl hat es einen überaus harten Wahlkampf gegeben, in dem sich CDU-Ministerpräsident **Roland Koch** (geb.

Andrea Ypsilanti und Roland Koch

1948) und die Oppositionsführer **Andrea Ypsilanti** (geb. 1957, SPD) und Tarek Al-Wazir (geb. 1971, Grüne) auf der anderen Seite heftig attackieren. Roland Koch versuche vor allem mit dem Thema „Mehr Härte gegen junge Straftäter ausländischer Abkunft" zu punkten. Doch obwohl kurz zuvor ein Überwachungsvideo von einem brutalen Überfall zweier Migranten auf einen Rentner die Nation erregte, schadet Koch sich und seiner Partei mit der Art, wie er das sensible Thema behandelte. In der Wahlnacht sieht es zunächst nach einem knappen Sieg für Rot-Grün aus. Andrea Ypsilanti lässt sich feiern und verspricht, nicht mit der Linkspartei zusammenzuarbeiten. Am Ende ist dann aber doch die CDU hauchdünn stärkste Partei und außer einer großen Koalition sind nur Dreier-Koalitionen mög-

lich. Die FDP verweigert sich energisch einer Zusammenarbeit mit Rot-Grün, da man nicht den „Steigbügelhalter" spielen wolle, fordert aber ihrerseits die Grünen auf, aus „politischer Verantwortung" eine Jamaika-Koalition mit Union und FDP zu schließen. In dieser Situation erwägt Ypsilanti eine Minderheitsregierung mit Unterstützung der Linkspartei. Doch nachdem eine Abgeordnete ihrer Partei erklärt, einem solchen Modell die Unterstützung zu verweigern, gibt Ypsilanti es wegen der knappen

DAS GESCHIEHT IM AUSLAND

➲ Das Bundesverfassungsgericht erklärt, dass Online-Durchsuchungen durch Staatsorgane nur mit einer gesetzlichen Grundlage, auf richterliche Anordnung und bei besonders gravierenden Verdachtsmomenten (Gefahr für Menschenleben oder die Grundlagen des Staates) möglich sind

➲ Der Brand eines von Türken bewohnten Hauses in Ludwigshafen mit neun Todesopfern führt in der Türkei zu heftiger Erregung und bringt sogar Ministerpräsident Recep Erdogan nach Ludwigshafen. Die Ermittlungen ergeben jedoch keine Indizien für eine Brandstiftung

➲ Der Präsidentschaftsbewerber der US-Demokraten Barack Obama spricht in Berlin vor 200.000 Zuhörern

Barack Obama in Berlin

Mehrheiten als zu riskant auf. Die Folge: Koch bleibt als geschäftsführender Ministerpräsident im Amt. SPD, Grüne und Linkspartei versuchen gemeinsame Vorhaben mit ihrer Abgeordnetenmehrheit durchzusetzen, während die eigentlich abgewählte „Regierung" alle legalen Mittel ausschöpft, dies zu blockieren.

Bereitschaft zum Streik

Die kleine **Gewerkschaft Deutscher Lokomotivführer** (GDL) macht den Anfang. Von Mai 2007 bis April 2008 liefert sie sich mit der Deutschen Bahn einen fast einjährigen Arbeitskampf für einen eigenständigen, von anderen Bahngewerkschaften unabhängigen Tarifvertrag und deutliche Lohnerhöhungen. Viele Bundesbürger sind von den immer wiederkehrenden Streiks genervt. Streiks im Güterverkehr, etwa bei der Container-Abfertigung am Hamburger Hafen, versetzten die Wirtschaft regelrecht in Panik.

Der Bahnstreik legt den Reiseverkehr lahm

WAS SONST NOCH GESCHIEHT

- ➲ Die Präsidentschaftswahl in Kenia führt zu Unruhen, da die Opposition der Regierung Manipulationen vorwirft. Nach fast zwei Monaten kann Ex-UN-Generalsekretär Kofi Annan eine Machtteilung vermitteln
- ➲ Bei den Präsidentschaftswahlen in Simbabwe erzwingt Amtsinhaber Robert Mugabe, vermutlich illegal, eine Stichwahl, lässt dann aber die Anhänger seines Herausforderers Morgan Tsvangirai derart terrorisieren, dass dieser aufgibt
- ➲ Dmitri Medwedew löst Wladimir Putin als russischer Präsident ab
- ➲ Ein Erdbeben in der chinesischen Provinz Sichuan vernichtet ganze Dörfer und macht 5 bis 6 Millionen Menschen obdachlos. Die Zahl der Toten wird auf 70.000 bis 80.000 geschätzt
- ➲ Nachdem ein Wirbelsturm weite Teile der Küste verwüstet und bis zu 100.000 Todesopfer gefordert hat, weigert sich die Militärjunta von Birma, ausländische Hilfskräfte ins Land zu lassen

Die verschiedenen Gesichter des Radovan Karadžić

- ➲ Der gesuchte Kriegsverbrecher Radovan Karadžić wird in Serbien verhaftet und an das Kriegsverbrechertribunal in Den Haag überstellt
- ➲ Die kolumbianische Politikerin Ingrid Betancourt wird nach sechsjähriger Geiselhaft befreit
- ➲ Im österreichischen Amstetten wird eine Frau befreit, die von ihrem Vater 24 Jahre im Keller eingesperrt worden war. In dieser Zeit hat er sie immer wieder vergewaltigt und sieben Kinder mit ihr gezeugt, die teilweise mit ihrer Mutter im Kellergefängnis lebten

Doch auch andere Gewerkschaften fordern, dass ihre Mitglieder am Aufschwung der letzten beiden Jahre teilhaben: Auch im öffentlichen Dienst und beim Flugverkehr müssen die Bürger **massive Streiks** hinnehmen.

Nicht ganz Europameister

Bei der **Fußballeuropameisterschaft** zeigt die deutsche Mannschaft Licht und Schatten. Nach einem guten Auftakt gegen Polen und einer desaströsen Niederlage gegen Kroatien rettet sie sich gegen Österreich nur mühsam in die Finalrunde, wo sie mit begeisterndem Spiel Mitfavorit Portugal besiegt. Ein hart erkämpfter Sieg gegen die Türkei bringt sie ins **Finale**, wo sich die Spanier aber als klar überlegen präsentieren. Besser macht es die U19. Der Nachwuchs besiegt an-

Fanmeile in Berlin währen der Euro 2008

derthalb Monate später im Finale Italien mit 3:1 und holt den ersten **Juniorentitel** (der Männer) seit dem Sieg der U16 im Jahr 1992.

Explodierende Preise

Mit der Butter hat es angefangen. Flächendeckend erhöht im Juni 2007 der deutsche **Lebensmittelhandel** die Preise für Milchprodukte um etwa 50 Prozent. Es folgen – moderatere – Erhöhungen für Fleisch und Getreideprodukte. Doch bald wird klar, dass sich die eigentlich Krise nicht in Europa abspielt: In vielen armen Ländern drohen aufgrund des immer knapper und teurer werdenden Angebots an Grundnahrungsmitteln wie Reis und Mais Hungersnöte. Die Gründe sind vielschichtig: Getreide landet zunehmend als Biosprit im Tank oder wird verfüttert, da in bevölkerungsreichen Schwellenländern wie China und Indien immer mehr Fleisch und Milchprodukte konsumiert werden. Die steigenden Ölpreise machen die Erzeugung teurer, zusätzlich lockt das knapper werdende Angebot Spekulanten an. Außerdem explodiert der Ölpreis: 2007 war er immerhin schon von 70 auf 100 Dollar pro Barrel geklettert, im Juli 2008 erreicht er fast die Marke von 150 Dollar. Nicht nur Benzin und Heizkosten werden fast täglich teurer, auch die Preise für Gebrauchsgüter, vor allem für Nahrungsmittel, steigen. Dies treibt die Inflationsrate nach oben und führt zu massiven **Existenzängsten**, aber auch Forderungen an die Politik, Entlastungen zu schaffen. Erstmals werden aber nicht politische Ereignisse für den Preisanstieg verantwortlich gemacht, sondern die weltweite Verknappung bei gleichzeitig steigendem Verbrauch.

E

F

H